Marxisten-Leninisten
über den Sinn
des Lebens

Hans Friedrich Steiner

Marxisten - Leninisten
über den Sinn des Lebens

Eine Studie zum kommunistischen Menschenbild

VERLAG HANS DRIEWER · ESSEN

1970

Alle Rechte vorbehalten
© by Verlag Hans Driewer, Essen 1970
Gesamtherstellung: Regensberg, Münster/W.
Umschlaggestaltung: Wolfgang Moller
ISBN: 3 87177 042 6

INHALT

VORWORT
Ziel und Methode der Arbeit.................................. 9

EINFÜHRUNG
Das Aufbrechen der Sinnfrage im Marxismus-Leninismus

1. Die Entstehung der Sinnfrage 23
2. Die Gründe für die Entstehung der Sinnfrage 42

I. KAPITEL
Die Entfaltung der Sinnfrage

1. Der kategoriale Ansatzpunkt der Sinnfrage 55

   A. Die Kategorie „Sinn".................................... 56

      a) Die unterschiedlichen Begriffsinhalte.................... 57
      b) Der ursprüngliche praktische Bezug des Sinnbegriffes 63
      c) „Sinn" und „Bedeutung".............................. 72
      d) „Sinn" und „Wahrheit" 76

   B. Die Kategorie „Sinn des Lebens" 79

      a) Die Endlichkeit....................................... 79
      b) Gesellschaftlichkeit und Geschichtlichkeit................. 82
      c) „Sinn des Lebens" als das sittliche Prinzip des menschlichen
         Seins 83

   C. Die Kategorie „Sinn des Lebens" innerhalb der Ethik 86

      a) Der verbindliche Sinn des Lebens....................... 86
      b) Der dialektische Wert des Lebens....................... 91

2. Der praktische Lösungsversuch der Sinnfrage................... 98

   A. Die allgemeine Zielstruktur der Praxis und ihre besondere Sinn-
      möglichkeit 98

      a) Ziel und Zweck des Handelns 99
      b) Das naturhafte Bedürfnis 103
      c) Das menschliche Bedürfnis 106

   B. Der Sinn des Lebens und die Ziele des Lebens 108
      a) Der eine Sinn in der Vielfalt der Ziele 109
      b) Die Sinngebung des Lebens........................... 112

II. KAPITEL
Die Sinngebung in Geschichte und Gesellschaft

3. Die Geschichte als Ausdrucksform der Sinngebung 116

A. Der Sinn des Ganzen und sein Teilsinn 116

    a) Das Sein als Sinn 116
    b) Das Zweckmäßige des Lebendigen als Sinn 120
    c) Die Geschichte als Sinn 128

B. Der Sinn des Lebens und das Ganze 131

    a) Der theoretische Vorgriff auf die Vollendung 131
    b) Die fatalistische Konsequenz 137
    c) Der Sinn des Lebens in der Geschichte 142

4. Das gesellschaftliche Leben als Vermittlungsform der Sinngebung .. 151

  A. Die Sinngebung in der Gesellschaft......................... 152

    a) Der Fortschritt 152
    b) Die Sozialisierung 155
    c) Die Humanisierung 161

  B. Kommunismus und Sinn des Lebens 166

    a) Der einzelne Mensch im Kommunismus 166
    b) Der Lebenssinn im Aufbau des Kommunismus 168

III. KAPITEL
Der Sinn des individuellen Lebens

5. Die Verwirklichung des Lebenssinnes 173

  A. Die Grundformen der Sinnverwirklichung 173

    a) Die Arbeit 174
    b) Die kämpferische Solidarität 178
    c) Die dialogische Existenz 186

  B. Der Ermöglichungsgrund des Lebenssinnes 191

    a) Die Freiheit der Sinnverwirklichung..................... 191
    b) Das Wesen des Menschen............................... 199

6. Das persönliche Ergebnis eines sinnvollen Lebens 206

  A. Die Persönlichkeit als individuelles Resultat eines sinnvollen
    Lebens 207

    a) Die Eigenschaft der Personalität 209
    b) Der Mensch als Person und Persönlichkeit 215
    c) Die Entzogenheit der Persönlichkeit 224

  B. Das Glück als gesuchte Erfüllung in einem sinnvollen Leben .. 236

    a) Das Glück im Sinn des Lebens 239
    b) Sittliche Zufriedenheit und Glück 247

7. Der Sinn des Lebens angesichts von Leid und Tod 252

A. Das Leid im Sinn des Lebens 253
  a) Der Kampf mit dem Leid 254
  b) Die Beseitigung der Ursachen des Leides 259

B. Der Tod im Sinn des Lebens 275
  a) Das mythische Todesverständnis 279
  b) Die begriffliche Selbsttäuschung 282

C. Die Hinnahme des Todes im Sinn des Lebens 287
  a) Die Sinngebung des Sterbens 288
  b) Der Tod als Horizont des Lebenssinnes 294

THESEN
Das marxistische Verständnis vom Sinn des menschlichen Lebens in
Thesenform 301

SCHLUSSWORT
Die Frage nach dem Sinn des menschlichen Lebens und die Grundfrage der Philosophie 302

DOKUMENTATION
Übersetzungen aus dem Russischen
  I. P. M. Egides (Brjansk): „Die marxistische Ethik über den Sinn des
     Lebens" (In: „Voprosy filosofii", Moskau 1963/8/25—36) 309
 II. G. K. Gumnickij (Ivanovo): „Sinn des Lebens, Glück und Moral"
     (In: „Voprosy filosofii", Moskau 1967/5/102—105) 322
III. Offene Diskussion „Gespräch über den Sinn des Lebens"
     1. Einführender Aufsatz von B. T. Grigor'jan (Moskau):
        „Wofür lebt der Mensch?" (In: „Nauka i religija", Moskau
        1964/7/62—69) 328
     2. Leserbriefe an die Zeitschrift (In: „Nauka i religija", Moskau
        1964/7 bis 1965/6)...................................... 334

ABKÜRZUNGSVERZEICHNIS
1. Marxistisch-leninistische Literatur 364
2. Nichtmarxistische Kontroversliteratur 365

LITERATURVERZEICHNIS
1. Marxistisch-leninistische Literatur 367
2. Nichtmarxistische Kontroversliteratur 378
3. Nichtmarxistische Literatur 381

NAMENREGISTER 385

STICHWORTREGISTER 390

Ziel und Methode der Arbeit

Das Thema „Marxisten-Leninisten über den Sinn des Lebens" verlangt die Klärung einiger Vorfragen zum *Ziel dieser Studie*, zur *Methode der Untersuchung* und zur *Auswahl des untersuchten Materials*.

Das Ziel dieser Arbeit besteht nicht darin, einen philosophiegeschichtlichen Überblick über einen gänzlich aufgearbeiteten und nur historisch relevanten Problemkreis zu vermitteln. Die marxistisch-leninistische Philosophie stellt sich erst seit etwa einem Jahrzehnt die Frage nach dem Sinn des menschlichen Lebens *thematisch*, entfaltet die Antwort auf sie noch zögernd und gibt nur die Grundrichtung einer Problemlösung an. Die Sinnfrage erweist sich als eine jener aufbrechenden Fragen, mit deren Beantwortung marxistische Denker Theorie und Praxis erneut zu verbinden und einen Kompaß für das Handeln der kommunistischen Bewegung zu gewinnen suchen. Die vorliegende Arbeit hat daher zum Ziel, einen *systematischen Einblick* zu bieten, wie sich auf der Basis des Marxismus-Leninismus die Frage nach dem Sinn des Lebens stellt, wie weit hier die Möglichkeiten ihrer Beantwortung gehen und welche Antworten tatsächlich gegeben werden. Sie soll Aussagen marxistischer Denker über den Sinn des Lebens vorlegen, ihre Voraussetzungen (insbesondere den Ansatz im Durchdenken von Freiheit und Personalität des Menschen) herausstellen und ihre Konsequenzen (vor allem für die Probleme von Parteilichkeit und Entfremdung) aufweisen, um daraus die Diskussion zu entfalten und im Schlußwort das Verhältnis der Frage nach dem Sinn des Lebens zur Grundfrage der Philosophie zu bestimmen.

Ist es aber gerechtfertigt, Denker zu einer „Diskussion" über den Sinn des Lebens zusammenzuführen, die über diese Frage — ausgenommen P. M. Egides aus Rostov (früher Brjansk) und G. K. Gumnickij aus Ivanovo — meines Wissens bisher nicht in einen öffentlichen Disput getreten sind? Solches Vorgehen scheint insofern möglich, als in dieser Untersuchung „Diskussion" in weiter Bedeutung verstanden wird: als methodische Verfahrensweise zur Verbindung von Information über die Standpunkte verschiedener Autoren mit eigener Kritik an ihnen, um zu ihrer Synthese in einer Gesamtkonzeption vom Sinn des Lebens auf der Grundlage des Marxismus-Leninismus vorzustoßen. Gleichsam als Diskussionsleiter und als Teilnehmer an der Diskussion bin ich nicht gezwungen, von einem nur äußerlichen Betrachtungspunkt Darstellung und Kritik gegeneinander auszuspielen, sondern kann — indem ich bei Karl Marx' Pariser Manuskripten von 1844 ansetze und vor allem die weiterführenden Überlegungen zeitgenössischer marxistisch-leninistischer Denker vortrage — beides miteinander verbinden.

Vom Ziel der Arbeit her ist nicht Vollständigkeit in der Aufzählung aller diesbezüglichen marxistischen Äußerungen erforderlich, sondern eine ausreichend differenzierende Darstellung ihrer bisweilen voneinander abweichenden Standpunkte und Folgerichtigkeit in der Entfaltung des Denkens über den Sinn des Lebens aus den *Grundlagen des Marxismus-Leninismus*. Auf diesen Grundlagen stehen die zitierten Autoren, sie bilden die Diskussionsbasis. Mit anderen Worten: Ich berufe mich ausschließlich auf Denker, die die Einheit des dialektischen mit dem historischen Materialismus sowie die Kontinuität der kommunistischen Bewegung von Marx und Engels zu Lenin anerkennen. Ich lasse daher von vornherein jene nur mit dem „jungen" Marx sympathisierenden philosophischen Strömungen außer acht, die den Beitrag Engels' und Lenins zum Marxismus ablehnen und offen den Zusammenhang von dialektischem und historischem Materialismus in Abrede stellen. Zu den marxistisch-leninistischen Autoren zählen offensichtlich die sowjetischen Denker, wie I. M. Bocheński mit Recht betont: „Die sowjetische Philosophie sollte man *nicht* ‚Marxismus', sondern ‚Marxismus-Leninismus' nennen."[1] Bildet die sowjetische Philosophie zwar die zahlenmäßig stärkste und nach außen hin geschlossenste Gruppe innerhalb des Marxismus-Leninismus, so argumentiert doch gleichfalls die marxistische Philosophie Südost- und Ostmitteleuropas — vielleicht mit Ausnahme Jugoslawiens[2] — auf marxistisch-leninistischer Basis. Im Verlaufe der Arbeit werde ich mich mit dem Begriff „marxistisch" aus

---

1 I. M. Bocheński: Soviet Marxism and Marxism, In: SST 1967, 66. — Über die Haltung sowjetischer Denker zu den Frühschriften Karl Marx' vgl. das exemplarisch zum Entfremdungsproblem Gesagte in Anmerkung 185 a.

2 Über die Sonderstellung des jugoslawischen Marxismus vgl. u. a. I. M. Bocheński: On „Praxis", In: SST 1967, 62—65; A. Künzli: Internationale marxistische Sommerschule in Korčula, In: NF 1968, 748—750; Sv. Stojanović: Marxistische Gegenwartsphilosophie in Jugoslawien — „Personalistischer Marxismus", In: O-P 1966, 700—704; Gesamtes Heft (24) der O-P 1968, 553—576; G. Petrović: Wider den autoritären Marxismus, Frankfurt/M. 1967.

Gründen sprachlicher Kürze nur auf den Kreis marxistisch-leninistischer Denker beziehen.

Wenn ich mich also — berechtigt durch das systematische Anliegen der Arbeit und gezwungen durch die Schwierigkeiten einer lückenlosen Beschaffung und Übersetzung alles einschlägigen Materials — auf Aussagen osteuropäischer und ostmitteleuropäischer Marxisten über den Sinn des Lebens beschränke, wird man weiterhin die zweifelnde Frage stellen: Lassen sich überhaupt Denker aus Polen wie Leszek Kolakowski und Adam Schaff[3] und Denker aus der ČSSR wie Milan Machovec, Milan Prucha und Karel Kosík mit sowjetischen Philosophen wie Vassilij P. Tugarinov, Pëtr M. Egides, Geršen K. Gumnickij und Boris T. Grigor'jan in einen geistigen Zusammenhang stellen, der sich aus derselben philosophischen Grundlage ergibt?

Dieser Zweifel mag sich zunächst berufen auf die Einteilung westlicher Marxismusforscher, die eine *kosmozentrische* und eine *anthropozentrische* Orientierung innerhalb marxistisch-leninistischer Philosophen unterscheiden. Während sich bei den von der Menschheitsgeschichte ausgehenden sowjetischen Philosophen immer noch die Möglichkeit zeigt, „durch eine entsprechende Ausweitung ihrer Konzeption die kosmische Weltsicht mit zu erfassen," — führt Friedrich Rapp aus — „besteht bei der besonders in Jugoslawien, Polen und ČSSR geübten Besinnung auf das Individuum die Tendenz, die gesamte philosophische Weltauffassung ausschließlich vom Menschen her zu begründen".[4] Das bringe die

---

3 Zwar bezeichnet noch 1967 eine westliche Darstellung Kolakowski und Schaff — allerdings in Anführungszeichen — als „„Sowjetphilosophen'" (W. Goerdt [Hrsg.]: Die Sowjetphilosophie, Wendigkeit und Bestimmtheit, Dokumente, Darmstadt 1967, 5—7), da für sie die proletarische Geschichtsmission und die Unvermeidbarkeit eines weltweiten Aufbaus des Kommunismus außer Frage stehe. Doch kann man in eindeutiger Begrifflichkeit nur den sowjetrussischen Marxismus-Leninismus als Sowjetphilosophie bezeichnen und muß außerdem in das Kriterium des sowjetrussischen Marxismus-Leninismus die Einheit von dialektischem und historischem Materialismus mit einbeziehen.

4 F. Rapp: Das Kategoriensystem des dialektischen Materialismus — Argumente und Perspektiven, In: SST 1967, 124. Vgl. auch H. Dahm über „szientistische" und „humanistische" Schulströmungen in der marxistischen Gegenwartsphilosophie, In: O-P 1966, 704 und ders.: Marxistische Philosophie — Erkenntnis und Existenz, In: O-P 1967, 598—600. Über zwei „Modelle" von Marxismus spricht G. Girardi: Marxismus

Gefahr mit sich, die Welt nicht mehr als eine „in sich ruhende Wirklichkeit ...", in welcher der Mensch lebt, und mit der er sich auseinandersetzen muß" (ebd.), anzuerkennen, da eine „ganz auf den Einzelmenschen bezogene Haltung" (ebd.) die Existenz des Menschen als Bezugspunkt der Welt interpretiert. *Wenn* freilich Ethik nicht mehr ontologisch begründet würde und man von der Existenz des Menschen nicht bis zu seiner Essenz vordringen wollte, müßte man diese Denkenthaltung als unmarxistisch ablehnen. Gerade die unabhängig vom Menschen und vor ihm bestehende Wirklichkeit würde in solcher moralistisch verengten Perspektive übersehen.[5]

Die Besinnung auf das Individuum und das Bestehen von unterschiedlichen kosmozentrischen und anthropozentrischen Interessenrichtungen schließt jedoch nicht notwendig die Leugnung der einheitlichen marxi-

---

und Christentum, Wien 1968, 187—190. Eine andere Einteilung der marxistischen Strömungen trifft A. Künzli: Marxismus im Wandel, In: NF 1967, 707—715. Zu den Bewegungen in der sowjetischen Philosophie vgl. u. a. I. M. Bocheński: On philosophical Dialogue, In: SST 1966, 243—259; H. Dahm: Die Dialektik im Wandel der Sowjetphilosophie, Köln 1963; E. Huber: Um eine „dialektische Logik", Diskussionen in der neueren Sowjetphilosophie, München—Salzburg 1966; K. Marko: Evolution wider Willen, Die Sowjetideologie zwischen Orthodoxie und Revision, Graz—Wien—Köln 1968; Ders.: Fortschritt gut getarnt, Zur Entwicklung der Sowjetphilosophie, In: NF 1968, 743—747; Ders.: Philosophie in der Sowjetunion heute, Der Wandel in der Einschätzung der poststalinistischen Ideologie, In: „Wort und Wahrheit", Zeitschrift für Religion und Kultur, Freiburg 1969/1/26—37. Eine Kurzbeurteilung der philosophischen Lage in der Sowjetunion bietet C. Gerstenmaier in den redaktionellen Notizen in O-P 1968, 360 und 1969, 120.

5 Eine Neigung „anthropozentrisch" ausgerichteter marxistisch-leninistischer Denker in Polen und der ČSSR zu der bereits „jenseits" stehenden jugoslawischen Zeitschrift „Praxis" ist wohl unverkennbar. In einem Vergleich mit der eher „kosmozentrisch" ausgerichteten Moskauer Zeitschrift „Fragen der Philosophie" macht jedoch I. M. Bocheński darauf aufmerksam, daß auch „machtvolle und interessante Entwicklungen in der sowjetischen Philosophie einsetzen" (On „Praxis", In: SST 1967, 65). H. Dahm weist darauf hin, daß man eine „kritische Aufmerksamkeit ... besonders in der Sowjetunion dem Widerstand gegen die positivistische und existentialistische Gefahr zuwendet" (Marxistische Philosophie — Erkenntnis und Existenz, 598 f.).

stisch-leninistischen Basis durch die Anthropozentriker ein, mag der Zusammenhang von Individuum und Gesellschaft auch vom ersteren her akzentuiert und der Zusammenhang zwischen historischem und dialektischem Materialismus oft nur angedeutet sein.[6] Vom Subjekt her ist schließlich alle Philosophie anthropozentrisch, da nur der Mensch philosophieren kann und die marxistische insbesondere, da sie sich als Anleitung zum Handeln des Menschen versteht. Anthropozentrik und Kosmozentrik innerhalb der marxistisch-leninistischen Philosophie gründen gemeinsam in *Materialismus* und *Atheismus,* sie unterscheiden sich allenfalls vom Objekt des Philosophierens her, von ihrem menschlichen oder außermenschlichen Gegenstandsbereich. Das Objekt der Frage nach dem Sinn des Lebens ist das „Zentrum des Menschen", aber gerade das Zentrum läßt sich nur aus dem Gesamtzusammenhang — auf den daher diese Studie ausführlich eingehen muß — *als Zentrum* bestimmen. So sind die Autoren, auf die ich mich berufe, „Anthropozentriker", aber damit noch keine Existentialisten. Daß Anthropozentrik und Existentialismus nicht identisch sind, bestätigt ein so exponierter Denker wie Milan Prucha: „Der Mensch kann nicht zum festen Ausgangspunkt der Philosophie werden."[7]

Oder wird die gemeinsame Diskussionsbasis etwa durch den Vorwurf des *Revisionismus* zerstört, der aus dem sozialistischen Lager bisweilen gegenüber marxistischen Theoretikern erhoben wird? In der Augustnummer 1968 der Moskauer „Fragen der Philosophie" grenzt M. T. Iovčuk zu-

---

6 So stellt K. Kosík in einer Anmerkung leichthin die Frage: „Warum soll) *nur* der Geist und nicht auch die Materie die Eigenschaft der Negativität haben?" (Die Dialektik des Konkreten, Eine Studie zur Problematik des Menschen und der Welt, Frankfurt/M. 1967, 29 Anmerkung 10). Schon eingehender bemüht sich P. M. Egides um den Aufweis der Verbindung des historischen mit dem dialektischen Materialismus in seinem Aufsatz: Osnovnoj vopros ètiki kak filosofskoj nauki i problema nravstvennogo otčuždenija / Die Grundfrage der Ethik als philosophischer Wissenschaft und das Problem der sittlichen Entfremdung /, Im Sammelband (Hrsg. G. D. Bandzeladze): Aktual'nye problemy marksistskoj ètiki (Sbornik statej) / Aktuelle Probleme der marxistischen Ethik (Eine Sammlung von Aufsätzen) /, Tbilisi 1967, 69 f. Anmerkung 1.

7 M. Prucha: Vom Sinn des praktischen Humanismus, Im Gemeinschaftsband christlicher und marxistischer Dialogpartner: Christliche Humanität und marxistischer Humanismus, Dokumente der Paulus-Gesellschaft Band XVII, München 1965, 324.

nächst die Vertreter der „marxistisch-leninistischen Philosophie"[8] von denen einer „zeitgenössischen Marxologie" (ebd.) ab. Letztere kennzeichnet er vor allem als eine Konzeption, in der „durch Entstellung der Lehre von Marx der Versuch gemacht wird, aus ihr das revolutionäre, kommunistische Wesen zu beseitigen" (ebd.) und reagiert sehr empfindlich auf das angebliche Unterfangen, „‚ein trojanisches Pferd‘ ins sozialistische Lager einzuschmuggeln".[9] Eine solche Ablehnung erfährt nicht nur die westliche Kommunismuskritik, sondern auch jene Gruppe von Denkern, die als „anthropologische Humanisten"[10] nur den jungen Marx akzeptiert, so in der Zeit nach dem Zweiten Weltkrieg „eine Reihe jugoslawischer Philosophen von der Zeitschrift ‚Praxis‘ wie auch einiger westlicher Philosophen, die eigentlich keine Marxisten sind (J. P. Sartre, E. Fromm, E. Bloch, H. Lefèbvre, H. Marcuse u. a.)" (ebd.). Nach einem ersten Warnschuß durch M. B. Mitin in der Januarnummer des gleichen Jahres[11] bricht im Dezemberheft der „Fragen der Philosophie" D. I. Česnokov mit seinem Artikel „Die Verschärfung des ideologisch-politischen Kampfes und der zeitgenössische philosophische Revisionismus"[12] endgültig den Burgfrieden auch innerhalb der marxistisch-leninistischen Philosophie. Spricht Iovčuk mit dem Begriff „zeitgenössische Marxologie" nur das außerhalb des sozialistischen Lagers stehende Denken an, so trägt Česnokov nun mit dem Begriff „zeitgenössischer Revisionismus" den Kampf ins eigene Lager, denn darunter fallen „jene Kräfte und Gruppen, die in Theorie, Politik und Taktik auf die Positionen der Bourgeoisie abgleiten, ohne die formalen Bindungen an den Kommunismus abzubrechen".[13] Zu diesen angeblich Abtrünnigen, die „meistens die Kritik am Marxismus-Leninismus, an seinen philosophischen Prinzipien als Kampf gegen den ‚Stalinismus‘ tar-

---

8 M. T. Iovčuk: Marksistsko-leninskaja filosofija i sovremennaja marksologija / Die marxistisch-leninistische Philosophie und die zeitgenössische Marxologie /, In: VF 1968/8/3.

9 Ebd. 4. 10 Ebd. 5.

11 M. B. Mitin: Nekotorye problemy razvitija dialektičeskogo materializma v posleoktjabr'skuju épochu / Einige Probleme der Entwicklung des dialektischen Materialismus in der Epoche nach der Oktoberrevolution /, In: VF 1968/1/14—24.

12 D. I. Česnokov: Obostrenie idejno-političeskoj bor'by i sovremennyj filosofskij revizionizm / Die Verschärfung des ideologisch-politischen Kampfes und der zeitgenössische Revisionismus /, In: VF 1968/12/3—14.

13 Ebd. 3. 14 Ebd. 4. 15 Ebd. 5. 16 Ebd. 4. 17 Ebd. 5.

nen",[14] zählt Česnokov auch Kolakowski aus Polen und Prucha aus der ČSSR.[15] Letztlich richte sich ihre Neuerungsbestrebung „gegen die Grundsätze der marxistisch-leninistischen Philosophie":[16] „Das hat schon nichts mehr mit einem Kampf gegen Erscheinungen von Dogmatismus in der marxistischen Philosophie zu tun, sondern ist Kampf gegen ihre Grundprinzipien."[17] Mißtrauisch zum bisherigen Dialog zwischen Christen und Marxisten Stellung nehmend, macht Česnokov auch nicht halt vor Roger Garaudy und seinen marxistischen Freunden: „Sie gehen an den Dialog wie an ein Geschäft heran, es ist für sie von vornherein eine abgemachte Sache, diese oder jene Grundsätze gegen Grundsätze des Gegners einzutauschen. Um einen solchen Dialog handelt es sich bei Prucha ... und eigentlich auch bei Garaudy."[18]

Worauf zielt aber der Vorwurf des Revisionismus letztlich ab? Indem Česnokov den „Inhalt der neorevisionistischen Auffassungen"[19] kennzeichnet, stellt er an die Spitze seiner Verurteilung das „Abweichen vom Klassenstandpunkt" (ebd.) und die Tatsache, daß ein Teil von ihnen „gegen die Einheit von Philosphie und Politik auftritt" (ebd.): „Die Revisionisten trennen die Philosophie von den Prozessen des Klassenkampfes und von der Politik ..."[20] Von einem „klaren und parteilichen, zutiefst wissenschaftlichen Herantreten"[21] an eine ideologische Erscheinung her trifft — nach L. N. Mitrochin — der Vorwurf des Revisionismus letztlich nicht nur das irrige Bewußtsein eines Einzelnen, der sich der Führung durch die Partei entzogen hat, sondern

---

18 Ebd. 7. Wir berufen uns in unserer Studie auf R. Garaudy als einzigen westeuropäischen Marxisten-Leninisten, da bis vor kurzem auch in der Sowjetunion Übersetzungen seiner Veröffentlichungen erschienen und er Mitarbeiter der sowjetischen „Philosophischen Enzyklopädie" ist. Sein Denken steht dem mancher tschechoslowakischer Philosophen am nächsten. Durch seine eindeutige Stellungnahme zu dem sowjetischen Vorgehen in der ČSSR hat Garaudy sich allerdings über die Grenze des für die sowjetische Parteiführung Erträglichen hinaus ausmanövriert. Vgl. dazu R. Garaudy: (Breschnjew, abtreten!) In: NF 1968, 519; Ähnlich M. Machovec: (Panzersozialismus) In: NF 1968, 520—521.

19 D. I. Česnokov: Obostrenie idejno-političeskoj bor'by ... 5.

20 Ebd. 8.

21 L. N. Mitrochin: XIV Meždunarodnyj filosofskij kongress, Zametki o filosofskom kongresse / Der XIV. Internationale Kongreß für Philosophie, Bemerkungen zum Kongreß für Philosophie /, In: VF 1969/ 1/141.

gerade das gesellschaftliche Sein einer bestimmten Gruppe innerhalb des sozialistischen Lagers: „Das Unverständnis oder, genauer gesagt, die Entstellung der strengen wissenschaftlichen Prinzipien des Marxismus hat klassenbedingte Gründe, und seine ‚nationale‘ Form läßt sich nicht im Rahmen des Verhältnisses ‚Mensch—Idee‘ begreifen, wenn man nicht jenen gesamten politisch-ideologischen Kontext in die Untersuchung einbezieht, in dem derartige Formen entstehen und gesellschaftliche Bedeutsamkeit erlangen." (Ebd.) Der Begriff „Revisionismus" hat daher zuerst einen politisch-gesellschaftlichen und erst in abgeleiteter Bedeutung einen theoretisch-individuellen Vorwurf zum Inhalt. Abgesehen von der Unschärfe, wer Revisionist ist und wer nicht,[22] ersetzt diese vulgärsoziologische Argumentation die Wahrheit des Denkens durch eine vorgängige Parteilichkeit des Handelns.[23] *Der Begriff „Revisionismus" erweist sich daher als philosophisch irrelevant.* Er hat einen politischen Vorwurf zum Inhalt und ist nicht interessiert an theoretischer Wahrheit, betrifft daher willkürlich, d. h. ohne Angabe philosophischer Kriterien möglicherweise auch eine *Re-vision auf die Grundlagen* des Marxismus-Leninismus und nicht erst eine *Revision der Grundlagen*.[24]

---

22 Nachdem Česnokov aus einer Stellungnahme Bocheńskis über gegenwärtige Tendenzen im Marxismus u. a. die Namen von H. Eilstein, L. Kolakowski, A. Schaff und K. Kosík zitiert hat, räumt er dennoch ein, es ließe sich „darüber streiten, ob man einige der Philosophen, die wirklich ernste Fehler begangen haben, zu den Revisionisten rechnen" dürfe (Obostrenie idejno-političeskoj bor'by . . ., 4).

23 I. M. Bocheński unterscheidet als drei Rangstufen im Marxismus-Leninismus: Basisdogma, systematischen Überbau und minder wichtige Lehren (The three components of Communist Ideology, In: SST 1962, 7). Die Parteilichkeit ordnet er darin dem Basisdogma zu (On Partijnost' in Philosophy [I], In: SST 1965, 1).

24 Vgl. auch N. Lobkowicz: „Revisionismus ist eine Abweichung von bestimmten Grundideen der Klassiker, *wie sie von der Partei zum gegebenen Moment ausgelegt werden.* Weder die Partei selbst noch ihre aktuellen Repräsentanten können als Revisionisten bezeichnet werden." (Philosophical Revisionism in Post-War Czechoslovakia, In: SST 1964, 93.) Daher gilt der allgemeine Grundsatz: „Eine Revision ist revisionistisch, wenn immer sie sich in Gegensatz stellt zu den politischen Absichten und den Tageszielen der Partei oder einen solchen Konflikt heraufbeschwört." (Ebd.). Vgl. auch E. Lemberg: Reformation im Kom-

Da es sich bei dieser Untersuchung nicht um ein politisches Manifest, sondern um eine philosophische Studie handelt, ist der manche der zitierten Autoren treffende Vorwurf des Revisionismus kein ausreichender Grund, ihre Gedanken zum Sinn des Lebens als unmarxistisch abzutun. Vielmehr kommt in der Breite der entwickelten Gedanken erst zum Ausdruck, *daß aus derselben marxistisch-leninistischen Grundlage unterschiedliche Folgerungen gezogen werden.*

Ich lege daher den Schwerpunkt der Untersuchung auf die Aussagen sowjetischer Autoren[25] und berücksichtige zugleich die Tatsache, daß der Anstoß zum Durchdenken der Frage nach dem Sinn des Lebens von polnischen Marxisten ausgeht und bei tschechoslowakischen Marxisten die weitestgehenden Folgerungen für das Humanismusproblem nach sich zieht, während von Denkern der DDR kaum ernsthafte Veröffentlichungen zu diesem Thema vorliegen. Bildlich könnte man Leszek Kolakowski und Milan Machovec als die Grenzsteine bezeichnen, die das Problemfeld der Sinnfrage im mittel- und osteuropäischen Marxismus markieren.

Die hier vertretene These von einer Zusammengehörigkeit der genannten marxistischen Denker mag sich allerdings aus deren eigenem geistigen Weg heraus selbst überholen. Philosophische Positionen werden ja überprüft, modifiziert und notfalls gewechselt. Dieser Wandel voll-

---

munismus? Ideologische Wandlungen im Marxismus-Leninismus Ostmitteleuropas, Stuttgart 1967.

25 Um einen Einblick in das gedankliche Vorgehen sowjetischer Denker zu geben, habe ich zu dieser Studie als Dokumentation eine Übersetzung dreier Aufsätze und einer Leserdiskussion angefertigt: P. M. Egides: Marksistskaja ėtika o smysle žizni / Die marxistische Ethik über den Sinn des Lebens /, In: VF 1963/8/25—36 (Anhang I); G. K. Gumnickij: Smysl žizni, sčast'e, moral' / Sinn des Lebens, Glück und Moral /, In: VF 1967/5/102—105 (Anhang II); B. T. Grigor'jan: Dlja čego živёt čelovek? / Wofür lebt der Mensch? /, In: NR 1964/7/62—69 und Leserbriefe der daran anschließenden Diskussion „Gespräch über den Sinn des Lebens", In: NR 1964/9 bis 1965/6 (Anhang III). Gumnickij kritisiert die Auffassung Egides' und sucht in der Pflicht zum Einsatz für die Gesellschaft das Recht des Menschen auf Glück zu wahren. Grigor'jans einführender Aufsatz beeindruckt durch die Eindringlichkeit der Fragestellung, und die anschließenden Briefe an die atheistische Zeitschrift „Wissenschaft und Religion" zeigen die große persönliche Offenheit der russischen Leser, die ihre marxistischen oder auch christlichen Überzeugungen bekennen.

zieht sich aber in einem lebendigen Wechselspiel personaler und sozialer Kräfte, das der Betreffende kaum total reflektiert oder gar in seinen einzelnen Stadien durch umfassende Bekenntnisse oder Absagen an bisherige Auffassungen markiert. Die Zuordnung mancher Denker zur Gruppe der Marxisten-Leninisten stellt daher nicht ihre Fixierung in ein Schema dar, das den Anspruch bleibender Gültigkeit erhöbe; aus meiner Differenzierung ihrer Meinungen im Verlauf der Untersuchung dürfte diese Einschränkung ersichtlich werden.

Wahrscheinlich erweist die Frage nach dem Sinn des menschlichen Lebens auch eine *geistige Zentrifugalkraft,* die das Zentrum des Philosophierens vom Verharren in der Parteilichkeit in die Suche nach der Wahrheit verlegt, um von der Wahrheit der Wirklichkeit her das Leben besser zu verstehen und zu bestehen. Die Maßregelungen von Kolakowski[26] und Schaff,[27] die Kritik an Garaudy und Prucha[28] sowie die offizielle Zurückweisung der jüngsten Äußerungen von P. M. Egides zum Sinn des Lebens[29] lassen diesen Schluß als kaum voreilig erscheinen. Die Grenzgänger zwischen Philosophie und Ideologie mögen dem eigenen Apparat wie auch Menschen anderer Überzeugung gleicherweise suspekt sein. Eine Humanisierung erstarrter Verhältnisse ist jedoch nur von ihnen zu erwarten.

---

26 Vgl. dazu L. Kolakowski: (Was ist nicht Sozialismus?), In: NF 1967, 705—706; Ders.: (Staat tötet Kunst) Rede auf dem polnischen Schriftstellerkongreß 1968 (Mitschrift), In: NF 1969, 103—104; G. Bartsch: Djilas und Kolakowski (I. Teil), In: OE 1965, 289—295 und (II. Teil) 1965, 385—392; P. K. Raina: (Der Fall Kolakowski), In: NF 1967, 209—219; (Gruß an Warschau), In: NF 1968, 289—291; H. Laeuen: Die Märzunruhen in Polen und ihre Folgen, In: OE 1969, 1—17; Ders.: „Partisanen" gegen „Zionisten", In: OE 1969, 110—124.

27 Vgl. dazu H. Laeuen: Der intellektuelle Aderlaß, In: OE 1969, 198—204. Laeuen betont, daß sich Adam Schaff, „einst Chefideologe der Partei, ... verdächtig machte, als er über den ‚Sinn des Lebens' nachdachte und nach Meinung der Partei einer ‚antikollektivistischen' Individualphilosophie verfiel" (ebd. 199).

28 Vgl. Anmerkungen 11 und 12.

29 V. Kolbanovskij, V. Efimov: Putanica pod vidom razrabotki teorii / Konfuses Zeug unter dem Vorwand der Erarbeitung einer Theorie /, In: „Kommunist", Halbmonatsschrift, Moskau 1968/14/119—126; N. A. Golovko, V. S. Markov: Za naučnost' i konkretnost' v razrabotke problem ėtiki / Um Wissenschaftlichkeit und Konkretheit bei der Erarbeitung von Problemen der Ethik /, In: VF 1968/8/148—155.

Die Suche nach dem Sinn des menschlichen Lebens verbindet Denker aus Polen, der ČSSR, der DDR und der Sowjetunion — mögen sie als Revisionisten geächtet sein oder noch ungehindert wirken — durch ähnliche Gedankengänge und Denkergebnisse. Wie Arnold Buchholz unlängst dargelegt hat, zieht das Durchdenken der bisherigen „leeren Felder" des Marxismus-Leninismus, wie z. B. der Frage nach dem Sinn des Lebens, „tiefgreifende Folgen für die Ideologie und das ganze geistige Leben"[30] nach sich. In der ČSSR wurde bereits — wenn auch vorübergehend gewaltsam blockiert — „die große Aufgabenstellung einer Synthese von sozialistischer Gesellschaftsordnung und geistiger Freiheit"[31] in Angriff genommen. Ich teile aber auch hinsichtlich der Sowjetunion die begründete Überzeugung Gustav A. Wetters, daß die „neuen philosophischen und anthropologischen Strömungen"[32] im Marxismus-Leninismus eine Kraft erlangt haben, die auf die Dauer nicht unterdrückt werden kann, „daß wir in absehbarer Zukunft auch innerhalb der Sowjetunion eine tiefgreifende Umorientierung auf kulturellem und vielleicht auch auf gesellschaftspolitischem Gebiet erwarten können, sobald die junge Generation, die die Revolution nicht mehr erlebt hat, in die führenden Positionen nachrückt" (ebd.). Die vorliegende Untersuchung führt nicht diese Hoffnung als Argument ins Feld, sondern Argumente für sie; sie argumentiert nicht auf die Prognose einer inneren Zersetzung der Sowjetunion hinaus, sondern sucht die Möglichkeit ihrer *Selbsterneuerung aus dem humanistischen Potential des Marxismus und aus den geistig-weltanschaulichen Kräften der russischen Geschichte* aufzuweisen.

Das Zustandekommen dieser Arbeit ist nicht allein mein Werk. Ich danke aufrichtig meinen Eltern für die großzügige Ermöglichung meines Studiums, Herrn Dr. Konstantin von Karmasin für die unermüdliche Hilfe bei meinen Schwierigkeiten mit seiner russischen Muttersprache, Herrn Dompropst Dr. Johannes Weinand für seine selbstverständliche Gastfreundschaft im Seminar zu Münster und Herrn Dr. Helmut Dahm für seine Bemühungen um die Drucklegung dieser Studie.

---

30 A. Buchholz: Die große Transformation, Stuttgart 1968, 149. Ausführlich legt der Verfasser seine Prognosen über die möglichen geistigen Wandlungen im Kommunismus in seinem Aufsatz dar: Thesen zur geistigen Problematik des Zukunftskommunismus, In: SST 1963, 134—138.
31 A. Buchholz: Die große Transformation, 153.
32 G. A. Wetter nach einem Interview, Zitiert in der Wochenschrift „Christ in der Gegenwart", Freiburg/Br. 1968/37/299.

Dem Bundesinstitut für ostwissenschaftliche und internationale Studien (Köln) sowie der Westfälischen Wilhelms-Universität (Münster) bin ich für die Gewährung eines Förderungsbeitrages zur Herausgabe der vorliegenden Untersuchung gleichfalls zu Dank verpflichtet.

Ich widme dieses Buch meinem verehrten Lehrer, Herrn Professor Antanas Maceina, der mich in meinem wissenschaftlichen Bemühen mit liebenswürdiger Geduld und fordernder Genauigkeit anleitete.

Essen, den 15. Juni 1970

Hans Friedrich Steiner

Mein Freund,
die wirkliche Wahrheit
ist immer unwahrscheinlich,
wissen Sie das?
Um die Wahrheit wahrscheinlicher zu machen,
muß man ihr unbedingt ein wenig Lüge beimischen.
Die Menschen halten es ja auch immer so.

Stepan Trofimovič Verchovenskij
(Dostojevskij: Die Dämonen)

EINFÜHRUNG

Das Aufbrechen der Sinnfrage im Marxismus-Leninismus

1. DIE ENTSTEHUNG DER SINNFRAGE

Von den westlichen Denkern, die sich um ein philosophisches Verständnis des Marxismus bemühen, geht Arnold Buchholz mit besonderem Interesse der Sinnfrage im Marxismus nach. Auf internationalen Philosophiekongressen fand er Gelegenheit, innerhalb und außerhalb der Sowjetunion diese Problematik zu diskutieren. So berichtet er von einem Gespräch, in welchem er 1954 in Zürich sowjetischen Philosophen die Frage nach dem Sinn der Welt stellte. „Zunächst wurde die Antwort vorgebracht, daß der Sinn des Lebens in der Beteiligung an gesellschaftlichen Zielen und insbesondere in der Errichtung des Kommunismus liege. Als ich deutlich machen konnte, wie die übergeordnete Frage nach dem Sinn der Welt aufzufassen ist, stellte ein namhafter sowjetischer Philosoph die vom Positivismus her kommende Gegenfrage: ‚Hat denn die Sinnfrage überhaupt einen Sinn?‘"[33] Dieses Gespräch zeigt bereits die oft bei Marxisten festzustellende Tendenz, den Sinn des Lebens im Aufbau des Kommunismus zu fixieren, und das westliche Bestreben, die Frage nach dem Sinn des Lebens von der Lösung einer angeblich „übergeordneten Frage nach dem Sinn der Welt", d. h. der „totalen Sinnfrage" (ebd.), von einem „totalen Sinn des Daseins"[34] oder „allgemeinen Sinn des Seins und des Universums"[35] abhängig zu machen.

In seiner Einführung in das marxistisch-leninistische Verständnis des Menschen „Sowjetische Ethik und Christentum" widmet desgleichen Antanas Maceina, ein Kenner der russischen Geistesgeschichte und der sowjetischen Philosophie, einen Abschnitt dem Sinn des Lebens. Auch Maceina vertritt die Auffassung, der Sinn des einzelnen Menschenlebens sei vom Bestehen eines allgemeinen Sinnes der Menschheit abhängig:

---

33 A. Buchholz: Der Kampf um die bessere Welt, Ansätze zum Durchdenken der geistigen Ost-West-Probleme, Stuttgart 2. Aufl. 1962, 159.

34 K. Rahner: Marxistische Utopie und christliche Zukunft des Menschen, Im Gemeinschaftsband von R. Garaudy, J. B. Metz, K. Rahner: Der Dialog oder Ändert sich das Verhältnis zwischen Katholizismus und Marxismus? Reinbek bei Hamburg 1966, 19.

35 G. Girardi: Marxismus und Christentum, 174.

„Um den Sinn der persönlichen Existenz zu retten, müssen wir den Sinn des Daseins als solchen anerkennen."[35a] Der Autor macht jedoch des weiteren auf einen wichtigen Unterschied aufmerksam. Er verweist darauf, daß die marxistischen Ethiker zwar solchen *universalen* Sinn — im übrigen mit ersichtlich guten Gründen — ablehnen, jedoch einen *objektiven* Sinn des Lebens anerkennen. Objektiv ist dieser Sinn insofern, als er nicht von dem Belieben und der Willkür des Subjektes abhängt. „Der Sinn des Lebens ist etwas Überindividuelles: er bestimmt den Willen des einzelnen und läßt sich nicht von diesem bestimmen."[35b] Ein allgemeiner Sinn des Daseins müßte sich darüber hinaus auf die Gesamtheit von Natur und Geschichte erstrecken. Er wäre nicht nur etwas Über-individuelles, sondern auch etwas Über-soziales. Nach Maceina: „Das ist der universale Sinn der Welt." (Ebd.) In eben dieser Spannung zwischen Anerkennung des objektiven Lebenssinnes und Ablehnung eines universalen Weltsinnes sucht die marxistische Philosophie nach einer Lösung, die auch der existentiellen Sorge des Menschen um sich selbst Rechnung trägt.

Ein historischer Überblick über die relativ kurze Geschichte des Sinnproblems im Marxismus-Leninismus zeigt, daß erst in jüngster Zeit Arbeiten marxistischer Denker der Frage nach dem Sinn des menschlichen Lebens gewidmet sind. Während im Westen das Sinnproblem als Frage nach dem Sinn des Lebens[36] oder als Frage nach einem Sinn der Ge-

---

35a A. Maceina: Sowjetische Ethik und Christentum, Zum Verständnis des kommunistischen Menschen, Witten 1969, 138.

35b Ebd. 139.

36 Vgl. u. a. J. Santeler: Vom Sinn des menschlichen Seins, Eine philosophische aber allgemeinverständliche Orientierung, Wien 1947; B. von Brandenstein: Leben und Tod, Grundfragen der Existenz, Bonn 1948; J. Fischl: Was ist der Mensch? Versuch einer Sinndeutung des Lebens und der Geschichte, Graz—Wien 1948; R. Köhler: Der Sinn im Widersinn des Schicksals, Kiel 1953; R. Lauth: Die Frage nach dem Sinn des Daseins, München 1953; E. Coreth: Grundfragen des menschlichen Daseins, Innsbruck—München 1956; R. Wisser (Hrsg.): Sinn und Sein, Ein philosophisches Symposion, Fritz-Joachim von Rintelen gewidmet, Tübingen 1960; G. Scherer: Absurdes Dasein und Sinnerfahrung, Über die Situation des Menschen in der technischen Welt, Essen 1963; H. Reiner: Der Sinn unseres Daseins, Tübingen, 2. Aufl. 1964; M. Müller: Über Sinn und Sinngefährdung des menschlichen Daseins, Maximen und Reflexionen, Im Sammelband (Hrsg. M. Müller): „Philosophisches Jahrbuch", 74. Jahrgang / 1. Halbband, München 1966.

schichte[37] von unterschiedlichen philosophischen Ansätzen aus längst aufgegriffen ist, hält sich die marxistische Philosophie in der Behandlung dieses Themas lange zurück.

Das langanhaltende Schweigen zur Frage nach dem Sinn des Lebens hat freilich Kritik seitens nichtmarxistischer Denker zur Folge. Arnold Buchholz bemängelt, daß „weder bei den Klassikern des Marxismus noch in den großen philosophischen Lehrbüchern diese in umfassender Weise gestellt oder behandelt wird";[38] es bedürfe schon spezieller Nachforschungen in der philosophischen Literatur, „um wenigstens eine annähernde Vorstellung von den Antworten oder Antwortmöglichkeiten" (ebd.) des Marxismus zu erhalten. Eben dieses Bruchstückhafte der vorliegenden marxistischen Antworten auf die Sinnfrage und ihre Behandlung am Rande wird ihrer Wichtigkeit nicht gerecht, wie Buchholz ausführt. Im Vergleich mit anderen Konzeptionen, in denen die Sinnfrage oft als die „oberste philosophische Frage" bezeichnet wird, ist ihm die marxistische Untersuchung dieses Problems zu dürftig, und ihm erscheint jedenfalls „die Feststellung gerechtfertigt, daß eine Philosophie, welche bis zu einer umfassenden Einbeziehung der Sinnfrage beziehungsweise der dahinter stehenden Probleme nicht vorgedrungen ist, ein großes ‚leeres Feld' aufweist".[39]

Bemängelt Buchholz nur das faktische Fehlen einer expliziten Sinnproblematik in der marxistischen philosophischen Literatur, so geht Helmut Gollwitzer einen Schritt weiter: Es sei dem Marxismus von seinem Ansatz her *unmöglich*, die Frage nach dem Sinn des Lebens zu klären, da in ihm „notwendigerweise" diese Sinnfrage bereits „reduziert gestellt und beantwortet"[40] werde. Allerdings ohne auch nur eine einzige neuere marxistische Veröffentlichung zum Thema anzuführen, behauptet er: „Wer sie mit dem Hinweis auf die Funktion des Einzel-

---

37 Vgl. u. a. Th. Litt: Die Frage nach dem Sinn der Geschichte, München 1948; H. J. Baden: Der Sinn der Geschichte, Hamburg 1948; K. Jaspers: Vom Ursprung und Ziel der Geschichte, München 1949; N. A. Berdiajew: Der Sinn der Geschichte, Versuch einer Philosophie des Menschengeschickes, Tübingen 1950. (Diesem Buch liegen Vorlesungen zugrunde, die N. A. Berdjaev noch im Winter 1919/1920 an der Moskauer Freien Akademie für Geisteskultur halten konnte.)
38 A. Buchholz: Der Kampf um die bessere Welt, 156.
39 Ebd. 155.
40 H. Gollwitzer: Die marxistische Religionskritik und der christliche Glaube, In: MS 4,92.

lebens für die Gattung beantwortet, widerspricht damit dem Anspruch auf humanistisches Denken . . ." (Ebd.) Indem er dem Marxismus unterstellt, ihm bleibe keine andere Möglichkeit als eben diese Funktionalisierung des Einzellebens für das Gattungsleben, wähnt er sich zu einem grundsätzlichen Urteil über das marxistische Denken vom Menschen berechtigt, denn daran, „ob man einen solchen Hinweis für eine Antwort und noch dazu für eine ausreichende hält, fallen also letzte Entscheidungen über das Denken vom Menschen, über das Erreichen der menschlichen Wirklichkeit" (ebd.). Dieser Vorwurf gipfelt in der Behauptung, der Marxismus betreibe eine willkürliche Sinnsetzung und erscheine damit als „hochgradiger Subjektivismus",[41] als „Vorform des Nihilismus":[42] „Der Marxismus erkennt zwar die Drohung des Nihilismus, vor allem in der Gestalt des Faschismus; indem er sie aber mit unzulänglichen Mitteln bekämpft, ist er schon auf dem Wege, ihr zu verfallen." (Ebd.)

Ähnliche Vorwürfe treffen den Marxismus aus dem geistigen Raum der russischen Religionsphilosophie, deren besonderes Anliegen das Sinnproblem ist, so daß der Sinnbegriff als „der *höchste Begriff* der Philosophie, den man an die Stelle des Seins setzen muß",[43] bezeichnet wird. Von diesem geistigen Standort aus bestreitet Nikolaj A. Berdjajev dem Marxismus die innere Möglichkeit, auf die Sinnfrage eine Antwort zu geben. Liefert sich nach Gollwitzers Meinung der Marxismus aufgrund seines falschen Ansatzes der Sinnfrage dem Nihilismus aus, so bestimmt Berdjajev den Ökonomismus als die Pseudoantwort auf eine ins Nichts stoßende Sinnfrage: „Die ‚Idee' des Proletariats, in deren Namen so viel Blut vergossen wird und die ihre Anhänger in den Bann einer so fanatischen Ergebenheit schlägt, erweist sich als vollkommen inhaltslos. Sie spricht von den Mitteln zum Leben, aber nicht vom Leben selbst. Bis zum Lebenszweck dringt der Sozialismus nicht vor."[44] Berdjajev äußert seine Ansicht, das Ziel des Kommunismus, sein konkreter Zweck, liege nur in der Sozialisierung der Produktionsmittel und kritisiert: „Die Sozialisierung der Produktionsmittel kann doch nicht Zweck und

---

41 Ebd. 94. 42 Ebd. 95.

43 N. Alekseev: O vysšem ponjatii filosofii / Über den höchsten Begriff der Philosophie /, In der Zeitschrift: „Put'", Organ russkoj religioznoj mysli / „Der Weg", Organ des russischen religiösen Denkens /, Paris 1937/53/41.

44 N. Berdiajew: Das neue Mittelalter, Betrachtungen über das Schicksal Rußlands und Europas, Tübingen 2. Aufl. 1950, 128.

Inhalt des Lebens sein. In der Ökonomik findet sich nichts, was zu den Zwecken und nicht zu den Mitteln des Lebens gehört. Die wirtschaftliche Gleichheit ist kein Lebensziel und kein Lebensinhalt. Die organisierte materielle produktive Arbeit, die vom Sozialismus vergöttert wird, ist gleichfalls kein Zweck und kein Inhalt des Lebens. Diese Anbetung der qualitätslosen materiellen Arbeit ist aus dem Verlust eines Zieles und Sinnes des Lebens geboren. Die Ziele des Menschenlebens sind in der Zeit, die den Sozialismus hervorgebracht hat, erloschen und sind endgültig durch die Mittel zum Leben ersetzt worden."[45] Berdjajev begründet diese Auffassung: „Die Ziele des Lebens und der Inhalt des Lebens können nur geistig, nicht aber sozial sein, sie lassen sich nicht in politischen und wirtschaftlichen Formen erschöpfen. Keine soziale und politische Ideologie gelangt zu einem wahren Inhalt, wenn sie ihn nicht im geistigen Leben, in der Unterwerfung aller sozialen und politischen Formeln unter einen geistigen Zweck findet." (Ebd.) Von dieser angeblichen theoretischen Unfähigkeit des Marxismus, eine Antwort auf die Frage nach dem Sinn des Lebens geben zu können, schließt der Autor auf das praktische Leben der Marxisten: „Diese Menschen, hinausgeworfen auf die Oberfläche des sozialen Kampfes, haben in ihrer Seele alle Fragen nach dem Sinn des menschlichen Daseins, nach dem Schicksal der Persönlichkeit vor dem Angesicht der Ewigkeit paralysiert. Leiden, Tod, Ewigkeit und Vergänglichkeit — das sind Problemkreise, die im Bereich der Sowjet-Philosophie verpönt sind, weil die Sowjetdenker sich den Zeitfragen restlos ausgeliefert haben."[46]

Trifft aber dieses vernichtende Urteil allgemein auf den sowjetischen Menschen zu? Der Rußlandkenner Heinz Schewe stellt im Gegenteil fest, daß der „neue Mensch" der sowjetischen Gesellschaft den Grundfragen des Lebens keineswegs ausweicht: „Manchen Beobachtern in der Sowjetunion ... will es scheinen, als ob sich unter den jungen Menschen eine gewisse Unruhe, ein Fragen nach dem tieferen Sinn des Lebens bemerkbar macht."[47] Da er eine Verbindung zwischen der *Unruhe um die Fragen des Lebens* und der *Religiosität* des Menschen sieht, schließt er die Vermutung an: „Könnte dieses Suchen nach den Antworten, die der dialektische Materialismus offenbar nicht zu geben vermag, eines Tages

---

45 Ebd. 127 f.

46 N. Berdiajew: Wahrheit und Lüge des Kommunismus, Darmstadt—Genf 1953, 127.

47 H. Schewe: Berichte aus Moskau, Frankfurt/M. 1967, 147.

zu einem vorsichtig tastenden, skeptisch-bereitwilligen Interesse an der Religion führen?" (Ebd.) So sehr zwar die Kenntnisnahme von den wirklichen Verhältnissen erschwert ist, gibt es auch nach dem Urteil von Antanas Maceina doch „Zeichen und Hinweise, die eine gewisse Religiosität — wenigstens als Sehnsucht, als Fragen und Suchen — bezeugen".[48] Die als Dokumentation III unserer Untersuchung beigefügten Leserbriefe an die Zeitschrift „Wissenschaft und Religion" — die offizielle Monatsschrift zur Propagierung des Atheismus — unterstützen dieses Urteil. Selbst von sowjetischer Seite erhalten wir eine Bestätigung der Auffassung, daß die religiöse Antwort auf die Frage nach dem Sinn des Lebens ihre Anziehungskraft nicht gänzlich eingebüßt hat. „Die religiösen Überbleibsel" — schreibt O. P. Celikova in der Zeitschrift „Sowjetische Pädagogik" — „verderben die Weltanschauung auch eines gewissen Teils der Jugend, vergiften ihr Bewußtsein mit einer antiwissenschaftlichen Ideologie, vermitteln eine verzerrte Vorstellung vom Lebensziel der menschlichen Gesellschaft und jeder einzelnen Persönlichkeit."[48a] Aber zugleich anerkennt die Autorin die Unentrinnbarkeit der Sinnfrage selbst: „Die Frage jedoch, worin das Ziel des Lebens besteht, was die Bestimmung des Menschen ist, ist ja gerade eine der Zentralfragen jeder Moral." (Ebd.)

Wie H. Schewe und A. Maceina stellt auch der Autor eines Werkes aus der russischen Emigrantenliteratur fest, daß die Frage nach dem Sinn des Lebens in der Sowjetunion keineswegs mit Schweigen übergangen wird. Der Verfasser sieht es gerade als ein Kennzeichen der sowjetischen Jugend, daß sie eindringlich nach dem Sinn ihres Lebens fragt. Sie könne sich „mit der materialistischen Formel von Engels, ‚das Leben sei die Existenzform von Eiweißkörpern', nicht zufriedengeben";[49] kennzeichnend sei daher dieses „Suchen nach dem Sinn des Lebens, nach der Sinnerfüllung des Seins. Diskutiert wird über diese Frage in den verschiedenartigsten Gruppen mit der ganzen Leidenschaft jugendlicher Naturen. Um wenigstens einen Teil dieses allgemeinen Stromes zu kanalisieren, sahen sich offizielle Presse, Komsomol und Klubs genötigt, ‚ihre Türen

---

48 A. Maceina: Religiosität im Menschenbild des Kommunismus, In der Zeitschrift: „Paideia", Erziehung und Bildung heute, Heft I, Villingen 1965, 112.

48a O. P. Celikova: Vospitanie idejnoj ubeždёnnosti stroitelja kommunizma / Die Erziehung der ideologischen Überzeugtheit eines Erbauers des Kommunismus /, In: SP 1964/8/13.

49 A. Wolgin: Hier sprechen Russen, Mainz, 1965, 353.

zu öffnen' und sich in die Polemik einzuschalten, was ihnen viele Sorgen und Unannehmlichkeiten bereitete, mit im ganzen jämmerlichen Ergebnissen für sie selbst."[50] Man hält es offensichtlich sogar für notwendig, im Moskauer Verlag für Kinderliteratur ein Buch mit dem Titel „Wofür die Menschen leben"[50a] erscheinen zu lassen, in dem Antworten von Jungen und Mädchen im Pionieralter auf die Frage nach dem Sinn des Lebens gesammelt sind.

Die Einsicht in Dokumente derartiger Diskussionen findet zwar ein lebendiges Suchen auf christlicher wie marxistischer Seite, aber das Suchen muß kein „jämmerliches Ergebnis" für die eine oder andere Seite zur Folge haben, sondern kann zu einer Vertiefung der Frage für beide Seiten führen, wie das „Gespräch über den Sinn des Lebens", das sich ein Jahr lang in der Zeitschrift „Wissenschaft und Religion" hinzieht, verdeutlicht.[51] Ob auf die Dauer eine Festigung des Marxismus oder eine Rückkehr zur Religion einsetzen muß, soll am Beginn unserer Studie noch nicht beurteilt werden. *Wenn* die Sinnfrage allerdings religiösen Ursprungs wäre, könnte sie sogar vom konsequenten Marxismus zu einer Anerkennung Gottes führen. Wolgin ist davon überzeugt: Sie „ist letzten Endes eine religiöse Frage. Die suchende Jugend kommt immer mehr mit der wachsenden religiösen Bewegung der verschiedensten Richtungen in Berührung und findet vielfach hauptsächlich auf moralisch-ethischer Basis Anschluß, — doch greifen diese Kontakte unvermeidlich auch in metaphysische Bereiche über."[52] Die Enttäuschung am konsequent durchdachten Marxismus führt dann nach Ansicht Wolgins zu einer religiösen Erneuerung: „Somit vollzieht sich hier die Wiedergeburt der Religion nicht so sehr von der Wiedererweckung des Glaubens an Gott zur Normierung des Lebens durch ethische Gesetze hin, als, umgekehrt, von moralisch-ethischen Axiomen und Lebenspostulaten zu der unvermeidlichen Anerkennung der geistigen Grundlagen des Seins und des göttlichen Prinzips."[53]
Man mag diese wachsende „Zahl der ‚Suchenden'"[54] auf einem Weg zur Religion sehen oder zu einem vertieften Verständnis des Marxis-

---

50 Ebd. 437.
50a S. Guščev, G. Kazarnovskaja, E. Mogiljanskaja: Dlja čego živut ljudi, Zitiert bei: A. V. Zosimovskij: Nravstvennoe vospitanie i sovremennyj podrostok / Die sittliche Erziehung und der heutige Jugendliche /, In: SP 1966/4/46.
51 Vgl. Dokumentation III.
52 A. Wolgin: Hier sprechen Russen, 437 f.   53 Ebd. 438.   54 Ebd. 353.

mus, jedenfalls stellt das *lebendige Bewußtsein kommunistischer Menschen* die Sinnfrage schon zu einer Zeit, da die *offizielle Philosophie* noch mit ihrer Antwort schweigt. So schreibt der spätere Kommandeur der Tscheka, Feliks È. Dzeržinskij, am 13. Januar 1898 aus dem Gefängnis in Kovno: „Ich kann mit voller Überzeugung sagen, daß ich weitaus glücklicher bin als jemand, der in ‚Freiheit' ein sinnloses Leben führt. Und wenn ich wählen müßte, das Gefängnis oder ein Leben in Freiheit ohne Sinn, so würde ich ersteres wählen. Anders lohnte es sich auch nicht zu existieren."[55] Die gleiche positive Erfahrung eines Sinnes seines Lebens spricht aus dem Brief von Karl Radek, den er am 20. März 1919 an einen Freund schreibt: „Sie wissen, daß ich mutig bin und zu sterben verstehen werde, selbst wenn es so blöd geschehen sollte, in seiner Gefangenenzelle niedergemetzelt zu werden, was bei diesen Zeitläuften so möglich ist. Aber ich liebe das Leben leidenschaftlich wegen seines Sinnes, des Sinns, der selbst im rohesten Kampfe steckt. Drum will ich leben und werde alles tun, um mich zu wehren . . ."[56]

Die Sinnfrage bricht im Bewußtsein des kommunistischen Menschen nicht nur in der zustimmenden Erfahrung des eigenen Lebens auf, sondern auch im Zweifel an seinem Sinn durch widrige Lebensumstände. Dieser bedrückende Zweifel spricht aus dem Tagebuch der jungen Moskauer Komsomolzin Nina Kostërina, die von 1936 bis zu ihrem Tod im Dezember 1941 im Hinterland der deutschen Truppen sporadisch Tagebuch führt. Sie erlebt 1936 im Zusammenhang mit den Übergriffen der Zeit des Personenkultes die Verhaftung ihres Vaters und schreibt in ihr Tagebuch, das (auf dem Hintergrund der Stalinzeit geschrieben) vergleichbar ist mit dem Tagebuch der Anne Frank: „Ich denke nach über diese traurigen Tage meines Lebens. Es war ja noch gar kein Leben, und schon denkst du: Lohnt es sich weiterzuleben?"[57] Die Frage nach dem Lebenssinn erhebt sich hier nicht nur allgemein, sondern als Frage nach der eigenen Zukunft: „Wozu lebe ich? Was liegt vor mir? Schrecklich zu denken, daß innerhalb einiger Monate so viele schwere Erlebnisse über mich hereingebrochen sind und mich so schreck-

---

55 F. È. Dzeržinskij: Dnevnik zaključënnogo, Pis'ma / Tagebuch des Inhaftierten, Briefe /, Moskau 1966, 12.

56 Zitiert vom Empfänger Alfons Paquet: Der Geist der russischen Revolution, München 2. Aufl. 1920, S. X-XI.

57 N. Kostërina: Dnevnik / Tagebuch /, In der Literaturzeitschrift: „Novyj mir" / Neue Welt /, Moskau 1962/12/64.

lich niedergedrückt haben. Und die Zeit verrinnt wie eine lange, schlaflose Nacht, eine quälende, klebrige Nacht ohne Schlaf . . ."[58]
Stellt sich zwar lange Zeit hindurch die marxistische Philosophie nicht ausdrücklich dem Sinnproblem, so bleibt dieses Problem jedoch im Bewußtsein der Kommunisten immer lebendig und wird ohne geistige Hilfe der offiziellen Philosophie bewältigt. Die *erste systematisch bemühte* marxistische Auseinandersetzung mit der Sinnfrage[59] leistet endlich im Sommer 1957 der polnische Philosoph Leszek Kolakowski in seiner Broschüre „Die Weltanschauung und das tägliche Leben — Essays", die im polnischen Staatsverlag erscheint und in einem Sammelband mit anderen Veröffentlichungen des Verfassers auch in deutscher Sprache vorliegt.[60] Kalokowski erfaßt sofort die zentrale Bedeutung der Frage nach dem Sinn des Lebens und anerkennt sie auch für den Marxismus: „Diese Grundfrage philosophischen Denkens sucht ihre Antwort mehr als andere in jedem Ereignis der menschlichen Geschichte und ist der geheime Lebensnerv der Philosophie. Jede Weltanschauung berührt erst dann, wenn sie auf mehr oder weniger gewundenen Pfaden zu dieser Frage gelangte, die Wurzel des täglichen Lebens."[61] Ausgehend von dem Bedürfnis der Menschen nach einer Klärung dieses Problems weist der Autor zunächst in seinen Gedanken „über Fragen, die scheinbar Scheinfragen sind",[62] seine positivistische Verleugnung ab und stellt es in den Zusammenhang einer Bewältigung des Lebens, die nur geschehen kann in einer Verbesserung der gesellschaftlichen Verhältnisse. Als eine unaufhebbare Gesetzmäßigkeit innerhalb dieses Lebens zeigt sich auch der Tod. Seine „Rationalisierung",[63] das Ins-Auge-Fassen des Todes, bildet eine Voraussetzung zum Schaffen des Lebenssinnes. Die

---

58 Ebd. 65.
59 Wir können absehen von einem Artikel M. Kleins: Vom Sinn des Lebens im Sozialismus, In der Zeitung: „Neues Deutschland", Berlin/Ost / vom 4.—5. Mai 1957 (Nr. 105—106), Beilage „Kunst und Literatur". Dieser Beitrag hat außer in seinem irreführenden Titel keinen Bezug zum Thema des Lebenssinnes, und die wenigen eingestreuten Sätze über den Sinn des Lebens lassen seine dürre Moralistik kaum lebensnaher erscheinen. Vgl. von demselben Verfasser: Gedanken zu einigen theoretischen Problemen der marxistischen Ethik, In: DZPh 1957/2/216—224.
60 L. Kolakowski: Der Mensch ohne Alternative, Von der Möglichkeit und Unmöglichkeit Marxist zu sein, München 1964, 191—215.
61 Ebd. 191.   62 Ebd. 192.   63 Ebd. 210.

hier von Kolakowski entfalteten Gedanken bleiben trotz seines späteren philosophischen Alleinganges für eine marxistische Problemlösung wegweisend.

Im deutschen Sprachraum legt 1958 Robert Schulz einen Beitrag „Über den Sinn geschichtlichen Daseins"[64] vor. Nach einem „kurzen Streifzug durch verschiedene gegenwärtige bürgerliche Auffasungen zur Frage nach dem Sinn des Daseins und der Geschichte"[65] erarbeitet der Verfasser den Sinn des menschlichen Lebens im Horizont der geschichtlichen Perspektive der Menschheit, deren epochale Aufgabe in der Erbauung des Kommunismus liege. In Abgrenzung zu nichtmarxistischen Theorien faßt er zum Abschluß seines Beitrags das marxistische Sinnverständnis in fünf Gedankengruppen (unter den Kernbegriffen: Diesseitigkeit, reale Perspektive, uneschatologischer Geschichtsprozeß, kommunistisches Nahziel, geschichtliche Sinngebung) zusammen.

Weiterhin dringt die Sinnproblematik in einer Diskussion durch, die unter der Überschrift „Worin besteht der Sinn des Lebens?" im zweiten Septemberheft der Zeitschrift „Junge Generation" und in den folgenden Heften durchgeführt wird.[66] Die jungen Leser begnügen sich jedoch mit der Äußerung unausgewogener Meinungen, und resignierend bemerkt einer der Jugendlichen selbst: „Es ist eine inhaltsreiche und schwere Frage, über die schon viele nachgedacht haben, aber die noch keiner wissenschaftlich oder geistig beantworten konnte. Auf alle Fragen des Lebens kann man antworten, nicht aber auf den Sinn des Lebens. Ich finde es traurig, daß auf diese allerernsteste Frage ungefähr die Hälfte aller mit politischen Phrasen aufwartet. Wenn Ihr mich nach meiner Antwort fragt, ich würde nicht antworten, da ich es nicht weiß."[67] Auch die Redaktion bemüht sich nicht um einen eigenen klärenden Beitrag. Sie stellt lediglich fest, daß der Eingang von 110 Leserbriefen „die bisher stärkste Beteiligung an einer Diskussion in unserer Zeitschrift"[68] darstellt. Statt eigener Gedanken kündigt sie als Beilage einen Beitrag des Moskauer Professors Nikolaj Janzen an.[69]

---

64 R. Schulz: Beiträge zur Kritik der gegenwärtigen bürgerlichen Geschichtsphilosophie, Berlin/Ost / 1958, 11—52.

65 Ebd. 35.

66 „Junge Generation", Organ des Zentralrates der FDJ, Berlin/Ost / 1959/18/24 f. bis 1959/23/16 f.

67 In: „Junge Generation" 1959/22/16.

68 In: „Junge Generation" 1959/23/16.

69 In: „Junge Generation" 1959/20/18.

Dieser noch wenig gedanklich ausgewogene Beitrag von Nikolaj Janzen „Vom Sinn des menschlichen Lebens" erscheint als Sonderbeilage für den Propagandisten und Agitator der Gesellschaft für deutsch-sowjetische Freundschaft zu „Die Presse der Sowjetunion" in mehreren Folgen.[70] Im ersten Teil setzt sich der Autor hauptsächlich mit religiösen Sinndeutungen auseinander, verweist auf die Behinderungen im Schaffen des Lebenssinnes unter dem Kapitalismus und geht im zweiten Teil dazu über, sehr allgemein auf die Bedeutung des Kommunismus für ein sinnvolles Leben hinzuweisen. Im dritten Teil streift er Glück, Liebe und Tod, um das Bild eines Menschen zu entwerfen, der vor allem in der Arbeit den Sinn seines Leben schafft.

Den ersten sowjetischen systematischen Beitrag zu einer philosophischen Klärung des Lebenssinnes[71] leistet der Leningrader Philosoph Vassilij P. Tugarinov in seinem bemerkenswerten Buch „Über die Werte des Lebens und der Kultur", das 1960 in Leningrad erscheint und auch in deutscher Sprache vorliegt.[72] Im Rahmen seiner Untersuchung der Wertproblematik geht er folgerichtig auf den Sinn des Lebens ein: „Das Leben selbst ist der erste und allgemeinste dieser Werte, denn der Verlust des Lebens schließt den Genuß aller übrigen Werte aus . . . Darüber hinaus ist das Problem des Lebens mit der Frage nach dem Sinn des Lebens verbunden."[73] Von diesem Basiswert des Lebens ausgehend ereignet sich durch das Schaffen des Lebenssinnes gleichsam eine Aufwertung des menschlichen Lebens: „Das Leben an und für sich stellt einen großen Wert für den Menschen dar, doch hat es einen noch größeren Wert für ihn als denkendes Wesen, wenn es einen Sinn hat."[74]

---

70 N. Janzen: Vom Sinn des menschlichen Lebens, I. Teil, In der Sonderbeilage zu: „Die Presse der Sowjetunion" Nr. 143 vom 4. Dezember 1959, Nr. 27/1959; II. Teil in der Nr. 146 vom 11. Dezember 1959, Nr. 28/1959; III. Teil (1. Abschnitt) in der Nr. 24 vom 26. Februar 1960, Nr. 4/1960; III. Teil (2. Abschnitt) in der Nr. 97 vom 19. August 1960, Nr. 24/1960.

71 Über die Frage nach dem Sinn des Lebens in der sowjetischen *Literatur* vgl. A. M. Lathouwers: Le sens de l'existence humaine dans la littérature soviétique contemporaine, In der Vierteljahresschrift: „Irénikon", Chevetogne/Belgien 1968/4/509—542; Ders.: La littérature soviétique à la recherche de la Vérité, In: „Irénikon" 1966/3/325—354.

72 W. P. Tugarinow: Über die Werte des Lebens und der Kultur, Berlin/Ost / 1962, 53—58.

73 Ebd. 12. 74 Ebd. 53.

Dieser Sinn vollzieht sich nach Tugarinov in der Spannung zwischen persönlichem und gesellschaftlichem Leben, d. h. in der Gestaltung meines Lebens zu einem Wert für mich *und* die andern. Ein Jahr nach diesem Buch gibt Tugarinov eine Broschüre „Über den Sinn des Lebens"[75] heraus, in der er den dargelegten Gedankengang ausführlicher vorträgt, jedoch keine wesentlich neuen Gesichtspunkte hinzufügt.

Im Rahmen seines Entwurfes einer „Philosophie des Menschen" entwickelt 1962 der polnische Philosoph Adam Schaff seine weit bekannt gewordenen Gedanken über den Sinn des Lebens, den er im Zusammenhang mit Freiheit und geschichtlicher Notwendigkeit durchdenkt und an die sittliche Verantwortung des Menschen bindet.[76] Schaff beschreibt zu Beginn der Ausführungen über den Sinn des Lebens seinen eigenen Weg von einer ablehnenden Haltung gegenüber der Sinnfrage bis hin zu ihrer Erforschung und behält seine Skepsis gegenüber einer nur schöngeistigen Behandlung des Themas bei: „Ich leide buchstäblich, wenn ich alle jene verworrenen Ausführungen über die ‚Haltung der Verzweiflung', über den ‚Sinn des Lebens' usw. höre."[77] Doch ringt er sich von einer positivistischen Ablehnung zu einer kritischen Erarbeitung des Problems durch, ist bereit, „Selbstkritik zu üben" (ebd.), da die Tatsachen ihn von der *Notwendigkeit einer Antwort* auf diese Frage" (ebd.) überzeugen. Bemerkenswert deutlich bringt das Aufbrechen der Sinnfrage sein eigenes Bekenntnis zum Ausdruck: „Mir ist eine Versammlung mit Studenten in der akademischen Siedlung Jelonki im Gedächtnis geblieben; nach der Vorlesung über weltanschauliche Themen wurden Fragen über Ethik gestellt, darunter an erster Stelle Fragen nach dem Sinn des Lebens. Als einer plötzlich fragte: ‚Verzeihen Sie, aber vielleicht können Sie uns am eigenen Beispiel erklären, welchen Sinn das Leben hat?' — war meine erste Reaktion: Welch geschmackloser Sarkasmus gegenüber dem Vortragenden! Als ich jedoch auf den Fragenden und Hunderte auf mich gerichtete Augenpaare sah, verstand ich plötzlich: die Sache ist *wichtig!* Das bestätigte die Stille, in der sie meine Antwort anhörten. Ich muß zugeben, ich dachte damals laut und sehr fieberhaft. Bislang hatte ich diese Art von

---

75 V. P. Tugarinov: O smysle žizni / Über den Sinn des Lebens /, Leningrad 1961.

76 A. Schaff: Marx oder Sartre? Versuch einer Philosophie des Menschen, Berlin/Ost / 1965, 59—72.

77 Ebd. 59. 78 Ebd. 60.

Problemen a limine als Unsinn verworfen. Es war wohl jener Abend, der mich vom Gegenteil überzeugt hat, jedenfalls von der Notwendigkeit, solche Probleme zu erwägen und eine Antwort darauf zu erteilen — gerade als Marxist und vom Standpunkt des Marxismus."[78] Seinen Gedankengang vom Sinn des Lebens führt Schaff über eine Besinnung auf die menschliche Endlichkeit, über die Wertproblematik und die Bedingtheit der Zielwerte durch die Weltanschauung bis zum Humanismusproblem. Vom Humanismusproblem ausgehend leitet er die Sinnfrage in die Frage nach der menschlichen Freiheit und sittlichen Verantwortung über, die er als notwendige Bedingungen sinnvollen Handelns darstellt. Fast wörtlich übernimmt Schaff seine Ausführungen zum Sinnproblem als Schlußkapitel in sein zwei Jahre später erscheinendes Werk „Marxismus und das menschliche Individuum".[79]

Zeitlich folgt dem Beitrag Schaffs im August 1963 ein längerer Aufsatz des sowjetischen Philosophen Pëtr M. Egides aus Brjansk „Die marxistische Ethik über den Sinn des Lebens" im Organ des Instituts für Philosophie der Akademie der Wissenschaften der UdSSR in Moskau „Fragen der Philosophie".[80] Im gleichen Jahr läßt Egides ebenfalls eine Broschüre unter dem Titel „Worin besteht der Sinn des Leben?"[81] erscheinen. Die Aussagespitze dieser Arbeiten des Verfassers trifft vor allem das Problem des Zusammenhanges des Lebenssinnes mit einer objektiven gesellschaftlichen Bedeutsamkeit dieses Lebens und entzieht so den Lebenssinn einer subjektivistischen Beliebigkeit.

Die Moskauer Zeitschrift „Wissenschaft und Religion" beginnt dann in der Julinummer 1964 ein „Gespräch über den Sinn des Lebens".[82]

---

79 A. Schaff: Marxismus und das menschliche Individuum, Wien—Frankfurt—Zürich 1965, 311—324. Zu dem um dieses Buch in Polen entbrannten Meinungsstreit vgl.: Eine Diskussion über das Buch „Der Marxismus und das menschliche Individuum" von Adam Schaff, Rede des Genossen Zenon Kliszko, In der Zeitschrift: „Nowe drogi", Warschau 1965/12 (Übersetzung in O-P 1966, 148—153); vgl. ferner: A. Schaff: Marxismus und Person, Diskussionsbilanz, In der Zeitschrift: „Studja filosoficzne", Warschau 1966/2(45) (Übersetzung in O-P 1967, 17—28).

80 P. M. Egides: Marksistskaja ètika o smysle žizni, In: VF 1963/8/25—36 (Deutsche Aussprache des Verfassernamens: Jegides).

81 P. M. Egides: Smysl žizni — v čëm on? / Worin besteht der Sinn des Lebens? /, Moskau 1963.

82 In: NR 1964/7/62.

Nach dem einleitenden Aufsatz von B. T. Grigor'jan „Wofür lebt der Mensch?"[83] stellt sie sich bis zur Juninummer 1965 der Diskussion und veröffentlicht die Briefe ihrer Leser, meist Zuschriften von beachtlicher persönlicher Aussagekraft. Außer Menschen mit nicht klar ausgeprägter Weltanschauung und überzeugten Marxisten kommen auch orthodoxe Christen zu Wort. Die Fragen an die Leser lauten: „1. Worin finden Sie den Sinn Ihres Lebens? 2. Was für eine Beziehung besteht zwischen dem Sinn des Lebens und dem Glück? Fallen sie zusammen? Wenn sie nicht zusammenfallen, — worin liegt der Unterschied? 3. Was verstehen Sie unter Glück? 4. Wenn Sie glücklich sind, wem verdanken Sie das? 5. Wenn Sie unglücklich sind, worin fehlt es Ihnen dann für das Glück?"[84] Die Aufzählung der Fragen schließt mit der Bitte um Angabe des Alters, des Berufes und der Schulbildung. Im Dezemberheft 1964 kann „Wissenschaft und Religion" vom Stand der Diskussion berichten: „Immer neue und neue Leser beginnen sich an dem Gespräch über den Sinn des Lebens zu beteiligen, das in der siebten Nummer unserer Zeitschrift eingeleitet wurde. Wir haben mehr als 300 Briefe bekommen. Ihre Verfasser berichten über ihre Ansichten vom Leben und vom Glück, setzen sich auseinander mit den Briefen anderer Leser. Eine große Zahl Reaktionen hat die Zuschrift des Gläubigen Kalinkin ausgelöst, die in der Nummer 9 veröffentlicht wurde. Ungefähr hundert Leser, Menschen verschiedener Altersstufen und Berufsgruppen, widersprechen dem Genossen Kalinkin, und nur zwei sind mit seinem Standpunkt einverstanden."[85] Vor allem bemerkenswert erscheint der Dialog, der sich zwischen B. T. Grigor'jan und dem gebildeten Angestellten und ehemaligen Soldaten A. Michajlov — der überzeugt den Standpunkt eines gläubigen Menschen vertritt — herausformt. Von dem einführenden Aufsatz Grigor'jans über die Antwort Michajlovs bis hin zum Schlußwort des ersteren[86] ergibt sich das beeindruckende menschliche Dokument eines Gespräches zwischen Vertretern verschiedener Überzeugung, die sich die Achtung nicht versagen.

Von tschechoslowakischer Seite leistet besonders der Prager Philosoph Milan Machovec mit seinem 1965 erscheinenden Buch „Der Sinn des

83 B. T. Grigor'jan: Dlja čego živët čelovek? / Wofür lebt der Mensch? /, In: NR 1964/7/62—69.
84 In: NR 1964/7/70.
85 In: NR 1964/12/16.
86 In: NR 1964/7/62—69 und 1964/12/18—21.

menschlichen Lebens" einen Beitrag zur Diskussion um die Sinnfrage. Das wichtige Schlußkapitel dieses bislang nur in tschechischer Sprache vorliegenden Buches ist bereits ins Deutsche übersetzt.[87] Entsprechend seinem besonderen Anliegen, dem Humanismus im Rahmen des historischen Materialismus, entwickelt Machovec hierin eine marxistische Theorie der Kommunikation. In einem ersten Teil — die Überschriften folgen der Übersetzung in der Wiener Zeitschrift „Neues Forum" — beschreibt er den durch das Gewissen vermittelten „Dialog als Menschlichkeit"[88] als die Höchstform zwischenmenschlicher Beziehungen, der durch bestimmte „Hindernisse des Dialogs"[89] immer wieder gefährdet wird. In einem dritten Teil der marxistischen Kommunikationstheorie unternimmt er den Versuch, durch eine säkularisierte „Gebetsanleitung für Atheisten"[90] die Besinnung auf die innere Dimension des Menschen als notwendig herauszustellen, um im vierten Teil „Marxismus und Tod"[91] das Sinnproblem mit dem Tod zu konfrontieren. Zusätzlich findet er Gelegenheit, seine Gedanken im Rahmen des Dialogs in einem Sammelband „Disputation zwischen Christen und Marxisten" unter der Überschrift „Der Sinn des menschlichen Lebens"[92] in knapper Form darzulegen.

Die Frage nach dem Sinn des Lebens gibt auch in den folgenden Jahren P. M. Egides zu denken: Seine bereits früher niedergelegten Ansichten entfaltet er 1966 in seiner in Moskau erscheinenden Schrift „Die marxistische Konzeption des Lebenssinnes", ringt jedoch sichtlich mit dem Problem, einen objektiven Sinn des Lebens einsichtig zu machen, ohne den Menschen objektivistisch zu einer Funktion der Gesellschaft zu erklären. So hebt er im Text hervor, der Sinn des Lebens sei „seine Ausrichtung auf die Erfüllung des objektiv Höchsten, und das sind die herangereiften Bedürfnisse einer allseitigen fortschrittlichen Entwicklung der Gesellschaft"[93], um darauf der Frage nach dem Verhältnis von

87 In: NF 1967, 321—324. 452—454. 574—577. 737—739.

88 M. Machovec: (Dialog als Menschlichkeit), In: NF 1967, 321—324.

89 M. Machovec: (Hindernisse des Dialogs), In: NF 1967, 452—454.

90 M. Machovec: (Gebetsanleitung für Atheisten), In: NF 1967, 574—577.

91 M. Machovec: (Marxismus und Tod), In: NF 1967, 737—739.

92 M. Machovec: Der Sinn des menschlichen Lebens, Im Gemeinschaftsband (Hrsg. M. Stöhr): Disputation zwischen Christen und Marxisten, München 1966, 75—95.

93 P. M. Egides: Marksistskaja koncepcija smysla žizni / Die marxistische Konzeption vom Sinn des Lebens /, Moskau 1966, 31.

Subjektivem und Objektivem im Sinn des Lebens nachzugehen, der „Wechselbeziehung von subjektiven Bestrebungen der Persönlichkeit samt ihrer Freiheit und dem objektiven Lebenssinn, von subjektiven Vorstellungen über den Sinn des Lebens und seinem objektiven Sinn" (ebd.).

Ermuntert das Vorwort zu der 1963 erschienenen Broschüre von P. M. Egides die Leser dazu, ihre „Stellungnahmen und Wünsche"[94] dem Verlag „Politizdat" in Moskau mitzuteilen, so kommt dieser Aufforderung — allerdings erst vier Jahre später — der Kandidat der philosophischen Wissenschaften und Philosophiedozent am Pädagogischen Institut von Ivanovo, Geršen K. Gumnickij, in der Mainummer 1967 der Moskauer „Fragen der Philosophie" nach. Darin übt er (allerdings ohne die im Vorjahr erschienene Schrift P. M. Egides' zu erwähnen) mit seinem Beitrag „Sinn des Lebens, Glück und Moral"[95] herbe Kritik an dessen angeblich objektivistischer Konzeption und verlangt energisch die Berücksichtigung auch der persönlichen Bedürfnisse des Menschen, der nicht auf ein Mittel für irgendeinen abstrakten und konstruierten gesellschaftlichen Zweck reduziert werden könne: „Das persönliche Leben hat vom Standpunkt des Verfassers aus nur eine Hilfsbedeutung, aller Sinn des persönlichen Lebens liegt in seiner ‚objektiven Bedeutsamkeit' ... In Wirklichkeit aber hat das persönliche Leben einen selbständigen Wert, — und dagegen kann man nur aus der Position einer völlig abstrakten, vom Leben losgelösten Konzeption vom Leder ziehen."[96]

P. M. Egides selbst scheint jedoch eine bemerkenswerte Vertiefung seines Standpunktes gelungen zu sein. In dem Ende 1967 vom Verlag der Staatsuniversität Tiflis unter der Gesamtredaktion von G. D. Bandzeladze herausgegebenen mutigen Sammelband „Aktuelle Probleme der marxistischen Ethik"[97] trägt P. M. Egides durch seinen Aufsatz „Die Grundfrage der Ethik als philosophischer Wissenschaft und

---

94 P. M. Egides: Smysl žizni — v čëm on? 2.

95 G. K. Gumnickij: Smysl žizni, sčast'e, moral' / Sinn des Lebens, Glück und Moral /, In: VF 1967/5/102—105 (Deutsche Aussprache des Verfassernamens: Gumnizkij).

96 Ebd. 103.

97 Sammelband (Hrsg. G. D. Bandzeladze): Aktual'nye problemy marksistskoj ětiki (Sbornik statej), Tbilisi, 1967.

das Problem der sittlichen Entfremdung"[98] neue Gedanken in die Diskussion um die Frage nach dem Sinn des Lebens. Nach seiner Meinung ist „das, was die Ethik zur philosophischen Wissenschaft macht, die spezifische Anteilhabe ihres Gegenstandes an der Grundfrage der Philosophie vermittels der Problematik des Lebenssinnes".[99] Verständlicher ausgedrückt: Wenn sich der Mensch die Frage nach dem Sinn des Lebens stellt, stößt er an die Grundfrage der Philosophie, ob Materie oder Geist das Ursprüngliche sein; weil er das Problem des Lebenssinnes systematisch untersucht, gelangt er zu einem ethischen System, und dieses vertieft die wissenschaftliche Klärung der Grundfrage der Philosophie. Hatte Egides schon in seiner 1966 erschienenen Schrift auf der vorletzten Seite festgestellt: „Die Frage nach dem Sinn des Lebens, — das ist die Grundfrage der Ethik als einer philosophischen Wissenschaft",[100] so sucht er in seinem neuen Beitrag die *Frage nach dem Sinn des Lebens* als die *Frage nach dem sittlichen Aspekt der Grundfrage der Philosophie* darzustellen. Von diesem Ansatz her erhebt sich nach Egides die Ethik „aus einer Wissenschaft von den Normen des sittlichen Verhaltens und seinen Ursachen zu einer Wissenschaft vom Menschen als Persönlichkeit..."[101] Der Autor zeigt in seinem Beitrag auf, daß der Sinn des Lebens unabhängig von der Klassenzugehörigkeit alle Menschen verbindet und sein Nichtverstehen oder Nichtverstehenwollen auch in der sozialistischen Gesellschaft noch Erscheinungen sittlicher und politischer Entfremdung hervorruft. Diese und andere Gedanken des Sammelbandes — der (einem Seitenhieb seiner Rezensenten zufolge) „ein großes Kollektiv ,peripherer' Autoren vereint und eine ganze Reihe interessanter Forschungsarbeiten birgt"[102] — lösen im Februar 1968 eine heftige Kontroverse mit führenden Vertretern der marxistischen Ethik am Philosophischen Institut der Akademie der Wissenschaften in Moskau aus.

Als einen weiteren Beitrag sowjetischer Denker zum Sinn des Lebens gibt Il'ja D. Pancchava eine Schrift „Der Mensch, sein Leben und seine

98 P. M. Egides: Osnovnoj vopros . . ., Im Sammelband: Aktual'nye problemy . . ., 59—108.
99 Ebd. 74.
100 P. M. Egides: Marksistskaja koncepcija . . ., 46 (Im Original Hervorhebung. — HFS).
101 P. M. Egides: Osnovnoj vopros . . ., 87.
102 N. A. Golovko, V. S. Markov: Za naučnost' i konkretnost' . . ., 152.

Unsterblichkeit"[103] heraus, in der ein Abschnitt dem Sinn des Lebens gewidmet ist. Beginnend mit Ausführungen über das „Leben als die biologische Form der Entwicklung der Materie" und „Leben in der sozialen Bedeutung" führt der Autor den Leser zum letzten Kapitel „Leben — Tod — Unsterblichkeit". Er wendet sich gegen jede (existentialistische) „Philosophie der Angst und des Todes",[104] nach der alles „im Angesicht des Todes den Sinn verliert" (ebd.) und entwickelt seine marxistische Auffassung vom Sinn des Lebens, um daran ein Verständnis von Unsterblichkeit anzuschließen: „Große Taten sind unsterblich, wie auch große Ideen unsterblich sind. Unsterblich ist die herrliche Arbeit der Menschen, die den Bau der kommunistischen Gesellschaft aufführen. Unsterblich sind die Menschen, denen die hohe Ehre zuteil wurde, die großartigste Gesellschaft in der Geschichte der Menschheit zu errichten."[105]

In der Juninummer 1969 der „Fragen der Philosophie" visiert Vladimir I. Šinkaruk, Direktor des Institutes für Philosophie der Ukrainischen Akademie der Wissenschaften in Kiev, mit seinem Aufsatz „Der marxistische Humanismus und das Problem des Sinnes des menschlichen Seins" den härtesten ideologischen Kontrahenten im Ringen um die Sinnfrage an: „Der Marxismus gibt dem Menschen ein Verständnis vom *Sinn des menschlichen Seins* und in Übereinstimmung mit ihm formt er die inneren *Überzeugungen* und das *Gewissen* der Menschen. Seinem Inhalt sowie seiner Form nach ist der Marxismus der Religion direkt entgegengesetzt, zeigt sich als ihre Widersache [antipodom]."[105a] Der vielversprechende Ansatz wird jedoch sogleich auf eine Antwort eingeengt, auf die angebliche „Entdeckung des Sinnes des menschlichen Seins in der Arbeit, die als Befähigung zur Menschwerdung zu verstehen ist".[105b] Es ist anfechtbar, daß sich Šinkaruk mit dieser Auffassung wirklich auf die Begründer des Marxismus-Leninismus berufen kann. Unzweifelhaft aber ignoriert er alles, was bislang sowjetischen Philosophen — Tugarinov, Egides, Gumnickij, Pancchava, Grigor'jan und anderen — an Vertiefung von Frage und Antwort gelungen ist.

---

103 I. D. Pancchava: Čelovek, ego žizn' i bessmertie / Der Mensch, sein Leben und seine Unsterblichkeit /, Moskau 1967.

104 Ebd. 73.

105 Ebd. 190.

105a V. I. Šinkaruk: Marksistskij gumanizm i problema smysla čelovečeskogo bytija, In: VF 1969/6/59.

105b Ebd. 61.

Wir sehen uns daher mit der erstaunlichen Tatsache konfrontiert, daß dieser jüngste Beitrag in den „Fragen der Philosophie" die Diskussion zurückwirft auf ihren Anfang, daß er die Sinnfrage wieder zu unterlaufen sucht mit dem einseitigen Hinweis auf gesellschaftlich bezogene Arbeit.[105c]

Noch später und zurückhaltender — wohl verschreckt vom Zusammenbruch der Hegelschen Geschichtskonstruktion — setzt eine marxistische Auseinandersetzung mit einem *Sinn der Geschichte* ein. Nach dem Beitrag von Robert Schulz, bei dem es jedoch nicht formal um einen Sinn der Geschichte, sondern um eine Erhellung des Lebenssinnes im Horizont des Geschichtsprozesses geht, legt erst 1966 Werner Müller eine kurze Untersuchung über den Begriff „Sinn der Geschichte"[106] unter dem Fortschrittsaspekt vor. Im gleichen Jahr erscheint in Moskau das Werk des sowjetischen Orientalisten, Historikers, Sprach- und Literaturwissenschaftlers N. I. Konrad „West und Ost, Aufsätze".[107] Dieser läßt die Frage nach einem Sinn der Geschichte in eine geschichtsphilosophische Theorie münden, in der er als Fortschrittskriterium einen wachsenden Humanismus anerkennt. In ihrem Werk „Sinn, Gesetz und Fortschritt in der Geschichte"[108] bemühen sich schließlich Georg Klaus und Hans Schulze um die Präzisierung einiger Begriffe der Geschichtswissenschaft durch Anwendung kybernetischer Wissenschaftsmodelle.

Dieser Überblick über marxistisch-leninistische Untersuchungen zum Sinn des menschlichen Lebens läßt erkennen, daß durchaus einzelne Denker bestimmte mit ihm zusammenhängende Problemkreise sehen. Eine Zusammenfassung dieser Problemkreise unter dem einheitlichen Aspekt des Lebenssinnes steht bislang im Marxismus aus und soll in dieser Studie vorgelegt werden.

Zuvor muß jedoch auf die *Gründe* für das Aufbrechen des Sinnproblems eingegangen werden. Es ist einsichtig geworden, *daß* der Marxis-

---

105c Vgl. ebd. 64—66.

106 W. Müller: Gesellschaft und Fortschritt, Eine philosophische Untersuchung, Berlin/Ost / 1966, 227—239.

107 N. I. Konrad: Zapad i Vostok, Stati / West und Ost, Aufsätze /, Moskau 1966; Zitiert von: A. V. Gulyga, V. A. Rubin (Rez.): Razmyšlenija o vsemirnoj istorii / Überlegungen zur Weltgeschichte /, In: VF 1967/3/149—152.

108 G. Klaus, H. Schulze: Sinn, Gesetz und Fortschritt in der Geschichte, Berlin/Ost / 1967.

mus nach dem Sinn des Lebens fragt. Aber *warum* fragt er? Warum schwieg die Philosophie so lange und bricht nun ihr Schweigen? Wir antworten direkt: Weil eine gesellschaftliche und geistige Bewegung in Gang gekommen ist, der sich die marxistische Philosophie stellen muß oder zur Parteikatechetik entartet.

2. Die Gründe für die Entstehung der Sinnfrage

Während sich schon einige Denker um eine Lösung des Sinnproblems bemühen, die dem Marxisten eine weltanschauliche Hilfe bieten soll, setzt die Selbstkritik der Philosophie an der Vernachlässigung brennender Fragen ein. So gesteht ein redaktioneller Einführungsartikel in den „Fragen der Philosophie" zu Anfang 1963 unter der programmatischen Überschrift „Für eine schöpferische Entwicklung der marxistisch-leninistischen Ethik",[109] daß es gerade „in unserer ethischen Wissenschaft viele ungelöste Probleme gibt, ungenügend ausgearbeitete Fragen und bisweilen auch ‚weiße Flecken'".[110] Die von Buchholz bemängelten „leeren Felder" finden damit die offizielle Bestätigung durch die Adressaten der Kritik. Diese Bestandsaufnahme, die mit den eigenen Versäumnissen ins Gericht geht, betrifft gerade die Problemkreise, deren innerer Zusammenhang mit der Frage nach dem Sinn des Lebens bereits einsichtig gemacht worden ist: „Ungenügend erforscht sind solche Kategorien wie das sittliche Ideal, das Gute, die Gerechtigkeit, die Fragen nach dem Sinn des Lebens, nach dem Verhältnis von Zweck und Mitteln im Verhalten des Menschen, nach den Besonderheiten der Entstehung sittlicher Empfindungen, Überzeugungen, Gewohnheiten, Traditionen und Verhaltensweisen unter den Bedingungen des kommunistischen Aufbaus."[111] Nicht nur die unzureichende Behandlung mancher Probleme ist zu beklagen, sondern sogar das Fehlen der Problemstellung selbst: „Bislang gibt es bei uns aber auch nicht eine einzige bedeutende Arbeit, die speziell die ethischen Kategorien der Pflicht, der Ehre, des Glücks, der Würde und des Gewissens untersucht." (Ebd.)

---

109 Za tvorčeskoe razvitie marksistsko-leninskoj ėtiki / Für eine schöpferische Entwicklung der marxistisch-leninistischen Ethik /, In: VF 1963/ 2/3—14.
110 Ebd. 14.
111 Ebd. 8.

Nur die Schrift Tugarinovs „Über die Werte des Lebens und der Kultur" stellt einen Lichtblick in der Erarbeitung des Problems der sittlichen Werte dar — aber sie ist „bisher die einzige auf diesem Gebiet" (ebd.). Noch 1965 muß G. L. Andreev feststellen, daß die „Frage nach dem Sinn und Ziel des menschlichen Lebens eine der komplizierten und wenig erarbeiteten Fragen der marxistischen Philosophie"[112] sei.

Die marxistische Selbstkritik betrifft nicht nur die eigenen Unterlassungen, sondern sie anerkennt sogar einen Vorsprung ideologischer Gegner. So bekennen Aleksej S. Bogomolov, Jurij K. Mel'vil' und Igor' S. Narskij, nachdem sie ausdrücklich auch die Sinnproblematik erwähnt haben: „Es gibt keine Gründe zu leugnen, daß einzelne moderne bürgerliche Philosophen mitunter neue Probleme stellen und manchmal — wenn auch in verschwommener Form — interessante Mutmaßungen hinsichtlich ihrer Lösung aussprechen ... Bisweilen können bürgerliche Philosophen solche Probleme aufwerfen und lösen, die aus einer Reihe von Gründen noch nicht zum Gegenstand der Untersuchung seitens marxistischer Philosophen geworden sind."[113]

Diese Gründe, die ein Durchdenken schon herangereifter philosophischer Probleme verhinderten, sind zu sehen in den gesellschaftlichen und geistigen Zwangsmaßnahmen der Zeit des Personenkultes, dessen Beendigung der XX. Parteitag der KPdSU 1956 einleitete. Erleichtert betont N. S. Chruščëv in seinem Schlußwort zum XXII. Parteitag im Oktober 1961: „Jetzt ist noch offensichtlicher geworden, daß der XX. Parteitag, der alles, was sich in der Periode des Personenkultes angesammelt hatte, ausgeräumt hat, eine neue Seite in der Geschichte unserer Partei aufgeschlagen und seinen guten Einfluß auf die Entwicklung unseres Landes und der ganzen weltweiten Kommunistischen Bewegung und Arbeiterbewegung erwiesen hat."[114]

Die Auswirkungen der stalinistischen Epoche, an deren Beseitigung man nun arbeitet, zeigen sich auch im geistigen Leben. Dazu nimmt A. F. Okulov in einem Lagebericht über die Situation seit dem XX.

---

112 G. L. Andreev: Christianstvo i problema svobody / Christentum und Freiheitsproblem /, Moskau 1965, 112.

113 A. S. Bogomolov, Ju.K. Mel'vil', I. S. Narskij: O nekotorych osobennostjach kritičeskogo analiza sovremennoj buržuaznoj filosofii / Über einige Besonderheiten einer kritischen Analyse der gegenwärtigen bürgerlichen Philosophie /, In: VF 1967/9/120.

114 Materialy XX s"ezda KPSS / Materialien des XXII. Parteitages der KPdSU /, Moskau 1961, 232.

Parteitag Stellung: „Der Personenkult Stalins trug dazu bei, daß in den Vordergrund der philosophischen Arbeit das Kommentieren rückte. Aus eben diesem Wesen des Personenkultes folgte in der Wissenschaft logisch, daß nur eine Person das Recht besaß, etwas Neues und Originelles zu schaffen. Die Diktatur in der Theorie, die subjektivistische Bewertung einzelner Werke der Klassiker des Marxismus-Leninismus schuf eine solche Situation, daß sich viele philosophische Kader von den aktuellen Problemen der Gegenwart in eine philosophiegeschichtliche Problematik, in die Vergangenheit zurückzogen."[115] Dieser Rückzug der Philosophie aus dem täglichen Leben wirkt sich gleicherweise auf die geistlose Gestaltung eben dieses Lebens wie auch auf die Philosophie aus, die beginnt, in ihrer Isolierung zu verkümmern; denn „all das zusammengenommen führte zu einer Loslösung der Theorie von der Praxis, zum bloßen Zitieren, zum Dogmatismus".[116] Um die Verbindung zwischen Praxis und Theorie wiederherzustellen, werden nach Okulov folgende Probleme vordringlich: „Eine zentrale

---

115 A. F. Okulov: Nekotorye voprosy razvitija sovetskoj filosofii posle XX s"ezda KPSS / Einige Fragen der Entwicklung der sowjetischen Philosophie nach dem XX. Parteitag der KPdSU /, In: VF 1962/1/26.

116 Ebd. Okulov fordert die Philosophen eindringlich auf, sich der Problematik der Gegenwart zu stellen und die begangenen Fehler zu beseitigen: „Neue Fragen, die durch das Leben gestellt werden, fordern einen neuen Lösungsweg. Jeder sowjetische Philosoph muß nun das unbezwingliche Bedürfnis verspüren, gewichtiger, schärfer und verantwortungsvoller zu schreiben als er bisher geschrieben hat, weil unser vielseitiges Leben selbst uns anspornt und verlangt, nicht schon Entdecktes und Bekanntes nur zu umschreiben, sondern in die Tiefe der sich vollziehenden Vorgänge vorzudringen, kühn die neuen Probleme zu erfassen, die neuen Fragen, die vom Leben selbst gestellt worden sind. Wir sind verpflichtet, in unseren Büchern auf jene Fragen Antwort zu geben, auf die es noch keine Antworten gibt. Das Land erwartet von den Philosophen große, kluge und schöpferische Bücher. Wir dürfen nicht die Augen davor verschließen, daß es im großen Strom der philosophischen Literatur noch viele farblose Bücher gibt, in denen statt eingehender Erforschung und Analyse der heutigen Wirklichkeit in aufdringlicher Weise primitive Deklarationen und philosophische Definitionen wiederholt werden. Es kommen Fälle vor, daß es in Büchern nichts als Beschreibungen gibt, in denen das Wesen der Erscheinungen, ihre Ursachen, die grundlegenden Gesetzmäßigkeiten und Tendenzen der Entwicklung überhaupt nicht aufgedeckt werden. Sehr stark lastet noch auf vielen Autoren das Schablonenhafte." (Ebd. 37)

Stellung in der philosophischen Arbeit nehmen nun die aktuellen Probleme des kommunistischen Aufbaus ein: die Gesetzmäßigkeiten der Schaffung einer materiell-technischen Basis des Kommunismus, die Wege einer Entwicklung der kommunistischen gesellschaftlichen Beziehungen und der Erziehung des Menschen der Zukunft."[117]

Die lineare Aneinanderreihung der aktuellen „Probleme des kommunistischen Aufbaus" dringt noch nicht zu den *Gründen* für das ungestüme Aufbrechen dieser neuen Probleme vor. *Problembewußtsein* ist ja die Reflexion von *Widersprüchlichkeiten im Sein selbst* eben durch das Bewußtsein. So kann man sagen: Das Problem des kommunistischen Aufbaus besteht darin, den Widerspruch zwischen einer fortschrittlichen technischen Basis und den noch unzureichenden kommunistischen gesellschaftlichen Beziehungen durch Berücksichtigung der Frage nach dem Menschen zu lösen.

Man mag einwenden: Wie darf der Kommunismus als sein erklärtes Ziel die Entfaltung des Menschen proklamieren und jahrzehntelang — seit dem Erscheinen der ersten Schriften von Karl Marx mehr als ein ganzes Jahrhundert hindurch — über den Sinn des menschlichen Lebens schweigen? Darauf kann erwidert werden: Das dem kommunistischen Aufbau entgegenstehende praktische Hindernis der etablierten kapitalistischen Gesellschaft und das theoretische Vorurteil, als seien nur Idealismus und Religion berufene Interpreten des Lebenssinnes, absorbierten alle Kräfte der Bewegung und konzentrierten sie auf die Beseitigung eben der gröbsten Formen der Entfremdung. Damit klärt sich auch die Frage, weshalb wir „in den Werken der Klassiker des Marxismus-Leninismus keine abstrakten Untersuchungen über die Per-

---

117 Ebd. 26 f. Diese Selbstkritik ist freilich keine allen sowjetischen Denkern gemeinsame Überzeugung geworden, und M. T. Iovčuk wehrt sich sogar gegen den recht sanften Vorwurf „einiger ausländischer Genossen", die marxistische Philosophie habe wie eine „„schlafende Schönheit'" / spjaščaja krasavica / fünfundzwanzigjährigen Dornröschenschlaf gehalten (Nekotorye problemy istorii marksistskoj filosofii i leninskogo ètapa eë razvitija / Einige Probleme der Geschichte der marxistischen Philosophie und der Leninschen Etappe ihrer Entwicklung /, In: VF 1967/10/123. Mit diesen Worten soll sich wohl R. Garaudy angesprochen fühlen, dessen kritische Äußerungen zur stalinistischen Epoche 1966 in französischer Sprache und seit Januar 1969 auch in deutscher Sprache vorliegen (Marxismus im 20. Jahrhundert, Reinbek bei Hamburg, 1969, 9).

sönlichkeit, über Sinn und Ziel des Lebens finden".[118] Es ist — wie
Marija I. Petrosjan feststellt — eine „Tatsache, daß es von den historischen Umständen abhängt, welchen theoretischen Problemen sich der
Marxismus in den verschiedenen Perioden speziell zuwendet".[119] Nach
der ökonomisch-politischen Absicherung der sozialistischen Gesellschaftsordnung drückt jedoch heute die Frage nach dem Sinn des Lebens
ein objektives gesellschaftliches Bedürfnis aus. Dieses offensichtliche
Bedürfnis verdeutlicht Adam Schaff: „Mit dem Entstehen der sozialistischen Staaten, mit der Stabilisierung der neuen Ordnung ... begann-
nen die Fragen des Einzelmenschen, zusammen mit der verfeinerten
philosophischen Problematik: Leben und Tod, Sinn des Lebens, Glück
und so weiter, und so fort, immer deutlicher und immer aggressiver an
den Tag zu treten."[120] Die Ursache dieser Aggressivität ist in den
bewußtwerdenden Widersprüchen der sozialistischen Gesellschaft zu
suchen, die sich nach der Verbesserung der ökonomischen *Lebensbedingungen des Menschen* nun diesem *Menschen selbst* eingehender
zuwenden muß: „Es zeigte sich, daß auch im Sozialismus Menschen
sterben, und daß dies das größte Problem ist, das auch die Philosophie
nicht zu lösen vermag. Daß die Frage nach dem Sinn des Lebens auch
im Sozialismus ihren Sinn hat ... Mit einem Wort, die Philosophie des
Menschen begann immer stürmischer an das Tor des Sozialismus zu
pochen. Und als das Pochen nichts half, da schlugen die wachsenden
Bedürfnisse, deren Druck mit dem anschwellenden Protest gegen die
Auswüchse des Sozialismus zunahm, die wir mit dem Decknamen
Epoche des Personenkultes bezeichnen, das Tor ganz einfach ein."
(Ebd.)
Der erste Grund für das Aufbrechen der Sinnfrage liegt also in dem
Bedürfnis einer *Vervollkommnung des Kommunismus* nach den Er-
fahrungen der Epoche des Personenkultes. Die im gesellschaftlichen
Maßstab bewußt gewordene Problematik des menschlichen Lebens-
sinnes kann diese Überführung des Kommunismus aus einer extensiven
(ökonomisch-politischen) Phase in eine intensive (anthropozentrische)
Phase einleiten und ausrichten.
Mit der Aufhebung des Privateigentums an den Produktionsmitteln ist
noch längst nicht der Kommunismus erbaut. Vielmehr kann sich der
„rohe Kommunismus" — wie Karl Marx ihn ohne Illusion skizziert —

118 M. I. Petrossjan: Essay über den Humanismus, Berlin/Ost / 1966, 9.
119 Ebd. 8.
120 A. Schaff: Marxismus und das menschliche Individuum, 48.

in abstoßender Weise darstellen als eine nur gewendete *„Erscheinungs-form* von der Niedertracht des Privateigentums, das sich als das *positive Gemeinwesen* setzen will".[121] Selbst die zweite Phase des Kommunismus erscheint „immer noch mit dem Privateigentum, d. h. der Entfremdung des Menschen, affiziertem Wesen" (ebd.). In diesen beiden Phasen „weiß sich der Kommunismus schon als Reintegration oder Rückkehr des Menschen in sich, als Aufhebung der menschlichen Selbstentfremdung".[122] Aber da er „die *menschliche* Natur des Bedürfnisses" noch nicht verstanden hat, ist ihm sein gesuchtes Objekt, das Menschliche, noch nicht deutlich genug. „Er hat zwar seinen Begriff erfaßt, aber noch nicht sein Wesen."[123]

Mit der Sicherung der materiellen Bedürfnisse des Menschen ist erst eine *Bedingung* für den Kommunismus geschaffen, aber noch nicht dieser selbst erreicht. Selbst die zweite Phase des Kommunismus, die gekennzeichnet ist durch ein aufbrechendes Problembewußtsein über die schier übermenschlichen Schwierigkeiten seines künftigen Weges, bedeutet noch eine Gefährdung des Kommunismus. Denn das selbstsichere Verharren im Erreichten kann zu seiner Verrohung zurückführen, oder die Resignation vor der Zukunft kann das Erreichte wieder fallenlassen. Gerade für den reifenden Kommunismus wird der Sinn des Lebens das Kriterium seines Fortbestehens und seiner Vervollkommnung, wenn die Menschen nach den gewaltigen Anspannungen des Aufbaus Rechenschaft fordern über den *Sinn dieses Aufbaus,* der doch immer im Horizont des *Sinnes des menschlichen Lebens* steht. Kann der Marxismus auf diese Frage nach dem Sinn des Lebens keine ausreichende Antwort geben, dann wird man ihm noch so großartige Erklärungen über einen angeblichen Sinn des Aufbaus des Kommunismus nicht abnehmen.

Die Warnung Dostojevskijs gilt auch unüberhörbar für den Kommunismus: „Das Geheimnis des menschlichen Daseins besteht nicht darin, daß der Mensch nur lebt, sondern darin, wofür er lebt. Wenn er sich nicht beharrlich vor Augen hält, wofür er zu leben hat, so wird er sich weigern zu leben und wird sich eher vernichten, als daß er auf der Erde bliebe, auch wenn es um ihn herum Brot in Fülle gäbe."[124]

---

121 K. Marx: ÖPhM 113. 122 Ebd. 113 f. 123 Ebd. 114.
124 F. M. Dostoevskij: Brat'ja Karamazovy / Die Brüder Karamasov /, In: Sobranie sočinenij v desjati tomach / Gesammelte Werke in zehn Bänden /, Moskau 1958, Band 9, 320.

Das Aufbrechen der Sinnfrage in der marxistischen Philosophie entspringt dem Bedürfnis nach der Vertiefung des Kommunismus durch die *Besinnung auf den Menschen selbst,* auf das Problem des „Menschlichen". Zur Erläuterung des Humanismusproblems nimmt sogar M.B. Mitin auf der Eröffnungsrede des philosophischen Symposiums in Moskau im März 1966 Stellung sowohl gegen einen abstrakten Humanismus als auch gegen den Versuch, den Humanismusbegriff als „bürgerlich" zu diffamieren und versichert: „Der Marxismus begründet einen realen, wirksamen Humanismus, ein wissenschaftliches Herantreten an den Menschen. Er strebt nicht eine Auflösung, sondern die Erklärung der Persönlichkeit an."[125] Aus der gleichen Haltung heraus wendet sich A. I. Arnol'dov gegen die antihumanistische Tendenz der chinesischen Restauratoren des Personenkultes: „Die Versuche, den Humanismus außerhalb des Marxismus zu lassen, sind der direkte Weg zum ‚Kasernenkommunismus'."[126]

Die Besinnung auf den Menschen führt demnach „zu einer abgerundeten marxistisch-leninistischen Konzeption über den Menschen als höchstes Wesen der Welt, über seine Stellung, seine Rolle und seine Bestimmung im Leben, über die Bedingungen für die höchste Entfaltung der menschlichen Persönlichkeit und aller Mitglieder der Gesellschaft".[127] Von der Entfaltung der Persönlichkeit her bestimmt sich der Inhalt des sozialistischen Humanismus: Er ist zunächst ein „System der Reflexionen über den Menschen, die diesen als höchstes Gut erkennen und bestrebt sind, in der Praxis die besten Bedingungen des menschlichen Glückes zu gewährleisten".[128] Ist der Mensch als das höchste Gut anerkannt, so folgt daraus die Ausrichtung der gesellschaftlichen Praxis auf ihn hin: „Der Selbstzweck der kommunistischen Gesellschaft ist die Entfaltung des Menschen."[129] Diese Entfaltung des Menschen kann im „vollendeten Humanismus"[130] Wirklichkeit werden, der nach Marx die dritte Phase des Kommunismus kennzeichnet. Kommunismus und Humanismus sind dann nur zwei Aspekte der einen realen Gesellschaft, ihr institutioneller und ihr ethischer Aspekt. Die ganze Problematik

---

125 In: FN 1966/4/155.
126 A. I. Arnol'dov: Revoljucionnyj gumanizm socialističeskoj kul'tury / Der revolutionäre Humanismus der sozialistischen Kultur /, In: VF 1967/7/20.
127 M. I. Petrossjan: Essay über den Humanismus, 19.
128 A. Schaff: Marxismus und das menschliche Individuum, 220.
129 ONK 510. 130 K. Marx: ÖPhM 114. 131 In: VF 1963/1/172.

des Wesens des Menschen als eine „Rückkehr des Menschen für sich als eines *gesellschaftlichen,* d. h. menschlichen Menschen" (ebd.) liegt diesen Fragen nach dem Menschen zugrunde.

Anscheinend bereitet das Aufbrechen der Frage nach dem Menschen manchem Philosophen nicht geringe Verlegenheit. Noch in der Besprechung des Buches von Adam Schaff „Marx oder Sartre?" bezweifelt der sowjetische Rezensent die Notwendigkeit einer „Philosophie des Menschen". Wie er meint, sei sie eine „Spezialwissenschaft mit einem Gegenstand ..., der nicht genau bestimmt werden kann".[131] Demgegenüber rebelliert nun dieser „unbestimmbare Gegenstand" selbst und erzwingt die Aufmerksamkeit der Philosophen. „Damit tritt" — wie sowjetische Denker besorgt und nicht unwidersprochen aus eigenen Reihen feststellen — „die Aufgabe der kritischen Untersuchung einer so komplizierten und widersprüchlichen Erscheinung wie der modernen ‚philosophischen Anthropologie', deren Studium in unserm Land gerade erst beginnt, an die erste Stelle."[132] Vorläufige Höhepunkte dieser aufbrechenden Thematik sind — außer dem zunehmenden Erscheinen schriftlicher Beiträge — die Teilnahme marxistischer Denker an internationalen Tagungen und ihre Veranstaltung eigener Symposien, die Fragen des Menschen gewidmet sind.[133] Dieses Fragen nach dem Men-

---

132 A. S. Bogomolov, Ju. K. Mel'vil', I. S. Narskij: O nekotorych osobennostjach ..., 120.

133 Vgl. u. a. Sowjetisch-japanisches Symposium über das Problem des Menschen im Januar 1966 in Moskau (VF 1966/9/127—130); Philosophisches Symposium über das Thema „Der Mensch in der sozialistischen und in der bürgerlichen Gesellschaft" vom 3.—5. März 1966 in Moskau (FN 1966/4/155—160); VI. Soziologischer Weltkongreß vom 4.—10. September 1966 in Evian, an dem 83 sowjetische Wissenschaftler teilnahmen (VF 1967/8/121—132 und „Vestnik Moskovskogo universiteta-Filosofija" / Bote der Moskauer Universität—Philosophie / 1967/1/ 65—72); IV. Ordentliche Konferenz der Redaktionsvertreter philosophischer und soziologischer Zeitschriften der sozialistischen Länder vom 4.—6. Oktober 1966 in Budapest („Vestnik Moskovskogo universiteta-Filosofija" 1967/1/73—81); Unionssymposium über aktuelle Probleme der Philosophiegeschichte vom 27. Februar—1. März 1967 in Moskau (FN 1967/4/178—194 und „Vestnik Moskovskogo universiteta—Filosofija" 1967/5/100—107); Ukrainische Republikskonferenz für Soziologie im März 1967 (VF 1967/9/159—161); Soziologenkongreß der Sowjetunion vom 17.—20. April 1967 in Suchumi (VF 1967/10/164—172); Tagungen der Paulusgesellschaft 1965 in Salzburg, 1966 in Herren-

schen führt zu einer vertieften Ausarbeitung des sozialistischen Humanismus, der — nach Schaff — die „Quintessenz des gesellschaftlichen Inhalts des Sozialismus"[134] ist. Die Humanismusproblematik aber mündet wieder in die Frage nach dem Sinn des Lebens, denn „der Humanismus der kommunistischen Moral zeigt sich deutlich auch in der Auffassung von der Bestimmung des Menschen, von seinem Lebensziel und Glück".[135]

Treffend drückt diese Lage der tschechische Philosoph Milan Prucha aus: „Die Vernachlässigung der Probleme des Menschen wird nach den Jahren stalinistischer philosophischer Sklerose als grundlegender Mangel empfunden. Dies vielleicht noch nicht einmal so sehr von professionellen Philosophen, als vielmehr von der Gesamtheit des öffentlichen und kulturellen Lebens."[136] Das aufgebrochene Problembewußtsein erschöpft sich nicht in rein historischem Interesse, sondern will Konsequenzen für die Zukunft ziehen: „Es sind in marxistischen Kreisen leidenschaftliche Diskussionen darüber geführt worden, wie man verhindern könne, daß der Sozialismus niemals mehr die menschlichen Dimensionen in seiner Doktrin schwäche." (Ebd.) Damit ist der „Boden dafür vorbereitet, daß heute in der marxistischen Philosophie die Frage nach dem Menschen in voller Dringlichkeit neu gestellt wird" (ebd.).

Die Erarbeitung des Problems des Menschen — und dies ist der zweite Grund für das Aufkommen der Sinnfrage in der marxistischen Philosophie — geschieht in *Konkurrenz mit den Antworten der Religion*. So weiß sich die Zeitschrift „Wissenschaft und Religion" zu ihrer offenen Diskussion über den Sinn des Lebens von höchster Stelle inspiriert und beruft sich auf ein Referat L. F. Il'ičëvs auf der Sitzung der Ideologischen Kommission beim ZK der KPdSU im November 1963: „Die Vertreter der Religion" — räsoniert er — „spekulierten und spekulieren immer noch auf das natürliche Bedürfnis des Menschen, sich über seine Bestimmung klarzuwerden. In ihrer gedruckten und mündlichen Propaganda äußern sie sich immer rühriger zu solchen Problemen: über den Sinn des Lebens, über das Gewissen und andere sittliche Prinzipien, über die moralische Verantwortlichkeit des Menschen, über seine Frei-

chiemsee und 1967 in Marienbad, an denen zwar keine Philosophen aus der UdSSR, jedoch aus anderen sozialistischen Ländern teilnahmen.

134 A. Schaff: Marx oder Sartre? 126.

135 M. I. Petrossjan: Essay über den Humanismus, 297.

136 M. Prucha: Vom Sinn des praktischen Humanismus, 314.

heit und seine Abhängigkeit von der Gesellschaft."[137] Diese Feststellung schließt selbstkritisch mit dem Aufruf zur Verstärkung der ideologischen Aktivität: „Wir aber begnügen uns nicht selten mit einer negativen Bewertung der religiösen Auslegung, bieten nicht immer dem Gläubigen eine positive Lösung der Lebensprobleme an. Wir gewinnen den Kampf um den Verstand der Menschen, wenn wir nicht den philosophischen Problemen ausweichen, die von unsern ideologischen Gegnern aufgegriffen werden, wenn wir die Lebensproblematik, die in den religiösen Lehren verfälscht und vernebelt wurde, von unseren materialistischen Positionen her aufdecken." (Ebd.)

Diese Forderung hat an Aktualität nichts eingebüßt, wie ein redaktioneller Artikel „Atheistische Erziehung heute" derselben Zeitschrift vom September 1967 erkennen läßt. Demnach soll die Verbreitung des Atheismus sich auch als „positive Propaganda des marxistisch-leninistischen Verständnisses der Probleme des menschlichen Lebens"[138] erweisen und die Konkurrenz mit dem religiösen Denken nicht scheuen: „Die Religion gibt — wenn auch primitive und unrichtige — Antworten auf viele Fragen: auf die Frage nach Lebenssinn und Bestimmung des Menschen, Gut und Böse, Pflicht und Gewissen, Nächstenliebe, Leid und Trost, Ordnung des Familienlebens u. ä. Wenn sie die religiöse Orientierung als unrichtig zurückweisen, sind die Atheisten verpflichtet, eigene Antworten auf die wesentlichen Lebensfragen des sowjetischen Menschen zu geben." (Ebd.)

In der Frage nach dem Menschen messen sich Marxismus und Christentum gedanklich und tätig miteinander, hier ereignet sich das „Treffen". Mit der Veränderung der ökonomischen Verhältnisse zu Gunsten des Menschen meint der Marxismus den Krieg und nicht nur ein Gefecht entschieden zu haben. Beiden Weltanschauungen geht es also um das Schicksal des Menschen, sie eröffnen ihm einen Horizont seines Daseins und beanspruchen, ihm Herkunft und Zukunft zu erhellen. Der Marxismus nimmt diesen Kampf an und geht sogar auf seinen Gegner ein: „Mögen auch die idealistischen Lösungen des ‚Problems des Menschen' irrig und fehlerhaft sein, so darf man doch nicht vergessen, daß das Problem objektiv besteht. Denn die Fragen nach der Beziehung des Menschen zu den anderen Menschen und zur Gesellschaft, nach Freiheit

---

137 In: NR 1964/7/63.
138 Ateističeskoe vospitanie segodnja /Atheistische Erziehung heute /, In: NR 1967/9/4.

und Notwendigkeit, nach Wahl und Verantwortlichkeit, nach dem Sinn und den Werten des Lebens sind weder von den modernen Irrationalisten noch von den religiösen Denkern ausgeheckt worden. Einige von ihnen haben den Menschen stets bewegt, andere haben gerade in unserer Epoche besondere Bedeutung gewonnen."[139]

Man ist geneigt, die Antwort auf die Frage nach dem Sinn des Lebens, zu deren Klärung Gruppen von Christen und Marxisten den Dialog zu führen begannen und Gemeinsamkeit wie Unvereinbarkeiten herausstellen, als das Kriterium zur Unterscheidung der Geister anzuerkennen. „Hunderte Millionen von ihnen" — betont Roger Garaudy mit Recht — „finden den Sinn ihres Lebens und ihres Todes, ja sogar den Sinn der menschlichen Geschichte im religiösen Glauben, und für Hunderte Millionen von Männern und Frauen gibt der Kommunismus den Hoffnungen der Erde ein Gesicht und unserer Geschichte auch einen Sinn."[140] Sogar eine Verschmelzung von christlichem und marxistischem Gedankengut scheint stattzufinden, bemerkt doch I. D. Pancchava, daß die „Weltanschauung der Gläubigen nicht nur unter dem Einfluß der Religion, sondern auch unter dem Einfluß von Sein und Ideologie der sozialistischen Gesellschaft entsteht".[141]

In der harten Auseinandersetzung mit der Religion fordert Tugarinov von der marxistischen Philosophie eine deutlichere Wegweisung und kritisiert: „Wir lehren die Jugend zu wenig, *wie* sie leben soll; wir erklären zu wenig, worin die Prinzipien und Normen des sozialistischen Lebens bestehen und was der Sinn des Lebens ist..."[142] Das menschliche Handeln zu erklären, sieht Helmut Seidel als die Aufgabe des gegenwärtigen Marxismus, die bislang vernachlässigt wurde: „Der Hauptakzent in den bisherigen Darstellungen liegt auf der Erklärung dessen, was ist, nicht aber auf einer theoretischen Begründung der praktischen Veränderung, nicht auf der Anleitung zum Handeln."[143] Der Autor bringt seine Forderung, dieses Handeln auf „Sinn" auszurichten, in dem treffenden Satz zum Ausdruck: „Der Philosophie, der es auf die Ver-

---

139 A. S. Bogomolov, Ju. K. Mel'vil', I. S. Narskij: O nekotorych osobennostjach..., 119.
140 R. Garaudy: Vom Bannfluch zum Dialog, Ein Marxist zieht die Schlußfolgerungen aus dem Konzil, Im Gemeinschaftsband: Der Dialog, 31.
141 I. D. Pancchava: Čelovek, ego žizn' i bessmertie, 90.
142 W. P. Tugarinow: Über die Werte des Lebens und der Kultur, 23.
143 H. Seidel: Vom praktischen und theoretischen Verhältnis der Menschen zur Wirklichkeit, In: DZPh 1966/10/1179.

änderung der Welt ankommt, kann es nicht genügen, die durchgängige Gesetzmäßigkeit der Welt, deren Erkenntnis historisch bedingt, relativ ist, aufzuzeigen; sie hat den Sinn des menschlichen Handelns zu begründen." (Ebd.)

Die Frage nach dem Sinn des Lebens sucht nach der Orientierung des Handelns, so daß dieser Sinn „in allgemeinster Bedeutung die Richtung seines Lebens, die grundsätzliche Lebensausrichtung, die Generallinie des Lebens"[144] angibt. „Die Frage nach dem Sinn des Lebens ist die Frage danach, wofür der Mensch lebt, was das Wichtigste in seinem Leben ist."[145] Diese Orientierung führt zum Handeln, denn „wenn der Mensch den Sinn seines Lebens bestimmt, gelangt er zu der Notwendigkeit, seine theoretischen Erkenntnisse und das praktische Handeln in Übereinstimmung zu bringen" (ebd.). Diese Übereinstimmung prägt nun seinen Charakter und gelangt zum gesamtmenschlichen Ausdruck: Das „rechte Verständnis vom Sinn des Lebens verleiht dem Menschen Selbstvertrauen, es macht sein Verhalten entschlossener, zielgerichteter" (ebd.). Weil das Problem des Lebenssinnes also den Menschen ganzheitlich erfaßt, steht es — wie P. M. Egides urteilt — „einzigartig unter den Zentralthemen der Ethik" (ebd.) da.

Über die bisherigen Erfolge der marxistischen Philosophie bei der Erarbeitung der Sinnfrage vertritt I. D. Pancchava einen sehr selbstbewußten Standpunkt: Während das „Problem des Lebenssinnes — nach den Worten von H. Heine — zu einer ,verfluchten' Frage der Geschichte"[146] geworden sei, gelinge erst dem Marxismus die Antwort: „Allein der Marxismus hat zum erstenmal eine wissenschaftliche, allseitige Analyse des Problems des Lebenssinnes vorgelegt." (Ebd.) Erheblich zurückhaltender äußert sich jedoch Milan Machovec auf der Tagung der Paulusgesellschaft 1967 in Marienbad und bekennt die Versäumnisse und Verengungen: „Der bisherige Marxismus hat die Frage nach dem Sinn des menschlichen Lebens noch nicht gelöst. Der Horizont vieler Marxisten ist noch von lauter politischen Parolen und ökonomischen Problemen umstellt. So entsteht leicht, und nicht grundlos, der Eindruck, daß die Marxisten von der Lösung der Sinnfrage viel weiter entfernt sind als die Anhänger anderer Denkstrukturen."[147]

---

144 P. M. Egides: Marksistskaja ètika o smysle žizni, 27.
145 Ebd. 25.
146 I. D. Pancchava: Čelovek, ego žizn' i bessmertie, 85.
147 (Marienbader Protokolle), In: NF 1967, 472.

Doch die darüber einsetzende philosophische Unruhe wird entscheidenden Einfluß auf Denken und Handeln der marxistischen Bewegung gewinnen, denn „gerade bei den Marxisten wird daraufhin eine große Suche nach der Lösung dieses Problems einsetzen; die Frage nach dem Sinn des menschlichen Lebens wird die Kernfrage des künftigen Marxismus sein" (ebd.).

I. KAPITEL

Die Entfaltung der Sinnfrage

1. DER KATEGORIALE ANSATZPUNKT DER SINNFRAGE

Die Lösung eines Problems hängt entscheidend davon ab, ob der *Ansatz* zu dieser Lösung methodisch unanfechtbar gesetzt ist. Der Ansatz kann nicht schon eine *Aussage* sein, da die Problemstellung, d. h. die Formulierung eines ungeklärten Sachverhaltes zwar in eine Aussage über diesen Sachverhalt überführt werden soll, ihn selbst jedoch noch nicht in einer Aussage fassen kann. Eine Aussage bringt ja ein abgeschlossenes Urteil zum Ausdruck, dem eine gedankliche Operation vorausging. Der ungeklärte Sachverhalt verlangt einen bestimmten gedanklichen Weg bis zur Bildung eines Urteils (will er nicht ein Vorurteil zum Ausgangspunkt setzen) und Rechenschaft über diesen Weg.

Ein Problem formuliert sich daher zunächst als eine *Frage.* Doch selbst diese Frage bleibt kritisch zu befragen, da auch sie verschiedene Vorurteile enthalten kann. So setzt schon die Frage „Was ist der Sinn des menschlichen Lebens?" unbefragt voraus, *daß* es überhaupt so etwas wie einen Sinn des Lebens gebe; in Frage wird hier nur gestellt, *was* eben dieser Sinn des Lebens sei. Aber wie kann der Fragende der Gefahr entgehen, daß seine Frage „Was ist der Sinn des menschlichen Lebens?" der andern Frage „Was ist der Stein der Weisen?" gleicht? Daß das in der Frage angezielte Objekt, der Sinn des Lebens, nur ein Gedankengespinst darstellt?

Diese Absicherung gegenüber einer Selbsttäuschung geschieht dadurch, daß nicht nur der *Inhalt* der Frage nach dem Sinn des Lebens der Kritik ausgesetzt, sondern vorgängig dazu bereits die *Form* dieser Frage — wie sich uns die gestellte Frage darbietet — kritisch befragt wird. Damit verwandelt sich die Frage „Was ist der Sinn des menschlichen Lebens?" in die andere und grundlegende Frage „Was ist das, — ‚Sinn des menschlichen Lebens'?". In ihr geht es nicht schon um die angezielte *inhaltliche Wirklichkeit* des menschlichen Lebenssinnens, sondern erst um die *formale Ausdrücklichkeit*, in der diese Wirklichkeit dem Denken zugänglich wird. Denn sie ist dem Verstand nie unmittelbar, sondern nur vermittelt über den Begriff erfaßbar. Dieser zusammengesetzte *Begriff* „Sinn des menschlichen Lebens" ist weiterhin durch die Trennung des Grundbegriffes „Sinn" von seiner Besonderung „des menschlichen Lebens" gedanklich zu schärfen und in der Frage nach der Kategorie „Sinn" noch allgemeiner anzusetzen: „Was ist das, —‚Sinn‘?"

Die Frage „Was ist das, — ‚Sinn‘?" fragt also nach *Wort* und *Kategorie* „Sinn", mit deren Hilfe Sprache und Denken Zugang zu einer zugrundeliegenden Wirklichkeit finden. Mit Kategorien, den „grundlegenden und allgemeinen Begriffen der Wissenschaft"[148] reflektiert, „widerspiegelt" der denkende Mensch die wesentlichen Bestimmungen der Wirklichkeit. Philosophie begnügt sich nicht mit der Untersuchung der *begrifflich vermittelnden Kategorie*, sondern sucht *Wirklichkeit* zu erfassen. Die Frage nach der realen Grundlage der Kategorie „Sinn" will daher in der Wirklichkeit den konkreten Ansatzpunkt von Sinn erkennen. Weil „Kategorien und Begriffe einen objektiven Inhalt haben, weil sie die reale Welt mit ihren eigentümlichen Zusammenhängen, Beziehungen und Gesetzen widerspiegeln",[149] sucht die Frage nach „Sinn" Wirklichkeit zu erfassen: *Welche* Wirklichkeit wird mit „Sinn" bezeichnet? Der vielschichtige Sprachgebrauch des Sinnbegriffes macht es erforderlich, seine Verwendungsbreite darzustellen, um von dort zum Bedeutungskern des Begriffes vorzustoßen. Uns geht es dabei um eine Erhellung dessen, was Marx unter „Sinn" verstand, es handelt sich aber nicht um eine Untersuchung des Sinnbegriffes vom Standpunkt der heutigen Semantik aus.

A. Die Kategorie „Sinn"

Die Schwierigkeit einer Klärung des Sinnbegriffes ergibt sich aus dem nicht leicht zu durchschauenden Verhältnis von Sprache und Leben, wie Karl Marx in der „Deutschen Ideologie" schreibt: „Für die Philosophen ist es eine der schwierigsten Aufgaben, aus der Welt des Gedankens in die wirkliche Welt herabzusteigen. Die unmittelbare Wirklichkeit des Gedankens ist die *Sprache*. Wie die Philosophen das Denken verselbständigt haben, so mußten sie die Sprache zu einem eigenen Reich verselbständigen. Dies ist das Geheimnis der philosophischen Sprache, worin die Gedanken als Worte einen eigenen Inhalt haben. Das Pro-

---

148 PhW 268.
149 M. M. Rozental', G. M. Štraks: Kategorii materialističeskoj dialektiki / Die Kategorien der materialistischen Dialektik /, Moskau 1957, 9.

blem, aus der Welt der Gedanken in die wirkliche Welt herabzusteigen, verwandelt sich in das Problem, aus der Sprache ins Leben herabzusteigen."[150]

a. Die unterschiedlichen Begriffsinhalte

Gerade in den Frühschriften von Marx finden wir einen häufigen Gebrauch der Kategorie „Sinn". Doch ist dieser so vieldeutig, daß eine Aufschlüsselung seiner Verwendung notwendig wird. Es trifft gleichfalls hier zu, was Adam Schaff über den Gebrauch der Kategorie „Wesen" beim jungen Marx — die er wie die Kategorie „Sinn" von Feuerbach und Hegel übernommen hat — sagt: Sie wurde „leider nicht nur reichlich, sondern auch vieldeutig"[151] angewendet. Entsprechend erscheinen die verschiedenen Bedeutungen des Wortes „Sinn" in der ganzen Breite vom Sinnlichen, d. h. Sinnenhaften, das dem Menschen mit dem höheren Tier gemeinsam ist, bis hin zu den geistigen und sittlichen Vermögen und ihrer Einigung im lebendigen Menschen.

In einer — ersten — Bedeutung bezeichnet bei Marx die Kategorie „Sinn" das *sinnenhafte Aufnahmevermögen* für ganz bestimmte Erscheinungen, Sinn als gegenständlich-sinnliche Kraft des Menschen zum Inbeziehungtreten zu einem bestimmten Bereich der Außenwelt. Durch diese „unmittelbaren Sinne"[152] ist der Mensch „unmittelbar *Naturwesen*".[153] Doch dieses Wesen ist keine passive Vorhandenheit, sondern aktivierbare Möglichkeit zu weiterer Entfaltung. „Als Naturwesen und als lebendiges Naturwesen ist er teils mit *natürlichen Kräften,* mit *Lebenskräften* ausgerüstet, ein *tätiges* Naturwesen; diese Kräfte existieren in ihm als Anlagen und Fähigkeiten, als *Triebe;* teils ist er als natürliches, leibliches, sinnliches, gegenständliches Wesen ein *leidendes,* bedingtes und beschränktes Wesen, wie es auch das Tier und die Pflanze ist . . . ." (Ebd.) Zur Verdeutlichung desselben Sachverhaltes bedient sich Marx verschiedener Ausdrücke: „Gegenständlich, natürlich, sinnlich *sein* und sowohl Gegenstand, Natur, Sinn außer sich haben oder selbst Gegenstand, Natur, Sinn für ein drittes sein ist identisch."[154] Tastsinn, Geruchssinn, Geschmackssinn u. a. ermöglichen dem Menschen die Verbindungsaufnahme mit dem entsprechenden Wirklichkeitsbereich außerhalb seiner selbst.

---

150 K. Marx, F. Engels: Die Deutsche Ideologie, In: MEW 3, 432.
151 A. Schaff: Marxismus und das menschliche Individuum, 99.
152 K. Marx: ÖPhM 131. 153 Ebd. 160. 154 Ebd. 161. 155 Ebd. 120.

Im Anschluß daran erscheint Sinn — zweitens — als die Zuneigung, als das *innere Verständnis* für einen bestimmten Bereich der Wirklichkeit: „Wie erst die Musik den musikalischen Sinn des Menschen erweckt, wie für das unmusikalische Ohr die schönste Musik *keinen* Sinn hat, kein Gegenstand ist, weil mein Gegenstand nur die Bestätigung einer meiner Wesenskräfte sein kann, also nur so für mich sein kann, wie meine Wesenskraft als subjektive Fähigkeit für sich ist, weil der Sinn eines Gegenstandes für mich ... grade so weit geht, als *mein* Sinn geht, darum sind die *Sinne* des gesellschaftlichen Menschen *andre* Sinne wie die des ungesellschaftlichen ...“[155] An diesem inneren Verständnis des Menschen ist seine ganze Umwelt formend beteiligt, und im gesellschaftlichen Kontext aktiviert der Mensch auch sich selbst. Passivität würde das innere Verständnis verkümmern lassen. Das Sein des Menschen ist Tätigsein, denn „erst durch den gegenständlich entfalteten Reichtum des menschlichen Wesens wird der Reichtum der subjektiven *menschlichen* Sinnlichkeit, wird ein musikalisches Ohr, ein Auge für die Schönheit der Form, kurz, werden erst menschlicher Genüsse fähige *Sinne,* Sinne, welche als *menschliche* Wesenskräfte sich bestätigen, teils erst ausgebildet, teils erst erzeugt“ (ebd.). Schließlich deutet sich ein Zusammenhang von sinnenhafter Aufnahmefähigkeit und innerem Verständnis an: „Die abstrakte Feindschaft zwischen Sinn und Geist ist notwendig, so lang der menschliche Sinn für die Natur, der menschliche Sinn der Natur, also auch der *natürliche* Sinn des *Menschen*, noch nicht durch die eigne Arbeit des Menschen produziert ist.“[156]

Der Sinnbegriff erscheint noch weiter gefaßt, geht über einen nur sinnenhaften Bereich hinaus und betrifft — drittens — als *bewußtes sittliches Wirkvermögen* auch das gesellschaftliche Zusammenleben. So führt Marx den Gedanken von der „menschlichen Sinnlichkeit“ fort: „Denn nicht nur die 5 Sinne, sondern auch die sogenannten geistigen Sinne, die praktischen Sinne (Wille, Liebe etc.), mit einem Wort der *menschliche* Sinn, die Menschlichkeit der Sinne wird erst durch das Dasein *seines* Gegenstandes, durch die *vermenschlichte* Natur.“[157] In einer bestimmten Verbindung der — wie Marx sie nennt — geistigen und praktischen Sinne eröffnet sich damit die Möglichkeit des *Menschseins,* das sich auf die Mitwelt bezieht und nicht in dem Einzelmenschen eingeschlossen bleibt, vielmehr seine Bestätigung durch seine Betätigung fordert. War schon die „*Bildung* der fünf Sinne ... eine Arbeit der

---

156 Ebd. 133 f. 157 Ebd. 120. 158 Ebd. 118. 159 Ebd. 171.

ganzen bisherigen Weltgeschichte" (ebd.), so wird die Entfaltung des Menschlichen in Fortsetzung dieser Arbeit eine Forderung an den Einzelnen. Die „praktischen Sinne" (ebd.) sind mehr als nur ein physischer Sinn, wie die vorher getroffene Unterscheidung von „physischen und geistigen Sinnen"[158] aufweist. Marx scheint solche auf das Zusammenleben bezogene Geistigkeit des Menschen — in Abwandlung eines Hegelschen Bildes — als ein zum Physischen hinzutretendes „Licht" und Sinnlichkeit selbst als „die sich *äußernde* und dem Licht, dem sinnlichen Menschen erschlossene *Sinnlichkeit*"[159] zu erfassen.

Eine weitere — vierte — Bedeutung des Sinnbegriffes zeigt Sinn als Vermögen zur *Zielsetzung* überhaupt, als bewußtes Absichtsetzen. So verlangt Marx in der „Deutschen Ideologie", man müsse schriftlich fixierte Sätze „im Sinne ihrer Verfasser"[160] lesen, d. h. in ihnen die Absicht der Schreiber erkennen. In der „Heiligen Familie" spricht er weiterhin von einem „*bestimmten,* wirklichen Sinn, Gedanken, Ansicht"[161] eines theoretischen Systems.

In einer — fünften — Bedeutung versteht Marx sodann Sinn als *Wert* oder Fähigkeit zur Wertverwirklichung, bzw. in negativer Fassung als Unwert: „Der Sinn, den die Produktion in Bezug auf die Reichen hat, zeigt sich *offenbart* in dem Sinn, den sie für die Armen hat ..."[162] Gegen Bruno Bauers „kritische Kritik" formuliert er: „Eine Wahrheit, die sich von selber versteht, hat für die absolute Kritik, wie für die göttliche *Dialektik*, ihr Salz, ihren Sinn, ihren *Wert* verloren."[163] Negativ können dementsprechend wirkliche Zustände als „vorgefundener Unsinn"[164] bezeichnet werden.

Der anscheinend häufigste Gebrauch des Sinnbegriffes begegnet uns — sechstens — in der Gleichsetzung mit *Bedeutung,* z. B. als Deutung „im Sinne der Zukunft und des absoluten Fortschritts",[165] als der „geheime Sinn dieser kritischen Prophezeiung",[166] als „wörtlicher *Sinn*"[167] oder als „weitrer Sinn".[168]

---

160 K. Marx, F. Engels: Die Deutsche Ideologie, In: MEW 3, 95.
161 K. Marx, F. Engels: Die heilige Familie, In: MEW 2, 100.
162 K. Marx: ÖPhM 132.
163 K. Marx, F. Engels: Die heilige Familie, In: MEW 2, 84.
164 K. Marx, F. Engels: Die Deutsche Ideologie, In: MEW 3, 40.
165 K. Marx, F. Engels: Die heilige Familie, In: MEW 2, 96.
166 Ebd. 85.
167 Ebd. 126, vgl. auch ebd. 100. 139. 138.
168 K. Marx: Das Kapital, Erster Band, In: MEW 23, 195.

Es läßt sich nunmehr zusammenfassen, daß der Gebrauch der Kategorie „Sinn" durch Karl Marx sich mit der noch heute üblichen Verwendung dieses Begriffes im deutschen Sprachraum deckt und „Sinn" mit folgenden anderen einfachen und zusammengesetzten Begriffen gleichsetzt: „sinnenhaftes Aufnahmevermögen", „inneres Verständnis", „bewußtes sittliches Wirkvermögen", „Zielsetzung", „Wert" und „Bedeutung". Die Gefahr besteht nun darin, willkürlich den Schwerpunkt des Bedeutungsfeldes zu bestimmen, eine einzige dieser Bedeutungen für die „eigentliche" zu erklären und so den Sinnbegriff *auf einen Aspekt einzuengen*. Damit löst sich das Problem nicht legitim, denn die Reduktion des Ganzen auf seinen Teil bringt konsequent nur eine Teillösung. Vielmehr ist zu fragen: Aus welchem *grundlegenden Zusammenhang* lassen sich die *verschiedenen Verwendungen* des Sinnbegriffs verstehen? Dieser unterscheidbare „Sinn" darf ja nicht als äquivoker Ausdruck für im Grunde disparate Gegenstandsbereiche mißdeutet werden, wie z. B. im Wort „Hahn" (Gewehrabzug — Hahn im Hühnerstall — Wasserhahn) oder im Wort „Tau" (Schiffstau — Morgentau), denn es handelt sich beim Sinnbegriff um einen Begriff *sprachgeschichtlich derselben Herkunft!*

Eine sprachgeschichtliche Orientierung erweist die Herkunft des Begriffes „Sinn" aus der germanischen Wurzel „sinpa" (Gang) in Verwandtschaft mit dem gotischen „sinps". Das althochdeutsche und mittelhochdeutsche „sin(n)" wiederum ist verwandt mit dem althochdeutschen „sind" (Weg, Reise, Heereszug). Diese letzteren Bedeutungen spiegeln sich noch in den Ableitungen wider: Gesinde, Gesindel, im Sinne des Uhrzeigers. Als entsprechendes Zeitwort steht das gotische „sinpan" (gehen), und gleicherweise bedeutet das althochdeutsche „sinnan" — vermutlich lautlich angeglichen aus „sindan" — „einen Weg einschlagen, reisen, gehen, streben". Das mittelhochdeutsche „sinnen" besagt dann in einer sprachlichen Weiterentwicklung: mit den Sinnen wahrnehmen, mit den Sinnen nachgehen, erfahren, mit den Gedanken nachspüren. Im Zusammenhang mit der erschlossenen Wurzel „sent-" entspricht es dem lateinischen „sentire": mit den Sinnen nachgehen, spüren. Schließlich bilden sich aus dem mittelhochdeutschen „sinnen" — samt dem zugehörigen verbum factitivum „senden" — die noch heute gebräuchlichen Wortbedeutungen heraus.

Schon seit dem mittelhochdeutschen „sin(n)" dringt das Wortverständnis eines durch die Sinne vermittelten Handelns und Denkens, einer tätig-geistigen Aktivität durch. So schreibt das „Deutsche Wörterbuch" von Jacob und Wilhelm Grimm: „die ursprüngliche bedeutung der wurzel war augenscheinlich die einer ortsbewegung",[169] aber „daneben findet sich die übertragung in die geistige sphäre" (ebd.). Ein späterer Einfluß des lateinischen „sentire" (sensus) scheidet aus, denn eine „frühe und allgemeine entlehnung beweist das hohe alter des germ. wortes und wortsinnes" (ebd.); ein geistiger Bezug scheint dem neugebildeten Hauptwort „sin(n)" „von vorn herein eigen zu sein" (ebd.). Diese Entwicklung der Bedeutung des Sinnbegriffes „vom physischen zum psychischen Erfahren" betont auch Hermann Paul.[170] Uns scheint — bei einem Vergleich mit Grimm — die intellektuelle Implikation sehr betont zu sein, wenn er schreibt: „Als Grdbd. werden wir vielleicht anzunehmen haben ‚Bemühung um Wahrnehmen', der dann die Bdtg. ‚Bewußtsein' nahe liegt." (Ebd.) Über die „Empfänglichkeit für etwas" (ebd.) und eine damit verbundene „Neigung und Anlage zu praktischer Ausübung" (ebd.) hinaus beziehe sich „Sinn" möglicherweise auch auf das „Denken an etwas Bestimmtes, wobei sich, wenn es etwas Zukünftiges ist, auch die Vorstellung eines Strebens einmischen kann" (ebd.). Schließlich sei schon mittelhochdeutsch der Sinnbegriff als „‚Bedeutung', ‚was mit einer Äußerung gemeint ist'"[171] anzutreffen.

Solche Überlegungen zum Sinnbegriff, wie sie Hermann Paul vorlegt, treffen in ähnlicher Weise auch auf das russische „smysl" (Sinn) zu, den Kernbegriff des zusammengesetzten Ausdruckes „smysl žizni" (Sinn des Lebens). Seine Ableitung aus „mysl'" (Gedanke) verweist auf eine ursprüngliche Bedeutung „Fähigkeit zur geistigen Wahrnehmung", aus der sich erst später die abgeleitete Bedeutung „Inhalt einer geistigen Setzung", d. h. „Bedeutung" zu ergeben scheint.[171a]

---

169 J. und W. Grimm: Deutsches Wörterbuch, 10. Band / 1. Abteilung, Leipzig 1905, 1103.

170 H. Paul: Deutsches Wörterbuch, Tübingen 5. Aufl. 1966, 601.

171 Ebd. 602.

171a Es scheint angebracht, an dieser Stelle im Vergleich mit dem deutschen Wort „Sinn" eine Klärung des sprachlichen Befundes für das entsprechende russische „smysl" zu versuchen.

Das „Wörterbuch der Synonyme der russischen Sprache" von Z. E. Aleksandrova verweist unter dem Stichwort „smysl" auf „značenie" (Bedeutung), „pol'za" (Nutzen) und „um" (Verstand) (Slovar' sinonimov russkogo jazyka, Moskau 1968, 500). V. N. Kljueva setzt „smysl" und „značenie" fast gleich: „Diese Wörter stimmen in der Bedeutung überein: innerer Gehalt dessen, was mit irgendeinem Wort, Satz oder Zei-

Nach seiner sprachgeschichtlichen Herkunft bezieht sich also der Begriff „Sinn" — in erstaunlicher Übereinstimmung mit seiner Verwendung durch Karl Marx — auf die *menschliche Wirklichkeit,* zeigt einen *ursprünglichen Zusammenhang von sinnenhaftem und geistigem „Weg".*

chen ausgedrückt wird. *Bedeutung* wird [jedoch] umfassender verwendet als *Sinn.* Mit letzterem Wort meint man häufig etwas Verborgenes, das es noch zu entdecken gilt." (Kratkij slovar' sinonimov russkogo jazyka / Kurzes Wörterbuch der Synonyme der russischen Sprache /, Moskau 2. Aufl. 1961, 234.) Das von D. N. Ušakov herausgegebene „Erklärende Wörterbuch der russischen Sprache" sucht „smysl" unter drei Aspekten verständlich zu machen. Dieses Wort bezeichnet demnach 1. „den inneren, logischen Gehalt (eines Wortes, einer Rede, einer Erscheinung), der mit dem Verstand begriffen wird, die Bedeutung", 2. vereinzelt auch „ein Ziel, eine verstandesmäßige Begründung" und 3. in der Schriftsprache und in veralteter Bedeutung „die Vernunft, die Fähigkeit, zu verstehen und zu überlegen" (Tolkovyj slovar' russkogo jazyka, Band 4, Moskau 1940, Spalte 313). Im „Wörterbuch der gegenwärtigen russischen literarischen Sprache" finden wir „smysl" ähnlich erklärt als „innerer Gehalt von etwas, Bedeutung"; doch ist zusätzlich hingewiesen auf eine bereits veraltete Bedeutungsgleichheit zu „razum" (Vernunft), „rassudok" (Überlegungsvermögen, Verstand, Vernunft) und „um" (Verstand) (V. I. Černyšёv [Red.]: Slovar' sovremennogo russkogo literaturnogo jazyka, Band 13, Moskau 1962, Sp. 1449. 1448).

In dem zuletzt angeführten Werk findet sich abschließend ein Verweis auf I. I. Sreznevskij (Materialy dlja slovarja drevne-russkago jazyka po pis'mennym" pamjatnikam" / Materialien für ein Wörterbuch der altrussischen Sprache nach den Schriftdenkmälern /, Band 3, Sanktpetersburg 1912). Seine Ausführungen berühren auch die sprachgeschichtliche Herkunft von „smysl" — in altrussischer Schreibweise „ s"mysl" " — aus dem Wort „mysl" (Denken, Gedanke). Er stellt *zwei Bedeutungsgruppen* zusammen, die das Wort „smysl" abdeckt: zunächst „ obraz" myslej " (Denkweise), „razmyšlenie" (Überlegung, Nachdenken), „ razsudok" " (Überlegungsvermögen, Verstand, Vernunft) und „ razum" " (Vernunft) (ebd. Sp. 756); dann auch „značenie" (Bedeutung), „soderžanie" (Inhalt) und sogar — mit Fragezeichen — „vozderžanie" (Enthaltsamkeit, Mäßigkeit, Abstinenz) (ebd. Sp. 757). Ähnlich ordnet das „Wörterbuch der kirchenslavischen und russischen Sprache" ein doppeltes Bedeutungsfeld des Wortes „ smysl" " hintereinander an: 1. die „Fähigkeit zu verstehen; Vernunft" (N. L. Tiblen [Hrsg.]: Slovar' cerkovno-slavjanskago i russkago jazyka, Band 3/4, 2. Aufl. Sanktpetersburg 1867, 335); 2. die „Bedeutung irgendeines

b. Der ursprüngliche praktische Bezug des Sinnbegriffes

Nunmehr stellt sich die Forderung, auf der Grundlage eines *primären Zusammenhanges* die erst *sekundären Ausfaltungen* des Sinnbegriffes zu klären: Wo zeigt sich ein Seiendes, das einerseits diese Qualitäten

---

Wortes oder Ausdrucks oder einer Periode" (ebd.). Vladimir Dal' versteht unter „ smysl" " zunächst einmal „das Begriffsvermögen, das Verstehen, die Vernunft; die Fähigkeit, richtig zu urteilen, Schlüsse zu ziehen"; — zum andern bedeutet es aber auch „Gültigkeit, Bedeutung, Erklärung, Vernünftigkeit, Kernpunkt" (Tolkovyj slovar' živogo veli-korusskogo jazyka / Erklärendes Wörterbuch der lebenden großrus-sischen Sprache /, Band 4, Moskau 1955, 240). Beide in „smysl" verbun-denen Bedeutungsfelder setzt Franz Miklosich für einige slavische Sprachen zueinander in Beziehung: kirchenslavisch—s"mysl"; russisch—smysl"; tschechisch—smysl, značení slov / úsudek, rozum; polnisch—znaczenie, myśl, sens / rosum; dem entspreche deutsch-Bedeutung, Sinn / Verstand (F. Miklošič: Kratkij slovar' šesti slavjanskich" jazykov" (russkago s" cerkovnoslavjanskim", bolgarskago, serbskago, češskago i pol'skago) a także francuzskij i nemeckij / Kurzes Wörterbuch von sechs slavischen Sprachen (Russisch samt Kirchenslavisch, Bulgarisch, Serbisch, Tschechisch und Polnisch) und dazu Französisch und Deutsch /, Sanktpetersburg—Moskau—Wien 1885, 780 f.).

Seiner *etymologischen Herkunft* nach setzt Miklosich „smysl" in *Zu-sammenhang mit „mysl'"*, das bis ins Altslavische zurückzuverfolgen ist (F. Miklosich: Etymologisches Wörterbuch der slavischen Sprachen, Wien 1886, 208). Nach Max Vasmer, der „smysl" nicht ausdrücklich erwähnt, trägt dieses altrussische und altbulgarische „mysl'" die Bedeutungen der griechischen Wörter „dianoia" (Denkkraft, Denken, Gedanke) und „logismos" (Überlegung, Plan), es ist urverwandt mit dem gotischen „gamaudjan" (erinnern) und dem griechischen „mythos" (Rede) samt „mytheomai" (ich rede, unterhalte mich, überlege) (Russisches etymolo-gisches Wörterbuch, Band 2, Heidelberg 1955, 184 f.). (Vgl. ähnlich A. Preobraženskij: Ėtimologičeskij slovar' russkago jazyka / Ety-mologisches Wörterbuch der russischen Sprache /, Band 1, Moskau 1910, 574.) Auf das Bedürfnis nach vertiefter etymologischer Auf-arbeitung im allgemeinen — und das hätte im besonderen auch für „smysl" zu gelten — weist aber die Tatsache hin, daß man vor einigen Jahren daranging, das dreibändige Werk Vasmers ins Russische zu über-tragen (M. Fasmer: Ėtimologičeskij slovar' russkogo jazyka, Moskau 1964 ff.) und unter Leitung von N. M. Šanskij ein mehrbändiges „Etymologisches Wörterbuch der russischen Sprache" (Ėtimologičeskij slovar' russkogo jazyka, Moskau 1963 ff.) herauszubringen.

offenbart, zugleich aber auch *integriert?* Weder ein tierisch-sensitives noch gar ein sachhaft-anorganisches Seiendes erweist sich als dazu fähig, sondern nur der *lebendige Mensch.*

Mit dieser Feststellung ist die Verbindung von Begriff und zugrundeliegender Wirklichkeit hergestellt: Die Frage nach dem *integralen Zusammenhang* der in der Sprache je für sich verwendeten Bedeutungen

---

Vermutlich handelt es sich beim altslavischen „ s"mysl' " — nach Václav Machek eine postverbale Bildung aus „mysliti", dem „mysl'" entsprechenden Verbum, (Etymologický slovník jazyka Českého / Etymologisches Wörterbuch der tschechischen Sprache /, Prag 2. Aufl. 1968, 385) — um „so-mysl", d. h. um einen „Mit-Gedanken", ein „Mit-Denken" oder „Mit-Denkvermögen". Dafür würde auch sprechen, daß das Altkirchenslavische u. a. den griechischen Begriff „synesis" (Fassungskraft, Einsicht, Verstand; Bewußtsein, Gewissen) mit „ s"mysl" " übersetzt (K. H. Meyer: Altkirchenslavisch-griechisches Wörterbuch des Codex Suprasliensis, Glückstadt — Hamburg 1935, 245). Ähnlich ist ja das griechische „syneidesis" oder „syneidos" (Gewissen) ins Altbulgarisch-Altkirchenslavische mit „ s"vest' " — russisch „sovest'" (Gewissen, eigentlich „Mit-Wissen") — übertragen worden (K. Schumann: Die griechischen Lehnbildungen und Lehnbedeutungen im Altbulgarischen, Berlin/West / 1958, 57). Ob hier eine sprachliche Neubildung oder der Rückgriff auf ein einheimisches Wort vorliegt, kann kaum festgestellt werden. Nach der Ähnlichkeit zwischen „ s"mysl" " und „ s"vest' " dürfte man dann „smysl" seiner ursprünglichen Herkunft nach als etwas im Gedanken immer „Mitgedachtes", als „Begleitdenken" des Denkvorganges oder als „Begleitvermögen" der Denkfähigkeit deuten. Anhand des vorliegenden Befundes läßt sich über Bedeutungsfeld und Etymologie des Wortes „smysl" jedenfalls soviel sagen: Aufgrund der Verwandtschaft mit dem altrussischen „mysl'" betrifft „smysl" ursprünglich die *geistige Fähigkeit und Tätigkeit* des Menschen; diese Bedeutung wird von ihm heute nicht mehr voll abgedeckt und höchstens als veraltete Bedeutung mitgedacht. Im gegenwärtigen Sprachgebrauch zeigt „smysl" eine Tendenz auf Bedeutungsgleichheit mit „značenie", vereinzelt auch mit „cel'" (Ziel, Zweck; Absicht), d. h. eine Tendenz auf die Bezeichnung des *Ergebnisses oder der Absicht einer geistigen Setzung;* es dient als Ausdruck für die einem Wort, einer Geste oder einem Werk zugedachte oder bereits eingestiftete Bedeutung. Die ursprünglich ontologisch-gnoseologische Prädikation scheint sich in eine semantisch-pragmatische und kreativ-praktische verschoben zu haben. Vielleicht beeinflußt diese unbewußt im sprachlichen Kulturraum vollzogene Verlagerung des Bedeutungsschwerpunktes im Wort „smysl" die unterdes Wortes „Sinn" wird zur *ontologischen Frage nach dem Menschen.* Das gilt auch für „Wert" und „Bedeutung": Da das Resultat nie *vor* seiner Verwirklichung besteht und die Verwirklichung nie *vor* ihren zureichenden Möglichkeitsbedingungen sein kann, gehen dem Wert die Wertverwirklichung und der Bedeutung das Bedeutungsetzen voraus. Diese gründen ihrerseits in einer Fähigkeit des Menschen zur Wertverwirklichung und zur Bedeutungsetzung. Der Wert gründet also im bewußten sittlichen Wirkvermögen, und die Bedeutung ist das Ergebnis vorgängiger Begriffsbildung (durch das innere Verständnis) und bewußte Setzung des sprachlichen Zeichens (durch das sinnenhafte Aufnahme- und Ausdrucksvermögen). Die *vermittels des Sinnbegriffes zusammengefaßten Möglichkeiten des Menschen* zeigen diesen als ein Wesen, das *sinnenhaft und gesellschaftlich aufnahmefähig und wirkfähig* ist, zugleich aber diese verschiedenen Möglichkeiten in sich *bewußt integriert.*

Wo und wie betätigt und bestätigt sich aber der Mensch derart ganzheitlich? Die deutlichste Antwort findet die marxistische Philosophie in der Anthropogenese, der Entstehung des Menschen durch die *Arbeit:* In der Arbeit als der Urform menschlicher Praxis einigt der Mensch in sich Sinnenhaftigkeit und Gesellschaftlichkeit durch bewußte Tätigkeit. Die marxistische Theorie der Anthropogenese beruft sich zunächst auf die „körperliche Organisation"[172] des arbeitenden Menschen und sein „dadurch gegebenes Verhältnis zur übrigen Natur" (ebd.). „Die Voraussetzungen, mit denen wir beginnen," — sagt Karl Marx — „sind keine willkürlichen, keine Dogmen, es sind wirkliche Voraussetzungen, von denen man nur in der Einbildung abstrahieren kann. Es sind die

---

schiedlichen Auffassungen vom Sinn des Lebens — die sich ja entweder als Sinnvernehmen oder als Sinnsetzen verstehen — ebenso tiefgehend wie eine bewußte weltanschauliche Ausrichtung.

Im Vergleich mit dem sprachlichen Befund des deutschen Wortes „Sinn" fällt auf, daß dessen *zweifaches Bedeutungsfeld* geistige „Bemühung um Wahrnehmen, Bewußtsein" — „was mit einer Sache gemeint ist, Bedeutung" (H. Paul) auch im russischen Wort „smysl" vorliegt — einschließlich der aufgewiesenen Tendenz der Schwerpunktverlagerung. Letzterem *fehlt jedoch die ursprüngliche physische Komponente des Sinnbegriffes,* die für das Verständnis von „smysl žizni" (Sinn des Lebens) erst durch eine *anthropologische Reflexion* erschlossen werden kann.

172 K. Marx, F. Engels: Die Deutsche Ideologie, In: MEW 3, 21.

wirklichen Individuen, ihre Aktion und ihre materiellen Lebensbedingungen, sowohl die vorgefundenen wie die durch ihre eigne Aktion erzeugten."[173] Am Ausgangspunkt der marxistischen Theorie des Menschen steht die Beachtung dieser Tatsachen, „diese Voraussetzungen sind also auf rein empirischem Wege konstatierbar" (ebd.). So kann man „die Menschen durch das Bewußtsein, durch die Religion, durch was man sonst will, von den Tieren unterscheiden. Sie selbst fangen an, sich von den Tieren zu unterscheiden, sobald sie anfangen, ihre Lebensmittel zu *produzieren,* ein Schritt, der durch ihre körperliche Organisation bedingt ist. Indem die Menschen ihre Lebensmittel produzieren, produzieren sie indirekt ihr materielles Leben selbst."[174] In dieser Produktionstätigkeit gelang der Aufstieg aus dem Tierreich, und sie sichert „in letzter Instanz die Existenz der Menschheit schlechthin".[175]

Ist sich Marx mit Feuerbach darin einig, den ganzen *sinnenhaften* Menschen zum Ausgangspunkt seiner Untersuchungen zu machen und nicht etwa „das" Denken „des" Menschen, so entdeckt er doch bei Feuerbach einen entscheidenden Mangel. Denn wenn der Mensch als ein Wesen der sich unablässig verändernden Wirklichkeit erscheint, wie erscheint die *spezielle* Veränderlichkeit des Menschen? Was ist seine *besondere* „materielle Bewegungsform"? Damit stellt Marx die Frage nach dem *Handeln* des Menschen, das das Wesentliche *menschlicher* Sinnenhaftigkeit erkennen läßt: „Vom Feuerbachschen abstrakten Menschen kommt man aber nur zu den wirklichen lebendigen Menschen, wenn man sie in der Geschichte handelnd betrachtet."[176] Der Marxismus beruft sich nicht auf ein geoffenbartes oder intuitiv erfaßtes Wesen des Menschen, von dem er auf ein Handeln des Menschen schließen dürfte; er schließt vom *wirklichen Handeln* auf das *wesentliche Sein* des Menschen.

So erhellen jene Skizzen, die Marx 1844—1847 unter der Überschrift „1. ad Feuerbach" in sein Notizbuch schreibt und die als „Feuerbachthesen" bekannt wurden, den *primär praktischen* und nicht erkenntnistheoretischen Grund der Kategorie „Sinn", die *Fundierung von Sinn in der Sinnenhaftigkeit,* in der „leibhaftigen" Praxis des Menschen. Indem

---

173 Ebd. 20.
174 Ebd. 21.
175 PhW 432.
176 F. Engels: Ludwig Feuerbach und der Ausgang der klassischen deutschen Philosophie. In: MEW 21, 290.

Marx kritisch über Feuerbach hinausgeht, trifft er einen wesentlichen Zug des menschlichen Seins: „Der Hauptmangel alles bisherigen Materialismus (den Feuerbachschen mit eingerechnet) ist, daß der Gegenstand, die Wirklichkeit, Sinnlichkeit nur unter der Form des *Objekts oder der Anschauung* gefaßt wird; nicht aber als *sinnlich menschliche Tätigkeit, Praxis ...*"[177] Diese Wende von einem kontemplativen Verständnis des Menschen zur Erkenntnis seines wesentlich aktiven Charakters formuliert er: „Feuerbach, mit dem *abstrakten Denken* nicht zufrieden, will die *Anschauung;* aber er faßt die Sinnlichkeit nicht als *praktische* menschlich-sinnliche Tätigkeit."[178]

Diese praktische Tätigkeit — der wir hier in ihrer Urform als Arbeitstätigkeit nachgehen — schließt notwendig das Element der *Bewußtheit* ein. Denn sie ist eine vermittelnde Tätigkeit, in der der Mensch Arbeitsmittel, Werkzeuge „zwischen sich und den Arbeitsgegenstand schiebt", die ihm „als Leiter seiner Tätigkeit auf diesen Gegenstand dienen".[179] Diese *Vermittlung* muß ihren *Zweck* wissen, muß „bestimmte zweckmäßig produktive Tätigkeit oder nützliche Arbeit"[180] sein. Das Wissen um Vermittlung und Zweck aber ist nur möglich durch ein Bewußtsein. So „erlaubte es die Arbeitstheorie der Anthropogenese", — wie D. V. Gur'ev sagt — „in Grundzügen ein Bild vom Werden des Bewußtseins darzulegen".[181] Dieses ist nicht etwas später zur Arbeit Hinzugetretenes, sondern die „Arbeit, die zweckmäßige Tätigkeit des Menschen, kann nicht vor dem Bewußtsein und nicht außerhalb des Bewußtseins bestehen. Das Bewußtsein ist eine unbedingte Komponente der Tätigkeit des Menschen."[182] Schon aufgrund der Bestimmung der Arbeit als gegenständlicher vermittelnder Tätigkeit des Menschen erscheint „selbst die Stellung der Frage, ob die Arbeit dem Bewußtsein oder das Bewußtsein der Arbeit vorausgehe, unberechtigt. Die Arbeit und das Bewußtsein als ihr notwendiges Moment erscheinen gleichzeitig." (Ebd.)

Sinnenhaftigkeit bildet die Basis von Sinn, und das Verwirklichungsmoment von Sinn ist die *Bewußtheit;* was Sinn selbst ist, wird sich

---

177 K. Marx: (Thesen über Feuerbach), In: MEW 3, 5.
178 Ebd. 6.
179 K. Marx: Das Kapital, Erster Band, In: MEW 23, 194.
180 Ebd. 57.
181 D. V. Gur'ev: Predšestvoval li trud soznaniju? / Ging die Arbeit dem Bewußtsein voraus? /, In: VF 1967/2/57.
182 Ebd. 65.

jedoch erst dann bestimmen lassen, wenn auch der Stellenwert des *sittlichen Wirkvermögens* aus dem Prozeß der Arbeit heraus aufgewiesen ist. Dieser Prozeß ist nicht nur ein sachbezogenes Geschehen, nicht allein „Reproduktion der physischen Existenz der Individuen".[183] Vielmehr ist er — im Rahmen von Arbeitsteilung und Produktion — „eine bestimmte Art, ihr Leben zu äußern, eine bestimmte *Lebensweise* derselben" (ebd.). Im Hinblick auf diese Lebensweise gilt es, mit allen verfestigten Entfremdungen den Kampf aufzunehmen, damit „die Verwandlung der Arbeit in Selbstbetätigung und die Verwandlung des bisherigen bedingten Verkehrs in den Verkehr der Individuen als solcher"[184] erreicht wird: Gerade auf diesen *zwischenmenschlichen Zusammenhang* bezieht sich das sittliche Wirkvermögen! Die Sinnenhaftigkeit des Menschen ist ihm wesentlich, — aber sie kennzeichnet ihn nur unvollständig. Was ihn vor allen anderen Seienden auszeichnet, sich im sittlichen Wirken äußert und auf die Gesellschaft, d. h. die Mitwelt richtet, ist seine wesentliche bewußte *Gesellschaftlichkeit*.

Die allgemeine Aussage von Marx, „wie sehr die Lösung der theoretischen Rätsel eine Aufgabe der Praxis und praktisch vermittelt ist, wie die wahre Praxis die Bedingung einer wirklichen und positiven Theorie ist",[185] gilt auch für die Lösung des Zusammenhangs der Kategorie „Sinn" mit menschlicher Sinn-Wirklichkeit. Die im Sprachgebrauch entstandenen verschiedenen Ausfaltungen des Begriffs „Sinn" gründen in einem ursprünglichen Wirkzusammenhang: Der Begriff „Sinn" ist die Widerspiegelung der *bewußten Integration und Äußerung von Sinnenhaftigkeit und Gesellschaftlichkeit durch den Menschen.*[185a]

183 K. Marx, F. Engels: Die Deutsche Ideologie, In: MEW 3, 21.
184 Ebd. 68.
185 K. Marx: ÖPhM 133.
185a Man mag das Bedenken anmelden, diese Erkenntnisse würden von der sowjetischen Philosophie kaum als verbindlich anerkannt, da sie sich wesentlich auf Frühschriften Karl Marx' stützten, in denen sein materialistischer Standpunkt noch nicht ausgeprägt gewesen sei. Obwohl bislang von marxistisch-leninistischer Seite eine Untersuchung darüber aussteht, wie sich das Verständnis von „Sinn" bei Marx im Unterschied zu Hegel und Feuerbach darstellt, vermögen wir auf indirektem Wege diese Bedenken auszuräumen. In den sechziger Jahren zog sich nämlich in den Moskauer „Fragen der Philosophie" eine Reihe von Aufsätzen zur *Abgrenzung des jungen Marx gegenüber Hegel* und zur *geistigen Entwicklung Marx' selber* hin, geführt im Hinblick auf das

Als bewußte Integration und Äußerung stellt Sinn eine *Aufgabe der Praxis* des Menschen dar und nicht ein *Rätsel der Theorie:* Sein *Wesen* muß sich als *Sinn* verwirklichen, und es verwirklicht sich nur in der *Gesellschaft.* Die vermittelnde Funktion der Gesellschaft dabei ist, ihn

Problem der *Entfremdung.* Wie man heute einwenden könnte, der *Sinn-begriff* sei bei Marx noch idealistisch belastet und daher völlig un-erheblich für das zeitgenössische marxistisch-leninistische Denken, such-ten damals westliche Autoren (J. Hommes, R. Tucker u. a.) den *Ent-fremdungsbegriff* idealistisch zu deuten und den jungen Marx durch-weg zu einem modifizierten Hegelianer zu erklären. Die allgemeinen Aussagen der — hier nur in geringer Auswahl wiedergegebenen — sowjetischen Gegenargumentation treffen im besonderen wie für „Ent-fremdung" so auch für „Sinn" zu, haben also als exemplarisch zu gelten.

Offensichtlich vertritt Marx 1841 in seiner Doktordissertation noch den idealistischen Standpunkt. Sein Manuskript „Zur Kritik der Hegelschen Rechtsphilosophie", geschrieben Anfang Sommer 1843, stellt jedoch schon „eine entfaltete *Kritik Hegels* dar und zeigt sich als Ausdruck von Marx' bewußtem Übergang zum Materialismus . . . Dissertation und Manuskript sind geschrieben von diametral entgegengesetzten philoso-phischen Positionen aus." (N. I. Lapin: O vremeni raboty Marksa nad rukopis'ju „K kritike gegelevskoj filosofii prava" / Über die Zeit von Marx' Arbeit am Manuskript „Zur Kritik der Hegelschen Rechtsphilo-sophie" /, In: VF 1960/9/156.) In dieser Schrift, dem „Anfang eines revolutionären Umschwunges in der Philosophie" (A. A. Mark: Edinstvo marksistskoj filosofii / Die Einheit der marxistischen Philoso-phie /, In: VF 1966/2/38), gelingt Marx schon die Erarbeitung seines neuen Menschenbildes in Abgrenzung zu Hegel und Feuerbach. Auf der Suche nach dem Grund der *Entfremdung* nimmt Marx an, daß eine „Kritik der *politischen und juristischen Formen*" des gesellschaftlichen Lebens" (ebd. 39) weiter vorstoßen muß bis zur jeweiligen tragenden *ökonomischen Struktur* dieses gesellschaftlichen Lebens, die dann als Ur-sache der Entfremdung anzusehen sei; in Staat und Recht seien daher auch nicht die entscheidenden Regulatoren einer künftigen unentfrem-deten Geschichte zu suchen. Wichtig ist für das uns interessierende Thema die nun herausgearbeitete Unterscheidung zwischen dem *über-nommenen* Terminus „Entfremdung" und seinem *neugefaßten Inhalt:* „Marx nahm diesen Terminus auf, legte ihm jedoch einen wesentlich anderen, nämlich sozialen Inhalt zu." (Ebd.) In den anschließend ver-faßten „Ökonomisch-philosophischen Manuskripten" aus dem Jahre 1844 zeigt sich eine Vertiefung dieses bereits eingenommenen materialistischen Standpunktes, wie Auguste Cornu bestätigt, „sein neues Verständnis

„in diesem ganzen Reichtum seines Wesens, den *reichen* und tief *all-sinnigen* Menschen als ihre stete Wirklichkeit"[186] zu ermöglichen. Die Aufgabe, Sinn zu verwirklichen, wird zur Forderung an den Einzelnen wie an die Gesellschaft. „Wenn der Mensch aus der Sinnenwelt und der Erfahrung in der Sinnenwelt alle Kenntnis, Empfindung etc. sich

des Menschen" (O. Kornju: Preodolenie Marksom gegelevskoj i fejer-bachovskoj ideologii v „Ėkonomičesko-filosofskich rukopisjach" / Marx' Überwindung der Hegelschen und Feuerbachschen Ideologie in den „Ökonomisch-philosophischen Manuskripten" /, In: VF 1961/8/88): „Als Resultat der Wende Marx' zum Kommunismus wandelt sich er-neut sein Verhältnis zu Hegel. Aus der ‚Phänomenologie des Geistes' eignet er sich die Idee der Selbstschöpfung des Menschen im Prozeß der Arbeit an, aber er unterzieht die Hegelsche Idealisation und Mysti-fikation dieses Prozesses einer Kritik." (Ebd. 90) Gleichfalls räumt T. I. Ojzerman für die Schriften von 1844—1845 ein, daß sie schon „grundsätzlich den Standpunkt des dialektischen Materialismus und wis-senschaftlichen Kommunismus zum Ausdruck bringen, wenn sie auch nicht frei von Überbleibseln früherer Anschauungen und einer ihnen entsprechenden Terminologie sind". (T. I. Ojzerman: Ob odnoj reak-cionnoj buržuaznoj legende / Über eine reaktionäre bürgerliche Le-gende /, In: VF 1963/6/97.) Der Entfremdungsbegriff z. B. „unter-scheidet sich prinzipiell" (ebd.) von Hegel und Feuerbach: „Er ist nicht nur unvergleichlich reicher, konkreter und gehaltvoller, sondern er zeigt sich schon als Element eines prinzipiell neuen Anschauungssystems." (Ebd.) Die verwendeten Begriffe sind eben nicht „ohne Rücksicht auf den wirklichen Inhalt zu nehmen" (ebd. 98), der aus dem gesamten Text zu ersehen ist. Unmißverständlich faßt der aus dem Russischen übersetzte „Abriß der Geschichte der Philosophie" zusammen: „Bürger-liche Kritiker des Marxismus versuchen unter Berufung auf die ‚Öko-nomisch-philosophischen Manuskripte' den Nachweis zu führen, daß Marx seine kommunistischen Schlußfolgerungen auf der Grundlage einer spekulativen Analyse der bei Hegel und Feuerbach entlehnten Begriffe ‚Entfremdung' und ‚Selbstentfremdung' gewonnen habe. In Wirklich-keit geht Marx nicht von diesen abstrakten Begriffen, sondern von konkreten ökonomischen Tatsachen aus. Der Ausdruck ‚Entfremdung' sowie andere Begriffe der alten Philosophie, deren sich Marx in die-sen Manuskripten bedient, sind nurmehr die äußere Hülle, die einen qualitativ neuen Inhalt umgibt." (Abriß der Geschichte der Philosophie, Berlin/Ost / 1966, 359) Handelt es sich bei solchem Vorgehen um eine *durchgängige Verfahrens-weise des jungen Marx*, so dürfen wir gleichfalls von der Verwendung des Begriffes „Sinn" annehmen, daß er inhaltlich von ihm neu gefüllt

bildet, so kommt es also darauf an, die empirische Welt so einzurichten, daß er das wahrhaft Menschliche in ihr erfährt, sich angewöhnt, daß er sich als Mensch erfährt ... Wenn der Mensch von den Umständen gebildet wird, so muß man die Umstände menschlich bilden."[187]

Die Sinnaufgabe läßt sich — in anderer Begrifflichkeit — auch verdeutlichen als die *Entwicklung des Menschlichen;* „also die Vergegenständlichung des menschlichen Wesens, sowohl in theoretischer als praktischer Hinsicht, gehörte dazu, sowohl um den *Sinn* des Menschen menschlich zu machen, als um für den ganzen Reichtum des menschlichen und natürlichen Wesens entsprechenden *menschlichen Sinn* zu schaffen".[188] Es ist die Aufgabe, etwas noch nicht Vorhandenes zu *schaffen,* nicht nur die Aufforderung, etwas schon Bestehendes zu *erkennen:* Sinn wird primär geschaffen, und erst sekundär als bereits geschaffener erkannt.

Auf diesen Kampfplatz um das Menschliche ist die Philosophie zu zwingen. Hier erst wird sichtbar, „wie Subjektivismus und Objektivismus, Spiritualismus und Materialismus, Tätigkeit und Leiden erst im

---

wurde; die aufgewiesene Verwendungsbreite läßt denn auch kaum eine idealistische Interpretation zu.

Unter Hinweis auf die „Marxismusstudien" der Evangelischen Studiengemeinschaft hält es E. D. Modržinskaja ebenfalls für unzulässig, das Lebenswerk von Karl Marx in „‚zwei Marxe'" zu zerreißen (E. D. Modržinskaja: Nekotorye tendencii sovremennoj buržuaznoj kritiki marksistskoj teorii / Einige Tendenzen der gegenwärtigen bürgerlichen Kritik an der marxistischen Theorie /, In: VF 1966/2/134). Das Schaffen des jungen und des reifen Marx bilde vielmehr eine Einheit: „Die Behandlung der Entfremdung durch den jungen Marx und die Mehrwerttheorie des reifen Marx zeigen sich als folgerichtige Etappen und als natürliche Evolution seiner Anschauungen." (Ebd.) Anders formuliert: Der junge Marx übernimmt mit der Problematik der Entfremdung auch die Terminologie aus der idealistischen Philosophie, unterlegt ihr jedoch einen neuen Inhalt und legt eine materialistische Problemlösung vor; der reife Marx streift die Hegelsche Terminologie ab, hält jedoch unter sozial-ökonomischer Terminologie an der bereits gewonnenen Problemlösung fest.

Ähnlich ließe sich von der Sinnproblematik sagen, daß der reife Marx sich nicht von ihr abwandte, sondern sie einschlußweise in der Analyse sinnwidriger Wirtschafts- und Gesellschaftsbeziehungen weiterverfolgte.

186 K. Marx: ÖPhM 121.
187 K. Marx, F. Engels: Die heilige Familie, In: MEW 2, 138.
188 K. Marx: ÖPhM 120 f.

gesellschaftlichen Zustand ihren Gegensatz, und damit ihr Dasein als solche Gegensätze verlieren; man sieht, wie die Lösung der *theoretischen* Gegensätze selbst *nur* auf eine *praktische* Art, nur durch die praktische Energie des Menschen möglich ist und ihre Lösung daher keineswegs nur eine Aufgabe der Erkenntnis, sondern eine *wirkliche* Lebensaufgabe ist, welche die *Philosophie* nicht lösen konnte, eben weil sie dieselbe als *nur* theoretische Aufgabe faßte".[189]

c. „Sinn" und „Bedeutung"

Die marxistische Philosophie ist eine Absage an den Sinn-Mechanizismus, der Sinn auf eine sinnenhafte Eingebundenheit des Menschen in seine Welt reduziert. Sie ist zugleich die Ablehnung eines Sinn-Intellektualismus, der „Sinn" auf die erkenntnistheoretische „Bedeutung" reduziert. Nach der erfolgten *formalen* Klärung des praktischen Ursprungs des Sinnbegriffes grenzen wir ihn — vor einer *inhaltlichen* Untersuchung — von ihm nahestehenden Begriffen aus der Erkenntnistheorie, von „Bedeutung" und „Wahrheit" ab.

In der Alltagssprache begegnet die Gewohnheit, „Sinn" und „Bedeutung" nicht voneinander zu unterscheiden. Nun legt sich dieser Gebrauch schon durch die Natur der Sprache, des akustischen Trägers des gedanklichen Ausdrucks, nahe; denn „das Element des Denkens selbst, das Element der Lebensäußerung des Gedankens, die *Sprache* ist sinnlicher Natur".[190]

Der Begriff „Bedeutung" wird untersucht in der *Semantik*,[191] d. h. jener erkenntnistheoretischen Disziplin, die die Bezeichnungs- und Bedeutungsfunktion der Sprache erforscht, „die Beziehungen zwischen Symbolen, Wörtern, Sätzen usw. einer Sprache, und dem, was diese Gebilde bezeichnen, sowie die Beziehungen zwischen den sprachlichen Zeichen und den Begriffen, Aussagen usw., die diese Gebilde bedeuten".[192] Die Aussage über die Bedeutung eines Wortes hat also zum Inhalt die

---

189 Ebd. 121. 190 Ebd. 123.
191 Man bezeichnet als *Semiotik* die allgemeine Lehre von den Zeichen, als *Syntaktik* die Lehre von den Beziehungen der Zeichen untereinander in demselben Zeichensystem, als *Semantik* die Lehre von den Beziehungen der Zeichen zu ihrem Objekt (für das sie stehen) und als *Pragmatik* die Lehre von den Beziehungen der Zeichen zu einem Subjekt (das sie verwendet).
192 PhW 502.

Beziehung zwischen einem Bedeutenden, einem Bedeutungsträger (Zeichengebilde) und dem Bedeuteten (dem Bedeutungsinhalt). In diesem Zusammenhang gebraucht Georg Klaus „Sinn" und „Bedeutung" füreinander; „ein sprachliches Zeichen ist nicht nur mit anderen Zeichen verknüpft, es bedeutet auch etwas, es hat einen bestimmten Sinn, es meint etwas".[193] Das sprachliche Zeichen besitzt darin eine Bedeutungsfunktion, die es aus sich heraus nicht in sich trägt, sondern durch Übereinkunft empfangen hat; der Inhalt dieser Bedeutung muß formal erkennbar und „inhaltlich interpretierbar"[194] sein. Die Semantik untersucht die Herkunft dieser Zeichen *als* Bedeutungszeichen aus der Setzung durch bestimmte Subjekte (Menschengruppen, Gesellschaften) mit dem Ziel der Verständigung. Sie untersucht diese Bedeutungszeichen nicht nur als physische Gebilde (auf ihre optisch-akustischen Träger) sondern als solche, „die absichtlich zum Zwecke der Bezeichnung geschaffen worden sind".[195] Wir unterscheiden also in diesem Gefüge — erstens — das sprachliche Zeichen, — zweitens — das Objekt, die bedeutete Wirklichkeit, und — drittens — das gedankliche Abbild des Objektes, den Begriff, der mit Hilfe des sprachlichen Zeichens ausgedrückt wird.
Die Bedeutung ist dann die einem sprachlichen Träger beigelegte, nicht in ihm aus sich selbst vorhandene Verweisung auf ein drittes real Seiendes oder auf ein anhand von real Seiendem Gedachtes (Begriff). „Bedeutung" spricht also dem, *das* etwas *bedeutet,* in dieser Rücksicht eine zusätzliche Eigenschaft (Bedeutungsein) zu seinem Eigensein zu. Betrachtet man ein real Seiendes jedoch *nur* unter dieser relativen Rücksicht seiner *Bedeutung,* so betrachtet man es eben ohne Rücksicht auf sein *Eigensein* und nur in seiner *Funktion für etwas,* damit als Abstraktum. Nach Gebrauch und Erklärung der Sinnkategorie bei Georg Klaus fallen „Sinn" und „Bedeutung" zusammen. In einer Studie zur speziellen Erkenntnistheorie stellt er zwar fest, daß die „Bestimmung des Sinnes von Wörtern und Sätzen" eines der „wichtigsten Themen der Sprachphilosophie im allgemeinen und der Sprachwissenschaften im besonderen"[196] sei. Dann aber entzieht er sich einer weiteren Erklärung der Sinnkategorie und beläßt wie selbstverständlich ihre Identifizierung mit der Kategorie „Bedeutung", es geht ihm „nur um

---

193 G. Klaus: Die Macht des Wortes, Ein erkenntnistheoretisch-pragmatisches Traktat, Berlin/Ost / 1965, 12.
194 Ebd. 13. 195 PhW 502.
196 G. Klaus: Spezielle Erkenntnistheorie, Prinzipien der wissenschaftlichen Theorienbildung, Berlin/Ost / 1965, 321.

die erkenntnistheoretische Abbildrelation" (ebd.). So gelangt der Autor nicht über eine scheinbare Selbständigkeit der mit „Bedeutung" identifizierten Sinnkategorie hinaus und stellt nur fest: „Der Sinn eines Wortes ist also der Begriff, dessen sprachliche Existenzform eben dieses Wort ist, und ebenso ist der Sinn eines Aussagesatzes die Aussage, deren sprachliche Existenzform eben jener Aussagesatz ist."[197]

Unter dem Stichwort „Zeichen" [znak] untersucht gleichfalls L. Reznikov in der „Philosophischen Enzyklopädie" den Zusammenhang von Wirklichkeit, Erkenntnis der Wirklichkeit und Ausdrucksmöglichkeit dieser Erkenntnis in der Sprache und stellt die Notwendigkeit heraus, eine allgemeine Verständlichkeit im Verstehen der Wirklichkeit zu gewährleisten: „Gerade kraft des isomorphen (oder homomorphen . . .) Charakters der Darstellung der Objekte mit Hilfe von Zeichensystemen erweisen sich die Zeichen als die materielle Ausdrucksform gedanklicher und sinnenhafter Abbilder, in denen sich die Widerspiegelung der materiellen Welt im Bewußtsein des Menschen verwirklicht. So bestimmen letzten Endes die objektiven Besonderheiten eines bestimmten Gegenstandsbereiches der Wirklichkeit die wesentlichen Züge jener materiellen Gebilde, die als Zeichensysteme zum Ausdruck der Information über diesen Bereich benutzt werden können."[198] In Anlehnung an diese Ausführungen kann man von einer sprachlichen Form (Wort „Sinn") des gedanklichen Inhaltes (Begriff „Sinn") sprechen, der selbst Widerspiegelung von Wirklichkeit (Sinnwirklichkeit) ist. Entsprechend bestimmen B. Birjukov, D. Gorskij und A. Vetrov einen dreifachen Bezug des Zeichens, die „Gegenstands-, Sinn- und Ausdrucksbedeutung eines Zeichens".[199] Dieses Zeichen erscheint als ein „Phänomen, das in bestimmten Beziehungen steht: 1. zu irgendeinem konkreten oder abstrakten Objekt, 2. zum Abbild dieses Objektes im Bewußtsein des Menschen und 3. zu den Empfindungen und Wünschen derjenigen Person, die das Zeichen . . . benutzt" (ebd.). In dem uns interessierenden Zusammenhang geht es um die sogenannte *Sinnbedeutung* des Zeichens, die von den Autoren definiert wird als „seine Eigenschaft, bestimmte Seiten, Züge und Charakteristiken des bezeichneten Objektes vorzustellen und zu fixieren, seine Eigenschaft, die das Anwendungsgebiet eines Zeichens bestimmt. Das ist es, was ein Mensch unter einem Zeichen

---

197 Ebd. 322.
198 L. Reznikov: Stichwort „znak" / Zeichen /, In: FÈ 2, 180.
199 B. Birjukov, D. Gorskij, A. Vetrov: Stichwort „znak" / Zeichen /, In: FÈ 2, 178.

versteht, wenn er ein Zeichen setzt oder wahrnimmt. In weitestem Sinne kann man die Sinnbedeutung eines Zeichens ansehen als das sinnenhaft-anschauliche oder gedankliche Abbild eines Gegenstandes." (Ebd.)

Jedoch fragt es sich, ob nicht zur Erreichung einer größeren Trennschärfe allein der „Sinnbedeutung" der Begriff „Bedeutung" beizulegen ist, während man in den beiden übrigen Anwendungen eher von „Bezügen" sprechen und den Begriff „Sinn" für die Kennzeichnung eines Aspektes der menschlichen Praxis reservieren sollte. Andererseits muß zugegeben werden, daß die wechselseitige Verwendung der Begriffe „Sinn" und „Bedeutung" im Sprachgebrauch üblich ist. Wir werden uns also — ohne uns in Vorschlägen zu einer Sprachreform zu ergehen — in dieser Studie allenfalls auf die *methodische* Abgrenzung des auf die menschliche Lebenspraxis bezogenen Sinnbegriffs von dem auf die Erkenntnistheorie bezogenen Bedeutungsbegriff beschränken und den *praktischen Ursprung* des Begriffes „Sinn" zu erhellen suchen.

Indem Klaus und Reznikov den Begriff „Sinn" mit dem Begriff „Bedeutung" identifizieren und sogar den Sinn als ein Teilmoment der Bedeutung darzulegen versuchen, leisten sie einer verhängnisvollen Identifizierung von „Sinn des Lebens" und „Bedeutung des Lebens" Vorschub. Damit würde die gänzliche Funktionalisierung des menschlichen Lebens theoretisch untermauert: Die falsche Methode führt zur irrigen Theorie und stützt eine unmenschliche Praxis, wie sich an einem späteren Beispiel aufweisen läßt. Erst die Erkenntnis, daß „Sinn" sich auf das Handeln und „Bedeutung" sich auf das Denken des Menschen bezieht, daß „Sinn" etwas Verwirklichtes und „Bedeutung" etwas Gedachtes zum Inhalt hat, verhindert durch ein methodisches Veto den Irrweg einer Funktionalisierung des Menschen.

Der Sinnbegriff erweist sich durch eine weitere marxistische Überlegung als primär gegenüber dem Bedeutungsbegriff. Es geht dabei um das Grundverhältnis von Erkennen und Handeln, in welchem das Handeln als Grundlage, Ziel und Kriterium der Erkenntnis erscheint. „Zur Kenntnis der Dinge gelangt man" — wie M. N. Rutkevič betont — „nicht durch ihre Betrachtung, sondern durch die praktische Einwirkung auf die Dinge."[200] In dieser Praxis „entsteht der Gedanke, das Denken über die Gegenstände und ihre Eigenschaften und Beziehungen nur als Widerspiegelung und Verallgemeinerung der praktischen

200 M. N. Rutkewitsch: Die Praxis als Grundlage der Erkenntnis und als Kriterium der Wahrheit,. Berlin/Ost / 1957, 43.

Anstrengungen des Menschen".[201] Erkenntnis geschieht gleichsam zuerst mit den Händen; „bildlich ausgedrückt, geht die Natur zuerst durch die Hände des Menschen, der mit Arbeitswerkzeugen ausgerüstet ist, bevor sie zum Gegenstand des Denkens wird" (ebd.). Hier ist nicht einem — bereits von D. V. Gur'ev abgelehnten — geistlosen Praktizieren das Wort geredet, sondern der Primat der konkreten Praxis gegenüber jeder Theorienbildung betont. Dementsprechend gründen die Kategorien der Erkenntnistheorie in Kategorien der Praxis, und nicht umgekehrt; der statischen „Bedeutung" liegt der dynamische „Sinn", d. h. Sinnpraxis zugrunde.

d. „Sinn" und „Wahrheit"

Die alltägliche Sprache erlaubt sich nicht nur die Gleichsetzung von „Sinn" mit „Bedeutung", sondern auch — was sich bei Marx wohl nicht findet — mit *Wahrheit*. Wahrheit als Qualität von Erkenntnissen oder Urteilen und Sinn als Qualität der Praxis rücken nahe zueinander, weil — nach der Meinung eines marxistischen Autors — schon eine „Form der Praxis im theoretischen Begreifen der Wirklichkeit gründet".[202] Zwar noch nicht direkt praktisch, aber dennoch auf sie abzielend, „vermittelt hier die Theorie, die wissenschaftliche Kenntnis in ihren höchsten Formen, den Aufruf zu einer praktischen Veränderung der gegenständlichen Welt" (ebd.). Als allgemeine Tätigkeit des menschlichen Verstandes enthüllt sie die Wirklichkeit, gestattet, sich die „Realität praktisch anzueignen, entsprechend ihrer eigenen inneren Logik" (ebd.).

Verfolgen wir den Weg der Erkenntnis, so läßt sich dieser folgendermaßen skizzieren: In seiner Lebenstätigkeit macht der Mensch Erfahrungen, die ihn in einem ersten Anlauf die Grenze seiner Naturbeherrschung spüren lassen; er stößt sich an der Realität. Um sie dennoch zu unterwerfen, dringt er in ihre wesentliche Gesetzmäßigkeit mit Hilfe der *Erkenntnis* abstraktiv ein. Jedoch isoliert sich diese Erkenntnis nicht an einer vorgeblichen Evidenz, in einer subjektiv behaupteten Evidenzwahrheit, sondern nach ihrer Bereicherung durch *gedankliche Operationen* dringt sie aus der Abstraktion wieder in die Realität vor. Sie trägt damit reichere Kenntnisse in die Praxis zurück, als sie an-

---

201 M. M. Rozental', G. M. Štraks: Kategorii materialističeskoj dialektiki, 9.
202 A. P. Ogurcov: Praktika kak filosofskaja problema (Obzor literatury) / Die Praxis als philosophisches Problem (Eine Literaturübersicht) /, In: VF 1967/7/105.

fangs aus ihr gewinnen konnte, wird als systematisch bemühte und verallgemeinernde Erkenntnis zur Theorie. Entsprechend dem gedanklichen Prozeß sind drei Formen von Wahrheit zu unterscheiden: begriffliche, urteilende und logische Wahrheit. Zur *Begriffswahrheit* schreibt G. S. Batiščev in der „Philosophischen Enzyklopädie": „Wahrheit charakterisiert den Prozeß eines rationalen Umarbeitens des Materials der ‚lebendigen' Anschauung in Begriffe entsprechend den Gesetzen des gesellschaftlichen Erkennens; sie ist keinesfalls in eben diesem Anschauungsmaterial vorgegeben..."[203] Der erste Schritt aus der Abstraktion zurück in die Praxis geschieht im Urteil, in dem der Mensch Stellung zur Wirklichkeit bezieht; stimmen das aussagende Urteil und die in ihm angesprochene Wirklichkeit überein, so ist das Urteil *wahr*. Die Verbindung der Urteile zu *Schlüssen* nach den Gesetzen der Logik verlangt die logische Wahrheit. Daraus ergeben sich drei Gefährdungspunkte der Wahrheit im gedanklichen Prozeß: Der Mensch kann sich einen falschen Begriff von einer Sache machen, sein Urteil kann ein Fehlurteil sein, er kann schließlich mit einem Trugschluß an die Wirklichkeit herangehen. Wo soll also das Kriterium für die Wahrheit gedanklicher Prozesse zu finden sein? Jegliche Evidenz beruft sich ja nur auf sich selbst, kann nicht weiter begründen oder will sich dem Verlangen nach Begründung entziehen. Auch fremde Zustimmung zu der eigenen Evidenz mag oft nicht mehr als eine Täuschung zu zweit sein. Evidenz und Übereinstimmung vermögen daher wahr oder falsch zu sein, Kriterium der Wahrheit ist allein die *Praxis*.

Entsprechend dem weiten Praxisbegriff des Marxismus, demzufolge — nach A. P. Ogurcov — sogar das „theoretische Begreifen der Wirklichkeit" noch eine dritte Form der Praxis darstellt, ist „Praxis" als Kriterium von Wahrheit nicht einfach *pragmatisch* zu verstehen. Da vielmehr selbst logische Operationen in der Sprache ausdrücklich werden, läßt sich das Kriterium der Praxis in weitester Bedeutung sogar auf die philosophische Beweisführung anwenden: Indem etwas ausdrücklich verneint wird, das jedoch im Vollzug der Verneinung mitgesetzt werden muß, erweist sich auch die logische *Ausdrücklichkeit* als Form von Praxis und Kriterium von Wahrheit. Implizit scheint das auch von S. B. Cereteli mitgesagt zu sein, der das Wahrheitskriterium in dem Nachweis sieht, daß die Leugnung mancher Sätze nicht möglich ist, ohne die Gültigkeit dessen, was darin verneint wird, vorauszusetzen:

---

203 G. S. Batiščev: Stichwort „istina" / Wahrheit /, In: FĖ 2, 349.

„*Grundlage* des philisophischen Beweises ist sein Wesen, ist das, was er aus sich selbst heraus darstellt. Wenn für Aristoteles als solche Beweisgrundlage die Unmöglichkeit des Widerspruchs — die Unmöglichkeit, ein und dasselbe zugleich zu leugnen und zu behaupten — war, so dient der dialektischen Logik als Beweisgrundlage die Behauptung von etwas eben durch seine Leugnung (unendlicher Schluß)."[204] Als Beispiele führt Cereteli an: „1. ‚ein Urteil gibt es nicht' ist selbst ein Urteil; eine logische Negation des Urteils ist nicht möglich; durch die Negation des Urteils beweist sich [vielmehr] die Unumgänglichkeit und Notwendigkeit des Urteils selbst...; 2. ‚einen Gedanken gibt es nicht' ist [selbst] ein Gedanke...; 5. eine Negation von Allgemeinem hat selbst den Charakter des Allgemeinen...; 6. eine Negation von Wahrheit wird möglich gerade vermittels und aufgrund von Wahrheit; Wahrheit zu leugnen ist nicht möglich, wenn man nicht diese Leugnung selbst für wahr hält; Wahrheit ist das Kriterium des Irrtums; auf der Grundlage gerade der Wahrheit ist uns auch der Irrtum bekannt, usw."[205]

Die dargebotenen Ausführungen lassen verstehen, daß der Marxismus für die Begründung und die Bestätigung der Wahrheit von Begriff, Urteil und Schluß summarisch das Kriterium der Praxis annimmt; in ihr „muß der Mensch die Wahrheit, i. e. Wirklichkeit und Macht, Diesseitigkeit seines Denkens beweisen".[206] Insofern liegen Ausgangspunkt und Ziel der Wahrheit in der Praxis: „Von der lebendigen Anschauung" — wie Lenin sagt — „zum abstrakten Denken *und von diesem zur Praxis* — das ist der dialektische Weg der Erkenntnis der *Wahrheit*, der objektiven Realität."[207] So ist Wahrheit „die Übereinstimmung, das ‚Zusammenfallen' unserer subjektiven Abbilder (der Begriffe, Theorien usw.) mit der objektiven Realität, d. h. die Übereinstimmung unserer Erkenntnisse mit der materiellen Wirklichkeit selbst"[208] und findet ihr Kriterium in der Praxis.

---

204 S. B. Cereteli: O prirode filosofskogo dokazatel'stva / Über die Natur des philosophischen Beweises /, In: VF 1964/10/43.

205 Ebd. 41 f. Um den Sinnbegriff nicht erkenntnistheoretisch zu belasten, haben wir „imeet smysl" mit „die Negation der Wahrheit *wird möglich*" übersetzt.

206 K. Marx: (Thesen über Feuerbach), In: MEW 3, 5.

207 W. I. Lenin: Philosophische Hefte, In: LW 38, 160.

208 B. M. Kedrov: Edinstvo dialektiki, logiki i teorii poznanija / Die Einheit von Dialektik, Logik und Erkenntnistheorie /, Moskau 1963, 81 f.

Bedeutung, Wahrheit und Sinn in marxistischer Auffassung lassen sich nunmehr so voneinander abgrenzen: Die Bedeutung eines sprachlichen Zeichens ist das mit ihm verbundene begriffliche Abbild eines gemeinten Gegenstandes. Die Wahrheit eines Urteils (eines Begriffes) ist das zutreffende Verhältnis zwischen ausgesagtem Urteilsinhalt (Begriffsinhalt) und besagter Wirklichkeit. In der Bedeutung und in der Wahrheit wird ein *Bezug zur Wirklichkeit konstatiert.* Im Sinn hingegen *konstituiert sich Wirklichkeit selbst* durch menschliches Tun: In der bewußten und wirklichkeitsgemäßen Integration und Äußerung seiner Sinnenhaftigkeit und seiner Gesellschaftlichkeit *schafft* der Mensch Sinn.

B. Die Kategorie „Sinn des Lebens"

Die formale Bestimmung der Kategorie „Sinn" gestattet nun, ihre Besonderung als „Sinn *des menschlichen Lebens*" zu verstehen. Da sie nur auf die *menschliche* Wirklichkeit Bezug nehmen kann, sprechen wir kurz vom „Sinn *des Lebens*": Mit dem Zusatz „des Lebens" grenzt sich die allgemeine *raum-zeitliche Endlichkeit alles einzelnen Seienden* in die besondere Form von *Gesellschaftlichkeit und Geschichtlichkeit des menschlichen Seienden* ein, in seinen Lebensvollzug und Lebenszusammenhang.

a. Die Endlichkeit

A. S. Karmin nimmt eine Buchrezension zum Anlaß, über Unendlichkeit und Endlichkeit zu philosophieren und kritisiert seine Fachkollegen: „Wir reden gewöhnlich viel über die *Unendlichkeit der Natur,* doch die *Natur der Unendlichkeit* ist bislang sehr wenig untersucht geblieben."[209] Karmin ist es darum zu tun, die Kategorie der Unendlichkeit als philosophische (und nicht physikalische, mathematische) Kategorie zu kennzeichnen, denn „das Wesen der realen Unendlichkeit der Welt zu enthüllen, vermag nur die Philosophie auf der Grundlage einer Verallgemeinerung der gewaltigen Gesamtheit der Gegebenheiten aller menschlichen Wissenschaft und Praxis" (ebd.). Da die Wirklichkeit sich in Veränderung befindet, ist die „reale Unendlichkeit verbunden mit der

---

209 A. S. Karmin: Kniga o probleme konečnogo i beskonečnogo / Ein Buch über das Problem des Endlichen und Unendlichen /, Buchrezension in: VF 1960/2/169.

Anerkennung der Endlichkeit jeglicher Erscheinung und jeglichen Prozesses; sie besteht im Hinausgehen über die Grenze jedes Endlichen, im Hervortreten der absoluten Natur der Materie und ihrer Bewegung, die über die unerschöpfliche Vielfalt der relativen, endlichen Erscheinungen und Prozesse hinausgeht".[210] So zeigt sich die reale Unendlichkeit als „Erscheinungsform des Absoluten im Relativen. Sie tritt auf als Kennzeichen dafür, daß in den relativen Formen, Zuständen und Erscheinungen der Wirklichkeit die absolute Natur der Materie zum Ausdruck kommt und ist nichts anderes als die Ausdrucksweise der absoluten Natur der Materie in ihren relativen Formen und Zuständen." (Ebd.) Die einzelnen Erscheinungsformen selbst jedoch zu verabsolutieren und je für unendlich zu erklären, hieße, sie in eine „‚schlechte‘ Unendlichkeit"[211] zu verwandeln, denn „keine der konkreten Formen und Zustände der Materie darf man verabsolutieren, für absolut erklären. Und folglich kann man keine von ihnen für unendlich erklären."[212]

A. Arsen'ev und Ja. Ljatker bezeichnen dementsprechend als endlich „jeden bestimmten, begrenzten und vergänglichen Gegenstand oder Prozeß",[213] und diese allgemeine Endlichkeit läßt sich näher kennzeichnen durch *Raum und Zeit,* nach Ju. Urmancev die „allgemeinen Existenzformen der *Materie,* eben die Koordinationsformen der materiellen Objekte und Erscheinungen".[214] Wie Urmancev weiter ausführt, unterscheiden sich diese Formen dadurch voneinander, daß der „Raum die allgemeinste Koexistenzform der Körper, die Zeit die allgemeinste Form des Wechsels der Erscheinungen" (ebd.) ist.

Die allgemeine Endlichkeit, die sich in der Begrenzung durch Raum und Zeit ausdrückt, bestimmt auch den Menschen. Ihm stehen keine anderen Möglichkeiten als die gegebenen zur Verfügung: Er lebt zu *seiner* Zeit und verantwortet *seinen* Platz in der Welt: „Wie jede beliebige konkrete Substanz ist der Mensch endlich."[215] Diese Endlichkeit betrifft den *ganzen Menschen.* So ist die moderne Philosophie — wie Milan Prucha

---

210 Ebd. 170.   211 Ebd. 171.   212 Ebd. 170.

213 A. Arsen'ev, Ja. Ljatker: Stichwort „konečnoe" / Endliches /, In: FĖ 3, 43.

214 Ju. Urmancev: Stichwort „prostranstvo i vremja" / Raum und Zeit /, In: FĖ 4, 392.

215 V. Ruml: Filosofija marksizma-leninizma i kommunističeskij gumanizm / Die Philosophie des Marxismus-Leninismus und der kommunistische Humanismus /, In: VF 1967/11/41.

betont — „nicht nur an der Endlichkeit der menschlichen Vernunft, sondern an der Endlichkeit des ganzen Menschen interessiert. Sie fragt nach dem Verhältnis zwischen Philosophie und menschlicher Endlichkeit."[216] Seine Endlichkeit ist *Vorgegebenheit* und *Aufgegebenheit*. Obwohl er „Teil der Gesellschaft und der Welt" ist, erscheint er — wie Vladimir Ruml betont — als ihr „besonderer Teil, der das umgebende Milieu vermittels seiner Tätigkeit umgestaltet; die Entwicklung des Menschen und seine Fähigkeit, die Welt umzugestalten, sind potentiell unendlich".[217]

Raum und Zeit sind nicht nur äußere Gegebenheiten für den Menschen, sondern sein Leben selbst ist endlich: Mögen die Fähigkeiten „des" Menschen „potentiell unendlich" sein, — der konkrete Mensch erfährt nur ihre aktuelle Endlichkeit in der Begrenztheit und im Hingehen seines Lebens. Ihm stehen bestimmte körperliche und geistige Kräfte für eine bestimmte Zeit zur Verfügung, und er muß zusehen, was er damit schafft. Er hat seine Möglichkeiten und seine Lebenszeit auf Abruf. Die Endlichkeit des Menschen ist seine allgemeinste Lebensbestimmung, und *der Sinn seines Lebens ist daher nach marxistischer Auffassung ein endlicher Sinn.* In dieser Erkenntnis mag ein Zusammenhang zwischen der marxistischen Selbstkritik an der Vernachlässigung der Sinnfrage wie an dem Schweigen über das Problem der menschlichen Endlichkeit, seiner Kontingenz, liegen. Denn „kaum jemand hat" — wie A. S. Bogomolov, Ju. K. Mel'vil' und I. S. Narskij feststellen — „bis in die jüngste Zeit eingehend die Frage danach analysiert, welche reale Rolle die Endlichkeit des menschlichen Daseins und das Bewußtsein davon in seinem geistigen Leben, in der Psychologie des künstlerischen und wissenschaftlichen Schaffens usw. spielen".[218]

Menschliche Endlichkeit und menschlicher Lebenssinn sind untrennbar aneinander gebunden: Das Leben zeigt sich sehr klar — entsprechend der etymologischen Herkunft des Sinnbegriffes — als ein schwerer „Gang", ein „Weg" oder gar „Kriegszug".

Bezieht sich die Kategorie „Sinn" auf die bewußte Integration und Äußerung von Sinnenhaftigkeit und Gesellschaftlichkeit, so grenzt die Kategorie „Sinn des Lebens" diesen Vollzug und sein Ergebnis auf die

---

216 M. Prucha: Vom Sinn des praktischen Humanismus, 317.
217 V. Ruml: Filosofija marksizma-leninizma..., 41.
218 A. S. Bogomolov, Ju. K. Mel'vil', I. S. Narskij: O nekotorych osobennostjach..., 120.

Endlichkeit alles einzelnen Seienden ein. Da die bewußte Sinnenhaftigkeit und Gesellschaftlichkeit des Menschen begrenzt und befristet sind, so ist auch die mögliche Sinnhaftigkeit eine endliche: *Der Sinn des Lebens ist ein endlicher Sinn.*

b. Gesellschaftlichkeit und Geschichtlichkeit

Die allgemeine Endlichkeit jedes Seienden verwirklicht sich für den Menschen in einer bestimmten *Gesellschaft* und *Geschichte,* die damit für den Sinn des menschlichen Lebens konstitutiv werden.

Das Leben ist keine Robinsonade, sondern schon in der existenzerhaltenden Arbeit eine *gesellschaftliche* Tätigkeit: Indem sich der Mensch in der Arbeit der Natur entgegenstellt, arbeitet er in der Arbeitsteilung im Verband mit anderen; seine Tätigkeit „erscheint nun schon sogleich als ein doppeltes Verhältnis — einerseits als natürliches, andrerseits als gesellschaftliches Verhältnis —, gesellschaftlich in dem Sinne, als hierunter das Zusammenwirken mehrerer Individuen, gleichviel unter welchen Bedingungen, auf welche Weise und zu welchem Zweck, verstanden wird".[219]

Die bereits in der Arbeit als dem ursprünglichen menschlichen Akt *erscheinende Gesellschaftlichkeit* des Menschen ist ermöglicht durch seine *wesenhafte Gesellschaftlichkeit.* Sie läßt sich zunächst in einem *passiven Aspekt* zeigen, daß nämlich — Adam Schaff kann sich in dieser Behauptung auf die sechste Feuerbachthese von Karl Marx berufen — „der Mensch als Gattung und als Individuum, das ein Exemplar dieser Gattung ist, ein Resultat, ein Produkt der historischen Entwicklung ist, also ein gesellschaftliches Produkt".[220] Unter diesem passiven Aspekt gesehen, bildet sich sogar die Psyche des Menschen, sein Bewußtsein „als Resultat und Ausdruck bestimmter gesellschaftlicher Verhältnisse. Im indirekten Sinne kann die Ontogenese des Menschen, die eine Funktion der Gesamtheit der gesellschaftlichen Verhältnisse der gegebenen Periode ist, als diese Gesamtheit charakterisiert werden."[221] Zwar ist das „menschliche Wesen" in seiner Wirklichkeit als das „ensemble der gesellschaftlichen Verhältnisse"[222] zu erfassen. Aber diese wesentliche

219 K. Marx, F. Engels: Die Deutsche Ideologie, In: MEW 3, 29 f.
220 A. Schaff: Marxismus und das menschliche Individuum, 87.
221 Ebd. 90.
222 K. Marx: (Thesen über Feuerbach), In: MEW 3, 6.

Gesellschaftlichkeit des Menschen ist *nicht* nur — wie bei Ludwig Feuerbach — als „innere, stumme, die vielen Individuen *natürlich* verbindende Allgemeinheit" (ebd.) zu verstehen. In ihrem *aktiven Aspekt* — und darin liegt der Unterschied zu Feuerbach — ist die wesentliche Gesellschaftlichkeit des Menschen zugleich „wesentlich *praktisch*".[223] Damit erscheint der Mensch in seiner gesellschaftlichen Dimension als *Resultat und Faktor*. In seinen Handlungen widerspiegeln sich noch Geschichte und Gesellschaft der Vergangenheit; aber zugleich verändert er die Verhältnisse, und die von ihm veränderte Gegenwart „macht Zukunft", er ist von der Gesellschaft geprägt und prägt die Gesellschaft.

Dieser *gesellschaftliche Zusammenhang* erweist eine *geschichtliche Kontinuität*. Während den Historiker Abfolge und Zusammenhänge in ihrer raum-zeitlichen Perspektive interessieren, sucht der Philosoph ihren wesentlich-erscheinungshaften Konspekt zu erhellen: Er stellt — wie Karel Kosík sagt — die Frage, „was Geschichte *ist* und wie sie überhaupt *möglich* ist",[224] fragt nach dem Menschen und nach dem Zusammenhang seines Lebenssinnes mit der Geschichte. Diese Frage vom Standpunkt des Marxismus-Leninismus zu beantworten, soll später versucht werden. Vorab genügt es, Gesellschaftlichkeit und Geschichtlichkeit des Menschen als Bestimmungen seines Lebenssinnes erkannt zu haben.

Nunmehr läßt sich eine nähere formale Grundbestimmung der Kategorie „Sinn des Lebens" geben. Ist der Sinn des Lebens, die bewußte und wirklichkeitsgemäße Integration und Äußerung der Sinnenhaftigkeit und Gesellschaftlichkeit des Menschen, allgemein räumlich und zeitlich begrenzt und daher im Vollzug wie im Ergebnis endlich, so wird er näherhin geschaffen in einer bestimmten gesellschaftlichen Wirklichkeit: *Der Sinn des Lebens ist ein endlicher, gesellschaftlich-geschichtlich bestimmter Sinn.*

c. „Sinn des Lebens" als das sittliche Prinzip des menschlichen Seins

Solange sie in ihrem Leben nach Ganzheit gesucht haben und suchen werden, stehen die Menschen vor der Frage nach dem Sinn des Lebens. Zwar „denken viele einfach nicht darüber nach" — kritisiert B. T. Gri-

---

223 Ebd. 7.
224 K. Kosík: Die Dialektik des Konkreten, 225 (Hervorhebung von mir. — HFS).

gor'jan — „oder plagen sich jedenfalls nicht ab mit quälenden Überlegungen. Sie folgen einer Lebensweise und Sitten, die seit langem in der Familie überkommen sind, sie führen ein redliches Leben, arbeiten gewissenhaft, verhalten sich gerecht und taktvoll zu anderen."[225] Wohl machen sich diese Menschen kaum tiefere Gedanken über den Lebenssinn, — dennoch verläuft ihr Leben in einer eigenartigen, ursprünglichen Sicherheit sinnvoll. „Sie sind sich nicht völlig darüber im klaren, was mit ihnen geschieht. Es ist, als ob sie ‚instinktiv' zum Besseren streben und ihr Leben richtig führen."[226] Auch das Leben solcher Menschen hält B. T. Grigor'jan für sinnvoll und lebenswert; denn auch in diesem spontanen Bemühen „liegt ein eigentümlicher Sinn und eine große Lebensweisheit".[227]

Der Mensch muß sein Leben führen, ob seine geistige Kraft tief in die Zusammenhänge der Wirklichkeit eindringt oder nicht. Denn „es gab auf der Welt niemanden und es gibt ihn auch heute nicht, der nicht dieses Problem in der Praxis für sich lösen würde. Eine solche Lösung kann bewußt oder unbewußt, richtig oder falsch sein. Aber sie ist unumgänglich, wenn der Mensch die Welt nicht ablehnt, insofern er also seine irdische Existenz annimmt."[228] Damit zeigt sich die Grundbedingung zum Schaffen des Lebenssinnes in der *Annahme des Lebens*. Diese ermöglicht schon ein ursprünglich-sinnhaftes Leben, selbst wenn es an geistiger Durchdringung aller Aspekte dieses Lebens mangelt. Was sie von einem solchen Menschen bei einem Gespräch im Garten über den Sinn des Lebens zu hören bekommt, schreibt eine Leserin der Zeitschrift „Wissenschaft und Religion": „Meine Gesprächspartnerin, eine wenig gebildete Frau, die ein halbes Lebensjahrhundert lang nur gearbeitet hat, zerbricht sich nicht den Kopf darüber. Sie kümmert sich um den Garten. ‚Marija Abramovna, worin besteht Ihr Lebenssinn?' — fragte ich sie. Sie sah mich an, steckte die weißgrauen Haare unter ihr fast ausgeblichenes Kopftuch, überlegte kurz und gab zur Antwort: ‚Ich lebe halt, und mir soll es recht sein [živu i ladno]!'"[229]

Ist die erforderliche geistige Kraft vorhanden, so verlangt die Sinnfrage eine Vertiefung, denn „es ist für wahres menschliches Glück unumgänglich, daß das Bemühen um ein tätiges und vernünftiges Leben mit Bewußtheit geschieht".[230] Insofern ist die Sinnfrage eine der „ewi-

---

225 B. T. Grigor'jan: Dlja čego živět čelovek? 62.
226 Ebd. 62 f.   227 Ebd. 63.   228 Ebd. 62.   229 In: NR 1965/6/35.
230 B. T. Grigor'jan: Dlja čego živět čelovek? 63.

gen Fragen des menschlichen Geistes",[231] auch wenn — wogegen sich Tugarinov wendet — unter den Philosophen noch die Meinung kursiert, „daß der Begriff ‚ewige Fragen' ein unmarxistischer sei" (ebd.). Tugarinov fordert seine Kollegen auf, „solche Fragen wie die des Lebens oder Todes, des Sinns des Lebens u. a. m., insofern sie wirklich ewig sind",[232] nicht den weltanschaulichen Gegnern zu überlassen, sondern selbst zu bewältigen.

Diese Fragen sind insofern „ewig", als sich die Menschen immer wieder ihnen stellen müssen: „Solange Menschen sterben, leiden, ihre Nächsten verlieren, solange wird die Frage nach dem Sinn des Lebens berechtigt sein ... Solange Menschen vor konfliktgeladenen Situationen stehen," — verdeutlicht Adam Schaff das Aufbrechen der Sinnfrage — „in denen sie eine Entscheidung treffen und handeln müssen (und oft den einen Gutes tun, den anderen, wenn auch ohne es zu wollen, Leid zufügen müssen), solange werden sie danach fragen, wie man würdig leben und wie man in solchen Lebenslagen Entscheidungen fällen soll."[234] Um in Konfliktsituationen bestehen zu können, bestimmen sie die Richtung ihres Lebens und orientieren sich durch die Frage nach dem Sinn ihres Lebens an der Gesamtwirklichkeit. „In der Konkretheit oder Totalität der Wirklichkeit" — Karel Kosík vertieft diese Standortbestimmung — „geht es deshalb nicht so sehr um die Vollständigkeit oder Unvollständigkeit der Fakten, um die Veränderlichkeit und Verschiebbarkeit des Horizontes, vielmehr um die Grundfrage: *Was ist die Wirklichkeit?*"[235] Wenn der Mensch sich auf das Leben einläßt und seinen Sinn zu verwirklichen sucht, bleibt er nicht bei seiner *Existenz* stehen, sondern dringt bis zu seiner *Essenz* vor. Erst in der Einheit seines Daseins und seines Soseins erfaßt er seine ganze *menschliche Wirklichkeit*. Die Erkenntnis, daß „die gesellschaftlich-menschliche Wirklichkeit in *gleicher Weise* Wirklichkeit ist wie Nebelflecke, Atome und Sterne, mag sie auch nicht die *gleiche* Wirklichkeit sein",[236] zeigt ihm seine Verantwortung für das *Ganze*, seinen Platz in ihm und seinen Wirkzusammenhang mit ihm. Mit der Frage nach dem Sinn seines Lebens betreibt er keine Isolierung des Sittlichen von seinem gesamten menschlichen

231 W. P. Tugarinow: Über die Werte des Lebens und der Kultur, 120.
232 Ebd. 121.
233 A. Schaff: Marx oder Sartre? 54.
234 Ebd. 54 f.
235 K. Kosík: Die Dialektik des Konkreten, 47.
236 Ebd. 46.

Sein, sondern sucht die sittliche Integrierung der Sinnenhaftigkeit in die Gesellschaftlichkeit und seinen darin geschehenden Wirkzusammenhang mit der Welt tiefer zu verstehen, fragt nach dem *sittlichen Prinzip des menschlichen Seins.*

C. Die Kategorie „Sinn des Lebens" innerhalb der Ethik

„Sinn des Lebens" als das sittliche Prinzip des menschlichen Seins soll nun näher erklärt werden. Allgemein bezeichnet die marxistische Philosophie als Prinzip „das, was einer Gesamtheit von Fakten oder Kenntnissen zugrundeliegt"[237] und verwendet diesen Begriff „in Verbindung mit den unterschiedlichsten Bereichen menschlicher Tätigkeit (unter Beibehaltung der ursprünglichen Nuance: Erst-, Grund-, Ausgangs-), sodann [verwendet sie diesen Begriff in der Art], wie in bezug auf die Welt der Terminus ‚Gesetz' gebraucht wird" (ebd.). Worauf bezieht sich aber die Besonderung *sittliches* Prinzip?

a. Der verbindliche Sinn des Lebens

Die Lebenstätigkeit der Menschen erscheint nur auf den ersten Blick als ein einheitliches Geschehen. Dringt man gedanklich in ihre Bewegung ein, so läßt sich in ihr eine Vielheit von Absichten, Motiven und Interessen unterscheiden: Das erscheinungshaft Einheitliche gibt sich als wesentlich Vielfältiges zu erkennen. Im Unterschied zur *Sachlichkeit* (die sich auf das Verhältnis des Menschen zu Natur und Technik bezieht) zeichnet den gesellschaftlichen Aspekt der Praxis (die auf andere Menschen gerichteten Absichten, Motive und Interessen, die im menschlichen Verhalten ihren Ausdruck finden) *Sittlichkeit* oder Moral aus.[237a] Sittlichkeit als ein Verhalten, das spezifisch für das Verhältnis Mensch-Mitmensch und in weiterer Bedeutung für das Verhältnis Individuum-Gesellschaft und Gesellschaft-Individuum gilt, nimmt Rücksicht auf die Besonderheit des Objektes der Sittlichkeit, erkennt und anerkennt den Menschen *als Menschen.* Die rationale Struktur der Gesamtwirklichkeit durchdringt die sittliche Wirklichkeit: Da auch in ihr Grund-Folge-

---

237 V. Kostelovskij: Stichwort „princip" / Prinzip /, In: FÈ 4, 365.
237a Zur Grundlegung der Ethik und ihrer Stellung in der marxistischen Philosophie vgl. A. Maceina: Sowjetische Ethik ..., 9—76.

Zusammenhänge bestehen, ziehen die konkret gesetzten „Mittel" ihren und keinen anderen „Zweck" nach sich, weil die Ursache ihre und keine andere Folge hat. Die einfache „gute Absicht" mag sich deshalb so oft im Resultat des Verhaltens täuschen, weil sie den Menschen nicht kennt und die Gesetzmäßigkeiten des Sittlichen meint ignorieren zu dürfen. Sittlichkeit ist weder Irrationalität noch Gefühl, sondern sucht den „Beweisgrund", die Ursache zu ergründen. Friedrich Engels wehrt sich daher gegen einen bloß emotionalen „Appell an die Moral und das Recht",[238] da man „in der sittlichen Entrüstung, und wäre sie noch so gerechtfertigt, keinen Beweisgrund sehen, sondern nur ein Symptom" (ebd.) feststellen kann.

Da der sittliche Bereich der Praxis rationale Struktur trägt, kann es eine Wissenschaft vom Sittlichen geben, die *Ethik*. „Die marxistische Ethik" — betont Wolfgang Eichhorn — „gewinnt keines ihrer Theoreme — auch dann nicht, wenn es sich beispielsweise um eine so allgemeine Frage wie die nach dem Sinn des Lebens handelt — aus Begründungszusammenhängen, die sich der Erfahrung grundsätzlich entziehen würden..."[239] Während die Auffassung von der Moral im Laufe der Geschichte verschiedensten Wandlungen unterworfen war, sucht die Ethik gerade das in diesen Wandlungen Bleibende zu erkennen, überfragt also Klassenmoral auf die sittlichen Prinzipien, die sich innerhalb der Veränderungen der Klassenmoral durchgetragen haben. So grenzt A. G. Charčev Ethik von Moral ab: „Die Ethik ist eine Wissenschaft, die Moral ist eine der spezifischen Formen des gesellschaftlichen Bewußtseins und der sozialen Praxis. Die Kategorien sind die Grundbegriffe der Ethik als einer Wissenschaft, die das Hauptsächliche und Wesentliche in der Moral und ihrer Entwicklung widerspiegelt."[240] „Sinn des Lebens" als eine Kategorie der Ethik betrifft daher nicht nur eine bestimmte Klasse und ihre Moral, sondern die gesamte Geschichte der Klassengesellschaften, den Lebenssinn der Menschen seit dem Auftreten der Gattung.

Um die Stellung der Frage nach dem Sinn des Lebens in der Ethik zu verstehen und seinen klassenunbedingten Charakter (im Gegen-

---

238 F. Engels: Anti-Dühring, In: MEW 20, 139.
239 W. Eichhorn I: Wie ist Ethik als Wissenschaft möglich? Berlin/Ost / 1965, 78.
240 A. G. Charčev: K itogam diskussii o kategorijach ètiki / Zu den Ergebnissen der Diskussion über die Kategorien der Ethik /, In: FN 1965/2/131.

satz zu klassenbedingten einzelnen Normen der Moral) zu erkennen, folgen wir einem Gedanken von P. M. Egides. In seiner Bestimmung der Ethik als einer philosophischen Wissenschaft, die das Allgemeinste und Prinzipielle ihres Bereiches zu bestimmen sucht, setzt er bei der Welt im ganzen als dem Gegenstand der Philosophie an. „Das *Allgemeinste* kann man aber nicht anders begreifen als durch Aufdeckung der Grundfrage der Philosophie nach dem Verhältnis zwischen Bewußtsein und Sein."[241] Ethik ist „nicht nur genetisch, sondern *wesensentsprechend prinzipiell* eine *philosophische* Wissenschaft, da sie einen bestimmten Aspekt der Grundfrage der Philosophie untersucht" (ebd.). Die Grundfrage der Philosophie aber fragt nach dem allen Seienden Gemeinsamen, denn dieses Allgemeinste überhaupt ist Gegenstand der Philosophie. Dieses „drückt sich unmittelbar aus in der Wechselbeziehung von Materiellem und Ideellem: Über das Allgemeinste gibt es nichts zu sagen; man kann nichts darüber sagen, wenn man nicht die Wechselbeziehung dieser seiner Grundkomponenten aufdeckt. Folglich trägt das Wissen, das diese Wechselbeziehung in seinen verschiedenen Seiten, Ausschnitten, Ebenen, Gebieten und Perspektiven darstellt, philosophischen Charakter."[242] Als philosophische Wissenschaft kann nicht jede Theorie (als Anleitung zum Handeln) und auch nicht jede wissenschaftliche Disziplin (als Teilwissenschaft von einem materiellen *oder* ideellen Bereich) angesprochen werden, sondern nur die Wissenschaften, die „die Beziehungen zwischen Geist und Sein, Bewußtsein und Natur untersuchen".[243] Ethik zeigt sich darum als eine philosophische Wissenschaft, weil im Menschen „Geist und Sein" geeint sind; er ist ihr tätiger Schnittpunkt. Der philosophische Charakter der Ethik aber wird durch die Frage nach dem Sinn des Lebens zu Bewußtsein gebracht: „Dieser spezifische Aspekt der Grundfrage der Philosophie kennzeichnet sich durch Folgendes: Wenn die ontologische Seite dieser Frage das Problem löst, *was das Ursprüngliche* ist, Geist oder Natur, ihre gnoseologische Seite aber darüber Auskunft gibt, *was der* Geist in bezug auf das Sein *vermag* (das heißt, ob der Geist die Welt erkennen kann, ob wir mit dem Geiste die Welt erkennen), so verschafft die ethische Seite der Frage darüber Klarheit, *was im Leben des* Menschen *höher* steht, Geist oder Materie, Geistiges oder Materielles,

---

241 P. M. Egides: Osnovnoj vopros..., 62.
242 Ebd. 68 f.
243 Ebd. 69.

welche Werte in der Wertskala höher stehen, welche Skala der Werte, welche ihrer Wechselbeziehungen unserm Leben wahrhaft menschlichen Sinn verleiht . . ."[244] Mit dem Gesagten wird festgestellt: Das *naturhaft Ursprüngliche* ist nicht das *geschichtlich Grundlegende,* insofern man die Eigengesetzlichkeit des gesellschaftlichen Lebens respektiert, insofern man also Geschichte als *menschliche* Geschichte anerkennt, in der der Mensch den Sinn seines Lebens als die sittliche Integration seiner Sinnenhaftigkeit in seine Gesellschaftlichkeit realisiert.[245] Ähnlich scheint diesen Zusammenhang auch Karel Kosík zu sehen, daß nämlich der Mensch „die gesellschaftlich-menschliche Wirklichkeit als die Einheit von Sein und Bedeutung, Realität und Sinn gestaltet".[246]

Egides' philosophische Gegner versuchen freilich, ihm ein unmarxistisches Herantreten an die Sinnfrage zu unterschieben: „Sowohl der Mensch als auch der Sinn des Lebens, den er als denkendes Wesen zu begreifen verpflichtet ist, sind bei Egides außerhalb der Geschichte und über den Klassen stehende Begriffe . . . Er möchte eine Universalformel des ‚Lebenssinnes' vorlegen."[247] Nicht verstanden haben sie anscheinend,

---

244 Ebd. 74 f.
245 Die Konsequenzen dieser Auffassung von P. M. Egides können kaum übersehen werden: Die sittliche *Wertung* setzt eine umgekehrte Rangordnung, als sie die naturhafte *Entstehung* nahelegt; hier wird die Ethik als gleichsam Meta-Ontologie der Ontologie vorgeordnet, weil nur so Geschichte als *menschliche* Geschichte möglich ist. Wird damit nicht bereits eine Ontologie korrigiert, die sich den Phänomenen des naturhaften Werdens verschrieben hatte und nun von den Phänomenen des geschichtlichen Ganges vermittels der Ethik überfragt werden *muß*? Vom Ziel dieser Studie her können wir uns an diesem frühen Punkt der Untersuchung noch auf keine grundsätzliche Beurteilung einlassen, weisen aber darauf hin, daß bereits in dieser Problematik die im Schlußwort dargelegte Aporie des marxistischen Lösungsweges zum Sinnproblem enthalten ist.
Eine zweite Bemerkung: Wenn Egides die Einigung von *Geist und Natur* im Menschen hervorhebt, wir aber präziser als Sinn die Integration von *Gesellschaftlichkeit und Sinnenhaftigkeit* kennzeichneten, so liegt darin kein Widerspruch. Das Geistige steht im Marxismus bisweilen als Oberbegriff auch für das Sittliche, schließt Sittlichkeit ein (als Nichtmaterielles). Vgl. dazu W. P. Tugarinow: Über die Werte des Lebens und der Kultur, 34.
246 K. Kosík: Die Dialektik des Konkreten, 239.
247 V. Kolbanovskij, V. Efimov: Putanica . . ., 125.

daß Egides die ethische Kategorie „Sinn des Lebens" nicht außerhalb der Geschichte entlehnt hat, sondern *aus* der Geschichte ableitet, die *als* Geschichte ohne einen Sinn des Lebens gar nicht denkbar wäre. Wirft man ihm vor, in seinem Verständnis komme „zuerst ein ‚Sinn des Lebens' und dann das Leben selbst" (ebd.), so bezeugt dieser Vorwurf ein Mißverständnis. Denn gerade aus dem Leben wird das sittliche Prinzip dieses Lebens gewonnen entsprechend der Aussage Engels': „die Prinzipien sind nicht der Ausgangspunkt der Untersuchung, sondern ihr Endergebnis; sie werden nicht auf Natur und Menschengeschichte angewandt, sondern aus ihnen abstrahiert. Nicht die Natur und das Reich des Menschen richten sich nach den Prinzipien, sondern die Prinzipien sind nur insoweit richtig, als sie mit Natur und Geschichte stimmen."[248]

Die marxistische Ethik anerkennt daher durchaus Prinzipielles innerhalb sich wandelnder moralischer Normen, „unterscheidet sich von den vor- und nichtmarxistischen Systemen und Konzeptionen keineswegs durch irgendeinen neuen ‚Satz' ethischer Kategorien ... Der Unterschied besteht lediglich in der Erklärung des *Ursprungs* und im *Inhalt* der ethischen Kategorien."[249] Sie durchziehen als „allgemeingeschichtliche und *allgemeinmenschliche Elemente*"[250] nach V. P. Tugarinov die Klassenmoral und sind „von den Bedingungen und Anforderungen des gesellschaftlichen Lebens und von der *Natur des Menschen*" (ebd.) abgeleitet. In diesen „elementaren Normen der Sittlichkeit kommen nicht das spezifische Interesse und die Lage dieser oder jener Klasse zum Ausdruck, sondern" — wie V. S. Štejn schreibt — „die allgemeinen Momente der Moral verschiedener menschlicher Kollektive und Klassen und sogar der gesamten Menschheit".[251] Ethische Kategorien zeigen im klassenbedingt Besonderen der Moral das klassenunbedingt Allgemeine oder die „allgemeinsten Besonderheiten",[252] wie L. M. Archangel'skij sagt.

248 F. Engels: Anti-Dühring, In: MEW 20, 33.
249 W. P. Tugarinow: (Es gibt nicht nur Klassenmoral), In: NF 1968, 152.
250 Ebd. 151.
251 V. S. Štejn: Problema prostych norm nravstvennosti i spravedlivosti v marksistsko-leninskoj ètike / Das Problem der einfachen Normen der Sittlichkeit und Gerechtigkeit in der marxistisch-leninistischen Ethik /, Im Sammelband: Aktual'nye problemy ..., 168.
252 L. M. Archangelski: Kategorien der marxistischen Ethik, Berlin/Ost / 1965, 35.

Wenn B. T. Grigor'jan der Theologie vorwirft, „einen einzigen Lebenssinn sowohl für den Menschen, der vor kurzem noch auf allen Vieren kroch, als auch für den Menschen der heutigen Zeit"[253] aufstellen zu wollen, so kritisiert er weniger die Allgemeinheit als vielmehr die Abstraktheit der religiösen Auffassung vom Sinn des Lebens, die nur die Relation Mensch-Gott sieht und nicht den gesellschaftlichen Verwirklichungsraum Individuum-Gesellschaft.[254] Insofern jedoch die Frage nach dem Sinn des Lebens die *Grundfrage der Ethik* ist, muß auch die Antwort auf diese Frage ethischen und nicht nur moralischen Charakter tragen, für alle Klassengesellschaften und die Menschen in ihnen wie auch für den Kommunismus und den Menschen der Zukunft verbindlich sein.

Das Problem des verbindlichen menschlichen Lebenssinnes betrifft eine bleibende Struktur innerhalb sich wandelnder Gegebenheiten, es ist das „Problem des *Verhältnisses des sittlichen Bewußtseins zum Sein,* zum gesellschaftlichen und persönlichen Sein, zur Welt im ganzen, genauer, sie ist das Problem des *Verhältnisses des sittlichen Bewußtseins eben zum Verhältnis zwischen Mensch und Umwelt".*[255] Die Sinnfrage sucht aus dem Lebenszusammenhang des Menschen heraus das menschliche Sein als eine Aufgabe kenntlich zu machen: „Sie ist nicht einfach die Frage nach dem sittlichen Bewußtsein an und für sich, nach den sittlichen Normen, Gewohnheiten, Verhaltensweisen und sittlichen Beziehungen, vielmehr ist sie die Frage, die lautet: ‚Für was bin ich — Mensch — auf dieser Welt?'" (Ebd.)

b. Der dialektische Wert des Lebens

Mit der Beantwortung der Grundfrage der Ethik nach dem Sinn des Lebens sucht der Marxismus zugleich die *sittlichen Werte* zu begründen, durch die der Sinn des Lebens im menschlichen Zusammensein verwirk-

---

253 B. T. Grigor'jan: Dlja čego živët čelovek? 65.
254 Vgl. J. Deharbe: Katholischer Katechismus für die Elementarschulen, Freiburg 1876, 1: „Wozu sind wir auf Erden? — Wir sind auf Erden, um Gott zu erkennen, ihn zu lieben, ihm zu dienen, und dadurch in den Himmel zu kommen." Ähnlich der „Orthodoxe Katechismus", herausgegeben von der Orthodoxen Priesterkongregation vom heiligen Demetrius von Thessalonike, Slavisches Institut, München 1956, 12: „1. Wozu sind wir auf Erden? — Wir sind auf Erden, um Gott zu lieben und ihm zu dienen."
255 P. M. Egides: Osnovnoj vopros..., 71.

licht wird. „Sittlicher Wert" ist daher ein Relationsbegriff, der den Träger des Wertes (das, was wertvoll ist), das Objekt des Wertes (das, wofür das Betreffende wertvoll ist) und das Kriterium des Wertes (weswegen der Träger des Wertes für das Objekt wertvoll ist) einschließt. Während der Begriff „Wahrheit" einen erkenntnishaften Bezug zur Wirklichkeit betrifft, kennzeichnet der Begriff „sittlicher Wert" eine sittliche Wirklichkeit selbst. V. V. Mšvenieradze gelangt zu der Feststellung: „Der Wert als Kategorie, die im Prozeß der Wechselwirkung zwischen Subjekt und Objekt entsteht, hat Merkmale ähnlich der Wahrheit. Aber er erscheint nicht in der gnoseologischen Beziehung zwischen Subjekt und Objekt, sondern in der sozialen Beziehung."[256] G. S. Batiščev betont auch für das Wertproblem die Forderung nach Wissenschaftlichkeit: „Ein Einverständnis damit, daß die Wissenschaft zur ‚Subjektlosigkeit' bestimmt sei, führt zur Entstehung zweier sich gegenseitig bedingender und sogar einander hervorrufender Tendenzen, die nach außen hin einander entgegenstehen: erstens der Tendenz zu einer *Beschränkung* der Wissenschaft und zu ihrer Säuberung von ‚humanistisch-subjektiven' Problemen, um ihre Strenge zu wahren, ungeachtet dessen, daß gerade die Existenz der Wissenschaft als einer Sache des Menschen unmöglich ist ohne eine bestimmte Lösung solcher Probleme, also ohne offensichtliche oder verkappte Zustimmung und Rechtfertigung einer bestimmten Lösung dieser Probleme."[257] Als Vertreter dieser Richtung nennt er M. Simon und L. Althusser u. a., die auf dieses Verständnis von Wissenschaftlichkeit pochen, selbst „um den Preis eines Verzichtes auf solche Probleme (und sogar Begriffe) wie Entfremdung, sozialistischer Humanismus u. ä.",[258] die also auch „ähnliche Probleme völlig aus der Wissenschaft eliminieren und keine Möglichkeit sehen, sie wissenschaftlich zu untersuchen" (ebd.). Doch was ist die Konsequenz dieser Engführung? Ein Ausklammern des Wertproblems aus der Wissenschaft hat zur Folge „zweitens die Tendenz zu einer *werthaften* Orientierung (Axiologie), die sich gleichsam als eine Kompensation der Nachteiligkeit einer rein wissenschaftlichen Einstellung ausnimmt".[259] Objektivistisches und subjektivistisches Vor-

---

256 V. V. Mšvenieradze: Marksizm i problema cennostej / Marxismus und Wertproblem /, In: FN 1965/1/70.

257 G. S. Batiščev: Obščestvenno-istoričeskaja, dejatel'naja suščnost' čeloveka / Das gesellschaftlich-historische, tätige Wesen des Menschen /, In: VF 1967/3/20.

258 Ebd. 21. 259 Ebd. 20 f.

gehen entspringen — so entgegengesetzt ihre Erscheinungsformen auch sein mögen — dem gleichen Fehler, wie Batiščev feststellt, da die „Vertreter der zweiten Tendenz im wesentlichen das gleiche tun, aber nur vom anderen Ende her: Sie behandeln die ‚Wert'-Probleme als völlig aus der Sphäre der Kompetenz des erkennenden Verstandes herausgehoben. In einigen Fällen hängt diese Tendenz sichtlich zusammen mit dem Versuch, in den Werten die humanistische Ergänzung einer ‚Subjektlosigkeit' der Wahrheit zu finden, insofern sich diese als Dienerin des Objektes darstellt."[260] Der Versuch einer Ausschließung des Sittlichen aus der Wissenschaft zerreißt die praktische Lebenstätigkeit der Menschen in die Sphären rationaler Sachlichkeit und irrationaler Sittlichkeit. Denn „unabhängig davon, ob die axiologisierende Tendenz edle Motive hat oder nicht, beschränkt sie in Wirklichkeit die kritische Schärfe der wissenschaftlichen Untersuchung und schafft ebendadurch die Möglichkeit zur Durchführung eines ideologischen Subjektivismus" (ebd.). Die Ethik als eine philosophische Wissenschaft sucht demgegenüber das „menschlich Zweckmäßige" — im Unterschied zu sachhaft Zweckmäßigem — zu durchdringen, das dem Menschen *als Menschen* Zweckmäßige, d. h. die *sittlichen Werte* zu begründen.

V. P. Tugarinov unterscheidet sittliche Werte von materiellen Gütern und sozial-politischen Werten (Freiheit, Gleichheit, Brüderlichkeit und Gerechtigkeit), um sie unter den „geistigen Werten"[261] einzuordnen. Dazu rechnet er die Wahrheit, das Gute und das Schöne und bezeichnet sie deshalb als geistige Werte, „weil sie vornehmlich in Gebieten des geistigen Lebens der Gesellschaft ‚produziert' und verwirklicht werden, und zwar auf wissenschaftlichem, moralischem und künstlerischem Gebiet" (ebd.). Der oberste Wertbegriff ist das Gute, und insofern etwas „gut" für den Menschen ist, wird es ein Wert für ihn. Wo aber kann das Kriterium dafür gefunden werden, daß dieses einen Wert und jenes einen Unwert für den Menschen darstellt? Weil die Frage nach dem Sinn des Lebens — folgert P. M. Egides — die Grundfrage der Ethik ist, muß die Antwort auf die Frage nach dem Sinn des Lebens auch Aufschluß über die „Hierarchie der Werte"[262] geben: „Das Problem des Lebenssinnes ist das Problem der sittlichen Beziehung zur Wechselbeziehung der Werte, es ist das Problem, was von allen Werten am

260 Ebd. 21.
261 W. P .Tugarinow: Über die Werte des Lebens und der Kultur, 34.
262 P. M. Egides: Osnovnoj vopros..., 76.

wertvollsten für den Menschen als Menschen ist und warum dies der Fall ist..."[263] Was als das Sinnvollste im Leben erscheint, stellt den obersten Wert dar: *Der Sinn des Lebens ist das Kriterium der Hierarchie der Werte;* von dem einen Sinn des Lebens hängt die Ordnung der vielen sittlichen Werte ab. Sinn zu schaffen ist daher nur möglich durch Wertverwirklichung, und die erkannten Werte werden den Menschen — wie A. S. Višnjakov und M. G. Žuravkov betonen — zu Grundsätzen in dem „Bestreben, den anderen Gutes zu tun, in der Sorge sowohl für den Nächsten wie den ‚Fernen'" und zu der Haltung, „den Menschen... die vielfältigen eigenen Interessen, den ganzen Reichtum der geistigen Welt weit zu öffnen und danach zu streben, daß jeder Mensch geistig reicher wird und tiefer den Sinn des Lebens und seinen Platz in ihm versteht".[264] Die Menschen haben sich „zu allen Zeiten"[264a] die Sinn-frage gestellt, sie als eine „lebenswichtige Frage" (ebd.) begriffen und alles Bewerten von ihrer Beantwortung abhängig gemacht. „Die Grund-einstellung eines Menschen zum Leben, die Kriterien, durch die er sich in seinen Taten in der Bewertung der Tätigkeit der Mitmenschen leiten läßt," — stellt Archangel'skij klar — „erweisen sich als abhängig davon, worin er den Sinn des Lebens sieht." (Ebd.) Die sittlichen Begriffe, die Wertkategorien, bringen verschiedene Aspekte des einen Lebenssinnes zum Ausdruck, wie N. N. Mokrousov verdeutlicht: „Der Sinn eines Verhaltens, einer Tat, kommt zum Ausdruck durch entsprechende soziale Kategorien (nützlich-schädlich, gut-böse, schön-häßlich, gesetzlich-unge-setzlich usw.)."[265] Gerade die vermittels der Werte angestrebte Sinn-haftigkeit bleibt das Kriterium aller Tätigkeit und Kennzeichen *mensch-licher* Tätigkeit. „Wenn der Mensch auch bestimmtes operatives Tun [dejstvija-operacii] mit Erfolg einer Maschine übergibt, so ist es doch unmöglich, eine Tat zu ‚maschinisieren', jedenfalls im Prinzip: Man kann zwar die Art und Weise der Verwirklichung der Tat reproduzie-ren, aber nicht ihren Sinn, ihren Inhalt." (Ebd.)

263 Ebd. 75.
264 A. S. Višnjakov, M. G. Žuravkov: Moral'nyj kodeks stroitelja kommu-nizma / Der moralische Kodex eines Erbauers des Kommunismus /, Moskau 1964, 76.
264a L. M. Archangel'skij: O kriterii kommunističeskogo povedenija / Über das Kriterium eines kommunistischen Verhaltens /, In: SP 1964/8/65.
265 N. N. Mokrousov: Problema nravstvennoj ocenki postupkov (pove-denija) / Das Problem der sittlichen Bewertung der Taten (des Ver-haltens) /, In: VF 1965/9/38.

Schafft der Mensch also durch Verwirklichung von Werten den Sinn seines Lebens, so bleibt die Frage offen: Läßt sich auch von einem *Wert des Lebens* selbst sprechen, und wenn ja, in welcher Bedeutung? Die meisten marxistischen Denker erkennen die enge Verbindung zwischen dem Sinn des Lebens und einem Wert des Lebens, Adam Schaff setzt beide Begriffe sogar gleich: „Wer nach dem Sinn des Lebens fragt, fragt vor allem nach dem *Wert* des Lebens, das heißt danach, ob es sich zu leben lohnt oder nicht."[266] In ähnlicher Weise stellt Grigor'jan die Frage: „Worin aber besteht der Wert des Lebens, sein Sinn? Wofür lebt der Mensch?"[267]

Da ein Wert immer ein „Wert für" jemanden ist, muß geklärt werden: Für wen ist das Leben eines bestimmten Menschen ein Wert, *für ihn selbst* und *für die anderen?* Diese *dialektische Werthaftigkeit des Lebens* übersieht anscheinend Adam Schaff, der den Sinn des Lebens mit dem Wert des Lebens für den *einzelnen Menschen selbst* identifiziert. Auf die Frage, ob es sich „lohnt" zu leben, interessiert ihn „natürlich die bejahende Antwort",[268] die sich in dem Urteil ausdrücke: „Obwohl der Tod unausweichlich ist, obwohl Leiden, insbesondere durch den Tod naher Menschen verursachte Leiden, unausweichlich sind, lohnt es sich zu leben, und in diesem Sinne behaupten wir, daß das Leben Sinn hat." (Ebd.) Zugleich erkennt Schaff die Notwendigkeit an, diese Überzeugung zu begründen: „Aber warum? Wir sind" — fährt er fort — „verpflichtet, auch diese Frage zu beantworten, wenn wir jemanden überzeugen sollen, wenn unsere Äußerung nicht nur Ausdruck unbegründeter persönlicher Überzeugung sein soll." (Ebd.) In seinem Lösungsvorschlag kommt er jedoch über die sich erhebenden Schwierigkeiten nicht hinweg, wie uns scheint. Die gesuchte Antwort — meint Schaff — hänge ja ab „von vielen Faktoren, vor allem aber von der Weltanschauung"[269] der betreffenden Person. Wie ist also eine Weltanschauung zu gewinnen? Sein Begründungsversuch der Weltanschauung endet nun offensichtlich im Existentialismus, wenn Schaff fortfährt: Da, wo es um eine Wahl gehe, also auch bei der Wahl der Weltanschauung, werde „nicht mehr allein der intellektuelle Faktor ins Spiel gebracht, sondern auch der emotionelle".[270] Also soll bei der Aufhellung eines rational nicht zu bewältigenden Problems das Emotionale den Ausschlag geben?

---

266 A. Schaff: Marx oder Sartre? 61.
267 B. T. Grigor'jan: Dlja čego živět čelovek? 62.
268 A. Schaff: Marx oder Sartre? 62.
269 Ebd. 66.   270 Ebd. 63.

Die Gleichsetzung von „Sinn des Lebens" und „Wert des Lebens für mich" endet in völliger Aporie, und alles Für und Wider läuft darauf hinaus, daß ein Philosoph, „wenn er das Problem des Sinnes des Lebens erörtert, sich darauf beschränken"[271] solle, „gewisse Lösungen zur Wahl vorzuschlagen. Er soll sich dessen bewußt sein, daß das Thema keine eindeutige und autoritative Entscheidung zuläßt." (Ebd.) Daher könne man „auf eine so verstandene Frage nach dem Sinn des Lebens nicht irgendeine allgemeine und allgemein verpflichtende Antwort erteilen".[272]

Im allgemeinen anerkennen jedoch die marxistischen Philosophen den *Sinn des Lebens als Basis eines dialektischen Wertes des Lebens.* Auf die Frage nach dem Wert seines Lebens für den betreffenden Menschen selbst erfolgt zumeist eine positive Antwort, die freilich durch ihre angebliche Evidenz überrascht und den Eindruck einer mit Pathos vorgebrachten Setzung erweckt. „Zweifellos" — betont A. F. Šiškin — „ist das menschliche Leben das Wertvollste auf der Welt",[273] und Bernd Bittighöfer bekräftigt: „Das Leben ist das höchste Gut und der größte Wert für den Menschen. Es wird ihm nur einmal gegeben, und darum muß er es schützen und sinnvoll nutzen."[274] Die gleiche Selbstverständlichkeit spricht aus den Worten von V. P. Tugarinov: „Das individuelle Leben tritt instinktiv und unbewußt als Wert in Erscheinung, aber in noch größerem Maße erscheint es als Wert in der Selbsterkenntnis, in der Reflexion über sich selbst. Mit anderen Worten, das Leben selbst ist objektiv ein Wert, und subjektiv gesehen ist es der Gedanke an das Leben. Es ist ein Wert als Tatsache, als Erscheinung, als etwas ‚unmittelbar Gegegebenes' und ein Wert als Bewußtsein seiner selbst."[275]

In einer zweiten Bedeutung kann man auch von einem „Wert des individuellen Lebens ... für die Gesellschaft"[276] sprechen: Indem der Mensch den Sinn seines Lebens schafft, verwirklicht er einen Wert des Lebens *für sich* und gestaltet sein Leben als Wert *für die anderen.* Diesen Gedanken führt unter Berufung auf V. P. Tugarinov S. S.

---

271 Ebd. 64.   272 Ebd. 66.

273 A. F. Schischkin: Grundlagen der marxistischen Ethik, Berlin/Ost / 2. Aufl. 1965, 402.

274 B. Bittighöfer: Du und der andere neben Dir, Berlin/Ost / 1965, 9.

275 W. P. Tugarinow: Über die Werte des Lebens und der Kultur, 46 (Im Original Hervorhebung der drei letzten Worte. — HFS).

276 Ebd. 47.

Slobodjanjuk fort: „Der subjektive Sinn des Lebens (der Lebenssinn, wie ihn das Individuum versteht) wandelt sich von einem Leben-für-sich in ein Leben-für-uns und erlangt objektiven Sinn, wird zu einem Wert oder auch nicht."[277] Der Autor gründet — wie Tugarinov — das Werthafte im Sinn des Lebens und führt aus: „Die werthaften Orientierungen des Individuums sind eine Reflexion des Lebenszieles und seines subjektiven Sinnes, die sich objektiviert hat in den Strebungen, in der Wahl und in den Taten der Persönlichkeit." (Ebd.) Aus dem Begreifen des Lebenssinnes vermag der Mensch den Wert des Lebens dialektisch als individuell-sozial zu erkennen: „Das Streben des Individuums nach einem bestimmten Lebensziel, sein persönliches Verständnis des eigenen Platzes als *wesenhaftes*, spiegelt sich wider in bestimmten werthaften Ausrichtungen und *kommt zum Ausdruck* in seiner Tätigkeit (das Wesen erscheint)." (Ebd.) Den Wert des Lebens für die andern verdeutlicht Tugarinov, indem er es als Dienst bezeichnet: „Der Sinn des Lebens kann nur im Leben selbst liegen, im Dienste für dieses Leben. ‚Dienst' nur für das eigene Leben, nur für die eigenen Interessen, losgelöst von den gesellschaftlichen, ist illusorisch."[278] Begreift er das Leben als Dienst, so sucht der Mensch bei der Verwirklichung des Wertes des Lebens nicht zuerst seine eigene Selbstentfaltung, sondern den anderen Menschen: „Der Mensch ist ein materielles, endliches und soziales Wesen. Deshalb sind seine Ziele, die richtig verstanden werden, real und gehen über den Rahmen seiner eigenen Persönlichkeit hinaus."[279] Wird das Leben auf der Basis seines Sinnes nicht auch als Wert für die anderen, als Dienst an ihnen erkannt, so folgt daraus eine gefährliche Konsequenz, die Adam Schaff ziehen muß: „Die Beurteilung, ob es sich im konkreten Falle lohnt, zu leben, hängt nämlich von der Beurteilung der Bedingungen und der Aussichten des Lebens ab. Hier aber hat das letzte Wort immer das gegebene Individuum, um dessen Leben es sich handelt."[280] Mit anderen Worten: Wenn der soziale Wertaspekt, der notwendig mit dem individuellen Wertaspekt des Lebens verbunden ist, verkannt wird, kann sich das scheinbar isolierte

---

277 S. S. Slobodjanjuk: Ličnost' kak cennost' / Die Persönlichkeit als Wert /, Im Sammelband (Hrsg. A. S. Ivanov, I. M. Kičanova, P. K. Kuročkin): Čelovek, obščestvo, religija / Mensch, Gesellschaft und Religion /, Moskau 1968, 48.
278 W. P. Tugarinow: Über die Werte des Lebens und der Kultur, 55.
279 Ebd. 57.
280 A. Schaff: Marx oder Sartre? 66.

und autonome Individuum ein ausschließliches Verfügungsrecht über seine Existenz zusprechen. Es entscheidet dann nicht nur über den Gang seines Lebens, sondern auch willkürlich über sein Ende. Daß sich der folglich statthafte Selbstmord nicht nur gegen den einzelnen Menschen, sondern auch gegen seine Mitmenschen richtet, übersieht Schaff anscheinend.

Durch seinen Lebenssinn ist der einzelne Mensch verbunden mit der *Welt als ganzer* und mit der *Gesellschaft,* seinen Mitmenschen. Die marxistische Theorie über den Sinn des Lebens verdeutlicht diese Verbundenheit als eine praktische Aufgabe, die der Marxist als verbindlich für sich anerkennt. Vom Sinn des Lebens, dem sittlichen Prinzip seines Seins her sucht er den *Wert des Lebens für sich* dialektisch als *Wert seines Lebens für die anderen* zu gestalten und in dieser *Aufgabenstruktur des menschlichen Seins* sein Leben zu führen.

2. Der praktische Lösungsversuch der Sinnfrage

Die Kategorie „Sinn des Lebens" bringt in *formaler Ausdrücklichkeit* das sittliche Prinzip des menschlichen Seins zur Sprache. Doch wie ist jene Realität selbst, die ihren Ausdruck im Begriff „Sinn des Lebens" findet, näher zu kennzeichnen? Welche *inhaltliche Wirklichkeit* wird durch diesen Begriff erfaßt? In welchem Zusammenhang und auf welche Weise verwirklicht der Mensch den Sinn seines Lebens?

Um zu erkennen, was wesentlich der Sinn des Lebens ist, sind die praktischen Bewegungsgesetze der menschlich-gesellschaftlichen Wirklichkeit zu untersuchen; es ist also zu untersuchen, *wie Sinn entsteht,* wie die „Bewegungsgesetze" dieser Sinnwirklichkeit zu bestimmen sind. Die Frage „*Was* ist die gesellschaftliche Wirklichkeit?" stellt sich in ihrem *wesentlichen Aspekt* — wie Karel Kosík hervorhebt — als die andere Frage: „Wie wird die gesellschaftliche Wirklichkeit *gebildet?*"[281] Die Frage nach dem Sinn des Lebens stellt sich in der gleichen Weise: *Was wesentlich Sinn ist,* zeigt sich darin, *wie Sinn geschaffen wird.*

A. Die allgemeine Zielstruktur der Praxis und ihre besondere Sinnmöglichkeit

Die „Bewegungsform" der menschlich-gesellschaftlichen Wirklichkeit ist die *Praxis;* aber nicht alle Praxis ist schon sinnvolle Praxis, Sinn erscheint in ihr nur als eine *Möglichkeit.* Um diese besondere Sinnmöglichkeit aufzuzeigen, ist vorab die umfassendere *allgemeine Struktur der Praxis* zu kennzeichnen, innerhalb derer Sinn möglich wird.

a. Ziel und Zweck des Handelns

Die *allgemeine Zielstruktur* des menschlichen Handelns, das sich unterscheidet von aller unbewußten tierischen Tätigkeit, mag ein bekanntes Beispiel von Marx erläutern: „Eine Spinne verrichtet Operationen, die denen des Webers ähneln, und eine Biene beschämt durch den Bau ihrer Wachszellen manchen menschlichen Baumeister."[282] Die Regelmäßigkeit in der Ausführung erweist mitunter eine größere Überlebenschance des Tieres, dessen „defensive" Anpassungsfähigkeit dem Menschen überlegen scheint. Jedoch ist es unfähig zu einer „offensiven" Veränderung der Umwelt, tritt nie in Aktion, sondern bleibt in Re-aktion. Aktionsspitze der offensiven Veränderung der Welt durch den Menschen ist sein *vorausgreifendes Zielbewußtsein:* „Was aber von vornherein den schlechtesten Baumeister vor der besten Biene auszeichnet," — fährt Marx fort — „ist, daß er die Zelle in seinem Kopf gebaut hat, bevor er sie in Wachs baut. Am Ende des Arbeitsprozesses kommt ein Resultat heraus, das beim Beginn desselben schon in der Vorstellung des Arbeiters, also schon ideell vorhanden war." (Ebd.) Ähnlich äußert sich Friedrich Engels: „In der Natur sind es . . . lauter bewußtlose blinde Agenzien, die aufeinander einwirken und in deren Wechselspiel das allgemeine Gesetz zur Geltung kommt. Von allem, was geschieht . . ., geschieht nichts als gewollter, bewußter Zweck."[283] Der bewußte Zweck ist das Kennzeichen der gesellschaftlichen Tätigkeit: „Dagegen in der Geschichte der Gesellschaft sind die Handelnden lauter mit Bewußtsein begabte, mit Überlegung oder Leidenschaft handelnde, auf bestimmte Zwecke hinarbeitende Menschen; nichts geschieht ohne bewußte Absicht, ohne gewolltes Ziel." (Ebd.)

Das Zielbewußtsein hat zur Grundlage die Erkenntnis der Verfügbarkeit der Natur, die in der Erkennbarkeit ihrer wesentlichen Gesetzmäßigkeiten besteht. Es dringt in die Grund-Folge-Beziehungen dieses Bereiches ein und nimmt das als gesetzmäßig erkannte Ergebnis als Ziel vorweg, d. h. es sucht mit bestimmten Mitteln einen Zweck zu erreichen

281 K. Kosík: Die Dialektik des Konkreten, 47.
282 K. Marx: Das Kapital, Erster Band, In: MEW 23, 193.
283 F. Engels: Ludwig Feuerbach und der Ausgang der klassischen deutschen Philosophie, In: MEW 21, 296.

und ordnet die entsprechenden Mittel dem erstrebten Zweck vor. Das Zielbewußtsein wird in der Zwecktätigkeit wirksam: „Ziel" ist der erkenntnistheoretische Begriff für den praktisch zu erreichenden „Zweck", den konkreten Endpunkt des gedanklich vorgefaßten Zieles.[284] „Mittel" und „Zweck" als solche sind weder reale Seiende noch Wertungsbegriffe, sondern bezeichnen einen funktionalen Zusammenhang, der in sich von einer subjektiven Setzung unabhängig ist; der Ursachenkomplex wird funktional als „Mittel", der angestrebte Folgekomplex als „Zweck" verstanden. Nur vom Ziel her hat das Mittel eine funktional untergeordnete Bedeutung unter den Zweck, hat nur von ihm her dienende Funktion, nicht aber in sich und überhaupt. So kann der Zweck (als reales Geschehen) wieder zum Mittel werden: Die Sprengung einer Brücke — Zweck verschiedenster vermittelnder Tätigkeiten — wird erneut Mittel zum Zweck eines Aufhaltens des Gegners, — das seinerseits Mittel im größeren operativen Geschehen wird. Es gibt daher keine Mittel und Zwecke als etwas in sich ontologisch Unterscheidbares, als a priori gestufte Mittel-Zweck-Realität.

Weiß man um ein Grund-Folge-Verhältnis, so kann man diesen wesens- und gesetzmäßigen Ablauf setzen oder nicht setzen, — aber nicht in ihn eingreifen, sofern er gesetzt ist. Die Tatsächlichkeit ist verfügbar (indem man in Gang setzt) und überantwortet, nicht aber die inhaltliche Möglichkeit selbst (da die wirkenden inneren Gesetzmäßigkeiten vorgegeben sind). Der Zweck wird zugänglich nur über *seine* Mittel, ihre Auswahl, Disposition, ihren Einsatz oder Aufschub. In der sachlichen Reihenfolge determinieren die Mittel dann *ihren* Zweck. Im Wissen darum *muß* das Zielbewußtsein auch die *entsprechenden* Mittel setzen. Der Zweck kann daher niemals — und in keinem Wirklichkeitsbereich — die Mittel „heiligen"; eher „heiligen" die Mittel den Zweck, d. h. geben bestimmte Mittel dem Zweck eine durch *sie* determinierte Qualität. Das bedeutet auch: *Wenn* konkrete Mittel gesetzt sind, dann wird das Ergebnis entsprechend diesen konkreten Mitteln ausfallen, — oft *gegen* den angezielten Zweck! Denn letztlich bestimmt sich das Ergebnis aus den es konstituierenden Mitteln,

---

284 Der „zwec" war in mittelhochdeutscher Sprachbedeutung ein Holznagel, ein Pflock in der Mitte der Zielscheibe. Zur Zeit des Armbrust- und Büchsenschießens im beginnenden 15. Jahrhundert wurde somit der konkrete „zwec" zum Ziel des Schießens. Vgl. dazu F. Kluge: Etymologisches Wörterbuch der deutschen Sprache, Berlin/West / 18. Aufl. 1960, 896.

nicht aus irgendeiner *Zielvorstellung*. Die Zielvorstellung nimmt nur eine unabhängig von ihr mögliche Grund-Folge-Kombination als Mittel-Zweck-Ablauf bewußt in Dienst.

Das die Praxis führende Zielbewußtsein erkennt die objektive Verfügbarkeit des naturhaften Bereiches, indem es seine wesentlichen Gesetzmäßigkeiten rezeptiv erkennt und konzeptiv für die Praxis wendet: „Kurz, das Tier *benutzt* die äußere Natur bloß und bringt Änderungen in ihr einfach durch seine Anwesenheit zustande; der Mensch macht sie durch seine Änderungen seinen Zwecken dienstbar, *beherrscht* sie."[285] Diese praktische Zwecktätigkeit verändert auf der Basis der erkannten Gesetzmäßigkeiten mit Hilfe des Willens zunächst die Natur. Nicht, daß der arbeitende Mensch „nur eine Formveränderung des Natürlichen bewirkt; er verwirklicht im Natürlichen zugleich seinen Zweck, den er weiß, der die Art und Weise seines Tuns als Gesetz bestimmt und dem er seinen Willen unterordnen muß. Und diese Unterordnung ist kein vereinzelter Akt. Außer der Anstrengung der Organe, die arbeiten, ist der zweckmäßige Wille, der sich als Aufmerksamkeit äußert, für die ganze Dauer der Arbeit erheischt . . ."[286] Das Erscheinen des Menschen verwandelt eine bloße Anpassung an die Verhältnisse in eine Veränderung der Verhältnisse, denn „alle planmäßige Aktion aller Tiere hat es nicht fertiggebracht, der Erde den Stempel ihres Willens aufzudrücken. Dazu gehört der Mensch."[287]

Das Zielbewußtsein des Menschen erkennt in zunehmendem Maße die Gesetzmäßigkeiten der Natur und erweist in der Praxis ihre *sachhafte Verfügbarkeit*. Ist aber dieses sachhafte Verfügen schon *Endzweck?* Richtet sich das Interesse des Menschen auf eine Naturbeherrschung um ihrer selbst willen? Warum eigentlich „drücken die Menschen der Erde den Stempel ihres Willens auf"? Jedenfalls kann festgestellt werden, daß das Zielbewußtsein sich nicht begnügt mit der *Naturbeherrschung,* sondern auch seine „Aufmerksamkeit" — wie Engels sagt — auf den gesellschaftlichen Bereich konzentriert: Es setzt sich zum Ziel, in der *Gesellschaft* die „gemachten künstlichen Zusammenhänge zu beseitigen durch die Auffindung der wirklichen; eine Aufgabe, die schließlich darauf hinausläuft, die allgemeinen Bewegungsgesetze zu entdecken, die sich in der Geschichte der menschlichen Gesellschaft als beherrschende

---

285 F. Engels: Dialektik der Natur, In: MEW 20, 452.
286 K. Marx: Das Kapital, Erster Band, In: MEW 23, 193.
287 F. Engels: Dialektik der Natur, In: MEW 20, 452.

durchsetzen".[288] Wirkten diese Gesetze — nach der Auffassung des Marxismus — in den vorsozialistischen Epochen, *ohne* erkannt zu werden als Beherrscher der Menschen, so beginnt mit ihrer Erkenntnis nun ihre Beherrschung: „Die Gesetze ihres eignen gesellschaftlichen Tuns, die ihnen bisher als fremde, sie beherrschende Naturgesetze gegenüberstanden, werden dann von den Menschen mit voller Sachkenntnis angewandt und damit beherrscht."[289]

Das Zielbewußtsein in der Praxis richtet sich auf *Naturbeherrschung* und *gesellschaftliche Selbstbeherrschung,* und die „eigne Vergesellschaftung der Menschen, die ihnen bisher als von Natur und Geschichte aufgenötigt gegenüberstand, wird jetzt ihre freie Tat. Die objektiven, fremden Mächte, die bisher die Geschichte beherrschten, treten unter die Kontrolle der Menschen selbst." (Ebd.) Indem das Zielbewußtsein wie im naturhaften so auch im gesellschaftlichen Bereich Grund und Folge als Mittel und Zweck setzen kann, ist eine bewußte Lenkung des gesellschaftlichen Prozesses eingeleitet. Erst „von da an werden die Menschen ihre Geschichte mit vollem Bewußtsein selbst machen, erst von da an werden die von ihnen in Bewegung gesetzten gesellschaftlichen Ursachen vorwiegend und in steigendem Maß auch die von ihnen gewollten Wirkungen haben" (ebd.).

Der Marxismus bemüht sich also keineswegs — sagt in diesem Zusammenhang Georgij V. Plechanov — „wie ihm seine Gegner vorwerfen, den Menschen zu überzeugen, es sei unsinnig, sich gegen die ökonomische Notwendigkeit aufzulehnen. Vielmehr sagt er zum erstenmal, *wie man sie beherrscht."*[290] Aus dem spontanen gesellschaftlichen Prozeß entstanden (jede Spontanität stellt sich ihrem Wesen nach nur „als die *Keimform* der Bewußtheit"[291] dar), wirkt das revolutionäre Zielbewußtsein nun als Aktionsspitze zur Veränderung der gesellschaftlichen Verhältnisse.

Gesellschaftliche Veränderung um ihrer selbst willen wäre Anarchie und Revoluzzertum, — denn *wozu* die Veränderung? Naturbezogenes

288 F. Engels: Ludwig Feuerbach und der Ausgang der klassischen deutschen Philosophie, In: MEW 21, 296.
289 F. Engels: Die Entwicklung des Sozialismus von der Utopie zur Wissenschaft, In: MEW 19, 226.
290 G. V. Plechanov: K voprosu o razvitii monističeskogo vzgljada na istoriju / Zur Frage der Entwicklung der monistischen Geschichtsauffassung /, In: IFP 1, 691.
291 W. I. Lenin: Was tun? In: LW 5, 385.

und gesellschaftsbezogenes Zielbewußtsein erstreben ja nicht das permanente Chaos als Zweck aller vorangegangenen Anstrengungen. Welches „besondere Ziel" sucht also das Zielbewußtsein unter den unübersehbar vielen „allgemeinen Zielen" zu verwirklichen?

b. Das naturhafte Bedürfnis

Die Lösung dieser Frage setzt an bei dem *ursprünglichen Zweckhandeln* zu Beginn der menschlichen Geschichte. Friedrich Engels spricht sogar von einer Form reaktiver Zweckmäßigkeit schon im organischen Bereich, angefangen von einfachstem biologischem Reaktionsvermögen bis zur Handlungsweise höherer Säugetiere, denn die Weise, „wie insektenfressende Pflanzen ihre Beute abfangen, erscheint ebenfalls in gewisser Beziehung als planmäßig, obwohl vollständig bewußtlos".[292] Mit der Entwicklung des Nervensystems verfeinert sich weiterhin „die Fähigkeit bewußter, planmäßiger Aktion" (ebd.) und wird zur aktiven Zwecktätigkeit.

Der ursprüngliche Gegenstand dieser Zwecktätigkeit ist zunächst die Erhaltung des Lebens: Es gilt, den Bedürfniszustand von Hunger und Durst sowie der Schutzlosigkeit gegenüber der natürlichen Umwelt aufzuheben. Das Ursprüngliche ist ja die „Voraussetzung, daß die Menschen imstande sein müssen zu leben, um ‚Geschichte machen' zu können. Zum Leben aber gehört vor allem Essen und Trinken, Wohnung, Kleidung und noch einiges Andere."[293] Der hungrige Mensch faßt die Aufhebung dieses Mangelzustandes als Ziel ins Auge, und baut dann sein Haus mit dem Zweck, Schutz vor der Witterung zu schaffen. Ziel und Zweck bestimmen sich also aus einem bestimmten Verhältnis des Menschen zu seiner Umwelt, erstlich zu seiner naturhaften Umwelt.

Die gemeinsame naturhafte Basis dieses Beziehungsverhältnisses ist gegeben in der gegenständlichen *Sinnenhaftigkeit* des Menschen. Diese Sinnenhaftigkeit äußert jene wesentlichen *Bedürfnisse* des Menschen, zu deren Befriedigung er sich Gegenstände außerhalb seiner selbst sucht. „Gegenstand" bedeutet nicht allein „Sache" oder „Ding", sondern allgemein etwas Zugehöriges, das aber zu dem betreffenden Seienden außerhalb steht. Dieses Beziehungsverhältnis des Menschen zu seiner Umwelt wird zum Ansatzpunkt einer Durchdringung des *Zusammen-*

---

292 F. Engels: Dialektik der Natur, In: MEW 20, 452.
293 K. Marx, F. Engels: Die Deutsche Ideologie, In MEW 3, 28.

hanges von allgemeiner Zwecktätigkeit und besonderer Sinnmöglichkeit, „die *Sinnlichkeit* . . ." — wie Karl Marx sagt — „muß die Basis aller Wissenschaft sein. Nur, wenn sie von ihr, in der doppelten Gestalt, sowohl des *sinnlichen* Bewußtseins als des *sinnlichen* Bedürfnisses ausgeht . . . ist sie *wirkliche* Wissenschaft."[294]

Bei Bedürfnis und Bedürfnisgegenstand setzt das Verständnis der menschlichen Praxis an, denn aus einem realen sinnenhaften Bedürfnis innerhalb der Beziehung Mensch-Natur entspringen die ursprünglichen Zielvorstellungen und Zwecke, „ursprünglich" nicht nur historisch, sondern als bleibende Voraussetzung geschichtlichen Handelns. Der Mensch hebt sich zwar von der Natur ab, doch bleibt diese auch als *angeeignete* Natur noch der „*unorganische Leib* des Menschen"[295] und er selbst Naturwesen. Das dynamische Bedürfnis des Menschen und seine Befriedigung ist Voraussetzung für die weiteren darauf aufbauenden Zielvorstellungen. „Der *Hunger* ist ein natürliches *Bedürfnis;* er bedarf also einer *Natur* außer sich, eines *Gegenstandes* außer sich, um sich zu befriedigen, um sich zu stillen."[296] Nur-geistige Bedürfnisse bleiben etwas nicht voll Wirkliches ohne diese grundlegende Dynamik des natürlichen Bedürfnisses, denn „daß der Mensch ein *leibliches,* naturkräftiges, lebendiges, wirkliches, sinnliches, gegenständliches Wesen ist, heißt, daß er *wirkliche, sinnliche Gegenstände* zum Gegenstand seines Wesens, seiner Lebensäußerung hat, oder daß er nur an wirklichen, sinnlichen Gegenständen sein Leben *äußern kann*".[297] Die ursprünglichen Bedürfnisse des Menschen, seine „Triebe" drängen ihn aus einer sich verschließenden Innerlichkeit hinaus. Sie „treiben" den Menschen zu *seinem* Gegenstand, keine dieser subjektiven Anlagen stößt in eine objektive Leere, jeder Anlage entspricht *ihr* Gegenstand; „die *Gegenstände* seiner Triebe existieren außer ihm, als von ihm unabhängige *Gegenstände,* aber diese *Gegenstände* sind *Gegenstände* seines *Bedürfnisses,* zur Betätigung und Bestätigung seiner Wesenskräfte unentbehrliche, wesentliche *Gegenstände*".[298] Schon die ursprüngliche Verwiesenheit des Menschen an die Natur widerspricht der Illusion, als ob der Mensch je in unbedürftiger Einheit bei sich bleiben könne.

In seinen ursprünglichen Bedürfnissen nach Nahrung, Kleidung und wohnlichem Schutz sowie Befriedigung der animalischen Triebe ist der Mensch ganz „unmittelbar *Naturwesen*" (ebd.), in einer unentwickel-

---

294 K. Marx: ÖPhM 123.
295 Ebd. 87.   296 Ebd. 161.   297 Ebd. 160 f.   298 Ebd. 160.

ten Form seines Daseins noch vor-menschlich, mit seinem Orientierungsvermögen eingeschlossen in seine Verhältnisse und Teil derselben, er *ist* ganz seine Verhältnisse, *verhält* sich noch nicht bewußt selbst. Er erleidet seine Umwelt reaktiv, greift aber nicht aktiv in sie ein, denn in der Unmittelbarkeit von Bedürfnis und Bedürfnisbefriedigung geschieht kein Überschreiten engster Verhältnisse: Die Existenz von der Hand in den Mund ist keine menschliche Existenz. Das ursprüngliche Bedürfnis ist nicht *menschliches Bedürfnis*, sondern noch *Bedürfnis des Menschen*. So unterscheidet sich im Hunger selbst der Mensch in nichts vom Tier, — insofern es nur um das Bedürfnis (Hunger) und seinen Gegenstand (Nahrung) geht.

Der Unterschied verdeutlicht sich erst in der *Weise der Vermittlung* zwischen dem Bedürfnis und seinem Gegenstande durch die *Arbeit*. Diese vermittelnde Tätigkeit betrachtet der Marxismus als die „erste geschichtliche Tat",[299] durch die sich der Mensch von einem unmittelbaren zu einem *mittelbaren Naturwesen* erhebt. In diesem grundlegenden Vermittlungsgeschehen ist bereits die bleibende Verbindung des gesellschaftlichen Menschen mit der Natur und die bewußte Distanz von ihr vollzogen, eine Beziehung, die sich im Laufe der Geschichte in mannigfache Formen variiert. Die vermittelnde Arbeit setzt eine Geschichte in Gang, die zunächst materielle Geschichte oder Geschichte der Produktivkräfte ist.

In diesem Zusammenhang geht es um den Arbeitsprozeß nur insofern, als er die *offene Bedürfnishaftigkeit des Menschen* aufdeckt. Er legt die beiden qualitativ unterschiedlichen Bedürfnisse des Menschen frei: Im Gegensatz zum geschlossenen Bedürfnis des Tieres, das befriedigt oder nicht befriedigt ist, kennzeichnet den Menschen eine offene und entwicklungsfähige Bedürfnishaftigkeit, in der zugleich das Sinnenhafte *überformt* werden kann. Das Erste ist einfache Befriedigung des Bedürfnisses, und das „Zweite ist, daß das befriedigte erste Bedürfnis selbst, die Aktion der Befriedigung und das schon erworbene Instrument der Befriedigung zu neuen Bedürfnissen führt" (ebd.). Doch diese Bedürfnissteigerung verbleibt noch innerhalb des „rohen Bedürfnisses",[300] das nach Marx zu einem *„menschlichen* Bedürfnis" (ebd.) umgeschaffen werden kann: *Das Sinnenhafte kann in das Gesellschaftliche integriert werden.* Wenn im Prozeß einer Befriedigung der Be-

---

299 K. Marx, F. Engels: Die Deutsche Ideologie, In: MEW 3, 28.
300 K. Marx: ÖPhM 127.

dürfnisse die seinshafte Verbundenheit der Menschen (Gesellschaftlichkeit) auch als tätige Verbindlichkeit (Sittlichkeit) verwirklicht wird, integriert der Mensch sein sinnenhaftes in sein gesellschaftliches Wesen und schafft Sinn. Ein *Befriedigen der Bedürfnisse* wird überformt durch das *Schaffen von Sinn,* und darin besteht die Vermenschlichung der Bedürfnishaftigkeit.

Marx so zu interpretieren, erscheint nach den angeführten Aussagen berechtigt. Die Übereinstimmung mit diesbezüglichen Gedanken Martin Döblers ist unverkennbar: „Seinem Leben einen Sinn zu geben, einen Inhalt, der mit dem Wesen des Menschen vereinbar ist, das ist... als ein zutiefst menschliches, damit gesellschaftlich determiniertes Bedürfnis zu verstehen ..."[300a] Die „lebenswichtigen sozialen Grundbedürfnisse" (ebd.) — das Bedürfnis nach Arbeit, Erkenntnis und Gemeinschaft — stehen im Zusammenhang mit dem gesellschaftlichen Wesen des Menschen und dem Sinn seines Lebens, fordern die Überhöhung eines bloß biologischen Lebens. „Mit der Kennzeichnung als *soziale Grundbedürfnisse* heben wir hervor, daß es sich um Bedürfnisse handelt, die nicht primär auf dem biologischen, sondern *auf dem gesellschaftlichen Wesen des Individuums beruhen ...*"[300b]

c. Das menschliche Bedürfnis

In der Arbeitsteilung, ihrer Zusammenarbeit, sind die Menschen ursprünglich aufeinander verwiesen und stehen zugleich in der Aufgabe einer Vermenschlichung ihrer Bedürfnishaftigkeit. „Es zeigt sich... schon von vornherein" — stellen Marx und Engels in der „Deutschen Ideologie" fest — „ein materialistischer Zusammenhang der Menschen untereinander, der durch die Bedürfnisse und die Weise der Produktion bedingt und so alt ist wie die Menschen selbst — ein Zusammenhang, der stets neue Formen annimmt und also eine ‚Geschichte' darbietet, auch ohne daß irgendein politischer oder religiöser Nonsens existiert, der die Menschen noch extra zusammenhalte."[301]

Die Vermenschlichung der Bedürfnisse — und damit das Schaffen von Sinn — geschieht erst dann, wenn der Mensch den anderen Menschen nicht nur als *vermittelndes* Glied im Arbeitsprozeß betrachtet, sondern

---

300a M. Döbler: Triebkraft Bedürfnis, Zur Entwicklung der Bedürfnisse der sozialistischen Persönlichkeit, Berlin/Ost / 1969, 126.

300b Ebd. 127.

301 K. Marx, F. Engels: Die Deutsche Ideologie, In: MEW 3, 30.

als *Selbstzweck* über diesen sachlichen Prozeß hinaus anerkennt. Mit der Beseitigung des dringendsten Mangels kann Aktivität freigesetzt werden für die gesellschaftlich-menschliche Beziehung, für das Verhältnis Mensch-Mitmensch. Beide Aspekte der Arbeit bedingen einander: Allein stünde der Mensch der Natur machtlos und diese ihm teilnahmslos gegenüber, doch ermöglicht sie durch Bereitstellung der Existenzmittel und innerhalb der vermittelnden Arbeitstätigkeit die Aufnahme menschlicher Beziehungen.

Das naturhaft-sachbezogene und doch möglicherweise sinnhaft-menschliche Verhältnis der Menschen zueinander sieht Marx am deutlichsten in der *Familie,* im Verhältnis von Mann und Frau, ausgeprägt. „Die Produktion des Lebens, sowohl des eignen in der Arbeit wie des fremden in der Zeugung, erscheint nun schon sogleich als ein doppeltes Verhältnis — einerseits als natürliches, andrerseits als gesellschaftliches Verhältnis..."[302] In der Familie ist die größte Chance gegeben, das Naturhafte in das Menschliche zu überformen. „Das unmittelbare, natürliche, notwendige Verhältnis des Menschen zum Menschen" — erläutert er diese Möglichkeit — „ist das *Verhältnis* des *Mannes* zum *Weibe.* In diesem *natürlichen* Gattungsverhältnis ist das Verhältnis des Menschen zur Natur unmittelbar sein Verhältnis zum Menschen..."[303] Die Familie ermöglicht am sichtbarsten die Vermenschlichung der Bedürfnishaftigkeit, und „in diesem Verhältnis zeigt sich auch, inwieweit das *Bedürfnis* des Menschen zum *menschlichen* Bedürfnis geworden ist, inwieweit ihm also der *andre* Mensch als Mensch zum Bedürfnis geworden ist..." (ebd.). Weil der „*Mensch das höchste Wesen für den Menschen*"[304] ist, wird er auch zum eigentlichen Bedürfnis des Menschen.

Im Bedürfnis zeigt sich der Mensch selbst; er „hat" nicht Bedürfnisse, sondern als gegenständliches Wesen *ist* er Bedürfnis. In einem ersten Aspekt *bedürftige Sinnenhaftigkeit,* und er erstrebt die Befriedigung dieses Bedürfnisses. In einem zweiten Aspekt aber *bedürftige Gesellschaftlichkeit,* und er bedarf des Menschen, um selbst Mensch zu werden. „Der reiche Mensch ist zugleich der einer Totalität der menschlichen Lebensäußerung *bedürftige* Mensch. Der Mensch, in dem seine eigne Verwirklichung, als innere Notwendigkeit, als *Not* existiert."[305]

---

302 Ebd. 29.   303 K. Marx: ÖPhM 113.
304 K. Marx: Zur Kritik der Hegelschen Rechtsphilosophie, Einleitung, In: MEW 1, 385.
305 K. Marx: ÖPhM 123.

Zu dieser Verhältnisbestimmung gelangt auch Karel Mácha, der die Überzeugung äußert, das „Maß ‚menschlich'-‚unmenschlich'" sei „innerlich mit dem Begriff ‚Bedürfnis' verbunden, mit einem Faktor also, der in bezug auf den Menschen als Ziel seines Strebens und zugleich (im Grenzfall) als ‚Unvermeidbarkeit' hervortritt".[306] Wir stimmen ihm auch darin zu, daß „auf dieser Ebene" (ebd.) die „Menschlichkeit als ein objektiver Begriff" (ebd.) sichtbar werde. Darüber hinaus stellen wir die Verbindung zwischen Bedürfnishaftigkeit, Menschlichkeit und Sinn her: Die Sinnaufgabe ist ja die Entwicklung des *Menschlichen* und besteht in der Überschreitung des naturhaften Bedürfnisses, in seiner Überformung durch das menschliche Bedürfnis. Indem der Mensch so sein Interesse *auf den anderen Menschen* richtet, verwirklicht er *für sich selbst Sinn*. Die Auswirkungen betreffen den andern *und* die Rückwirkungen betreffen ihn selbst, denn „überhaupt jedes Verhältnis, in dem der Mensch zu sich selbst steht, ist erst verwirklicht, drückt sich aus in dem Verhältnis, in welchem der Mensch zu den andren Menschen steht".[307]

B. *Der Sinn des Lebens und die Ziele des Lebens*

Aufgrund seiner *offenen Bedürfnishaftigkeit*, die ihn in die Spannung von Sinnenhaftigkeit und Gesellschaftlichkeit stellt, vermag der Mensch in Überschreitung des Sinnenhaften durch das Gesellschaftliche *Sinn* zu schaffen und *in seinen Zielen Sinn zu verwirklichen*. Solche Integration und Äußerung bleibt seine lebenslange Aufgabe. Tugarinov[308] wie auch Egides[309] weisen folglich darauf hin, daß das Lebens*ziel* eines Menschen nicht notwendig mit dem Lebens*sinn* zusammenfällt. „Man kann nicht, wie es häufig geschieht," — kritisiert Egides — „den Begriff ‚Sinn des Lebens' [smysl žizni] vermittels des Begriffes ‚Ziel' [cel'] bestimmen, indem man den einen entsprechend seinem Umfang für einen Teil des andern hält". (Ebd.) Ihm ist klar, daß „‚Sinn' des menschlichen Lebens und ‚Ziel' des Lebens nicht gleichbedeutende Begriffe sind, obwohl untrennbar miteinander verbunden" (ebd.). Obschon die Ziele

---

306 K. Mácha: Der Metadialog der Werte, Marx' Auffassung von der Menschlichkeit und das Wertproblem, In: IDZ 1968, 377.

307 K. Marx: ÖPhM 89.

308 V. P. Tugarinov: O smysle žizni, 5.

309 P. M. Egides: Marksistskaja ėtika . . ., 31.

beliebig gewählt werden können, bezeichnet der Sinn eine Aufgabe, die der Beliebigkeit entzogen ist: „Während der Sinn des Lebens die objektive Bedeutsamkeit des Lebens ist, die auch unabhängig vom Bewußtsein des Subjektes existieren kann, setzt sich [demgegenüber] die Ziele das Subjekt selbst." (Ebd.)

a. Der eine Sinn in der Vielfalt der Ziele

Wenn Leszek Kolakowski meint, „‚Sinn des Lebens' und ‚Ziel des Lebens' bedeutet dasselbe",[310] so ist das ungenau. Freilich: „Nichts zwingt uns dazu, das ‚Lebensziel' so zu wählen, daß alle unsere Handlungen ihm restlos untergeordnet werden."[311] Aber gibt es über ein individuelles Lebensziel, über die „Vielfalt des Daseinszwecks"[312] hinaus keine gemeinsame Verbindlichkeit in dieser Vielfalt? Diese Meinung verneint implizit eine ontologisch einigende Herkunft der Menschen und entzieht ihrer praktisch gemeinsamen Zukunft die Basis. Bloße Vielfalt der Daseinszwecke ohne einen zugrundeliegenden gemeinsamen Sinn des Lebens verkennt jene *ontologische Verbindung*, die in den verschiedenen möglichen Daseinszwecken ihre Äußerung und Verwirklichung erfahren kann.

Greifen wir kurz der Argumentation der meisten sowjetischen Denker vor. Es ist zwar richtig, wenn Kolakowski sagt: „Der Sinn des Lebens kann — da er bewußte Bejahung erfordert — keinem Menschen ohne seine Beteiligung gegeben werden."[313] Doch seine Folgerung ist falsch, der Sinn des Lebens sei „immer so, wie jeder ihn sich selbst gibt. Niemand kommt mit einem fertigen Sinn des Lebens zur Welt: Der Lebenssinn ist eine Sache der Wahl." (Ebd.) Man muß gegenüber Kolakowski insofern den Vorwurf des Individualismus erheben, als er hier das Individuum nicht in seinen sozialen und ontologischen Zusammenhängen begreift. Der Sinn des Lebens ist keine Sache der Wahl, kann auch nicht allein mit der allgemeinen Kategorie „Ziel"[314] erfaßt werden. Er ist ein Problem der Erkenntnis und der Anerkennung, von dorther ein Problem der Annahme oder der Verweigerung. Für den Lebenssinn besteht nicht die Möglichkeit einer Wahl als „Auswahl", als beliebiger Wählbarkeit; er fordert in einer „Alternativwahl" Ja oder Nein. Die Kategorie „Ziel" ist eine formale Kategorie, die sich mit ver-

---

310 L. Kolakowski: Der Mensch ohne Alternative, 192.
311 Ebd. 197.   312 Ebd. 196.   313 Ebd. 195.   314 Ebd. 192.

schiedensten Inhalten füllen läßt, — die Kategorie „Sinn" ist bereits inhaltlich bestimmt und läßt nur die Alternative von Annahme oder Verweigerung offen. Die Wahl der Ziele ist frei, die Sinnhaftigkeit der Ziele aber kann nicht gewählt werden. Der Sinn des Lebens liegt den Zielen des Lebens schon zugrunde, wie Karl Marx und Friedrich Engels in der „Deutschen Ideologie" eindeutig feststellen: „In der Wirklichkeit ..., wo die Individuen Bedürfnisse haben, haben sie schon hierdurch einen *Beruf* und eine *Aufgabe,* wobei es zunächst noch gleichgültig ist, ob sie diesen auch in der Vorstellung zu ihrem Beruf machen."[315] Das *sittliche Bewußtsein* aber widerspiegelt diese Aufgabe und zeigt Wege zu ihrer Lösung, denn es „versteht sich indes, daß die Individuen, weil sie Bewußtsein haben, sich von diesem ihnen durch ihr empirisches Dasein gegebenen Beruf auch eine Vorstellung machen ..." (Ebd.)

Die *sittliche Verbindlichkeit der Lebensziele aus der seinshaften Verbundenheit der Menschen herzuleiten,* ist das besondere Anliegen von P. M. Egides. Während er in letzter Zeit diesem Anliegen durch die zutreffende Darstellung der dialektischen Werthaftigkeit des Lebens gerecht zu werden sucht, verwendete er dazu früher ausschließlich das Begriffspaar „objektiv-subjektiv" und ordnete dem Objektiven die Begriffe „Bedeutung" [značenie] oder „Bedeutsamkeit" [značimost'] zu. In dieser Begrifflichkeit ausgedrückt, erlegt die objektive Verbundenheit der Menschen subjektive Verbindlichkeit auf: „Bei der Analyse des Problems des Lebenssinnes vom wissenschaftlichen, marxistisch-leninistischen Standpunkt aus ist es folglich notwendig, vor allem zu entscheiden, ob es einen *objektiven* Sinn des Lebens gibt. Verschiedene Leute sehen ja den Sinn des Lebens in seiner vielfältigen Ausrichtung, verstehen den Sinn des Lebens unterschiedlich."[316] Man kann aber nicht alle Ziele als sinnvoll bezeichnen, denn z. B. erfüllte militaristische oder imperialistische Ziele erweisen sich als völlig *sinnwidrig.* Es kommt also darauf an, „zu klären, was das objektive Kriterium ist, das erlaubt zu bestimmen, daß das Leben des betreffenden Menschen einen positiven Sinn hat, das Leben eines anderen Menschen aber keinen oder gar einen negativen ‚Sinn'" (ebd.).

Dieses Verhältnis von *Lebensziel* und *Lebenssinn* sucht P. M. Egides zu bestimmen: „Beim Lebensziel geht es um die Frage, *worauf zu* der Mensch geht, nach welchen Grenzen er strebt. Beim Lebenssinn aber geht

---

315 K. Marx, F. Engels: Die Deutsche Ideologie, In: MEW 3, 270.
316 P. M. Egides: Marksistskaja ėtika ..., 27.

es um die Frage, *für was* objektiv Wichtiges er auf dieses Ziel zugeht, für was die Ziele seines Lebens selbst erforderlich sind, worin der Sinn dieser Ziele selbst besteht. Der Lebenssinn ist keine Grenze, sondern die Richtung, durch welche die Grenzen, die Ziele bestimmt werden."[317] Während ein Ziel beliebig wiederholbar und veränderlich ist, liegt der Sinn des Lebens diesen Zielen zugrunde. „Das Ziel liegt immer voraus, in der Zukunft; der Sinn des Lebens aber, das ist die objektive Bedeutung des Lebensprozesses selbst. Der Mensch will erfassen, welchen Sinn schon jetzt und heute sein alltägliches Leben ... hat." (Ebd.) In einer späteren Schrift verdeutlicht Egides: „Der Begriff ‚Lebensziel' hat im Vergleich mit dem Begriff ‚Lebenssinn' einen äußerlichen Charakter, der Begriff ‚Lebenssinn' aber einen inneren."[318] Der Sinn des Lebens erschöpft sich nicht in irgendeinem vorliegenden Ziel, sondern ist „jenes Lebensprinzip, jene sittliche Richtlinie, jene Generallinie, die das ganze Leben durchdringt und von der die konkreten Ziele abhängen".[319] Tugarinov bezeichnet den Lebenssinn als das „große Ziel" des Menschen im Gegensatz zu den „kleinen Zielen", die er sich immer wieder stellt und die auf dieses große Sinnziel ausgerichtet sein müssen. Der Sinn des Lebens erschöpft sich nicht in kleinen Zielen, er ist das „bewußt gesetzte Ziel, das gesellschaftliche Bedeutsamkeit hat und das hauptsächliche und ständige Interesse des Menschen bildet. Man kann noch einfacher sagen: Der Sinn des Lebens ist das hohe gesellschaftliche Ziel, dessentwegen der Mensch lebt. Dabei bezieht sich das Gesagte auf alle Menschen, auf die gesamte Menschheit."[320] Der Allgemeinverbindlichkeit des Lebenssinnes ist sich auch B. T. Grigor'jan bewußt: „Der Mensch interessiert sich ja nicht nur dafür, wie er in jedem konkreten Fall besser handeln soll. Er fragt auch nach dem anderen, — nach dem Ziel des Lebens, nach dem Wichtigsten, dessentwegen es sich lohnt zu leben, und dem entsprechend man so und nicht anders zu handeln hat."[321] Die Frage nach dem Lebenssinn führt schließlich weit über den Alltag hinaus. In ihr „fragt der Mensch nach seinem Platz im All, in der Gesellschaft, im Leben selbst; er will wissen, was er ist und wozu er da ist" (ebd.). Dieser „Platz im All" aber ist nach Tugarinov näherhin

---

317 Ebd. 31.
318 P. M. Egides: Marksistskaja koncepcija ..., 24.
319 Ebd. 25.
320 V. P. Tugarinov: O smysle žizni, 6.
321 B. T. Grigor'jan: Dlja čego živët čelovek? 65.

gesellschaftlich geprägt und empfängt die Prägung durch ihn. Da der Mensch ein „materielles, endliches und soziales Wesen" ist,[322] „sind seine Ziele, die richtig verstanden werden, real und gehen über den Rahmen seiner eigenen Persönlichkeit hinaus" (ebd.).

b. Die Sinngebung des Lebens

Seine Lebensziele wählt der Mensch angesichts der *Sinnmöglichkeit* des Lebens, die er erkennen und verwirklichen kann; *Sinn selbst* ist das spezifische Verwirklichungsresultat, zu dem er in seinem Leben fähig ist. Jeder Sinn*findung* geht eine Sinn*gebung* voraus, und nur gegebener Sinn kann nachträglich gefunden werden: „Wenn wir nach dem Sinn unseres Lebens fragen, so kann es sich nur um eine *Sinngebung durch den Menschen* handeln, das heißt um die Ziele und den Inhalt, die der Mensch seinem Leben gibt."[323] Ein Auffinden von Sinn ist nur möglich, wenn dieser durch Zielbewußtsein und Zwecktätigkeit geschaffen wurde. Vermittels seiner Lebensziele realisiert der Mensch seinen Lebenssinn. Der „Begriff ‚Sinn des Lebens' als Zweck und Ziel des menschlichen Daseins"[324] ist dabei — nach Olof Klohr — „ein rein auf den Menschen bezogener Begriff. Nur der Mensch als ein mit Bewußtsein begabtes Wesen kann sich Ziele setzen und Zwecke verfolgen." (Ebd.) Wir müssen allerdings mit P. M. Egides die Gleichsetzung von Sinn und Ziel korrigieren: Er kann *in* seinem zielbewußten Handeln Sinn verwirklichen und den Sinn seines Lebens schaffen.
Er ist — wie I. D. Pancchava betont — „das einzige Wesen auf der Erde, dem die Fähigkeit zu zielbestimmter praktischer Tätigkeit und die Kraft des Schöpferischen u. ä. zu eigen sind";[325] „diese Ziele geben dem Leben einen bestimmten Sinn, senken in die Herzen der Menschen Hoffnung für die Zukunft. Die Sinngebung des Lebens erweckt im Menschen Kraft, die fähig ist zur Veränderung der Welt..."[326] In der Sinngebung wird das Leben als eine praktische Aufgabe angenommen, und dieser dienen alle theoretischen Erwägungen. „Die Fragen nach Sinn, Ziel und Wert des Lebens haben nicht nur theoretische, sondern

---

322 W. P. Tugarinow: Über die Werte des Lebens und der Kultur, 57.
323 O. Klohr: Naturwissenschaft, Religion und Kirche, Berlin/Ost / 1958, 89.
324 Ebd. 88 f.
325 I. D. Pancchava: Čelovek, ego žizn' i bessmertie, 84.
326 Ebd. 85.

auch gewaltige praktische Bedeutung. Das ist es ja gerade, weshalb die Menschen direkt vom Entstehen gesellschaftlichen Lebens an ein leidenschaftliches Interesse an ihnen bekundeten." (Ebd.)

Sinn als sittliches Prinzip des menschlichen Seins wird nicht im naturhaften Bereich gefunden, um dann „auch" im gesellschaftlichen Bereich praktiziert zu werden. „Es ist deshalb unrichtig und widerspricht der materialistischen Grundposition," — erläutert Robert Schulz — „für das Geschehen im Kosmos allgemein oder für die Prozesse in der anorganischen Natur sowie in der Tier- und Pflanzenwelt die Begriffe Sinn oder sinnvoll anzuwenden."[327] „Sinn" ist eine „nur die menschliche Tätigkeit betreffende Kategorie" (ebd.). Umgekehrt heißt das auch: Die Nichtauffindbarkeit von Sinn im naturhaften Bereich besagt keinesfalls, daß auch der menschlich-gesellschaftliche Bereich keine Sinnmöglichkeit biete; Sinn ist gerade seine spezifische Möglichkeit im Unterschied zum naturhaften. Dieser Auffassung schließt sich P. M. Egides an, der sich auf G. V. Plechanov berufen kann. Nach Plechanov ist der Sinn des Lebens nicht von einem vorgeordneten kosmischen oder eingestifteten Geschichtssinn her zu verstehen, sondern als Eigentümlichkeit menschlicher Praxis, und er kritisiert: „Muß man denn das kosmische Leben ... und das historische Leben ... für Unsinn erklären ... und sagen ..., das Leben habe für den Menschen nur Sinn, insofern er in ihm Sinn findet?"[328]

Indem R. Schulz die Kategorie Sinn „auf das bestimmte Zwecke und Ziele verfolgende menschliche Tun bestimmter Epochen"[329] verweist, stellt er grundsätzlich fest: „Es handelt sich um Sinn*gebung* und nicht um Sinn*findung* ..." (Ebd.) Die Tätigkeit des Bewußtseins in diesem Prozeß kann man — nach Wolfgang Eichhorn — „unter dem Begriff seiner finalen Funktionen"[330] in der Bedeutung des „ideellen Entwurfs der praktischen Lebenstätigkeit oder auch der Sinngebung" (ebd.) erfassen. Der Autor beruft sich auf die Bedeutung der Feuerbachthesen von Marx für das Verständnis der Sinngebung, da sie „eines der wich-

327 R. Schulz: Blochs Philosophie der Hoffnung im Lichte des historischen Materialismus, Im Sammelband: Ernst Blochs Revision des Marxismus, Kritische Auseinandersetzung marxistischer Wissenschaftler mit der Blochschen Philosophie, Berlin/Ost / 1957, 69.
328 Zitiert bei P. M. Egides: Marksistskaja ėtika ..., 35.
329 R. Schulz: Beiträge zur Kritik der gegenwärtigen bürgerlichen Geschichtsphilosophie, 46.
330 W. Eichhorn I: Wie ist Ethik als Wissenschaft möglich? 166.

tigsten Momente des praktischen gesellschaftlichen Lebensprozesses, der ‚gegenständlichen‘, ‚praktisch-kritischen‘, ‚revolutionären‘ Tätigkeit" (ebd.) zum Inhalt haben.

Der Zusammenhang zwischen Sinnfindung und Sinngebung läßt sich noch deutlicher bestimmen, wenn wir Sinn als *Wirklichkeit, Möglichkeit* und *Ideal* herausstellen. P. M. Egides wehrt sich dagegen, Sinn des Lebens und Ideal *gleichzusetzen:* Der Sinn des Lebens sei die „allgemeine Lebensrichtung des Menschen",[331] das sittliche Ideal aber das „vorgestellte Vorbild, die Vollkommenheit eines Verhaltens, das übereinstimmt mit der betreffenden Richtung des Lebens, der betreffenden Lebensrichtlinie. Dieses Vorbild zu verwirklichen, sind die Menschen bestrebt." (Ebd.) Der Sinn des Lebens ist daher zuerst etwas *von anderen Menschen Verwirklichtes*, das zugleich als *eigene Möglichkeit und Aufgabe erkannt* und *als Ideal vorgestellt* wird, um ihm die eigene Lebenswirklichkeit anzunähern: „Der Sinn des Lebens" — bemerkt I. D. Pancchava — „schließt in sich ein (erstens) das, was schon wirklich ist und (zweitens) das, was zu verwirklichen ist."[332] So „leitet der Marxismus den Sinn des Lebens aus objektiv wirklichen Tatsachen als ein Ideal ab, das beständig praktisch verwirklicht wird. Genauer gesagt: der Sinn des Lebens wird zum Ideal, das auf bestimmten Beziehungen beruht, in denen der Mensch zu der tatsächlich existierenden Wirklichkeit steht."[333] Darin stellt er eine praktische Aufgabe dar, denn „jedes höhere Ziel wird eingegeben vom Leben selbst, und das Erreichen dieses Zieles ist nur in praktischer Tätigkeit möglich" (ebd.). Er ist „ungeachtet seiner Idealität eine reale irdische Kraft, praktisches Leben",[334] und „jede Lehre vom Sinn des Lebens muß auf die Frage Antwort geben, welchen Platz im System der allgemeinen Ideale die gegebene Bestimmung des Lebenssinnes einnimmt, welches Verhältnis zwischen gegebenem Ideal und Wirklichkeit, zwischen Gesolltem und Wirklichem besteht".[335]

Die Sinngebung bewährt sich einer konkreten geschichtlichen und gesellschaftlichen Situation: „Wir, als Menschen mit Bewußtsein und Willen, als Angehörige bestimmter Klassen und Schichten, geben unserem Leben, unserem geschichtlichen Dasein seinen Sinn oder machen es sinnlos, je nachdem, ob wir die objektiven Gesetzmäßigkeiten beachten

---

331 P. M. Egides: Marksistskaja koncepcija . . ., 26.
332 I. D. Pancchava: Čelovek, ego žizn' i bessmertie, 89.
333 Ebd. 90.   334 Ebd. 91.   335 Ebd. 88 f.

und uns der Erfüllung der historischen Aufgaben widmen oder uns im Dienste der Reaktion dem Fortschritt entgegenstellen."[336] Diese Ausführungen von Robert Schulz zeigen jene Verbindung zwischen der *Sinngebung des Lebens* und dem *Prozeß der Geschichte* auf, den diese Sinngebung gestaltet, d. h. jene *geschichtliche Perspektive* des Lebenssinnes, die nun näherhin zu erklären sein wird.

336 R. Schulz: Beiträge zur Kritik der gegenwärtigen bürgerlichen Geschichtsphilosophie, 46.

II. KAPITEL

Die Sinngebung in Geschichte und Gesellschaft

3. Die Geschichte als Ausdrucksform der Sinngebung

Der Sinn des Lebens, das sittliche Prinzip des menschlichen Seins, liegt als Aufgabe allen Interessen und Zielen des Menschen zugrunde, und diese Aufgabe stellt sich aus seinem Zusammenhang mit einer bestimmten Gesellschaft und Geschichte. Vermag die marxistische Philosophie jedoch, ohne sich in Widersprüche zu verwickeln, von einem Sinn der Gesellschaft oder Sinn der Geschichte zu sprechen? In dieser Frage muß sie sich in eine Auseinandersetzung mit jenen Denkrichtungen einlassen, die einen *Sinn des Seins,* einen *Sinn des Organischen* oder einen *Sinn der Geschichte* zum *Ausgangspunkt* ihrer Antwort auf die Frage nach dem Sinn des Lebens nehmen.

A. Der Sinn des Ganzen und sein Teilsinn

Den meisten Sinnkonzeptionen ist es eigentümlich, den Sinn des Lebens als Teilhabe am Sinn eines größeren Ganzen zu verstehen und gehen von der Voraussetzung aus, die Johann Fischl ausspricht: „Jeder Teilsinn erhält erst aus dem Sinnganzen sein Licht."[337] Sie unterscheiden sich jedoch insofern, als sie eben das „Sinnganze" anders deuten, entweder als Sinn des Seins, als Sinn des Organischen oder als Sinn der Geschichte.

a. Das Sein als Sinn

Den umfassendsten Anspruch erhebt das Verständnis des Seins selbst als eines angeblich erkennbaren Sinnganzen, wie es Béla von Brandenstein zum Ausdruck bringt: „Die Naturgesetze sind ... durchgängig Sinngesetze: nach ihnen ist die Ordnung des Naturaufbaus und seines geschichtlichen Verlaufs bestimmt."[338] Der „aufgegangene Tiefensinn

---

337 J. Fischl: Was ist der Mensch? 176.
338 B. von Brandenstein: Leben und Tod, 47.

des Seins"[339] sei als „Allsinn"[340] wesentlich Ordnung, erweise sich „vor der besinnlichen Schau als innerlichst, wesentlich ins Sein eingewurzelt: sie bildet das Gewebe seines Wesenssinns und dieser ist schon das Wesen des Seins" (ebd.). In solchem Sinngewebe ziehe sich Sinn durch alles Seiende, und „dieser Seinssinn ist in seinem Quell der Ursinn des Urseins, das urpersönlich und urbewußt ist. Als solcher ist er *für sich* offenbar, durch und durch klar: das Ursein ist vollständig selbstbewußter, reiner persönlicher Geist."[341]

Auf die Fraglichkeit einer solchen Auffassung der Naturgesetze hat schon Werner Jaeger hingewiesen: Ihr Ursprung ist im griechischen Staatsrecht zu suchen und basiert auf der mythischen Göttervorstellung. Dieser Versuch einer Rationalisierung der Welt im ganzen durch *Verbindung von Staatsrecht und Mythos* sieht im Naturgesetz „eher eine Weltnorm als ein Naturgesetz im modernen Sinne"[342] und erscheint als die „Projektion der Polis in das Weltall".[343] So ist die Gesetzmäßigkeit „nicht bloße Beschreibung von Tatsachen, sie ist Rechtfertigung des Wesens der Welt. Die Welt erweist sich durch sie als ein ‚Kosmos' im großen, zu deutsch: als eine Rechtsgemeinschaft der Dinge."[344] Dieses Ordnungs-Modell, das zugleich ein Sinn-Ganzes ausdrücken soll, zeigt sich jedoch als höchst fragwürdig, weil in ihm der göttliche Ordnungssetzer bereits vorausgesetzt ist. Eine derartige Interpretation der Welt wird noch bedenklicher, wenn an diesem schwächsten Punkt des Modells — erstens — die Analogie des verwendeten Gesetzesbegriffes (Rechtsgesetz-Naturgesetz) in eine Identität verwandelt wird und — zweitens — der Gesetzgeber auch ein Sinngeber sein soll. Dann freilich wird alles Sein zu Sinn, aber man weiß nicht mehr, worin nun der Unterschied zwischen Sein und Sinn besteht und wie Sinn von Unsinn zu unterscheiden wäre.

Eine schon differenziertere Auffassung legt Hans Reiner vor, der in seiner Schrift „Der Sinn unseres Daseins" zwischen dem *bedürfnisbedingten* Sinn des menschlichen Daseins und einem *gesuchten* Sinn des Daseins unterscheidet: „Wir bezeichnen den *für* das Dasein im Streben des Alltags meist zur Verwirklichung gelangenden, aber auch ständig vom Verlorengehen bedrohten Sinn unseres Daseins, bei dessen Erstreben die Tatsache des Daseins schon vorausgesetzt ist, als den *bedürf-*

---

339 Ebd. 54.   340 Ebd. 45.   341 Ebd. 44.

342 W. Jaeger: Paideia, Die Formung des griechischen Menschen, Band 1, Berlin-Leipzig 2. Aufl. 1936, 218.

343 Ebd. 220.   344 Ebd. 219.

nisbedingten Sinn des Daseins."[345] Dieser gefährdete Sinn, der „wesentlich der Erfüllung unserer Bedürfnisse irgendwelcher Art entspringt" (ebd.) — er deckt sich in erstaunlicher Weise mit der erarbeiteten marxistischen Sinnbestimmung — muß nach Reiner jedoch überfragt werden auf den *„gesuchten* Sinn unseres Daseins", der „ein Sinn auch schon unseres In-die-Existenz-Tretens" ist und „so unmittelbar am Dasein selbst haftet, daß er ihm durch kein Schicksal entrissen werden kann" (ebd.). Im Unterschied zu dem „nur *subjektiv bedeutsamen"* bedürfnisbedingten Daseinssinn könne man den *„seinshaften Sinn* des Daseins" als einen „Sinn von *objektiver Bedeutsamkeit"* (ebd.) bezeichnen. Von diesem objektiven und allgemeinen Sinn alles Seienden her dürfe dann auf den besonderen Sinn des menschlichen Lebens geschlossen werden: Der „Sinn des Seins einer jeden Art"[346] enthalte außer dem allgemeinen noch einen je besonderen Sinn; „es muß zu ihrem Sinn gehören, daß ein Wesen eben jeweils *dieser besonderen Art* erhalten wird. Damit aber ist vorausgesetzt, daß eben auch das Sein, die Existenz jeder besonderen Art einen eigenen Sinn in sich trägt." (Ebd.) Von dem Sinn des Tatbestandes her, „daß überhaupt die Menschheit im ganzen existiert", und der zeige, „warum es besser ist, daß die ganze Menschheit da ist, als daß sie nicht da ist",[347] ermögliche sich eine Bestimmung des einzelnen Lebenssinnes.

Zeigte die erste von uns wiedergegebene Sinnauffassung ein Bild von überbelichteter Helligkeit, in welchem Sein und Sinn ununterscheidbar ineinander verfließen, so bietet die Auffassung Reiners schon Ansatzpunkte für eine kritische Auseinandersetzung. Die Basis eines allgemeinen Sinnes des Seins und die von ihm ausgehende deduktive Methode sind bei beiden Autoren gleich, doch treten hier die Widersprüche bereits deutlicher zutage: Nur wenn alles Seiende schon am Sinn des Seins teilhabe, könne der Mensch den Sinn seines *Daseins* suchen und finden. Wie steht es aber — bleiben wir in der verwendeten Begrifflichkeit — um den Sinn seines *Soseins?* Ist ein Sosein und dessen Sinn nur vom Autor ausgeklammert, oder bereits vom Sinn des Seins selbst? Diese Schwäche wird deutlich durch seine Verweisung auf einen sogenannten „bedürfnisbedingten Sinn des Dasein", denn eben dieser ist nur „meist zur Verwirklichung gelangend", also noch *nicht* vorgegeben! Nun ist aber die Bedürfnishaftigkeit des Menschen, seine Abgrenzung zu anderen Seienden (die ihm gegenständlich sind) gerade seine *Bestimmtheit* und

---

345 H. Reiner: Der Sinn unseres Daseins, 28.
346 Ebd. 38.   347 Ebd. 46.

damit sein *Sosein*. Folglich ist der Sinn seines Soseins ihm noch nicht vorgegeben. Was aber soll dann der Sinn seines Daseins sein? Ohne Sosein ist Dasein inhaltsleer und überhaupt unmöglich, — doch was wäre ein Sinn ohne Inhalt? Das Dasein ohne ein Sosein kann keinen Sinn haben, da dieser ein inhaltsleerer Sinn wäre; das Dasein selbst kann aber auch kein Sinn sein, da es die Form des Sinninhaltes ist. Es kann daher keinen Sinn des Daseins geben, sondern nur einen Sinn des Soseins, der sich im Dasein verwirklicht. Form und Inhalt zusammen ergeben erst ein real Seiendes, das auch ein Wirkungsresultat hervorbringen kann: Einen wirklichen Sinn gibt es nur für den ganzen Menschen in seinem Leben, d. h. einen *Sinn des menschlichen Lebens* in der *Einheit von Sosein und Dasein*.

Die Schwächen manchen philosophischen Sinndenkens werden auch in theologische Abhandlungen übernommen, deren Lösungsversuche dann die gleichen Widersprüche erbringen wie ihre philosophischen Vorlagen. So interpretiert Joseph Ratzinger sein christliches Sinnverständnis in zweifacher Weise als *Glauben*. Dieser sei „die nicht auf Wissen reduzierbare, dem Wissen inkommensurable Form des Standfassens des Menschen im Ganzen der Wirklichkeit, die *Sinngebung,* ohne die das Ganze des Menschen ortlos bliebe . . ."[348] In demselben Satz scheint der Autor jedoch diese glaubende Sinngebung auch als Sinnfindung verstehen zu wollen. Er fährt fort: Die gläubige Sinngebung des Christen liege seinem Rechnen und Handeln voraus, da er ohne sie „letztlich auch nicht rechnen und handeln könnte, weil er es nur kann im Ort eines *Sinnes, der ihn trägt*".[349] Vor dieser Sinnfindung tritt im Folgenden immer mehr der Aspekt einer Sinngebung zurück: „Sinn, das heißt der Boden, worauf unsere Existenz als ganze stehen und leben kann, kann nicht gemacht, sondern nur empfangen werden." (Ebd.) Sinnfinden im Glauben aber heiße, „sich anvertrauen dem Sinn, der mich und die Welt trägt; ihn als den festen Grund nehmen, auf dem ich furchtlos stehen kann" (ebd.). Während die beiden vorangehenden Konzeptionen sich noch der Ausdrucksweise der Seinsmetaphysik bedienen, wird hier derselbe Gedankengang existential umformuliert. Jedoch ergibt die Modernisierung des Ausdrucks noch keine Wahrheit des Denkinhaltes. Vielmehr wird der Sinnbegriff widersprünglich ver-

---

348 J. Ratzinger: Einführung in das Christentum, Vorlesungen über das Apostolische Glaubensbekenntnis, München 2. Aufl. 1968, 46 (Hervorhebung von mir. — HFS).
349 Ebd. 47 (Hervorhebung von mir. — HFS).

wendet: Formal ist Sinngebung nicht zugleich mit Sinnfindung möglich; denn was bereits *ist* (gefunden ist), kann nicht unter derselben Rücksicht erst noch *werden* (geschaffen werden). Allein in seiner ersten Bedeutung (die dem Marxismus verständlich wäre) betrifft der Sinnbegriff *Sinn* als das Standfassen des Menschen im Ganzen der Wirklichkeit; in einer zweiten Bedeutung aber (die der Marxismus ablehnt) soll er zugleich den *Ermöglichungsgrund von Sinn bezeichnen.* Damit wird die Kategorie des *Resultates* (Sinn) bereits in den *Ermöglichungsgrund des Resultates* (sinnmögliche Wirklichkeit) projiziert, ohne beide Ebenen noch zu unterscheiden. Die *Verwirklichungsdifferenz* zwischen Sinnmöglichkeit und verwirklichtem Sinn wird nunmehr mit dem Sinnbegriff nicht mehr erfaßt. Da sich diese Verwirklichung aber gerade *im* menschlichen Leben ereignen soll, ist die dargestellte Konzeption nicht mehr fähig zu einer inhaltlichen Aussage über die Sinnverwirklichung in diesem Leben. Selbst wenn alles Seiende ein verum und ein bonum wäre, könnte man „Sinn" nicht als einen neuen Sammelbegriff für die Wahrheit und Gutheit des Seienden setzen, da Sinn ein wirklicher Inhalt und nicht nur eine neue sprachliche Form (ein Wort „Sinn") ist. Was bliebe dem Menschen in einem Leben zu tun, das bereits a priori in seinem Sinn vorläge?

b. Das Zweckmäßige des Lebendigen als Sinn

Liegt also nicht das Ganze der Wirklichkeit schon als ein Sinnganzes vor dem Menschen, so bleibt die Frage offen, ob sich nicht in einem Teil, auf einer Stufe der Wirklichkeit vor dem Erscheinen des Menschen Sinn zeigt, der dieses menschliche Sein schon vorab sinnvoll prägte. Eine bejahende Antwort darauf suchen jene Denker zu geben, die einen Sinn bereits in der *Zweckmäßigkeit des organischen Bereichs* der Wirklichkeit zu sehen meinen. Um in der kritischen Betrachtung ihrer Gedankengänge das Thema der Untersuchung nicht aus dem Auge zu verlieren, kann hier nur versucht werden, die grundsätzlichen Schwierigkeiten solcher Argumentation aufzuzeigen, ohne das Finalitätsproblem im ganzen ausführlich zu behandeln.

Die Stellung des Menschen zum organischen Bereich und sein Verhältnis zum gesamten Kosmos kennzeichnet Adolf Haas mit dem treffenden Satz: „Wir begreifen heute den Menschen viel konkreter, als das vielleicht früher möglich war, als Erfüllung und sinngebenden Abschluß der gesamten organischen Naturgeschichte. Der Mensch ist somit nicht nur rein faktisch an der Spitze der Evolutionspyramide, sondern er ist auch durch seine einmalige leib-geistige Ausstattung die sinngebende Gestalt des lebendigen Kosmos."[350]

Über diese Darstellung hinaus sucht nun der Autor einen Erklärungsversuch der gebotenen Verhältnisbestimmung zu geben. Darin geht es um das Problem, ob die Entwicklung des Organischen zum Menschen als ein *finaler* Prozeß (die Existenz der Menschen als *Zweck* der Entwicklung des Organischen) oder als *nicht-finaler* Prozeß (die Existenz der Menschen als *Ergebnis* der Entwicklung des Organischen) zu verstehen ist. Anders gefragt: Geschah die Höherorganisierung des Lebendigen, *damit* Menschen entstehen sollten, oder entstanden Menschen *weil* das Lebendige sich in höhere Organisationsformen entwickelte? Gegen eine einfache, dem Mechanizismus verhaftete rein *kausative* Betrachtung wehrt sich Haas mit dem guten Argument, daß sich Mutation und Selektion als die Evolutionsfaktoren „immer in einem vorgegebenen, lebendig-dynamischen ‚Organisationsfeld' ereignen".[351] er setzt hinzu: „wodurch von vornherein ein finaler Rahmen abgesteckt wird" (ebd.). Dabei räumt er ein, „daß es bei phylogenetischen Einzelabläufen oft schwer, wenn nicht unmöglich sein mag, den Sinn und das Ziel dieses Einzelgeschehens aufzuweisen" (ebd.). Dieser Aufweis gelinge erst, wenn man — der Verfasser veranschaulicht seine Auffassung durch ein *Bild* — das Mosaik der Wirklichkeit in seiner Ganzheit betrachte und nicht in einer zusammenhanglosen Einzelheit, aus größerer Perspektive und nicht auf kürzeste Distanz. „Finalbetrachtung ist deshalb immer notwendig Ganzheitsbetrachtung." (Ebd.) Der Autor stellt fest, daß also die „finale Sinnfrage gleichsam in einer anderen Ebene als die Frage nach den wirkursächlichen Einzelfaktoren der Evolution" (ebd.) liegt und fragt, inwiefern „die menschliche Gestalt Sinn und Ziel des sich entfaltenden lebendigen Kosmos" (ebd.) sei. Zur Erklärung verweist Haas auf den „biologischen Aufstieg der Organismenwelt",[352] der in der „zunehmenden Differenzierung und harmonischen Integration einerseits und in der wachsenden Umweltunabhängigkeit der Organismen anderseits" (ebd.) besteht und zu der einzig-

---

350 A. Haas: Naturphilosophische Erwägungen zum Menschenbild des Schöpfungsberichtes und der modernen Abstammungstheorie, In: „Scholastik", Vierteljahresschrift für Theologie und Philosophie, 33. Jahrgang (1958), 359.
351 Ebd. 360.
352 Ebd. 361.

artigen Gestalt des Menschen „an der gleichsam punktförmigen Spitze der Evolutionspyramide" (ebd.) führte. „Zweckmäßigkeit und Sinnhaftigkeit",[353] „der Sinngehalt und die Zielgerichtetheit des stammesgeschichtlichen Werdens" (ebd.) können also nur in einem „Blick auf das Gesamtgeschehen, auf das Gesamtresultat" (ebd.) behauptet werden, von dem aus die Einzelheiten „Teile eines größeren Sinngefüges sind".[354] Erst der „ganzheitliche Standpunkt" (ebd.) ermögliche ein Begreifen der „Sinnfülle der gesamten Evolution" (ebd.): „Ihr geheimer Sinn ist die Gestalt des Menschen."[355]

Doch was ist unter der geforderten, auf einer anderen Ebene liegenden *ganzheitlichen Betrachtungsweise* zu verstehen, und unter welchen Voraussetzungen wird sie möglich? Zunächst mag darunter zu verstehen sein, daß der organische Bereich selbst schon zu einem in sich geschlossenen Ganzen geworden ist, so daß er als Ganzes von der nächsthöheren Stufe her — dem menschlichen Bereich — eingeordnet wird. Entsprechend wird auch versucht, ihn mit den Kategorien dieses menschlichen Bereiches zu erfassen: Da er sich in seinen Strukturen und Gesetzmäßigkeiten nicht nur kausal (vom Anorganischen her) verstehen läßt, versucht manche Philosophie eine finale Erklärung (vom Menschen her). Dieser „Denkzwang",[356] den Nicolai Hartmann kritisiert, erscheint als eine durchaus legitime Einpolung des organischen Bereiches, solange die Auseinandersetzung um das Wesen des Lebendigen nicht abgeschlossen ist. Doch läßt sich Finalität eben nur *analog* aussagen, als Näherungsbestimmung des Zweckmäßigen (Organischen) vom Zwecktätigen (Menschlichen) her.

Das Zweckmäßige des organischen Bereiches unterscheidet sich von der menschlichen Zwecktätigkeit dadurch, daß es eben nur nach dem „Maß" des Zweckes ausgesagt werden kann, insofern es zu seinem „Zweck"

---

353 A. Haas: Naturphilosophische Betrachtungen zur Finalität und Abstammungslehre, Im Sammelband (Hrsg. A. Haas): Das stammesgeschichtliche Werden der Organismen und des Menschen, Band 1, Deutung und Bedeutung der Abstammungslehren, Basel—Freiburg—Wien 1959, 476.

354 Ebd. 477.

355 A. Haas: Die Entwicklung des Menschen, 1. Teil: Der Mensch als Organismus — Vererbung und allgemeine Abstammung, Aschaffenburg 2. Aufl. 1963, 176.

356 N. Hartmann: Teleologisches Denken, Berlin/West / 1951, 23.

strebt, ihn aber *nicht völlig erreicht*. Ist — nach Julius Seiler — das Ziel bzw. der Zweck die „Erhaltung, Entfaltung und Fortpflanzung des Lebens",[357] so solle man sich dennoch nicht darüber wundern, „daß es neben dem Tod des Einzelwesens auch einen Artentod gibt"[358] und die „Teleologie der Lebewesen keine absolute ist, sondern ihre Grenzen hat" (ebd.). Eben diese „Brüchigkeit"[359] der sogenannten teleologischen Ordnung der Welt, die Georg Siegmund feststellt, zwingt auch Seiler dazu, nur von einer heuristischen Finalität, einer „Als-Ob-Finalität"[360] zu sprechen. Die *Ganzheit des organischen Bereichs* ist dann nicht mehr als eine brüchige Ganzheit, die nicht einmal in strenger Wortbedeutung als *zweckvoll*, geschweige denn als *sinnvoll* bezeichnet werden kann. Nur insofern gibt es keine Sinnwidrigkeiten im organischen Bereich, als überhaupt kein Sinn in ihm zu finden ist. Die Prädikate „sinnvoll-sinnwidrig" sind dem organischen Bereich inadäquat. Der organische Bereich zeigt zwar „Ganzheit" und „Zielhaftigkeit". Aber — und darin widerspricht der Marxismus — diese Fakten werden in einer finalistischen Deutung überinterpretiert: Er stellt nicht eine Sinnganzheit, sondern eine *Systemganzheit* dar; in ihm zeigt sich nicht Zielsicherheit, sondern *Zielsuchen*. Eben dieses „Problem des Ziels" hat — wie Georg Klaus und Hans Schulze bemerken — „durch die Kybernetik ganz allgemein einen neuen Aspekt bekommen".[361] Zwar verneint diese eine „Teleologie im idealistischen oder religiösen Sinn. Gegen alle Formen des mechanischen Materialismus aber kann ebenso beweiskräftig ausgesagt werden, daß es sehr wohl stabile Systeme gibt, die den Charakter des Zielsuchens haben."[362]
In der Kybernetik, der „Wissenschaft von den dynamischen, selbstregulierenden und selbstorganisierenden Systemen",[363] läßt sich der

357 J. Seiler: Das Dasein Gottes als Denkaufgabe, Darlegung und Bewertung der Gottesbeweise, Luzern—Stuttgart 1965, 112 (Im Original Hervorhebung. — HFS).
358 J. Seiler: Das Dasein Gottes als Denkaufgabe, 141.
359 G. Siegmund: Naturordnung als Quelle der Gotteserkenntnis, Neubegründung des teleologischen Beweises, Freiburg 2. Aufl. 1950, 377.
360 J. Seiler: Das Dasein Gottes als Denkaufgabe, 114.
361 G. Klaus, H. Schulze: Sinn, Gesetz und Fortschritt in der Geschichte, 152.
362 G. Klaus: Kybernetik in philosophischer Sicht, Berlin/Ost / 4. Aufl. 1965, 325.
363 PhW 304.

organische Bereich in anderer Begrifflichkeit als zweckmäßig bestimmen: Im Unterschied zu anorganischen Systemen, die sich auf ein relatives Gleichgewicht der stofflichen und energetischen Faktoren einregulieren und daher *geschlossen* sind, regulieren sich organische Systeme wegen ihres Stoffwechsels nicht auf solche Gleichgewichte ein, bleiben vielmehr *stofflich-energetisch offen*.[364] Jedoch ist diese Offenheit nur einer der beiden Aspekte, der die systemerhaltende Regulation noch unberücksichtigt ließ. Nach Harald Wessel bietet die Regeltechnik, die Kybernetik für einen solchen „dialektischen Determinismus",[365] d. h. einen wechselwirkenden Regulationsmechanismus, die Erklärung und unterscheidet dazu zwischen Steuerung, Programmsteuerung und Regelung. In einem gesteuerten System erfolgt eine von außen gezielt angesetzte Lenkung des Gesamtsystems, während ein geregeltes System sich durch Rückkoppelung in sich selbst lenkt. Entsprechend gibt es offene und geschlossene Kontrollsysteme, und der organische Bereich muß als *geschlossenes Kontrollsystem* verstanden werden. Anhand dieses Aufrisses läßt sich der Grundwiderspruch, d. h. das Wesen des organischen Seins, kybernetisch bestimmen: „Ein organisches System ist ein *offenes* energetisch-stoffliches System und zugleich ein *geschlossenes* Kontrollsystem. Die eine Seite des organischen Seins, der bloße Stoffwechsel, versteht sich als Widerstreit von Assimilation und Dissimilation. Die andere Seite des organischen Seins, das Regelungsgeschehen, versteht sich als Widerstreit von Regulatoren und Antiregulatoren. Beide Seiten bilden eine *untrennbare materielle Einheit und widerstreiten einander dialektisch.*"[366]

G. Klaus und H. Schulze sprechen nicht nur von *Zweckmäßigkeit*, sondern auch von der „*Zielgerichtetheit* der organischen Welt und der der menschlichen Gesellschaft".[367] Diese sei für die einzelnen Organismen gegeben, wenn sie sich von der „Matrix der optimalen Sollwerte" entfernen und daraufhin Mechanismen in Gang treten, „die die betreffenden Systeme wieder automatisch zu diesen Werten zurückführen" (ebd.). Für die Gattung heißt das: „Die objektiv meßbare

---

364 H. Wessel: Viren — Wunder — Widersprüche, Eine Streitschrift zu philosophischen Problemen der modernen Biologie, Berlin/Ost / 1961, 122.

365 H. Korch: Das Problem der Kausalität, Berlin/Ost / 1965, 259.

366 H. Wessel: Viren — Wunder — Widersprüche, 130.

367 G. Klaus, H. Schulze: Sinn, Gesetz und Fortschritt in der Geschichte, 154 (Hervorhebung von mir. — HFS).

Tendenz der fortschreitenden Stabilisierung und Unabhängigmachung des inneren Milieus ist die Zielgerichtetheit in der Entwicklung der Gattung bzw. der Art." (Ebd.) Diese Ziele sind — nach Klaus und Schulze — nicht gesetzt, sondern haben sich „im Prozeß eines ... statistischen Probierens"[368] herausgebildet. Kritisch gegenüber der verwendeten Begrifflichkeit fragt sich B. S. Ukraincev: „Es entsteht die Frage: Soll also die Kybernetik Abstand nehmen von dem Begriff ‚Ziel‘ aufgrund dessen, daß die Wissenschaft das Fehlen von vorausgesetzten, sogenannten ‚äußeren‘ Zielen in der Entwicklung der lebenden Materie aufgewiesen hat?"[369] Der Autor entschließt sich dennoch zur Einführung des Zielbegriffes in den skizzierten Zusammenhang: „Unserer Meinung nach kann der Begriff ‚Ziel‘ in der Kybernetik gute Dienste leisten, wenn man unter Ziel jenen ‚Teil‘ des natürlich entstandenen Programmes der Selbstlenkung versteht, das den unmitelbaren Informationsgrund der Wahl des eigenen Verhaltens eines selbstgelenkten Systems für die Erreichung eines bestimmten Resultates darstellt." (Ebd.)

Die Zweckmäßigkeit als „Kategorie des Organischen"[370] — wie schon Nicolai Hartmann feststellt — äußert sich im „‚Zielsuchen‘ stabiler Systeme"[371], das G. Klaus und H. Schulze in kybernetischer Begrifflichkeit erfassen. Damit erweist sich die angebliche Alternative zur Erklärung des Organischen „entweder kausal — oder final" als eine Scheinalternative, die die *Eigengesetzlichkeit des organischen Bereiches* übersieht. Dieser unterliegt zwar auch kausaler Gesetzmäßigkeit, zur Kennzeichnung des verbleibenden „offenen Restes" bedarf es aber nicht schon finaler Erklärungen: Das organische Leben ist, wie Klaus Gössler betont, eine „qualitativ spezifische Bewegungsform der Materie".[372]

Es gibt das *Zweckmäßige* — historisch und genetisch — schon *vor* dem vom Menschen *Bezweckten,* denn organische Prozesse sind Grundlage der Existenz von zwecksetzenden Menschen. Nicht Zweckmäßigkeit ist manifestierte Zwecktätigkeit, erstarrtes Ergebnis tätigen Zweck-

---

368 Ebd. 154 f.
369 B. S. Ukraincev: Kategorii „aktivnost‘" i „cel‘" v svete osnovnych ponjatij kibernetiki / Die Kategorien „Aktivität" und „Ziel" im Lichte der Grundbegriffe der Kybernetik /, In: VF 1967/5/67.
370 N. Hartmann: Teleologisches Denken, 23.
371 G. Klaus, H. Schulze: Sinn, Gesetz und Fortschritt in der Geschichte, 152.
372 K. Gössler: Vom Wesen des Lebens / Berlin/Ost / 1964, 113.

handelns, sondern umgekehrt: Zweckmäßigkeit ist die Ermöglichungs-grundlage der Zwecktätigkeit, die Zweckmäßigkeit wie auch mecha-nische Kausalität bewußt einsetzt zur Verwirklichung ihrer Zielvor-stellungen. *Begrifflich* handelt es sich um eine Rückprojektion aus dem praktischen *Zweckhandeln* des Menschen in eine organische *Zweck-mäßigkeit;* der Zweckbegriff ist für den organischen Bereich nur als ein abgeleiteter Hilfsbegriff aufzufassen. Die Zweck-Mittel-Tätigkeit ist eine höhere (weil leistungsfähigere) Form als eine Zweck-Maß-Selbstregelung; sie liefert für die letztere die Kategorie „Zweck" zu einer *analogen* Kennzeichnung, die jedoch nicht *univok* interpretiert werden kann.

Ist die *Ganzheit des Organischen* keine ausreichende Basis, um von einer Sinnfülle der Evolution zu sprechen, müßte also die Perspektive er-weitert worden sein: Es kommt in der Weltanschauung die *Ganzheit der Welt* in den Blick, — allerdings „in einer anderen Ebene", wie Adolf Haas klar ausspricht. In dieser Ebene allein kann er jenen Standpunkt einnehmen, der auch die brüchige Ganzheit des Organischen noch als einem ursprünglichen Ziel entsprechend zu sehen vermag: Es ist dies jener Standpunkt, der die Evolution von der *Ganzheits-betrachtung des Glaubens* zu erfassen versucht, den der Autor selbst zu erkennen gibt,[373] der seiner Interpretation der Evolution des Leben-digen *vorausgeht*, nicht aber ihre Folge ist.

In ähnlicher Weise bemühen sich Teilhard de Chardin und Denker in seiner Nachfolge, im organischen Seienden eine durchgängige Sinn-haftigkeit zu behaupten. Nach N. M. Wildiers — einem Interpreten Teilhards — sucht seine „Wissenschaft"[374] „nicht nur, die Welt in ihrer Ganzheit zu beschreiben, sondern darüber hinaus noch den in dem vom Universum gebildeten Phänomen verborgenen inneren Sinn zu ent-decken" (ebd.). Wildiers verlangt, daß man hier jede „vorgefaßte Idee sorgfältig bei der Annahme der feststehenden Tatsachen ausschließt" (ebd.) und formuliert den Grundsatz: „Solange uns nämlich die Be-deutung eines Phänomens entgeht, können wir nicht sagen, wir hätten es begriffen."[375]

---

373 A. Haas: Die Entwicklung des Menschen, 176.

374 N. M. Wildiers: Teilhard de Chardin, Freiburg 2. Aufl. 1962, 25.

375 Ebd. Ein Sprung von der Erkenntnistheorie in die Ontologie scheint auch bei M. Heidegger vorzuliegen, der die Frage aufwirft: „Haben wir heute eine Antwort auf die Frage nach dem, was wir mit dem Wort ‚seiend' eigentlich meinen?" (Sein und Zeit, Tübingen 1949, 1.) Er

Dabei übersieht Wildiers allerdings, daß er mit diesem Postulat bereits der „vorgefaßten Idee" zum Opfer gefallen ist. Sehen wir auch davon ab, daß er Sinn und Bedeutung synonym füreinander verwendet, so werden vor allem fälschlich die Kategorien „Sinn" und „Bedeutung" der ontologischen Kategorie „Phänomen" komplementär zugesprochen. Doch hat diese ihr Korrelat in der Kategorie „Wesen"; *Erscheinung und Wesen* bedingen einander. Sobald hier eine Fehldeutung die entsprechenden Kategorienpaare verwechselt und der „Erscheinung" komplementär einen „Sinn" unterlegt, behauptet der kategoriale Mißgriff immer und überall einen *Sinn* als das *Wesen der Erscheinungen*. Aber weshalb müßte denn jedes Phänomen ohne weiteres eine Bedeutung oder einen Sinn haben? Nicht alles, was *ist, muß* auch bedeuten oder sinnvoll sein; es *kann* vielleicht bedeuten oder sinnvoll sein. Die „Bedeutung" bezeichnet ja geradezu eine Verdoppelung von „Sein": das Bedeutende *ist* einmal an-und-für-sich und *hat* zugleich ein zusätzliches Bedeutungsein *für etwas anderes*. Sinn oder Bedeutung werden nur von einem Subjekt bewußt eingesetzt; allein ein Subjekt kann einem Ding eine Bedeutung verleihen oder selbst Sinn schaffen.

Die Gesamtheit der Welt *ist* mit Sicherheit, — aber sie *bedeutet nicht,* sofern man nicht die Existenz eines *transzendenten Subjektes* voraussetzt. So wird ohne dessen Aufweis die evolutive Gesamtwirklichkeit als seiend *und* sinnvoll erklärt und damit Sinn als das Wesen der Erscheinungen unterschoben und der Evolutionsprozeß als ein Sinnprozeß gedeutet. Verständlich wird daher die Verwunderung eines sowjetischen Kritikers, der feststellt: „Dieser fast gänzlich in die Materie aufgelöste Gott war dennoch nicht ein leeres Symbol im System Teilhards: letzten Endes tritt gerade er als Garant einer ‚Sinnhaftigkeit' des Weltprozesses auf."[376]

---

verneint dies und fährt fort: „Und so gilt es denn, *die Frage nach dem Sinn von Sein* erneut zu stellen." (Ebd.) Daß in dieser Aussage die *Bedeutung des Wortes „seiend"* mit einem gesuchten *Sinn von Sein* identifiziert wird, legt sich aus dem Satz nahe: „Alle Ontologie ... bleibt im Grunde blind und eine Verkehrung ihrer eigensten Absicht, wenn sie nicht zuvor den Sinn von Sein zureichend geklärt und diese Klärung als ihre Fundamentalaufgabe begriffen hat." (Ebd. 11) (Im Original Hervorhebung. — HFS).

376 Ju. A. Levada: „Fenomen Tejara" i spory vokrug nego / Das „Phänomen Teilhard" und die diesbezüglichen Auseinandersetzungen /, In: VF 1962/1/154.

c. Die Geschichte als Sinn

Der gedankliche Weg von einem Sinnganzen zu seinem Teilsinn begegnet in einer dritten Form, wenn der Sinn des Lebens als Teilhabe an einem *Sinn der Geschichte* interpretiert wird. Einen solchen Gedankengang legt in neuerer Zeit Hans Jürgen Baden vor: „Ein Sinn der Geschichte ist das Postulat der vernünftigen Existenz, weil sich die Existenz sonst selbst aufgeben, an sich und ihrem Auftrage in der Welt verzweifeln müßte. Der Sinn der Geschichte ist ein Gebot der Selbsterhaltung."[377] Wenn nämlich „das letzte treibende Motiv der Geschichte ... nicht das Zueinander, sondern das Voneinanderfort"[378] sei, könne etwas Einigendes nur in einer Besinnung auf den Ursprung wiedergefunden werden, der das Viele aus sich entließ. So greift Baden ausdrücklich auf Plato zurück, dessen Ideen nach ihm „zu den wesentlichsten Kräften",[379] „zu den Mächten, welche die Geschichte bewegen" (ebd.) gehören. Die Geschichte wird hier als ein Geschehen verstanden, das vorbildhaft bereits an seinem Ende angekommen ist und abbildhaft das ewige Resultat in der zeitlichen Form der Geschichte widerspiegelt. „Die Geschichte vollzieht sich ... gewissermaßen auf einer doppelten Ebene. Die erste und ursprüngliche Bewegung geschieht im Reich der Ideen. Was dort geschieht, spiegelt sich dann durch einen sekundären Akt im geschichtlichen Stoff, in der materia brutta der Historie wider."[380] Der Ursprung der Geschichte ist zugleich der Träger ihres Sinnes; ein Sinn der Geschichte schließt die Voraussetzung eines sinnsetzenden Subjektes ein. Demnach habe „jedes historische Geschehen ..., wie bei Faust, einen Prolog im ‚Himmel', und dieser Prolog bestimmt dann das eigentliche historische Ereignis bis ins Letzte, Intimste hinein. Wir glauben nicht an eine Bewegung der Geschichte aus sich selbst heraus." (Ebd.)

Man mag sich zufriedengeben mit dieser Feststellung, daß der Ablauf der Geschichte „bis ins Letzte" sinnerfüllt sei, daß also auch der Sinn des Lebens darin vorliegt. Doch wäre mit einer derartigen Sinngarantie *menschliches Leben* degradiert zu einem *sachhaften Prozeß:* Freiheit als Verwirklichungsmoment von Sinn hat in ihm keinen Platz, da sie weder in ihrem Resultat vorherbestimmt, noch in ihrem Vollzug überformbar oder in ihrem Wesen teilbar ist. Sie ist die eine und unteilbare

---

377 H. J. Baden: Der Sinn der Geschichte, 124.
378 Ebd. 261.   379 Ebd. 271.   380 Ebd. 241.

Freiheit des Menschen oder nicht Freiheit, sondern unverfügbare Notwendigkeit. Man mag dem Platonismus für seine Zeit die sachhaften Begriffe und Vorstellungsmodelle nachsehen, in denen er den Menschen zu erfassen suchte. Am Beginn abendländischer Philosophie bot er vielleicht den treffendsten Versuch, das Verhältnis von Mensch und Welt zu kennzeichnen. Greift man jedoch heute — wie dies ein anderer Denker versucht — ein solches Verständnis des Menschen wieder auf, das von „gewissen Unebenheiten"[381] gereinigt, besagt, „daß der Mensch ein Spielzeug Gottes sei und daß er diese Aufgabe mit allem Ernste zu spielen habe" (ebd.), so ist das Naturphilosophie, aber keine dem Menschen gemäße Geschichtsphilosophie.

Der Grundfehler der versuchten Ableitung des Lebenssinnes von einem angeblichen Sinn der Geschichte liegt in der Anwendung der platonischen Philosophie auf eine statisch verstandene Wirklichkeit,[382] die nicht als ganze eine Aufgabe der Praxis, sondern der Theorie, des Erschauens der ewigen Ideen ist. „Sinn" wird dann gleichbedeutend mit „Wahrheit": Das Schauen sucht die Wahrheit der urbildlichen Wirklichkeit zu erfassen, und darin besteht die höchste Form der Daseinsbewältigung. In einem solchen Wirklichkeitsverständnis ist keine Möglichkeit gegeben, im Handeln Sinn zu *schaffen*, da das Urbild dem Abbild in allen seinen Möglichkeiten schon unendlich vorausliegt und nicht durch etwas real Neues eingeholt werden kann: Der Sinn der Geschichte ist bereits geschaffen, er kann nur noch erkannt werden; die lebenslange Aufgabe, diese Wahrheit zu erkennen, würde so zum Sinn des Lebens: „Die Geschichte ist wie ein großes Drama: wer die unsichtbare Welt dahinter nicht ahnt, der kann auch die sichtbaren Ereignisse nicht deuten; sie müssen ihm wie ein Wirrwarr vorkommen, den darzustellen nur eine Sinnlosigkeit wäre."[383] Diese Grundform des Idealismus verwandelt das Subjekt der Geschichte zu einem Objekt: Aus dem platonisierenden Ansatz her läßt sich das Leben nur als

---

381 J. Santeler: Vom Sinn des menschlichen Seins, 39.
382 Vgl. dazu W. Jaeger: „Der Beginn der wissenschaftlichen Philosophie fällt ... weder mit dem Anfang des rationalen noch mit dem Ende des mythischen Denkens zusammen. Urechte Mythologie treffen wir noch im Kerne der Philosophie des Plato und Aristoteles wie im platonischen Seelenmythos oder in der aristotelischen Anschauung von der Liebe der Dinge zu dem unbewegten Beweger der Welt." (Paideia, 208)
383 R. Saitschick: Die Brücke zum Menschen, Ein Buch über Sinn und Sein, Darmstadt—Leipzig 1931, 418.

Medium der Geschichte interpretieren, nicht als ihr Konstitutivum; das Wesentliche wäre „die" Geschichte, ihre Erscheinungsform der einzelne Mensch.

Die dargestellten Versuche, den Sinn des Lebens von einem Sinn des Seins, einem Sinn des Organischen oder einem Sinn der Geschichte her zu verstehen, erwiesen sich zwar im einzelnen nicht als überzeugend. Suchen wir jedoch das ihnen *Gemeinsame* herauszuarbeiten, so ermöglichen sie ein tieferes Verständnis vom Sinn des menschlichen Lebens: Sie kommen darin überein, *Sinn in der Voraussetzung als das erwünschte Resultat vorwegzunehmen,* indem sie theologische Antworten auf philosophische Fragen geben: Von einem Sinn des Seins zu sprechen ist nur möglich, wenn Sinn etwas Zusätzliches zum Sein ist, sonst handelte es sich um Wortspielerei. Wenn aber Sinn und Sein prinzipiell verbunden sind, muß bereits der Anfang des Seins eine Setzung von Sinn enthalten. Damit wäre jedoch auch das Sein gesetzt, — die Wirklichkeit wäre *Schöpfung* und vorhergeschaute *Vollendung* des Geschaffenen. Diese Voraussetzung läßt sich auch für einen sogenannten Sinn des Organischen aufdecken, in dem die Zweckmäßigkeit als manifestierte Zwecktätigkeit interpretiert wird. Selbst dann ist es noch nicht möglich, schon von Sinn zu sprechen, da Sinn erst die besondere Möglichkeit der allgemeinen Zwecktätigkeit ist. Woher also die Schließung dieser offenen Differenz zwischen Zweck und Sinn? Die Antwort liegt ungesagt wiederum in der Voraussetzung eines Sinnes des Seins, der Chiffre für die Annahme einer Schöpfungswirklichkeit und ihrer vorhergeschauten Vollendung. Der postulierte Sinn der Geschichte schließlich beruft sich ausdrücklich auf seine jenseitige Vorgabe.

Daraus folgt, daß die dargestellten Entwürfe insgesamt der *Faszination des Gnoseologischen* erliegen. Wenn nämlich Sinn bereits verborgen oder offen vorliegt, kann er nur noch erkannt, nicht aber geschaffen werden. Er ist nur mehr ein zu lösendes Rätsel, nicht eine zu leistende Aufgabe. Sobald sich Sinn mit Bedeutung oder Wahrheit gleichsetzen läßt, entfällt seine Eigenart als sittliches Prinzip, als Grundkategorie des menschlichen Lebensvollzuges und wird zur Kategorie eines gedanklichen Nachvollzuges von bereits Bestehendem.

Das *Suchen* der Menschen nach einer Sinnganzheit ist freilich nicht zu leugnen und äußerst sich in der Frage: „Wohin müssen wir Ausschau halten, um im Fragmentarischen unseres Daseins eine Richtung auf Ganzheit hin zu sehen? Jede Scherbe läßt sogleich den Gedanken an das heile Gefäß wachwerden, jeder Torso wird im Geist vom Unversehrten her gelesen. Wird unser Dasein eine Ausnahme machen? Lassen wir uns von ihm überreden, sein Fragmentarisches selbst sei das Ganze? Hätten wir nicht vielmehr, falls wir dieser Überredung erlägen, den Sinn im Fragment fahrenlassen und uns zur Sinnlosigkeit entschlossen?"[384] Bleiben wir bei diesem Bild, so lautet die *Antwort* des Marxismus: Die größtmögliche Sinnganzheit ist unser eigenes endliches Leben; dieses Gefäß müssen wir selbst formen, niemand hat ihm eine Sinnform aufgeprägt. Klar spricht Roger Garaudy diese Überzeugung in einem anderen Bild aus: „Mein Durst beweist nicht die Quelle."[385] Das heißt: „Das Unendliche ist für den Marxisten ein Fehlen und eine Forderung, für den Christen eine Verheißung und eine Gegenwart." (Ebd.)

B. *Der Sinn des Lebens und das Ganze*

Der gedankliche Weg von einem angeblichen Sinn der Geschichte zum Lebenssinn des einzelnen Menschen findet sich nicht nur außerhalb des Marxismus. Auch bei marxistischen Philosophen stoßen wir auf diesen getarnten Versuch.

a. Der theoretische Vorgriff auf die Vollendung

Einem geschichtsphilosophischen Idealismus erliegt anscheinend auch die früheste Arbeit von P. M. Egides über den Sinn des Lebens, in der er zur Bestimmung des Lebenssinnes von einem sogenannten „Sinn der Existenz der Menschheit insgesamt" ausgeht. In der Schrift „Worin besteht der Sinn des Lebens?" versucht der Autor den systematischen Ansatz: „Bei einer Analyse der Frage nach dem Sinn des Lebens vom Standpunkt der marxistisch-leninistischen Theorie aus muß man vor allem ihre zwei Seiten unterscheiden: den Sinn der Existenz der Menschheit insgesamt und den Sinn des Lebens des einzelnen Menschen. Man darf sie also nicht verwechseln, obwohl beide eng miteinander zusammenhängen."[386] Egides fährt fort — und dies ist der entscheidende Punkt — mit der Feststellung: „Beginnen wir mit dem ersten Aspekt. Welchen Sinn hat die Existenz der gesamten Menschheit?"[387]

---

384 H. U. von Balthasar: Das Ganze im Fragment, Aspekte der Geschichtstheologie, Einsiedeln 1963, 14.

385 R. Garaudy: Vom Bannfluch zum Dialog, 87.

386 P. M. Egides: Smysl žizni — v čém on? 11 f.   387 Ebd. 12.

Dem Autor kommen noch keineswegs methodische Bedenken, einen „Sinn der Menschheit" an den Anfang seiner Untersuchung zu stellen. Er möchte sich nur gegen eine teleologische Interpretation seiner Ausführungen absichern: „Gleich von Anfang an machen wir darauf aufmerksam, daß es hier nicht darum geht, *wozu*, für was, mit welcher Absicht die Menschheit erschaffen sei, sondern es geht darum, welche *objektive Bedeutsamkeit* ihr Auftreten hat, d. h. welchen Platz sie in der fortschreitenden Entwicklung der Welt einnimmt." (Ebd.) Begrifflich läßt sich nach Egides dieser Unterschied so verdeutlichen: „Die Frage nach einer *Bestimmung* [naznačenie] der Menschheit ist teleologisch . . .; die Frage nach ihrer *Bedeutung* [značenie] wissenschaftlich." (Ebd.) Der Autor hält es weiterhin für einsichtig, „daß Existenz und Vervollkommnung der Menschheit in dem Fall einen objektiven Sinn haben, wenn diese Existenz und Vervollkommnung ,notwendig' sind für die Lösung der irgendmöglichen Widersprüche der fortschreitenden Entwicklung der objektiven Welt" (ebd.). Auf die Frage, welche Widersprüche damit gemeint sind, erfolgt die Antwort: „Es sind die Widersprüche zwischen den Bedürfnissen der fortschreitenden Entwicklung der Wirklichkeit und den begrenzten Möglichkeiten jener konkreten Formen, in denen sie verläuft." (Ebd.)
Die Entwicklung der Formen der Materie vom Anorganischen über das Organische *verlangt* demnach die Wende zur zweckmäßigen Arbeit, verlangt „mit dem Erscheinen der Gesellschaft denkende Wesen, die fähig sind, die Wirklichkeit *weiterzuentwickeln*, indem sie sie zweckmäßig *verändern*. Mit einem Wort, die weitere fortschrittliche Entwicklung der Wirklichkeit verlangt das Erscheinen des Menschen . . ." (Ebd.) Darin, daß das Auftreten der Menschheit erforderlich sei, um die gesellschaftliche „qualitativ neue, besondere Form der Entwicklung der Wirklichkeit"[388] einzuleiten und fortzusetzen, sieht der Autor anscheinend den Sinn der Menschheit. „Erscheinen, Existenz und Vervollkommnung der menschlichen Gesellschaft" seien eben „unerläßlich" (ebd.) für die weitere Lösung der konkreten Widersprüche. Muß sich eine derartige Konzeption nicht mit Recht von christlichen Denkern sagen lassen, für sie sei „das Absolute letztlich nicht der Mensch, sondern die Menschheit",[389] — obwohl doch „jeder Mensch sich als Ziel vollenden soll"?[390]

---

388 Ebd. 13.
389 G. Girardi: Marxismus und Christentum, 116.   390 Ebd. 180.

Der Ansatzpunkt, den Sinn des Lebens von einem Sinn der Menschheitsgeschichte her lösen zu wollen, stößt nun allerdings auf *methodische Bedenken* gerade vom Standpunkt des Marxismus. Von einem „Sinn der Menschheit" auszugehen wäre nur dann möglich, wenn „die" Menschheitsgeschichte zielbewußt handeln könnte. Wie aber sollte ein Allgemeinbegriff zweckmäßig zu handeln beginnen? Einen entsprechenden Hinweis zur philosophischen Klärung dieser Frage erhalten wir in der „Heiligen Familie" unter dem Abschnitt „Das Geheimnis der spekulativen Konstruktion".[391] Hier grenzt Marx seinen materialistischen Gedankengang von der idealistischen Konstruktion Hegels ab, dessen Methode er an einem Beispiel skizziert: Indem Hegel aus verschiedenen Äpfeln, Birnen oder Mandeln (den besonderen Erscheinungen) das sie Verbindende (das allgemeine Wesen) abstrahiert, gelangt er zu dem Begriff „Frucht". Indem er diesen abstraktiven Gedankenweg zurück zum Konkreten geht, meint er zugleich die Entstehungsweise des Konkreten rekonstruiert zu haben: Die verschiedenen Früchte seien demnach „verschiedne Lebensäußerungen der ,*einen* Frucht', sie sind Kristallisationen, welche ,*die* Frucht' selbst bildet".[392] Schon die Fragestellung, die das abstrahierte Wesen (das Allgemeine) im Vergleich zum konkreten Erscheinungshaften (dem Besonderen) als *früher* ansetzt und das Materielle aus dem Geistigen konstruiert, verrät die idealistische Voraussetzung. Der abstrahierte *Begriff* verwandelt sich nämlich in eine selbsttätige *Substanz*, die sich konkretisieren müsse. „*Die* Frucht'" — wie die idealistische Konstruktion meint — „ist also keine inhaltslose, unterschiedslose Einheit mehr, sie ist die Einheit als *Allheit*, als ,*Totalität*' der Früchte ..." (Ebd.) Der spekulative Philosoph verkehrt den Gedankengang einer Rückkehr vom Abstrakten zum Konkreten in eine vorgängige Selbsttätigkeit des substantivierten Begriffes, „indem er endlich seine *eigne* Tätigkeit ... für die *Selbsttätigkeit* des absoluten Subjekts, ,*der* Frucht' erklärt".[393] Marx faßt seine Kritik zusammen: „Diese Operation nennt man in spekulativer Redeweise: die *Substanz* als *Subjekt*, als *inneren Prozeß*, als *absolute Person* begreifen, und dies Begreifen bildet den wesentlichen Charakter der *Hegelschen* Methode." (Ebd.)
In seinem Beispiel geht es Marx darum, die „spekulative Konstruktion im *allgemeinen* zu charakterisieren",[394] — und auch bei dem kritisierten

---

391 K. Marx, F. Engels: Die heilige Familie, In: MEW 2, 59.
392 Ebd. 61.   393 Ebd. 62.   394 Ebd. 60.

Ansatz von P. M. Egides zur Lösung des Sinnproblems handelt es sich um ein Beispiel von „spekulativer Konstruktion": Die mystifizierte Menschheitsgeschichte würde bis in ein Naturgeschehen extrapoliert, „damit" sie das Auftreten des Menschen als „erforderlich" für die Lösung der konkreten Widersprüche vorausplanen könne. Unsere Ablehnung eines solchen Gedankenganges kann sich auf Karl Marx selbst berufen. *„Die Geschichte"* — stellt er klar — „tut *nichts*, sie ‚besitzt *keinen* ungeheuren Reichtum', sie ‚kämpft *keine* Kämpfe'! Es ist vielmehr *der Mensch*, der wirkliche, lebendige Mensch, der das alles tut, besitzt und kämpft; es ist nicht etwa die ‚Geschichte', die den Menschen zum Mittel braucht, um *ihre* — als ob sie eine aparte Person wäre — Zwecke durchzuarbeiten, sondern sie ist *nichts* als die Tätigkeit des seine Zwecke verfolgenden Menschen."[395]

Ungeachtet der Forderung Marx', die Menschheitsgeschichte als Geschichte der Menschen zu sehen und auf ihre Bedürfnisse und Zwecke zu beziehen, leitet P. M. Egides in seiner früheren Konzeption den Lebenssinn des Menschen von einem angeblichen Sinn der Menschheit ab und gelangt zu einer einlinigen Gleichsetzung von Sinn und Bedeutung: „Der wahre Sinn des Lebens eines Menschen" — schreibt er — „ist die auch objektive Bedeutsamkeit seines Lebens."[396] Daß unter der „objektiven Bedeutsamkeit" eine Sinn-Teilnahme an einem in sich als sinnvoll aufgefaßten Wirklichkeitsprozeß verstanden wird, geht aus dem folgenden Satz hervor: „Mit der Entdeckung, daß die Entwicklung der Gesellschaft ein naturhistorischer Prozeß ist, ebendadurch hat der Marxismus den *objektiven* Sinn des menschlichen Lebens aufgezeigt, das heißt, daß das Leben des einzelnen Menschen, des Subjektes, das die materiellen oder geistigen Werte erzeugt, eine objektive Bedeutsamkeit für den Fortschritt der Gesellschaft, für die ganze Geschichte der Menschheit hat."(Ebd.) Indem der Mensch an dem objektiven Prozeß durch seine Zielsetzung teilhat, hat er am objektiven Sinn teil: „Das Ziel ist nicht der Sinn des Lebens, sondern es hat einen Sinn (oder nicht), das heißt objektive gesellschaftliche Bedeutung. Das Leben eines Menschen, der sich Ziele setzt, welche objektiv gesellschaftliche Bedeutung haben (auch wenn er sich dessen nicht bewußt ist), hat eben dadurch einen objektiven Sinn . . ."[397]

Der Sinn des Lebens ließe sich nur dann von einem Sinn der Menschheitsgeschichte her bestimmen, wenn sie eine *als sinnvoll begriffene*

---

395 Ebd. 98.

396 P. M. Egides: Marksistskaja ėtika . . ., 30.   397 Ebd. 31.

Totalität darstellte. Dieser Begriff der Totalität nimmt im System Hegels eine zentrale Stellung ein, und er faßt sie als das Gesamt von Finalgrund, Entwicklungsstufen und Resultat: „Denn die Sache ist nicht in ihrem *Zwecke* erschöpft, sondern in ihrer *Ausführung,* noch ist das *Resultat* das *wirkliche* Ganze, sondern es zusammen mit seinem Werden; der Zweck für sich ist das unlebendige Allgemeine, wie die Tendenz das bloße Treiben, das seiner Wirklichkeit noch entbehrt, und das nackte Resultat ist der Leichnam, der die Tendenz hinter sich gelassen."[398] So sieht Roger Garaudy den „Kreislauf" als das Kennzeichnende der dialektischen Totalität, wie Hegel sie versteht, und dieser Kreislauf offenbart einen „teleologischen Charakter": „ihr erster Antrieb ist der Endzweck, und selbst der Widerspruch gewinnt seinen vollen Sinn nur vermöge dieses Endzwecks".[399] Insofern man diesen Zweck kennt, kann man die Entwicklung verstehen, denn „die ganze Entwicklung ist schon im Keim enthalten" (ebd.). Der Keim genügt sich nicht selbst, er muß sich in seinem Anderssein entfalten, aber das Einzelne in der Entfaltung bestimmt sich notwendig durch die keimhafte Ganzheit, „diese Unzulänglichkeit ergibt sich nur in Beziehung auf die Totalität und wird nur in ihr empfunden".[400] In der Bestimmung dieses Verhältnisses hat man — wie Hegel sagt — „die ganze Entwicklung in diesen Keim eingeschlossen vor sich".[401] Garaudy bezeichnet solche Auffassung der Totalität als das „Kernstück der Hegelschen dialektischen Methode";[402] diese Konzeption setzt aber „1. eine *zweckmäßige* Welt voraus und eine Geschichte, die vollendet oder deren Ende vorauszusehen ist; sie setzt 2. voraus, daß wir deren *Zweck* kennen, sonst ist der für die Existenz einer absoluten Wahrheit notwendige Kreislauf nicht möglich" (ebd.).

Im Hegelschen Verständnis *ist* so zwar die Totalität noch nicht, aber sie *ist gewußt*, ist abstrakt geschlossen, strebt ihrer vorkonzipierten Vollendung zu, und die Hegelsche Philosophie weiß sich als das Be-

398 G.W.F. Hegel: Phänomenologie des Geistes, Vorrede, In: Sämtliche Werke, Jubiläumsausgabe in zwanzig Bänden, Herausgegeben von H. Glockner, Stuttgart 1927 ff., Band 2, 13.

399 R. Garaudy: Gott ist tot, Eine Studie über Hegel, Berlin/Ost / 1965, 186.

400 Ebd. 187.

401 G. W. F. Hegel: Die Wissenschaft der Logik, Erster Teil, In: Sämtliche Werke, Band 4, 33.

402 R. Garaudy: Gott ist tot, 187.

wußtsein dieser zu sich selbst kommenden Totalität. Die ganze Konzeption mündet in eine Rechtfertigung des faktisch Bestehenden als etwas zugleich Sinnvollen: „Die Zufälligkeit des äußerlichen Daseyns hat sich verwandelt in eine feste, sichere Ordnung der bürgerlichen Gesellschaft und des Staats, so daß jetzt Polizei, Gerichte, das Heer, die Staatsregierung an die Stelle der chimärischen Zwecke treten, die der Ritter sich machte."[403] Sollten ähnliche marxistische Konzeptionen diese Konsequenz des Ansatzes vergessen haben? Marx jedenfalls durchschaut die Konstruktion als einen „göttlichen Prozeß des Menschen, — ein Prozeß, den sein von ihm unterschiednes abstraktes, reines, absolutes Wesen selbst durchmacht".[404] Darin ist der Mensch nicht mehr er selbst, sondern nur noch Verwirklichungsmoment des zur Totalität werdenden Abstrakten, und der eigentliche Träger des Wirklichkeitsprozesses „wird erst als Resultat" (ebd.). Solcher ungedeckte Wechsel auf eine abstrakt-präexistente Zukunft vernichtet nach Marx den Menschen selbst: „Der wirkliche Mensch und die wirkliche Natur werden bloß zu Prädikaten, zu Symbolen dieses verborgenen unwirklichen Menschen und dieser unwirklichen Natur . . .; das reine, *rastlose* Kreisen in sich."[405]

Es muß jedoch hervorgehoben werden, daß Egides von seinem anfänglichen soziozentrischen Standpunkt mehr und mehr zu einer anthropozentrischen Betrachtungsweise zu gelangen sucht. Noch 1966 urteilt er, der objektive Lebenssinn des Menschen bestehe gerade „in seiner konkreten Existenz für die Allgemeinheit",[406] sucht aber des weiteren Subjektives und Objektives im Lebenssinn folgendermaßen zu verbinden: Der Sinn des Lebens sei subjektiv, „insofern der Lebenssinn Sinn des Lebens eines Menschen, eines Subjektes, die Ausgerichtetheit seines Lebens ist, insofern er abhängig ist von seinem realen Verhalten, von seinen Taten, von seiner Aktivität und ihm geistige Befriedigung bringt. Er ist objektiv, insofern es keinen Sinn des Lebens außerhalb seiner Bedeutung für die objektive Welt gibt, für den objektiven Fortschritt . . ." (Ebd.) Von diesem mechanistischen Standpunkt scheint Egides mehr und mehr abgerückt zu sein, wenn er später schreibt, der Sinn des Lebens bestehe *„in der Einheit von Allgemeinem und Ein-*

403 G. W. F. Hegel: Vorlesungen über die Ästhetik, Zweiter Band, In: Sämtliche Werke, Band 13, 215 f.
404 K. Marx: ÖPhM 167.
405 Ebd. 168.
406 P. M. Egides: Marksistskaja koncepcija . . ., 41.

zelnem. Der Sinn der Existenz des Einzelnen (der Person) ist *verbunden* mit ihrer Bedeutsamkeit für das Allgemeine (die Gesellschaft)."[407]

Der Versuch, einen Sinn des menschlichen Lebens aus einem Sinn der Geschichte her zu bestimmen, gründet in den idealistischen Voraussetzungen, daß der Prozeß der Geschichte aus sich selbst heraus zielstrebig, sinnvoll und in seiner Totalität als sinnvoll durchschaut sei; der Sinn des Lebens besteht dieser Anschauung zufolge in der „objektiven Bedeutung" eines bestimmten Menschenlebens, in der Anpassung an den objektiven Sinnprozeß. Daß auch der Marxismus den fatalistischen Konsequenzen einer solchen Gedankenkonstruktion nicht entgeht, kann im Folgenden an der Entartung des Dogmatismus aufgewiesen werden.

b. Die fatalistische Konsequenz

Das objektivistische Verständnis vom Sinn des Lebens beruht auf idealistischen Voraussetzungen und zeigt in der Konfliktsituation seine fatalistischen Konsequenzen: Wenn das Faktische zugleich das Sinnvolle wäre, müßte der Sinn des Lebens in der *Anpassung an das Faktische* gesucht werden. Diese anpassungsfähige „Sinnteilhabe" am „Sinnganzen" könnte von dieser durchschauten Sinnganzheit, von der vorweggenommenen Zukunft her eindeutig eingeschätzt werden: Das *wirkliche Leben* des Menschen wird uminterpretiert zur *Bedeutungsfunktion.* Anhand dieses Schematismus läßt sich der Sinn eines bestimmten Menschenlebens wie auf einer Schablone ablesen und eindeutig beurteilen und verurteilen.

Die Säuberungsprozesse in der sogenannten Zeit des Personenkultes lassen erkennen, wie sehr die philosophischen und politischen Entartungen jener Epoche einander durchdringen, wie der systematisierte Irrtum die systematische Unmenschlichkeit theoretisch untermauert: Achtzehn Jahre nach jenem Brief Karl Radeks an Alfons Paquet, in dem er bekennt, daß er das Leben wegen seines Sinnes liebe und bereit sei, sich zur Verteidigung dieses Sinnes zu wehren, zieht er die Schlußbilanz seines Lebens. Angeklagt im zweiten Trotzkistenprozeß des „Vaterlandsverrates, der Spionage, Diversionstätigkeit, Schädlingsarbeit und der Vorbereitung terroristischer Akte" steht er innerlich wehrlos vor

---

407 P. M. Egides: Osnovnoj vopros..., 85 (Letzte Hervorhebung von mir. — HFS).

seinen Anklägern: „Wir, und ich mit eingeschlossen, können keinerlei Nachsicht verlangen, wir haben keinerlei Recht darauf, und ich sage nicht — hier gibt es gar keinen Stolz, was kann es hier schon für einen Stolz geben ... ich will sagen, daß wir diese Nachsicht nicht brauchen."[408] Der Angeklagte erblickt — sein Schlußwort gleicht mehr einer Selbstbesinnung als einer Gerichtsaussage — seine unabänderliche Abirrung gerade darin, daß seine eigene Position sich faktisch nicht durchgesetzt hat, daß er unwiderruflich sich selbst dem objektiven Gang der Geschichte entfremdet habe. Aber „das Leben in den nächsten Jahren, in den kommenden fünf, zehn Jahren, in denen sich das Schicksal der Welt entscheiden wird, hat nur in dem einen Fall Sinn, wenn die Menschen wenigstens an der simpelsten Arbeit des Lebens teilnehmen können. Das, was war, schließt dies aus. Und dann wäre Nachsicht nur unnötige Quälerei." (Ebd.) Wenn der Lebenssinn total von einem übergeordneten objektiv-notwendigen Geschichtssinn abhängt, gibt es keine Korrektur der Abweichung: „Wir haben restlos begriffen, welchen historischen Kräften wir als Werkzeug dienten. Es ist sehr schlecht, daß wir das bei all unserer Geschultheit so spät begriffen haben, aber möge diese unsere Einsicht irgend jemandem nützlich sein." (Ebd.)

Die gleiche Grundhaltung spricht aus dem Schlußwort Bucharins im dritten Trotzkisten-Prozeß bei der Abendsitzung vom 12. März 1938, in der er ein Bekenntnis über die Motive seines „Geständnisses" ablegt. Wie Radek besinnt er sich auf das eigene Leben im Verhältnis zum Gang der Geschichte: „Ich werde hier von mir selbst sprechen, von den Ursachen meiner Reue ... Ich habe ungefähr drei Monate geleugnet. Dann begann ich Aussagen zu machen. Warum? Die Ursache lag darin, daß ich im Gefängnis meine ganze Vergangenheit umgewertet habe. Denn, wenn man sich fragt: Wenn du stirbst, wofür stirbst du? — dann ergibt sich plötzlich mit erschütternder Deutlichkeit eine absolut schwarze Leere. Es gibt nichts, wofür man sterben müßte, wenn man sterben wollte, ohne bereut zu haben."[409] Der objektive Verlauf der

---

408 Volkskommissariat für Justizwesen der UdSSR, Prozeßbericht über die Strafsache des sowjetfeindlichen trotzkistischen Zentrums. Verhandelt vor dem Militärkollegium des Obersten Gerichtshofes der UdSSR vom 23.—30. Januar 1937 ... Vollständiger Stenographischer Bericht, Herausgegeben vom Volkskommissariat für Justizwesen der UdSSR, Moskau 1937, 603.

409 Volkskommissariat für Justizwesen der UdSSR, Prozeßbericht über die Strafsache des antisowjetischen „Blocks der Rechten und Trotzkisten",

Entwicklung in der UdSSR hat jener Macht „Recht" gegeben, die einen anderen Weg zum Aufbau des Sozialismus einschlug, und diese faktische Macht ist zugleich notwendig-sinnvoll und Kriterium des eigenen Abweichlertums. So „nimmt all das Positive, das in der Sowjetunion leuchtet, nimmt all dies im Bewußtsein des Menschen andere Ausmaße an. Dies hat mich letzten Endes endgültig entwaffnet, dazu getrieben, meine Knie vor der Partei und dem Lande zu beugen." (Ebd.) Indem der Angeklagte sich mit seiner Funktion im objektiven Ablauf einverstanden erklärt, meint er, sein eigenes Leben noch im letzten Augenblick umorientieren zu sollen, d. h. sich ergeben zu müssen: „Und in solchen Momenten, Bürger Richter," — offenbart Bucharin — „fällt alles Persönliche, aller persönlicher Niederschlag, die Überbleibsel der Erbitterung, Eigenliebe und eine ganze Reihe anderer Sachen weg und verschwinden."[410] In den dunklen Stunden der Haft ist ihm seine eigene Grundeinstellung zum Gang der Geschichte bewußt geworden; er ist bereit, die Konsequenzen auf sich zu nehmen, denn „in Wirklichkeit ... ist alles klar" (ebd.). Das Faktische ist zugleich das Notwendige und Sinnvolle: „Die Weltgeschichte ist das Weltgericht." (Ebd.)

Wir setzen uns in dieser Untersuchung nicht selbstgefällig ein zweites Mal über Ankläger und Angeklagte zu Gericht, sondern suchen die *gedanklichen Voraussetzungen* des Geschehens zu klären und das objektivistische Verständnis vom Sinn des Lebens zu entlarven: Indem die *abgeleitete* Kategorie „Bedeutung" als primär gegenüber der *ursprünglichen* Kategorie „Sinn" vorgegeben wird, gibt sie die theoretische Begründung einer *totalen Funktionalisierung des Lebens:* Wenn man den Lebenssinn von einer semantischen „Bedeutung" her versteht, betrachtet man ihn eben ohne Rücksicht auf das primäre Eigensein des Menschen und nur unter dem Aspekt seines Bedeutungseins, d. h. seiner Funktion für den (vorgeblich durchschauten) Gesamtsinn. Damit verfälscht der Dogmatismus das abstrakte Bedeutungsein zum konkreten Eigensein, verwandelt den lebendigen Menschen in ein Abstraktum. Ist die Weltgeschichte das Weltgericht, d. h. besitzt der faktische Verlauf der Ereignisse die Berechtigung zum Schuldspruch, dann fallen Geschichtssinn und faktische Macht zusammen, — was *ist*, ist *im Recht* — und unabwendbar.

Verhandelt vor dem Militärkollegium des Obersten Gerichtshofes der UdSSR vom 2.—13. März 1938 ... Vollständiger Stenographischer Bericht, Herausgegeben vom Volkskommissariat für Justizwesen der UdSSR, Moskau 1938, 846.   410 Ebd. 847.

Auf dieser gemeinsamen Ebene finden sich Ankläger und Angeklagte, spielen auf der Basis eines gemeinsamen Geschichtsverständnisses ihre je verschiedenen Rollen. Hier treffen sich der abstrakte *Sinnschematismus* eines Manipulierens mit der durchschauten geschichtlichen Totalität und der *Dogmatismus* des Personenkultes: Die mit unfehlbarer Einsicht begnadete tatsächliche Macht nimmt die Einordnung des einzelnen Lebens in den durchschauten Gesamtsinn der Geschichte für die derzeitige Geschichtsetappe verbindlich vor; diese Einordnung und Bewertung des Menschen wird zum Schiedsspruch über Leben und Tod. Denn wer könnte ihm sein *Eigensein* oder — was nur ein juridischer Ausdruck für diesen Verhalt ist — sein persönliches Recht über ein funktionales *Bedeutungsein* hinaus garantieren?

Letztlich erweisen sich Angeklagte und Ankläger beide als Opfer ihrer fatalistischen Grundanschauung, da auch die Richter zu Gerichteten wurden. Maurice Merleau-Ponty bezeichnet dies als „Tragik geschichtlicher Kontingenz" und führt aus: „Was immer sein guter Wille sein mag, der Mensch versucht zu handeln, ohne den objektiven Sinn seiner Handlungen exakt bewerten zu können, er konstruiert sich ein nur durch Wahrscheinlichkeiten gerechtfertigts Zukunftsbild, das in Wahrheit die Zukunft herbeizieht, aufgrund dessen er also verurteilt werden kann, denn das Ereignis ist eindeutig."[411] Dazu ist kritisch zu bemerken:

---

[411] M. Merleau-Ponty: Humanismus und Terror, I. Teil, Frankfurt/M. 1966, 108.
Der Stalinismus unterdrückte die Ansätze zu einem philosophischen Verständnis des Menschen im Marxismus, indem er Materialismus und Dialektik voneinander trennte: Der isolierte *Materialismus* wendete sich als Mechanizismus gegen den Menschen und maschinisierte ihn. „Seinerzeit" — kritisiert daher Gumnickij — „war bei uns die Ansicht verbreitet, als sei der Mensch ein ‚Schräubchen' des gesellschaftlichen Mechanismus, ein einfaches Mittel des sozialen Fortschritts." (Smysl žizni, sčast'e, moral', 105) Das andere Element des Marxismus, seine *Dialektik,* verselbständigte sich als totalitärer Idealismus, der den Menschen zum Aufbau einer angeblich vorhergeschauten Zukunft gewalttätig in den Griff bekommen wollte. „Der Irrtum der meisten Formen eines revolutionären Fanatismus — den Stalinismus inbegriffen — besteht unter anderem darin," — urteilt Machovec — „daß die politische Macht zum ausschließlichen Mittel wird, um ein Paradies auf der Erde zu schaffen." (Der Sinn des menschlichen Lebens, 84) Sucht aber die Utopie die Freiheit zu überspielen, so kann das Paradies ohne Freiheit

Der „objektive Sinn" der Handlungen der Menschen besteht nicht in ihrer Teilhabe an einem Sinn der „Zukunft", sondern in ihrer *Bindung an den Lebenssinn des handelnden Menschen* und seiner Mitmenschen; *Sinn betrifft primär die Ganzheit des Lebens und nicht eine spekulativ usurpierte Totalität der Geschichte.*

Abschließend können wir der Kritik von B. T. Grigor'jan zustimmen, die er an einem methodisch falsch gewonnenen Verständnis vom Sinn des Lebens übt. Nach der *subjektivistischen* Extremlösung „wird als Ziel der Geschichte der *Mensch* selbst verkündet, das *Individuum,* das als Selbstzweck angesehen wird".[412] In dieser Fehlhaltung gelingt es nicht, die Isolierung des einzelnen Menschen zu durchbrechen und verständlich zu machen, daß sich der Sinn des Lebens immer nur *mit* der Gesellschaft, d. h. mit den andern Menschen realisieren läßt. Diese Abkapselung ist „äußerster ‚Subjektivismus', der alles auf das Leben des einzelnen Individuums reduziert und ebendadurch eine objektive Bedeutsamkeit des menschlichen Lebens und der gesellschaftlichen Ideale ablehnt" (ebd.). In diesem Zusammenhang interessiert mehr die Ablehnung der *objektivistischen* Auffassung, die den Sinn des Lebens von einem Sinn der Geschichte oder einem Sinn des Seins her zu lösen sucht. Grigor'jan weist sie in ihrer theologischen und in ihrer geschichtsphilosophischen Erscheinungsform ab: Hier werde „als Ziel des geschichtlichen Fortschritts *Gott* oder eine unsterbliche *Menschheit* erklärt, derentwegen ein jeder alles und jedes zu opfern habe" (ebd.). Der Autor folgert, daß dieser „äußerste ‚Objektivismus' unausweichlich zur Vernichtung der Persönlichkeit führt, zur Geringschätzung der Interessen des Menschen" (ebd.). Daher sieht er sich zu der kritischen Frage berechtigt: „Wenn der Sinn des Lebens in der völligen und restlosen Selbsthingabe an Gott oder an irgendein vergöttlichtes Gesellschaftsideal besteht, wozu sind dann Gott oder dieses Ideal für den Menschen notwendig?" (Ebd.) Insofern ein Gottesverständnis nicht der Selbstverantwortung des Menschen für seinen Lebenssinn Rechnung trägt oder ein Geschichtsdenken den Lebenssinn zur Bedeutungsfunktion degradiert, sind sie zu keiner Lösung der Frage nach dem Sinn des Lebens fähig; „der Mensch geht in Gott und einem alles verschlingenden Ideal auf" (ebd.).

---

nur ein Paradies ohne menschliche Persönlichkeiten werden, ein System von Moralrobotern.

412 B. T. Grigor'jan: Dlja čego živët čelovek? 66.

c. Der Sinn des Lebens in der Geschichte

Wenn ein bereits vorliegender *Sinn der Geschichte* von der marxistischen Philosophie nicht anerkannt wird, stellt sie aber damit das menschliche Leben in einen „letzten Horizont der Gleichgültigkeit", wie Helmut Gollwitzer meint? Er sucht seine Ansicht zu begründen: „Was marxistisch als Sinn der Geschichte und damit des Einzellebens angegeben wird, ist, eingepackt in die Gestalt einer Antwort, das Scheitern der Antwort."[413] Eben dieses „und damit" läßt sich als methodisch falsch zurückweisen, ohne daß der Marxismus auf einen „hochgradigen Subjektivismus" hinausläuft.[414] Er stellt die Frage anders und gelangt zu einer anderen Bestimmung des Verhältnisses von Leben und Geschichte: Im Gegensatz zu der platonisierenden Auffassung, daß Sinn eine „bleibende Instanz" (ebd.) *voraussetze*, ist der Marxismus der Auffassung, daß das Schaffen des Lebenssinnes Bleibendes *nach sich zieht*.

Wenn auch der naturhafte Bereich neutral gegenüber Sinn ist, so wird er vom Menschen doch dergestalt verändert, daß nach seinem Auftreten die Geschichte bleibend von Sinn und Widersinn geprägt erscheint. Die naturhafte Sinnlosigkeit (oder Sinnfreiheit) ist kein Widersinn (oder Unsinn), mag die Alltagssprache hier auch unbedenklich die Begriffe vertauschen. Von Widersinn (oder Unsinn) kann man erst sprechen, wenn eine Erscheinung oder ein Prozeß in Beziehung zum Leben des Menschen treten und für dessen Sinn ein Hemmnis werden. Entsprechend ist das Sinn*hafte* nicht Teilhabe an etwas Sinn*vollem*, z. B. an einer personalen Seinsfülle (Gottes), sondern die Attribute „sinnhaft" und „sinnvoll" bringen den indirekten oder direkten positiven Bezug zum Schaffen des Lebenssinnes zum Ausdruck. Die Erkenntnis, daß erst mit dem Auftreten des Menschen Sinnhaftigkeit in den Wirklichkeitsprozeß eintreten kann, zeigt, daß die Sinnfreiheit, d. h. die Sinn*losigkeit*, gleichzeitig Sinn*möglichkeit* ist. Die Verwirklichung dieser Möglichkeit ist allein dem Menschen überantwortet. Die Verkennung dieses Verhältnisses ist — nach Nicolai Hartmann — die Ursache dafür, daß sich in dieser Frage zwei philosophische Richtungen meinen bekämpfen zu müssen. Beide haben das *praktische Moment* der Sinnprobleme übersehen und verlassen sich auf eine *Sinnfindung:* Der

---

413 H. Gollwitzer: Die marxistische Religionskritik und der christliche Glaube, 93. 100.
414 Ebd. 94.

Positivismus findet ihn nicht in der Wirklichkeit vor, reduziert „Sinn"
auf „Bedeutung", weist ihn der Sprachphilosophie zu[415] und erklärt
die Frage nach einem Sinn des Lebens für eine Scheinfrage. Der *Plato-*
nismus in seinen verschiedenen Denkformen hingegen identifiziert
„Sinn" mit der „Wahrheit" des Seienden und setzt damit nicht nur die
Erkennbarkeit, sondern auch einen Sinn des Seienden voraus. Diese
Scheinlösung kommt einer spontanen Sinnbejahung, die ihr Objekt erst
undeutlich erfaßt, entgegen. Johannes Hessen stellt diese Bejahung
schon an den Beginn seiner Untersuchung über das Sinnproblem: „In
der Tat: das Leben hat einen Sinn. Denn (das ist das erste) bei all unse-
rem Tun setzen wir notwendig einen solchen voraus."[416] In ähnlicher
Weise Béla von Brandenstein: „Wir können nicht umhin, irgendwelchen
Sinn im Sein zu sehen und anzuerkennen..."[417] Weil sich aber hier
Philosophie kontemplativ und nicht als Moment der Praxis begreift,
lassen diese Denker nur die erkenntnishafte Alternative zwischen
„Sinnfinden" und „Widersinnigkeit" zu. Die spontane „Ablehnung
einer sinnwidrigen Welt" aber sieht Hartmann mit Recht als „stärkste
Triebfeder der Metaphysik",[418] hinter der sich nach der Meinung des
Marxismus sowohl ein ernstes Anliegen als auch eine philosophische
Ungenauigkeit verbirgt: das berechtigte Anliegen der Wahrung des
Sinnproblems und die Ungenauigkeit in der *Stellung des Sinn-*
problems.

In der Frage nach dem Sinn des Lebens — darin besteht eine wichtige
Erkenntnis des Marxismus — geht es nicht um eine *erkenntnistheo-*
retische Alternative, ob ein Sinn der Gesamtwirklichkeit vorzufinden
ist oder nicht. Sie fragt vielmehr nach der *ontologischen Alternative:*
Ist diese Wirklichkeit eine sinnmögliche Wirklichkeit oder nicht? Die
Sinnfrage stellt den Menschen schließlich vor die *ethische Alternative:*
Verwirkliche ich in meinem Leben diese Sinnmöglichkeit oder nicht?
Wenn die Philosophie die Sinnmöglichkeit der Wirklichkeit nicht als

---

415 Vgl. R. Carnap: „Der Sinn einer Aussage besteht darin, daß sie einen
(denkbaren, nicht notwendig auch bestehenden) Sachverhalt zum Ausdruck bringt. Bringt eine (vermeintliche) Aussage keinen (denkbaren)
Sachverhalt zum Ausdruck, so hat sie keinen Sinn, ist nur scheinbar
eine Aussage." (Scheinprobleme der Philosophie, Das Fremdpsychische
und der Realismusstreit, Frankfurt/M. 1966, 47).
416 J. Hessen: Der Sinn des Lebens, Rottenburg 2. Aufl. 1936, 13.
417 B. von Brandenstein: Leben und Tod, 44.
418 N. Hartmann: Teleologisches Denken, 57.

praktische Aufgabe erkennt, sondern das Sinnproblem nur theoretisch zu lösen versucht, sieht sie sich vor ein Dilemma gestellt: Entweder interpretiert sie (im Positivismus) die Sinn*möglichkeit* als „nichts" (noch nicht Verwirklichtes) oder (in der Sinnmetaphysik) als „etwas" (schon Verwirklichtes). Unfähig, aus der kontemplativen Grundhaltung auszubrechen, zieht die Sinnmetaphysik die Flucht nach vorn (es gibt schon Sinn) einer Kapitulation (es gibt keinen Sinn) vor.

Vom Standpunkt des Marxismus selbst ist nach dem Gesagten mit Entschiedenheit der voreiligen Behauptung aus den eigenen Reihen „Für den Materialismus existiert die sogenannte Sinnfrage überhaupt nicht"[419] entgegenzutreten. Arnold Buchholz qualifiziert die Grundhaltung solcher Meinungen mit Recht als positivistisch, und unsere Untersuchung bestätigt diesen Vorwurf. Wie aus dem Gang dieser Studie ersichtlich wird, existiert das Sinnproblem auch für den Marxisten, — aber er stellt dieses Problem auf besondere Weise.

Erkennt der Mensch das Schaffen von Sinn als seine eigene Aufgabe, dann begreift er ihre Gefährdung. Insofern sie als eine *Aufgabe* weder mechanischer Ablauf noch selbstregulierender Prozeß ist, schließt sie *Bewußtsein* als Unterscheidungsvermögen und *Freiheit* als Entscheidungsvermögen ein. Freiheit bedeutet auch Gefährdetheit, Fehlentscheidung und Versagen, Risiko der Existenz. Doch „gerade dadurch, daß in der Welt nicht über den Kopf des Menschen hinweg für Sinngebung gesorgt ist, ist in Wahrheit in ihr der Spielraum für seine Sinnerfüllung gegeben".[420] Ein vorgegebener Sinn ist nach Nicolai Hartmann nicht nur methodisch fehlerhaft erschlossen, er wäre innerlich unmöglich, da Freiheit eine Freiheit *von* Fremdbestimmtheit und die Freiheit *zur* Selbstbestimmung ist, „fremdbestimmte Sinnhaftigkeit" aber ein innerer Widerspruch wäre.

Beim Klärungsversuch des Sinnproblems unterläuft auch Arnold Buchholz der doppelte Irrtum, den Lebenssinn nur von einem vorgegebenen Sinn her verstehen zu wollen und die Sinn-Neutralität der naturhaften Wirklichkeit als Unsinnigkeit zu interpretieren. Er zitiert Engels' Aussage über den ewigen Kreislauf der Materie[421] und meint: „Könnte man mit Sicherheit sagen, daß diese von Engels dargelegte Vorstellung das letzte Wort über die Welt und die Stellung des Menschen in ihr

---

419 K. Gössler: Vom Wesen des Lebens, 267.
420 N. Hartmann: Teleologisches Denken, 112.
421 Vgl. F. Engels: Dialektik der Natur, In: MEW 20, 327.

ist, so würde man sich resignierend in diese unsinnige Welt fügen müssen."[422] Dabei entgeht dem Autor sowohl sein eigener kategorialer Vorgriff durch Projektion der Sinnkategorie aus dem menschlich-gesellschaftlichen Bereich hinaus, als auch sein zuvor usurpierter absoluter Standpunkt: Kontingenter Sinn wird betrachtet im vorausgesetzten Lichte eines das gesamte Sein durchwaltenden absoluten Sinnes. Aber wie geht solche „Sinnfindung" denn vor? Seine Kritik am Marxismus abstrahiert die Sinnkategorie aus dem sie gründenden menschlich-gesellschaftlichen Bereich und projiziert sie in das Universum, um von einem jenseitigen Subjekt kosmischen Sinn garantieren zu lassen. Dieser Gedankengang war in seinen verschiedenen Variationen jedoch schon gescheitert, und die marxistisch verstandene Sinn*losigkeit* des Kosmos kann nicht als dessen universaler Defekt interpretiert werden, bildet vielmehr Sinn*möglichkeit* für den Menschen. Es ist nicht der Marxismus, der sich einen „metaphysischen ‚Vorgriff' auf das Ganze der Wirklichkeit"[423] zu Schulden kommen läßt, und ebenfalls behauptet der Marxismus nicht einschlußweise die „totale Sinnlosigkeit allen Seins" (ebd.), denn durch den Menschen wird die Sinnmöglichkeit des Seins sinnhaft oder widersinnig geprägt.

Der Marxismus lehnt aus methodischen Gründen wie auch aus dem Verständnis der Freiheit jede kosmische Sinnvoraussetzung ab. So führen R. Schulz und J. H. Horn gegenüber der immanenten Teleologie Ernst Blochs an: „Wir meinen . . ., daß es einen Sinn des Gesamtkosmos nicht geben kann, da der Begriff ‚Sinn' unmittelbar nur mit *menschlichem* Tun und Handeln verknüpft sein kann."[424] Das gleiche Argument bringt G. K. Gumnickij in seiner Auseinandersetzung mit früheren Arbeiten von P. M. Egides vor, dem er dessen „eigenartige ‚kosmische' Begründung des Lebenssinnes"[425] vorwirft und ihm entgegenhält: „Kann man denn überhaupt sagen, daß die Existenz der Menschheit irgendeinen ‚Sinn' hat? ‚Sinn haben' kann doch nur das, was zweckbestimmt ist, was eine festumrissene Zweckbestimmung, ein Ziel hat. Die Menschheit jedoch, wie auch die Sterne, die Planeten, die Pflanzen- und Tierwelt, existiert nicht ‚für etwas', sondern einfach, weil sie existiert."[426]

422 A. Buchholz: Der Kampf um die bessere Welt, 158.
423 Ebd. 165.
424 R. Schulz, J. H. Horn: Kritisches zum Fortschrittsbegriff Ernst Blochs, In: DZPh 1957/5/88.
425 G. K. Gumnickij: Smysl žizni, sčast'e, moral', 102.   426 Ebd. 103.

Da ihm niemand Sinn garantiert hat, muß der Mensch für sich selbst einstehen; da niemand außer dem Menschen Sinnwidrigkeit verursacht hat, fehlt sowohl die sachliche Grundlage als auch der Gegenstand für einen Atheismus aus Protest. „Indem die *Wesenhaftigkeit* des Menschen und der Natur, indem der Mensch für den Menschen als Dasein der Natur und die Natur für den Menschen als Dasein des Menschen praktisch, sinnlich, anschaubar geworden ist, ist die Frage nach einem *fremden* Wesen, nach einem Wesen über der Natur und den Menschen — eine Frage, welche das Geständnis von der Unwesentlichkeit der Natur und des Menschen einschließt — praktisch unmöglich geworden."[427] Das ausdrücklich Wesentliche für den Menschen sind nach marxistischer Auffassung Natur und Gesellschaft, nicht Gott. Hat sich diese Anschauung in der Gesellschaft durchgesetzt, so verliert Atheismus seine Berechtigung: „Der *Atheismus,* als Leugnung dieser Unwesentlichkeit, hat keinen Sinn mehr, denn der Atheismus ist eine *Negation des Gottes* und setzt durch diese Negation das *Dasein des Menschen;* aber der Sozialismus als Sozialismus bedarf einer solchen Vermittlung nicht mehr; er beginnt von dem *theoretisch und praktisch sinnlichen Bewußtsein* des Menschen und der Natur als des *Wesens."* (Ebd.) Aus den gleichen Gründen wehrt sich Evgenij Babosov gegen die Darstellung, als ob sich der marxistische Humanismus aus der Ablehnung Gottes herleite, eine Konsequenz des Atheismus sei, und stellt richtig: „Im Marxismus-Leninismus . . . entspringt der Humanismus nicht aus dem Atheismus, sondern umgekehrt, der Atheismus ergibt sich aus einem konkreten und realen Humanismus, dessen kennzeichnende Besonderheiten nicht durch die Ablehnung Gottes bestimmt werden, sondern durch die Bestätigung des Menschen, der aus den ökonomischen, politischen und geistigen Fesseln und Illusionen befreit wurde."[428]

Umgreift kein Sinn *der* Geschichte das Leben und läßt es teilhaben an seinem Sinnganzen, so kann die Sinnfrage nicht mehr von der Geschichte auf das Leben, sondern muß *vom Sinn des Lebens her auf die Geschichte angewendet* werden. *Wenn das größtmögliche Sinnganze das einzelne Leben selbst ist, so kann allein von ihm her die Frage nach einer Sinnhaftigkeit der Geschichte gestellt werden:* Weil der Sinn des Lebens die endliche Aufgabe des Menschseins ist, bezieht sich alles, was

---

427 K. Marx: ÖPhM 125.
428 E. Babosov: Naučno-techničeskaja revoljucija i christianskaja „revoljucionnost'" / Die wissenschaftlich-technische Revolution und christliche „Revolutionarität" /, In: NR 1967/11/67.

„sinnhaft" oder „sinnvoll" ist oder „Sinn hat" auf den menschlichen Lebenssinn. Insofern mißt sich auch Sinnhaftigkeit in der Geschichte am Leben des Menschen: „Sinn" ist nicht nur im Hinblick auf das Leben des Einzelnen das sittliche Prinzip des menschlichen Seins, sondern auch das *sittliche Prinzip der Geschichte*.

Sinn *in* der Geschichte ist in dem Maße aufzufinden, als kulturelle und gesellschaftliche Einrichtungen Zeugnis vom Ringen der Menschen um den Sinn ihres Lebens ablegen und zu verbesserten Bedingungen des Lebens der andern werden. Von einem *ursprünglich-sinnvollen Handeln* über die *gedankliche Klärung des Lebenssinnes* bis zum *Erforschen des Verhältnisses von Lebenssinn und Geschichte* zeigen sich drei Stufen einer vertieften Durchdringung des Problems. „Die Menschen erfüllten" — sagt dazu Marija I. Petrosjan — „zumeist ihre menschliche Berufung, ohne davon genau zu wissen. Wichtig ist jedenfalls, daß sie das taten."[429] Die Revolutionen in der Geschichte, in denen die gewachsenen materiellen Möglichkeiten in eine neue gesellschaftliche Wirklichkeit überführt und einer größeren Gruppe zugänglich gemacht wurden, sind — nach der Auffassung des Marxismus — die Marksteine einer allgemein sinnvollen Entwicklungsrichtung in der geschichtlichen Grunddialektik von Produktivkräften und Produktionsverhältnissen. Die Menschheit stellt sich — wie Marx sagt — „immer nur Aufgaben, die sie lösen kann, denn genauer betrachtet wird sich stets finden, daß die Aufgabe selbst nur entspringt, wo die materiellen Bedingungen ihrer Lösung schon vorhanden oder wenigstens im Prozeß ihres Werdens begriffen sind".[430] Materielle Bedingungen machen jedoch noch keine Geschichte, wie Georgij Plechanov klarstellt: „Bismarck sagte, wir können die Geschichte nicht machen, sondern müssen warten, bis sie gemacht wird. Aber von wem wird denn die Geschichte gemacht? Sie wird gemacht vom *gesellschaftlichen Menschen,* er ist ihr *einziger* ‚Faktor' ..."[431] Da er sein Geschichtsverständnis an der großen Linie des Verhältnisses von Produktivkräften und Produktionsverhältnissen orientiert und die Menschen dieses Verhältnis in den verschiedensten Epochen zwar nicht notwendig, aber tatsächlich jeweils revolutionär

---

429 M. I. Petrossjan: Essay über den Humanismus, 190.

430 K. Marx: Zur Kritik der Politischen Ökonomie, Vorwort, In: MEW 13, 9.

431 G. V. Plechanov: K voprosu o roli ličnosti v istorii / Zur Frage der Rolle der Persönlichkeit in der Geschichte /, In: IFP 2, 333.

bereinigt haben, glaubt der Marxismus auch für die Zukunft an den „Faktor" der Geschichte, an den Menschen.

Solcher Glaube an den Menschen prägt das Lebensverständnis des Kosmonauten B. B. Egorov: „Der Sinn des Lebens" — so schreibt er als persönliches Bekenntnis — „liegt in einem tiefen Glauben an den Menschen, an seine Kräfte, an den Fortschritt der Wissenschaft. Ich glaube an eine lichte Zukunft, die erbaut wird von den Händen der Menschen."[432] Dieser Glaube sucht Gesinnungsgenossen nicht nur unter erklärten Marxisten, sondern auch unter Menschen anderer Weltanschauung, wie Ju. A. Levada im Schlußwort einer Auseinandersetzung mit Teilhard de Chardin in spürbarer Zuneigung zu erkennen gibt: „Darum geht es ja, *was für einen* Glauben Teilhard begründen wollte. Obwohl er die unlösbaren Widersprüche zwischen Wissenschaft und Religion nicht zu lösen vermochte, war und blieb er ein *Mensch*, eben gerade ein Mensch, der die Welt wirklich erkennen will und unter Qualen Wege zu einer besseren Zukunft sucht."[433]

Für die gegenwärtige Geschichtsepoche ist die Erbauung des Sozialismus und Kommunismus in Überwindung der kapitalistischen Entfremdungen dann als sinnvoll zu bezeichnen, wenn er entsprechend den ausreichenden Produktivkräften den Menschen die ausreichende Befriedigung ihrer materiellen Bedürfnisse zu garantieren bemüht ist und dadurch die Vertiefung der menschlichen Beziehungen ermöglicht. Diese Stufe des Kommunismus bezeichnet Marx als *positive* Aufhebung des *Privateigentums*, als *menschlicher Selbstentfremdung*, und darum als wirkliche *Aneignung des menschlichen* Wesens durch und für den Menschen; ... er ist die *wahrhafte* Auflösung des Widerstreites zwischen dem Menschen mit der Natur und mit dem Menschen, die wahre Auflösung des Streits zwischen Existenz und Wesen, zwischen Vergegenständlichung und Selbstbestätigung, zwischen Freiheit und Notwendigkeit, zwischen Individuum und Gattung. Er ist das aufgelöste Rätsel der Geschichte und weiß sich als diese Lösung."[434] Es geht im Kommunismus nicht um eine theoretische Lösung des Rätsels der Geschichte „von oben", von einer durchschauten Totalität her, sondern er ist die geschichtliche Bewegung, die die entstehenden Rätsel „von unten" prak-

---

432 In: NR 1965/4/35.
433 Ju. A. Levada: Vera vo čeloveka / Der Glaube an den Menschen /, In: NR 1966/10/28.
434 K. Marx: ÖPhM 114.

tisch überwindet, weil ihm das Geschichtsgesetz der konkreten Dialektik nicht mehr rätselhaft ist.[435]

Über die sich ergebende Verantwortung des Menschen schreibt G. S. Batiščev: „Damit nicht eine Situation ähnlich jener eintritt, da man ‚den Menschen halt vergessen hat‘, d. h. um die gesellschaftliche Geschichte nicht zu ‚entmenschlichen‘, muß man dieser ganzen Geschichte Sinn geben als einer *menschlichen Geschichte*. Um nicht die soziale Wirklichkeit in eine Welt unmenschlicher Dinge zu verwandeln, in der kein Raum für die Person ist, muß man diese ganze Wirklichkeit als *menschliche Wirklichkeit*, als Welt des *Menschen* begreifen.“[436] Die Vermenschlichung der Welt beginnt beim Einzelnen selbst, in der Einheit von sachhafter Tätigkeit und sittlichem Verhalten, wie der sowjetische Autor fortfährt: „Aber dafür gibt es nur einen Weg: die Einheit der Dialektik der *gegenständlichen Tätigkeit* als eine *Einheit der Gegensätze von Vergegenständlichung und Entgegenständlichung* zu bekräftigen.“ (Ebd.)

Das tätige Lösen des Rätsels der Geschichte, ihre Sinngebung als Vermenschlichung, besteht nicht in der einfachen Aneignung der Natur, wie Henri Lefèbvre verstanden werden könnte: „Die wachsende Macht über die Natur ist eine wesentliche Tatsache, ohne die es keine Entwicklung, sondern nur Stagnation oder Chaos gäbe.“[437] Ist ihm darin noch zuzustimmen, so verkennt er anscheinend den Unterschied von Naturbeherrschung, faktischem und sinnvollem Geschichtsverlauf, wenn er fortfährt: „Darin besteht der Sinn der Geschichte, hierdurch hat die Geschichte einen Sinn: eine allgemeine Richtung.“ (Ebd.) Es genügt auch nicht, wenn Maurice Merleau-Ponty ausführt, der Marxismus beruhe „im wesentlichen auf der Vorstellung, daß die Geschichte einen Sinn hat — mit anderen Worten, daß sie intelligibel und ausgerichtet

---

435 Dieses *praktisch* zu verstehende Lösen des bisherigen Grundwiderspruches der Geschichte interpretiert J. Y. Calvez anders, da er bei Marx einen *theoretisch* vorweggenommenen Sinn der Geschichte zu erkennen meint und dazu schreibt: „Im revolutionären Handeln des Proletariats und der Einsetzung des Kommunismus erhält die Geschichte im ganzen ihren Sinn.“ (Karl Marx, Darstellung und Kritik seines Denkens, Olten—Freiburg 1964, 448)

436 G. S. Batiščev: Obščestvenno-istoričeskaja..., 22 (Letzte Hervorhebung von mir. — HFS).

437 H. Lefèbvre: Probleme des Marxismus heute, Frankfurt/M. 1965, 79.

149

ist — und zur Herrschaft des Proletariats führt".[438] Der Marxismus
„beruht" nicht auf der Vorstellung von einem Sinn der Geschichte,
sondern er sucht diese Sinnhaftigkeit aus ihrem bisherigen Verlauf zu
folgern, identifiziert aber Richtung und Intelligibilität nicht mit Sinnhaftigkeit; er begreift diese als Bedingungen von Sinnhaftigkeit, nicht
als Sinnhaftigkeit selbst. Sinn *in der Geschichte* geschieht nach dem Verständnis des Marxismus vielmehr als praktische Bewegung der Aufhebung der geschehenden Sinnwidrigkeiten durch das Lösen der konkreten Widersprüche, die dem menschlichen Lebenssinn entgegenstehen.

Unhaltbar erscheint auch der pauschale Vorwurf, der Marxismus sei
eine chiliastische Geschichtsauffassung, die sich im „Glauben an die notwendige Vollendung der Geschichte manifestiert".[439] Wie sollte Geschichte, das gesellschaftliche Werden, sich vollenden? Obgleich nicht
sein Parteigänger, bringt Merleau-Ponty seine Überzeugung von der
philosophischen Originalität des marxistischen Geschichtsverständnisses
zum Ausdruck, das Geschichte als Bewegung und nicht als Zustand versteht: Der Marxismus ist „das einfache Aussprechen der Bedingungen,
ohne die es keine Menschheit im Sinn einer Wechselbeziehung der Menschen und keine Rationalität der Geschichte gibt. In diesem Sinn ist er
nicht irgendeine Geschichtsphilosophie, sondern *die* Geschichtsphilosophie, und auf sie verzichten heißt die geschichtliche Vernunft zu Grabe
tragen. Was bleibt, sind Träumereien oder Abenteuer."[440]

Läßt sich marxistisch zwar von Sinn *in* der Geschichte sprechen, so
bleibt manche Redeweise von einem Sinn *der* Geschichte höchst fragwürdig. Einerseits ist — nach Garaudy — der Marxismus eine „*Metho-
dologie der historischen Initiative*",[441] andererseits jedoch soll er eine
Theorie vom werdenden Sinn der Geschichte bieten: „Der Sinn der
Geschichte ist das Werk des Menschen oder vielmehr: das Werk des
Menschen in der Totalität ihrer Geschichte."[442] Ähnliche Gedanken vertritt Karel Kosík: „Wenn die Geschichte nicht vorherbestimmt ist und
der Mensch nicht aus kosmischen Erscheinungen herauslesen kann, daß

438 M. Merleau-Ponty: Humanismus und Terror, II. Teil, Frankfurt/M.
   1966, 35.
439 M. G. Lange: Marxismus — Leninismus — Stalinismus, Zur Kritik
   des dialektischen Materialismus, Stuttgart 1955, 43.
440 M. Merleau-Ponty: Humanismus und Terror, II. Teil, 60.
441 R. Garaudy: Vom Bannfluch zum Dialog, 69.
442 R. Garaudy: Marxismus im 20. Jahrhundert, 176.

der Sieg des Guten absolut und für immer garantiert ist; wenn die Vernunft, mit der Hegel auf die Geschichte blickte, damit sie vernünftig sei, nicht die ‚unvoreingenommene' und überhistorische Vernunft eines objektiven Beobachters war, sondern die dialektisch formulierte Vernunft des christlich-theologischen Weltbegriffes — ergibt sich dann, daß die Geschichte absurd ist und keinen Sinn hat, daß Geschichte und Vernunft sich gegenseitig ausschließen?"[443] Der Autor antwortet darauf: Ist die Geschichte zwar nicht vernünftig vorherbestimmt, so wird sie doch als praktische *„Konfliktvernunft* der historischen Dialektik"[444] realisierbar. Diese Bewegung geht vom Einzelleben aus und schafft einen Sinn der Geschichte: „In der Geschichte realisiert der Mensch sich selbst... Der Sinn der Geschichte liegt in der Geschichte: in ihr expliziert der Mensch sich selbst, und diese geschichtliche Explikation, die identisch ist mit der Bildung des Menschen und der Menschlichkeit, ist der einzige Sinn der Geschichte."[445]

Uns scheint auch dieser Anspruch noch zu hoch gegriffen. Denn wenn kein Sinn der Geschichte als unveränderlich vorausgesetzt ist, müßte es sich um einen *werdenden Sinn der Geschichte* handeln. Das Werden aber bedarf eines *Trägers*, der wird. Der Mensch ist zwar ein werdendes Seiendes; Geschichte aber ist kein Seiendes, sondern selbst die *gesellschaftliche Form des Werdens*. Es kann also keinen werdenden Sinn der Geschichte geben. Von einem Sinn der Geschichte vermöchte allein die christliche Eschatologie zu sprechen, ohne sich in innere Widersprüche zu verwickeln. Dem Marxismus jedoch muß die Vorstellung von einem Sinn der Geschichte wesensfremd bleiben.

4. Das gesellschaftliche Leben als Vermittlungsform der Sinngebung

Eine Sinnhaftigkeit in der Geschichte mißt sich daran, ob es in ihr den Menschen gelingt, ihren Lebenssinn zu schaffen, die *materiellen Lebensbedingungen* zu verbessern und die *institutionellen Vermittlungsformen* des Lebenssinnes zu vervollkommnen. Die Klärung dieser Zusammenhänge ermöglicht es, im nächsten Abschnitt die Verwirklichungsform des Lebenssinnes näher zu kennzeichnen und schließlich die Kernfrage des Sinnproblems zu beantworten, worin das individuelle Resultat des gelingenden Lebenssinnes besteht.

---

443 K. Kosík: Die Dialektik des Konkreten, 232.
444 Ebd. 233.   445 Ebd. 234.

A. Die Sinngebung in der Gesellschaft

Die Verbesserung der materiellen Lebensbedingungen und die Vervollkommnung der institutionellen Vermittlungsform des Lebenssinnes ist allgemein als *Fortschritt* zu verstehen, der sich auf die Sinnenhaftigkeit wie auf die Gesellschaftlichkeit des Menschen bezieht.

a. Der Fortschritt

Während in einem statischen Wirklichkeitsverständnis vordergründig die Natur als nahezu unveränderlicher Sachbereich angesehen wurde, kam durch Industrie und Technik der dynamische Aspekt der Wirklichkeit in den Blick: Die Errungenschaften einer wachsenden Naturbeherrschung ergeben sich seit dem Auftreten des Menschen *relativ spontan* als die ökonomische Basis geschichtlicher Entwicklung. Die Produktion erbringt *ökonomischen Fortschritt,* einen in Detail und Umfang fortschrittlich beherrschten naturhaften Bereich in Industrie und Technik.

Jedoch ergibt sich aus dem Produktionsakt selbst ein angezielter Zweck der Produktion, der über das Sachhafte hinausgehende *gesellschaftliche Bezug.* Denn *wozu* dient die Veränderung der Natur? Die Technik ist ja nicht irgend etwas anderes im Vergleich mit der Natur, sondern sie ist *das bestimmte Andere der Natur.* Ihre Bestimmung ist erstlich die fortschrittliche Befriedigung der Bedürfnisse der Menschen einer Gesellschaft, und dieser *gesellschaftliche Grundbezug* der ökonomischen Arbeit konstituiert sie als Wert. Aus dem Akt der Produktion her ist der materielle Fortschritt *ökonomischer Wert;* in ihr vollzieht der Mensch eine Aufwertung der Natur zur Technik. Die Beherrschung der Natur erfüllt sich in ihrer Werthaftigkeit für die Gesellschaft.

Demgegenüber bringt die Ausbeutung eine Engführung des Produktionsprozesses und seinen Abbruch. Sie reduziert ihn auf rein Sachhaftes und enteignet sein Ergebnis, noch bevor es als Wert den Bedürfnissen der Gesellschaft zugute kommen kann. Indem sie den für die Gesellschaft geschaffenen ökonomischen Wert in Kapitel verwandelt, schafft sie die Illusion des Kapitels als eines vermeintlichen Selbstwertes und konstruiert ein System des Zusammenhangs von „Wert und Entwertung der Menschen",[446] so daß der Arbeitende, „je mehr Werte er schafft, er um so wertloser"[447] wird. Das pervertierte Ergebnis entspringt der ver-

---

446 K. Marx: ÖPhM 82.   447 Ebd. 84.

zerrten Form der Arbeit selbst, in der er „keine freie physische und geistige Energie entwickelt, sondern seine Physis abkasteit und seinen Geist ruiniert".[448] Hierin verkehrt sich das ursprüngliche Bezugsverhältnis: Nicht mehr orientiert sich das Sachliche an seinem gesellschaftlichen Wert, sondern der Profit verhindert den gesellschaftlichen Bezug: „Mit der *Verwertung* der Sachenwelt nimmt die *Entwertung* der Menschenwelt in direktem Verhältnis zu."[449] Dies führt zu einem gesellschaftlichen Zustand, in dem „überhaupt die *unmenschliche Macht* herrscht".[450] In Verkennung des gesellschaftlichen Grundbezuges der sachhaften Produktion stellt die Ausbeutung den materiellen Erst- und gesellschaftlichen Endzweck auf den Kopf: Die wertschöpfende Arbeitstätigkeit bezieht sich nicht mehr auf den Lebensvollzug des Menschen, sondern der Lebensvollzug dient insgesamt nur der Erhaltung der Arbeitskraft, das Leben bezieht sich allein auf die Arbeit zu seiner Erhaltung: „Das Leben selbst erscheint nur als *Lebensmittel*."[451] Wenn verschärfte Ausbeutung sogar die Befriedigung der sinnenhaften Bedürfnisse verhindert, nimmt sie die Möglichkeit zu einer Vermenschlichung der Bedürfnishaftigkeit des Menschen und greift zerstörend in sein Leben ein, „macht seine Lebenstätigkeit, sein *Wesen,* nur zu einem Mittel für seine *Existenz*" (ebd.).

Wozu die besitzende Minorität die Abhängigen verurteilt, dazu verurteilt sie sich selbst: Da sie nicht begreift, daß man es „unmittelbar mit dem Menschen selbst"[452] zu tun hat, sobald man die Arbeit in Vollzug und Resultat betrachtet, wirkt sich die Ausbeutung der anderen auch als menschliche Verarmung des Ausbeuters aus. P. M. Egides kommt zu dem Urteil: „Die Bourgeoisie war Trägerin eines *einseitigen* Fortschritts der Produktivkräfte, indem sie den Sinn ihres Lebens in der Akkumulation [von persönlichem Reichtum] sah."[453] Den Menschen bestimmt jedoch nicht sein Haben, sondern sein Sein; der Reichtum im sachhaften Haben wird zur Armut an menschlichem Sein: „Wenn aber der Mensch sein Leben ausrichtet auf sein persönliches Wohl *auf Kosten des Glücks der andern,* dann kann ein solches Leben im allgemeinen Endergebnis keinen wahren Sinn haben, selbst wenn es in ihm auch objektiv bedeutsame Momente gäbe." (Ebd.) Stehen ausreichende materielle Möglichkeiten nur einer bevorrechtigten Minderheit zur Verfügung, so zählen letztlich auch hochentwickelte Produktivkräfte vor dem *Sinnkriterium*

---

448 Ebd. 85.   449 Ebd. 82.   450 Ebd. 136.   451 Ebd. 88.
452 Ebd. 93.   453 P. M. Egides: Marksistskaja ėtika..., 33.

nichts mehr. „Der Fortschritt, an dem die Ausbeuter teilhaben, ist ein beschränkter, entstellter. Indem sie nur einen beschränkten, relativen positiven objektiven Sinn hat (hauptsächlich für den Fortschritt einer solchen Komponente der Produktivkräfte wie Werkzeuge und Produktionsmittel), hat die Lebenstätigkeit der Ausbeuter in ihren anderen Seiten einen negativen objektiven ‚Sinn‘." (Ebd.) Die ausbeuterische Lebenstätigkeit wirkt zerstörerisch auf das Leben anderer ein, wirkt sinnwidrig, „denn sie hemmt die geistige und physische Entwicklung der Werktätigen, der lebendigen Produktivkräfte ..., fördert die materielle und geistige Verelendung des Volkes, den sittlichen Rückschritt, und sie verhindert den Aufstieg der schöpferischen Kräfte des Menschen" (ebd.). Demgegenüber betont P. M. Egides die Selbstzweckhaftigkeit des Menschen in allem materiellen Fortschritt: „Die Entwicklung der menschlichen Kräfte jedoch ... muß Selbstzweck sein, demnach das Wichtigste beim Fortschritt." (Ebd.)

Da die Wortführer der Ausbeutung den gesellschaftlichen Bezug der Arbeitsprodukte aus dem Arbeitsprozeß selbst nicht ersehen und den allgemeinen Reichtum nur in der besonderen Form des Privateigentums an Produktionsmitteln, d. h. in einer bereits entarteten Form kennen und „das Privateigentum in seiner tätigen Gestalt zum Subjekt machen, also zugleich den Menschen zum Wesen und zugleich den Menschen als ein Unwesen zum Wesen machen, so entspricht der Widerspruch der Wirklichkeit vollständig dem widerspruchsvollen Wesen, das sie als Prinzip erkannt haben".[454] Auf eine knappe Formel gebracht: „Die zerrissene *Wirklichkeit* der *Industrie* bestätigt ihr *in sich zerrissenes* Prinzip, weit entfernt, es zu widerlegen. Ihr Prinzip ist ja das Prinzip dieser Zerrissenheit."[455]

Die Aufhebung dieser Zerrissenheit leistet die sozialistische Revolution als ein umfassender *Einigungsprozeß,* der Fortschritt als eine *Einigung von Produktivkräften und Produktionsverhältnissen* herbeiführt. „Erst dann" — so schreibt Marx voll Optimismus — „wird der menschliche Fortschritt nicht mehr jenem scheußlichen heidnischen Götzen gleichen, der den Nektar nur aus den Schädeln Erschlagener trinken wollte."[456]
Die Beseitigung des massivsten Widerspruchs der bisherigen Entwick-

---

454 K. Marx: ÖPhM 108 f.

455 Ebd. 109.

456 K. Marx: Die künftigen Ergebnisse der britischen Herrschaft in Indien, In: MEW 9, 226.

lung, darin „alle Kollisionen der Geschichte"[457] ihren Ursprung haben, ist die drängendste Forderung der marxistischen Bewegung.

Wenn sich der Marxismus bemüht, den materiellen Fortschritt der gesamten Gesellschaft zuzuführen, so sieht sie dieses Bestreben als Nahziel und nicht als Endziel. Denn ein Verständnis von der Gesellschaft als bloßem Umschlagplatz gerecht verteilter Arbeitsprodukte führt nicht über einen Konsumsozialismus hinaus. Vielmehr sucht die marxistische Philosophie auch einen *gesellschaftlichen Fortschritt* einsichtig zu machen. Im Unterschied zum relativ spontan erzielten materiellen Fortschritt zeigt sich dieser ständig bedroht von Resignation vor den anliegenden Aufgaben wie auch von selbstsicherem Dogmatismus, der das letzte Gefecht schon gewonnen wähnt. Um die Überwindung solch verhängnisvoller Selbsttäuschung sorgt sich M. J. Gefter und verlangt, „derartigen Auffassungen, die die Existenz und den Kampf verschiedener Tendenzen in der Wirklichkeit ausschließen und damit auch die Möglichkeit, daß die objektiv herangereiften Erfordernisse der gesellschaftlichen Entwicklung verschiedenen konkreten Ausdruck finden können",[458] sei unbedingt entgegenzutreten. Der Kritik dieser „fatalistischen" (ebd.) Auffassungen fügt er hinzu: „Der Dogmatismus in der Theorie verbindet sich hier nicht selten mit linkssektiererischem Abenteurertum in der Politik . . ." (Ebd.)

b. Die Sozialisierung

Gesellschaftlicher Fortschritt zeigt sich zunächst in dem Verhältnis der zunehmenden Komplexität der Wirklichkeit zu einer wachsenden *Solidarisierung der Menschheit* und *Sozialisierung der Gesellschaft.* Unter welcher Voraussetzung kann aber die zunehmende Komplexität der Wirklichkeit zu gesellschaftlichem Fortschritt führen? Deutet sich nicht eher in der gesellschaftlichen Entwicklung eine abnehmende Komplexität durch die Tatsache an, daß in der Geschichte bis zum Kapitalismus die Klassengegensätze immer mehr „vereinfacht"[459] erscheinen, wie

---

457 K. Marx, F. Engels: Die Deutsche Ideologie, In: MEW 3, 73.

458 Methodologische Probleme der Geschichtswissenschaft, Konferenz der Sektion für Gesellschaftswissenschaften des Präsidiums der Akademie der Wissenschaften der UdSSR vom 3. bis 6. Januar 1964, In der Zeitschrift: „Sowjetwissenschaft", Gesellschaftswissenschaftliche Beiträge, Berlin/Ost / 1964/10/111.

459 K. Marx, F. Engels: Manifest der Kommunistischen Partei, In: MEW 4, 463.

Werner Müller unter Berufung auf Marx und Engels meint? Denn — so erklärt das Kommunistische Manifest — die „ganze Gesellschaft spaltet sich mehr und mehr in zwei große feindliche Lager . . . : Bourgeoisie und Proletariat." (Ebd.)

Dieser Einwand möchte sich darauf berufen, daß mit zunehmender innerer Reifung einer ökonomischen Gesellschaftsformation eine *horizontale Verschärfung der Klassengegensätze* zur revolutionären Veränderung der ganzen Formation führt. Aber dieser Prozeß geht gerade *in* einer wachsenden Komplexität vor sich! Was unmittelbar nach einer revolutionären Umwälzung noch sachlich und menschlich scheinbar problemlos auf der Hand lag, zeigt bald seine innewohnenden Widersprüche und gliedert sich in diese Widersprüche aus. In diesen sich entfaltenden Prozeß sucht die philosophische Analyse einzudringen und seine wesentlichen Bewegungsgesetze und Tendenzen zu erfassen: In der ökonomischen Klassengesellschaft sind das *Wesentliche* und Einfache die Gegensätze zwischen den Produktivkräften und den Produktionsverhältnissen, die sich innerhalb der fortschreitenden *Komplexität* verschärfen. Die ontologische Unterscheidung bezeichnet das *im Komplexen* wirksame Wesentliche als „einfach": Das ontologisch „Einfache" ist das Wesentliche einer „Vielheit" der Erscheinungen. Das *Komplizierte* wäre demgegenüber das undurchschaute Komplexe, eine sich der Ontologie verschließende Vielheit. Es ist zwar richtig, daß im Übergang vom Kapitalismus zum Kommunismus der „Aspekt der Kompliziertheit immer mehr und schließlich vollständig" zurücktritt;[460] aber Müller kennt die Komplexität selbst nur *als* Kompliziertheit und verwechselt das Sein mit dem Bewußtsein: Das Bewußtsein bemüht sich um die Erkenntnis der allgemeinsten Bewegungsgesetze der Wirklichkeit, um die Aufhellung des Wesens in den Erscheinungen d. h. um die Abstrahierung des Einfachen aus dem Komplizierten. Das Sein jedoch entfaltet sich, konkretisiert sich in vielfältigen Erscheinungen, vom Einfachen zum Mannigfaltigen. Wäre Komplexität gleich Kompliziertheit, dann müßte man von ihr zur Einfachheit zu kommen suchen, von der mangelhaften Undurchschautheit eines auseinandergefallenen Einfachen zurück zu dieser Einfachheit. Müllers „Wirklichkeit" ist nicht die sich schöpferisch entwickelnde *Ganzheit*, sondern die begrifflich vorgefaßte und wieder gesuchte *Einheitlichkeit*.

---

460 W. Müller: Gesellschaft und Fortschritt, 53.

Sind gerade für den Kommunismus vielgestaltigere, komplexere Erscheinungen des gesellschaftlichen Lebens im Vergleich zu den ökonomischen Klassengesellschaften charakteristisch, — wer leistet dann die *Einigung* dieses Vielfachen zu einer Ganzheit? Gesellschaftlicher Fortschritt zeichnet sich weder durch isolierte Zerrissenheit aus, noch durch abstrakte Einfachheit, sondern muß ein *geeintes Vielfaches* sein.

Das Prinzip einer gelingenden Einigung (nicht einer nivellierenden Vereinheitlichung) der wachsenden Komplexität der Wirklichkeit zeigt sich erst, wenn wir den horizontalen Prozeß einer Gesellschaftsformation überfragen auf die *vertikale Entwicklungsrichtung der ökonomischen Klassengesellschaften* im Laufe der Geschichte. Die mit der Teilung der Arbeit einsetzende steigende Komplexität der Erscheinungen der Wirklichkeit bildet die gleiche Erfahrungsgrundlage wie bei der Analyse der horizontalen Entwicklungsrichtung einer Gesellschaftsformation. Aber welche Tendenz zeigt sich auf dieser höheren Abstraktionsstufe als die wesentliche? Ereignet sich innerhalb einer einzigen Klassengesellschaft die wesentliche Tendenz einer Verschärfung der keimhaft vorhandenen inneren Widersprüche, die Verschärfung des ökonomischen Klassengegensatzes der Gesellschaft, so zeigt sich in einer vertikalen Geschichtsanalyse aller ökonomischen Gesellschaftsformationen als wesentliche Tendenz eine *umfassende Einigung der Menschheit*. Die geschichtlich immer wieder revolutionär gelungene gesellschaftliche Sozialisierung auf der Basis fortgeschrittener materieller Produktivkräfte ist nach marxistischer Auffassung die Grundtendenz der Geschichte und leistet die schrittweise Aufhebung der massivsten Formen der Entfremdung. Der vielberufene „Sprung" ins Reich der Freiheit muß eher als ein „langer Marsch" bezeichnet werden, dessen revolutionär erkämpfte Stationen sichtbar sind: die Befreiung von der Sklaverei, die Brechung der Leibeigenschaft und die Beseitigung der industriellen Ausbeutung. Die Geschichtsauffassung des Marxismus ist nicht apokalyptisch; der allgemeine Geschichtsgang treibt nicht der radikalen Krise zu, um dann unvermittelt in eine vollendete Utopie überzugehen, sondern er geht bei der Beseitigung der entstandenen Widersprüche *durch* Krisen hindurch: Eine wachsende Einigung der Menschheit ist die wesentliche historische Tendenz der Erscheinungen zunehmender Komplexität des Wirklichkeitsprozesses, die Richtung des gesellschaftlichen Fortschrittes.

Dieser gesellschaftliche Fortschritt sucht die fortschreitende Teilung der Arbeit durch schrittweise Aufhebung der sie historisch begleitenden gesellschaftlichen Entfremdungen revolutionär einzuholen. Die Verbindung einer Aneignung der Natur mit einer Aneignung der Gesellschaft stellt sich als Prozeß der *Sozialisierung* dar, als Bewegung der Aufhebung gesellschaftlicher Zerrissenheit. Der Sozialismus ist damit theoretischer Ausdruck dieser praktischen Bewegung und Anleitung zum Handeln, die sich im Gegensatz zu den Sozialutopien auf die Einheit von hochentwickelter Basis und gesellschaftlichem Überbau stützt. Im Manifest der Kommunistischen Partei von 1848 liegt das historisch bedeutsame Zeugnis eines Bewußtwerdens dieser Tendenz zur Sozialisierung der Menschheit vor. Bilden anfangs die Arbeiter eine „über das ganze Land zerstreute und durch die Konkurrenz zersplitterte Masse",[461] schließen sich bald die Einzelnen zum Proletariat zusammen; „seine Kraft wächst, und es fühlt sie mehr" (ebd.). Trotz aller Niederlagen ist nicht ein sachlicher, unmittelbarer Erfolg, „sondern die immer weiter um sich greifende Vereinigung der Arbeiter"[462] selbst das wesentliche Resultat der Kämpfe. Den umgekehrten Weg geht die Reaktion in einem „Auflösungsprozeß" (ebd.) bis zum teilweisen Übergang ins Lager des sich vereinigenden Proletariats. Dieses weiß sich in Stellvertretung als „selbständige Bewegung der ungeheuren Mehrzahl im Interesse der ungeheuren Mehrzahl".[463] In ihm zeichnen sich die Kommunisten vor allem durch ihre die Menschheit selbst umfassende Einigungsperspektive aus, da sie bewußt übernational „das Interesse der Gesamtbewegung vertreten".[464] Die Schlußworte des Manifestes — „Proletarier aller Länder vereinigt euch!"[465] — geben nicht nur die Tagesparole für den revolutionären Kampf aus, sondern rufen zur Einigung beim Aufbau der neuen Ordnung und beim Zusammenschluß der gesamten Menschheit auf.

Die *Einigung der Menschheit* verlangt in den internationalen Beziehungen den Verzicht auf Kriege als Mittel der Politik. So fordert N. I. Konrad die „entschlossenste Humanisierung der gesamten Naturwissenschaft"[466] und spricht eindringlich die Warnung aus: „Geschieht das nicht, wird unsere Macht über die Kräfte der Natur uns zum Verhängnis: Sie wird aus dem Menschen seinen menschlichen Urgrund auslöschen." (Ebd.) Dazu müssen die Ursachen des Übels beseitigt werden, „die Aus-

461 K. Marx, F. Engels: Manifest der Kommunistischen Partei, In: MEW 4, 470.
462 Ebd. 471.   463 Ebd. 472.   464 Ebd. 474.
465 Ebd. 493 (Im Original Hervorhebung. — HFS).
466 N. I. Konrad: Zapad i Vostok, 510, Zitiert in: VF 1967/3/150.

beutung des Menschen durch den Menschen und die Anwendung von Krieg als Mittel zur Lösung von Konflikten. Der Kampf um die Abschaffung solcher Ausbeutung und um die Beseitigung von Kriegen aus der Geschichtspraxis bildet heutzutage auch den Hauptinhalt des Humanismus unserer Zeit . . ." (Ebd.)

An den *Einigungsprozeß der sozialistischen Gesellschaft* muß nun die kritische Frage gestellt werden: Inwieweit ist er *sinnvoll*, richtet sich aus am Lebenssinn der Menschen? Oder erweist sich solche Einigung nur als die widersinnige Zusammenrottung jener Machtgruppen, die durch die Revolution emporgeworfen wurden und die ökonomische Ausbeutung nun durch eine soziale Entmündigung ablösen? Oder pervertiert der angezielte Einigungsprozeß in eine Vereinnahmung anderer Gesellschaftssysteme, in die Okkupation selbst verbündeter Nationen? Der sinnvoll begonnene Einigungsprozeß kann in jede Form von Zwangsvereinheitlichung entarten, wenn er sich nicht fortwährend am Lebenssinn der Menschen ausrichtet. Nach der ökonomisch-politischen Absicherung wird zum dringendsten Erfordernis der neuen Ordnung, den *Aufbau des Sozialismus* als eine *Sozialisierung für den Menschen* selbst erkennbar zu machen, zu wirklichem *Kommunismus* zu vertiefen.

Die Weiterführung des Sozialismus in Kommunismus stellt schon Karl Marx in seiner differenzierten Kommunismusauffassung als Aufgabe vor: „Der Kommunismus ist für uns nicht ein *Zustand*, der hergestellt werden soll, ein *Ideal*, wonach sich die Wirklichkeit zu richten haben wird."[467] Zustand und Ideal wären etwas Fertiges und Vorliegendes, dessen Kopie man nur anzufertigen brauchte; die praktische Bewegung dagegen schafft das Neue, das es noch nicht gab, schafft etwas Originales: „Wir nennen Kommunismus die *wirkliche* Bewegung, welche den jetzigen Zustand aufhebt." (Ebd.) Er ist „die notwendige Gestalt und das energische Prinzip der nächsten Zukunft, aber der Kommunismus ist nicht als solcher das Ziel der menschlichen Entwicklung, — die Gestalt der menschlichen Gesellschaft".[468]

Die erreichte Sozialisierung muß sich tiefer und ausdrücklicher auf den Menschen beziehen, je umfassender der gesellschaftliche Aufbau voranschreitet; erst „Sozialismus für den Menschen" ist „Kommunismus". Den geschichtlichen Gang dieser Bewegung sieht Marx aufgrund seiner Kenntnis der bisherigen Geschichte ohne Illusionen. In einer ersten

---

467 K. Marx, F. Engels: Die Deutsche Ideologie, In: MEW 3, 35.
468 K. Marx: ÖPhM 126.

(ökonomischen) Phase ist auch der Kommunismus kaum mehr als das kollektive Vexierbild des kapitalistischen Ausbeutungssystems: „Dieser Kommunismus, indem er die *Persönlichkeit* des Menchen überall negiert — ist eben nur der konsequente Ausdruck des Privateigentums, welches diese Negation ist."[469] In dieser Phase bietet er ein bedrückendes Bild, und sein Alltag lebt mehr von der Zukunft als von der Gegenwart und zeichnet auch seine Menschen: „Der rohe Kommunist ist nur die Vollendung dieses Neides und dieser Nivellierung von dem *vorgestellten* Minimum aus. Er hat ein *bestimmtes begrenztes* Maß." (Ebd.) Auch in dieser nüchternen Lagebeurteilung unterscheidet sich nach Lenin der Marxismus vom utopischen Sozialismus, der zuerst einen neuen Menschen und dann eine neue Gesellschaft, also „die neue Gesellschaft nicht aus dem gewöhnlichen Menschenmaterial bauen wollte, das vom blutigen, schmutzigen, räuberischen, von Krämergeist durchdrungenen Kapitalismus geschaffen wird, sondern aus besonders tugendhaften Menschen, gezüchtet in besonderen Treibkästen und Gewächshäusern".[470] Demgegenüber macht er sich darüber Gedanken, „wie man den Kommunismus aus dem Menschenmaterial aufbauen kann (und muß), das verdorben worden ist durch die jahrhundert- und jahrtausendelange Sklaverei, durch die Leibeigenschaft, den Kapitalismus, die zersplitterte Kleinwirtschaft, durch den Krieg aller gegen alle, mit dem Ziel, sich ein Plätzchen auf dem Markt, einen höheren Preis für das Produkt oder die Arbeit zu sichern".[471] Neue Gesellschaft und neuer Mensch, Kommunismus und Kommunist sind nicht in einem zeitlichen Vorher und Nachher zu erwarten, sondern bedingen einander. „Wir wollen den Sozialismus" — bekräftigt daher Lenin — „mit den Menschen errichten, die der Kapitalismus erzogen, die er verdorben und demoralisiert, dafür aber auch zum Kampf gestählt hat ... Im Kapitalismus ist die Kultur nur einer Minderheit zugänglich. Wir aber müssen aus dieser Kultur den Sozialismus erbauen. Wir haben kein anderes Material. Wir wollen den Sozialismus unverzüglich, augenblicklich aus dem Material erbauen, das der Kapitalismus uns von einem Tag auf den anderen hinterlassen hat ..."[472]

---

469 Ebd. 112.
470 W. I. Lenin: Ein kleines Bild zur Klärung großer Fragen, In: LW 28, 396.
471 Ebd. 397.
472 W. I. Lenin: Erfolge und Schwierigkeiten der Sowjetmacht, In: LW 29, 54.

Der Bezug des Kommunismus auf den Menschen kann erst deutlicher in seiner zweiten (soziozentrischen) Phase zum Ausdruck kommen. Aber auch hier ist er vorab „noch politischer Natur, demokratisch oder despotisch"[473] und nimmt erst langsam direkten Kurs auf den Menschen; „er hat zwar seinen Begriff erfaßt, aber noch nicht sein Wesen".[474] Erst seine dritte (anthropozentrische) Phase zeigt den Kommunismus als „*positive* Aufhebung des *Privateigentums* als *menschlicher Selbstentfremdung* und darum als wirkliche *Aneignung des menschlichen* Wesens durch und für den Menschen" (ebd.). Aus der positiven Aufhebung des Privateigentums entsteht die „Aneignung des *menschlichen* Lebens", die Hinwendung des Menschen „in sein *menschliches*, d. h. *gesellschaftliches* Dasein".[475]

c. Die Humanisierung

Mit der Beseitigung des Privateigentums an den Produktionsmitteln hat der Sozialismus zwar die ökonomischen Klassen beseitigt und eine neue Gesellschaft des gemeinschaftlichen Eigentums an den Produktionsmitteln errichtet. Sobald sich diese aber zum Selbstzweck überheben würde, müßte sie entarten in ein neues System der Gewalt über Menschen, dem gegenüber der Konkurrenzkapitalismus wie eine harmloses Vorspiel wirkte. Unter dem Vorwand nämlich, nach erfolgter Sozialisierung seien nunmehr *alle* Widersprüche beseitigt, würde der Sozialismus zum Friedhof unabänderlicher Verhältnisse deklariert.

Wir lassen uns hier nicht in einen Disput mit jenen marxistischen Autoren ein, deren ökonomisch-utopischen Auffassungen zufolge nach Durchführung der sozialen Revolution „grundsätzlich" alle Widersprüche aufgehoben seien, sondern greifen die provozierende Frage Erich Thiers auf: „Wohin eigentlich entläßt die soziale Revolution ihre Kinder?"[476] Jedenfalls weiß der Marxismus um die tieferführende Perspektive von den materiellen Verhältnissen über die Gesellschaft bis hin zum Menschen selbst, wie die „Grundlagen des wissenschaftlichen Kommunismus" feststellen: „Das gesellschaftliche Eigentum eröffnet ein weites Feld für die Entwicklung der *Produktivkräfte* und gewährt damit die Möglichkeit eines beschleunigten allseitigen Fortschritts der

---

473 K. Marx: ÖPhM 113.
474 Ebd. 114.   475 Ebd. 115.
476 E. Thier: Über den Klassenbegriff bei Marx, In: MS 3, 177.

Gesellschaft, die die materiellen und geistigen Bedingungen für die Entwicklung *all ihrer Glieder* schafft."[477] Der Sozialismus zeigt hier die Perspektive des Humanimus, und das *Kriterium der Gesellschaft* leitet sich davon her, inwieweit das gesellschaftliche Leben *Vermittlungsform eines sinnvollen Lebens* der Menschen geworden ist: „Die Umgestaltung der gesellschaftlichen Verhältnisse spiegelt sich wie in einem Brennpunkt in der Lage des Menschen innerhalb einer Gesellschaft wider, in der Verwandlung seines geistig-sittlichen Antlitzes."[478] Dieser „neue soziale Typ einer menschlichen Persönlichkeit" (ebd.) wird — nach den „Grundlagen des wissenschaftlichen Kommunismus" — das Ziel der gesellschaftlichen Neuordnung.

Das Problem der Vertiefung des Sozialismus zum Humanismus untersucht A. I. Arnol'dov: „Die kommunistische Umgestaltung der Gesellschaft beginnt nur von einer radikalen Veränderung der Eigentumsformen her. Ihr Endziel aber ist eine grundlegende Wandlung und ‚Umgestaltung' [peredelka] des Menschen selbst."[479] Das Eigentum besteht in seiner je spezifischen Form nicht abstrakt *mit* dem Menschen, sondern empfängt seine Qualität *durch* den Menschen. Eigentum an sich und abstrakt wäre neutral, — aber in seinem konkreten Vorhandensein ist es immer qualifiziert durch seinen Gebrauch zum Wohl oder Schaden der Menschen. „Genauer gesagt: Die Wandlung der Eigentumsformen und die Wandlung des Menschen selbst sind zwei Seiten eines einzigen Prozesses; der Unterschied besteht nur darin, daß wir im ersten Fall vom *Objekt* des Eigentums und im zweiten Fall vom *Subjekt* des Eigentums sprechen." (Ebd.) Bevor noch das gesellschaftliche Eigentum auf die Menschen zurückwirken und ihr Interesse auf die Gesellschaft konzentrieren kann, müssen sich bereits Menschen vom Bann des Privateigentums gelöst haben und seine Vergesellschaftung betreiben. „Die endgültige Festigung des kommunistischen Eigentums setzt insbesondere voraus, daß sich ein Subjekt gebildet hat, das der gegebenen Form des Eigentums entspricht. Daher ist ‚sich selbst zu ändern' . . . nicht einfach ein frommer Wunsch, sondern eine objektive Aufgabe, vor welche die Gesellschaft, die den Sozialismus und Kommunismus erbaut, die Menschen stellt."[480]

---

477 ONK 503 (Hervorhebungen von mir. — HFS).
478 Ebd. 497.
479 A. I. Arnol'dov: Revoljucionnyj gumanizm socialističeskoj kul'tury, 13.
480 Ebd. 13.

Sogar M. B. Mitin sieht sich genötigt zu betonen, der Marxismus-Leninismus reduziere das Problem des Menschen nicht auf die Frage nach der Vernichtung des Privateigentums. Zwar sei diese die ökonomisch-soziale Vorbedingung für die Errichtung des Kommunismus, „doch ist es notwendig zu unterstreichen, daß der Marxismus-Leninismus niemals das Problem des Menschen auf die Frage nach der Vernichtung des Privateigentums reduziert hat. Es ist bekannt, daß Marx die Beseitigung des Privateigentums als Ausgangsbedingung betrachtet hat, auf deren Grundlage eine ‚Aneignung des menschlichen Wesens für den Menschen‘ möglich wird."[481] Aber letzten Endes stellt auch die Lehre Lenins vom Klassenkampf — betont Mitin — einen „wissenschaftlichen und echt revolutionären Humanismus" dar, „der sein höchstes Ziel in der Beseitigung jeder Unterdrückung und Ausbeutung des Menschen durch den Menschen, in der freien und allseitigen Entwicklung jedes Gliedes der Gesellschaft sieht".[482] Die Humanismusfrage geht über die sozialistischen Staaten hinaus, denn „im Zeitalter der höchsten wissenschaftlich-technischen Revolution, dynamischer sozialer Prozesse, in einer Epoche, da die Gefahr einer thermonuklearen Katastrophe wie ein Damoklesschwert über der Welt hängt, gewinnt das Problem des Menschen, seiner Gegenwart und Zukunft sowie der Verteidigung und Verbreitung der Errungenschaften der Zivilisation besonders wichtige Bedeutung". (Ebd.) Insofern bewegt die Frage nach dem Wesen des Humanismus als Existenzfrage gleicherweise alle Weltanschauungen und zwingt zur Auseinandersetzung. „Das ist es auch," — fährt Mitin fort — „weshalb die Frage nach dem Menschen und mit ihr verbunden das Problem der Entfremdung immer mehr Raum im gesellschaftlich-politischen und im philosophischen Schrifttum der letzten Jahre einnimmt." (Ebd.)

Die Humanismusfrage ist also nicht ein Anhängsel des Marxismus, das man aufgrund irgendeiner sentimentalen Unzufriedenheit anstückeln müßte. Die Frage nach dem Menschen bildet vielmehr das *Zentrum der marxistischen Philosophie*. Sie kommt nicht darum so spät zu Wort, weil sie etwa niemals im Marxismus vorhanden gewesen wäre, sondern weil das Erscheinungshafte erst schrittweise auf sein Wesen hin durchdrungen werden kann. Das langanhaltende und befremdende Schwei-

---

481 M. B. Mitin: V. I. Lenin i problema čeloveka / V. I. Lenin und das Problem des Menschen /, In: VF 1967/8/23.
482 Ebd. 19.

gen der marxistischen Philosophen zum Humanismusproblem zeigt nicht seine Äußerlichkeit zum Marxismus, sondern eher seine Innerlichkeit im Marxismus. An der Verkennung dieses Unterschiedes entzündet sich aller Streit marxistischer Denker um Ja oder Nein zu einer „Philosophie des Menschen". Seinen eigenen ausgewogenen Standpunkt erläutert in den Moskauer „Fragen der Philosophie" Vladimir Ruml aus der ČSSR: „Die Problematik des Menschen macht einen relativ eigenständigen Teil der philosophischen Problematik aus. Die Forderung, diese Problematik auszuarbeiten, ist oft mit der Meinung verbunden, es sei notwendig, eine sogenannte philosophische Anthropologie zu schaffen. Es geht nicht um die Benennung, sondern darum, welchen Platz man dieser Problematik in der Philosophie zuweist."[483] Auf einen „einseitigen Anthropologismus"[484] aber läuft gerade eine unzusammenhängende „Ergänzung" des Marxismus hinaus, welche verkennt, daß die marxistische Philosophie als ihre wesentliche Disziplin die Ethik einschließt. „Man kann sich auch damit nicht einverstanden erklären," — fährt Ruml fort — „daß die marxistische Philosophie durch eine Anthropologie ergänzt werde." (Ebd.) Eine isolierte Anthropologie bleibe nur Ausdruck eines individualistischen Selbstverständnisses, das seinen sozialen Zusammenhang verloren hat und dies verschämt eingesteht. Hier ginge es „letzten Endes um einen bestimmten Typ philosophischer ‚Robinsonade‘; von diesem Standpunkt aus gibt es keinen Unterschied, ob man über den Menschen in der ersten oder in der dritten Person redet. Eine außergeschichtliche ‚Robinsonade‘ ist nicht der Weg zu wahrer und allseitiger Erkenntnis, weder in der politischen Ökonomie noch in der Philosophie. — Einseitiger Anthropologismus befindet sich im Widerspruch zum revolutionären Charakter des Marxismus." (Ebd.) Wer die philosophische Problematik des Menschen von seinen psychologischen und soziologischen Äußerungen abstrahiert, trennt Erscheinung und Wesen, denn „die Kategorie des Menschen ist philosophisch, aber zur gleichen Zeit soziologisch und psychologisch. Das Bestreben, sie nur als eine philosophische Kategorie zu charakterisieren, verbindet sich gewöhnlich mit Tendenzen eines unhistorischen Herantretens an die Problematik des Menschen." (Ebd.)

Auch Milan Prucha sieht die „Krankheit des heutigen Humanismus"[485] in seinem „Anthropologismus" und stellt die Diagnose dieser Krank-

---

483 V. Ruml: Filosofija marksizma-leninizma ..., 43.   484 Ebd. 44.
485 M. Prucha: Vom Sinn des praktischen Humanismus, 315.

heit: „Der Mensch wird unkritisch als philosophischer Ausgangspunkt akzeptiert." (Ebd.) Konsequenz ist: Die Philosophie schließt sich „in der Sphäre der Innerweltlichkeit" ab, „gleichzeitig jedoch wird sie paradoxerweise spekulativ und nähert sich der Theologie".[486] Man sollte diese Folge eher als „notwendig" und nicht als „paradox" bezeichnen, denn eine Philosophie, die *den* Menschen als Ausgangspunkt setzt, fixiert nach der Meinung des Marxismus einen bestimmten Menschen als scheinbar allgemeinen Menschen und „schließt sich ab". Sein Wesen wird nicht in seinem historischen und individuellen Werden gesehen, sondern sein Werden als Explikation seines Wesens, als Entfaltung des Besonderen aus dem Allgemeinen. *Was* dieses Wesen *immer schon* sei, was als Wesen den Erscheinungen vorausgehe und sie einfordere, wird nun „spekulativ" gesucht oder „theologisch" als geoffenbart empfangen. Dieser Standpunkt übersieht nach der Meinung des Marxismus das menschliche Leben als praktische Aufgabe und ausstehende Möglichkeit zugunsten einer theoretischen Erklärung seiner bereits bestehenden Wirklichkeit, und der „spekulative Charakter des philosophischen und theologischen Anthropologismus raubt dem Humanismus seinen Sinn für die reale Wirklichkeit und macht ihn unwirksam".[487]

Erst die Verankerung des marxistischen Humanismus in verschiedenen Einzeldisziplinen läßt den Menschen — erstens — zu den anderen Seienden treten, erweist ihn — zweitens — darin als höchstes Wesen der Welt und führt weiter zu einer Konzeption „über seine Stellung, seine Rolle und seine Bestimmung im Leben, über die Bedingungen für die höchste Entfaltung der menschlichen Persönlichkeit und aller Mitglieder der Gesellschaft",[488] wie Marija I. Petrosjan feststellt. Nach Adam Schaff ist für jeden, „der den Sozialismus und das mit ihm verbundene Wertsystem wählt, auch wenn er nicht genau erklären könnte, was er unter ‚Sozialismus' oder ‚Kommunismus' versteht, ... dessen humanistischer Inhalt verständlich und ansprechend".[489] In diesem Zusammenhang liegt ein klares Mittel-Zweck-Verhältnis vor: „Man kann nämlich Sozialismus auf die eine oder andere Weise definieren ..., doch darf man jedenfalls nicht vergessen, daß hier immer von Inhalten, Aufgaben und Mitteln die Rede ist, die dem obersten Ziel untergeordnet sind — der allseitigen Entfaltung des *Menschen*."[490]

---

486 Ebd. 315 f.   487 Ebd. 316.
488 M. I. Petrossjan: Essay über den Humanismus, 19.
489 A. Schaff: Marx oder Sartre? 128.   490 Ebd. 126.

Wenn der marxistischen Philosophie der Sozialismus als Humanismus und die Entfaltung des Menschen — nicht „der Mensch" einfachhin — zum wesentlichen Interesse wird, entzieht sie ihn einer vordergründigen Selbstverständlichkeit und fragt mit Milan Prucha „nach dem Sinn all unserer kleinen Ziele und nach dem wahren Sinn all dessen, was für uns ist und was auch wir sind".[491] Die Sinnperspektive eines materiellen Fortschritts „für uns" und des gesellschaftlichen Fortschritts einer Sozialisierung „für uns" vertieft sich in die Frage nach „uns selbst" im Kommunismus.

B. *Kommunismus und Sinn des Lebens*

Insofern materieller Fortschritt sich auf gesellschaftlichen Fortschritt bezieht, der sich in einer Sozialisierung und Humanisierung der Gesellschaft äußert, stellt sich der Fortschritt unter das *Kriterium des Lebenssinnes*. Der Kommunismus — der sich als fortschrittlichste Gesellschaftsordnung versteht — muß entsprechend nach seinem humanistischen Niveau beurteilt werden. Wenden wir uns deshalb dem Verhältnis von Einzelmensch und Kommunismus zu und beantworten die Frage, ob etwa *der Aufbau* des Kommunismus Sinn des Lebens ist, oder ob der Marxist *im Aufbau* des Kommunismus seinen Lebenssinn schafft.

a. Der einzelne Mensch im Kommunismus

Wie gezeigt wurde, konstituiert der Lebensvollzug der Menschen die Geschichte und bestimmt die Kategorien des Geschichtlichen. In welchem Verhältnis stehen entsprechend Individuen und Gesellschaft, Einzelmensch und Kommunismus zueinander? Jedenfalls kann eine Bestimmung des Menschen nicht ausgehen von der menschlichen „Gattung" oder der „Gesellschaft", da diese kein eigenständiges Seiendes sind, als dessen Momente die Menschen erschienen.

In einer Polemik gegen die schwärmerische Utopie des sogenannten „wahren Sozialismus" zitieren Marx und Engels ironisch seine Wortführer und warnen vor einer Verselbständigung des Gesellschaftsbegriffes: „Folgendes ist das Ideal des kommunistischen Menschen: ‚Er trägt den Stempel der Gattung' (wer tut das nicht schon jetzt von

---

491 M. Prucha: Vom Sinn des praktischen Humanismus, 316.

selbst?), ,bestimmt seine eigenen Zwecke nach den Zwecken der Gattung' (als ob die Gattung eine Person wäre, die Zwecke haben könnte) . . ."[492] Erliegt aber eine Darstellung dieser Personifizierung des Allgemeinen, so folgt die Verflüchtigung der wirklichen Personen in angebliche Momente des Allgemeinen. „Die Stellung des einzelnen Menschen zur Gattung" — fahren Marx und Engels fort — „wird auch im folgenden überschwenglichen Unsinn charakterisiert: ,Wir alle und unsere besondre Tätigkeit sind nur Symptome der großen Bewegung, die tief im Innern der Menschheit vor sich geht.' ,Tief im Innern der Menschheit' — wo ist das? Nach diesem Satze sind also die wirklichen Menschen nur ,Symptome', Kennzeichen einer ,im Innern' eines Gedankenphantoms vor sich gehenden ,Bewegung'." (Ebd.) Die methodische Unrichtigkeit eines solchen Herantretens an den Menschen hat seine abschätzige Beurteilung zur Folge; das von dem kritisierten Autor so genannte „lumpige Selbst" tritt zurück hinter einer idealisierten „Menschheit". Dieses Vorgehen bezeichnen Marx und Engels als einen „infamen und ekelhaften Servilismus gegen eine von dem ,Selbst' getrennte und unterschiedene ,Menschheit'".[493]

Eine „Person Gesellschaft, eine Gesellschaft, die keineswegs die Gesellschaft der Personen ist, da sie ihre besonderen Gesetze hat, die nichts gemein haben mit den Personen, aus denen sie sich zusammensetzt",[494] könnte sich jederzeit über ihre Mitglieder erheben und sie total für sich beanspruchen. Sobald sich „die Gesellschaft" dem Individuum gegenüber erhebt, wiederholt sich auf anderer Ebene der Grundfehler des Kapitalismus: Das Produkt des Menschen erhebt sich gegen ihn.

Läßt sich also nicht das Besondere vom Allgemeinen her bestimmen, so bleibt doch der andere Weg offen: Das die Besonderen verbindende Allgemeine muß *in ihnen selbst* gesucht werden, in einer gemeinsamen Qualität der Besonderen. Genauer: Der Mensch ist nicht eine Eigenschaft oder ein Moment der Gesellschaft, sondern *das Gesellschaftliche ist eine Eigenschaft des Menschen*, die ihre Verwirklichung im gesellschaftlichen Leben findet. Marx drückt sich dazu klar aus: „Es ist vor allem zu vermeiden, die ,Gesellschaft' wieder als Abstraktion dem Individuum gegenüber zu fixieren. Das Individuum *ist das gesellschaftliche Wesen*."[495]

---

492 K. Marx, F. Engels: (Zirkular gegen Kriege), In: MEW 4, 11.
493 Ebd. 15.
494 K. Marx: Das Elend der Philosophie, In: MEW 4, 115.
495 K. Marx: ÖPhM 117.

Während Marx in seinen Frühschriften — in Anlehnung an Feuerbach — den Begriff der „Gattung" gebraucht, ersetzt er ihn später durch den Begriff „Gesellschaft", wie er selbst im August 1844 an Feuerbach schreibt: „Die Einheit der Menschen mit den Menschen, die auf dem realen Unterschied der Menschen begründet ist, der Begriff der Menschengattung aus dem Himmel der Abstraktion auf die wirkliche Erde herabgezogen, was ist er anders als der Begriff der *Gesellschaft!*"[496] Adam Schaff spricht von einer „authentischen Interpretation, aus der hervorgeht, daß Marx, wenn er mit Bezug auf den Menschen von ‚Gattung' spricht, die ‚Gesellschaft', wenn er jedoch vom Menschen als ‚Gattungswesen' spricht, das *‚gesellschaftliche Individuum'* meint."[497]

Das Verhältnis des Einzelmenschen zur Gesellschaft entspricht also dem Verhältnis des Lebensvollzuges zum Geschichtsprozeß: Die Menschen konstituieren die Gesellschaft und bestimmen die Kategorien des Gesellschaftlichen. Geschichtlichkeit und Gesellschaftlichkeit sind die beiden Aspekte menschlicher Endlichkeit, welche die zeitliche Kontinuität und den räumlichen Zusammenhang der Menschen betreffen. Für das Verständnis vom menschlichen Lebenssinn folgt daraus: Ebensowenig, wie sich von der Geschichte her der Sinn des Lebens bestimmen läßt, kann man ihn von der Gesellschaft her bestimmen; weder der Vorgriff in eine kommunistische Zukunft noch eine vorgeblich durchschaute kommunistische Gesellschaft sind Kriterien des Lebenssinnes, sondern *der Sinn des menschlichen Lebens ist das Kriterium für kommunistische Gesellschaft und kommunistische Zukunft.*

b. Der Lebenssinn im Aufbau des Kommunismus

Errungenschaften des Kommunismus sind zwar Manifestationen des gelingenden Lebenssinnes seiner Erbauer und Grundlagen für das Leben der nächsten Generation, aber der Kommunismus selbst ist nicht der Sinn des Lebens. Wenn nämlich der Aufbau des Kommunismus Sinn des Lebens wäre, was bliebe dann als Kriterium für die Sinnhaftigkeit dieses kommunistischen Aufbaus? Die Auskunft, Sinn des Lebens sei der Aufbau des Kommunismus, übergeht das Objekt der Frage (den Sinn des Lebens selbst) und spricht nur von der Vermittlungsform des

---

496 In: MEW 27, 425.
497 A. Schaff: Marxismus und das menschliche Individuum, 108 (Hervorhebung von mir — HFS).

Lebenssinnes (in welchem Zusammenhang sich Lebenssinn verwirklicht). Alle Ausführungen über den Aufbau des Kommunismus bewegten sich aber im Leeren, wenn man zu seiner Sinnhaftigkeit nichts zu sagen wüßte.

Es bleibt daher ein im Marxismus weitverbreitetes *Mißverständnis* zu korrigieren: Auf die Frage: „Was ist der Sinn des Lebens?" die Antwort „Der Aufbau des Kommunismus!" zu geben, heißt, keine Antwort zu geben. So schreibt Nikolaj Janzen: „In diesem Kampf, in der aktiven Teilnahme am Kampf für den Kommunismus, gegen den Kapitalismus, für die volle Befreiung der Menschheit von Ausbeutung und Unterdrückung — im Einsatz aller Kräfte und Fähigkeiten für dieses hohe Ziel sieht der Marxismus-Leninismus den wahren Sinn des menschlichen Lebens und den höchsten Beruf des Menschen in unserer Epoche."[498] Ähnlich G. L. Andreev: „Der Ausgangspunkt einer marxistischen Lösung dieser Frage ist die Verwirklichung eines sehnlichen Zieles der Menschheit, die Befreiung des Menschen von der Bedrückung sozialer und naturhafter Kräfte, die Errichtung des Kommunismus."[499] Daraus möchte der Autor folgern: „So ist nach der kommunistischen Moral der höchste Sinn des Lebens der Kampf um eine glückliche Zukunft ... In diesem Kampf muß ein Mensch auch den Reiz und die Schönheit des eigenen Lebens sehen." (Ebd.) Ähnlich soll nach O. P. Celikova der Sinn des Lebens darin gesehen werden, „Staatsbürger und nicht Spießbürger zu sein, ein aktiver Kämpfer für den Kommunismus".[499a]

Zweifellos besteht ein unlösbarer Zusammenhang zwischen dem Kampf gegen die Ausbeutung und dem Sinn des Lebens, aber ihre *Gleichsetzung* ist unrichtig. Sie ruft sofort die Frage hervor: Wenn angeblich dieser Sinn des Lebens (gleich: Kampf gegen die Ausbeutung) „seit der Spaltung der Gesellschaft in entgegengesetzte Klassen"[500] besteht, — was wird dann zum Sinn des Lebens in der klassenlosen Gesellschaft? Wird das Leben sinnlos? Oder werden nun *andere Formen* der Sinnverwirk-

---

498 N. Janzen: Vom Sinn des menschlichen Lebens, III. Teil (1. Abschnitt), 20.

499 G. L. Andreev: Christianstvo i problema svobody, 112.

499a O. P. Celikova: Rol' položitel'nogo primera v nravstvennom vospitanii / Die Rolle des positiven Beispiels in der sittlichen Erziehung /, In: SP 1966/10/9.

500 N. Janzen: Vom Sinn des menschlichen Lebens, III. Teil (1. Abschnitt), 10 (Hervorhebung im zweiten Teil des Zitates von mir. — HFS).

lichung stärker zum Durchbruch kommen? Woher sollen aber die Formen engerer menschlicher Kommunikation zum Durchbruch kommen und Sinn konstituieren, wenn sie vorher diesen Sinn nicht auch konstituiert hätten? Sinnhaftigkeit erschöpft sich also nicht im Kampf gegen die Ausbeutung! Solches Verständnis vom Sinn des Lebens führte zu einer *Fortschrittsideologie,* die für das nicht angegebene Sinnkriterium ein Ersatzziel unterschiebt: „Der wahre Sinn des menschlichen Lebens besteht objektiv in der aktiven Teilnahme am Kampf des Volkes gegen Ausbeutung und Not, *weil* nur ein Leben, das diesem Kampf gewidmet ist, *wirkungsvoll dem Fortschritt dient,* den objektiven gesellschaftlichen Bedürfnissen Rechnung trägt, im vollen Einklang mit der objektiven Gesetzmäßigkeit der gesellschaftlichen Entwicklung steht und deshalb auch der höchsten Berufung des Menschen in der Klassengesellschaft entspricht." (Ebd.)

Gerade philosophischen Veröffentlichungen unterläuft der Fehler, Sinn des Lebens und Aufbau des Kommunismus *gleichzusetzen,* — während die Leserzuschriften an „Wissenschaft und Religion" im „Gespräch über den Sinn des Lebens" sich darin eine bemerkenswerte Zurückhaltung auferlegen. Für die ersteren lassen sich genügend Beispiele anführen. So heißt es über das Leben derer, die den Kommunismus erbauen: „Das ganze Leben neu zu erbauen, die hohen kommunistischen Ideale zu verwirklichen, — das ist ... das Ziel des Lebens dieser Menschen."[501] Auch nach V. P. Tugarinov — dessen philosophische Gesamtkonzeption am ehesten eine klare Unterscheidung erwarten ließe — besteht „der reale Sinn des Lebens des Menschen darin, an der Errichtung einer neuen Gesellschaftsordnung zu arbeiten ... So ist die Arbeit zum Wohle der Gesellschaft, für den Fortschritt, für die Errichtung einer besseren Gesellschaft der Sinn des menschlichen Lebens. Die Arbeit für den Aufbau des Kommunismus ist Lebensbedürfnis, Hauptinteresse und Sinn des Lebens eines sozialistischen Menschen."[502] Auch die Behauptung Garaudys, daß „der Marxismus der Sinn unseres Jahrhunderts"[503] sei, ist zu hoch gegriffen. Er hat zwar entscheidende Anstöße zu seiner Gestaltung vermittelt, ist aber nicht sein Sinn selbst. Schon allgemeiner und abwägender äußert sich N. S. Chruščëv in einer Rede

501 G. A. Alëšina, B. M. Bernadiner u. a.: Obščestvennoe i ličnoe / Das Gesellschaftliche und das Persönliche /, Voronež 1961, 214.
502 W. P. Tugarinow: Über die Werte des Lebens und der Kultur, 56.
503 R. Garaudy: Marxismus im 20. Jahrhundert, 9.

in Alma-Ata: „In der Arbeit zum Wohl der Gesellschaft liegt die höchste menschliche Freude. Allzeit etwas zu schaffen, neue Geheimnisse der Natur zu entdecken und ihre Reichtümer in den Dienst des Menschen zu stellen, — liegt darin nicht der Sinn des Lebens?"[504]

Wenn P. M. Egides also in einer früheren Arbeit die Auffassung vertrat, der „objektive Sinn des Lebens bei den sowjetischen Menschen liegt im Kampf für den Kommunismus",[505] so muß er sich von seinem Kritiker G. K. Gumnickij mit Recht sagen lassen: „Weswegen führen denn die Werktätigen den Kampf gegen den Kapitalismus zur Errichtung von Sozialismus und Kommunismus? Wegen des Dienstes am gesellschaftlichen Fortschritt? Um moralische Befriedigung zu erlangen? Selbstverständlich bildet dieser Kampf den grundlegenden Inhalt des gesellschaftlichen Fortschritts und schenkt denen gewaltige moralische Befriedigung, die aktiv an ihm teilnehmen. Aber letzten Endes wird er geführt, um bessere materielle geistige Lebensbedingungen zu schaffen."[506]

Einen weiterführenden Hinweis können wir jedoch einer anderen recht gelungenen Formulierung von P. M. Egides entnehmen, daß „gerade *im* Beitrag zum gesellschaftlichen Fortschritt der objektive Sinn des menschlichen Lebens seine *konkrete Verwirklichung* findet".[507] Diese Aussage läßt sich nicht auf eine Bestimmung des Lebenssinnes ein, gibt daher auch keine falsche Bestimmung, sondern umgrenzt nur den gesellschaftlichen Zusammenhang seiner Verwirklichung: Der Sinn des Lebens kann nur in der Gesellschaft geschaffen werden, das gesellschaftliche Leben ist seine Vermittlungsform; es zeigt seine Konsequenzen in der Geschichte, der Ausdrucksform der Sinngebung. Nunmehr läßt sich das Verhältnis von Lebenssinn und Aufbau des Kommunismus genauer erfassen: In der heutigen Epoche, da ein hoher Stand der Produktivkräfte entsprechende Produktionsverhältnisse, d. h. die Sozialisierung der Gesellschaft erfordert und diese Sozialisierung weitergeführt werden muß in ihrer Humanisierung, schafft der Marxist den Sinn des Lebens

504 N. S. Chruščëv: Novyj ètap osvoenija celiny i zadači sel'skogo chozjajstva Kazachstana / Eine neue Etappe der Neulandgewinnung und die Aufgaben der Landwirtschaft Kasachstans /, In der Zeitung: „Pravda", Moskau, vom 26. März 1961, S. 4.

505 P. M. Egides: Marksistskaja ètika ..., 31.

506 G. K. Gumnickij: Smysl žizni, sčast'e moral', 113 f.

507 P. M. Egides: Smysl žizni — v čëm on? 31 (Hervorhebung von mir. — HFS).

durch seine Teilnahme am Aufbau des Kommunismus und an seiner Vertiefung. *Der Aufbau* des Kommunismus und seine Vertiefung sind nicht der Sinn des Lebens, aber *im Aufbau* des Kommunismus *verwirklicht sich der Sinn des Lebens.*

An Aufbau und Vertiefung des Kommunismus sind nicht nur die erklärten Mitglieder der kommunistischen Parteien, sondern auch gleichsam anonyme Kommunisten beteiligt: „Wahren Sinn hat das Leben aller fortschrittlichen Menschen auf der ganzen Welt, sogar auch dann, wenn sie nicht Kommunisten sind, ihre Tätigkeit aber progressiv ist und beiträgt zum Sieg des Kommunismus."[508] Diese Überzeugung bekräftigt P. M. Egides anderenorts: „Echten Sinn hat das Leben fortschrittlicher Menschen auf der ganzen Welt sogar dann, wenn sie sich auch selbst noch nicht für Kommunisten halten."[509] Die Begründung: „Heutzutage führen ja alle Wege wirklichen Fortschritts letzten Endes zum Kommunismus." (Ebd.)

Im Aufbau des Kommunismus schafft der Marxist den Sinn seines Lebens, und der Lebenssinn ist Kriterium des Kommunismus selbst. In seinem Schlußwort auf der Salzburger Tagung der Paulusgesellschaft 1965 bringt Roger Garaudy seinen Dialogpartnern eindringlich nahe, daß allein diese Richtung des Kommunismus sinnvoll für seine Erbauer wie auch für die Menschen nach ihnen sein kann: „Ich möchte Ihnen das Verständnis erleichtern, welcher Entwurf der Zukunft unserem Leben, unserem Kampf als Marxisten einen Sinn gibt."[510] Der Aufbau des Kommunismus hat nur ein Ziel, die Entfaltung des Menschen. „Diese Zukunft ist bereits gegenwärtig unter uns..., als Sauerteig unseres Handelns in der Gegenwart. Denn auch wir glauben, daß der Mensch nicht nur das ist, was er ist, sondern daß er auch all das ist, was ihm fehlt: alles, was er zu vollbringen, alles, was er zu werden hat." (Ebd.)

508 P. M. Egides: Marksistskaja ètika..., 32 Anmerkung 2.
509 P. M. Egides: Smysl žizni — v čem on? 34.
510 R. Garaudy: Diskussionsbeitrag im Gemeinschaftsband (Hrsg. E. Kellner): Christentum und Marxismus — heute, Gespräche der Paulus-Gesellschaft, Wien—Frankfurt—Zürich 1966, 320.

III. KAPITEL

Der Sinn des individuellen Lebens

5. DIE VERWIRKLICHUNG DES LEBENSSINNES

Um zu verstehen, wie der Marxismus-Leninismus die Frage nach dem Sinn des menschlichen Lebens stellt und welche Antworten er vorlegt, gingen wir aus von der Kategorie „Sinn" und präzisierten sie als „Sinn des Lebens". Mit diesem Begriff erfaßten wir Sinn als das sittliche Prinzip des menschlichen Seins, das die sittliche Integration der Sinnenhaftigkeit in die Gesellschaftlichkeit des Menschen kennzeichnet. Diese Leistung des Menschen — oder sein Versagen — findet ihren Ausdruck in der Geschichte und ihre Vermittlung im gesellschaftlichen Leben, nach der Auffassung des Marxismus in der gegenwärtigen historischen Etappe vorzüglich im Aufbau des Kommunismus.

In unserer Untersuchung dringen wir vom begrifflichen über den erscheinungshaften nun zum wesentlichen Aspekt der Frage nach dem Sinn des Lebens vor, von der *Gesellschaft* zum *Verhältnis zwischen Einzelmensch und Gesellschaft* und zum *Individuum* selbst: Wie *schafft* der einzelne Mensch in seinem gesellschaftlichen Zusammenhang den Sinn seines Lebens, und *was* ist der Mensch, so daß er einen Sinn des Lebens *schaffen kann?*

A. Die Grundformen der Sinnverwirklichung

Berücksichtigt man auch die ethischen Untersuchungen der Humanisten aus der ČSSR innerhalb der marxistisch-leninistischen Philosophie, so lassen sich drei gesellschaftlich vermittelte *Grundformen* des Handelns aufzeigen, in denen der Mensch den Sinn seines Lebens verwirklicht: *Arbeit, kämpferische Solidarität* und *dialogische Existenz.*

Das Leben des Menschen steht in einem bestimmten Zusammenhang, und die sich darin zeigenden Widersprüche verlangen eine je unterschiedliche Lösung; die eine dieser Aufgaben läßt sich nur in dialogischer Existenz lösen, — eine andere erfordert kämpferische Solidarität oder Arbeit. Diese Grundformen des menschlichen Sinnhandelns gehen vielfach ineinander über. Dennoch läßt sich die These aufstellen: Niemand kann den Sinn seines Lebens schaffen, ohne zu arbeiten, sich mit anderen Menschen kämpferisch solidarisch zu erklären und sich zu einer dialogischen Existenz mit seinen Mitmenschen durchzuringen.

a. Die Arbeit

Die Arbeit ist nach marxistischer Auffassung am sichtbarsten ein sinnvolles Tun, zeigt eine Wirkung auf den Menschen selbst; „die Problematik der Arbeit als *philosophische* Frage und als *Philosophie der Arbeit* gründet in der Ontologie des Menschen",[511] wie Karel Kosík sagt.

Dieser Bezug auf den Lebenssinn des Menschen gelingt der Arbeit nicht in ihrer Erscheinungsform als *Zwangsarbeit* in einer ausbeuterischen Klassengesellschaft. Dort ist sie „nicht die Befriedigung eines Bedürfnisses, sondern sie ist nur Mittel, um die Bedürfnisse außer ihr zu befriedigen".[512] In ihr wirkt der Arbeiter — wie Marx sagt — seine Selbstentfremdung statt seines Selbstseins, ertötende Widersinnigkeit statt sinnvollen Lebens. Denn in dieser Form bleibt die Arbeit außerhalb des Menschen, „äußerliche Arbeit" (ebd.), und damit eine „Arbeit der Selbstaufopferung, der Kasteiung" (ebd.). Zwangsarbeit ist aktiver Selbstruin; in ihr erfährt sich „die Tätigkeit als Leiden, die Kraft als Ohnmacht, die Zeugung als Entmannung, die *eigne* physische und geistige Energie des Arbeiters, sein persönliches Leben — denn was ist Leben [anderes] als Tätigkeit — als eine wider ihn selbst gewendete, von ihm unabhängige, ihm nicht gehörige Tätigkeit" (ebd.). Das Bewußtwerden dieses sinnwidrigen Zirkels hat zur Folge, daß, „sobald kein physischer oder sonstiger Zwang existiert, die Arbeit als eine Pest geflohen wird" (ebd.). Vor seiner sinnwidrigen Arbeit tritt der Ausgebeutete die Flucht in die Privatsphäre an.

P. M. Egides stellt richtig fest, daß ein solcher Mensch „moralische Qualen verspürt, wenn man ihn zu tun zwingt, was keine Bedeutsamkeit hat, eine unsinnige Arbeit auszuführen".[513] Dabei verweist er auf die „Aufzeichnungen aus einem toten Hause" von F. M. Dostojevskij. Was Marx philosophisch zu erklären bemüht ist, beschreibt Dostojevskij aus eigener Erfahrung sibirischer Zwangsarbeit: „Auf die Arbeit sah

---

511 K. Kosík: Die Dialektik des Konkreten, 196.
512 K. Marx: ÖPhM 86.
513 P. M. Egides: Marksistskaja ètika . . ., 32 Anmerkung 2.

man mit Haß. Ohne seine eigene Privatbeschäftigung, der er mit seinem ganzen Verstand, mit all seinem Sinnen und Trachten ergeben wäre, könnte ein Mensch im Zuchthaus gar nicht leben."[514] Wird die Arbeit entfremdet, beginnt der Rückzug in die Beschäftigung; nicht die Schwere der Arbeit ist ja das Erdrückende, sondern das Fehlen ihres Sinnbezuges. „Ich kam einmal" — schreibt Dostojevskij — „auf den Gedanken: Wenn man einen Menschen völlig erdrücken und vernichten, ihn mit einer so furchtbaren Strafe heimsuchen will, so daß der schrecklichste Mörder vor dieser Strafe zitterte und sie im voraus fürchtete, dann müßte man nur seiner Arbeit den Charakter völliger Zwecklosigkeit und Sinnlosigkeit geben."[515] In einer sinnlosen Arbeit wüßte der Mensch sich von einer Grundform seiner Lebenstätigkeit abgeschnitten, schaute in ihr ein Spiegelbild seines degradierten Lebens.

Der Zwangsarbeiter stellt Ziegelsteine her und legt Straßen an; und noch „in dieser Arbeit gibt es Sinn und Zweck" (ebd.), z. B. die Erhaltung seines Lebens und die Erschließung von Ödlandgebieten. Die niedrigste Stufe von „Arbeit" sieht Dostojevskij in einer gänzlich zwecklosen Tätigkeit, wie dem ständigen Aufschütten und Abtragen eines Sandhaufens, die ein bloßer Racheakt und „sinnlos wäre, weil dadurch kein vernünftiges Ziel erreicht würde" (ebd.). Wenn ein „Teil solcher Folter, Sinnlosigkeit, Erniedrigung und Schmach unbedingt auch in jeder erzwungenen Arbeit liegt" (ebd.), so entdeckt doch Marx die eigentlich sinn*widrige* Arbeit in der verschärften Klassengesellschaft. Hier geschieht sie nicht als (passive) Erniedrigung, sondern als (aktive) *Selbsterniedrigung,* so daß der Arbeiter seine Arbeitstätigkeit gegen seinen eigenen sinnvollen Lebensvollzug richtet und das „Leben, was er dem Gegenstand verliehen hat, ihm feindlich und fremd gegenübertritt".[516] Das System der Ausbeutung verkehrt das Verhältnis: In ihm ist die Arbeit nicht Vermittlung des Lebenssinnes, sondern der Lebensvollzug wird Mittel zur Erhaltung der Arbeitskraft.

Die Arbeit verfehlt ferner ihren Bezug auf den Lebenssinn in der Form der *moralischen Erpressung:* Man appelliert an die sittliche Solidarität der Menschen, ohne ihrer Freiheit die Entscheidung zu überlassen und gegebenenfalls nach sachlich-rationelleren Lösungen zu suchen. Daß

---

514 F. M. Dostojevskij: Zapiski iz mërtvogo doma / Aufzeichnungen aus einem toten Hause /, In: Sobranie sočinenij ... Band 3, 405.
515 Ebd. 410.
516 K. Marx: ÖPhM 84.

diese Entartung auch im Aufbau des Kommunismus kaum zu beseitigen ist, bezeugt die Anklage von G. K. Gumnickij gegen unfähige Betriebsführungen: „Bisweilen verdrängt die Sorge um den Plan die Fürsorge für die Menschen. Manche begreifen nicht, daß der Plan nicht für den Plan da ist, sondern zum Wohl des Menschen, daß man den Plan nicht auf Kosten von Sonderschichten und Überstunden erfüllen darf, die Kraft und Gesundheit der Menschen verschleißen und ihnen ein normales Leben rauben, sondern durch eine rationelle und wissenschaftliche Organisation der Produktion."[517] P. M. Egides geht mit den Urhebern solchen Raubbaues hart ins Gericht: Sie sind Leute, die „ihre ‚Position‘ wie ihren Augapfel hüten und darin eine wichtige (wenn nicht die entscheidende) Komponente ihres Lebenssinnes sehen ... Sie haben aus irgendeinem Grunde beschlossen, sich mit aller Kraft an ihrem ‚Sessel‘ festzuklammern, weil sie nicht fähig sind, etwas Eigenes auf die Beine zu stellen, — und das halten sie sogar noch für verdienstlich."[518]

Nicht in den Gesamtzusammenhang des Lebens eingefügt, kann die Arbeit schließlich *Flucht vor sich selbst* sein. Dann weist ihr ein Mensch die Aufgabe zu, die Ausfallserscheinungen im übrigen Leben einseitig zu kompensieren und die Illusion einer Ganzheit aufrechtzuerhalten. Aus Resignation vor einem ganzheitlichen Leben erklärt er die Arbeit für das Ganze und verliert sich in ihr. Diese Flucht in die Arbeit spricht deutlich aus einem Leserbrief an „Wissenschaft und Religion", in dem es heißt: „Worin der Sinn des Lebens liegt? Natürlich in der Arbeit. Die Arbeit ist — scheint mir — das Wichtigste. Aber sonst? Ich wüßte nicht. Ich lebe dazu, um zu sterben."[519]

Nach M. I. Petrosjan die sich um eine Bestimmung des Verhältnisses von Arbeit und Lebenssinn bemüht, liegt „die Bestimmung des Menschen in der schöpferischen Arbeit, die darauf gerichtet ist, die Grenzen der Befriedigung der menschlichen Bedürfnisse zu erweitern, und in der sich alle Mitglieder der Gesellschaft frei und allseitig geistig und physisch entfalten können".[520] Das bedeute, daß „zu allen Zeiten der Existenz und der Entwicklung der Menschheit das Schöpferische, das Arbeiten für ein besseres Leben der eigentliche Sinn des Lebens, die Berufung des Menschen war und bleibt" (ebd.). Doch wie könnte

---

517 G. K. Gumnickij: Smysl žizni, sčast'e, moral', 105.
518 P. M. Egides: Osnovnoj vopros ..., 100 f.
519 In: NR 1964/11/18.
520 M. I. Petrossjan: Essay über den Humanismus, 189.

schöpferische Arbeit einfachhin Sinn des Lebens sein? Wenn die schöpferische Arbeit für ein besseres Leben der Sinn des Lebens wäre, — was wäre dann der Sinn dieses „besseren Lebens"? Wir müssen präzisieren: Die Arbeit bezieht sich auf den Lebenssinn des Menschen; sie ist die grundlegende schöpferische Selbstformung und betrifft den Menschen selbst, nicht nur etwas Sachhaftes. Aber sie ist nicht der Sinn des Lebens.

Die Arbeit leistet eine „wirkliche Erziehung im Geiste der kommunistischen Moral"[521] für die Persönlichkeit des Arbeitenden selbst, sogar eine „Läuterung" und „Befreiung des Menschen von Fehlern".[522] In der Arbeitstätigkeit entfaltet der Mensch all seine Kräfte und erreicht den „höchsten Grad der Selbstbejahung".[523] Er gewinnt — wie Alfred Kurella schreibt — eine „Entstehung und Festigung des ‚Ich', des selbstbewußten Individuums: in der tätigen Auseinandersetzung mit dem widerstrebenden Stoff und Material der Arbeit bewährt sich meine Identität, und im Resultat meiner Arbeit, das ich als etwas Fremdes, außer mir Stehendes anschauen kann, lerne ich ‚mich' erkennen".[524] Arbeit wirkt nicht nur äußerlich durch Veränderungen an der Natur, sondern sie verändert den arbeitenden Menschen: „Wenn die Analyse des *dialektischen* Geschehens in der Arbeit" — so kennzeichnet Kosík diesen Grundaspekt der Arbeit — „innerlich mit dem *Sein* des Menschen verbunden ist, enthüllt sich im Geschehen der Arbeit gleichzeitig das Spezifikum des menschlichen Seins."[525]

Die Arbeit als die erste Grundform menschlichen Sinnhandelns ist daher „eine Metamorphose, in der sich *etwas Neues bildet:* sie ist die Genesis von etwas qualitativ Neuem".[526] Sie leistet eine ausreichende Befriedigung der menschlichen Bedürfnisse *und* ermöglicht eine Verwandlung der Bedürfnisse, in der „die Menschlichkeit aus der Animalität entsteht und die tierische Begierde sich zum humanisierten Trieb umgestaltet"

---

521 A. F. Schischkin: Grundlagen der marxistischen Ethik, 463.

522 G. S. Simonov: Kritika sovremennoj pravoslavnoj morali / Kritik der gegenwärtigen orthodoxen Moral /, Im Sammelband (Hrsg. P. N. Gapočka, V. M. Podosetnik, M. L. Čalin): Kritika religioznoj ideologii / Kritik der religiösen Ideologie /, Moskau 1961, 53.

523 W. P. Tugarinow: Über die Werte des Lebens und der Kultur, 49.

524 A. Kurella: Der Mensch als Schöpfer seiner selbst, Beiträge zum sozialistischen Humanismus, Berlin/Ost / 1961, 94.

525 K. Kosík: Die Dialektik des Konkreten, 200.

526 Ebd. 201.

(ebd.). Hinsichtlich der Verwirklichung des Lebenssinnes ist daher G. L. Andreev überzeugt, daß „sogleich, wenn man sich mit der Frage nach Ziel und Sinn des Lebens an den sowjetischen Menschen wendet, er immer an die erste Stelle die Arbeit setzt, die schöpferische Arbeit. Solches Verständnis von Ziel und Sinn des Lebens ist in seinem Grunde zutiefst sittlich."[527]

b. Die kämpferische Solidarität

Aus dem Prozeß der Arbeit heraus steht der Mensch nicht nur in der Auseinandersetzung mit der Natur, sondern auch mit gesellschaftlichen Spannungen. Die Widersprüche des gesellschaftlichen Lebens zwingen ihn zur Parteinahme, zur kämpferischen Solidarität, zur Entscheidung für den einen oder anderen Lösungsweg der konkreten Widersprüche. Ihre nur theoretische Kritik, abseitiges Sympathisieren ohne tätige Konsequenzen, wäre nach Marx eine „Verirrung der Kritik":[528] *„Ideen können nie über einen alten Weltzustand, sondern immer nur über die Ideen des alten Weltzustandes hinausführen. Ideen können überhaupt nichts ausführen.* Zum Ausführen der Ideen bedarf es der Menschen, welche eine praktische Gewalt aufbieten."[529]

Der Marxist versteht sich daher als Schöpfer und als Kämpfer. „Der wahre Sinn des Lebens" — schreibt P. M. Egides — „liegt in der Einheit von schöpferischem Tun und gesellschaftlichem Kampf, *Schöpfer und Kämpfer* ineins zu sein. Schöpferisches Tun und Erkenntnis ohne gesellschaftlichen Kampf um Gerechtigkeit und Glück für alle ist ziellos, ein Kampf ohne schöpferisches Tun und ohne Aufbau jedoch ist anarchistische leere Phrasendrescherei."[530] Schon von seinem Beruf her ist die kämpferische Grundform der Verwirklichung des Lebenssinnes einem Soldaten aus dem Gebiet von Murmansk nahe, der an die Zeitschrift „Wissenschaft und Religion" schreibt: „Der Sinn des Lebens ist Kampf. Kampf der Widersprüche, an denen das Weltall so reich ist. Der Mensch kämpft mit den *äußeren Widersprüchen,* — das ist all das, was ihn umgibt, vom Sandkörnchen und der Mücke bis zur Atmosphäre und

---

527 G. L. Andreev: Christianstvo i problema svobody, 113.
528 K. Marx: Brief an Ludwig Feuerbach vom 11. August 1844, In: MEW 27, 427.
529 K. Marx, F. Engels: Die heilige Familie, In: MEW 2, 126.
530 P. M. Egides: Osnovnoj vopros..., 97.

den Milchstraßensystemen. Der Mensch kämpft mit den *inneren Widersprüchen,* — das ist all das, was er will, aber nicht kann, oder kann, aber nicht will . . .“[531]

Die kämpferische Solidarität kennzeichnet Roger Garaudy in seinem Schlußwort auf der Salzburger Tagung der Paulusgesellschaft als charakteristisch für den Marxisten. Er fordert die christlichen Gesprächspartner auf, die eigenen Positionen treu einzuhalten. Jeder müsse „den Weg seiner Anliegen zu Ende gehen, jener Anliegen, die seinem Leben *Sinn* und Schönheit verleihen: Sie in Ihrem christlichen Glauben, *wir in unserem Leben als Kämpfer*“.[532]

Der gesellschaftliche Kampf ist nur möglich in der *Parteinahme,* der verantwortlichen Parteilichkeit. In unserem Verständnis dieser Parteilichkeit können wir uns kaum auf sowjetische Beiträge berufen, die unter Parteilichkeit zumeist *Einheit im Handeln und Einheitlichkeit im Denken* verstehen wollen. Allgemein trifft die Feststellung I. M. Bocheńskis zu, daß in dieser Doppelbedeutung „partijnost'“ zu den „Grunddogmen“ der sowjetischen Philosophie zählt und „dazu tendiert, sich der Analyse zu entziehen“.[533] Trotz harter Kritik an einzelnen Parteifunktionären wird keine Kritik an der Parteilichkeit selbst laut, das Prinzip in seiner zweifachen Bedeutung stellt niemand offen in Frage. Auch P. M. Egides' bissige Anprangerungen schließen mit dem Bekenntnis: „Die antagonistischen Staaten und ihre Parteien stehen über den Massen wie eine ihnen äußerliche und fremde Gewalt. Die kommunistische Partei aber ist die einzige Partei in der Geschichte, die berufen ist, den Prozeß der Überwindung der Entfremdung und Selbstentfremdung vom menschlichen Wesen zu leiten . . .“[534]

Georg Klaus weist jedoch auf den wichtigen Unterschied zwischen *Parteilichkeit* und *Wahrheit* hin. „Wahrheit“ betrifft eine „zweistellige Relation, eine Beziehung zwischen einer Aussage und einem Sachverhalt, der den Inhalt dieser Aussage ausmacht“.[535] Demgegenüber bezeichnet der Begriff „Parteilichkeit“ eine „dreistellige Relation, und zwar eine Beziehung zwischen den Menschen und einer Aussage und der objektiven Realität, auf die sich diese Aussage bezieht“ (ebd.).

---

531 In: NR 1964/9/22(Hervorhebungen von mir. — HFS).
532 R. Garaudy: Diskussionsbeitrag im Gemeinschaftsband: Christentum und Marxismus — heute, 319 f. (Hervorhebung von mir. — HFS).
533 I. M. Bocheński: On Partijnost' in Philosophy (I), In: SST 1965, 1.
534 P. M. Egides: Osnovnoj vopros . . ., 101.
535 G. Klaus: Die Macht des Wortes, 93.

Klaus unterscheidet diesbezüglich zwischen „Wahrsein" und „Wahrhabenwollen"[536] und ordnet die Parteilichkeit der „erkenntnistheoretischen Pragmatik"[537] zu. Mit dem Begriff „Wahrhabenwollen" *wertet* er jedoch moralisch repressiv, ohne etwas über erkenntnistheoretische Pragmatik *auszusagen*. Wahrheit betrifft die Erkenntnistheorie, Parteilichkeit die soziale Praxis (nicht eine semantische Pragmatik); jede begriffliche Unschärfe leistet nur jenem Parteimythos Vorschub, nach dem zweifelsfreie Wahrheit der Theorie und eindeutige Parteilichkeit der Praxis verbindlich dekretiert werden können.

Soll Parteilichkeit eine Grundform der Verwirklichung des Lebenssinnes sein, muß sie tätige Verantwortung *für* die Gruppe ausdrücken und darf sich nicht auf untätige Verantwortlichkeit *vor* der Gruppe beschränken. In solchem Verständnis steht die Parteidisziplin, die — nach Adam Schaff — nicht nur eine formale Bindung ist, als freiwillig übernommene Organisationsdisziplin nicht im Widerspruch zur Freiheit des Menschen. „Sie ist eine Disziplin, die sich aus der Gemeinsamkeit der Bestrebungen einer Gruppe von Menschen ergibt, der ich mich freiwillig angeschlossen habe, mit deren Programm ich mich solidarisiere."[538] Einmal in diese Gruppe integriert, gebe ich um der geschlossenen Wirksamkeit willen manche eigenen Detailwünsche auf, da die Disziplin innerhalb der Gruppe „Vorbedingung und Garantie für den Erfolg ihres Kampfes" (ebd.) ist. In der freiwilligen Parteinahme wird sie mithin „meine eigene Disziplin, ich habe sie akzeptiert, als ich dieser Gruppe beitrat, die fortan politisch *meine* Gruppe, *meine* Organisation ist" (ebd.).

Auch Milan Machovec ist es klar, daß die Marxisten „nicht nur theoretisieren, nicht nur eine kleine Gruppe humanisieren, sondern mit einer Weltbewegung verbunden sein wollen und müssen".[539] Aber ihre Verantwortung für die Partei ist tätige Mitverantwortung; der Marxist ist „stark, wenn er mit der Bewegung, mit der Partei kämpft" (ebd.). Er muß „treu sein der Partei ...; aber er muß zugleich mit der Bewegung kämpfen. Er muß etwas bewegen; ist er treu dem erstarrten System, dann verrät er die Bewegung. Er muß treu sein der Bewegung, und nicht der erstarrten Struktur." (Ebd.) Über das Endziel der Bewegung,

536 Ebd. 92.   537 Ebd. 95.
538 A. Schaff: Marx oder Sartre? 94.
539 M. Machovec: Diskussionsbeitrag auf einem Podiumsgespräch in Münster im Herbst 1967, In: NF 1968, 294.

das auch das Endziel der parteilichen Aktionseinheit ist, sind sich auch die „Grundlagen des wissenschaftlichen Kommunismus" klar: es ist der Aufbau des Kommunismus für den Menschen, der „eine entsprechende Veränderung aller Seiten der gesellschaftlichen Verhältnisse zur Erreichung einer echten Freiheit der Persönlichkeit"[540] anstrebt. Das Endziel von Parteilichkeit und Kommunismus ist der *Mensch* und seine allseitige Entfaltung, aber über die Mitel zur Erreichung dieses Zweckes entbrennen die Auseinandersetzungen, auch im sozialistischen Lager.

Der marxistische Humanist steht in dem Zwiespalt, als Grenzgänger aus Verantwortung zwischen Parteidisziplin und Auflehnung, als Gewissen des Politikers oder als Anführer einer inneren Revolte sich dem Mißtrauen beider Seiten auszusetzen. In den Augen Außenstehender ist der Rebell aus Verantwortung nicht selten der gesuchte Sensationsdarsteller, der Verteidiger der Parteilinie hingegen ein unredlicher Mitläufer. Der „Fall Schaff" in seinen verschiedensten Stadien sollte westliche Beobachter jedoch bei ihren allzu eiligen Wertungen vorsichtiger machen: Was manchem als „ideologische Kapriolen"[541] erscheint, ist in einer konkreten Konfliktsituation vielleicht die einzig mögliche Bewegungsform. Wie der Verfasser einer westlichen Stellungnahme zu diesem Problem in seinem Schlußabsatz auch einräumt, mag eine effektive „Wandlung zum Besseren"[542] bisweilen dann nur durch Einbuße an gutem Ruf erkauft werden.

Im Risiko der parteilichen Freiheit setzt sich der Marxist angesichts des Humanisproblems der Kritik von zwei Seiten aus: Die risikolos Abseitsstehenden werfen ihm Begriffsartistik vor und finden es „qualvoll, mit ansehen zu müssen wie ... ein Mensch sich windet und dreht",[543] um daraus eine „Bankerotterklärung der Ideologie aus dem Osten"[544] abzuleiten. Die eigene Gruppe beschuldigt ihn hingegen des Revisionismus und der Gefährdung der Aktionseinheit, indem sie das böse Gespenst der inneren „Aufweichung"[545] beschwört. Wir meinen, wer dieses Risiko oft genug auf sich genommen hat, besitzt jedenfalls Anspruch

---

540 ONK 506.

541 H. Wagner: Die ideologischen Kapriolen des Adam Schaff, In: OE 1967, 16.   542 Ebd. 28.

543 F. M. Schmölz: Das Ende eines Traumes, Adam Schaff oder die Frage nach dem Menschen, In: „Wort und Wahrheit" 1966/6—7/453.

544 Ebd. 455.

545 Eine Diskussion über das Buch „Der Marxismus und das menschliche Individuum" von Adam Schaff, Rede des Genossen Zenon Kliszko, 149.

auf die Respektierung seines Verhaltens, wenn er in einer anderen Situation sich bona fide nicht gegen die Parteiführung stellt.[546]

Andererseits kann die ausweglose Situation eintreten, in welcher ein Marxist entsprechend seiner Überzeugung in einem Schritt der Verantwortung die Parteiführung derart provoziert, daß er bewußt seinen Ausschluß riskiert. Eine Möglichkeit, die im übrigen auch Adam Schaff anerkennt. In dieser Situation kann das Versagen der Partei vor dem parteilichen Denker zu einer Weise der Parteilichkeit führen, die über das derzeitige Selbstverständnis der Partei hinausgeht, — auf die sie sich vielleicht später einmal wie auf ein Zeugnis ihrer eigenen inneren Regenerationskraft selbstbewußt berufen wird. („Rehabilitierung" sucht dann das zur rechten Zeit Versäumte nachzuholen.) Solche Provokation aus Verantwortung ist auch in den Äußerungen Kolakowskis zur Frage nach dem Sinn des Lebens zu sehen, die er — lange vor seinem Konflikt mit der Partei im Herbst 1966 und im Frühjahr 1968 — formuliert: Seiner Beurteilung der gesellschaftlichen Zustände in seinem Land zufolge „ist das Problem des ‚Lebenssinns' als Erscheinung, die soziologisch bedingt ist, ein politisches Problem":[547] Es gilt, die Ursachen dafür aufzuspüren, daß das Sinnproblem im gesellschaftlichen Maßstab als Frage nach dem Humanismus und den Rechten des Einzelnen wie ein „Schrei"[548] aufbricht. Denn „jede Art der Lebensbejahung" kann sich „unter gewissen Umständen in eine ungedeckte Während verwandeln, z. B. wenn die objektive Situation jede Einwirkung auf sie unmöglich macht und dadurch das Gefühl einer aktiven Koexistenz mit der sozialen Wirklichkeit vernichtet, also zu einem Versiegen der Verantwortung für den Gang der Geschichte führt, zum Absterben der Initiative und zur allgemeinen Unlust. Dann wird der Kontakt des Bewußtseins mit der Umwelt unterbrochen, die tätige Haltung verwandelt sich wieder in die beobachtende zurück, und das eigene Dasein wird als sinnlos empfunden."[549] Da der Sinn des Lebens nur durch die tätige Verantwortung des Menschen für seine Mitwelt geschaffen werden kann, entziehen die von Kolakowski genannten Mißstände dem Menschen die volle Möglichkeit eines sinnvollen Lebens und führen zum Zweifel an diesem Sinn. „Solche Gefahren" — der Autor wird nun deutlich und scharf — „entstehen auch im sozialistischen Lager,

---

546 Vgl. dazu die unter Anmerkung 26 und 27 genannten Beiträge.
547 L. Kolakowski: Der Mensch ohne Alternative, 209.
548 Ebd. 207.   549 Ebd. 209.

und zwar jedesmal dann, wenn in ihm Beweise konservativer Ohnmacht auftreten, Elemente der Monopolisierung im sozialen Schaffen, Elemente und Zeichen für eine Wirkungslosigkeit der Masseninitiative." (Ebd.)

Wenn jemand wie Garaudy die Partei „den Sinn und die Freude meines Lebens"[550] nennt, bekennt er sich zu ihrem Ziel und glaubt an ihre beständige menschliche Erneuerung. Solcher Glaube spricht aus dem Leserbrief von M. P. Look; die geduldige Verantwortung für die eigene Gruppe wird trotz ihres Versagens zum Weg des Menschen, der den Sinn seines Lebens „im Kampf um die Stärkung der Sowjetmacht"[551] sieht. Sein Glaube an den Sieg des Kommunismus — dessen wesentliche Bewegung M. P. Look gerade darin erkennt, daß er „für alle Menschen Frieden, Arbeit, Freiheit, Gleichheit, Brüderlichkeit und Glück gewährleistet" (ebd.) — durfte es nach seiner Überzeugung noch erleben, daß sich eine Wandlung zum Besseren vollzog: „Mein Glaube ließ mich die Perspektive des Lebens in den Jahren meiner Haft in der Periode der Gewaltmaßnahmen des Personenkultes nicht verlieren und gab mir die Möglichkeit, die Abstempelung als ‚Volksfeind‘ bis zum XX. Parteitag der KPdSU moralisch zu ertragen. Ich glaubte an die Sowjetheimat, den Sieg der Sowjetdemokratie, ich glaubte an den Triumph der Wahrheit der Partei. Mein Glaube hat gesiegt." (Ebd.)

Bemerkenswert klar stellt Vítězslav Gardavský heraus, wie sehr auch die Geschichte des Sozialismus gezeichnet ist vom Risiko und Versagen der kämpferischen Solidarität: Er hat „seine Verräter, seine Renegaten, seine Feinde, die einst Freunde waren; er hat auch seine Lauen. Er führt seine Toten mit sich und die, die er hingerichtet hat."[552] Doch bleibt er zuversichtlich: „Seine Kraft liegt in dem Mut, mit dem er die eigene Schwäche, die er erkannt hat, dem Urteil der Geschichte unterwirft." (Ebd.)

In der kämpferischen Solidarität sucht die marxistische Bewegung — nach den Worten von Karl Marx — der Welt „aus den Prinzipien der Welt neue Prinzipien"[553] zu entwickeln, das heißt, das *mögliche Bessere*

---

550 R. Garaudy: Diskussionsbeitrag in dem Gemeinschaftsband: Christentum und Marxismus — heute, 322.

551 In: NR 1964/12/17.

552 V. Gardavský: Gott ist nicht ganz tot, Ein Marxist über Religion und Atheismus, München 1968, 162.

553 K. Marx: (Briefe aus den „Deutsch-Französischen Jahrbüchern"), In: MEW 1, 345.

zu erkämpfen: „Wir sagen ihr nicht: Laß ab von deinen Kämpfen, sie sind dummes Zeug; wir wollen dir die wahre Parole des Kampfes zuschrein. Wir zeigen ihr nur, warum sie eigentlich kämpft, und das Bewußtsein ist eine Sache, die sie sich aneignen *muß*, wenn sie auch nicht will." (Ebd.) Erkennen die Ausgebeuteten erst einmal „schmerzlich den *Unterschied* zwischen *Sein* und *Denken*, zwischen *Bewußtsein* und *Leben*",[554] so beseitigt bald die revolutionäre Aktion auch praktisch das erkannte Übel, „damit nicht nur im *Denken*, im *Bewußtsein*, sondern im massenhaften *Sein*, im Leben der Mensch werde".[555] Solidarität und Kampf des Marxismus sind auf den Menschen bezogen, *kämpferischer Humanismus*.

In welche Bedrängnis Lenin der Zwiespalt zwischen Kampf und Humanismus führt, beschreibt Maxim Gorkij in seinen „Erinnerungen an Zeitgenossen": „Oft ergab es sich, daß ich mit Lenin über die Gausamkeit der revolutionären Taktik und des revolutionären Alltags sprach. ‚Was wollen Sie denn?' fragte er erstaunt und zornig. ‚Ist etwa Menschlichkeit möglich in solch einer Schlägerei von nie dagewesener Grausamkeit? Wo ist hier Platz für Weichherzigkeit und Großmut? Uns blockiert Europa, uns fehlt die erwartete Hilfe des europäischen Proletariats, von allen Seiten kommt die Konterrevolution bärengleich auf uns zu, und wir — was tun wir? Wir sollen nicht kämpfen, Widerstand leisten, haben nicht das Recht dazu? Entschuldigen Sie, aber wir sind keine Dummköpfe. Wir wissen: Das, was wir wollen, kann niemand vollbringen außer uns. Glauben Sie wirklich, daß ich, wenn ich vom Gegenteil überzeugt wäre, hier säße?' ‚Mit welchem Maß messen Sie die Menge der notwendigen und der überflüssigen Hiebe bei einer Schlägerei?' fragte er mich einmal nach einer lebhaften Unterhaltung. Auf diese einfache Frage konnte ich nur ausweichend antworten. Ich glaube, eine andere Antwort gibt es nicht."[556]

Als eines Abends Lenin und Gorkij im kleinen Kreis zusammensitzen, um die „Appassionata" zu hören, sagt Lenin anschließend zu Gorkij: „Ich kenne nichts Bessres als die ‚Appassionata', ich könnte sie jeden Tag hören. Eine erstaunliche, nicht menschliche Musik. Ich denke immer voller Stolz, der vielleicht naiv ist: Was für Wunder können die Menschen vollbringen!' Und" — so berichtet Gorkij weiter — „mit zu-

---

554 K. Marx, F. Engels: Die heilige Familie, In: MEW 2, 55.
555 Ebd. 56.
556 M. Gorki: Erinnerungen an Zeitgenossen, Frankfurt/M. 1962, 205.

sammengekniffenen Augen und einem kurzen Lachen fügte er nicht
besonders fröhlich hinzu: ,Doch kann ich die Musik nicht oft hören, sie
greift die Nerven an, man möchte liebevolle Dummheiten sagen und
den Menschen die Köpfe streicheln, die in einer widerwärtigen Hölle
leben und so etwas Schönes schaffen können. Aber heutzutage darf
man niemandem den Kopf streicheln — die Hand wird einem ab-
gebissen, man muß die Köpfe einschlagen, mitleidslos einschlagen, obwohl wir, unserem Ideal nach, gegen jede Gewaltanwendung gegenüber
den Menschen sind. Hm-hm, ein teuflisch schweres Amt!'"[557]
Die Parteilichkeit steht immer in Gefahr, im Kampf durch die Anwendung von gegenläufigen Mitteln den humanistischen Zweck des
Kampfes zu verfehlen. Erst das Verständnis des Lebenssinnes gibt die
bleibende Richtung des Kampfes an, wie Jovo Élez und G. A. Davydova zum Ausdruck bringen: „Die Befreiung des Menschen von allen
Formen der Entfremdung *gemäß seinem wirklichen Sinn* ist die Veränderung der Welt des Menschen in eine menschliche Welt im Prozeß
der revolutionären praktisch-kritischen Tätigkeit."[558] Damit er sich in
den Mitteln nicht vergreift und folglich den Aufbau der neuen Gesellschaft in die Utopie verweist, muß der Marxist sich dem Problem des
Menschen stellen. Klaus Fuchs spricht diese Forderung deutlich aus:
„Nur die *Einsicht in die innere Notwendigkeit als Mensch* gibt ihm das
Ziel, für eine *menschenwürdige Gesellschaft* zu kämpfen."[559]
Besteht diese „innere Notwendigkeit als Mensch" aber nur darin,
Schöpfer und Kämpfer zu sein, wie P. M. Egides meint? Er unterteilt
vier Hauptgruppen von Menschen, die eine je besondere Antwort auf
die Frage nach dem Sinn des Lebens geben. Eine erste Gruppe sieht
diesen Sinn in redlicher Arbeit zum Wohle aller,[560] eine andere in
schöpferischer Tätigkeit für die Gesellschaft,[561] eine dritte Gruppe versteht den Sinn des Lebens als „seine gesellschaftliche Bedeutsamkeit",[562]
und das Glück des Lebens liege in der moralischen Befriedigung

---

557 Ebd. 212 f.
558 Jovo Élez, G. A. Davydova: Materialističeskaja dialektika — teorija
    revoljucionnoj praktiki (Po rabotam K. Marksa) / Die materialistische
    Dialektik — eine Theorie der revolutionären Praxis (Nach den Arbeiten
    von K. Marx) /, In: VF 1965/9/20 (Hervorhebung von mir. — HFS).
559 K. Fuchs: Moderne Physik und marxistisch-leninistische Philosophie, In:
    DZPh, Sonderheft 1965, 68 (Hervorhebung von mir. — HFS).
560 P. M. Egides: Marksistskaja koncepcija..., 16 f.
561 Ebd. 17 f.   562 Ebd. 18.

darüber, gesellschaftlich Bedeutsames zu leisten. Die vierte Gruppe, die der Autor am höchsten einschätzt, sieht ihren Lebenssinn nicht nur allgemein in einem gesellschaftlichen Beitrag, sondern im Kampf für die Gesellschaft, im „mutigen Kampf mit allem Negativen, das unseren Weg vorwärts hemmt".[563] In diesen Gruppen erschöpfen sich nach Egides die Grundformen eines sinnvollen Lebens: Arbeit und Kampf wären demnach sein Hauptinhalt. Mit solcher Verkürzung des Verständnisses vom Sinn des Lebens kann man sich schwerlich einverstanden erklären: Das Ziel des Kampfes ist nach den „Grundlagen des wissenschaftlichen Kommunismus" die Erreichung einer echten *Freiheit der Persönlichkeit*. Steht diese Persönlichkeit aber erst *nach* dem Kampf da, oder wird nicht vielmehr der Kampf *von Persönlichkeiten getragen* und *im Wissen um das Wesen der Persönlichkeit* (als dem konkreten Zweck des Kampfes) geführt? Offensichtlich ist letzteres der Fall. Schon der Kampf selbst offenbart aber einen zweifachen Aspekt des Persönlichkeitseins. Kampf ist ja kämpferische *Solidarität*, hat ein Gegeneinander und ein *Miteinander* zum Inhalt. Ein Kampf, der nur die *Verschlossenheit voreinander* und nicht die *Offenheit füreinander* kennt, läßt die Menschen in ihrer Frontstellung gegeneinander erstarren. Arbeit und kämpferische Solidarität sind dann nicht die einzigen Grundformen einer Sinnverwirklichung, sondern müssen überfragt werden auf eine *persönliche Weise des Mitseins*.

c. Die dialogische Existenz

Da der Mensch den Sinn seines Lebens nicht nur als Arbeiter und Kämpfer schafft, so muß sich eine marxistische Konzeption vom Sinn des Lebens um eine Theorie des menschlichen Zusammenlebens bemühen. Diese marxistische Theorie der Kommunikation kann sich bereits auf Arbeiten Feuerbachs berufen, dessen Korrektur Marx leistet. Er nennt „Feuerbachs große Tat" die „Gründung des *wahren Materialismus* und der *reellen Wissenschaft*, indem Feuerbach das gesellschaftliche Verhältnis ‚des Menschen zum Menschen' ebenso zum Grundprinzip der Theorie macht",[564] wenn auch erst dem Marxismus die Verbindung dieser gesellschaftlich-menschlichen Probleme mit ihrer naturhaften Basis aufzuzeigen gelinge.

---

563 Ebd. 20.
564 K. Marx: ÖPhM 152.

Plechanov bezeichnet später Feuerbachs Forderung, man müsse im Verhalten gegenüber sich selbst Idealist, Stoiker, und im Verhalten zu anderen Materialist, Epikuräer sein[565] als „goldene Worte"[566]. Nach Plechanov „verschwindet der scheinbare Widerspruch, sobald wir nur die Lehre Feuerbachs über *Ich* und *Du* berücksichtigen, die als Grundlage seiner Erkenntnistheorie dient" (ebd.). Nach Feuerbach ist es unmöglich, das Ich zur isolierten Grundlage der Sittlichkeit zu machen, denn „wo ausser dem Ich kein Du, kein anderer Mensch ist, ist auch von Moral keine Rede; nur der gesellschaftliche Mensch ist Mensch".[567] Da er von seinem gesellschaftlichen Wesen her auf den anderen Menschen angewiesen ist, besteht eine *seinshafte Verbindung der Menschen,* die sich auch in einer *Verbindlichkeit ihres Handelns füreinander* äußert. Feuerbach fährt fort: „Ich bin Ich nur durch Dich und mit Dir. Ich bin meiner selbst nur bewußt, weil Du meinem Bewußtsein als sichtbares und greifbares Ich, als anderer Mensch gegenüberstehst." (Ebd.) Die Sittlichkeit des Verhaltens äußert die seinshafte Verbindung der Menschen untereinander, denn „von Moral kann nur da die Rede sein, wo das Verhältnis des Menschen zum Menschen, des Einen zum Anderen, des Ich zum Du zur Sprache kommt".[568] Plechanov teilt diese Anschauung Feuerbachs: „Man spricht von Verpflichtungen im Verhältnis zu sich selbst. Aber damit diese Verpflichtungen einen Sinn hätten, ist die eine folgende Bedingung notwendig: Sie müssen indirekt auch Verpflichtungen im Verhältnis zu den anderen sein."[569] In der seinshaften Verbundenheit der Menschen untereinander „habe ich nur deshalb Verpflichtungen im Verhältnis zu mir selbst, weil ich Verpflichtungen zur Familie, zur Allgemeinheit, zu Volk und Vaterland habe. Das Gute und die Sittlichkeit sind ein und dasselbe. Aber als etwas Gutes kann man nur das anerkennen, das ein solches für die anderen ist." (Ebd.) Plechanov ergänzt seine Übereinstimmung mit Feuerbach noch durch seine größere marxistische Perspektive dieses Ich-Du-Verhältnisses: „Die sittliche Erziehung der Menschen besteht auch darin, daß man

565 L. Feuerbach: Schriften zur Ethik und nachgelassene Aphorismen, In: Sämtliche Werke, Stuttgart 2. Aufl. 1960, Band 10, 291.
566 G. V. Plechanov: Ot idealizma k materializmu / Vom Idealismus zum Materialismus /, In: IFP 3, 678.
567 L. Feuerbach: Schriften zur Ethik und nachgelassene Aphorismen, 269.
568 Ebd. 270.
569 G. V. Plechanov: Ot idealizma k materializmu, 678 (Hervorhebung von mir. — HFS).

einem jeden von ihnen das Bewußtsein seiner Verpflichtungen im Verhältnis zu *allen übrigen* einprägt." (Ebd.)

In neuerer Zeit leistet Milan Machovac einen bedeutenden Beitrag zu einer marxistischen Theorie der Kommunikation und stellt den *Dialog* als die wahrhaft menschliche Existenzform heraus: Wie der Dialog im Sprechen schrittweise die Wahrheit erhellt, so gelingt im Existenzdialog ein gemeinsames Erfahren der menschlichen Wirklichkeit durch Ergänzung des einen Menschen durch den anderen. Dabei muß zunächst unterschieden werden: „Der *Kontakt* zwischen den Menschen muß bei weitem noch kein *Dialog* sein, und er ist es üblicherweise auch nicht; der Mensch kann nicht nur *mit* einem Menschen leben, sondern auch *neben* einem Menschen, ohne ernstes Interesse für den anderen, ja auch *unter* den Menschen."[570] Von daher stellen sich Anforderungen auch an die kämpferische Solidarität, denn selbst die „Zugehörigkeit zu einem Kollektiv kann rein äußerlich, unexistenziell sein. Sie kann den Menschen in seiner Entfaltung sogar hemmen." (Ebd.)

Die heutigen Gesellschaften haben dem Menschen zwar Möglichkeiten geboten, in Kontakt zu treten, — aber diese Möglichkeiten wurden offensichtlich nur schlecht genutzt, wie das in der Literatur geschilderte verbreitete Gefühl der Einsamkeit bezeugt. In dem Schritt vom Kontakt zum Dialog, von einer Beachtung des Menschen als Objekt bis zu einer Achtung vor ihm als Subjekt kommt erst zum Ausdruck, „was ein Mensch für einen anderen Menschen gewöhnlich bedeutet und bedeuten kann"[571]. Diese „Beurteilung der menschlichen Angelegenheiten vom Gesichtspunkt der Unterscheidung des Guten vom Bösen" (ebd.) leistet das Gewissen — in dem man durchaus „nichts Übermenschliches suchen" (ebd.) muß — und vermittelt „die Bewußtheit der *Verantwortung einem anderen Menschen gegenüber*".[572]

Dialog ist mehr als nur Meinungsaustausch, er ist die „höchste Form der menschlichen Kommunikation, bei der man auf beiden Seiten *bewußt* nach jenem vollen Erschließen des Menschen gegenüber einem anderen Menschen strebt". (Ebd.) In ihm geht es nicht um einen geistigen Sieg über den anderen, sondern um einen Austausch im Wissen und Verhalten. Daher ist der Dialog eine „*Wesensdiskussion,* bei der alle inneren Fähigkeiten der Partner eingesetzt werden, nicht nur ihre Kenntnisse oder Ansichten" (ebd.).

---

570 M. Machovec: (Dialog als Menschlichkeit), In: NF 1967, 321.
571 Ebd. (Im Original Hervorhebung des ganzen Zitates. — HFS).
572 Ebd. 322.

Im Unterschied zur sachbezogenen Kooperation ist die dialogische Existenz weitaus schwieriger zu leisten, weil die rationalen Zusammenhänge des Sittlichen schwer zu *erkennen* sind und das dialogische Verhalten hohe *Anforderungen* stellt. Positiv bedeutet dies, daß das gelingende dialogische Leben am deutlichsten die Bereicherung durch den anderen erfährt und den darin erkennbaren notwendigen Zusammenhang, daß niemand den Sinn seines Lebens *gegen* die andern schaffen kann, sondern nur *mit* ihnen. Negativ bedeutet es nach Machovec, daß die Gefährdung des Dialogs im Leben mancher Menschen die Oberhand behält.

Für das Gelingen des gefährdeten Dialogs — der seine höchste Verwirklichung in der Ehe, im Leben des Ich mit seinem Du findet — nennt Milan Machovec fünf *Bedingungen*. An erster Stelle steht „*der Mut, sich zu erschließen*".[573] Die Bereitschaft zur Selbsterschließung und Entäußerung präsentiert dem Partner nicht nur die eigene Sicherheit, sondern riskiert es auch, eigene Schwächen und Bedenken zu offenbaren, soweit dies für den Dialog notwendig ist. Weder eine Monologe haltende Maske noch ein Buch sind dialogfähig. An zweiter Stelle steht die Forderung, „*man soll sein ganzes Wissen dem anderen zur Verfügung stellen, handle es sich um Freund oder Gegner*" (ebd.). Dahinter steht das Verlangen, das Menschliche zu vertiefen, nicht aber billigen Triumph über einen unterlegenen Gegner zu genießen. Die dritte Bedingung des Dialogs ist das „*konkrete, an den Menschen adressierte Interesse am Menschen — am Partner in meinem Dialog*" (ebd.). Es geht im Dialog nie um eine „Sache" schlechthin, sondern um die „Sache des Menschen". Lange vor den Ereignissen in der ČSSR im August 1968 wies der Prager Philosoph eindringlich auf die Gefährdetheit seiner eigenen Gruppe, der kommunistischen Bewegung, hin: „Auch die edelste Theorie der Freiheit und Brüderlichkeit kann letzten Endes Furcht und Schrecken einjagen, ist sie nicht an konkrete lebendige Menschen gerichtet." (Ebd.) Die vierte Bedingung der dialogischen Existenz sieht der Autor in einer „*persönlichen Engagiertheit*",[574] die sich auch nicht scheut, „*das Risiko des anderen auf sich zu nehmen*" (ebd.). Die fünfte Bedingung für den Dialog ist: „Muß ich alle Kräfte meines Inneren im Dialog anwenden, so darf ich im Gegenteil *nicht alle Mittel des Kampfes,* vor allem die äußerlichen, wie Gewalt und

---

573 Ebd. 323.
574 Ebd. 324.

Zwang, anwenden."[575] In diesem Punkte erkennt Machovec keinen Kompromiß für vertretbar an und hält es für „nötig, ganz nüchtern zu konstatieren, daß *Gewalt und Dialog einander ausschließen*" (ebd.).

Als *Hindernis des Dialogs* nennt Machovec vier Punkte: Das — erstens — „relativ noch zu geringe *Niveau der Bildung und Kultur* bei vielen Menschen",[576] die trotz natürlicher Intelligenz und persönlicher Untadeligkeit fremder Propaganda und eigener Uneinsichtigkeit ausgeliefert bleiben. Hinzu kommen — zweitens — nicht nur die „Unbildung, sondern gewisse Irrwege der Bildung" in einer zu engen „*Spezialisierung* der persönlichen Zielsetzung" (ebd.), so daß Fachwissen und allgemein-menschliche Primitivität in demselben Menschen anzutreffen sind. In verschiedenen Gesellschaften und Gruppen ist — drittens — das „Prinzip der *Hierarchisierung* der Gesellschaft" (ebd.) ein Hemmnis des Dialogs. Damit hängt — viertens — die Tatsache zusammen, „daß zwar niemand bereit ist, zu erklären, daß er eigentlich gegen einen Dialog ist, daß jedoch nicht alle Menschen im Grunde ein *Interesse* an seiner Entwicklung haben".[577] Besonders ist jede etablierte Macht und Institution daraufhin kritisch zu befragen, weil — so Machovec — die größte Gefahr für die Entwicklung des Dialogs „in der ungeheuer fortschreitenden Spezialisation und der von ihr erzwungenen *Institutionalisierung* des Lebens" (ebd.) liegt, zu deren Überwindung gerade der Kommunismus Anstrengungen unternimmt.

Der Dialog zwischen Ich und Du reicht von einer *„ehrenvollen Gegnerschaft"*[578] über die *Freundschaft* Gleichgesinnter und findet seine Vollendung in der Annahme des anderen Menschen als ganzen, in der *Liebe*. Wird das dialogische Verhalten zur Lebenshaltung und verbindet sich mit Arbeit und Einsatz für die anderen, so schafft der Mensch den Sinn seines Lebens, indem er „einfach Mensch" wird. „Mein Lebenssinn ist: zu leben, zu arbeiten, einen wenn auch noch so kleinen Beitrag zur gemeinsamen Sache zu leisten," — schreibt ein Leser an die Zeitschrift „Wissenschaft und Religion" — „damit es nicht nur mir gutgeht, sondern auch den anderen. In allem Vorbild zu sein. Einfach Mensch zu sein."[579]

Bei diesem „einfachen Menschsein" treffen sich Lebenserfahrung und Ethik: Die Lösung der Sinnfrage als Grundfrage der Ethik setzt nach

---

575 Ebd. (Im Original Hervorhebung des ganzen Zitates. — HFS).
576 M. Machovec: (Hindernisse des Dialogs), In: NF 1967, 452.
577 Ebd. 453.   578 Ebd. 454.   579 In: NR 1964/9/23.

P. M. Egides eine Wertung voraus, die das Geistig-Sittliche über das Naturhafte stellt, damit überhaupt Geschichte als menschliche Geschichte möglich wird. Als sittliches Prinzip des menschlichen Seins ist der Sinn des Lebens samt den Grundformen seiner Verwirklichung nicht an eine bestimmte Klasse gebunden, sondern verbindlich für alle Menschen, unabhängig von ihrer Klassenzugehörigkeit. Es verlangt von Ihnen, „einfach Mensch zu sein" und sich über alle Gegensätze hinweg zu finden, weil sie der *eine* Sinn des Lebens verbindet. Wird dieses sittliche Prinzip nicht anerkannt, wird das Geistig-Sittliche nicht über das Naturhafte gestellt, so muß die Geschichte der Menschen zurückfallen in einen Kampf der Arten. Damit stellte sie sich unter dessen biologisches Prinzip, das Prinzip des Rassenfaschismus, über den Eugen Kogon das Urteil fällt: Er hat die „erlösende Probe der einfachen Menschlichkeit"[580] nicht bestanden.

B. Der Ermöglichungsgrund des Lebenssinnes

In den Grundformen des Lebens — Arbeit, kämpferischer Solidarität und dialogischer Existenz — verwirklicht der Mensch seinen Sinn innerhalb der Gesellschaft. Jede *Verwirklichung* aber läßt sich überfragen: *Welche Möglichkeit* wird in ihr verwirklicht? Was ist die seinshafte Grundlage für das Neue, das von der Möglichkeit in die Wirklichkeit tritt? Genauer: *Was* ist der Mensch, so daß er arbeiten, sich mit anderen Menschen zusammenschließen und — letztlich — lieben kann, um darin den Sinn seines Lebens zu *schaffen*?

a. Die Freiheit der Sinnverwirklichung

In der Arbeit erweist sich die Fähigkeit der Menschen, über die *Natur* zu verfügen. Die Verfügbarkeit der *Gesellschaft* in ihren ökonomischen, politischen und sozialen Zusammenhängen zum erstenmal in der Geschichte durchschaut zu haben, nimmt der Marxismus für sich in Anspruch. Aber die Gesellschaft ist kein selbsttätiges Subjekt. Eine Verfügbarkeit der Gesellschaft muß daher ihren Ermöglichungsgrund in einer Fähigkeit des gesellschaftlichen *Individuums* zur Selbstverfügung, zur Selbstbestimmung tragen. Von den Grundformen der Verwirk-

---

580 E. Kogon: Der SS-Staat, Berlin/West / 2. Aufl. 1947, 360.

lichung des Lebenssinnes gelangen wir also zum Problem der *Freiheit,* denn „man kann nicht gut von Moral und Recht handeln," — betont Friedrich Engels — „ohne auf die Frage vom sogenannten freien Willen, von der Zurechnungsfähigkeit des Menschen, von dem Verhältnis von Notwendigkeit und Freiheit zu kommen".[581]

Verfügt der Mensch über sein Leben nur *scheinbar aktiv,* wesentlich aber *reaktiv* auf Umwelt und Mitwelt? Oder ist er — bei aller Fremdbestimmtheit — auch fähig zur Selbstbestimmung? Aus einer ausdrücklichen oder eingeschlossenen Ablehnung der Freiheit folgte die Leugnung von Sinn, der ohne Freiheit mit bloßer Funktion zusammenfiele. Ein sogenannter Sinn des Lebens müßte sich ohne Freiheit in dem zweckmäßigen Funktionieren dieses Lebens für einen ihm äußerlichen Mechanismus erschöpfen, in einer Automatisierung des Sittlichen. Diese Tendenz scheint in dem Erziehungsziel der sozialistischen Moral zugrundezuliegen, das E. Franz entwickelt und demzufolge sich „bei entsprechender Dauer konkreter äußerer Einwirkungen bestimmte Vorgänge im Denken und Handeln der Menschen *automatisieren,* verselbständigen und in bestimmtem Maße der bewußten Kontrolle entziehen".[582] Die Vertreter dieser Anpassungsmoral setzen sich jedoch dem Vorwurf von Hellmuth G. Bütow aus, daß ihnen „Anpassung als Sinnfrage erscheint, daß sie geneigt sind, die Anpassung an etwas als ‚Sinn des Lebens' zu nehmen".[583] Er folgert mit Recht: „Wo da noch Selbständigkeit und kritisches Vermögen, als Vermögen zur Kritik an der Anpassung, einen Ort finden sollen, muß fraglich bleiben." (Ebd.)

Auch anderen marxistischen Autoren gelingt es nicht, in eindeutiger Begrifflichkeit Freiheit als menschliche Fähigkeit erkennen zu lassen. So mag es einsichtig sein, „daß die — der sich bewegenden Materie immanenten — Gesetze zu einer Stufe führen, auf der denkender Geist entstehen muß".[584] Aber was würde aus der Behauptung von G. Klaus und H. Schulze folgen, daß derselbe Gesetzesbegriff für die Natur wie

---

581 F. Engels: Anti-Dühring, In: MEW 20, 105.

582 E. Franz: Soziale Gewöhnung und sozialistische Arbeitsmoral, In: DZPh 1965/1/106.

583 H. G. Bütow: Philosophie und Gesellschaftswissenschaften, In der Reihe: Wissenschaft und Erziehung im Marxismus-Leninismus, Hochschulinformationen der Zentralstelle für Gesamtdeutsche Hochschulfragen, Berlin/West / 1965/6/34.

584 G. Klaus, H. Schulze: Sinn, Gesetz und Fortschritt in der Geschichte, 161.

für die Gesellschaft gelte? Wenn „in beiden Fällen"[585] *dieselbe* Gesetz-mäßigkeit herrscht, die im ersten Fall „zum Entstehen des denkenden Geistes" (ebd.) geführt hat und im zweiten Fall „zum Übergang vom Kapitalismus zum Sozialismus" (ebd.) führen soll, würden Freiheit und Sinn unmöglich. Eine Weltanschauung aber ist nicht imstande, die Frage nach dem Sinn des menschlichen Lebens zu lösen, solange sie nicht das Problem der Freiheit durchdacht hat.

Schon G. V. Plechanov sucht den Marxismus gegen den Vorwurf zu verteidigen, er vertrete einen Geschichtsdeterminismus, der durch eine „unversöhnliche, blinde Notwendigkeit"[586] alle historischen Abläufe vorherbestimme: „Nichts ist verkehrter als das!" (ebd.) wehrt sich Plechanov und berichtigt: „Gerade das materialistische Geschichts-verständnis zeigt den Menschen den Weg, der sie *aus dem Reich der Notwendigkeit ins Reich der Freiheit führt.*" (Ebd.) Gegenüber einer vom mechanischen Materialismus fatalistisch interpretierten Not-wendigkeit hebt sich der Marxismus als eine Philosophie der geschicht-lichen Initiative ab: „Die *metaphysischen Materialisten* sahen, wie die Notwendigkeit sich die Menschen unterwirft ... der *dialektische Ma-terialismus* zeigt, auf welche Weise sie sie *befreien* wird."[587]

Plechanov verweist darauf, daß in der Geschichte häufig scheinbar fatalistische Systeme energische Tätigkeit entfalteten, wie z. B. Purita-ner und Bekenner des Islam. Es gehe darum, ob die eigene Tätigkeit als „notwendiges Glied in einer Kette notwendiger Ereignisse"[588] ver-standen werden könne. „Wenn wir sagen, daß die betreffende Person ihr Tun für ein notwendiges Glied in einer Kette notwendiger Ereig-nisse hält, so bedeutet das unter anderem, daß das Fehlen von Willens-freiheit für sie gleichbedeutend ist mit einer völligen *Unfähigkeit zur Untätigkeit* und daß dieses Fehlen der Willensfreiheit sich in ihrem Bewußtsein widerspiegelt als *Unmöglichkeit, anders zu handeln als sie handelt.*" (Ebd.) Daß „notwendig" hier nur als „moralisch erforder-lich" und „erstrebenswert" verstanden werden kann, ergibt sich aus dem Folgenden: „Wenn das Bewußtsein von der Unfreiheit meines Willens sich mir lediglich darstellt als völlige subjektive und objektive Unmöglichkeit, anders zu handeln als ich handle, und wenn meine ent-sprechenden Handlungen zugleich für mich als die wünschenswertesten

---

585 Ebd. 162.

586 G. V. Plechanov: Očerki po istorii materializma / Grundrisse zur Ge-schichte des Materialismus /, In: IFP 2, 187.   587 Ebd. 190.

588 G. V. Plechanov: K voprosu o roli ličnosti v istorii, 302.

unter allen möglichen Handlungen erscheinen, dann werden die Notwendigkeit mit der Freiheit und Freiheit mit der Notwendigkeit in meinem Bewußtsein identisch."[589] Für den Aufbau des Sozialismus bedeutete das: Da die Selbstvernichtung des kapitalistischen Systems auch Anarchie und Chaos zur Folge haben könnte, wird es moralisch notwendig, aus dieser Bewegung der Selbstvernichtung heraus eine neue Ordnung zu schaffen. Plechanov faßt sein Verständnis von Freiheit und Notwendigkeit zusammen: „Noch einmal: das Bewußtsein der unbedingten Notwendigkeit einer gegebenen Erscheinung kann die Tatkraft eines Menschen nur verstärken, der sich mit ihr solidarisch erklärt und sich selbst für eine der Kräfte hält, die ihr zum Durchbruch verhelfen."[590]

Trotz mancher Unklarheit in der marxistischen Verwendung der Begriffe „Gesetzmäßigkeit" und „Notwendigkeit" stellt jedoch É. Arabogly in der „Philosophischen Enzyklopädie" grundsätzlich fest: „Unter der Einwirkung ein und derselben Ursachen in demselben sozialen Milieu können Menschen verschieden denken und handeln..."[591] Der Autor kehrt nun das Verhältnis um: Nicht die sogenannte historische Notwendigkeit erscheint als Determinationsform menschlichen Handelns, sondern dieses Handeln determiniert Ereignisse, die hernach als historische Notwendigkeit interpretiert werden. „Der Marxismus geht davon aus, daß die historische Notwendigkeit, die letzten Endes als das Resultat der gesellschaftlichen Tätigkeit der Menschen erscheint, sowohl die Freiheit ihrer Wahl der Ziele als auch der Mittel zu ihrer Erreichung in mehr oder minder weiten Grenzen, die durch die objektiven Bedingungen ihrer Existenz gezogen werden, einschließt." (Ebd.) Dem „historischen Determinismus"[592] soll durch diese Erklärung anscheinend das Odium einer Prädestinationslehre genommen werden, da er „der Wahlfreiheit in der gesellschaftlichen Tätigkeit nicht widerspricht, sondern sie voraussetzt und in sich einschließt, da er ihr Resultat ist" (ebd.). Damit allerdings läßt sich die sogenannte historische „Notwendigkeit" nicht mehr als einlinige Fortsetzung der Naturnotwendigkeit verstehen, sondern lediglich als *historische Regelmäßigkeit;* sie ist kein ontologisches Prinzip sondern ein statistisches Faktum.[593]

---

589 Ebd. 304.   590 Ebd. 308.

591 É. Arab-ogly: Stichwort „svoboda" / Freiheit /, In: FÉ 4, 559.

592 Ebd. 560.

593 H. Fleischer bemerkt gleichfalls, die sowjetischen Denker könnten sich noch glaubhafter gegen den Vorwurf des Fatalismus wehren, „wenn sie

Zu diesem Ergebnis kommt auch Adam Schaff, der unter historischer Notwendigkeit nur die *„Ergebnisse* der historischen Prozesse"[594] versteht, nicht aber die „Freiheit des menschlichen Handelns, das verschieden sein kann, und zwar auch der objektiven Entwicklungstendenz entgegengesetzt" (ebd.). Die menschliche Freiheit geht also als tätiges Moment in die historische Notwendigkeit mit ein: „Das, was wir Notwendigkeit nennen, ist eigentlich nichts anderes als die *statistische Resultante* einer Riesenmenge von individuellen Handlungen, unter welchen jedoch ein gewisser Typ von Einstellungen und Handlungen mit der Zeit die Oberhand gewinnt."[595] Man fragt sich allerdings, wie überhaupt ein *notwendiges* Resultat durch seine eigene *freie* Verwirklichung zustandekommen könnte. Richtig erscheint gleichfalls die Aussage von M. I. Petrosjan: „Wenn wir feststellen, daß die Klassenzugehörigkeit das soziale Antlitz eines Menschen prägt, konstatieren wir nur eine gesetzmäßige Tendenz."[596] Aber — nun muß unsere Kritik Einspruch erheben — kann die Autorin es dem „Zufall" zusprechen, daß „eine Persönlichkeit mit ihrer sozialen Welt bricht" (ebd.)? Spiegelt etwa „dieser Bruch in spezifischer Form notwendige, in der gegebenen Gesellschaft vor sich gehende Prozesse" (ebd.) wider? Es ist doch gerade umgekehrt: Der vereinzelte und sich ausweitende bewußte und freie Bruch mit einer unzureichenden sozialen Umwelt wird zur Bewegung ihrer Veränderung, — und der anfänglich vereinzelte (ontologisch) freie Akt wird hernach als (soziologisch) zufällig „widergespiegelt"!

Den doppelten Aspekt von gedanklicher Unterscheidung und tätiger Entscheidung in der Freiheit bringt die Bestimmung der Willensfreiheit zum Ausdruck, die Friedrich Engels gibt: „Freiheit des Willens heißt daher nichts andres als die *Fähigkeit,* mit *Sachkenntnis entscheiden* zu können."[597] R. Gal'ceva erläutert: „Willensfreiheit erweist sich als ein Begriff, der eng mit dem Begriff des Wissens zusammenhängt. In der Bestimmung der Freiheit als ‚erkannter Notwendigkeit' ist der Bedeutungskern der Begriff der Erkenntnis, mit deren Hilfe man die bewußte

---

mit größerer Deutlichkeit den impliziten Sinn ihrer Vorstellung von den Entwicklungstendenzen herausstellten" (Die Idee der historischen Notwendigkeit im historischen Materialismus, In: SST 1962, 187).

594 A. Schaff: Marx oder Sartre? 83.
595 Ebd. 85.
596 M. I. Petrossjan: Essay über den Humanismus, 168.
597 F. Engels: Anti-Dühring, In: MEW 20, 106 (Hervorhebung von mir. — HFS).

und planmäßige Herrschaft des Menschen über Natur und gesellschaftliche Verhältnisse verwirklichen kann."[598] Diesen ersten Aspekt — in dem sich Erkenntnis und Willen auf etwas dem Menschen selbst Äußerliches richten — faßt R. Gal'ceva zusammen: „Anders ausgedrückt: Die Willensfreiheit erweist sich hier als Vermögen der Individuen, die sich der objektiven Gesetzmäßigkeiten auf der Grundlage ihrer Erkentnis und praktischen Anwendung bemächtigt haben." (Ebd.) „Mit der Willensfreiheit" — stellt die Autorin weiter fest — „ist das Schicksal der höchsten geistigen Werte verbunden; von der Lösung dieses Problems hängt die Anerkennung von Schuld, Verantwortung und Schöpfertum ab…"[599] In dieser Bedeutung stellt die Willensfreiheit „vor allem ein praktisches Problem dar — in Verbindung mit der Frage nach der Verantwortlichkeit des Menschen für seine Handlungen" (ebd.). Wenn „der Mensch nicht anders handeln konnte, als er gehandelt hat, wenn bei ihm jede Handlung notwendig, d. h. streng bedingt ist und die Möglichkeit der Wahl ausschließt, dann kann man ihm diese Handlung nicht als Schuld anrechnen oder als Verdienst zusprechen, — hier ist jede sittliche Wertung unberechtigt und überflüssig. Die Willensfreiheit erweist sich als die Möglichkeit verschiedener Handlungen, als *Wahlfreiheit*." (Ebd.) Daher stellt der Freiheitsbegriff „nicht nur etwas Negatives (Fehlen von Abhängigkeit), sondern auch etwas Positives (Selbstverwirklichung, Selbstgehörigkeit [samopolaganie])" (ebd.) dar. Er kennzeichnet „eine andere, von der Naturkausalität unterschiedene Weise der Existenz von Seiendem und führt zum Widerstreit von Freiheit und Notwendigkeit" (ebd.). Diese Konzeption mündet in ein Verständnis des Menschen, der „Ursache seiner selbst" ist; „das Problem der Willensfreiheit, das anfangs als die Frage nach der Freiheit des Menschen in seinen Handlungen formuliert wurde, verwandelt sich in die Frage nach der Unbedingtheit des Willens von außen als Endursache (causa sui)" (ebd.).

Adam Schaff führt dazu ein Beispiel an: „Innerhalb der Gesellschaft bekämpfen sich zwei Lager, und ich denke darüber nach, wem ich folgen soll: der Revolution oder ihren Gegnern?"[600] Die Wahl geschieht nicht in absoluter Bindungslosigkeit; es spielen Gesetzmäßigkeiten „der gesellschaftlichen Entwicklung mit, beeinflussen das Ergebnis des Kampfes, Gesetze, die ich mich bemühe zu entziffern, wenn ich meine

598 R. Gal'ceva: Stichwort „svoboda voli" / Willensfreiheit /, In: FĖ 4, 567.
599 Ebd. 564.   600 A. Schaff: Marx oder Sartre? 86.

Entscheidung treffe".[601] Schaff fährt fort: *„Aber all das beschränkt meine Freiheit nicht.* Im Gegenteil, ich bin erst auf dieser Grundlage frei, da andernfalls Chaos herrschen würde, in welchem die Freiheit — als Freiheit der Wahl des Wertsystems und des ihm entsprechenden Handelns — den Sinn verlieren würde."[602] Gerade die Alternativwahl zwischen Ja und Nein zeigt zwar eine aufs äußerste reduzierte, aber dafür um so deutlichere Wahlfreiheit als Ausdruck von Willensfreiheit: „Ich bin auch frei in Situationen, in denen ich der Freiheit beraubt bin" (ebd.), denn „immer noch habe ich das Recht und die Freiheit der Wahl: leben wie ein Verräter oder würdig sterben, der Sache die Treue bewahrend" (ebd.).

Während die Freiheitsdefinition Engels' und anderer Denker den doppelten Aspekt der Freiheit unterscheidet, verkennen manche marxistischen Darstellungen gerade das Wollen, die Wirksamkeit der Freiheit, die nicht auf „erkannte Notwendigkeit" reduzierbar ist, wie die „Grundlagen der marxistischen Philosophie" meinen: „Die Kenntnis der Gesetze der gesellschaftlichen Entwicklung, die Beherrschung dieser Gesetze gibt die Möglichkeit, die blinde, nicht erkannte Notwendigkeit in eine erkannte Notwendigkeit, das heißt in Freiheit, zu verwandeln."[603] Das Verhältnis wird hier ungenau erfaßt, denn *Freiheit ist die Fähigkeit* des Menschen, *Erkenntnis* in eine *Tat* zu *verwandeln.* Diese Verwandlung von Erkennen in Handeln geschieht nicht durch einen äußeren Einfluß, sondern aus der „Mitte" des Menschen selbst; das Wertmotiv wirkt ideel als ratio (Grund), nicht materiell als causa (Ursache) seiner Tat. Inhaltlich genau dieses sagt Tugarinov: „Das Bewußtsein und der Wille des Menschen sind keine Funktion, sondern reale Werkzeuge des Verhaltens, die sich aktiv in den Kampf der Motive einmischen und die innere Motivierung der Handlung schaffen."[604]

In der Einheit von Erkennen und Wollen wird der Mensch zum selbstbestimmenden Aktionszentrum, wie V. E. Davidovič feststellt: „Die Freiheit läßt sich als die zwecksetzende wählende Tätigkeit des Menschen charakterisieren, die auf der Grundlage der erkannten Notwendigkeit vollzogen wird."[605] Die Wahl setzt sich zugleich in selbst-

---

601 Ebd. 86 f.   602 Ebd. 87.   603 GMPh 399.
604 W. P. Tugarinow: Über die Werte des Lebens und der Kultur, 175.
605 V. E. Davidovič: Specifičnost' i mnogogrannost' kategorii svobody /
   Die Besonderheit und Vielseitigkeit der Freiheitskategorie /, In: FN
   1967/1/16.

bestimmendes Handeln um: „Die Entwicklung der menschlichen Kräfte als Selbstzweck, das heißt Schaffen, Erbauen, Veränderung von Welt und Mensch — das ist die wirkliche Bekundung und der eigentliche Inhalt der Freiheit."[606] Ist ihm wenigstens in der Alternative von Ja und Nein Willensfreiheit gegeben, so muß der Mensch auch für sein Verhalten einstehen, kann sich — in letzter Instanz — nicht mehr als bloßes Opfer ungünstiger Umstände bezeichnen. „Jede Moral" — erfaßt A. P. Čermenina diesen Zusammenhang — „geht davon aus, daß das Individuum unter ein und denselben Bedingungen entsprechend seiner eigenen Wahl und Entscheidung verschieden handeln kann."[607] Der Mensch reagiert nicht nur mechanisch auf Umwelteinflüsse, sondern agiert selbst, seine „Freiheit ist die Möglichkeit, die von außen empfangenen Impulse, die von außen empfangene Information nicht mechanisch zurück- oder weiterzugeben, sondern selbst Charakter und Weise der Reaktion zu bestimmen. Deshalb kann man folgern: das Wesen der Freiheit — in ihrem sittlichen Aspekt verstanden — ist schöpferische Aktivität in Übereinstimmung mit den sittlichen Überzeugungen des Individuums." (Ebd.)

Als selbstbestimmendes Subjekt wird der Mensch Ausgangspunkt von Verhaltensweisen, ist nicht bloß ihr Schnittpunkt, sondern „Urheber neuer Determinationslinien" (ebd.). A. P. Čermenina wendet sich gegen die Unterstellung, dieser Gedankengang sei idealistisch und definiert ihr Verständnis der Freiheit: „Man nennt das Verhalten des Menschen in dem Sinne frei, daß er selbst unabhängig sowohl von einem fremden Willen als auch von irgendwelchen Einflüssen als Ursache der Handlung dasteht."[608] Nach V. P. Tugarinov betrachtet der Marxismus den Menschen „sowohl als Objekt der sozialen Einflüsse als auch als *Subjekt,* das zu *innerer Selbstbestimmung* befähigt ist und folglich seine Handlungen zu verantworten hat".[609] Das Vermögen zum Wirken aus sich selbst heraus nennt A. P. Čermenina das „Schöpferische",[610] „schöpferisches Tun, Vorherbestimmung, Determinierung von etwas noch nicht Existierendem" (ebd.). So ist es „nicht von ungefähr, daß man gleich

606 Ebd. 20.
607 A. P. Čermenina: Ponimanie svobody v marksistsko-leninskoj ėtike / Das Verständnis der Freiheit in der marxistisch-leninistischen Ethik /, In: FN 1964/6/112.
608 Ebd. 113.
609 W. P. Tugarinow: (Es gibt nicht nur Klassenmoral), In: NF 1968, 152.
610 A. P. Čermenina: Ponimanie svobody ..., 112.

vom Entstehen der Ethik an die Natur der Freiheit in der psychischen Sphäre des Menschen gesucht hat und noch sucht, in jenem schöpferischen Laboratorium, wo die Pläne geboren werden, die Projekte eines künftigen Verhaltens des Menschen".[611]

Freiheit als Ermöglichungsgrund einer Verwirklichung des Lebenssinnes betrifft nicht etwas Zufälliges im menschlichen Leben, sondern das *Wesen des Menschen*. Vladimir Ruml wendet daher das von A. P. Čermenina vorgestellte Bild eines „schöpferischen Laboratoriums" in die philosophische Sprache und kennzeichnet den in der Freiheit zum Ausdruck kommenden wesentlichen *Tatcharakter des menschlichen Seins* als das „aktive Wesen des Menschen".[612] Freiheit ist — nach Klaus Fuchs — eine „Selbstdeterminierung aus dem inneren Wesen des Menschen heraus",[613] und „der Mensch ist wahrhaft frei, dessen Leben bestimmt ist durch die innere Notwendigkeit seines Wesens ..."[614]

b. Das Wesen des Menschen

Wenn der „ontologische Status des Einzelmenschen"[615] — wir benutzen diesen Terminus Adam Schaffs zur begrifflichen Erfassung des Wesens des Menschen — zur Diskussion steht, so ist vorab der marxistische Begriff „Wesen" zu klären: Das Wesen ist in den einzelnen Seienden als ihre allgemeine Bestimmung zu verstehen, als das die vielen Besonderen verbindende Gemeinsame. In einer werdenden Welt ist auch das Wesen dem Werden unterworfen. Wie das „Kurze Wörterbuch zur Philosophie" schreibt, „offenbart sich das Wesen in der Erscheinung, und die Erscheinung bringt das Wesen ans Licht, widerspiegelt es ... Im Vergleich mit dem Wesen ist die Erscheinung wandelbarer, dyna-

---

611 Ebd. 112 f. Wie wenig noch die Untersuchungen marxistischer Denker zum Problem des Menschen überhaupt zur Kenntnis genommen werden, zeigt die Behauptung, der Marxismus erkläre den Menschen zu einem „bloßen Produkt der Gesellschaft" samt der leichtfertigen Folgerung: „Damit negiert er aber jenes individuelle Zentrum, das Ursprung des Freiheitswillens, des Selbstseins und der Personalität des Menschen ist." (H. Ch. Günzl: Marxismus und Metaphysik, XIV. Internationaler Kongreß für Philosophie, Wien, 2. bis 9. September, In: NF 1968, 752)
612 V. Ruml: Filosofija marksizma-leninizma ..., 41.
613 K. Fuchs: Moderne Physik und marxistisch-leninistische Philosophie, 67.
614 Ebd. 68.
615 A. Schaff: Marxismus und das menschliche Individuum, 93.

mischer. Das Wesen ist relativ dauerhafter. Aber ... auch das Wesen wandelt sich."[616] Auch das Wesen des Menschen ist nach der Auffassung des Marxismus kein unwandelbares, sondern ein sich historisch bildendes, nur relativ zu den Erscheinungen konstantes Wesen; es ist nicht ein (von Gott) geschaffenes, sondern ein (im Prozeß der Wirklichkeit) entstandenes Wesen des Menschen.

Dieses Wesen des Menschen ist ein *tätiges* Wesen; der Tatcharakter des menschlichen Seins ergab sich in unserer Untersuchung des Problems der Freiheit. Doch *was* wird in der Freiheit betätigt? Was ist das tätige menschliche *Sein?* Der Marxismus antwortet auf diese Frage mit seiner Konzeption vom *tätigen sinnenhaft-gesellschaftlichen Wesen des Menschen.*

Für Feuerbach ist der Mensch wesentlich *Sinnenwesen,* und die — immerhin beachtlichen — Einzelaussagen über sittliches Verhalten bleiben isoliert von seiner Gesamtkonzeption. Er erkennt zwar, *daß* der Mensch sinnenhaft (und nicht nur in seinem Denken) existiert, aber er fragt nicht, *wie* er sinnenhaft existiert und gelangt daher zu einer einseitigen Wesensbestimmung des Menschen. In sinnenhafter Ausdrucksform handelt der Mensch nämlich auch wesentlich *gesellschaftlich,* sein *Wesen* ist sinnenhaft *und* gesellschaftlich. So vermag er den Menschen nach Marx nur naturalistisch zu erklären, „nur als ‚sinnlichen Gegenstand‘, nicht als ‚sinnliche Tätigkeit‘" und „bleibt bei dem Abstraktum ‚der Mensch‘ stehen".[617] Feuerbach „kommt also nie dazu, die sinnliche Welt als die gesamte sinnliche *Tätigkeit* der sie ausmachenden Individuen aufzufassen".[618]. Der spezifische Unterschied zwischen Natur und Gesellschaft würde damit übergangen, und menschlich-gesellschaftliche Erscheinungen ließen sich nicht in das Gesamtkonzept integrieren. „Soweit Feuerbach Materialist ist, kommt die Geschichte bei ihm nicht vor, und soweit er die Geschichte in Betracht zieht, ist er kein Materialist. Bei ihm fallen Materialismus und Geschichte ganz auseinander..."[619] beschreibt Marx das Dilemma. In den „Feuerbachthesen" korrigiert er: Der Mensch ist nicht einfach sinnenhaft *vorhanden,* sondern er *handelt.* Sein Sein ist *„sinnlich menschliche Tätigkeit, Praxis",*[620] „Sinnlichkeit ... als praktische Tätigkeit".[621] Aus der *sinnenhaften Tätigkeit* heraus zeigt

---

616 KSF 289.
617 K. Marx, F. Engels: Die Deutsche Ideologie, In: MEW 3, 44.
618 Ebd. 44 f.   619 Ebd. 45.
620 K. Marx: (Thesen über Feuerbach), In: MEW 3, 5.   621 Ebd. 7.

sich zugleich in den *Taten der Freiheit* das *gesellschaftliche* Wesen des Menschen, das *eine* tätige sinnenhaft-gesellschaftliche Wesen. Um das Spezifische der menschlichen Wirklichkeit zu bezeichnen, spricht G. S. Batiščev auch vom „gesellschaftlich-historischen, tätigen Wesen" der Menschen[622], das also die Basis ihrer Kommunikation bildet.

Aus ihrem gesellschaftlichen Wesen her zeigt sich die seinshafte Verbindung der Menschen. In der höchsten Verwirklichung dieser Wesensmöglichkeit wird der Mensch von einem „Ich" als „sein Du" erfahren; ohne das gemeinsame gesellschaftliche Wesen erführe das „Ich" den anderen Menschen nur als „anderes Ich", als Konkurrenz seines Ich, als das ihn abstoßende und mit ihm rivalisierende gleichartige Individuum. Jeder Individualismus — ob im Leben oder in einem Gedankensystem — nimmt daher die unverkennbaren Züge einer Doppelgängerneurose an. Das isolierte Ich kennt dann nur eine äußerliche und zufällige Nähe zu anderen Menschen durch oberflächlich übereinstimmende Interessen. Demgegenüber betont der Marxismus die notwendige Bindung der Menschen aneinander aus ihrem ontologischen Status heraus: Der Mensch ist für den Menschen nicht nur *auch ein Mensch* sondern von seinem gesellschaftlichen Wesen her *sein Mitmensch*. „Im Prozeß seines Handelns" — erläutert V. P. Tugarinov — „geht der Mensch notwendig über die Grenzen seiner selbst, über die Grenzen des Subjektes hinaus und wird selbst zu einem objektiven Faktor."[623] Aus der seinshaften Verwiesenheit des Menschen an den Menschen zieht er die Folgerung: „Daher existiert in Wirklichkeit kein ‚reines Subjekt', das isoliert von der Gesellschaft ist, und es kann nicht existieren. Ein solches Subjekt wäre keine Person, weil ihm sein Wesen als die Summe der gesellschaftlichen Verhältnisse fehlte." (Ebd.)

Die wesentliche Sozialität des Menschen „reduziert sich durchaus nicht nur" — so bemüht sich auch L. N. Mitrochin um eine Klärung des Problems — „auf die äußeren, ‚sachlichen' Verbindungen und Beziehungen einer Einzelperson mit den anderen Menschen, sondern durchdringt, bestimmt im voraus und bildet ihre Psychologie, ihre Empfindungen und Antriebe, ihr Verhalten".[624] Diese Erklärung mag noch mechanistisch gedeutet werden, doch weist Vladimir Ruml ge-

622 G. S. Batiščev: Obščestvenno-istoričeskaja . . ., 20.
623 V. P. Tugarinov: Ličnost' i obščestvo / Persönlichkeit und Gesellschaft /, Moskau 1965, 27.
624 L. N. Mitrochin: Problema čeloveka v marksistskom osveščenii / Das Problem des Menschen im Lichte des Marxismus /, In: VF 1963/8/15.

nauer darauf hin, daß sich nur aus diesem gesellschaftlichen Wesen des Menschen auch die „Rolle der praktischen Tätigkeit des Menschen"[625] verstehen läßt. Genauer: Das Ensemble der gesellschaftlichen Verhältnisse „Mensch" ist wesentlich Tätigkeit, und die gesellschaftliche Bestimmtheit hebt nicht den aktiven Charakter dieses Wesens auf. So liefert sie den Menschen nicht seinem Milieu aus, sondern bildet seine notwendige Aktionsbasis. „Als Ensemble bestimmter gesellschaftlicher Verhältnisse" — erläutert Karel Mácha diesen Zusammenhang — „entwickelt sich das Individuum aber nicht nur dadurch, daß diese äußeren, milieuhaften, objektiven gesellschaftlichen Verhältnisse in ihm wirken, sondern auch aus sich selbst heraus, denn seine spezifische Lebensexistenz ist nicht nur der ständige Akt der Begrenzung des betreffenden Individuums durch sein Lebensmilieu, sondern ebensosehr das ständige Einwirken seiner eigenen Tätigkeit auf diese Bedingungen."[626]

In diesen sozialen Bedingungen steht der Mensch passiv *und* aktiv. Was sind denn überhaupt diese gesellschaftlichen Verhältnisse? Jedenfalls kein selbständiges Subjekt, sondern das institutionalisierte Verhalten der vorgängig handelnden Menschen, die konkretisierte gesellschaftliche Praxis der Vergangenheit *und* die gesellschaftliche Praxis der Gegenwart, die sie annimmt *und* verändert. Darin ist der gegenwärtig handelnde Mensch gerade das *aktive Moment* dieser Verhältnisse. Seine gesellschaftliche wesentliche Qualität reduziert sich nicht auf eine passive Funktion „der andern", wie der mechanische Materialismus annahm. Der Marxismus wahrt demgegenüber das dialektische Verhältnis, während nach Marx die mechanistische „Lehre von der Veränderung der Umstände und der Erziehung vergißt, daß die Umstände von den Menschen verändert und der Erzieher selbst erzogen werden muß".[627] Wie aber sollte der Erzieher anders „selbst erzogen werden" als dadurch, daß er die „Umstände verändert"? Marx fährt daher fort: „Das Zusammenfallen des Änderns der Umstände und der menschlichen Tätigkeit oder Selbstveränderung kann nur als *revolutionäre Praxis* und rationell verstanden werden."[628]

Auf diesen doppelten Aspekt von Veränderung des Menschen und Veränderung der Verhältnisse macht auch M. I. Petrosjan aufmerksam: „Bei all ihrer bestimmenden Bedeutung sind die gesellschaftlichen Ver-

625 V. Ruml: Filosofija marksizma-leninizma . . ., 41.
626 K. Mácha: Individuum und Gesellschaft, Berlin/Ost / 1964, 289.
627 K. Marx: (Thesen über Feuerbach), In: MEW 3, 5 f.
628 Ebd. 6.

hältnisse selbst der umgestaltenden Kraft des Menschen unterworfen. Der Mensch gestaltet die Natur, die gesellschaftlichen Verhältnisse neu und verändert in diesem Prozeß auch seine eigene Natur."[629] In einer Veränderung der Verhältnisse geschieht — nach der Meinung des Marxismus — auch eine Veränderung des Wesens (der Natur) des Menschen selbst. Nicht nur die gesellschaftlichen Verhältnisse oder das Individuum werden, sondern auch *das Wesen des Menschen wird.* Das gesellschaftliche Wesen eines konkreten Menschen als die Summe, als — wie es in den Feuerbachthesen heißt — das „ensemble der gesellschaftlichen Verhältnisse",[630] stellt einen relativen Abschluß gesellschaftlicher Entwicklungsgeschichte in diesem Menschen dar. Es ist nach marxistischer Auffassung kein präexistentes und in den Menschen hinein verwirklichtes Prinzip, „kein dem einzelnen Individuum inwohnendes Abstraktum" (ebd.), sondern ein je im einzelnen Menschen mündendes Resultat geschichtlicher Entwicklung. Demnach zeigt nach Vladimir Ruml diese Kategorie einen geschichtsbedingten Inhalt: „Das Wesen des Menschen ist bedingt durch die Stufe der Entwicklung der ganzen Gesellschaft."[631] „Der Mensch" — schreibt Karl Marx in den Pariser Manuskripten von 1844 — „eignet sich sein allseitiges Wesen auf eine allseitige Art an, also als totaler Mensch."[632] Diese Aussage könnte noch so verstanden werden, als ob der Mensch sein Wesen (seine Natur, seine Wesensmöglichkeit) nur zu erkennen und zu verwirklichen hätte. Aus der gesamten Weltanschauung des Marxismus ist jedoch diese Auffassung nicht haltbar: Auch das Wesen des Menschen ist der Veränderung unterworfen, und stellt daher eine Aufgabe dar. Das „Kurze Wörterbuch zur Philosophie" räumt die sich ergebenden Verstehensschwierigkeiten ein: „Die Entwicklung des Wesens ist ein komplizierter, widersprüchlicher Prozeß. Ihn im Bewußtsein zu reproduzieren, wird um vieles schwieriger, als die Erscheinungen zu beschreiben, in denen sich dieses Wesen offenbart."[633] Da „die Offenbarung des Wesens" — wie Karel Kosík feststellt — „die Aktivität der Erscheinung"[634] ist, offenbart sich in seinem Leben das Wesen des Menschen und ist die Aneignung dieses Wesens; „die Aneignung der *menschlichen* Wirklichkeit,

629 M. I. Petrossjan: Essay über den Humanismus , 172.
630 K. Marx: (Thesen über Feuerbach), In: MEW 3, 6.
631 V. Ruml: Filosofija marksizma-leninizma..., 42.
632 K. Marx: ÖPhM 118.
633 KSF 289.
634 K. Kosík: Die Dialektik des Konkreten, 10.

ihr Verhalten zum Gegenstand ist die *Betätigung der menschlichen Wirklichkeit;* sie ist daher ebenso vielfach, wie die menschlichen *Wesensbestimmungen* und *Tätigkeiten* vielfach sind; menschliche *Wirksamkeit* und menschliches *Leiden"*,[635] schreibt Marx.

Eingehend stellt die sich ergebende Frage nach dem Verhältnis von Existenz und Wesen des Menschen Vladimir Ruml und wendet sich gegen einen einseitigen Existentialismus: „Die Meinung, daß der Mensch ausreichend durch seine Existenz bestimmt sei, bedeutet, sein individuelles Sein zu verabsolutieren, davon auszugehen, daß es eine innere Beziehung des Individuums zu sich selbst ist."[636] Diese angebliche Bindungslosigkeit aber ignoriert die grundlegenden Bindungen des Menschen an Natur und Gesellschaft und kreist um die scheinbare eigene Autonomie. „Die Grundbestimmungen des Menschen außerhalb der gegenständlichen Welt und der gegenständlichen Tätigkeit des Menschen zu suchen, bedeutet," — wie Ruml feststellt — „den Begriff ‚Existenz des Menschen' in eine leere Abstraktion zu verwandeln. Die Besonderheit des Menschen und seiner Beziehung zur Welt wird dabei mystifiziert und anthropozentrisch interpretiert. Einseitiger Anthropologismus führt zu einer eingebildeten idealen Humanisierung der Welt, die Welt verliert dabei ihre selbständige Existenz und wird ein Moment der menschlichen Existenz."[637] In das andere Extrem verfällt ein Essentialismus, der mechanistisch den Menschen nur „als einen nichtspezifischen Teil von Natur und Gesellschaft"[638] sieht. Dabei „wird die menschliche Aktivität auf die niedrigsten Formen einer Wechselwirkung zwischen einzelnen Substanzen reduziert, und die Erkenntnis der *inneren Struktur des Menschen* wird dabei unmöglich".[639] Gleicherweise irrt ein einseitiger Dynamismus, der den Menschen „nur als einen Bezugspunkt [otnositel'nyj punkt] sieht, mit dem ein bestimmtes Verhalten verbunden ist" (ebd.).

Marija I. Petrosjan spricht von einem „Gegensatz zwischen dem Wesen des Menschen und seiner Existenz",[640] von dem „Widerspruch zwischen dem menschlichen Wesen des Menschen und seiner Existenz",[641] den es im Leben zu lösen gilt. Die gelebte dialektische Spannung von konkre-

---

635 K. Marx: ÖPhM 118.
636 V. Ruml: Filosofija marksizma-leninizma..., 40.
637 Ebd. 40 f.   638 Ebd. 40.
639 Ebd. (Hervorhebung von mir. — HFS).
640 M. I. Petrossjan: Essay über den Humanismus, 88 f.
641 Ebd. 99.

ter Existenz und zugrundeliegenden Wesen macht den Sinn dieses Lebens als eine Aufgabe einsichtig. „Mit der Frage nach dem Wesen des Menschen" — führt die Autorin aus — „ist untrennbar die Frage nach seiner Bestimmung, nach dem Sinn seiner Existenz verbunden."[642] Ist also der *Sinn des Lebens* zugleich als die *Verwirklichung des menschlichen Wesens* zu verstehen? Die Gedankenführung von P. M. Egides legt eine solche Interpretation nahe: „Beim Menschen bildet sich im Prozeß der gesellschaftlich-historischen Praxis das Bedürfnis heraus, die *objektive Bedeutsamkeit seiner Tätigkeit,* der Anwendung seiner Fähigkeiten, zu begreifen. Das sich historisch entwickelnde Wesen des Menschen schließt in sich das höchste Bedürfnis, einen objektiven Sinn seiner Selbstverwirklichung zu sehen."[643] Die Verwirklichung des menschlichen Wesens im Sinn des Lebens geschieht durch freie Selbstbestimmung in Ausrichtung des Lebens auf die Mitwelt, die Gesellschaft: „Wahre Freiheit ist die Freiheit, die herangereiften Bedürfnisse der Gesellschaft zu verstehen und für ihre Realisierung zu wirken und zu kämpfen ... Mit einem Wort, der Mensch ... ist wahrhaft frei nur dann, wenn er begreift, worin der objektive Sinn des Lebens besteht und er subjektiv, bewußt sein Leben gerade in diese Richtung lenkt."[644]

Nach dieser Erklärung stehen wir vor dem Hauptproblem unserer Untersuchung: Der Sinn des Lebens ist nach der Auffassung des Marxismus das sittliche Prinzip des menschlichen Seins und wird als eine Aufgabe innerhalb des konkreten Lebenszusammenhanges aus dem tätigen sinnenhaft-gesellschaftlichen Wesen des Menschen heraus verwirklicht. Als sittliches Prinzip verlangt er die Ausrichtung auf die anderen Menschen, auf die Gesellschaft; das Subjekt hat die Aufgabe, über sich auf das Objekt zu hinauszugehen. Also — und das ist die entscheidende Frage — besteht der Sinn des Lebens gerade in einer prinzipiellen Selbstverleugnung des einzelnen Menschen, in einer das Individuum total einfordernden Sozialaszese? Ist die Gesellschaft nicht nur Vermittlungsform in der Verwirklichung des Lebenssinnes, sondern sogar ihr Endzweck? Nein, — antwortet P. M. Egides — „wenn vom Standpunkt des objektiven Idealismus und der Religion ... der Sinn des Lebens *außerhalb des Menschen,* überhaupt außerhalb der wirk-

---

642 Ebd. 182.
643 P. M. Egides: Marksistskaja koncepcija ..., 26.
644 Ebd. 39.

lichen Welt bleibt, und vom Standpunkt der Subjektivisten der Sinn des Lebens *im Menschen*, in seinem persönlichen Vergnügen liegt und dabei sogar unwichtig bleibt, woher er sich das Vergnügen nimmt (unwichtig ist die Quelle, wichtig ist nur das Resultat, die emotionale Befriedigung), so besteht nach marxistischem Verständnis der Sinn des Lebens in dialektischer Einheit sowohl außerhalb des Menschen als auch im Menschen".[645] Egides erläutert: „‚Außerhalb des Menschen' bedeutet, daß man folglich den Sinn des menschlichen Lebens in seiner Bedeutsamkeit für die Gesellschaft suchen muß. ‚Im Menschen' bedeutet, daß der Sinn des Lebens nicht in etwas Göttlichem, sondern im Menschlichen und Irdischen besteht, daß die Gesellschaft nicht außerhalb des Menschen und des Menschlichen existiert, daß die Gesellschaft nicht eine vom realen Menschen, von den Menschen isolierte Substanz ist, sondern sich als System der wirklichen menschlichen Beziehungen zeigt." (Ebd.)

Der wiederum betonte objektive Aspekt des Lebenssinnes läßt nun eindringlich nach seinem subjektiven Aspekt fragen: Was ist der *Sinn des individuellen Lebens?* Diese Frage setzt bei dem Problem an, ob im Sinn des Lebens der Mensch die sittliche Integration der Sinnenhaftigkeit in seine Gesellschaftlichkeit verwirklicht, oder ob die Gesellschaft den Lebenssinn der Menschen in einem verordneten Integralismus auf sich bezieht. Giulio Girardi bezeichnet als Voraussetzung jedes Integralismus die Auffassung, daß es einen „organischen Wertzusammenhang",[646] eine bestimmte Ordnung der Werte gibt; der suspekte Integralismus selbst „besteht in der Art und Weise, wie die Integralität dieser Annahme und dieser Unterordnung aufgefaßt wird: sie wird durch einen axiologischen Monolithismus, durch den Primat der Gruppe über die Menschheit, den Primat der Institution über die Person charakterisiert" (ebd.). In solchem sozialen Integralismus sieht Girardi die Gefährdung des Marxismus.

6. Das persönliche Ergebnis eines sinnvollen Lebens

Das Problem des menschlichen Lebenssinnes spitzt sich nun zu: Nur wenn es der marxistischen Philosophie gelingt, aufgrund ihres Verständnisses vom Sinn des Lebens einen dialektischen Wert des Lebens

---

645 Ebd. 40.   646 G. Girardi: Marxismus und Christentum, 240.

auch für das Individuum einsichtig zu machen, kann sie dem Vorwurf, ein sozialer Integralismus zu sein, überzeugend entgegentreten.

A. *Die Persönlichkeit als individuelles Resultat eines sinnvollen Lebens*

Zur Entkräftung der Behauptung, das Individuum sozial zu überfremden, greift der Marxismus die Unterscheidung von *objektivem und subjektivem Aspekt des Lebenssinnes* auf, die in anderer Begrifflichkeit das Problem eines *dialektischen Wertes des Lebens* für den einzelnen Menschen wie für die Gesellschaft zu klären sucht.

In der Frage nach der „Wechselbeziehung von Subjektivem und Objektivem im Sinn des Lebens, nach der Wechselbeziehung von subjektiven Bestrebungen der Persönlichkeit, ihrer Freiheit und dem objektiven Sinn des Lebens, der subjektiven Vorstellungen vom Sinn des Lebens und seinem objektiven Sinn"[647] stellt P. M. Egides zunächst fest, daß „der Grad der objektiven Bedeutsamkeit des Lebens eines Menschen vom subjektiven Verständnis seines Sinnes abhängt".[648] Um das eigene Leben sinnvoll führen zu können, muß seine reale Sinnmöglichkeit erkannt sein. So „sind zu unterscheiden *objektiver Sinn des Lebens* und *sinnvolles Leben*. Ein sinnvolles Leben, das ist die organische Einheit von subjektiven Interessen und objektivem Sinn des Lebens."[649] Was aber bedeutet für den Einzelnen selbst sein sinnvolles Leben? Der Autor stellt sich nun einem Einwand der Gegner des Marxismus. „Sie sagen: Das Leben wird dem Menschen einmal gegeben. Wenn man also verpflichtet ist, auch nur einen Teil des Lebens für die Zukunft zu opfern und nicht nur für seine persönliche Entfaltung zu leben, wenn der Aufbau einer gerechten Ordnung Mühen und Opfer verlangt, mit denen der Kampf um die Neuordnung verbunden ist, lohnt es sich dann überhaupt — sagen sie — zu leben, gibt es denn einen Sinn in solchem Leben?" (Ebd.) Egides antwortet: „Völlig klar, daß schon eine solche Fragestellung selbst sophistisch und falsch ist ... Wenn ein fortschrittlicher Mensch bewußt den Sinn des Lebens in seiner Bedeutung für den sozialen Fortschritt sieht, so folgt daraus nicht, daß er sich um seinen Lebenssinn in der Gegenwart bringt. Er lebt schon heute vom Kampf für das Heute und das gemeinsame Morgen. Sein ‚Heute' ist

---

647 P. M. Egides: Marksistskaja koncepcija ..., 31.
648 Ebd. 32.   649 Ebd. 34.

untrennbar vom Künftigen. Daher liegt die Wahrheit nicht in dem metaphysisch gestellten Dilemma ‚subjektiv oder objektiv‘, ‚gegenwärtig oder zukünftig‘, ‚persönlich oder gemeinschaftlich‘, sondern in ihrer dialektischen Einheit. Nein, der Marxismus verwandelt die *Persönlichkeit* nicht in einen ‚Stein‘ für das Gebäude der Zukunft und mahnt nicht zum Aszetismus!"[650]

Beantwortet das Stichwort „Persönlichkeit" unsere Grundfrage? Besteht also das gesuchte *individuelle Resultat eines gelingenden Lebenssinnes* in der *Persönlichkeit des betreffenden Menschen*? Ist die „Persönlichkeit" das im Lebenssinn umkämpfte *rückwirkende Ergebnis* des freien Dienstes an der Gesellschaft, an der Mitwelt? Eindeutig bestätigt P. M. Egides diesen Schluß als die Auffassung des Marxismus: „Er führt ... zu der Schlußfolgerung, daß die Entfaltung der Persönlichkeit gerade dann möglich wird, wenn sie nicht sich selbst zur Grundlage ihres Lebens setzt, sondern ihre objektive Bedeutsamkeit für die Allgemeinheit. Sich der gesellschaftlichen Sache hinzugeben, bedeutet nicht, auf seine Persönlichkeit zu verzichten, sondern im Gegenteil, sich wahrhaft als Persönlichkeit zu erweisen und seine Möglichkeiten zu offenbaren." (Ebd.) Im Schaffen seines Lebenssinnes wird der Mensch zur Persönlichkeit und offenbart darin seine Möglichkeiten, indem er einwirkt auf Gesellschaft und Geschichte. Die angestrebte gesellschaftlich-geschichtliche Neuordnung im Aufbau des Kommunismus wiederum hat nur ein Ziel: die Entfaltung der Persönlichkeit. In diesem Begriff „Persönlichkeit" treffen sich wie in einem Brennpunkt alle Beziehungen von Gesellschaft und Geschichte, in ihm kristallisieren sich die Werte des Lebens. *Was* aber ist „Persönlichkeit"?

Das Ringen um ein Verständnis des Menschen als Persönlichkeit in den Strömungen der neueren sowjetischen Philosophie läßt erst vor wenigen Jahren vorgenommene Standortbestimmungen über ihre Konzeption des Menschen als korrekturbedürftig erscheinen.[651] Um diese neuen Ansätze zugänglich zu machen, werden wir uns im Folgenden hauptsächlich auf Beiträge sowjetischer Denker berufen und deren Auffassungen ausführlich wiedergeben. Nur nach Sichtung und Deutung dieser Quellen kann auch ein ernster Einwand christlicher Denker verworfen oder angenommen werden: Da der Marxismus sich wesentlich atheistisch verstehe, bleibe für ihn die Personalität des Menschen letzt-

---

650 Ebd. 35 (Hervorhebung von mir. — HFS).
651 Vgl. R. de George: The Soviet Concept of Man, In: SST 1964, 275.

lich unbegreiflich. Für die unabdingbare Voraussetzung einer Anerkennung der *personalen Lebensform* hält A. Maceina die Anerkennung
der *Existenz Gottes,* denn „die personale Lebensform kann ohne Gott
nicht bestehen".[652] Wäre dieser Vorbehalt beweiskräftig, so müßte der
Marxismus entweder (mit der Negation Gottes) ausdrücklich oder einschlußweise die personale Lebensform des Menschen verneinen oder
(aufgrund einer Anerkennung der personalen Lebensform) die Gottes-
frage neu durchdenken. Die sowjetischen Philosophen, auf deren Aussagen wir uns beziehen werden, erkennen zwar ausdrücklich eine Personalität des Menschen an. Ob sie jedoch in ihren Untersuchungen einschlußweise Folgerungen erkennen, vermögen wir nicht zu überblicken.
Ihr Atheismus scheint unseres Erachtens in ihren Äußerungen problemlos und unbefragt. So machen wir auf die Thematik zwar aufmerksam,
werden aber nicht die Linie der vorliegenden Untersuchung verlassen.[652a]

a. Die Eigenschaft der Personalität

Um die Personalität des Menschen aus marxistischer Sicht zu verstehen, gehen wir aus vom ganzen Menschen, vom gesellschaftlichen
Individuum. Er erweist sich nicht zuerst als Teil (von Natur und Gesellschaft), sondern vor allem als Ganzheit (als er selbst). Er ist ein
„besonderes Individuum"[653] in Verbindung mit Natur und Gesellschaft, „und gerade seine Besonderheit macht ihn zu einem Individuum
und zum wirklichen *individuellen* Gemeinwesen" (ebd.). Er ist „eine
Totalität menschlicher Lebensäußerung" (ebd.), schreibt Marx in den
Pariser Manuskripten.
Jüngere sowjetische Philosophen gehen an die Frage, welcher Art diese
menschliche Ganzheit ist, behutsam heran. Seine ausgewogene Haltung
bringt F. T. Michajlov schon im Titel seines Buches „Das Rätsel des
menschlichen Ich" zum Ausdruck, er schreibt darin: „Meine innere Welt,
meine Seele, mein ‚Ich', — das ist etwas so Intimes, Persönliches, daß es
sogar irgendwie merkwürdig ist, von einem Rätsel zu sprechen ... ‚Ich',
— das bin ich. Es ist irgendwie seltsam zu denken, daß mein ‚Ich', ich

---

652 A. Maceina: Religiosität im Menschenbild des Kommunismus, 105.
652a Vgl. dazu das ausgezeichnete Kapitel über den Atheismus als Lebens-
     form des sowjetischen Menschen bei A. Maceina: Sowjetische Ethik...,
     77—130.

653 K. Marx: ÖPhM 117.

selbst — ein Rätsel bin. Freilich kenne ich den einen oder anderen, und ich selbst kenne mich, kenne mich einfach . . . seit der Geburt. Ja, vor mir liegt die Welt, umgibt mich. Und ich stehe immer in ihrem Zentrum, wie weit ich auch fahren oder fliegen würde, weil überall gerade ich sehen und hören und die mich umgebende Welt wahrnehmen und verstehen werde."[654]

Wie läßt sich dieses „Ich", das fähig ist zu erkennen und zu handeln und stets die Mitte seiner Lebensäußerungen bleibt, philosophisch erfassen? Nach dem „Kurzen Wörterbuch zur Philisophie" ist „‚Ich' ein philosophischer Begriff, der ein Subjekt vorbedachter Handlungen kennzeichnet, d. h. solcher Handlungen, über die sich eine Person im klaren ist und für die sie die Verantwortung trägt".[655] V. A. Lektorskij unternimmt nun den Versuch einer Erklärung des Menschen als des Subjektes und zugleich Objektes seiner Gedankentätigkeit. Er fragt: „Wo findet sich das ‚Zentrum' der Aktivität des erkennenden Subjektes, und in welcher Beziehung steht dieses ‚Zentrum' zur Erkenntnistätigkeit? Die Erkenntnis kommt natürlich durch die Menschen zustande, und jeder einzelne Mensch ist ein ‚Ich'. Aber was ist dieses erkennende ‚Ich'? Wo ist sein Platz in der wirklichen Welt?"[656] Erkenntnis wird nur dadurch möglich, daß sich der Mensch gedanklich von anderen absetzen und seine Erkenntnis auf sich selbst richten kann. Denn „wenn sich das Subjekt als etwas ‚Inneres' erlebt, dann erweist sich infolgedessen auch die Erkenntnistätigkeit und folglich auch das Wissen als Ausdruck dieser Tätigkeit (wenn nicht dem Inhalt nach, so doch gerade durch die Tatsache der Zugehörigkeit zum Subjekt) als etwas, das sich auf die ‚innere' Sphäre des Subjektes bezieht." (Ebd.) Bewußtsein und Selbstbewußtsein bedingen einander, und „das Bewußtsein des Subjektes von seinem Unterschied zum Objekt setzt offensichtlich ein Bewußtsein des Subjektes von sich selbst voraus. Das bedeutet, das Subjekt kann sich selbst zu seinem eigenen Objekt machen. Das Subjekt ist nicht einfach Subjekt, sondern Subjekt-Objekt." (Ebd.) In der Selbsterkenntnis geschieht damit ein gedanklicher Rückbezug auf sich selbst: „Wenn das Subjekt sich daher zu seinem Objekt macht

---

654 F. T. Michajlov: Zagadka čelovečeskogo Ja / Das Rätsel des menschlichen Ich /, Moskau 1964, 6.

655 KSF 344.

656 V. A. Lektorskij: Problema sub"ekta-ob"ekta v teorii poznanija / Das Problem Subjekt—Objekt in der Erkenntnistheorie /, In: VF 1964/5/25.

(über das ‚Ich' urteilt), dann bedeutet das, daß das gesellschaftliche Subjekt (in der Person gewissermaßen eines verallgemeinerten ‚anderen Menschen' als eines Vertreters der Gesellschaft) über das betreffende Individuum urteilt wie über seinen eigenen Teil, seine Handlungen bewertet und kontrolliert."[657]

Subjektivität als die Fähigkeit, Ausgangspunkt und Ziel einer Tätigkeit zu sein, geschieht nicht nur *gedanklich;* sondern *tätig,* das menschliche Wesen verwirklichend. Diese Selbstbestimmung, die über eine Selbsterkenntnis hinausgeht, charakterisiert G. S. Batiščev: „Der Mensch — das ist die ‚*Welt des Menschen',* die er erbaut zusammen und im Kampf mit anderen. In dieser Bedeutung ist der Mensch *das, wozu er sich selbst macht,* aber nicht in einer isolierten Miniatur-Welt, abgesondert von den anderen, sondern zusammen mit den anderen, in Verbindung mit ihnen, nicht in seinem Bewußtsein, sondern wirklich und gegenständlich, in der konkreten gesellschaftlichen Wirklichkeit."[658]

Der reale Mensch läßt sich nicht auf Objekt „oder" Subjekt reduzieren. Einerseits ist er — nach Ruml — „nicht nur Objekt der historischen Entwicklung, sondern auch Subjekt. Seine Besonderheit besteht darin, daß nur er auch Subjekt der Entwicklung sein kann. Den Menschen auf eine Substanz zu reduzieren, die von allen Seiten von anderen Substanzen abhängig ist, — das bedeutet, die aktive Seite des Menschen zu unterdrücken und den Weg zum Studium der Dialektik von Objekt und Subjekt in der praktischen Erkenntnistätigkeit zu verdecken."[659]

Andererseits aber führte die „Verabsolutierung der aktiven Seite des Menschen zu einem subjektivistischen Verständnis der Tätigkeit des Menschen, die Welt erscheint dabei im besten Fall als Produkt der menschlichen Tätigkeit, als Resultat der Verobjektivierung des Menschen" (ebd.). Der Mensch ist Objekt-Subjekt. Im Zusammenhang mit der Selbstbestimmung des Menschen trägt nun Batiščev den Gedanken einer *Personalität des Ich* in die Diskussion: „Man muß . . . im objektiven Sein des Menschen selbst sein Sein als Subjekt der Tätigkeit erkennen, den gesetzmäßigen gegenständlich-tätigen Prozeß, der durch ihn vollzogen wird. So reduziert man den Menschen eben nicht auf ein Ding und kann begreifen, daß er über alle Attribute seines Subjektes verfügt — über Freiheit, Selbsttätigkeit und Schaffensfähigkeit — und

---

657 Ebd. 31.
658 G. S. Batiščev: Obščestvenno-istoričeskaja . . ., 26.
659 V. Ruml: Filosofija marksizma-leninizma . . ., 42.

damit über sein persönliches Ich."[660] Ähnlich bekräftigt R. Gal'ceva in der „Philosophischen Enzyklopädie", die Willensfreiheit, die Freiheit zur Selbstbestimmung stehe „im Zentrum des Problems der Person".[661] Batiščev macht schließlich auf die Verbindung zwischen „persönlichem Ich" und „Sinn" aufmerksam: „Die wahren verborgenen Geheimnisse des persönlichen Ich werden nicht erfaßt, indem man sie aus der realen Geschichte ausklammert, sondern nur, wenn man sich in dieser Geschichte umschaut, unabhängig von all den entpersönlichten und entpersönlichenden Formen der gerade entfalteten Entstehung ihres menschlichen Sinnes und Inhaltes ..."[662]

Das „Persönliche" des Menschen kennzeichnet sich als Schnittpunkt verschiedener Beziehungen: Es steht in einer Vermittlungsdialektik Subjekt-Objekt, in einer Verwirklichungsdialektik Möglichkeit-Verwirklichungsresultat und könnte in der zeitlichen Abfolge Beginn-Ende gedeutet werden. Läßt sich also dieses „persönliche Ich" als die menschliche Spannung zwischen einem *Personsein* und einem *Persönlichkeitwerden* erfassen? In anderer Begrifflichkeit: Verwirklicht der Mensch in seinem konkreten Lebenszusammenhang seine *Wesensmöglichkeit,* indem er zur *Persönlichkeit* wird und darin den Sinn seines Lebens schafft? Ließe sich also — was zunächst als höchst unmarxistisch erscheinen muß — das Personsein des Menschen als seine Wesensmöglichkeit vertehen? Einen solchen Versuch weist Adam Schaff enragiert von sich: Der „Unterscheidung des physischen Individuums und der geistigen Person"[663] hafte der „Geruch metaphysischen Trödels" (ebd.) an. In einer Diskussion referiert er die von Bronislaw Baczko vorgelegte Definition der Persönlichkeit — sie sei die „Gesamtheit der Ideale und Werte ..., welche die Person *sich im Laufe des Lebens gebildet oder angeeignet hat*"[664] — und lehnt sie rundweg ab. Schaffs eigener Lösungsvorschlag führt jedoch in einen ausweglosen Objektivismus: Er spricht dem Menschen zwar die Rolle des „einzigen vermittelnden Mediums"[665] zu, das in der Verbindung von Basis und Überbau durch bestimmte „Filter" — die „die Wirkung der Impulse der Basis im Bereich des

660 G. S. Batiščev: Obščestvenno-istoričeskaja ..., 22.
661 R. Gal'ceva: Stichwort „svoboda voli" / Willensfreiheit /, In: FÉ 4, 564.   662 G. S. Batiščev: Obščestvenno-istoričeskaja ..., 22.
663 A. Schaff: Marxismus und das menschliche Individuum, 93.
664 A. Schaff: Marxismus und Person, Diskussionsbilanz, 22 (Die Hervorhebung erfolgte durch die zitierte Übersetzung in O-P. — HFS).
665 A. Schaff: Marxismus und das menschliche Individuum, 57.

Überbaus auf selektive Weise durchlassen und steuern" (ebd.) — wirksam wird. Diese selektiven „Filter" sieht er als Produkt zweier Faktoren, — erstens — des „psychosomatischen, der ein gesellschaftliches Produkt in der Phylogenese ist", und — zweitens — der „Folgen von Impulsen gesellschaftlicher Natur im Leben des Individuums, die ein Produkt der Ontogenese sind" (ebd.). Diese „Filter" verbindet Schaff mit der „Gesamtheit der psychischen Haltungen", „gefühlsmäßiger Veranlagung" und der „Bereitschaft, gewisse Wertsysteme zu akzeptieren" (ebd.), um daraus deterministisch ein Objekt sozialer Einflüsse zu zeichnen, das er „Charakter" nennt: „Wenn das alles, und vielleicht noch etwas mehr, sich zu dem fügt, was wir den ‚Charakter' der Menschen nennen, so ist dies ein historisch veränderliches und gesellschaftlich geformtes Produkt." (Ebd.) Der Autor fügt einschränkend hinzu (wie auch an anderen Stellen seines Buches), das Gesagte sei „weder präzise ausgedrückt noch klar umrissen".[666] Wir meinen jedoch, daß Schaff in diesen Darlegungen nicht nur Ausdrucksschwierigkeiten zeigt, sondern sich aus seiner Abwehrstellung gegenüber einem christlichen Personalismus überhaupt jeder Möglichkeit eines marxistischen Verständnisses der menschlichen Personalität beraubt.

Lassen sich etwa bei sowjetischen Denkern Aussagen finden, die die Personalität des Menschen differenzierter kennzeichnen? Von vornherein entmutigt bei diesem Versuch die sprachliche Schwierigkeit, daß im Russischen der Begriff „ličnost'" sowohl für „Person" als auch für „Persönlichkeit" steht. Während der Begriff „lico" den konkreten Menschen von seinem „Antlitz" her bezeichnet, also als pars pro toto den ganzen Menschen meint, sucht der Begriff „ličnost'" ihn von einer Eigenschaft her, als attributum pro toto zu bezeichnen, ohne aber Person und Persönlichkeit begrifflich zu unterscheiden. Auf diese unzureichende sprachliche Trennschärfe verweist außer Adam Schaff[667] von westlicher Seite Helmut Fleischer.[668] Um eine formale Klärung der Personalität bemüht sich dennoch P. M. Egides: Nach seiner Auffassung bedeutet „ličnost'" den substantiell und gegenständlich existierenden ganzen *Menschen*, nicht nur eine Eigenschaft des Menschen, — aber in einer ganz bestimmten Relation, in einem persönlichen („ličnostnyj") Verhältnis zur Gesellschaft. Demgegenüber bringe „ličnostnost'" die Per-

---

666 Ebd. 58.
667 Vgl. A. Schaff: Marxismus und Person, Diskussionsbilanz, 22.
668 H. Fleischer: Neue Beiträge zur „Philsosophie des Menschen", In: SST 1966, 305.

sonalität, ein bestimmtes *Verhältnis* zwischen Einzelmensch und Gesellschaft zum Ausdruck. Doch verbleibt dieser Unterscheidungsversuch auf der formalen Ebene, da er lediglich zuerst den *Menschen* unter dem Aspekt seines Verhältnisses zur Mitwelt kennzeichnet (ličnost') und dann diese *Verhältnishaftigkeit* in einen Begriff fügt (ličnostnost'). Eine neue inhaltliche Einsicht in die Personalität des Menschen wird durch diese Unterscheidung nicht vermittelt, die unterschiedlichen Begriffsinhalte von „Person" und „Persönlichkeit" sind durch sie längst nicht erfaßt.[669]

Nach dem Scheitern eines *formalen* Lösungsversuches bleibt noch der Weg, das Problem einer Personalität des Menschen von der *inhaltlichen* Seite her zu klären. Welche inhaltlichen Unterscheidungen treffen sowjetische Denker zum Menschen als „ličnost'", als Person oder Persönlichkeit? Was ist der Mensch und wie handelt er, so daß man ihn „ličnost'" nennen kann? Dieser Lösungsweg, *vom ausgesagten Inhalt her* in der deutschen Übersetzung begrifflich zwischen „Person" und „Persönlichkeit" zu unterscheiden, erweist sich als gangbar, wie wir im Folgenden aufweisen werden. Die *allgemeine Personalität* des Menschen läßt sich dann unterscheiden als sein *Personsein* und seine *Persönlichkeit,* die inhaltlich dem tätigen sinnenhaft-gesellschaftlichen Wesen des Menschen und seiner Wesensverwirklichung durch das Schaffen des Lebenssinnes entsprechen. Noch einmal heben wir hervor, daß sowjetische Denker unseres Wissens formal diese Unterscheidung bisher nicht vorgenommen haben, daß sie jedoch inhaltlich manchen ihrer Aussagen mitgegeben ist. Entsprechend dem *Aussageinhalt* werden wir das russische „ličnost'" mit „Person" *oder* „Persönlichkeit" übersetzen.

---

669 P. M. Egides: Persönlichkeit als soziologische Kategorie, Im Sammelband: Čelovek v socialističeskom i buržuaznom obščestve (Doklady i soobščenija) / Der Mensch in der sozialistischen und in der bürgerlichen Gesellschaft (Referate und Mitteilungen) /, Moskau 1966, 329. Dieser Sammelband erschien in der begrenzten Auflage von 400 Exemplaren zu dem Moskauer Symposium im März 1966 über das Problem des Menschen. (Da mir das Werk nicht zugänglich war, berufe ich mich in meinem Hinweis auf H. Fleischers ausführlichen Konspekt des Sammelbandes. Ich vermag jedoch nicht seiner Auffassung zu folgen, durch den Unterscheidungsversuch zwischen „ličnost'" und „ličnostnost'" sei „der Übergang vom Begriff der Persönlichkeit zum Begriff der Person vollzogen", da Egides nur zwei Begriffe für dieselbe Inhaltlichkeit vorlegt, aber nicht etwas inhaltlich Neues aussagt. Vgl. H. Fleischer: Neue Beiträge zur „Philosophie des Menschen", 305. — HFS.)

b. Der Mensch als Person und Persönlichkeit

Nach der Auffassung des Marxismus ist der Mensch nicht eine inkarnierte Person, sondern die Personalität ist eine *Eigenschaft* des Menschen. Marx wirft Hegel vor: „Eben weil Hegel von den Prädikaten der allgemeinen Bestimmung statt von dem realen Ens (hypokeimenon, Subjekt) ausgeht, und doch ein Träger dieser Bestimmung da sein muß, wird die mystische Idee dieser Träger. Es ist dies der Dualismus, daß Hegel das Allgemeine nicht als das wirkliche Wesen des Wirklich-Endlichen, d. i. Existierenden, Bestimmten betrachtet . . .“[670] Die Qualität der Personalität führt nicht als „Person" ein selbständiges Dasein, wie auch „Gesellschaft" kein selbständiges Individuum ist. Vielmehr sind diese Begriffe aus den Eigenschaften des Menschen und ihren Objektivationen gewonnen. Als solche bleiben sie Attribute des realen Menschen, werden keine Subjekte. Sie vermitteln unterschiedliche Aspekte des menschlichen Seins in seiner Ganzheit. Wird dieser Zusammenhang beachtet, so kann man den ganzen Menschen — von seiner Eigenschaft her — als Person (und Persönlichkeit) bezeichnen. „Die Subjektivität ist eine Bestimmung des Subjekts, die Persönlichkeit eine Bestimmung der Person. Statt sie nun" — kritisiert Marx — „als Prädikate ihrer Subjekte zu fassen, verselbständigt Hegel die Prädikate und läßt sie hinterher auf eine mystische Weise in ihre Subjekte sich verwandeln."[671] Werden sie nicht verselbständigt, müßten sie auch marxistisch tragbar sein.

Die Personalität des Menschen umfaßt Möglichkeit (Person) und Verwirklichungsresultat (Persönlichkeit): Der Mensch *ist* Person und *wird* zur Persönlichkeit. In seinem Personsein ist er Resultat der gesellschaftlichen Entwicklung, in seiner Persönlichkeit Resultat seines eigenen Handelns; er ist *determiniert als Person* und *determiniert sich selbst zu seiner Persönlichkeit*. Als Person ist er *Resultat* vorgängiger gesellschaftlich-historischer Entwicklung und andererseits *Beginn* bewußter und freier Weiterentwicklung dieser Basis. Insofern ist das Personsein Produkt des Sozialen und ein in jedem Menschen vorfindliches Resultat, das ihn qualitativ vom Tier unterscheidet. In Anlehnung an Karl Marx schreibt V. P. Tugarinov: „Der Begriff *Person* verweist auf eine *Eigenschaft* des Menschen, und der Mensch ist der *Träger* dieser Eigen-

---

670 K. Marx: Zur Kritik der Hegelschen Rechtsphilosophie, In: MEW 1, 224 f.   671 Ebd. 224.

chaft."[672] „Person" und „Mensch" stehen zueinander wie selbständige Ganzheit und Eigenschaft. „Also unterscheiden sich diese Begriffe als Eigenschaft und als Substrat ... Daher hat das Substrat (anders: die Substanz) eine gegenständliche Natur, unteilbare, selbständige Existenz und erweist sich als Träger von Eigenschaften."[673]

Üblicherweise stellte längere Zeit die sowjetische Philosophie „ličnost'" fast ausschließlich als die Determiniertheit der Person heraus, ohne ihre Fähigkeit zur Selbstdeterminierung mit auszusagen, wie V. P. Tugarinov bestätigt: „In unserer philosophischen Literatur untersucht man gewöhnlich die Seiten dieser Beziehungen, wie der bestimmende Einfluß der Gesellschaft, ihrer Struktur und ihrer Verhältnisse auf das Subjekt ist";[674] in dieser Bedeutung ist das Subjekt — wie der Autor bereits einige Jahre zuvor in einem Aufsatz stark betonte — „abgeleitet vom Objekt, von der Gesellschaft".[675] So wird das Bestimmtsein zu einer Person die Basis des menschlichen Lebens. „Mein Leben verläuft in dem mich umgebenden Milieu, in einer bestimmten Epoche, einer bestimmten Gesellschaftsformation, einer bestimmten Gesellschaftsklasse usw. All die aufgezeigten gesellschaftlichen Bedingungen und die vielen anderen, die ihnen entspringen, sind in der Bedeutung unabhängig von mir, daß sie nicht von mir geschaffen sind und daß ich in meinem Leben notwendig mit ihnen rechnen muß, so wie mit der Tatsache der Existenz der Natur und mit der Tatsache der eigenen Natur."[676]

Das Personsein ist eine wesentliche Eigenschaft des Menschen, als Individuum ist er gekennzeichnet als Leib und Person. „Der Mensch ist — erstens — ein physischer *Leib*, ein lebendiger Organismus, und die Person ist eine *Eigenschaft* des Menschen. Anders gesagt: Der Mensch ist das Substrat, der Träger der Person, die seine Eigenschaft ist."[677]

---

672 V. P. Tugarinov: Ličnost' i obščestvo, 42.

673 Ebd. 42. 43.   674 Ebd. 25 f.

675 V. P. Tugarinov: Kommunizm i ličnost' / Kommunismus und Persönlichkeit /, In: VF 1962/6/14 (Dieser Beitrag ist im Folgenden mit „I" gekennzeichnet, um eine Verwechslung mit der 1966 erschienenen gleichnamigen Schrift des Verfassers zu vermeiden, die mit „II" gekennzeichnet wird. — HFS).

676 V. P. Tugarinov: Ličnost' i obščestvo, 26.

677 V. P. Tugarinov: Kommunizm i ličnost' / Kommunismus und Persönlichkeit /, Leningrad 1966, 9 (Diese spätere Schrift des Verfassers wird

Tugarinov bestimmt näherhin diese Eigenschaft: „Seit jeher hat man zwei Arten von Eigenschaften unterschieden: modale (nichtnotwendige) und attributive (notwendig dem gegebenen Substrat eigene)." (Ebd.) Das Personsein ist konstitutiv für ihn; „die Person als Eigenschaft des Menschen ist eine attributive Eigenschaft, jeder Mensch jeder sozialen Lage, jeder Rasse, Nationalität, jeden Geschlechts und dergleichen ist Person" (ebd.). Das Personsein bezieht sich auf ein Vermögen des ganzen Menschen, das sich in seiner tätigen Beziehung zur Gesellschaft aktualisiert. Denn — zweitens — „unterscheiden sich die Begriffe ‚Mensch' und ‚Person' darin, daß der Mensch ein biologisch-soziales Wesen, ‚Person' aber ein rein sozialer Begriff ist. Die Person ist die gesellschaftliche Seite des Menschen." (Ebd.) Diese gesellschaftliche Seite des Menschen (ličnost') steht in einer eigentümlichen Spannung von bereits Wirklichem und noch zu Verwirklichendem, fährt doch der Leningrader Philosoph fort: „Der Mensch wird zu einer Person im Prozeß der gesellschaftlichen Entwicklung, denn gerade in ihr erlangt er die Merkmale (Züge) einer Person." (Ebd.) Wir müssen zugeben, daß sich nun die inhaltliche Spannung der aufgezählten Merkmale nicht mehr eindeutig in die Begriffe „Person" oder „Persönlichkeit" übertragen läßt, wenn Tugarinov erläutert: „Ihre Hauptmerkmale sind Vernünftigkeit, Verantwortlichkeit in seinen Handlungen vor der Gesellschaft, ein bestimmtes Maß an Freiheit (der eigenen Willens-äußerung des Menschen), persönliche Würde, Individualität (persön-liche Eigenschaften des Verhaltens, Interessen, Fähigkeiten, Ziele und anderes)." (Ebd.)

Das Personsein kennzeichnet jedenfalls die Menschen schlechthin, ist ihre reale Gemeinsamkeit. „Jeder Mensch jeder beliebigen Gesellschafts-formation ist Person in der Bedeutung, daß er die *Merkmale (Züge) einer Person besitzt, sei es auch in geringem Maße.*"[678] Doch ergänzt sich dieser erste Aspekt durch den Tatcharakter des menschlichen Seins, und Tugarinov erfaßt das Personsein *inhaltlich* klar als *entwicklungsfähige Möglichkeit des Menschen:* „Aber diese Merkmale sind *fähig zu einer Entwicklung,* in deren Prozeß sich eine vollwertige Persönlichkeit bildet." (Ebd.) Es muß also herausgestellt werden, daß „der Begriff ‚Person' [ličnost'] kein statischer, sondern ein dynamischer Begriff ist,

im folgenden mit „II" zu einem früher erschienenen gleichnamigen Auf-satz abgegrenzt. — HFS).

678 V. P. Tugarinov: Ličnost' i obščestvo, 93 (Letzte Hervorhebung ebd. von mir. — HFS).

daß Personen *verschiedenen* Niveaus existieren, daß wir jene Züge der Person entwickeln müssen, die uns durch unsere Ideale vom Menschen und den menschlichen Beziehungen vorgeschrieben werden und die Züge mildern und beseitigen müssen, die diesen Idealen widersprechen".[679]

Ließ sich die Personalität des Menschen, „ličnost'" als entwicklungsfähige Möglichkeit (als Person) verstehen, so muß nun das Verwirklichungsresultat (als Persönlichkeit) näher untersucht werden. Nach der Ansicht von S. S. Slobodjanjuk überbetonen nichtmarxistische Konzeptionen des Menschen oft sein Personsein und vernachlässigen seine Persönlichkeit, „betrachten den Menschen außerhalb der sozialen Wirklichkeit, als irgendeine mystische ‚Person überhaupt'".[680] Slobodjanjuk aber versteht Person als „dynamisches System, als Prozeß einer Erfüllung des handelnden Individuums mit sozialem Inhalt",[681] und das „Individuum als Träger persönlicher Qualitäten und ihre individuelle Ausprägung in der Gesellschaft existiert nicht anders denn als Persönlichkeit, d. h. als individuelle Komponente der ganzheitlichen sozialen Struktur".[682] Berücksichtigt man das Ergebnis des personhaften Handelns auf den Menschen selbst, so kann man von einem *Grad der Personalität* [stepen' ličnostnosti], einem Grad der Ansammlung gesellschaftlicher Beziehungen durch das Individuum"[683] sprechen.

Durch das *Werden zur Persönlichkeit* schafft der Mensch in sich neue Bestimmungen, die über seine *personale Basis* hinausführen und als Resultat seines eigenen Lebensvollzuges erscheinen. Vladimir Ruml ordnet der Persönlichkeit ihr Wesen zu, weist darauf hin, daß die „Bestimmung des gesellschaftlichen Wesens des Menschen nicht identisch ist mit einer Reduzierung der menschlichen Persönlichkeit auf ihr gesell-

---

679 V. P. Tugarinov: Kommunizm i ličnost' (II), 11 f. Tugarinovs Ausführungen dringen dem Inhalt nach durchaus zu einem Personsein des Menschen vor, das er nicht *hat,* sondern wesentlich *ist.* Wahrscheinlich legt Fleischer zu großes Gewicht auf die formale Ausdrücklichkeit und übersieht die getroffene inhaltliche Unterscheidung durch den Leningrader Philosophen. (Vgl. H. Fleischer: Das handelnde Subjekt im historischen Materialismus, 89) — Die von Tugarinov festgestellte „Dynamik" des Personseins entspricht der von G. S. Batiščev betonten „Tathaftigkeit" des Wesens des Menschen: „Das *gesellschaftliche* Wesen des Menschen ist nichts anderes als sein *tätiges* Wesen." (G. S. Batiščev: Obščestvenno-istoričeskaja . . ., 27)

680 S. S. Slobodjanjuk: Ličnost' kak cennost', 16.

681 Ebd. 18.   682 Ebd. 19.   683 Ebd. 21.

schaftliches Wesen".[684] Dieses ist zwar die Wesensmöglichkeit der Persönlichkeit und für die theoretische Erhellung dieser Persönlichkeit grundlegend, — wie aber der Mensch in Freiheit diese Möglichkeit verwirklichen wird, ist vorab nicht auszumachen. Richtig sagt Ruml, daß die „Bestimmung des gesellschaftlichen Wesens des Menschen aber die Möglichkeit einer theoretischen Wiedergabe der menschlichen Existenz gibt. Letzteres macht einen *Übergang* von den allgemeinen Bestimmungen zu den besonderen und das allmähliche Erfassen der konkreten menschlichen Persönlichkeit möglich." (Ebd.) So ist das Herausstellen des gesellschaftlichen Wesens des Menschen die Voraussetzung zu einer Bestimmung der Persönlichkeit, denn „die Vorstellung, man könne ohne theoretische Vermittlung einfach den Inhalt einer konkreten menschlichen Persönlichkeit entdecken ist illusorisch. Mehr oder weniger sind die konsequenten Anhänger des dargelegten Standpunktes gezwungen, übernatürliche Quellen des geistigen Inhaltes der Persönlichkeit anzuerkennen." (Ebd.)

Aufgrund seines gesellschaftlichen Wesens ist der Mensch als eine „aktive Persönlichkeit kein einsamer Held"[685], wie T. S. Lapina ausführt; er verwirklicht sein gesellschaftliches Wesen und ist „durch unzählige Fäden mit der Gesellschaft verbunden. In seiner Tätigkeit benutzt er eine bestimmte soziale Erfahrung und ergänzt sie zugleich". (Ebd.) Diese „Ergänzung" ist sein eigenes Werk: „Er wird nicht automatisch zu einer aktiven Persönlichkeit, zu einem tätigen Menschen: Auch unter günstigsten Bedingungen ist die Aktivität Resultat einer Selbständigkeit der Persönlichkeit, ihres Verstandes und Willens, ihrer sittlichen Qualitäten." (Ebd.) Der Tatcharakter des menschlichen Seins kommt zum Ausdruck im gesellschaftlichen Handeln der Persönlichkeit: „Ohne die Fähigkeit der Persönlichkeit, sich sittlich zu mobilisieren ... existiert keine Aktivität in ihrer positiven gesellschaftlichen Bedeutung." (Ebd.)

In seiner Tätigkeit ist der Mensch an die Mitwelt verwiesen, um nicht zu einer „in Einsamkeit verwilderten Persönlichkeit"[686] zu entarten,

---

684 V. Ruml: Filosofija marksizma-leninizma..., 40 (Hervorhebung ebd. von mir. — HFS).

685 T. S. Lapina: Aktivnost' ličnosti v svete kommunističeskoj morali / Die Aktivität der Persönlichkeit im Lichte der kommunistischen Moral /, In: VF 1966/9/118.

686 A. S. Makarenko: Der Weg ins Leben, Ein pädagogisches Poem, Berlin/ Ost / 1962, 72.

wie der sowjetische Pädagoge A. S. Makarenko aus seiner Erfahrung mit den Bezprizorniki, den verwahrlosten Jugendlichen des Bürgerkrieges schreibt.

Die Persönlichkeit eines Menschen steht in der Spannung von realer Möglichkeit und verwirklichtem Resultat als das eigene Werk des Menschen. Dieser Bestimmung kommt am ehesten Tugarinov nahe: „Eine *Persönlichkeit* ist ein Mensch, der einen historisch bedingten Grad von *Vernünftigkeit* und Verantwortung vor der Gesellschaft besitzt, in Übereinstimmung mit seinen inneren Qualitäten über bestimmte Rechte und Freiheiten verfügt (oder zu verfügen fähig ist), durch seine individuelle *Tätigkeit* einen Beitrag zur Entwicklung der *Gesellschaft* leistet und eine Lebensweise führt, die den Idealen seiner Epoche oder Klasse entspricht."[687] In derselben Schrift „Persönlichkeit und Gesellschaft" erklärt der Autor noch deutlicher: „Eine Persönlichkeit ist ein Mensch, der in der *Summe* jener Eigenschaften (Qualitäten) erfaßt wird, die sich in ihm im Prozeß der *Wechselwirkung mit der Gesellschaft* herausarbeiten."[688]

Die Persönlichkeit des Menschen unterliege einer *werthaften Beurteilung*, insofern sie „ein System ist, das *gebildet wird, sich selbst bildet* und auch selbst *bildet*, das die Werte der Gesellschaft in individueller Form integriert und zugleich auch ihr Schöpfer ist".[689] Diese zu leistende *Aufwertung des eigenen Lebens* bringt V. P. Tugarinov zur Sprache: „Der Mensch stellt einen noch größeren Wert dar (sowohl für sich selbst als auch für die Gesellschaft), wenn er eine *Persönlichkeit* ist."[690] Die *„wirkliche* Rolle",[691] die er in seinem Leben spielt, entscheidet über diesen werthaften Stand seiner Persönlichkeit. Man muß also „die menschliche Persönlichkeit im untrennbaren Zusammenhang mit jenen gesellschaftlichen Verhältnissen betrachten, in deren Rahmen sie existiert und auf deren Grundlage sie handelt".[692] Das Personsein ist zwar eine werthafte Möglichkeit, aber deren Verwirklichung im Persönlichkeitwerden hängt von den einzelnen Menschen selbst ab, und

---

687 V. P. Tugarinov: Ličnost' i obščestvo, 88 (Im Original Hervorhebung des ganzen Satzes. — HFS).

688 Ebd. 43 (Im Original Hervorhebung des ganzen Satzes. — HFS).

689 S. S. Slobodjanjuk: Ličnost' kak cennost', 26.

690 W. P. Tugarinow: Über die Werte des Lebens und der Kultur, 58.

691 M. I. Petrossjan: Essay über den Humanismus, 205.

692 A. S. Višnjakov, M. G. Žuravkov: Moral'nyj kodeks stroitelja kommunizma, 76.

durch ein unterschiedliches Gelingen unterscheiden sie sich in ihrer Persönlichkeit. „Freilich, der Mensch ist ein Mensch, zu welcher Klasse er auch gehörte. Aber sein Wert, — das ist nicht sosehr seine Bedeutsamkeit als biologisches Wesen, sondern in erster Linie als ein gesellschaftliches Individuum. Die Bewertung der Persönlichkeit von den sozialen Beziehungen zu trennen, das bedeutet, sie in eine Abstraktion zu verwandeln. Auf der Welt gibt es ja auch noch Faschisten, Rassenfanatiker, Kolonialisten, Waffenfabrikanten und Verbrecher."[693]

In dem Maße, wie der Mensch sein Leben als Wert für sich selbst und für seine Mitwelt verwirklicht, läßt sich ein Wert der einzelnen Menschen unterscheiden: Er ist — in Absetzung zum animalischen Bereich — *absoluter Wert als Person* und — im Verhältnis zu seinen Mitmenschen — *relativer Wert als Persönlichkeit:* „Absoluter Wert der Person, — das bedeutet, daß die Gesellschaft den Wert der Person *als solcher* anerkennt, unabhängig von allem übrigen, daß sie den Wert des Menschen darum anerkennt, *weil er ein Mensch ist."*[694] Der relative Wert der menschlichen Persönlichkeit entsteht demgegenüber im Verhalten zur Mitwelt: „Unvermeidlich ist die Persönlichkeit höher zu werten, die mehr wirklichen Nutzen für die Gesellschaft, die Umwelt bringt. Auf der ganzen Welt und zu aller Zeit wurde ein Verbrecher für weniger wert erachtet als ein Held. Der ,Selbstwert' der Person, ihr Wert an und für sich, schließt keineswegs eine Bewertung ihrer Tätigkeit durch die Gesellschaft aus."[695] Diese Unterscheidung zwischen dem absoluten Wert des Menschen und seinem relativen Wert begrüßt S. S. Slobodjanjuk als „neuen Schritt in der Sozialwissenschaft"[696] und schließt daran an: „Man kann den absoluten Wert der Person als *Potentialität* betrachten, *die aktualisiert wird* und *zum Ausdruck kommt* über den relativen Wert. Oder anders: Die Absolutheit des Wertes einer jeden Einzelperson besteht darin, daß sie *Objekt der Erwartung* werthafter Äußerungen ihres Wesens ist."[697]

Der Mensch als Person und Persönlichkeit besitzt eine *Menschenwürde,* die kein unwandelbares Fixum, sondern eine wandlungsfähige Eigenschaft ist: „Die persönliche Würde des Menschen" — sagt V. P. Tugari-

---

693 Ebd. 76 f.
694 V. P. Tugarinov: Kommunizm i ličnost' (II), 31.
695 Ebd. 32.
696 S. S. Slobodjanjuk: Ličnost' kak cennost', 46.
697 Ebd. 47.

nov — „ist gleichfalls ein Zug der Persönlichkeit."[698] Sie bleibt ein gefährdetes Gut, denn „ein Mensch, der heruntergekommen ist, der seine menschliche Art verloren hat, verliert auch diesen Zug einer Persönlichkeit" (ebd.). Die Menschenwürde als der „Wert eines Menschen als sittliche Persönlichkeit"[699] basiert nach der Ansicht von Bernd Bittighöfer auf der marxistischen Überzeugung, „daß der Mensch das Wertvollste ist, was es auf der Welt gibt" (ebd.). Die Persönlichkeit eines Menschen aber wird zum Spiegelbild dessen, wie er die Menschenwürde seiner Mitmenschen achtet, und diese Achtung bildet die Voraussetzung einer Liebe zum Menschen, wie M. I. Petrosjan verdeutlicht: „Die Grundlage der Liebe zum Menschen ist die tiefe Achtung vor ihm, vor der menschlichen Würde, und das Verhalten zum Menschen als dem Wertvollsten für den Menschen."[700] Von diesem Respekt vor der Persönlichkeit des Menschen und seiner Menschenwürde ist keine Gesellschaft entbunden, vielmehr ist gerade die Entfaltung der menschlichen Persönlichkeit das Ziel der Gesellschaft. V. P. Tugarinov stellt klar: „Der Mensch ist der höchste Wert, und eine richtig geordnete Gesellschaft muß für ihn eingerichtet werden, für sein Wohl und sein mögliches Glück. Dieses Kriterium, nämlich, inwieweit die betreffende Gesellschaft das Wohl, die Würde und das Glück aller ihrer Glieder gewährleistet und zu gewährleisten imstande ist, ist das grundlegende Kriterium des Wertes der Gesellschaft selbst. Nach diesem Kriterium zeigt sich der Wert der Gesellschaft — wie wir sehen — von den Interessen der Persönlichkeit abgeleitet."[701]

An dieser Stelle unserer Untersuchung scheint sich der Kreis aller Fragen um den Sinn des Lebens zu schließen: Vom Begriff „Sinn des Lebens" ausgehend gelangten wir zu der Auffassung des Marxismus, daß der Sinn des Lebens das sittliche Prinzip des menschlichen Seins ist. Das Leben selbst stellt einen dialektischen Wert sowohl für den betreffenden Menschen als auch für seine Gesellschaft, d. h. für die Mitwelt und die Geschichte, d. h. seine Nachwelt dar. Des weiteren erkannten wir die Geschichte als Ausdrucksform der Sinngebung des Lebens und die Gesellschaft als seine Vermittlungsform. *Der gesellschaftlich-geschichtliche Aspekt des Lebenssinnes* gab sich damit klar zu

698 V. P. Tugarinov: Kommunizm i ličnost' (II), 10.
699 B. Bittighöfer: Du und der andere neben Dir, 17.
700 M. I. Petrossjan: Essay über den Humanismus, 208.
701 V. P. Tugarinov: Kommunizm i ličnost' (II), 31.

erkennen. Im letzten Abschnitt bemühten wir uns folglich um die Klärung seines *individuellen* Aspektes: Was ist das Resultat eines gelingenden Lebenssinnes im Individuum selbst? P. M. Egides sieht dieses rückwirkende Ergebnis eines sinnvollen Lebens in der *Persönlichkeit* des einzelnen Menschen, und wir konnten aufzeigen, daß sowjetische Autoren ein Werden zur Persönlichkeit auf der Basis eines Personseins inhaltlich zutreffend kennzeichnen. Dabei stellte sich heraus, daß die Merkmale eines Personseins mit den Merkmalen des tätigen sinnenhaft-gesellschaftlichen Wesens des Menschen zusammenfallen, daß *inhaltlich* „Wesen" des Menschen und „Person" identisch sind, auch wenn *formal* sowjetische Denker diese Identität nicht behaupten. Das Werden zur Persönlichkeit entspricht der Verwirklichung des Lebenssinnes: Sie kann werden nur in der gesellschaftlichen Vermittlung und findet ihren Ausdruck in der Geschichte. Die Lösung aller Fragen um den Sinn des menschlichen Lebens scheint damit auf der Hand zu liegen: Der Sinn des Lebens besteht in der sittlichen Integration der Sinnenhaftigkeit in die Gesellschaftlichkeit des Menschen und diese findet ihr *individuelles Resultat in der Persönlichkeit des betreffenden Menschen*. Der Kreis der Fragen schließt sich in der dialektischen Werthaftigkeit des Lebens: Die marxistischen Autoren stellen das Leben selbst, die Möglichkeiten dieses Lebens (das Personsein des Menschen) als den Basiswert dar und bekennen sich zu dem individuellen Verwirklichungsresultat dieses Lebens (der Persönlichkeit des Menschen) als dem höchsten Wert der Welt.

Bildlich gesprochen: Nach dem gedanklichen Aufstieg stehen wir nun auf dem Gipfel des marxistischen Humanismus, dem Verständnis der menschlichen Persönlichkeit als dem höchsten Wert der Welt. Alles liegt ihr untergeordnet: der Gang der Geschichte, das Leben der Gesellschaft und selbst der Aufbau des Kommunismus. Diese Aussicht ist beeindruckend, sie mag den Betrachter sogar überwältigen.

Man muß den marxistischen Philosophen, die ein solches Verständnis des Menschen erarbeitet haben, zustimmen. Da unser Einverständnis mit ihnen aber eine *mitdenkende Zustimmung* ist, sind wir auch zu einigen Gedanken über diese Persönlichkeit des Menschen genötigt. An der „Persönlichkeit" muß sich entscheiden: Liegt der Sinn des Lebens nur in einer objektiven Bedeutsamkeit seiner Persönlichkeit für die Gesellschaft, — oder hat sie auch subjektive Bedeutsamkeit für ihn selbst? Die subjektive Bedeutsamkeit müßte im *Wert des Persönlichkeitwerdens für ihn selbst* zum Ausdruck kommen, — und nicht nur für die

Gesellschaft. Die Antwort auf die Frage nach dem Sinn des Lebens hat einen objektiven und einen subjektiven Aspekt, aber gerade nach letzterem fragen die Menschen so leidenschaftlich, wie B. T. Grigor'jan bekennt: „Immer wieder fragen die Menschen: Wie muß man das Leben vollbringen? Dabei fragt jeder vor allem nach sich selbst, ist interessiert an seinem eigenen Schicksal. Sie wollen mit Sinn leben und auf menschliche Weise, glücklich sein und die ganze Fülle des Lebens in seiner Schönheit empfinden ...“[702] Wenn seine Persönlichkeit der höchste Wert ist, — in welchem Maß erweist sich diese Werthaftigkeit *für den Menschen selbst?*

c. Die Entzogenheit der Persönlichkeit

Um zu verstehen, in welchem Maß sich das subjektive Resultat seines Lebenssinnes, seine Persönlichkeit als Wert für den betreffenden Menschen erweist, sind wichtige Vorfragen zu klären. Alles Sprechen von Wert muß — wir wiesen eingangs darauf hin — „Wert" als eine Relation erfassen und bestimmen, *was für wen warum* wertvoll ist. Diese Bestimmung setzt voraus, daß die drei Bezugspunkte der Relation in sich erkennbar sind, denn was nicht in sich erkennbar ist, kann auch nicht als Prädikat zugesprochen werden. Zunächst geht es also um die *Erkennbarkeit der Persönlichkeit* eines Menschen; sie kann nur von demjenigen *anerkannt,* d. h. gewürdigt und geschützt werden, der sie als solche *erkannt* hat.

Suchen wir die Problematik vom negativen Aspekt her aufzurollen. Warum war der marxistische Dogmatismus nicht imstande, die Persönlichkeit des Menschen zu erkennen und anzuerkennen? Welchem Irrtum ist er erlegen? Das falsche Menschenbild jener Zeit des Personenkultes sammelt sich in bestimmten Aussagen der Angeklagten des zweiten Trotzkistenprozesses. In seinem letzten Wort vor Gericht am 29. Januar 1937 bringt Jurij L. Pjatakov einen tiefen Konflikt zum Ausdruck: „Es wäre falsch zu glauben, daß ich, als meine trotzkistische Tätigkeit begann, wußte, wohin dies alles führen wird. Es wäre falsch zu glauben — dies schwächt nicht im geringsten meine *objektiven* verbrecherischen Taten ab —, aber es wäre falsch zu glauben, daß ich mir *subjektiv* konterrevolutionäre Aufgaben gestellt habe und mir dessen

---

702 B. T. Grigor'jan: Dlja čego živët čelovek? 64.

bewußt gewesen bin, in welchem Sumpf von Scheußlichkeit und Verbrechen wir letzten Endes landen werden."[703]

Noch deutlicher formuliert Karl Radek denselben Konflikt. Zunächst steht er zu seiner Verantwortlichkeit für die Mitarbeit in der Gruppe um Trotzkij: „Nicht darum ging ich mit ihr, weil ich auf diesen Weg des Kampfes gestoßen wurde, sondern auf Grund einer eigenen Einschätzung der Situation, auf Grund des freiwillig gewählten Weges. Und dafür trage ich die volle, ausschließliche Verantwortung..."[704] Nun sagt Radek etwas Eigenartiges, das man als *Aufstand seiner sittlichen Persönlichkeit* unter *Verleugnung der eigenen Rechte als Person* deuten muß: „Damit könnte ich mein letztes Wort beenden, wenn ich es nicht für notwendig hielte, Einspruch zu erheben gegen die Beleuchtung des Prozesses, die Beleuchtung eines Teils, nicht des Hauptpunktes, wie sie hier gegeben wurde, die ich zurückzuweisen genötigt bin, nicht von meinem persönlichen Gesichtspunkt, sondern vom politischen Gesichtspunkt." (Ebd.) Wie Pjatakov abgrenzt zwischen „objektiven verbrecherischen Taten", die er sich nicht „subjektiv" zur Aufgabe gestellt habe, so unterscheidet Radek zwischen „politischem" und „persönlichem" Aspekt der „Schuld". Sein Geständnis betrifft nur eine „politische Schuld", die er in dieser menschlichen Grenzsituation in einen politischen Nutzen umzuwerten versucht: „Ich habe meine Schuld eingestanden und volle Aussagen in bezug auf sie gemacht, indem ich nicht von dem einfachen Bedürfnis der Reue ausging — Reue kann eine innere Erkenntnis sein, die man nicht mitzuteilen, niemandem zu zeigen braucht —, auch nicht von Wahrheitsliebe schlechthin — diese Wahrheit ist sehr bitter, und ich habe bereits gesagt, daß ich es dreimal vorgezogen hätte, erschossen zu werden, als sie zu gestehen —, sondern ich muß meine Schuld gestehen, ausgehend von der Einschätzung jenes allgemeinen Nutzens, die diese Wahrheit bringen muß." (Ebd.) Aber der Angeklagte weigert sich auf das schärfste, eine persönliche Schuld einzugestehen, fährt entschieden fort: „Und wenn ich hören mußte, daß auf der Anklagebank einfach Banditen und Spione sitzen, so widerspreche ich dem ..." (Ebd.) Er kann dabei auf einen Widerspruch zwischen Anklage und Prozeßführung hinweisen, die auf den Aussagen der Angeklagten selbst aufbauen: „Wenn Sie es mit reinen Kriminal-

---

703 Volkskommissariat für Justizwesen der UdSSR, Prozeßbericht über die Strafsache des sowjetfeindlichen trotzkistischen Zentrums..., 590 (Hervorhebung von mir. — HFS). 704 Ebd. 593.

verbrechern, mit Spitzeln zu tun haben, worauf können Sie dann Ihre Überzeugung begründen, daß das, was wir gesagt haben, die Wahrheit, die unerschütterliche Wahrheit ist?"[705] Mit seiner Weigerung beruft sich der Angeklagte auf sein Motiv, das ihn leitete, und macht in diesem Anspruch keine Zugeständnisse: Ihn berechtigten 35 Jahre Kampf in der Arbeiterbewegung, „in einem Punkt Vertrauen zu fordern, — daß diese Volksmassen, mit denen ich ging, für mich doch etwas darstellen" (ebd.). Er weiß, daß er „das Menschliche" in sich nicht verloren hat, — trotz seiner falschen Lagebeurteilung: „Deshalb bestreite ich die Behauptung, daß auf der Anklagebank Kriminelle sitzen, die alles Menschliche verloren haben."[706]

Diese Konfliktsituation gibt Einblick in eine untergründige Problematik, die nicht erkannt und in Worte gefaßt wird, da Angeklagte und Ankläger auf derselben geistigen Grundlage argumentieren: Die *Institution ignoriert die Person,* das tätige sinnenhaft-gesellschaftliche Wesen des Menschen. Daher anerkennt sie auch nicht den Menschen als selbstbestimmendes Subjekt, setzt das Subjektive dem Unwirklichen gleich und klammert die sittlichen Verhaltensmotive aus ihrem Interesse aus, weil sie ihr nicht von außen erkennbar sind. „Wirklich" ist nur das äußerliche Tätigkeitsresultat, nach ihm beurteilt und verurteilt sie. Hinzu kommt eine verhängnisvolle *Selbstidentifizierung der Institution mit der „Gesellschaft".* Die Akteure des Prozesses interpretieren die bestehende Institution „Partei" als „die Gesellschaft" und verkennen in dieser Alleinvertretungsanmaßung ihren wahren Stellenwert: Die Institution ist nur die zeitbedingte strukturelle Form der Gesellschaft, der reale Inhalt der Gesellschaft sind die gesellschaftlichen Individuen. Aus ihrem tätigen sinnenhaft-gesellschaftlichen Wesen sind die Menschen *Gesellschaft* und geben sich eine *Institution,* d. h. regeln ihr Zusammenleben vermittels einer relativ konstanten *Ordnung.* Der Dogmatismus stellt das Verhältnis auf den Kopf. Er fixiert die Institution und degradiert die Personen zu Variablen, die sich ihr anzupassen haben. Ignoriert aber — erstens — die Institution die Person und identifiziert sich selbst — zweitens — mit der Gesellschaft, so folgt daraus: Der gesellschaftlich vermittelte Lebenssinn des Menschen besteht in der Anpassung an die Institution, und seine Persönlichkeit ist durch sie definierbar und ihr restlos ausgeliefert.

---

705 Ebd. 594.
706 Ebd. 595.

Von seiner Persönlichkeit her lehnt sich Radek auf, — aber er pocht nicht auf sein Recht als Person. Er trifft zwar die Lüge im Verhalten seiner Ankläger, — den Irrtum der gemeinsamen Auffassung erkennt er nicht. In klarer Selbsteinschätzung weiß der Angeklagte, daß er das Wesentliche seiner Persönlichkeit — er nennt es das „Menschliche" — nicht verloren hat, daß dieses aber der Institution von außen her nicht zugänglich ist. Er versucht, es ihr zugänglich zu machen mit der Bitte, man möge ihm in diesem Punkte glauben. Doch dann steht er innerlich wehrlos vor seinen Gegnern; die Selbsterschließung seiner Persönlichkeit muß als unwirklich abgelehnt werden, da das objektive Tätigkeitsresultat gegen ihn spricht, die mißlungene Anpassung ihn widerlegt.

Die Persönlichkeit eines Menschen ist nicht von einer *Institution* als solcher erfaßbar. Ist sie aber der *Gesellschaft* zugänglich, der Mitwelt des betreffenden Menschen? Auch hier erheben sich Schwierigkeiten in der Einschätzung. Weder verrät ein isoliertes *Tätigkeitsresultat* das wesentlich enthaltene *Tatmotiv* des Menschen, noch ist dieses Motiv von außen zugänglich. Einerseits — sagt S. V. Kurylev — wird „Raubmord unsittlich sein, selbst wenn er objektiv auf einen Nutzen für die Gesellschaft hinauslief (der Ermordete erwies sich zufällig als Diversant)".[707] Andererseits ist das Motiv des Handelnden der Bewertung durch Außenstehende verschlossen, wie der Autor betont: „Solange sich Gedanken und Motive noch nicht in Taten verwirklicht haben, sind sie an und für sich weder nützlich noch schädlich für die Gesellschaft. Schaden oder Nutzen bringen der Gesellschaft nicht die Motive der Menschen, sondern ihre Taten."[708] Kurylev geht es nicht darum, überhaupt die sittliche Qualität von Motiven zu bestreiten, sondern die Erkennbarkeit dieser Qualität von außen und so eine von diesem Motiv her mögliche Bewertung der gesamten Handlung in Frage zu stellen. „Motive, die nicht in Taten zum Ausdruck gekommen sind, kann die Gesellschaft nicht einmal feststellen, geschweige denn beurteilen." (Ebd.) Weil das Motiv nicht aus dem Tätigkeitsresultat zu ersehen ist, zugleich aber das bloße Tätigkeitsresultat ohne Kenntnis seines enthaltenen wesentlichen Motivs eine für die Beurteilung einer Persönlichkeit unbrauchbare Abstraktion darstellt, können im konkreten Fall weder Motiv noch Resultat isoliert beurteilt werden: „Das objektiv zufällige

707 S. V. Kurylev: Moral' i eë mesto v sisteme social'nych norm / Die Moral und ihre Stellung im System der sozialen Normen /, In: VF 1966/9/23. 708 Ebd. 21.

Resultat des Verhaltens (ein positives oder negatives), wie auch das Motiv des Verhaltens — an und für sich und isoliert genommen — unterliegen nicht der moralischen Bewertung . . .“[709]

Gleichfalls stellt T. S. Lapina fest, daß ohne Kenntnis ihres Zusammenhanges weder das Motiv noch ein Tätigkeitsresultat einer sittlichen Beurteilung von außen offenstehen. „Freilich ‚objektiviert‘ jede Handlung bestimmte sittliche Qualitäten, aber der Charakter einer vereinzelten Handlung kann zufällig sein und nicht gänzlich eindeutig die moralischen Qualitäten der Persönlichkeit selbst zum Ausdruck bringen. Dem Menschen sind nur jene Tugenden und Laster wirklich eigen, die in seinem Verhalten im ganzen erscheinen und zu seinen Charakterzügen geworden sind.“[710] Zum Zusammenhang der ganzen menschlichen Haltung mit einzelnen seiner Verhaltensweisen nimmt auch N. N. Mokrousov Stellung. Er erkennt an, daß „man über die moralische Qualitäten und Taten eines Menschen nicht nach seinen Worten, sondern nach seinen Werken urteilen muß“.[711] Doch wehrt er sich dagegen, daß man diesen Grundsatz in der Ethik oft „ziemlich eigenartig interpretiert“,[712] nämlich: „Unter den ‚Werken‘ [dela] eines Menschen werden nur die endgültigen Resultate seiner Handlungen verstanden; die subjektive Seite des Verhaltens, d. h. die Motive, Absichten, Ziele usw. der Menschen blieben irgendwo außerhalb der ‚Werke‘. Demtentsprechend mißt man ersteren die hauptsächliche und entscheidende Bedeutung zu (den Resultaten, den Ergebnissen der Handlungen), die letzteren aber (die Verhaltensmotive) werden herabgesetzt auf die Stufe von irgendetwas Geringfügigem und Zweitrangigem.“ (Ebd.)

---

709 Ebd. 23. Der Autor wendet sich gegen eine Näherungsbestimmung des Guten durch Tugarinov, das Gute sei dasjenige, „was der Gesellschaft oder einer bestimmten Klasse im Verhalten und in den Gedanken des Menschen nützlich ist (nicht nur im Verhalten, sondern auch in den Gedanken, denn die Gedanken wecken die Taten)“ (Über die Werte des Lebens und der Kultur, 157). Doch scheint der Vorwurf Kurylevs deshalb nicht zu verfangen, weil es Tugarinov nur um die allgemeine Werthaftigkeit von Motiven als sittlichen Elementen der Handlungen geht; Kurylev dagegen spricht von der Bewertbarkeit des Motivs in einer konkreten Situation. Beide Denker argumentieren auf einer anderen Ebene.

710 T. S. Lapina: Aktivnost’ ličnosti v svete kommunističeskoj morali, 119.

711 N. N. Mokrousov: Problema nravstvennoj ocenki postupkov (povedenija), 40 f.   712 Ebd. 41.

Eine Lösung des Problems ergäbe sich nur aus einer *ganzheitlichen Betrachtungsweise.* Mokrousov sieht diese gewährleistet, wenn durch ein Tatsachenurteil die erscheinungshafte Situation und durch ein Werturteil ihr wesentlicher sittlicher Inhalt ausgesagt werden kann: „Um die moralische Bedeutung des Verhaltens, der Taten eines Menschen richtig bestimmen zu können, muß man also vorher so genau wie möglich die *wirklichen* Motive und Ziele aufhellen sowie die konkreten Bedingungen und Umstände, unter denen die Taten verwirklicht werden, die reale Bedeutung ihrer Folgen aufklären, d. h. die wirkliche Sachlage feststellen, die tatsächliche Wahrheit." (Ebd.) Aber was bedeutet es, daß „die Sittlichkeit des Verhaltens durch die *Verhaltensrichtung* im ganzen"[713] bestimmt wird? Wie ließe sie sich anders erschließen als über die *Persönlichkeit* des Menschen selbst? Ist er als Persönlichkeit die Summe seines sozialen Verhaltens, so hat er sich bereits durch die Rückwirkungen dieses eigenen Verhaltens geformt: Der ganze Mensch als Persönlichkeit ist eine *reale kontinuierliche Einheit von Motiv und Verhaltensresultat.* Auch sein sittliches Motiv findet einen prägenden Niederschlag *jedenfalls* in der Persönlichkeit des betreffenden Menschen und nur *möglicherweise* in äußerem Erfolg. Über das sittliche (oder unsittliche) Motiv gibt also höchstens die ganzheitliche (oder gebrochene und widersprüchliche) Persönlichkeit des Menschen Aufschluß; bis zu ihr dringt sein Motiv und sein Verhalten immer vor, — auch wenn das Tätigkeitsresultat ein Scheitern von Absicht und Verhalten zeigt. Diesen Aufschluß kann *näherungsweise* eine Persönlichkeitsanalyse (die das Motiv über die ganze Persönlichkeit zu erschließen versucht) bieten; *sicher* gibt ihn nur eine Aussage des Menschen selbst (der innerlich um das Motiv weiß).

Die Aufschlüsselung der Persönlichkeit eines Menschen gelingt darum nur näherungsweise, weil sich der *personale Mehrwert* — der im Lebensvollzug geschaffene Unterschied zwischen einer personhaften Ausgangsbasis und der gewordenen Persönlichkeit — historisch und ethisch als undurchdringlich erweist.[714] Die Komplexität dieser Zusammen-

---

713 S. V. Kurylev: Moral' i eё mesto v sisteme social'nych norm, 23.

714 Wir verwenden den Begriff „personaler Mehrwert" in anderer Bedeutung als H. Dahm, der schreibt: „Steckt die Möglichkeit der Metaphysik im *ontologischen* Mehrwert des jeder menschlichen Erkenntnis (Arbeit) vorgegebenen *Welt*-Seins, so steckt die Möglichkeit der Selbsterzeugung des Menschen im *personalen* Mehrwert des jeder humanisierten Existenz vorgegebenen *Geist*-Seins. Denn der (gesellschaftliche)

hänge verschließt sich nicht nur dem Zugang von außen, sondern nicht selten dem betreffenden Menschen selbst. Denn die Ausgangslage seines Lebens (sein bestimmtes Personsein) wäre nur durch eine umfassende Analyse jener sozialen Verhältnisse und individuellen Umstände zu erschließen, deren „Ensemble" er zu Anfang seines Lebens ist. In dieser *vertikalen Persönlichkeitsstruktur* von Person und Persönlichkeit ist daher der konkrete Mensch nicht gänzlich durchschaubar, — von außen keinesfalls und durch sich selbst nur bruchstückhaft. In einer *horizontalen Persönlichkeitsstruktur*, seiner sittlichen Größe im Vergleich mit den anderen Persönlichkeiten einer gegebenen Gesellschaft, wird demgegenüber die individuelle personale Ausgangslage außer acht gelassen, also eine Abstraktion untersucht, nicht aber der ganze Mensch. Der Versuch, die Persönlichkeit eines Menschen über seine Tätigkeiten und Motive zu bestimmen, endet daher in der Aporie: Diese selbst sind nur über die Persönlichkeit des Menschen zu bestimmen, und seine Persönlichkeit ist bestenfalls dem betreffenden Menschen zugänglich.

Angesichts dieser schwierigen Lage legt T. S. Lapina der Gesellschaft Zurückhaltung nahe, da „die Bestimmung des moralischen Wertes der Taten und des Verhaltens durch die gesellschaftliche Meinung nicht frei von Schwierigkeiten und Widersprüchen"[715] sei. Die „Vielfalt und Tiefe der inneren Welt des Menschen",[716] wie M. I. Petrosjan den „geistigen Reichtum der Persönlichkeit" (ebd.) bezeichnet, ist nach V. P. Tugarinov von außen nicht hinlänglich erfaßbar: „Der Mensch kann weitaus nicht immer adäquat durch die gesellschaftliche Meinung charakterisiert werden, d. h. die gesellschaftliche Meinung über ihn ist nicht immer zutreffend. Noch seltener ist der Fall, daß eine beurteilte Persönlichkeit völlig einverstanden wäre mit der Einschätzung, die sie von der Gesell-

---

Mensch schafft durch Erkenntnis (Arbeit) nicht *die* Welt, sondern nur *seine* Welt." (Marxistische Philosophie — Erkenntnis und Existenz, 599) Mit dieser inhaltlichen Bestimmung gibt H. Dahm unseres Erachtens zutreffend zwar die *Möglichkeit* eines personalen Mehrwertes (die im *gnoseologischen* Mehrwert des menschlichen Seins liegt) an, nicht aber den personalen Mehrwert selbst (der durch die sittliche Existenz des Menschen geschaffen wird). Vgl. dazu auch die bemerkenswerte Unterscheidung, die P. M. Egides zwischen ontologischem, gnoseologischem und ethischem Aspekt der Grundfrage der Philosophie trifft (Anmerkung 244).

715 T. S. Lapina: Aktivnost' ličnosti v svete kommunističeskoj morali, 125.
716 M. I. Petrossjan: Essay über den Humanismus, 284.

schaft erfährt, daß sie ‚blank wie ein Spiegel' in ihrer Selbsteinschätzung diese Meinung reflektierte."[717] Sogar seiner Selbstbeurteilung ist der Mensch nicht gänzlich zugänglich, „sowohl gesellschaftliche Wertschätzung wie Selbsteinschätzung können weit von der objektiven Wirklichkeit entfernt sein" (ebd.). Vor allem empfiehlt Tugarinov Skepsis gegenüber allen äußerlichen Persönlichkeitskriterien: „Man kann sich nicht völlig aufs Hörensagen und selbst nicht auf formale Charakteristiken verlassen. Die Zusammenfassung einer Persönlichkeit aber zu einer Summe ihrer gesellschaftlichen Rollen muß man als Fragebogen-Manier bezeichnen, d. h. als äußerlich-formales Verständnis der Persönlichkeit." (Ebd.)

Die Persönlichkeit des Menschen ist weder von einer Institution noch von der Mitwelt zutreffend erfaßbar, sondern höchstens von dem betreffenden Menschen selbst annähernd erfahrbar. Auf diese letzte Instanz, vor der in marxistischer Auffassung der Mensch stehen kann, weist Adam Schaff hin. In seiner Entscheidung für einen Alleingang auch gegen das Kollektiv wird das *Gewissen*[717a] des Menschen seine einzige Leitlinie: „Wenn jemand nach genauer und eingehender Analyse, unter Berücksichtigung aller Argumente für die Disziplin und die Priorität der gemeinsamen Belange die subjektive Gewißheit erlangt, daß die Handlung so unrichtig und so schädlich ist, daß sie die grundlegenden Ziele der Gruppe bedroht, dann gebietet ihm die moralische Verantwortung, sich in diesem konkreten Fall mit der Gruppe nicht solidarisch zu erklären und im Einklang mit seinem Gewissen zu handeln."[718]

Man mag mit dem Einwand, diese Aussage sei subjektivistisch, auf einen Ausspruch von Karl Marx verweisen: „Aber, mon Dieu, das Gewissen hängt mit dem *Wissen* und der *ganzen Daseinsweise* eines Menschen zusammen ... Das ‚Gewissen' der Privilegierten ist eben ein privilegiertes Gewissen."[719] Doch geht es Marx um die Betonung der „ganzen Daseinsweise" eines Menschen, die sein Gewissen mitprägt; wie er als „Ensemble der gesellschaftlichen Verhältnisse" nicht passiver Empfänger, sondern aktiver Gestalter ist, formt er sein Gewissen durch Wissen

---

717 V. P. Tugarinov: Kommunizm i ličnost' / II /, 34.

717a Auf das marxistische Verständnis des Gewissens geht auch A. Maceina ein (Sowjetische Ethik..., 68—76).

718 A. Schaff: Marx oder Sartre? 97 f.

719 K. Marx: Der Prozeß gegen Gottschalk und Genossen, In: MEW 6, 129 f. (Hervorhebung von mir. — HFS).

und Handeln. Entschieden ist daher objektivistischen Bestimmungen des Gewissens zu widersprechen, nach denen es „seinem Inhalt nach im wesentlichen immer ein Spiegelbild des öffentlichen Bewußtseins der Gesellschaft"[720] zu sein habe und „das Wort ‚Gewissen‘ nichts anderes bezeichnet als eben die Gesamtheit der moralischen Ideen der Gesellschaft, so wie sie im Einzelmenschen wirksam wird" (ebd.). Schließlich überhebt sich dieses „gesellschaftliche Gewissen" zum mystifizierten Subjekt: „Denn nicht nur der einzelne hat ein Gewissen, auch das Kollektiv, die sozialistische Gemeinschaft hat ein Gewissen, eine ‚öffentliche Meinung‘, die aus den in ihm geltenden sittlichen Normen geformt ist."[721] Dieses „größere Gewissen"[722] erscheint zugleich als Normgeberin der „Maßstäbe für das ‚Gewissensurteil‘",[723] — als ein Fetisch kollektiven Kultes. Schon richtiger sucht M. Semënov unter der Überschrift „Die guten Bande des Gewissens" das Gewissen als „Ausdruck der Verantwortung des Menschen vor der Gesellschaft und vor sich selbst"[724] zu bestimmen. Doch in einem — schon von Adam Schaff aufgezeigten — Konflikt des Einzelnen mit der Gesellschaft versagt dieser ausgleichende Lösungsversuch.

Steht also der Einzelne im Gewissen sich selbst gegenüber? Diesen Ausweg sucht in seinen umstrittenen Beiträgen „Die Ethik, Wissenschaft vom Seinsollenden" und „Die Ethik, oder die Prinzipien wahrer Menschlichkeit (Das Prinzip des Gewissens)"[725] Jakov A. Mil’ner-Irinin zu gehen: „In Wirklichkeit kann niemand der Richter eines Menschen in den Angelegenheiten der Sittlichkeit sein außer ihm selbst, außer seinem eigenen freien Gewissen, denn der abstrakte Charakter seiner Gebote setzt voraus, daß sie in jedem einzelnen Fall von dem betreffenden Menschen selbst konkretisiert werden. Folglich ist außer ihm selbst

720 A. Pfeiffer: Streitgespräche über Grundfragen der Naturwissenschaft und Philosophie, Berlin/Ost / 1961, 120.
721 B. Bittighöfer: Du und der andere neben Dir, 85.
722 Ebd. 86.   723 Ebd. 83.
724 M. Semënov: Sovesti dobrye uzy / Die guten Bande des Gewissens /, In: NR 1967/9/23.
725 Ja. A. Mil’ner-Irinin: Ėtika — nauka o dolžnom / Die Ethik, Wissenschaft vom Seinsollenden /, Im Sammelband (Hrsg. G. D. Bandzeladze): Aktual’nye problemy..., 15—58; Ders.: Ėtika, ili Principy istinnoj čelovečnosti (Princip sovesti) / Die Ethik, oder die Prinzipien wahrer Menschlichkeit (Das Prinzip des Gewissens) /, Im Sammelband: Aktual’nye problemy..., 253—302.

niemand imstande, in seinem Fall richtig zu urteilen."[726] Die Gewissens-
entscheidung betrifft eine einmalige Situation, — aber das Gewissen
ist kein subjektivistisches Verhältnis des Menschen zu sich selbst, sondern etwas allen Menschen Gemeinsames: „Nach seinem Wesen ist das
Gewissen der subjektive (ideelle) Ausdruck der objektiven gesellschaftlichen Natur des Menschen",[727] es ist „Sittengesetz"[728] und trägt „notwendigen Charakter".[729] In der Gemeinsamkeit des Gewissens werden
sich die Menschen ihrer Lebensaufgabe bewußt: „Es gilt für die ganze
Menschheit, unabhängig davon, in welchem Land und in welcher Gesellschaft die Menschen leben, denn unter welchen Umständen der
Mensch auch leben mag, er muß sich als Mensch verwirklichen. Er muß
sein tiefstes Wesen, das eines revolutionären Umgestalters des Bestehenden auf der Grundlage des Ideals des Guten verwirklichen. Er ist
gehalten, seine menschliche Pflicht zu erfüllen. Er muß den Geboten des
eigenen Gewissens folgen, — des Gewissens der ganzen Menschheit . . ."[730] Der „allgemeinmenschliche Charakter des Gewissens"[731]
läßt Mil'ner-Irinin die generelle Feststellung treffen: „Das Gewissen
ist das Licht des Verstandes."[732] Wenn also (wider Erwarten) der Einzelne im Gewissen nicht sich selbst gegenübersteht, sondern sich durch
das Gewissen im Zusammenhang mit der ganzen Menschheit zur Verwirklichung des Guten aufgerufen weiß, — wer hätte ihm dieses sittliche
Apriori eingegeben? Eben diesen Vorwurf erhebt auf dem Moskauer
Disput A. F. Šiškin: „Die ,wahre Sittlichkeit' existiert in der ,Natur
des Menschen' genau so ursprünglich und apriorisch wie der kategо-
rische Imperativ Kants."[733] Ein anderer Diskussionsredner verweist noch
deutlicher auf die Gefahr: „In allem Suchen muß die marxistische Ethik
materialistisch und atheistisch bleiben . . ."[734] Indem Mil'ner-Irinin das
Gewissen weder objektivistisch zu einem bloßen Spiegelbild der herrschenden gesellschaftlichen Zustände, noch subjektivistisch zu einer
inhaltsleeren Selbstbespiegelung erklärt, überschreitet er bereits mit der
Auffassung von einem dem Menschen eingegebenen Sittengesetz die
Grenze zu religiösen Auffassungen und zieht sich den beschwörenden

---

726 Ja. A. Mil'ner-Irinin: Ėtika — nauka o dolžnom, 44.
727 Ebd. 20.   728 Ebd. 21.   729 Ebd. 44.   730 Ebd. 22.
731 Ja. A. Mil'ner-Irinin: Ėtika, ili Principy . . ., 271.
732 Ebd. 281.
733 N. A. Golovko, V. S. Markov: Za naučnost' i konkretnost' . . ., 149.
734 Ebd. 151.

Appell Šiškins zu: „Bei allen Auseinandersetzungen müssen wir auf die methodologische Einheit bedacht sein. Diese einheitliche methodologische Grundlage gibt die marxistische Wissenschaft, und nur auf dieser Grundlage können und müssen wir jene komplizierten Probleme der Ethik lösen, die das Leben und die Entwicklung der Wissenschaft stellen."[735]

Der Versuch, im Gewissen das eigene sittliche Verhalten und damit seine Persönlichkeit eindeutig zu erfassen, endet in einer objektivistischen oder subjektivistischen Verkürzung des Gewissens. Das Bemühen aber, diesen zu entgehen, führt an die Grenze des Marxismus, wie die Diskussion um den Sammelband „Aktuelle Fragen der marxistischen Ethik" zeigt. Wir stehen daher vor dem eigenartigen Ergebnis, daß das Resultat des gelingenden Lebenssinnes, die menschliche Persönlichkeit, *nicht adäquat reflektierbar* ist: keinesfalls durch die Institution, kaum durch die Mitwelt und unzureichend auch von dem betreffenden Menschen selbst. Daraus ergibt sich eine Schwierigkeit für unser Ziel, die Persönlichkeit als einen Wert für den Menschen selbst einsichtig zu machen: *Das Wertsubjekt ist nicht eindeutig bestimmbar.*

Fragen wir nun nach dem *Wertkriterium*, nach dem Grund, warum die Persönlichkeit einen Wert darstellt, so findet auch dieses Problem keine Lösung: Da der Sinn des Lebens selbst als Kriterium der Werte ihnen zugrundeliegt, höbe sich jede Werthaftigkeit auf, wollte man das individuelle Verwirklichungsresultat des Lebenssinnes (die Persönlichkeit) als Wert bestreiten. Man entzöge jeglichen Werten ihren Grund.

Nehmen wir eine neue Standortbestimmung vor, um vielleicht doch einen Weg zu finden, auf der Basis des Marxismus Persönlichkeit und Sinn des Lebens als einen individuellen Wert begreiflich zu machen. Dazu folgen wir einem Gedankengang von P. M. Egides: „Die Frage danach, worin der Sinn des Lebens besteht, erhebt sich nur (sowohl ontologisch als auch phylogenetisch) unter Bedingungen, da der Mensch sich in eine Persönlichkeit [ličnost'] wandelt, da eine solche soziale Erscheinung wie Personalität [ličnostnost'] aufkommt. Die Personalität ist das Maß an Autonomie und offenem Raum [prostor] zwischen Mensch und Gesellschaft, das objektiv notwendig für eine Weiterentwicklung der Gesellschaft selbst ist. Zur Persönlichkeit geworden, denkt der Mensch auch über seinen Platz in der Gesellschaft nach, über die Bedeutung der zugewiesenen Autonomie und des offenen Raumes, über

---

735 Ebd. 149.

die Rolle seines persönlichen Lebens in dieser Welt. Gerade dann, wenn der Mensch zur Persönlichkeit wird, beginnt, seinem Leben Sinn zu verleihen, zeigt sich bei ihm schon das Bedürfnis, die objektive Bedeutsamkeit seines Lebens an seinem Bewußtsein nicht vorübergehen zu lassen, vielmehr von ihr geistige Zufriedenheit zu gewinnen. Gerade im Stadium der Personalität erhebt sich die Frage nach der subjektiven Annahme (Aneignung) der objektiven Bedeutsamkeit des Lebens; die objektive Bedeutsamkeit des Lebens beginnt erfaßt zu werden und sich in einen Bewußtseinsakt des Subjektes — als Widerspiegelung in ihm — zu verwandeln. Und daraus folgt, daß es keinen separat subjektiven Lebenssinn und keinen separat objektiven Lebenssinn geben kann, wie manche Autoren meinen. Der Sinn des Lebens hängt ja gerade zusammen mit der Bedeutung der *Tätigkeit* des Subjektes. Es gibt aber keine Tätigkeit ohne jenes Objekt, das als ihr Resultat erscheint, ohne ihre Objektivation, ohne ihre Vergegenständlichung."[736] Läuft diese Aussage in verfeinerter Sprache nicht doch auf einen einseitigen Verweis des Subjektes an die Gesellschaft hinaus, den Egides in früheren Arbeiten vertrat, daß nämlich der Sinn des Lebens in einer solchen Ausrichtung des Lebens bestehe, „bei der es *objektive soziale Bedeutsamkeit* erhält, Bedeutsamkeit für den gesellschaftlichen Fortschritt, für das Volk, für seine Gegenwart und Zukunft"?[737] Wird hier nicht eine beständige sittliche Überforderung des Einzelnen zum Prinzip erhoben, wenn „der Sinn des Lebens darin besteht, aktiv mitzuwirken am Fortschritt der Gesellschaft, am Glück aller Menschen"?[738]

Egides sucht diesem Einwand zuvorzukommen: „Andererseits kann der Sinn des Lebens nicht allein in der objektiven Bedeutsamkeit dieses Lebens liegen. Der Sinn eben des Begriffes ‚Sinn‘ besteht ja in einer Kennzeichnung der sowohl objektiven als auch subjektiven Bedeutung der Handlungen des Subjektes."[739] Diese subjektive Bedeutung des Lebens, d. h. auch den Wert seiner Persönlichkeit für den Menschen selbst, versucht nun der Autor herauszustellen: „Das Leben hat dabei auch subjektive Bedeutung, und diese kommt zum Ausdruck in der Zufriedenheit mit dem Leben als ganzem, das heißt in dem, was man Glück nennt. Glück aber kann sich nicht ergeben — und gerade das

---

736 P. M. Egides: Osnovnoj vopros ..., 81.
737 P. M. Egides: Marksistskaja ėtika ..., 30.
738 P. M. Egides: Smysl žizni — v čëm on? 78.
739 P. M. Egides: Osnovnoj vopros ..., 81 f.

muß man auch unterstreichen — an und für sich, aus nichts, sondern erscheint nur als Resultat des Begreifens der objektiven Bedeutsamkeit des Lebens und der Tätigkeit. Anders wäre die subjektive Bedeutung des Lebens eine leere und scheinbare Bedeutung, eine Form ohne Inhalt."[740]

Verstehen wir Egides richtig, daß er mit dem Schlüsselwort „Glück" den sinn-gemäßen subjektiven Wert des Lebens hervorheben will? Es erwies sich zwar als *theoretisch* nicht haltbar, das Werden zur Persönlichkeit auch als Wert für den betreffenden Menschen einsichtig zu machen; Egides verweist aber auf die *Lebenspraxis* selbst: Die Verwirklichung des Lebenssinnes, d. h. das *sittliche Werden* zu einer menschlichen Persönlichkeit werde vom ganzen Menschen als *sittliche Zufriedenheit* erfahren, und eben darin bestehe das *Glück*.

B. *Das Glück als gesuchte Erfüllung in einem sinnvollen Leben*

Um einem moralischen Rigorismus zu entgehen, ist die marxistisch-leninistische Philosophie darum bemüht, das Schaffen des Lebenssinnes als einen Wert für den Menschen selbst einsichtig zu machen, d. h. als eine Aufgabe, die *mit ihrer Verwirklichung* auch *menschliche Erfüllung* schenkt. Gelingt ihr dieser Aufweis nicht, so müßten über kurz oder lang die Menschen aus ihren Grenzen ausbrechen: Sie würden den Beteuerungen der marxistischen Denker keinen Glauben mehr schenken, daß das menschliche Leben eine Aufgabe darstelle, und der geistigen und gesellschaftlichen Anarchie zutreiben. Erkennen sie jedoch Anarchie als das Ende jeder menschlichen Geschichte, so stünde ihnen noch der Weg offen, den die russische Religionsphilosophie weist, die Anerkennung des „geistigen Prinzips"[741] der Wirklichkeit, ohne die — wie Nikolaj Berdjajev sagt — das „menschliche Antlitz" (ebd.) verlorengehe. *Wenn es dem Marxismus nicht gelingt, auf der Grundlage des einen Lebenssinnes auch einen zu allen Kämpfen und Mühen adäquaten Wert des Lebens aufzuweisen*, bliebe den Menschen nur die Abkehr zur Religion.

Antanas Maceina hat diese Problematik scharf erfaßt: Der Marxismus als eine zur Veränderung der Welt entschlossene Bewegung basiert auf

---

740 Ebd. 82.
741 N. Berdiajew: Wahrheit und Lüge des Kommunismus, 42.

einem eindrucksvollen Lehrgebäude, das ontologisch gesichert erscheint, d. h. eine eindringliche und umfassende Deutung der Gesamtwirklichkeit vorlegt. Der Mensch lebt jedoch nicht aus der Ontologie, sondern aus der Ethik einer Weltanschauung. Da das menschliche Sein von nicht minderer Wirklichkeit ist als das naturhafte Sein (seine Wirklichkeitshärte erweist sich in der Unausweichlichkeit der sittlichen Forderungen), kann von einer *fragwürdigen Ethik* her auch die *Fraglichkeit der Ontologie* aufbrechen. Die Veränderung der Welt mit ihren Anstrengungen und Gefahren sowie die Anerkennung der zugrundeliegenden Seinsdeutung bedürfen der „existenziellen Zustimmung des Menschen"[741a], — und eben diese sucht die marxistische Philosophie durch ihre Konzeption vom Sinn des Lebens zu gewinnen. Letztere wird heute zum „Prüfstein der marxistischen Ontologie" (ebd.), da jeder Zweifel an einer bestimmten Ethik sich folgerichtig ontologisch radikalisiert. Der Zweifel an der *Tragfähigkeit der Ethik* für das menschliche Leben vertieft sich zum Zweifel an den *Voraussetzungen der Ontologie*, auf die eben diese Ethik sich gründet. Sowohl marxistische Denker selbst, als auch westliche Kenner des Marxismus stimmen in diesem Punkt überein: Die Konfrontation mit der Sinnfrage erscheint als „das schwerste, ja das letzte Ringen um das existenzielle Bestehen dieser Philosophie" (ebd.).

Um eine Lösung ringt P. M. Egides: „Es gibt also nur *einen* wahren Sinn des Lebens, wie Form und Inhalt eines sind, und dieser eine Sinn des Lebens hat nur zwei einander durchdringende Seiten — die subjektive und die objektive. Anders gesagt: Die Kategorie ‚Sinn des Lebens' bringt die Beziehung des Subjektes eben zu den Subjekt-Objekt-Beziehungen zum Ausdruck und dient zur Kennzeichnung, in welchen Subjekt-Objekt-Beziehungen das Subjekt einsieht, für was es sich zu leben lohnt."[742] Dieses dialektische Verhältnis sucht der Autor nun in seinem subjektiven Aspekt näher zu erläutern. „Das Problem des Lebenssinnes ist das Problem der Wechselbeziehung von Objektivem und Subjektivem, der Wechselbeziehung von *objektiver Bedeutsamkeit des Lebens* (d. h. seiner Werke, Schöpfungen und Veränderungen) und *subjektivem Nießbrauch* [potreblenie] des Lebens, das heißt *Zufriedenheit* mit dem Leben. Es ist nicht das isolierte Problem um eine objektive Bedeutsamkeit der Tätigkeit (wie es Rigoristen und Altruisten behan-

---

741a A. Maceina: Sowjetische Ethik . . ., 138.
742 P. M. Egides: Osnovnoj vopros . . ., 82.

deln), es ist nicht das isolierte Problem um einen subjektiven Nießbrauch der Resultate und Produkte der Tätigkeit (wie es Hädonisten,
Eudämonisten und Utilitaristen behandeln), vielmehr ist es das Problem ihrer Wechselbeziehung, das in der Geschichte der Menschheit in
jeder Epoche seine konkrete Lösung findet."[743] Beide Seiten sind unauf-
hebbar, und eine Gesamtlösung ist nur möglich, wenn auch der subjektive Aspekt befriedigend gelöst wird. „Die Dialektik besteht nicht
darin, daß es zwei Lebenssinne gäbe, die sich so oder so zueinander
verhielten, sondern darin, daß der eine einzige Sinn des Lebens zwei
miteinander verbundene und einander durchdringende Seiten hat.
Der Sinn des Lebens ist sowohl objektiv als auch subjektiv ... Er ist
objektiv, insofern es keinen Sinn des Lebens außerhalb der Bedeutung
des Lebens für die objektive Welt gibt, für den objektiven Fortschritt,
insofern der Inhalt des wahren Lebenssinnes nicht abhängig ist von dem
willkürlichen Wunsche des Subjektes, sondern bestimmt wird durch
ein objektives Kriterium."[744] Für den das Individuum interessierenden
Aspekt legt Egides die Lösung vor: „Er ist subjektiv, insofern der Sinn
des Lebens Lebenssinn eines Menschen, eines Subjektes und die Ausgerichtetheit seines Lebens ist, insofern er abhängt von seinem realen
Verhalten, von seinen Taten und seiner Aktivität *und ihm geistige
Zufriedenheit gewährt.*"[745]
Durch die Behauptung einer „geistigen Zufriedenheit", die im Ringen
um den Lebenssinn gewonnen werde und dem „Glück" gleichzusetzen
sei, sucht Egides ernsten Bedenken auszuweichen, die man gegen seine
Aussagen erheben müßte: Wenn die subjektive Bedeutung des Lebens
ohne seine objektive Bedeutsamkeit eine „Form ohne Inhalt"[746] ist, —
wird dann nicht gerade die Gesellschaft zum einzigen Inhalt des
Lebens, das selbst eine leere Form wäre? Wenn die subjektive Bedeutung des Lebens in solcher „Ausgerichtetheit" [napravlennost'][747]
besteht, — wird dann nicht das Ziel der Ausgerichtetheit (die Gesellschaft) zum Endzweck erklärt? Wenn die subjektive Bedeutung des
Lebens ganz von seinem „objektiven Kriterium" (ebd.) abhängt, —
wird dann nicht das Subjektive (der Mensch) gänzlich vom Objektiven
(der Gesellschaft) vereinnahmt?
Eine ähnliche Frage muß auch V. I. Šinkaruk gestellt werden. Er
schreibt, der wahre Sinn des Lebens bestehe „eben im tätigen Dasein des

---

743 Ebd. 82 f.   744 Ebd. 83.
745 Ebd. 83 (Hervorhebung von mir. — HFS).
746 Ebd. 82.   747 Ebd. 83.

Menschen, im schöpferischen Tun".[747a] Doch ist hier das Kriterium solchen Tuns unterschlagen, das es als *sinnvoll* erkennbar werden ließe. An anderer Stelle wird denn auch sichtbar, daß gerade im *sozialen Bezug* des schöpferischen Handelns sein Sinn bestehe: Der Mensch „sieht den Sinn der eigenen Existenz vor allem im *Schaffen gesellschaftlicher Werte,* und nicht in ihrem Konsum. Er empfängt Befriedigung aus seiner Tätigkeit, sieht in dieser Tätigkeit den Sinn seines Lebens, und dieser Sinn erscheint als wirklich *menschlicher* Sinn des Daseins."[747b] Der Autor hebt mit Recht das Uranliegen der marxistischen Philosophie hervor, den Menschen vor einem *Zwang der Dinge* (seiner Unterwerfung unter den Produktionsprozeß) zu retten. Welche Versicherung vermag sie ihm aber gegenüber einem *Zwang der Gesellschaft* (seiner Unterwerfung unter den Institutionsapparat) zu geben, die den Lebenssinn des Einzelnen totalitär einfordert?

a. Das Glück im Sinn des Lebens

Die Vorwürfe gegen sein Verständnis vom Sinn des Lebens pariert P. M. Egides durch den Hinweis: Die Verwirklichung des Lebenssinnes und damit die menschliche Persönlichkeit besitzt auch subjektive Bedeutsamkeit, sie äußert sich „in der Zufriedenheit mit dem Leben als ganzem, das heißt in dem, was man Glück nennt".[748] Dieses bezeichnet er auch als „geistige Zufriedenheit",[749] „sittliche Zufriedenheit, wahres Glück",[750] und behauptet: „Es gibt einen objektiven Lebenssinn des Subjektes, der durch seine subjektiven Handlungen verwirklicht wird und ihm subjektive Zufriedenheit bringt, — Glück."[751] Harmonische Persönlichkeitsentfaltung, sittliche Zufriedenheit und Glück kommen nach der Meinung des Autors in dem betreffenden Menschen überein: „Die harmonische Entfaltung der Persönlichkeit ... setzt ein kommunistisch sinnvolles Leben voraus, die Harmonie zwischen der subjektiven Ausgerichtetheit des Lebens und seinem objektiven Sinn."[752]

747a V. I. Šinkaruk: Marksistskij gumanizm i problema smysla čelovečeskogo bytija, 66.

747b Ebd. 64 (Hervorhebung des zweiten und dritten Wortes von mir. — HFS).

748 P. M. Egides: Osnovnoj vopros..., 82.   749 Ebd. 83.

750 P. M. Egides: Marksistskaja ėtika..., 36.

751 P. M. Egides: Marksistskaja koncepcija..., 41.   752 Ebd. 40.

Mit einer Bestimmung des Lebenssinnes ist zwar das sittliche Prinzip des menschlichen Seins aufgewiesen. Die marxistische Ethik erkennt jedoch, daß *innerhalb dieser Verpflichtung zur Sinnhaftigkeit* auch das *Bedürfnis des Menschen nach Glück* besteht und anerkannt werden muß. Es bedarf schon einiger Unkenntnis des Quellenmaterials, um zu behaupten, daß der Marxismus „nicht die leiseste Andeutung einer Antwort auf die Frage nach dem Glück des Menschen und dem Sinn des Lebens zu geben vermag".[753] V. P. Tugarinov sieht vielmehr darin ein besonderes Anliegen und untersucht das Problem des Glückes erst als Summe seiner Gedanken am Ende der Schrift „Persönlichkeit und Gesellschaft", weil Glück „das vernunftgemäße Innehaben aller materiellen, sozialpolitischen und geistigen Werte"[754] sei. Der Protest des Philosophiedozenten G. K. Gumnickij aus Ivanovo gegen eine Isolierung von Lebenssinn und Glück verschärft sich schließlich sogar zu der These, der Sinn des Lebens bestehe nicht nur im Dienst an der Gesellschaft, sondern „auch im Dienst an sich selbst, im Erlangen persönlichen Glückes".[755] Aber ist es methodisch zulässig, beide ethischen Kategorien in dieser Weise einander zuzuordnen oder sie gleichzusetzen? Ist das Problem des Glückes „im Grunde genommen die Frage nach dem Sinn des Lebens",[756] wie A. F. Šiškin meint? In der Klärung und realen Bewältigung dieser Problematik sieht Adam Schaff jedenfalls das höchste Anliegen des Marxismus: „Quintessenz des wissenschaftlichen Sozialismus ist sein Humanismus, Quintessenz dieses Humanismus seine Konzeption vom Glück des menschlichen Individuums."[757] Auch B. T. Grigor'jan betont, der Marxismus sei letzten Endes eine „Philosophie des menschlichen Glücks, insofern das Glück der Mehrheit der Menschen als ihr Hauptziel erscheint".[758]

Es geht im folgenden nicht um die Darlegung einer marxistischen Theorie des Glückes, sondern um eine Verhältnisbestimmung von Lebenssinn und Glück. Dazu lassen sich auch die Leserbriefe in dem „Gespräch über den Sinn des Lebens" auswerten, die in der Zeitschrift „Wissenschaft und Religion" 1964—1965 in einer offenen Diskussion um Lebenssinn und Glück veröffentlicht wurden. Wir suchen dabei zu

---

753 F. M. Schmölz: Das Ende eines Traumes, 452.
754 V. P. Tugarinov: Ličnost' i obščestvo, 184.
755 G. K. Gumnickij: Smysl žizni, ščast'e, moral', 103.
756 A. F. Schischkin: Grundlagen der marxistischen Ethik, 440.
757 A. Schaff: Marx oder Sartre? 167.
758 B. T. Grigor'jan: Dlja čego živёt čelovek? 69.

erkennen, welche menschliche Erfahrung sich als Glück zeigt und was wesentlich Glück ist, um das Verhältnis von Lebenssinn und Glück zu kennzeichnen und den *Unterschied zwischen Glück und sittlicher Zufriedenheit zu erklären.*

Suchen wir zunächst das Phänomen „Glück" zu erfassen. Obwohl die verschiedenen Menschen ihr Glück auf eine je besondere Weise erfahren, muß sich — da es sich immer um *menschliches* Glück handelt — auch eine allgemeine Bestimmung dieser Erfahrung geben lassen. Nach L. M. Archangel'skij wird dieses „allgemein-menschliche Moment in dem Begriff des Glücks" schon von der „allen Menschen gemeinsamen Psychologie"[759] her gefordert. Adam Schaff geht diese Frage von ihrem negativen Aspekt an: „Es gibt Dinge, die zu begehren allen Menschen gemeinsam ist und die für sie alle eine wichtige Rolle spielen. Ihrer beraubt zu sein, macht jeden normalen Menschen unglücklich . . ."[760]

Schon des öfteren wurde im Gang dieser Untersuchung der Irrtum zurückgewiesen, daß der Besitz materieller Güter die Bedürfnisse des Menschen befriedigen könne. Er kann nicht Glück sein, weil die Bedürfnisse des Menschen nicht nur sinnenhaft, sondern auch darüber hinaus wesentlich gesellschaftlich-menschlich sind. Daher stellt eine Leserin der Zeitschrift „Wissenschaft und Religion" fest, ihr Glück habe sie nicht in „materiellen Gütern" gefunden; dies sei letztlich „nicht nur langweilig, sondern unendlich weit vom Begriff ‚menschliches Leben' entfernt".[761] Die gleiche Erfahrung spricht aus einer anderen Zuschrift: „Man kann nicht glücklich sein ohne Menschen. Ich kann nicht finster sein, wenn sie froh sind, und ich kann nicht unbekümmert froh sein, wenn sie durch irgendetwas aufgewühlt sind."[762] Jedenfalls besteht das Glück nur innerhalb *menschlicher Beziehungen,* wie die Leserbriefe in der „Diskussion über den Sinn des Lebens" übereinstimmend aussagen.

Eine Lebenstätigkeit, die Glück bringt, zeigt sich in der gesellschaftlichen *Arbeit:* „Glücklich bin ich dadurch, daß ich meine Arbeit liebe und die Möglichkeit habe, so zu arbeiten, daß ich mich glücklich fühle."[763] „Für mich ist das Glück — gute Arbeit (nicht in der Bedeutung von Leichtigkeit und Geld, sondern in der Bedeutung von geistiger Erfüllung) . . ."[764] Auch das Mitglied der Akademie I. Bardin trägt

---

759 L. M. Archangelski: Kategorien der marxistischen Ethik, 264.
760 A. Schaff: Marx oder Sartre? 163.
761 In: NR 1965/3/9.　　762 In: NR 1964/12/17.
763 In: NR 1964/9/22.　　764 In: NR 1964/9/23.

diese Überzeugung vor: „Die Hauptsache — das ist Arbeit und fortwährend, immer wachsende Erkenntnis der Erscheinungen der Natur,
die rings um uns entstehen. Das schafft Freude, Kraft und Glück des
Lebens!"[765]

Eine andere Erfahrung von Glück ergibt sich nach der Meinung der
Leser aus dem gesellschaftlichen *Kampf:* „Karl Marx hat auf die Frage,
was das Glück sei, die Antwort gegeben: Kampf..."[766] schreibt einer
von ihnen. Auch die Zuschrift eines jungen Soldaten ist ernst zu nehmen: „Ich bin glücklich, daß ich auf Kriegswacht für unser Vaterland
stehe und den ruhigen Schlaf der Kinder beschütze."[767]

Die weitaus größte Zahl der Zuschriften verbindet jedoch das Glück
mit der Erfahrung der *Liebe.* Die Familie vermittelt das Bewußtsein
und die Empfindung solchen Glückes, wie eine Leserin an die Zeitschrift
„Wissenschaft und Religion" schreibt: „Ja, ich bin glücklich. Ich lebe
in einem herrlichen Land, meine Arbeit gefällt mir, sie ist nicht nur mir,
sondern auch den andern nützlich. Ich habe Sohn und Tochter, einen
Mann, der auch seine Arbeit und — natürlich — uns liebt."[768] Desgleichen eine Lehrerin: „Ich bin glücklich schon dadurch, daß ich einen
wirklichen Freund in meinem persönlichen Leben habe und hauptsächlich dadurch, daß ich die vortrefflichste Tätigkeit von der Welt ausübe,
ohne die ich mir keinen Tag meines Lebens vorstellen kann: Ich bin
nämlich Lehrerin. Ein paar Dutzend Augen zu sehen, die von dir Entdeckungen und Hilfe erwarten, — ist das etwa kein Glück?!"[769] Am
deutlichsten bringt eine junge Lehrerin zum Ausdruck, daß das Glück
von einem zweiten Menschen abhängt; denn „ob der Mensch im persönlichen Leben glücklich sein wird, das ist eine offene Frage. Ob er
wohl einen zweiten Menschen finden kann, sein zweites ‚Ich'?"[770] So ist
menschliches Glück ein seltenes Gut, und „für ein vollständiges Glück
braucht es viel. Vor allem — einen Menschen, einen Freund, einen
geliebten Menschen, eine Familie. Ein Kollektiv Gleichgesinnter. Eine
liebenswerte Arbeit, die moralische Zufriedenheit schenkt."[771] Über
Arbeiten und Kämpfen hinaus ist die Frage nach dem Glück schließlich
die Frage, ob der Mensch in seinem Leben Liebe findet: „Glück, — das
sind die Kinder, wenn du einen Traum hast, eine Sorge, derentwegen

---

765 In: NR 1965/6/33.
766 In: NR 1964/9/22.   767 In: NR 1964/11/21.
768 In: NR 1964/11/24.   769 In: NR 1964/12/17.
770 In: NR 1965/6/34.   771 In: NR 1964/11/22.

du lebst. Glück ist, wenn du zusammen mit deiner Frau nach Haus kommst und noch nicht zu sehr abgespannt bist. Und dann gehst du mit der ganzen Familie spazieren. Ringsum Sonne, das Rauschen der grünen Blätter, der Duft der Blumen und der friedliche blaue Himmel. Man möchte jedem Vorübergehenden lächelnd die Hand entgegen-strecken."[772]

Erfüllte Liebe und Glück lassen sich als identisch erkennen; „Liebe und Glück fallen gewöhnlich zusammen",[773] wie Archangel'skij formuliert. Entsprechend kann Bernd Bittighöfer Glück als die „Zusammenfassung unserer Lebenswünsche und Ideale, die Grundtendenz menschlichen Strebens und den Ausdruck echter Daseinserfüllung in seiner gesell-schaftlichen Bezogenheit"[774] bezeichnen.

Arbeit, kämpferische Solidarität und dialogische Existenz sind sowohl die Grundformen eines sinnvollen Lebens als auch Verwirklichungs-formen menschlichen Glückes, das seine Vollendung in der gegenseitigen Liebe findet. Der Unterschied zwischen Sinn und Glück darf jedoch nicht übersehen werden: *Der Sinn des Lebens ist dem Menschen ver-fügbar, das Glück ist ihm unverfügbar,* da es die *freie* Annahme des Ich durch sein Du voraussetzt. In dieser Annahme gelingt die tiefste Erfahrung der Verwirklichung des tätigen sinnenhaft-gesellschaftlichen Wesens des Menschen, die man als *menschliche Erfüllung* bezeichnet. Der Mensch kann den Sinn des Lebens schaffen, sein Glück kann er nicht „machen". Er ist nicht der „Schmied seines eigenen Glückes"[755] wie I. Bardin meint, sondern disponiert sich durch ein sinnvolles Leben für das Glück, erfährt im Glück die freie Annahme seiner sittlichen Persön-lichkeit durch den anderen Menschen.

Für das *christliche Denken* wird der *Sinn des Lebens* zur *Möglichkeits-bedingung eines ewigen Glückes des Menschen,* in dem Gott die Persön-lichkeit des Menschen als sein freies Du auf ewig annimmt. Die Über-zeugung, daß die Erfüllung des Menschen nur in Gott und erst in der Ewigkeit erfolge, spricht aus den Zuschriften *gläubiger Menschen* zum „Gespräch über den Sinn des Lebens", das sich damit in Wahrheit als „offene Diskussion" erweist: „In ihm" — so schreibt ein älterer Leser über seine Hoffnung auf Gott — „habe ich wahre Freude, vollkom-

---

772 In: NR 1964/9/23.

773 L. M. Archangelski: Kategorien der marxistischen Ethik, 266.

774 B. Bittighöfer: Du und der andere neben Dir, 75.

775 In: NR 1965/6/32.

mene Freude, nicht vergängliche, sondern ewige Freude ... Ich bin wahrhaft glücklich."[776] Ein anderer bekennt: „Der Glaube an Gott, die Hoffnung auf die göttliche Gnade und christliche Liebe zum Nächsten, darin ist alles Notwendige für einen guten Ausgang eingeschlossen."[777] Diese Hoffnung spricht auch aus den Worten: „Ich sehe das Leben, liebe es und will glauben, daß das Leben ewig ist."[778] Daß gerade der Gedanke der Unsterblichkeit im Christentum identisch ist mit der Hoffnung auf die Vollendung in Gott, kommt am eindruckvollsten in der Leserzuschrift von A. Michajlov zum Ausdruck, die mit den Worten schließt: „Das Bewußtsein der Rechtschaffenheit, das Fehlen persönlicher Feinde und ein reines Gewissen machen mich ruhig und bereit zum Übergang in die andere Welt."[779] In dieser christlichen Problemlösung ist der Sinn des Lebens nicht „etwas, das über die Grenzen dieses Lebens hinausgeht",[780] wie I. D. Pancchava meint. Der Sinn des Lebens bleibt ein endlicher Sinn, bleibt kategorial die verantwortete Endlichkeit des Menschen. Nur die *Erfüllung des Menschen selbst* aufgrund dieser bestandenen Aufgabe geht über die Möglichkeiten dieser Welt hinaus, wenn der Mensch in seinem Leben Gott als seinem Schöpfer und Vollender gegenübersteht. Die Feststellung des Augustinus in seinen „Confessiones": „Sucht ihr glückseliges Leben im Lande des Todes? Da ist es nicht. Wie sollte da glückseliges Leben sein, wo nicht einmal Leben ist?"[781] findet ihre Erklärung in der Glaubensaussage: „Geschaffen hast Du uns auf Dich hin, und unser Herz bleibt unstet, bis es seine Ruhe findet in Dir."[782]

Der Marxismus sieht das Verhältnis von Glück und Lebenssinn anders: Das *Glück* ist eine *Möglichkeit in einem sinnvollen menschlichen Leben.* Den Sinn des Lebens zu schaffen, ist die Aufgabe des Menschen, und bei der Erfüllung dieser Aufgabe *kann er Glück finden.* Der Lebenssinn ist sein Werk, das Glück ist darin eine Möglichkeit, ein gegenseitiges freies Geschenk. Wir stimmen daher Archangel'skij mit Makarenko zu, daß „die Liebe nicht der Sinn des menschlichen Lebens"[783] sein kann. Sogar eine zu eng in sich geschlossene Familie mag die geforderte sinnvolle Offenheit des Lebens gefährden, denn der dem Menschen auf-

776 In: NR 1964/9/22.   777 In: NR 1964/12/17.
778 In: NR 1965/3/9.   779 In: NR 1964/12/20.
780 I. D. Pancchava: Čelovek, ego žizn' i bessmertie, 88.
781 Augustinus: Confessiones IV, 12, 2.
782 Augustinus: Confessiones I, 1.
783 L. M. Archangelski: Kategorien der marxistischen Ethik, 302.

gegebene Lebenszusammenhang geht über die Familie hinaus. V. G. Belinskij wendet sich gegen solch isoliertes Glück: „Wenn das ganze Ziel unseres Lebens nur in unserem persönlichen Glück und unser persönliches Glück allein in der Liebe bestünde, — dann wäre das Leben wirklich eine finstere Wüste voller Gräber und gebrochener Herzen, wäre eine Hölle ... Aber es gibt ... für den Menschen auch noch die große Welt des Lebens außer der inneren Welt des Herzens ..."[784] Auf diese Aussage nimmt im „Gespräch über den Sinn des Lebens" ein Soldat Bezug und äußert seine Zustimmung: „Sehr viele denken, daß alles Glück des Lebens in der Liebe beschlossen ist. Sie stürzen sich auf das Suchen nach dieser Liebe, aber in der Regel kommt nichts Gutes dabei heraus. Man soll das Ereignis nicht herbeizwingen ... Wenn die Liebe auch eine gewaltige Antriebskraft im Leben des Menschen ist, so darf sie doch keineswegs durch sich die ganze Welt verdunkeln."[785]

Wenn sich der Mensch auf den Sinn des Lebens einläßt, lebt er nicht nur das Risiko der Freiheit, sondern auch das Wagnis der Liebe. Seine suchende Liebe kann ohne Antwort bleiben, wie Karl Marx sagt: „Setze den *Menschen* als Menschen und sein Verhältnis zur Welt als ein menschliches voraus, so kannst du Liebe nur gegen Liebe austauschen, Vertrauen nur gegen Vertrauen etc."[786] Die dialogische Struktur des menschlichen Glückes setzt das Wagnis der suchenden Liebe voraus, die auch ihr Scheitern erleben kann: „Wenn du liebst, ohne Gegenliebe hervorzurufen, d. h. wenn dein Lieben als Lieben nicht die Gegenliebe produziert, wenn du durch eine *Lebensäußerung* als liebender Mensch dich nicht zum *geliebten Menschen* machst, so ist deine Liebe ohnmächtig, ein Unglück." (Ebd.)

Marxistische wie christliche Leserzuschriften betonen die Seltenheit vollen menschlichen Glückes. Eine alte Frau zweifelt: „Bei uns, bei den Menschen, bei wem gibt es das?"[787] Es ausnahmslos — in der Spanne von befriedigender Arbeit über gesellschaftliche Aufgaben bis zum Glück in der Familie — finden zu wollen, scheint ein zu hoher Anspruch an das Leben zu sein. Diese Einschränkung läßt ein anderer Leser verstehen: „Eine nützliche und gute Arbeit gibt es. Für das Glück mangelt

---

784 V. G. Belinskij: Stati o Puškine 1843—1846 / Aufsätze über Puschkin 1843—1846 /, In: Polnoe sobranie sočinenij / Gesammelte Werke /, Moskau 1955, Band 7, 195 (Diese Stelle zitiert zustimmend Archangelski: Kategorien der marxistischen Ethik, 302).

785 In: NR 1965/6/34.

786 K. Marx: ÖPhM 149.   787 In: NR 1965/6/35.

es an Kindern und an Gesundheit."[788] Am zutreffendsten ist wohl die
Aussage eines Lehrers: „Ob ich glücklich bin?" — fragt er, und antwortet darauf — „Ja, freilich, aber nicht völlig. Es wäre ja auch naiv,
auf der Erde einen Menschen zu suchen, der völlig glücklich wäre.
Solche gibt es nicht, denn die Bedürfnisse des Menschen — die materiellen, geistigen, ethischen und anderen — sind grenzenlos wie das
All."[789]

Es zeigt sich nun die Diskrepanz, daß einerseits das Bedürfnis nach
Glück im tätigen sinnenhaft-gesellschaftlichen Wesen des Menschen
gründet, daß aber andererseits dieses Bedürfnis in dieser Welt nicht
voll befriedigt werden kann: *Das Wesen des Menschen findet keine
Erfüllung.* Doch das Bedürfnis nach Glück liegt trotzdem in seinem
Wesen, in seiner Natur, wie V. P. Tugarinov hervorhebt: „Diese
‚Natur' besteht erstens darin, daß der Mensch wie auch jedes lebende
Wesen die Befriedigung seiner Bedürfnisse und jenen idealen Zustand
dieser Befriedigung anstrebt, der Glück genannt wird."[790] In dem
Wunsch, auch die anderen Menschen glücklich zu sehen, besteht der
zweite Aspekt der menschlichen Natur: „Zweitens liegt in der Natur
des Menschen als eines gesellschaftlichen Wesens Mitgefühl gegenüber
anderen Menschen, der Wunsch, sie auch glücklich zu sehen." (Ebd.)
Die marxistische Philosophie hat damit — stellt B. M. Bernadiner
fest — „endgültig aufgeräumt mit der Vorstellung, Glück sei nur persönliches Wohlergehen, das in Individualismus und Egoismus seinen
Grund hat... Das Glück des persönlichen Lebens ist... eng verflochten
mit dem Glück von Millionen Menschen, mit Wohl und Wehe der
Gesellschaft im ganzen."[791] Diese Einsicht wird kaum jemand bestreiten. Aber läuft sie nicht nur auf die bekannte Tatsache hinaus, daß
der subjektive Aspekt des Lebenssinnes mit seinem objektiven Aspekt
zusammenhängt? Und wird nicht in der Aussage Tugarinovs dieser
subjektive Aspekt als ein Streben ohne angemessene Erfüllung sichtbar?
Dann zeigte sich allerdings der eigenartige Widerspruch, daß der *Sinn
des Lebens eine notwendige Aufgabe* wäre, innerhalb derer die subjektive Bedeutsamkeit ihrer Verwirklichung, d. h. innerhalb derer
menschliches Glück als ein nur zufälliges Ergebnis erschiene.

788 In: NR 1964/9/23.   789 In: NR 1964/11/23.
790 W. P. Tugarinow: Über die Werte des Lebens und der Kultur, 162.
791 B. M. Bernadiner: O sčast'e / Über das Glück /, Im Sammelband (Hrsg.
    A. F. Šiškin): Voprosy marksistsko-leninskoj ètiki / Fragen der marxi-
    stisch-leninistischen Ethik /, Moskau 1960, 156. 160.

Diese Konsequenz beschwört jedenfalls eine existentielle Konfliktsituation herauf, in der zwei unterschiedliche Haltungen zum Durchbruch kommen können. Entweder überläßt man das Glück resignierend dem Zufall; oder es erhebt sich die Versuchung, daß Willkür wider besseres Wissen in einem Menschen oder einer Gruppe die Macht ergreift und das umkämpfte Glück mit Gewalt zu erzwingen unternimmt. Vielleicht aber ließe sich für Glück ein Äquivalent aufweisen, das nicht zufällig, sondern notwendig mit der sittlichen Leistung gekoppelt ist und Glück gleichzusetzen wäre? Ein solcher Aufweis müßte die beruhigende Überzeugung vermitteln, daß die Verhältnisgleichung von Lebenssinn und Glück durch Einführung dieser dritten Größe doch glatt aufginge. Eben solchen Ausweg suchen nun marxistische Denker durch die *Identifizierung von Glück und sittlicher Zufriedenheit* einsichtig zu machen. In der sittlichen Zufriedenheit träte der gelingende Lebenssinn in die Gewissenserfahrung ein, und sie wäre identisch mit Glück als der Erfüllung des wesentlichsten menschlichen Bedürfnisses. Das soziale Prinzip der marxistischen Ethik harmonisierte dann vollends mit dem personalen Resultat seiner Verwirklichung. Es bestünde also eine immanente Ausgeglichenheit von Leistung (Verwirklichung des Lebenssinnes) und Lohn (sittliche Zufriedenheit), die — in einem kybernetischen Modell ausgedrückt — ein „geschlossenes Kontrollsystem" bildeten und dem Wesen des Menschen entsprächen. Einer solchen Lösung kommt P. M. Egides nahe, und auch I. D. Pancchava ringt um solches Verständnis des Problems. Weil die „grundlegenden Lebensinteressen der Person den Interessen der Allgemeinheit, welche [ja] die Individuen konstituieren, entsprechen",[792] „setzt die marxistisch-leninistische Philosophie, indem sie die Priorität des gesellschaftlichen, kollektiven Ansatzes betont, ihn keineswegs dem persönlichem Ansatz entgegen. Der Marxismus ersetzt nicht den Lebenssinn der Person durch einen Sinn gesellschaftlicher Existenz." (Ebd.)

b. Sittliche Zufriedenheit und Glück

Wird der Mensch für sein lebenlanges Kämpfen durch die sittliche Zufriedenheit entschädigt, die ihm das Bewußtsein erfüllter Pflicht schenkt und die Glück zu nennen ist? Diese Ansicht scheint L. M. Archangel'skij zu vertreten, wenn er sich auf Marx berufen möchte und

---

792 I. D. Pancchava: Čelovek, ego žizn' i bessmertie, 92.

schreibt, es gebe „kein größeres Glück" als das „Bewußtsein, seine revolutionäre Pflicht erfüllt zu haben"[792a] und fortfährt: „Gerade deshalb aber, weil der revolutionäre Kampf tiefste Befriedigung ... erzeugt, kommt es nicht zu einer persönlichen Tragödie, wenn das persönliche Wohlergehen geopfert wird." (Ebd.) Doch ist diese *moralische Befriedigung* schon mit Glück gleichzusetzen?

Der Brief, den Karl Marx nach der Abfassung des „Kapital" an Sigfrid Meyer schreibt, spricht eine andere Sprache: „Lieber Freund, Sie müssen sehr schlecht von mir denken, und umso schlechter, wenn ich Ihnen sage, daß Ihre Briefe mir nicht nur eine *große Freude* bereitet haben, sondern ein *wahrer Trost* für mich waren während der sehr qualvollen Periode, worin sie mir zukamen ... Zudem waren Ihre Briefe voll der liebenswürdigsten Freundschaft für mich persönlich, und Sie begreifen, daß ich, der mit der Welt (der offiziellen) im bittersten Kampfe stehe, dies am wenigsten unterschätzen kann. Warum ich Ihnen also nicht antwortete? Weil ich fortwährend am Rande des Grabes schwebte. Ich mußte also *jeden* arbeitsfähigen Moment benutzen, um mein Werk fertigzumachen, dem ich Gesundheit, Lebensglück und Familie geopfert habe."[793]

Uns erscheint daher die behauptete „Einheit von Pflicht und Glück" in dem „Gefühl der gesellschaftlichen Nützlichkeit, in der Erkenntnis, daß jeder einzelne für die gemeinsame Sache von Millionen arbeiten und kämpfen muß",[794] nicht haltbar, und der kritisierte Autor räumt die Fragwürdigkeit seiner Darstellung selbst durch die Bemerkung ein, das „Glück der erfüllten Pflicht" sei „nur eine Seite der Einheit von Pflicht und Glück".[795] Diese Identifizierung von Glück und sittlicher Zufriedenheit *intellektualisiert* das Glück auf ein *Bewußtseinsphänomen;* Glück aber ist ein *Ganzheitsphänomen* aus dem tätigen sinnenhaft-gesellschaftlichen Wesen des Menschen heraus. In der sittlichen Zufriedenheit erfaßt das Bewußtsein die eigene Leistung; im Glück erfaßt der ganze Mensch das freie Angenommensein durch sein Du. Ein Sichbegnügen mit sittlicher Zufriedenheit isoliert den Menschen im sittlichen Stolz, da er sich nicht im Wagnis der Liebe vor die Freiheit eines Du stellen will. Die Gleichsetzung von sittlicher Zufriedenheit mit Glück

792a L. M. Archangelski: Kategorien der marxistischen Ethik, 296.
793 K. Marx: Brief vom 30. April 1867 an S. Meyer, In: MEW 31, 542.
794 L. M. Archangelski: Kategorien der marxistischen Ethik, 296 f.
795 Ebd. 297.

ist daher Ausdruck eines moralischen Rigorismus, der trotz aller Beteuerungen über Freiheit und Liebe hinweggeht und das Menschliche verkürzt.

In solchem moralischen Rigorismus endet u. E. auch die Konzeption vom Sinn des Lebens, die P. M. Egides vorlegt, so sehr er sich auf dem Boden des Marxismus auch um eine einsichtige Lösung bemüht. Den Sinn des Lebens sieht er in einer solchen Ausrichtung des Lebens, „bei der es *objektive soziale Bedeutsamkeit* erhält, Bedeutsamkeit für den gesellschaftlichen Fortschritt, für das Volk, für seine Gegenwart und Zukunft".[796] Im Resultat dieser Lebensaufgabe wird der Mensch zur Persönlichkeit: „Wenn das Subjekt sich *bewußt* die Verwirklichung dessen zum Ziel setzt, was objektive gesellschaftliche Bedeutsamkeit hat, dann haben wir eine vollendete Persönlichkeit vor uns, die die Harmonie des Subjektiven und Objektiven verkörpert."[797] Diese Harmonie von Subjektivem und Objektivem zeige sich im Menschen als „sittliche Zufriedenheit, wahres Glück".[798] Doch darin liegt ein Trugschluß: Wenn dem Menschen der Sinn des Lebens gelingt und er sich dessen bewußt wird, erreicht er sittliche Zufriedenheit, — aber noch *keine Harmonie als ganzer Mensch*, kein Glück. Diese Unzulänglichkeit — die am deutlichsten in früheren Arbeiten Egides' auffällt, die zu überwinden ihm jedoch auch später nicht gelingt — stellt G. K. Gumnickij im System des Philosophiedozenten aus Rostov bloß; er urteilt zusammenfassend hart: „P. M. Egides sieht nur die eine Seite des Lebens, nur die eine Beziehung, in der die Gesellschaft als Ziel auftritt, die Persönlichkeit aber als Mittel."[799] Gumnickij korrigiert ihn: Das objektive Kriterium zum rechten Verständnis des Lebenssinnes liege nicht außerhalb des eigenen Lebens, es „ist nicht ‚objektiv' in der Bedeutung, die diesem Begriff der Autor gibt, d. h. es entspringt ... der Natur des Menschen selbst".[800] Im Schaffen seines Lebenssinnes stehen sich nicht Einzelner und Gesellschaft *gegenüber*, sondern sie verwirklichen ihren Lebenssinn *miteinander*.

Im folgenden bemüht sich Egides' Kritiker, seine Gegenposition zu verdeutlichen. „Die Gesellschaft stellt die Menschen vor Aufgaben, deren Lösung zum Sinn ihres Lebens wird. Aber die Gesellschaft selbst ist ja das Produkt der Lebenstätigkeit der Individuen, und die Aufgaben der

796 P. M. Egides: Marksistskaja ėtika ..., 30.
797 Ebd. 31.   798 Ebd. 36.
799 G. K. Gumnickij: Smysl žizni, sčast'e, moral', 104.   800 Ebd. 103.

Gesellschaft drücken so oder so deren eigene Bedürfnisse aus." (Ebd.)
Das heißt, daß *die Menschen sich die Aufgabe des Lebenssinnes stellen*
und *darin ihr Bedürfnis nach Glück zu erfüllen trachten.* Diese Auffassung spricht auch Karl Marx aus: „Als *Bestimmter,* Wirklicher hast
Du eine *Bestimmung,* eine Aufgabe, Du magst ein Bewußtsein darüber
haben oder nicht. Sie geht aus Deinem Bedürfnis und seinem Zusammenhang mit der vorhandenen Welt hervor."[801] Anders gesagt: Das
der — wie immer verstandenen — Natur des Menschen mitgegebene
Bedürfnis nach Glück sucht er durch die *praktische Methode eines sinnvollen Lebens* zu erfüllen; *sinnvolles Leben ist die Methode, Glück das
Objekt.*
Gumnickij unterscheidet also Glück von sittlicher Zufriedenheit.
„Unserer Meinung nach ist Glück die ganzheitliche, allgemeine und
integrale Form der menschlichen Zufriedenheit mit dem Gang des
Lebens ..."[802] Menschliches Glück schließt eben jene „integrierten
,privaten' Formen der Zufriedenheit" in sich ein, kann „deshalb nicht
reduziert werden auf irgendeine einseitige Zufriedenheit, selbst wenn
sie so wichtig ist wie die moralische Zufriedenheit" (ebd.). Jene Verkürzung aber würde den Teil schon für das Ganze erklären. Das Leben
vollzieht sich sowohl als „Tätigkeit für das allgemeine Wohl" (ebd.)
(mit dem persönlichen Erfolg sittlicher Zufriedenheit), wie auch als
„Streben nach Glück" (ebd.) (mit dem möglichen Erfolg gesamtmensch-
licher Erfüllung), und erst „ihre Einheit ist auch das vollständige Gut,
nach dessen Erreichen der Mensch strebt" (ebd.). Zur Lösung des
Problems möchte sich Gumnickij auf den Sinn des Lebens berufen:
„Der Sinn des Lebens besteht auch nicht nur im Dienst an der Gesellschaft, sondern in der Erreichung des vollständigen Gutes." (Ebd.) Der
Autor sucht sich damit zu helfen, daß er unter dem Aspekt des Lebens-
sinnes die *Forderung der Pflicht* durch die Betonung des *Rechtes auf
Glück* verbindet und fragt: „Was für eine Beziehung zwischen diesen
Zielen (dem ,allgemeinen' und dem ,persönlichen' Wohl) besteht? Wel-
ches Ziel ,vorrangiger' ist?" (Ebd.) Sein Lösungsvorschlag lautet: „Vom
moralischen Standpunkt aus zeigt sich als höchster Sinn des Lebens der
Dienst an der Gesellschaft. Das ist die unbedingte Wahrheit. Aber kann
man sich auf diese Wahrheit beschränken ... und die andere Seite der
Sache übersehen?" (Ebd.) Daher könne man „nicht sagen, daß aller

---

801 K. Marx, F. Engels: Die Deutsche Ideologie, In: MEW 3, 272.
802 G. K. Gumnickij: Smysl žizni, sčast'e, moral', 104.

Lebenssinn der Menschen im Dienst an der Gesellschaft besteht. Er besteht nicht nur im Dienst an der Gesellschaft, in der Erreichung des gesellschaftlichen Wohls, sondern auch im Dienst an sich selbst, in der Erreichung eines persönlichen Glücks. Schwerlich ist wohl jemand damit einverstanden, daß das Streben nach eigenem Glück eines Sinnes entbehrte." (Ebd.) Mit diesem Protest, der keine Argumente anführt und keine Relationen aufzeigt, wird die Kritik Gumnickijs an Egides selbst anfechtbar: Es geht ja gar nicht um eine *Vorrangigkeit* (allgemeinen oder persönlichen Wohls), sondern um die grundsätzliche *Gleichwertigkeit* (von Erfüllung der Sinnaufgabe und Erreichung des Glückes). Man kann nicht einen Sinn des Lebens von dem einen, und einen anderen Sinn des Lebens von einem anderen Standpunkt aufweisen; es gibt nur den *einen* Sinn des Lebens, wie P. M. Egides überzeugend klarstellt. Dieser eine Sinn ist eine *sittliche Aufgabe;* der Sinn des Lebens ist das sittliche Prinzip des menschlichen Seins. In marxistischer Auffassung bleibt dann — nach den eigenen Worten von G. K. Gumnickij — der „höchste Sinn des Lebens der Dienst an den Gesellschaft", — weil es keinen anderen Sinn des Lebens geben kann als den sittlichen. Der Wert des Lebens für den betreffenden Menschen selbst, menschliches Glück — die „andere Seite", wie G. K. Gumnickij sagt — bleibt außerhalb der Argumentation, wird in einem Appell der wohlwollenden Beachtung empfohlen.

Der Grundwiderspruch der marxistisch-leninistischen Konzeption vom Sinn des menschlichen Lebens läßt sich daher so formulieren: *Der Marxismus bedient sich theoretisch und praktisch einer Methode, die immanent ihr Objekt nicht erreicht;* dieser Widerspruch zwischen Methode und Objekt in der marxistischen Konzeption vom Sinn des Lebens ist der Grundwiderspruch in seinem ethischen Verständnis des Menschen. Wird aufgrund der geschichtlichen Erfahrung und der philosophischen Reflexion an der *Methode* festgehalten, so sprengt sie den Rahmen der Immanenz: Wenn das Leben des Menschen als ganzes eine sittliche Aufgabe ist, verweist es über sich selbst hinaus. Indem der Marxismus jedoch „Transzendenz" und „Objektivation" verwechselt, endet er in einem sozialen und futuristischen Objektivismus. Der Sinn des Lebens besteht dann ausschließlich im Dienst an Gesellschaft und Geschichte. „Die Objektivität des Sinnes" — urteilt auch Maceina zusammenfassend — „besteht in seiner Kollektivität."[802a] Solche Ent-

---

802a A. Maceina: Sowjetische Ethik ..., 140.

artung sucht die marxistische Philosophie, sobald sie den Zusammenhang von Lebenssinn und Glück neu durchdenkt, vom *Objekt* her zu korrigieren und dem subjektiven Wert des Lebens, dem menschlichen Glück, entgegenzukommen. Sie sucht dann die Verwirklichungsformen menschlichen Glückes zu erkennen — und steht vor den Verwirklichungsformen eben des Lebenssinnes: Glück läßt sich nur in einem sinnvollen Leben erfahren, — es bleibt aber an die Freiheit des anderen verwiesen und verweist selbst über das Leben hinaus. Vom Objekt her muß der Marxismus wiederum sich der Methode bedienen, die *immanent ihr Objekt nicht erreicht, sondern über die Immanenz hinausverweist.* Die marxistische Konzeption vom Sinn des Lebens und vom Glück mündet daher erneut in die Frage nach Immanenz und Transzendenz. Aus ihrem wesentlichen Bedürfnis nach Glück suchen die Menschen nach einem Weg, Glück zu erreichen; dieser Weg besteht in der Verwirklichung der Lebensaufgabe (Sinn des Lebens), dessen Ergebnis (Persönlichkeit) jedoch nur zu einer Vorform des Glückes führt (sittlicher Zufriedenheit), nicht aber notwendig zum angestrebten Glück selbst.

7. Der Sinn des Lebens angesichts von Leid und Tod

Der Kampf des Marxismus um die Veränderung der Welt geschieht aus der Entschlossenheit, die menschliche Wirklichkeit zu einem sich *selbst regulierenden System von Lebenssinn und Glück* zu verändern. In seiner Theorie muß er sich daher dem *Existentialismus* stellen, weil dieser an den Phänomenen der Wirklichkeit auf das fragwürdige Gelingen dieses Versuches hinweist; er muß sich aber in besonderer Weise mit dem *christlichen Denken* auseinandersetzen, das die Wirklichkeit in ihrem Wesen als eine Schöpfungswirklichkeit versteht und als „weltüberwindende Weltverantwortung"[803] die innere Unmöglichkeit eines immanent sich selbst regulierenden Systems von Lebenssinn und Glück zu beweisen sucht.

Angesichts von Leid und Tod in der Welt steht die Entschlossenheit des Marxismus im Kampf um das Glück der Menschen in der Gefahr, sich in Erbitterung zu verwandeln: Die ideologisch-politische Ungeduld sucht die immer offenkundiger werdende Differenz von einzig mög-

---

803 J. B. Metz: Zur Theologie der Welt, Mainz—München 1968, 95.

licher Methode (sinnvollem Leben) und nicht angemessen erreichbarem Objekt (Glück) willkürlich zu schließen, und die in Gang gesetzten gegenläufigen Methoden verhindern nicht nur das Glück der Menschen, sondern richten sich auch gegen ihren Lebenssinn. Darin besteht der eigentliche Grund für die von Milan Machovec kritisierte „sehr bedenkliche Auffassung: man könne im Namen eines ‚künftigen Wohles‘ für Millionen dem heutigen Menschen gegenüber jedes beliebige Mittel anwenden".[804] Der Prager Philosoph stellt klar: „Keine Generation kann aber ihre eigene Lebensaufgabe und ihren Lebenssinn als eine ‚geopferte Generation‘ finden." (Ebd.)

In der religiösen Moralistik hat es bisweilen den Anschein, als ob Leid und Tod die stärksten Bundesgenossen des Christlichen in dieser Welt seien. Christliche Ethik jedoch überfragt Leid und Tod auf die Liebe hin, die allein sie aufzuheben imstande ist. „Letztlich" — betont Giulio Girardi — „ist die Identität des Seins und der Liebe in Gott die Grundlage des Humanismus. Sie gewährleistet, daß die Gesetze des Seins letztlich auch jene der Liebe sind . . ."[805]

A. Das Leid im Sinn des Lebens

Angesichts des menschlichen Leides scheint der Marxismus an Anziehungskraft einzubüßen, und die Polemik mit ihm gewinnt manchmal eine ungeahnte Schärfe.

Ein Leser der Zeitschrift „Wissenschaft und Religion" macht ihm zum Vorwurf: „Die These ‚Das Sein bestimmt das Bewußtsein‘, zu der Sie ständig Zuflucht nehmen, gibt Ihnen gar nichts, weil der Mensch auch in Zukunft ebenso ohnmächtig bleiben wird wie heute, und immer und ewig wird ihn das Gleiche verfolgen: Leid, Krankheit, geistige und seelische Tragödien — man kann das gar nicht alles aufzählen."[806] Es geht dem Betreffenden nicht nur um die unbestechliche Kenntnisnahme, sondern gerade um die Bewältigung der leidvollen Wirklichkeit: „Sie sagen, daß die Religion auf die Schwäche des Menschen, auf sein Unglück setzt. Aber was hat die Religion damit zu tun? Der Mensch wendet sich dem Glauben nicht um des Glaubens selbst willen zu, sondern um für

804 M. Machovec: Der Sinn des menschlichen Lebens, 84 f.
805 G. Girardi: Marxismus und Christentum, 117.
806 In: NR 1967/2/7.

die Seele Ruhe zu finden und ein scheiterndes Leben aufzufangen. Der Glaube ist die einzige Hilfe des Menschen im Unglück." (Ebd.) Welche Rechtfertigung bleibt dem Marxismus vor dieser Anklage?

a. Der Kampf mit dem Leid

Manche marxistischen Kritiker gehen zum Gegenangriff über und bezeichnen das Christentum rundheraus als eine „Religion des Leides".[807] Es fehlt aber auch nicht an Selbstkritiken, die in der christlichen Sorge um den leidenden Menschen den Anruf an sich selbst hören: „Die Kirche ist ausgewichen auf die ‚Schattenseite‘, sie fürchtet die Sonne. Wir aber gehen nicht sehr gerne in den Schatten, dem menschlichen Leid nach, das nicht auszurotten ist. Mag an ihm auch niemand schuld sein, — dies nur zu wissen erleichtert es jedoch nicht im geringsten."[808] Als eine Aufforderung an sich selbst versteht der Verfasser offenbar die von ihm zitierten Worte eines westlichen Theologen: „‚Man vergleicht heute die Kirche nicht mehr mit einer Feuersäule, die vor der Menschheit einherzieht und sie dem höchsten Ziele zuführt. Ich würde sie eher mit einem Sanitäter vergleichen, der sich neben dem Treck des Lebens herschleppt und die Verwundeten aufsammelt.‘" (Ebd.)
Das Christentum erkennt jedenfalls die Wirklichkeit des Leides in der Welt und ist bereit, daran mitzutragen. Es fragt nach seiner Ursache — warum so viel Leid in dieser Welt geschehe — und gibt die direkte Antwort, das Leid sei eine Folge der Sünde, der menschlichen Schuld. Doch ist es nicht ein „Kult des Leidens",[809] wie ihm unterschoben wird. Weil eben „in seinem Zentrum" (ebd.) *nicht* „die Person des leidenden Gottes, Christus" (ebd.) steht, sondern der auferstandene, ist die Auferstehung die Mitte des christlichen Kultus. Die Person Christi verwandelt die Frage nach den Ursachen des Leides in die weiterführende Frage nach dem Sinn des Leidens und nach der künftigen Verwandlung des Menschen selbst. Die Person Christi eröffnet dem leidenden Menschen eine Zukunft in der verwandelten Wirklichkeit, und im Glauben nimmt dieser Mensch mit Christus auch das Leid an. Die Frage nach der

---

807 Ju. P. Zuev: Religioznyj kul't stradanija i nravstvennyj progress / Der religiöse Kult des Leidens und der sittliche Fortschritt /, Im Sammelband: Čelovek, obščestvo, religija, 167.
808 L. Korobkov: V teni i na solnce / Im Schatten und in der Sonne /, In der Zeitung: „Komsomol'skaja pravda", Moskau, vom 6. Juli 1968.
809 Ju. P. Zuev: Religioznyj kul't stradanija..., 167.

Ursache des Leidens erhält daher die direkte Antwort: das Leid ist die Folge der Schuld. Die Frage nach dem Sinn des Leidens jedoch erhält nur eine indirekte Antwort: die Person Christi. Sein Leben hat das sittliche Beispiel gegeben, wie das veränderliche Leid zu bekämpfen ist; sein Sterben aber, daß das unveränderliche Leid angenommen werden muß. Seine Auferstehung jedoch ist — im christlichen Selbstverständnis — jenes Ereignis, das mit dem Sinn des Lebens auch das Leid des Menschen in eine seinshafte Verklärung wandelt.

Fëdor M. Dostojevskij offenbart in seinem Werk „Schuld und Sühne" mit dem Gespräch zwischen Raskolnikov und Sonja die Spannung, in der nichtchristliches und christliches Leidverständnis stehen. Es ist der jungen Sonja nur möglich, das notwendigste Geld für den Unterhalt der kranken Stiefmutter und der kleinen Geschwister zu beschaffen, indem sie sich auf der Straße verdingt, — eine „gelegentliche Erscheinung in der Gesellschaft, wenn auch leider weitaus nicht vereinzelt und außergewöhnlich"[810] bemerkt Dostojevskij. Als Raskolnikov darauf zu sprechen kommt, erfährt er, daß Sonja diese Geschehnisse äußerlich geblieben sind, ihre Empfindsamkeit und Reinheit nicht berührt haben, und er erkennt die Tiefe ihres persönlichen Leides. „Er ergriff sie mit beiden Händen an den Schultern und blickte ihr gerade in das verweinte Gesicht. Sein Blick war hart, brennend, scharf, seine Lippen zuckten stark. Plötzlich beugte er sich schnell ganz nieder, kniete auf den Boden und küßte ihren Fuß . . . Sofort stand er wieder auf. ‚Nicht vor dir habe ich mich niedergebeugt, sondern vor all dem Leid der Menschheit tat ich das', sagte er erregt und trat ans Fenster."[811] Beunruhigt bemerkt er, daß die Versuchung zum Selbstmord ihr ein vertrauter Gedanke ist, und forscht erstaunt nach der Quelle ihrer Kraft. Sonja verweist ihn zunächst nur auf die kleinen Geschwister: „‚Und was soll denn aus ihnen werden?'"[812] Aber die ganze Wahrheit erkennt er erst bei einer zweiten gezielten Frage: „Er fixierte sie mit seinen Blicken. ‚So betest du oft zu Gott, Sonja?' fragte er sie. Sonja schwieg, er stand neben ihr und wartete auf Antwort. ‚Was wäre ich ohne Gott?' flüsterte sie schnell, energisch, sah ihn flüchtig mit ganz leuchtenden Augen an und drückte mit ihrer Hand fest die seine."[813] Er fordert sie auf, ihm die Erzählung von der Erweckung des Lazarus vorzulesen,

810 F. M. Dostoevskij: Prestuplenie i nakazanie / Schuld und Sühne /, In: Sobranie sočinenij . . ., Band 5, 335.

811 Ebd. 334.   812 Ebd. 335.   813 Ebd. 336 f.

und nur zögernd kommt sie seiner Bitte nach. In der Person Christi entdeckt Raskolnikov nun das Geheimnis ihrer Leidenskraft: „Und, wie mit Schmerz Atem holend, las Sonja klar und kraftvoll, als wenn sie das Evangelium öffentlich verkündigte: ‚Ja, Herr! Ich glaube, daß Du Christus, der Sohn Gottes bist, der in die Welt gekommen ist.'“[814] Von der Person Christi weiß Sonja ihr eigenes Leid mitgetragen, wie die Erweckung des Lazarus die Vorwegnahme ihrer eigenen Verwandlung ist. „Sie schloß das Buch und erhob sich schnell von ihrem Stuhl. ‚Das alles geht nur um die Auferstehung des Lazarus', flüsterte sie kurz und streng und stand regungslos da, zur Seite abgewandt . . .“[815]

Gerade das russische Christentum betont die willige *Annahme des Leidens,* wie wir von Dostojevskij erfahren. „Ich glaube, das wichtigste, das ursprünglichste geistige Bedürfnis des russischen Volkes ist das Bedürfnis zu leiden . . . Wie ein leidtragender Strom zieht es durch seine ganze Geschichte, und zwar nicht nur in Gestalt äußeren Unglücks und verschiedener Heimsuchungen, vielmehr entspringt seine Quelle unmittelbar dem Herzen des Volkes.“[816] Diese Haltung bezeugt nicht krankhafte psychologische Neigungen — wie im Westen bisweilen fälschlich angenommen wird — sondern einen lebendigen Realismus, der die menschliche Wirklichkeit untrennbar als Glück *und* Leid erlebt. „Sogar im Glück des Russen, sowohl des Einzelnen wie des ganzen Volkes, ist unbedingt ein Teil Schmerz enthalten, andernfalls ist für ihn das Glück nicht vollständig.“[817] Dieser lebendige Realismus ist zwar keine Garantie gegen Gewalttätigkeit, aber er bewahrt vor der Verachtung des anderen. Er schützt den andern nicht vor allem Unrecht, aber vor dem Unrecht der Erniedrigung. Dostojevskij sieht darin einen Wesenszug russischer Geschichte: „Niemals, nicht einmal in den Stunden der größten Triumphe, die seine Geschichte kennt, hat das russische Volk ein stolzes oder triumphierendes Aussehen, sondern nur das eines bis zum Schmerz Ergriffenseins . . .“ (Ebd.)

Religiöse Erfahrung und künstlerische Verdichtung des Leides hält Nikolaj Berdjajev für das Kennzeichen der vormarxistischen russischen Literatur: „Das Mitleid mit dem Leiden des Volkes und der gesamten Welt wurde“ — wie er betont — „zum führenden Motiv der russischen Literatur des XIX. Jahrhunderts.“[818] Die Krise aber, in die dieses tiefe

814 Ebd. 340.   815 Ebd. 341.
816 F. M. Dostojewski: Tagebuch eines Schriftstellers, München 1963, 49 f.
817 Ebd. 50.
818 N. Berdiajew: Wahrheit und Lüge des Kommunismus, 49.

Erleben des Leidens den Menschen stürzen muß, kann — vom religiösen Standpunkt aus — nur durch ein unbedingtes Ja zu Christus sowie durch die Annahme des Leides der Welt und den Widerstand gegen das Böse überwunden werden. Daraus erhebt Berdjajev gegenüber dem Marxismus den Vorwurf, er habe weder das Ja zu Christus gesprochen noch das Leid angenommen, sondern sich stattdessen allein auf seine Bekämpfung verlegt. In dieser *„Übertragung der religiösen Motive und der religiösen Seelenverfassung in die areligiöse und antireligiöse — in die soziale — Sphäre"* (ebd.) sei der Grund des russischen Atheismus zu sehen: „So ist der Urquell des russischen Unglaubens das Erlebnis des Leidens, das von der Leugnung seines Sinnes begleitet ist."[819] Die Person Christi gibt Antwort auf die Frage nach dem Leid im Sinn des Lebens; den Unglauben aber sieht Berdjajev als eine „Überspannung des Mitleides",[820] das in einem „Verkennen Christi" (ebd.) gründet und eine „Verneinung des Leidens, eine Leugnung seines Sinnes" (ebd.) einschließt. So bezeichnet Berdjajev den russischen Atheismus als einen „Aufstand gegen Gott im Namen der Erlösung des Menschen — nicht aber der Erlösung von der Sünde, sondern vom Leiden" (ebd.).

Die völlige *Befreiung der Menschen vom Leid* ist in der Tat das erklärte Ziel des Kommunismus. Es scheint bemerkenswert, daß Maxim Gorkij in der Gestalt Lenins das *gleiche Bild des russischen Atheismus* zeichnet wie Nikolaj Berdjajev: „In Rußland, dem Land, wo die Notwendigkeit des Leidens als Universalmittel zur ‚Rettung der Seele' angepriesen wird, habe ich keinen Menschen getroffen," — erinnert sich Gorkij — „der mit solcher Tiefe und Kraft wie Lenin Haß, Ekel und Verachtung gegenüber dem Unglück, dem Schmerz und dem Leiden der Menschen empfand."[821] Die gleichen Wesenszüge, die Berdjajev so leidenschaftlich ablehnt, rühmt Gorkij jedoch mit Begeisterung und nennt Lenin ihretwegen einen „wirklichen Menschen"[822]: „In meinen Augen ist bei Lenin gerade das Gefühl des unversöhnlichen, unauslöschlichen Hasses gegen Not und Unglück, sein leuchtender Glaube daran, daß das Unglück nicht die unabänderliche Grundlage unseres Seins ist, sondern — etwas Abscheuliches, das die Menschen abschütteln müssen und können, etwas außerordentlich Großes." (Ebd.) Was dieser den „kämpferischen Optimismus eines Materialisten" (ebd.) nennt, verurteilt jener als Willkür, die die wesentlichen Ursachen des menschlichen Leides übersieht. Lenin

---

819 Ebd. 73 f.   820 Ebd. 61.
821 M. Gorki: Erinnerungen an Zeitgenossen, 192.   822 Ebd. 193.

in seiner Haltung zum menschlichen Leid erscheint als eine Gestalt, an der sich das alte vom neuen Rußland scheidet.

Die marxistische Haltung ist nicht geprägt von der Hinnahme des Leides, sondern vom *Kampf gegen das Leid*. Am entschlossensten sagt es ihm in seinem gesellschaftlich-politischen Ausdruck den Kampf an. „Wir können den Tod nicht abschaffen, aber wir wissen, daß das Leben menschlich sein kann, und wir wissen," — beteuert Adam Schaff — „wie man es menschlich macht. Wir können nicht alles Leid der Welt abschaffen, doch wir kennen den Weg zur Abschaffung der Quellen des schlimmsten Leidens, des Leidens der Massen. Wir können nicht jedem individuelles persönliches Glück garantieren, doch wir wissen, wie man bessere Bedingungen für die Erfüllung des Glücks im Maßstab der ganzen Menschheit schafft."[823] Der Marxist beschränkt sich „nicht darauf, allgemeines Wohlwollen oder Nächstenliebe zu postulieren, obwohl ihm diese Prinzipien, deren Nichteinhaltung Hauptursache des Leidens ist, am nächsten liegen";[824] er erkennt, wie dieser Kampf „gesellschaftlich bedingt ist und bestimmte Veränderungen der gesellschaftlichen Verhältnisse erfordert" (ebd.). Es zeigen sich also zwei Aspekte des Kampfes gegen das Leid: Wenn die Nichtbeachtung der „Nächstenliebe" Hauptursache des Leides ist, muß Nächstenliebe auch Prinzip des Kampfes gegen das Leid bleiben, sonst ruft dieser Kampf nur andere Formen menschlichen Leides hervor; aber das Prinzip muß sich konkretisieren in einer „Veränderung der gesellschaftlichen Verhältnisse", sonst wäre es ein unwirksames Schlagwort.

In jenem Brief, den Karl Marx nach der Abfassung des „Kapital" an Sigfried Meyer schreibt, bekennt er sich zum Kampf gegen das Leid der Arbeiterschaft seiner Zeit: „Ich lache über die sog. ‚praktischen' Männer und ihre Weisheit. Wenn man ein Ochse sein wollte, könnte man natürlich den Menschheitsqualen den Rücken kehren und für seine eigene Haut sorgen. Aber ich hätte mich wirklich für *unpraktisch* gehalten, wenn ich krepiert wäre, ohne mein Buch, wenigstens im Manuskript, ganz fertigzumachen."[825] Solange der wirkliche Lebenszusammenhang des Menschen noch vom Leid gezeichnet ist, prägt die Anteilnahme am Leid der anderen entscheidend seine Persönlichkeit, stellt sich als eine Forderung aus dem Sinn des Lebens. In einem redaktionellen Artikel

---

823 A. Schaff: Marx oder Sartre? 113 f.
824 Ebd. 71.
825 K. Marx: Brief vom 30. April 1867 an S. Meyer, In: MEW 31, 542.

„Atheistische Erziehung heute" legt daher die Zeitschrift „Wissenschaft und Religion" dem Marxisten nahe, sich um ein „einfühlsames und fürsorgliches Verhalten den Menschen gegenüber, besonders gegenüber jenen, die mit einem schweren Schicksal oder der Erfahrung des Scheiterns heimgesucht sind"[826] zu bemühen.

Im letzten geht das Bestreben des Marxismus jedoch tiefer: Um die offene Differenz zwischen Lebenssinn und Glück schließen zu können, muß er die *Ursachen des Leides* beseitigen und tritt daher zum Kampf gegen die *Entfremdung* an.

b. Die Beseitigung der Ursachen des Leides

Der Frage, wie sich Entfremdung und Sinn des Lebens zueinander verhalten, und ob die Entfremdungen im Aufbau des Kommunismus zu beseitigen sind, geht P. M. Egides in seinem Aufsatz „Die Grundfrage der Ethik als einer philosophischen Wissenschaft und das Problem der Entfremdung" nach. Worin besteht nach seiner Meinung Entfremdung? „Als die Widersache [antipodom] des wahren Lebenssinnes erscheint das Phänomen der Selbstentfremdung," — schreibt Egides — „d. h. des verkehrten [perevernutogo] Lebensverständnisses. Das Problem der Entfremdung vom menschlichen Wesen als negative Erscheinung des Problems des Lebenssinnes zeigt sich als die Kehrseite der Grundfrage der Ethik als einer philosophischen Wissenschaft."[827] Da der Sinn des Lebens keine dem Menschen von außen eingegebene Programmierung, sondern die „Methode des bewußten und wahrhaft freien Bestimmens der Ziele" (ebd.) ist, besteht das Kennzeichen eines entfremdeten Menschen darin, daß er „nur äußerlich, dem Scheine nach frei, innerlich aber, dem Wesen nach, Sklave" (ebd.) ist. Er ringt sich nicht zur Anerkennung dessen durch, daß das Ursprüngliche (Materielle) nicht das Höchste (Sittlich-Geistige) ist. „Für diesen Menschen stellt das Ursprüngliche [pervičnoe] das Höchste [vysšim] dar, das Höchste hat sich im Ursprünglichen aufgelöst, ist mit ihm identisch geworden . . ." (Ebd.) Das materielle Wohlergehen steht an erster Stelle, das Mittel zum Leben hat sich zum Sinn des Lebens verfälscht.

Da der Sinn des Lebens in der Verwirklichung des tätigen sinnenhaft-gesellschaftlichen Wesens des Menschen besteht, betrifft die Entfrem-

---

826 Ateističeskoe vospitanie segodnja, 5.
827 P. M. Egides: Osnovnoj vopros . . ., 88 (Vgl. zu „Entfremdung" auch Anmerkung 185a).

dung gerade das Wesen des Menschen. „Ein entfremdeter Mensch ist ein Mensch, der sein Wesen verloren hat ... Ein entfremdeter Mensch verliert das menschliche Wesen nicht ganz und gar, sondern für sich: Er bleibt ein Wesen, das zielgerichtet mit Hilfe von Arbeitswerkzeugen arbeitet, d. h. er ist Mensch, aber sein menschliches Wesen geht an ihm vorbei, erfüllt ihn nicht mit Freude, gewährt ihm keine Zufriedenheit, bildet nicht sein subjektives Hauptinteresse; seine Interessen liegen *außerhalb* seines Wesens, außerhalb der Verwirklichung seines Wesens. Man sagt daher mit größerem Recht nicht ‚Entfremdung des menschlichen Wesens‘, sondern ‚Entfremdung vom menschlichen Wesen‘: Bei einem solchen Menschen bleibt das Wesen des Menschen, aber seine Verwirklichung wird von ihm nicht als Sinn des Lebens erfaßt.“ (Ebd.) Da die Entfremdung dem Menschen nicht äußerlich bleibt, „bezeichnet man gerade solchen Zustand des Menschen auch als Selbstentfremdung, als Inversion (Umkehrung [perevernutost']) des Verhältnisses zwischen Sinn des Lebens und Mittel zum Leben“.[828]

Egides macht auf eine wichtige Besonderheit der marxistischen Entfremdungslehre aufmerksam: In der Entfremdung hat der Mensch *nicht etwas verloren*, das ihm früher zu eigen gewesen wäre, sondern er hat etwas *nicht erreicht*, das er hätte erreichen können. „Selbstentfremdung bedeutet nicht, daß der Mensch aus irgendeinem früheren Stand hinausgeraten ist [ušël] ..., sondern daß er *nicht* zu einem bestimmten Stand *gelangt ist* [ne došël].“ (Ebd.) Der Autor sucht dieses erstrebenswerte Niveau näher zu kennzeichnen. „Zu welchem denn? Zu einem solchen Stand, auf dem die Zufriedenheit aus der Verwirklichung seines gegenständlich-tätigen, gesellschaftlichen Wesens von ihm als Sinn des Lebens begriffen wird, als das, *für das* der Mensch lebt.“ (Ebd.) In dieser Aussage wird eine Weiterführung der eigenen Gedanken des Philosophen aus Rostov deutlich: Bestimmte Egides in den Schriften seiner Brjansker Zeit dieses „für das [dlja čego]“ des Lebens noch als „das objektiv Wichtige“[829] der menschlichen Lebensziele, dasjenige, „für das eben die Ziele seines Lebens erforderlich sind“ (ebd.) (und objektiv wichtig hieß eindeutig: gesellschaftlich bedeutsam), so bezieht er nun folgerichtig dieses Objektive zurück auf das handelnde Subjekt: Die Frage nach dem Sinn des Lebens führt letztlich zur Frage nach dem subjektiven Wert des Lebens für den betreffenden Menschen selbst. Es geht

---

828 Ebd. 89.
829 P. M. Egides: Marksistskaja ėtika ..., 31.

ihm also um die *sittliche Zufriedenheit vermittels der objektiven Bedeutung des Lebens.*

Die Verwirklichung des Lebenssinnes stellt sich als eine Aufgabe dar, und ihre Verkennung oder Verweigerung verursacht die Entfremdung. „Wenn ein Mensch sein gegenständlich-tätiges Wesen schlechthin nicht verwirklicht, dann ist er *wesentlich kein Mensch,* sondern nur die *Form eines Menschen* oder bestenfalls die Möglichkeit eines Menschen, Mensch ‚an sich' [čelovek ‚v sebe'] ... Wenn zwar ein Mensch sein gegenständlich-tätiges Wesen verwirklicht, aber den Sinn seines Lebens *außerhalb seines Wesens* sieht, die Verwirklichung seines menschlichen Wesens nur für ein Mittel des Lebens hält und dazu noch für eine schreckliche Last, dann ist er ein *entfremdeter Mensch* ... Im Hinblick auf ihn kann man nur von einem Lebenssinn ‚an sich' [v sebe] sprechen, von einem Sinn-an-sich des Lebens ..., nicht aber von einem Lebenssinn ‚für sich' [dlja sebja] ..."[830]

Wie Entfremdung sich ereignet, läßt sich daher nur verstehen, wenn man erfaßt, wie sich der Sinn des Lebens verwirklicht; der negative Aspekt erhellt sich von der Bestimmung des positiven Aspektes her. Die sinnvolle Lebenstätigkeit ist nach P. M. Egides Selbstverwirklichung des Subjektes vermittels Objektivierung; die Entfremdung als ihre Widersache besteht daher in der Verhinderung dieser Selbstverwirklichung. „Eine *Objektivation des Subjektes, die zur Vernichtung des Subjektes als Subjekt,* als Persönlichkeit, zur Verwandlung seiner selbst (und nicht seiner Tätigkeiten, seiner Energie) in ein [bloßes] Objekt (sowohl in den realen zwischenmenschlichen Beziehungen als auch im Bewußtsein) *führt, ist Entfremdung und Selbstentfremdung* als Widersache des wahren Lebenssinnes."[831]

In der Entfremdung sieht der Marxist nicht die fortdauernden Folgen eines „Sündenfalls", er setzt den Begriff „Entfremdung" vielmehr gleichsam als „negative Chiffre" für das *Werden des Menschen.* Stammesgeschichtliche Entwicklung und Geschichte sind dieser Prozeß einer Überwindung der Entfremdung. Ursprünglich entstand — sagt Egides — das Wesen des Menschen „nur als besonderes, qualitativ neues Mittel zur Selbsterhaltung, zur Reproduktion des biologischen Trägers des künftigen Menschen (des Menschlichen) und nicht als Inhalt des Lebens ..."[832] In den bisherigen antagonistischen Gesellschaften sind nach

---

830 P. M. Egides: Osnovnoj vopros..., 89.
831 Ebd. 91.   832 Ebd. 90.

marxistischer Auffassung die Menschen nur mühsam imstande, die Umorientierung vom Sinnenhaften auf das Gesellschaftliche zu vollziehen, den Sinn des Lebens „im spezifisch Menschlichen zu sehen, das als Mittel betrachtet wird, wie es genetisch ja auch der Fall war ..." (ebd.). Doch beginnt schon in den Klassengesellschaften ein Werden der Menschen zu Persönlichkeiten. Dabei ist es nicht möglich, ein fertiges Modell der Persönlichkeit zu kopieren, vielmehr ist „dieses Idealmodell Verallgemeinerungsresultat der Elemente einer wahren Persönlichkeit, die sich gerade bei entfremdeten Persönlichkeiten entwickelt haben ... Die Entfremdung gelangt zu ihrer Negation; indem die Menschheit die Entfremdung als ein notwendiges Stadium durchschreitet, gelangt sie zum wahren Sinn des Lebens." (Ebd.) In dieser Aufwärtsentwicklung der Menschheit stellt die sozialistische Gesellschaft eine neue Etappe dar; in ihr „beseitigt man solche sozial-ökonomischen Bedingungen der Entfremdung wie die Ausbeutung fremder Arbeit durch das Privatkapital ..., in ihr findet der Überwindungsprozeß der Entfremdung und Selbstentfremdung sichtlich statt".[833]

Egides schränkt nun in bemerkenswerter Weise ein: „Dennoch bedeutet das nicht, daß es bei uns bereits keine Erscheinungen von Entfremdung und Selbstentfremdung mehr gebe. Einerseits kann der Mensch sich schon aus den Schlingen der Entfremdung lösen, andererseits befindet er sich noch in ihnen."[834] Anhand von Beispielen bürokratischer Willkür stellt er fest, daß die „Elemente politischer und sittlicher Entfremdung einander durchdringen".[835] Zu den Schuldigen an dieser fortdauernden Entfremdung rechnet er vor allem die Dogmatiker wie auch jene, die zwar gegen den Dogmatismus und dagegen schreiben, daß der Mensch „im allgemeinen nach Algorithmen lebt, selbst jedoch Angst haben, gegen die konkreten Schuldigen an der Algorithmisierung des Menschen und die konkreten Algorithmen den Mund aufzumachen. Ein Mensch, der gegenüber dem hohen Sinn des Lebens völlig offen ist, hat den Mut, sich gegen all das zu erheben."[836] Versteht man unter Algorithmen gewöhnlich feststehende Verfahrensweisen zur Lösung mathematischer Aufgaben, so wendet sich Egides mit diesem übertragenen Begriff gegen jene Leute, die ihre festgefahrenen Methoden anderen aufzwingen und „ihre ‚Position' wie ihren Augapfel hüten und darin eine wichtige (wenn nicht gar die entscheidende) Komponente des eigenen Lebenssinnes sehen. (Gerade solche Leute zeigen am meisten den

---

833 Ebd. **91.**   834 Ebd. 95.   835 Ebd. 100.   **836 Ebd. 107.**

Hang zu politischer Entfremdung.)"[837] Egides zieht die Folgerung:
„Leute, die sich nicht von dieser Last der Entfremdung befreit haben,
können nicht zur Gestaltung des neuen Menschen beitragen."[838]
Alles Gesagte läuft auf die Frage hinaus: „... warum sind solche Fakten möglich, wie wir sie oben angeführt haben?" (Ebd.) Das Erzübel
liege im System des Privateigentums, versichert Egides, es sei die
„Quelle der Entfremdung".[839] „Was aber die Erscheinungen politischer
und sittlicher Entfremdung betrifft, so hängen sie nicht mit dem eigentlichen Wesen des Sozialismus zusammen, sondern mit den komplizierten historischen Bedingungen seiner Entstehung, die noch durch subjektive Faktoren erschwert werden." (Ebd.) Im Folgenden setzt er die
Polemik fort, die Argumentation des Autors wird jedoch eigenartig
unsicher; er erkennt anscheinend, daß das Problem der Entfremdung
letztlich in den subjektiven Faktoren gründet und fügt hinzu: „Gegen
diese Erschwerung gilt es gerade zu kämpfen. Das Werk einer Beseitigung der genannten Formen der Entfremdung hängt zusammen mit der
Notwendigkeit einer wirklich tiefen und breiten Demokratie in allen
Sphären unseres Lebens." (Ebd.) Die Übergangsepoche des kommunistischen Aufbaus ist eine Zeit der Anspannung und der Prüfung; in
ihr entscheidet es sich, ob das angestrebte Ziel zu verwirklichen ist.
„Wenn man nicht beharrlich und tapfer kämpft, dann würde die Übergangsepoche als solche nicht möglich, alles würde erstarren und sich
verhärten."[840]
Das ernsteste Hemmnis im Aufbau des Kommunismus bilden die Vertreter des ideologischen und politischen Establishment, die „vor Entfremdung triefenden [propitannye otčuždeniem] Dogmatiker" (ebd.),
die den Aufbau des Kommunismus mit Mitteln zu erreichen suchen,
die seinem Endziel — der Entfaltung der Persönlichkeit — zuwider-
laufen. „Der grundlegende, prinzipielle Unterschied zwischen schöpferischen Marxisten, schöpferischen Kommunisten und den Dogmatikern
besteht darin: Letztere wollen die neue kommunistische Gesellschaft, die
Gesellschaft freier Menschen, durch Verwandlung der Menschen in
Automaten erreichen, die sich eine ‚x-beliebige' Summe von Normen
einzupauken und mit den Scheuklappen von Instruktionen zu leben
haben und in denen wohl vermittels einer ‚ideologischen Kapuze' die
‚Geheimpolizei' steckt (MEW 3,243 f), wie schon Marx spottete. Sie
wollen den Kommunismus erbauen durch eine Entfremdung von ihrem

---

837 Ebd. 100.   838 Ebd. 101.   839 Ebd. 105.   **840 Ebd. 106.**

wahrhaft menschlichen Wesen. Die ersteren aber wollen" — es folgt die einzige fettgedruckte Zeile in dem fast fünfzig Seiten starken Aufsatz — *„die neue Gesellschaft freier Menschen als freie Menschen errichten,* als Menschen der Selbstdisziplin, als ganzheitliche und selbsttätige Persönlichkeiten." (Ebd.)

Faßt man die Ausführungen von P. M. Egides insgesamt in den Blick, so entsteht der Eindruck: Ausgehend von der Grundfrage der Ethik sagt der Autor dem Problem der Entfremdung den Kampf an, trägt seinen Angriff anfangs zügig und tief gegliedert vor, um nun auf das Problem der Entfremdung im Sozialismus zu stoßen. Hier gerät der Vorstoß ins Stocken, und nach einigem Geplänkel bricht Egides das Gefecht unerwartet ab. Gerade an dieser Stelle erwartet aber der Leser Aufschluß über ein entscheidendes Problem des Kommunismus: Hat die marxistische Philosophie in den fortbestehenden *Erscheinungen* von Entfremdung das *Wesen* der Entfremdung erkannt? Ist es also dem Kommunismus überhaupt *möglich,* die Entfremdung in ihren Ursachen zu beseitigen, oder stellt diese Ambition nur ein leeres Versprechen dar? Egides setzt sich zwar ausdrücklich von Schaffs nüchterner Lagebeurteilung in dessen Buch „Marxismus und das menschliche Individuum" ab und stellt die hintergründige Frage: „Wozu dann unser ganzer Kampf mit dem antagonistischen Gesellschaftstyp, wenn auch die kommunistische Gesellschaft der Entfremdung ohnmächtig gegenübersteht?"[841] Der Autor gibt sich abschließend optimistisch, daß der Kommunismus die „völlige Beseitigung der Entfremdung" (ebd.) bringe, sonst sei er eben kein Kommunismus, verzichtet aber auf jede Begründung.

A. F. Šiškin scheint auf dem Moskauer Disput dieser Deklaration nicht zu trauen: „Man kann P. M. Egides so verstehen, als ob im Sozialismus Erscheinungen sittlicher und politischer Selbstentfremdung blieben, die mit der Disziplin zusammenhängen. Das ist doch krauses Zeug, das den Leser nur desorientiert!"[842] empört sich Šiškin.

Wir setzen an dieser Stelle die Diskussion, die Egides aus gutem Grund abbricht, mit zwei Fragen fort: Handelt es sich bei den von ihm geschilderten Phänomenen um Entfremdung in der eigentlichen marxistischen Wortbedeutung? Falls ja, sind ihre Ursachen zu beseitigen? Wenn der Autor selbst von „Erscheinungen" der Entfremdung spricht, so muß ihnen ein „Wesen" zugrundeliegen, soll es sich nicht um Wort-

---

841 Ebd. 107.
842 N. A. Golovko, V. S. Markov: Za naučnost' i konkretnost'..., 149.

spielerei handeln. Die Widersache, die „Antipode" des Lebenssinnes ist die Entfremdung, wie die Widersache des Glückes das Leid ist. Gelänge es, dieses Wesen der Entfremdung bleibend zu beseitigen, würde auch das Ausbrechen aus dem Unheilskreis von Entfremdung und Leid möglich, und damit wäre die Vollendung des Kommunismus, des umkämpften immanenten Regelsystems von Lebenssinn und Glück, eingeleitet.

Suchen wir die erste Frage zu beantworten, ob es sich bei den von Egides geschilderten Phänomenen um Entfremdung handelt. Karl Marx kennzeichnet die Entfremdung — die am offensichtlichsten in der Lage der Arbeiterschaft um die Mitte des 19. Jahrhunderts zum Ausdruck kommt — stets im Zusammenhang mit dem Wesen des Menschen. Die ausbeuterischen Verhältnisse des verschärften Konkurrenzkapitalismus bewirken, daß die aufgezwungene Form der Arbeit dem Arbeiter äußerlich bleibt, „nicht zu seinem Wesen gehört, daß er sich daher in seiner Arbeit nicht bejaht, sondern verneint, nicht wohl, sondern unglücklich fühlt, keine freie physische und geistige Energie entwickelt, sondern seine Physis abkastet und seinen Geist ruiniert" (ebd.). Darin geschieht eine Entfremdung des Menschen von seinem menschlichen Wesen, denn diese Form der Arbeit „entfremdet dem Menschen seinen eigenen Leib, wie die Natur außer ihm, wie sein geistiges Wesen, sein *menschliches Wesen*".[843] Indem sie „das *Gattungswesen des Menschen*, sowohl die Natur als sein geistiges Gattungsvermögen, zu einem ihm *fremden* Wesen, zum *Mittel* seiner *individuellen Existenz*" (ebd.) entwirklicht, läuft sie dem Prozeß seiner Menschwerdung zuwider. Sie läßt ihn — wie Georg Mende feststellt — „zu einer Sache werden".[844] Das selbstentfremdende Verhältnis ist nichts anderes als die Entfremdung der Menschen voneinander. Aufgrund der Konzeption vom tätigen sinnenhaft-gesellschaftlichen Wesen des Menschen kann Marx diese Gleichsetzung vollziehen: „Überhaupt der Satz, daß dem Menschen sein Gattungswesen entfremdet ist, heißt, daß ein Mensch dem anderen, wie jeder von ihnen dem menschlichen Wesen entfremdet ist."[845] Eine Entfremdung im ökonomischen Bereich verweist somit auf eine grundlegende Störung im sozialen Leben, denn „in der praktischen, wirklichen Welt kann die Selbstentfremdung nur durch das praktische wirkliche Verhältnis zu andern Menschen erscheinen".[846] Der Entfremdungs-

843 K. Marx: ÖPhM 89.
844 G. Mende: Karl Marx' Entwicklung vom revolutionären Demokraten zum Kommunisten, Berlin/Ost / 3. Aufl. 1960, 151.
845 K. Marx: ÖPhM 89.   846 Ebd. 91.

begriff hat daher zunächst einen *sozialen Inhalt.* Vladimir Ruml betont, daß „der Erkenntniswert des Entfremdungsbegriffes im theoretischen System des Marxismus darin liegt, daß er die Qualität gesellschaftlicher Verhältnisse und die Auswirkungen des Einflusses gesellschaftlicher Verhältnisse auf den Menschen als auf ein gesellschaftliches Wesen zum Ausdruck bringt".[847] Den sozialen Charakter des Entfremdungsbegriffes, der sich nicht allein auf menschliches Bewußtsein, sondern auf das gesamte menschliche Sein bezieht, betont auch Georg Mende: „Die durch die entfremdete Arbeit bewirkte Selbstentfremdung des Menschen ist keine individuelle Pose des Menschen, der Begriff der Selbstentfremdung drückt nicht das Verhältnis eines Menschen zu sich selber aus, sondern Selbstentfremdung ist ein bestimmtes Verhältnis, in dem ein Mensch sich zu andern Menschen befindet."[848]

Diese soziale Entfremdung ist kein unveränderlich den Menschen vorgegebenes Mißverhältnis, sondern vom Menschen verursacht: „Das Mittel, wodurch die Entfremdung vorgeht, ist selbst ein *praktisches.*"[849] Karl Marx bekräftigt diese Aussage später in seinen Vorarbeiten zum „Kapital", in den 1857/58 verfaßten „Grundrissen der Kritik der Politischen Ökonomie": „Aber offenbar" — erläutert Marx — „ist dieser Verkehrungsprozeß bloß *historische* Notwendigkeit, bloß Notwendigkeit für die Entwicklung der Produktivkräfte von einem bestimmten historischen Ausgangspunkt aus ..., aber keineswegs eine *absolute* Notwendigkeit der Produktion; vielmehr eine verschwindende, und das Resultat und der Zweck (immanente) dieses Prozesses ist, diese Basis selbst aufzuheben, wie diese Form des Prozesses."[850]

Die Entfremdungskategorie erschöpft sich jedoch nicht in einem *sozialhistorischen Inhalt,* wie Milan Prucha auf der IV. Konferenz der Redakteure philosophischer und soziologischer Zeitschriften der sozialistischen Länder kritisiert. Er bemängelt, daß „bisher die Marxisten den Begriff der Entfremdung zwar benutzten, um die Entwicklung der Gesellschaft, nicht aber, um die Entwicklung des Menschen zu kennzeichnen. „Das heißt", — referiert A. T. Pavlov in seinem Bericht über

---

847 V. Ruml: Filosofija marksizma-leninizma..., 48.
848 G. Mende: Karl Marx' Entwicklung..., 152 (Im Original Hervorhebung. — HFS).
849 K. Marx: ÖPhM 91.
850 K. Marx: Grundrisse der Kritik der Politischen Ökonomie (Rohentwurf 1857—1858 und Anhang aus den Heften von 1850—1851), Berlin/Ost / 1953, 716.

die Konferenz — „nach Auffassung M. Pruchas wurde dieser Begriff üblicherweise nur als sozialer, nicht aber als philosophischer Begriff verwendet."[851] Dieser Hinweis läßt uns weiterfragen: Liegt den Erscheinungen von Entfremdung nur *ein einmaliges Ereignis* voraus, das seine leidvollen Folgen in der Geschichte nach sich zog? Dann könnten sie durch einen einmaligen historisch-sozialen Akt in ihren Grundlagen beseitigt werden. Oder geschieht Entfremdung als *ein jeweiliges Ereignis*, das — obschon nicht notwendig geschehend, so doch faktisch immer wieder geschehen — in Zusammenhang mit dem tätigen sinnenhaft-gesellschaftlichen Wesen des Menschen steht?

Von den „Ökonomisch-philosophischen Manuskripten" über die „Grundrisse der Kritik der Politischen Ökonomie" bis zum „Kapital" verfolgt Marx einschlußweise eine Lösung dieser Frage und benennt hier das vorletzte Kapitel „Die sogenannte ursprüngliche Akkumulation". Sich der Schwierigkeit dieses Themas wohl bewußt, beginnt er mit knapp vier Seiten über „Das Geheimnis der ursprünglichen Akkumulation"[852] und kennzeichnet eine intellektuelle Grenzsituation der Analyse: Der kapitalistische ökonomische Mechanismus birgt zwar kein Rätsel mehr; Arbeit verwandelt sich in Kapital, Kapital erpreßt Mehrwert, der Mehrwert häuft Kapital an und schraubt den Ausbeutungsprozeß höher. Aber dieser kapitalistische Mechanismus setzt bereits die Existenz von Kapital unbefragt voraus, — und diese Voraussetzung gilt es zu überfragen auf einen *Beginn der Ausbeutung*. „Diese ganze Bewegung scheint sich also" — sagt Marx — „in einen fehlerhaften Kreislauf herumzudrehn, aus dem wir nur hinauskommen, indem wir eine der kapitalistischen Akkumulation vorausgehende ,ursprüngliche' Akkumulation (,previous accumulation' bei Adam Smith) unterstellen, eine Akkumulation, welche nicht das Resultat der kapitalistischen Produktionsweise ist, sondern ihr Ausgangspunkt." (Ebd.) Für Marx legt sich sogleich eine Parallele von „ursprünglicher Akkumulation" und „Sündenfall" nahe: Auch bei der Sünde wird „ihr Ursprung . . . erklärt, indem er als Anekdote der Vergangenheit erzählt wird" (ebd.). Mit bissigen Worten wiederholt er das Märchen von der redlich erwirkten

---

851 Wiedergegeben von A. T. Pavlov: IV soveščanie redaktorov filosofskich i sociologičeskich žurnalov socialističeskich stran / IV. Konferenz der Redakteure philosophischer und soziologischer Zeitschriften der sozialistischen Länder /, In: „Vestnik Moskovskogo universiteta — Filosofija" 1967/1/75.

852 In: MEW 23, 741.

Akkumulation, verspottet die nationalökonomische Beschönigung des dauernden Unrechts: „In einer längst verflossenen Zeit gab es auf der einen Seite eine fleißige, intelligente und vor allem sparsame Elite und auf der anderen faulenzende, ihr alles, und mehr, verjubelnde Lumpen ... So kam es, daß die ersten Reichtum akkumulierten und die letzteren schließlich nichts zu verkaufen hatten als ihre eigene Haut." (Ebd.) Als ob die Ökonomie wie eine Insel der Gerechtigkeit in der Geschichte der Gewalt läge. „In der wirklichen Geschichte spielen bekanntlich Eroberung, Unterjochung, Raubmord, kurz Gewalt die große Rolle. In der sanften politischen Ökonomie herrschte von jeher die Idylle. Recht und ‚Arbeit‘ waren von jeher die einzigen Bereicherungsmittel, natürlich mit jedesmaliger Ausnahme von ‚diesem Jahr‘."[853] Marx tut dieses Gerede als „fade Kinderei" (ebd.) ab und konstatiert nüchtern den frühen *Einbruch von Gewalt* in die Geschichte: „In der Tat sind die Methoden der ursprünglichen Akkumulation alles andere, nur nicht idyllisch." (Ebd.)

Das erschlossene Ereignis einer ersten Akkumulation, eines Beginns der Ausbeutung, leitete eine *Geschichte der Gewalt* ein, die sich in der historischen Perspektive als inneres Moment aller Entwicklung darstellt. Sklavenhaltergesellschaft, Feudalismus und Kapitalismus sind die Etappen dieser fortgesetzten Entfremdung durch fortgesetzte Gewalt. Auch die „Ritter von der Industrie brachten es ... nur fertig, die Ritter vom Degen zu verdrängen, dadurch, daß sie Ereignisse ausbeuteten, an denen sie ganz unschuldig waren".[854] Das Mißverhältnis von Mittel und Zweck zeichnet diese wie alle anderen Epochen, denn sie „haben sich emporgeschwungen durch Mittel, ebenso gemein wie die, wodurch der römische Freigelassene sich einst zum Herrn seines patronus gemacht hat" (ebd.). Doppelsinnig erweist sich auch hier die Produktionspraxis als *„exoterische* Enthüllung der menschlichen *Wesenskräfte".*[855]

Worin besteht aber diese negative „Wesenkraft", die immer wieder in einen „fehlerhaften Kreislauf" hineingeführt hat? Ein Vergleich zwischen den frühen „Ökonomisch-philosophischen Manuskripten" und dem reifen „Kapital" zeigt, daß gerade die Betonung der *Gewalt in der Geschichte* im „Kapital" hervorsticht, sobald Marx von der Entfremdung spricht. In den Pariser Manuskripten verlangt er: „Versetzen wir uns nicht wie der Nationalökonom, wenn er erklären will, in einen erdichteten Urzustand. Ein solcher Urzustand erklärt nichts. Er schiebt

---

854 Ebd. 743.   853 Ebd. 742.   855 K. Marx: ÖPhM 122.

bloß die Frage in eine graue, nebelhafte Ferne."[856] Marx erkennt, daß es nicht um die Fixierung irgendeines ökonomischen Urzustandes und Sündenfalles, nicht um die konstruierten Hilfsvorstellungen, sondern um das, was sie verdeutlichen sollen, geht: das Problem der Gewalt in der Geschichte und die ihr folgende Entfremdung z. B. im Verhältnis von Arbeit und Verteilung der Arbeitsprodukte. Diese Klärung leistet der Nationalökonom nicht, „er unterstellt in der Form der Tatsache, des Ereignisses, was er deduzieren soll, nämlich das notwendige Verhältnis zwischen zwei Dingen, z. B. zwischen Teilung der Arbeit und Austausch" (ebd.). Seine weiteren ökonomischen und historischen Studien bringen Marx zu der Erkenntnis, daß nicht ein nur erschlossenes einmaliges Ereignis fortwirkende Ursache der Entfremdung ist, sondern daß es sich um ein faktisch nachprüfbares *historisches Kontinuum* handelt. Im „Kapital" *mündet daher die Entfremdungsproblematik in die Frage nach der Gewalt,* um den in allen Gesellschaftsformationen geschehenen „Formwechsel"[857] der Knechtung zu ergründen: Das historisch-soziale Problem „Entfremdung" gründet im ethischen Problem „Gewalt".[857a]

Wir müssen diese Einsicht weiterführen durch eine Besinnung auf das Verhältnis von Gewalt und *Haß.* Während *Gewalt die Verwirklichung des menschlichen Wesens hindert, leugnet Haß unausdrücklich dieses Wesen selbst.* Haß ist die tatbereite Vorform und das entfremdete Gewissen der Gewalt. Ereignet sich in der Liebe die Annahme des ganzen Menschen, so geschieht im Haß die Verneinung des ganzen Menschen. Er reicht bis an den ontologischen Status der Menschen und verleugnet ihre wesentliche seinshafte Verbundenheit: Sittlicher Zorn richtet sich zwar gegen die *Persönlichkeit* des Menschen, gegen sein Versagen durch Unrecht oder Verbrechen und sieht sich gezwungen, ihn in seinen verbrecherischen Handlungen zu bekämpfen; Haß dagegen spricht dem Menschen das *Personsein* ab und leugnet — mit den Begriffen Tugarinovs ausgedrückt — nicht nur den relativen Wert eines anderen Menschen, sondern auch seinen absoluten Wert, weil er jegliche gemeinsame Basis und die Möglichkeit künftiger Gemeinsamkeit im Denken und Handeln verneint.

---

856 Ebd. 82.
857 K. Marx: Das Kapital, Erster Band, In: MEW 23, 743.
857a Zum Problem der Entfremdung vgl. die teilweise unterschiedliche Deutung durch A. Maceina (Sowjetische Ethik..., 92—110).

Auch Bernd Bittighöfer verkennt anscheinend diesen grundsätzlichen Unterschied zwischen Haß und sittlichem Zorn: „Wer die Wahrheit sucht, muß die Lüge bekämpfen; wer das Gute will, muß das Schlechte verabscheuen, wer den Menschen liebt, muß seine Feinde hassen."[858] In der Praxis muß solche Schizophrenie vielmehr zu einem Bruch in der Persönlichkeit führen. Die Liebe als die höchste Form der dialogischen Existenz verlangt als ihre Möglichkeitsbedingung die Anerkennung eines gemeinsamen ontologischen Status der Menschen; der Haß aber ist implizit seine Leugnung. Selbst wenn sich Haß und Liebe auf verschiedene Personen beziehen, liegt dem Handeln dieses Menschen ein ungesagter logischer Widerspruch zugrunde, der zur Irrationalität seines Lebens selbst, zur Zerstörung der Persönlichkeit führt, die ohne Liebe nicht werden kann, zugleich jedoch im Haß das Werdende wieder zugrundegerichtet. Im Haß vernichtet der Mensch sich selbst.

Der Haß erniedrigt den anderen auf das Tierische, da er ihm sein Personsein abspricht, und die Rückwirkungen seines Verhaltens prägen den Hassenden: Der „tierische Haß" fällt auf ihn selbst zurück. Haß ist daher nicht aus moralisierenden Erwägungen abzulehnen, sondern aus *ethischen Gründen;* er enthält die emotional verstärkte Verkennung des ontologischen Status der Menschen, ihres gesellschaftlichen Wesens, das die Grundlage des sittlichen Handelns bildet.

Marxistisch ließe sich auch der Begriff der „Feindesliebe" anerkennen und bestimmen als der Verzicht auf Haß, der jedoch sittlichen Zorn nicht ausschließt. Insofern ist Adam Schaff zuzustimmen, der den Marxismus mit allen sozialistischen Strömungen der Vergangenheit geradezu als eine Bewegung des Protestes „gegen den Haß in den zwischenmenschlichen Beziehungen"[859] verstehen möchte. Auch Leszek Kolakowski lehnt den Haß radikal für die kommunistische Gesellschaft ab: „Eine ‚nationale Einigkeit', die mit Hilfe des nationalen Hasses erreicht wird, kann nur das Werk der Konterrevolution sein, ein Mittel, um die

---

858 B. Bittighöfer: Du und der andere neben Dir, 44.
859 A. Schaff: Marxismus und das menschliche Individuum, 67. Anscheinend mußte sich der Autor zu diesem Verständnis erst durchringen, hatte er doch früher geschrieben: „Lebensnahe Situationen sind Konfliktsituationen. Haß im Namen der Liebe ist kein Paradoxon, sondern die Folge einer realen Situation, in welcher man um die Verwirklichung der humanistischen Ideale gegen die Bekenner des Antihumanismus kämpfen muß. Wer die Menschen liebt, muß die Gegner ihrer Sache hassen." (Marx oder Sartre? 138)

wirklichen sozialen Bedingungen und wirkliche Konflikte zu verdecken und das soziale Bewußtsein auf eine falsche Fährte zu führen."[860]

Da er dem anderen die menschliche Existenzweise abspricht, ist der Haß die ausdrücklichste Form der Sinnwidrigkeit neben der Gewalt und zeigt sich jederzeit bereit, die mörderischen Konsequenzen zu ziehen. Der Kampf gegen den Haß wird damit zum Kampf gegen eine der Ursachen des *Krieges*. Karel Kosík weist auf den engen Zusammenhang von Alltäglichkeit und Geschichte hin, den wir auf das Problem des Hasses hin durchdenken müssen. Es gibt keine Alltäglichkeit schlechthin, sondern immer nur bestimmte Alltäglichkeit, die Ergebnis geschichtlicher Ereignisse ist und diese vorbereitet: „Die Alltäglichkeit ist eine *phänomenale* Welt, in der sich die Wirklichkeit auf eine bestimmte Weise *offenbart* und gleichzeitig *verbirgt*."[861] Krieg wird zur Offenbarung der vorausgehenden Alltäglichkeit, „Krieg ist Geschichte".[862] Es erhebt sich dann die Frage: Wie mag jene Alltäglichkeit ausgesehen haben, die zum Krieg führen mußte? Der Einblick in sie verschafft Klarheit darüber, daß gestern „alltäglich" widerspruchslos hingenommene Haßpropaganda ihre Mitläufer vorbereitet auf das heute „geschichtlich" hereinbrechende Unheil, das sie über Millionen Menschen bringen, und das selbst neuen Haß erzeugt. Nur der im Alltag niedergekämpfte Haß ermöglicht eine Geschichte, die frei von Haß und Gewalt wird.

F. Michajlovs Überzeugung, daß „von der Philosophie und von ihrer Wissenschaftlichkeit in vielem das Schicksal der Menschheit abhängt",[863] gilt besonders für die philosophische Klärung und Überwindung des Hasses. Angesichts seiner zerstörerischen Wirkungen erscheint es dürftig, was die marxistische Philosophie bisher zu dieser Frage zu sagen wußte. Doch liegt nicht nur eine Unterlassung vor, sondern man muß feststellen, daß auch dem Irrtum zu oft Raum gegeben wird, wenn eine Reihe Autoren Haß und Schonungslosigkeit als angemessene Mittel dem Klassenkampf zuordnet. So erklärt D. I. Česnokov selbstsicher und ohne Scheu: „Der Sozialismus ist zutiefst humanistisch, denn er beseitigt die Ausbeutung des Menschen durch den Menschen. Er ist sogar dann humanistisch, wenn für seinen Sieg Menschen ihr Leben opfern

---

860 L. Kolakowski: Der Mensch ohne Alternative, 189.
861 K. Kosík: Die Dialektik des Konkreten, 75.
862 Ebd. 73.
863 Wiedergegeben von I. Kljamkin, A. Cipko: Mužestvo mysli / Der Mut zum Denken /, In der Zeitung: „Komsomol'skaja pravda" vom 8. Dezember 1967, Zitiert nach der Übersetzung in: O-P 1968, 43.

und gegenüber Feinden, die sich nicht ergeben, keine Schonung zeigen. Er ist auch dann humanistisch, wenn das Gebäude der neuen Gesellschaft um den Preis ungewöhnlicher Entbehrungen und in hartnäckigem Kampf mit dem Alten errichtet wird."[864] Auch in den weiteren Ausführungen dieses Abschnittes entwickelt Česnokov seinen höchst eigenartigen sittlichen Kodex der Erbauer des Kommunismus. Doch selbst das „moralische Gesetz eines Erbauers des Kommunismus" im Programm der KPdSU lehrt „Unversöhnlichkeit gegenüber den Feinden des Kommunismus"; von dort ist es bis zum Haß des Feindes nicht weit.[865] Der Aufruf zur kämpferischen Solidarität ist nicht ein Aufruf zum Haß, auch wenn dieses grobe Mißverständnis noch weit verbreitet erscheint. Wir müssen hier klar von einem ernsten Versagen der marxistischen Philosophie sprechen und jene leichtfertige Kultivierung des Hasses als *den* schwachen Punkt in vielen Veröffentlichungen kritisieren, die nicht zu unterscheiden vermögen zwischen Haß und sittlichem Zorn und mit dem Haß das Verbrechen mobilisieren.

Wir können nun zurückkehren zu der Frage, ob die von Egides geschilderten Phänomene nur Unzulänglichkeiten, oder ob sie in der strengen, von Marx verwendeten Wortbedeutung Entfremdungen sind, und wir müssen sie als eindeutige *Entfremdungen* bezeichnen. Marx betrachtet als Entfremdung einen Zustand, der sich zu seiner Zeit vor allem in der Entfremdung der Arbeit zeigt, der sich aber als historisch-soziales Kontinuum darstellt und in der *Anwendung von Gewalt entgegen der Verwirklichung des menschlichen Wesens gründet.* Sie geschieht in der Blockierung der sinnenhaften und gesellschaftlichen Bedürfnisse des Menschen sowie als gewaltsame Beschränkung seiner Freiheit, des Tatcharakters des menschlichen Seins. Im Hinblick auf die Grundformen eines sinnvollen Lebens läßt sich sagen: Alles, was den Menschen an Arbeit, kämpferischer Solidarität und dialogischer Existenz hindert, ist eine Erscheinung von Entfremdung.

Danach läßt sich auch an die Beantwortung der zweiten Frage herantreten, ob die Entfremdung von ihrem Wesen her zu beseitigen ist. Gewalt und Haß gehen vom Einzelnen aus; wer die gewaltsame Übervorteilung vornimmt — stellt Marx heraus — „das ist der Eigentümer

864 D. I. Česnokov: Obostrenie idejno-političeskoj bor'by..., 12.
865 Programma kommunističeskoj partii sovetskogo sojuza, prinjata XXII s"ezdom KPSS / Programm der Kommunistischen Partei der Sowjetunion, angenommen auf dem XXII. Parteitag der KPdSU /, Moskau 1961, 119 f.

des Mehrwerts. *Sie ist also sein Willensakt.*"[866] Da das Wesen der Entfremdung in der Anwendung und im Erleiden von Gewalt (und Haß) besteht, würde mit dem *Verzicht auf Gewalt* (und Haß) in ihren offenen und versteckten Formen auch die Entfremdung aufhören. Weil der Entfremdung ein *jeweiliges* und nicht ein *einmaliges* Versagen zugrundeliegt, bleibt die Beseitigung der Entfremdung eine *beständige Möglichkeit* und Aufgabe. Eine Beseitigung der *Möglichkeit der Gewaltanwendung* scheint jedoch allein durch Vernichtung von Sittlichkeit erreichbar zu sein, denn Sittlichkeit verwirklicht sich nur in Freiheit, und Freiheit schließt das Risiko des Versagens ein. Zu enteignen sind aber die bisher erkannten verfestigten *Verwirklichungsbedingungen der Gewaltanwendung:* das uneingeschränkte *Privateigentum* an den Produktionsmitteln (durch ihre Sozialisierung) und die unkontrollierten gesellschaftlichen *Institutionen* (durch ihre Demokratisierung).

Da sich Entfremdung als die Folge von Verleugnung und gewaltsamer Verhinderung der Verwirklichung des menschlichen Wesens zeigt, hat sich die Beseitigung der Entfremdung *am menschlichen Wesen zu orientieren;* die integralen Momente der Sinnenhaftigkeit, der Gesellschaftlichkeit und des Tatcharakters des menschlichen Seins, d. h. der Freiheit müssen im Vollzug des Kampfes gegen die Entfremdung anerkannt bleiben. Die Strangulierung des einen Elementes — zum Beispiel der sittlichen Freiheit — ließe den Kampf gegen die Entfremdung in einen Vernichtungsfeldzug gegen den Menschen selbst entarten. Eine automatisierte Sittlichkeit bleibt ein Widerspruch in sich, und der Versuch, sie zu experimentieren, würde den Kommunismus als ein moralisches Konzentrationslager mit der Torparole „Alles zum Wohle des Menschen" erbauen.

Über die Chancen einer vollständigen Beseitigung der Entfremdungen im Aufbau des Kommunismus beginnen sich daher marxistische Philosophen selbst Rechenschaft abzulegen. Eine kritische Prognose scheint Jastremskij von der Universität Donezk zu treffen (wir zitieren nach dem Bericht über einen Vortrag des Gelehrten), der „die Entfremdung als Vergegenständlichung deutete, die für die praktische Tätigkeit des Menschen eigentümlich, ständig mit der Wechselbeziehung von Subjekt und Objekt verbunden und deshalb unausweichlich für die Gesellschaft eigentümlich ist".[867] Damit scheint er seine Ansicht auszusprechen, daß

---

866 K. Marx: Das Kapital, Erster Band, In: MEW 23, 618 (Hervorhebung von mir. — HFS).
867 Wiedergegeben von A. S. Bogomolov: Simpozium po aktual'nym

dem Prozeß der Vergegenständlichung des Menschen, d. i. seiner Äußerung immer die Tendenz zur Entfremdung innewohnen wird. Deutlicher bringt die polnische Philosophin Helena Eilstein die Konsequenzen für den Aufbau des Kommunismus zum Ausdruck und führt in einem Referat (das wir nach einem Kurzbericht wiedergeben) aus, „jede beliebige Gesellschaft habe *ihre* Arten von Entfremdung, und im Sozialismus träten neue Arten, neue Aspekte der Entfremdung zutage, die es im Kapitalismus noch nicht gegeben habe. Insofern dem Menschen entsprechend seinem Gattungswesen Konflikte eigen seien, könne es eine konfliktlose Gesellschaftsordnung nicht geben; folglich sei auch der Kommunismus keine konfliktlose Gesellschaftsordnung, und er beseitige nicht die Entfremdung."[868] In dieser einsetzenden Ernüchterung der marxistischen Philosophie über die realen Aussichten einer Überwindung der Entfremdung scheint die gegenwärtige Krise zwischen Philosophie und Politik im sozialistischen Lager ihren tiefsten Grund zu finden.

Die Frage nach einer endgültigen Beseitigung der Entfremdungen läßt nur jene redliche Antwort zu, die die *Bedingungen* einer solchen Endlösung klarstellt: Da die Entfremdung eine historisch-soziale Erscheinung ist, muß sie *prinzipiell* historisch-sozial zu beseitigen sein. Da ihr philosophisches Wesen in Haß und Gewalt liegt, ist die Entfremdung (negativ) nur durch den Verzicht auf Haß und Gewalt in Geschichte und Gesellschaft zu beseitigen. Der Erfolg hängt aber *faktisch* vom Kampf um jede einzelne Situation ab. Dieser Kampf geschieht (positiv) nur auf dem Wege der Verwirklichung des eigenen Lebenssinnes, in der tätigen Überwindung auch des Zögerns und Zweifelns an diesem Sinn. Sie bedarf entsprechend oft „*einer Revision des Lebens* und nicht *einer Revision des bewußten Verhaltens zum Leben*",[869] wie Leszek Kolakowski die praktische Forderung kennzeichnet. In einer subjektivistischen nur „existenziellen Modifikation"[870] würde der Mensch — nach

---

problemam istorii filosofii / Symposium zu aktuellen Problemen der Philosophiegeschichte /, In: „Vestnik Moskovskogo universiteta — Filosofija" 1967/5/102.

868 Wiedergegeben von A. T. Pavlov: IV sovešćanie redaktorov..., 75 (Inzwischen wurde H. Eilstein — einem Bericht in O-P 1968, 508 zufolge — ihres Postens als Chefredakteur der Warschauer „Studja filosoficzne" enthoben. — HFS).

869 L. Kolakowski: Der Mensch ohne Alternative, 196.

870 K. Kosík: Die Dialektik des Konkreten, 83.

Karel Kosík — nicht die Welt, sondern nur seine *Haltung* zu ihr verändern: er „entwertet die Alltäglichkeit mit ihrer Entfremdung, erhebt sich über sie, aber negiert damit zugleich auch den *Sinn* seines Handelns" (ebd.).

Nach dieser Klärung des Entfremdungsproblems tritt die Fragwürdigkeit des Versuches offen zutage, das Leid *gänzlich* aus der Wirklichkeit zu beseitigen. Der Kampf mit den Ursachen des Leides ist ein Kampf gegen Haß und Gewalt in jeder Situation des Lebens. Er bleibt nicht erfolglos, und darum muß er geführt werden; er wird kaum den vollen Erfolg bringen, und darum muß er in Geduld geführt werden. Der Sinn des Lebens besteht nicht nur in der Überwindung des Leides, sondern auch in seiner Annahme, und damit sprengt es fortwährend einen immanenten Ausgleich von Lebenssinn und Glück. Wenn sich der Marxist auf das Leben einläßt und seinen Sinn zu verwirklichen sucht, muß er sich gerade auf das Wesen des Menschen einlassen und von der Erzwingung einer endgültigen und abschließenden Lösung des Problems Abstand nehmen. Zu dieser Erkenntnis gelangt Milovan Djilas: „Die menschliche Natur erwies sich auch im Kommunismus — wie immer und überall im Lauf der menschlichen Geschichte — als ungeeignet und unfügsam für ideale Modelle, vor allem gerade für solche, die sie einengen und ihr ihr eigenes Schicksal vorschreiben wollen."[871]

B. *Der Tod im Sinn des Lebens*

Im Leid sieht sich der Mensch in der Gesellschaft mit sich, mit seinem Wesen und dessen unvollkommener Verwirklichung im Sinn des Lebens konfrontiert; im Tod sieht er das „Nichts", der Tod kennt keine Front mehr. An ihm zerbricht endgültig die Illusion einer immanenten Entsprechung von Methode und gesuchtem Objekt, von Lebenssinn und Glück. Die Methode läßt das Objekt unendlich zurück und stellt den Menschen vor die Alternative von Annahme oder Verweigerung des Lebenssinnes, zerstört jedoch vollends die Illusion einer Harmonie von Lebenssinn und Glück.

Schon mit der Frage nach dem menschlichen Leid meint das christliche Denken in eine nur schwach gesicherte Stelle des Marxismus einzudringen; mit der Frage nach dem Tod jedoch behauptet es, ihn in der

---

871 M. Djilas: Die unvollkommene Gesellschaft, Jenseits der „Neuen Klasse", Wien—München—Zürich 1969, 26.

offenen Flanke gefaßt zu haben: „Alle Utopien vom Reiche Gottes oder des Menschen, alle Hoffnungsbilder vom glücklichen Leben, alle Revolutionen der Zukunft hängen solange in der Luft und tragen den Keim der Verwesung und Langeweile in sich, gehen darum auch militant und erpresserisch mit dem Leben um, wie es keine Gewißheit im Tode und keine Hoffnung gibt, die die Liebe über den Tod hinaus trägt."[872] Jürgen Moltmann fällt dieses harte Urteil in einer Auseinandersetzung mit Ernst Bloch. Aber trifft seine Kritik nicht alle, die um das Glück des Menschen kämpfen, ohne ein Jenseits dieses Glückes erreichen zu können? Das Problem des Todes ist — wie Moltmann klar sieht — nicht nur die Frage nach einem „Jenseits", sondern führt auch zu einer Anleitung zum Handeln im „Diesseits". „Jedes Hoffnungsbild gegen den Tod" — stellt er verallgemeinernd fest — „hat ja eine bestimmte Lebensbereitschaft oder Lebensverweigerung zur Folge: sei es die Apatheia, sei es die Ataraxia, sei es die absolute Pflichterfüllung am Material der Welt oder der militante Optimismus der Weltrevolution — oder sei es die Passion der Liebe, die den Tod annimmt."[873]

Ist der Tod nicht mehr der actio des Menschen, sondern nur noch der passio zugänglich, dann wird eine Philosophie, der es nur auf die Veränderung der Welt ankommt, ratlos und schweigend vor der Wirklichkeit des Todes stehen. Kenner des Marxismus äußern hier denn auch unüberhörbare Kritik: „Keinerlei Hilfe vermag die Ideologie diesen Menschen angesichts der letzten Wirklichkeit, des Todes, zu geben."[874] Die Folge ist ein Ausweichen vor dieser ständigen Provokation, wie Klaus Mehnert urteilt: „Er ‚paßt nicht' in das forciert optimistische Weltbild ... Man spricht daher über ihn so wenig wie möglich. Allenfalls ist noch der Heldentod zugelassen, also die Form des Todes, die eine Art Leistung darstellt ..." (Ebd.)

Sowjetische Autoren machen aus dieser Ansicht kein Hehl. Auf einem Schriftstellertreffen wird von italienischer Seite der Vorwurf erhoben, die sowjetische Literatur übersehe in ihrem Optimismus das Problem des Todes. Die Antwort lautet: „Und wirklich, an den Tod denken wir sehr wenig — und das schon allein ist eine philosophische Ein-

872 J. Moltmann: Theologie der Hoffnung, Untersuchungen zur Begründung und zu den Konsequenzen einer christlichen Eschatologie, München 3. Aufl. 1965, 324 f.

873 Ebd. 329.

874 K. Mehnert: Der Sowjetmensch, Versuch eines Porträts nach zwölf Reisen in die Sowjetunion 1929—1957, Stuttgart 1958, 284.

stellung . . . Wir haben gelernt, den Tod absolut zu ignorieren, weil wir viel an das Leben denken."[875] Der Marxist wendet den Blick vom Tode ab und dem Leben zu. Die inständige Bitte der Liturgie der Ostkirche um das Erbarmen Gottes hat sich angeblich zum Lied über die Freude am Leben gewandelt, wie M. Semënov schreibt: „Vom Gebet zum Lied, auch darin liegt die Dialektik des sich entfaltenden Lebens, eine Dialektik, vor der man sich abwenden kann, vor der es aber kein Entrinnen gibt."[876]

Noch eindringlicher als bei der Frage nach dem menschlichen Leid trifft den Marxismus beim Problem des Todes der Vorwurf der Unzulänglichkeit. „Für die Gläubigen" — schreibt eine Leserin an die „Komsomol'skaja pravda" — „ist Christus der Ausweg für die Welt, das Tor für eine Zukunft. Wenn es aber keinen Christus, keine Unsterblichkeit gibt, worin besteht dann eigentlich der Sinn des Lebens? Die Atheisten mögen noch so viel über einen Sinn tönen: ihre Worte bleiben leer, und einen Sinn des Lebens ohne Gott gab und gibt es nicht!"[877] Die Frage nach dem Sinn des Lebens erfährt angesichts des Todes ihre äußerste Verschärfung: „Ist es nicht furchtbar für uns, die Wahrheit zu wissen, wie kurz und nichtig unser Leben ist, daß es wie die Flamme einer Kerze beim leisesten Windhauch verlöscht? Haben unser ganzer Kampf für eine bessere Zukunft und alle Argumente der Logik und unsere Pläne im Lichte dieser Wahrheit etwa einen Sinn?"[878] Mit dem gleichen Ausdruck bezeichnet ein Redakteur in der „Literaturnaja gazeta" die Erkenntnis der Sterblichkeit des Menschen als eine „furchtbare Entdeckung"[879] und empfindet „tragisch diese unerbittliche Wahrheit" (ebd.).

Der Marxismus kann die Schwere der Todesfrage nicht ignorieren. Solange eine Theorie vom Sinn des Lebens keine Antwort auf die Frage

875 Aussprache über die Dichtkunst, Sowjetisch-italienisches Dichtertreffen in Moskau, In: „Sowjet-Literatur", Monatsschrift des Schriftstellerverbandes der UdSSR, Moskau 1959/2/147.

876 M. Semënov: I net puti nazad / Und es gibt keinen Weg zurück /, In: NR 1967/2/10.

877 Wiedergegeben von V. Kokašinskij: Plata za strach? / Lohn der Angst? / In der Zeitung: „Komsomol'skaja pravda" vom 31. August 1967, S. 2.

878 Ebd. 4.

879 Ju. Timofeev: Razgovor . . . o bessmertii / Gespräch . . . über die Unsterblichkeit /, In der Literaturzeitschrift: „Literaturnaja gazeta", Moskau 1967/4/11.

nach dem Ende dieses Lebens gibt, sieht sie nicht die ganze Lebenswirklichkeit und büßt ihre Vertrauenswürdigkeit ein. Über diese Herausforderung der marxistischen Philosophie legt sich Adam Schaff Rechenschaft ab: „Schon allein die Tatsache, daß Atheisten auf dem Sterbebett zum Glauben zurückkehren, gibt viel zu denken."[880] Doch stellt Schaff in diesem Denken nun nicht den Atheismus in Frage, sondern den Glauben: „An die Stelle der Religion muß hier die Philosophie treten, sie muß die vielseitige Problematik aufgreifen, die auf den Trümmern der religiösen Auffassung vom menschlichen Leben liegenblieb: die Problematik des sinnlosen Leidens und des gebrochenen persönlichen Lebens und des Todes und viele andere mit dem individuellen Schicksal des lebenden, kämpfenden, leidenden, sterbenden Menschen verknüpfte Fragen." (Ebd.)

Eingehend stellt sich jedoch L. Korobkov in der „Komsomol'skaja pravda" der Frage, wie sich ein Atheist angesichts des Todes verhalten soll. Nachdenklich geworden durch den frühen Tod eines Freundes, in dem eine aufbrechende Krankheit einen inneren Wandel und die Abwendung zur Religion bewirkt hatte, äußert er selbstkritische Überlegungen. Einerseits zeigt er sich befriedigt über einen Erfolg seiner atheistischen Tätigkeit: „Heute hat sich die Religion endgültig in die Schattenseiten des Lebens verzogen. Nur hier findet sie im Grunde genommen jetzt ihre Gemeinde."[881] Doch wird er sich des Siegs nicht recht froh, wenn er bedenkt, daß der Kirche „dies um so leichter gelingt, je öfter und hartnäckiger wir auf unserem Unwillen beharren, ‚über all solche Dinge' zu sprechen" (ebd.). Nicht gesprochen wird „zum Beispiel über den Tod. Wir reden freilich über einen heldenhaften Tod, — aber das ist eine andere Sache. Die meisten Menschen sterben jedoch anders, — einfach im Bett." (Ebd.) Korobkov bemüht sich sogar aufzuweisen, daß ähnliche Fragen im Laufe der Zeit zunehmend totgeschwiegen wurden: „Früher einmal, Ende der zwanziger und Anfang der dreißiger Jahre, da ging man den ‚verfluchten Fragen des Daseins' nicht aus dem Wege. Nicht zufällig fiel der Wille zur Diskussion zusammen mit einem ausgedehnten geistigen Angriff auf die Religion. Dann setzte Schweigen ein. Aber die ‚verfluchten Fragen' sind geblieben." (Ebd.) Der Autor schließt seinen Artikel mit den Sätzen: „Ich aber muß wieder an meinen

---

880 A. Schaff: Marx oder Sartre? 33.
881 L. Korobkov: V teni i na solnce, In der Zeitung: „Komsomol'skaja pravda" vom 6. Juli 1968.

Freund Valentin denken, an den klugen, belesenen und intelligenten Valentin, an seine heimtückische Krankheit und das Evangelienbuch mit dem Lesezeichen an der Stelle: ‚Kommet zu mir, die ihr leidet und schwer zu tragen habt, bei mir werdet ihr die Ruhe finden.' — Warum kommen viele nicht zu uns? Sie müssen zu uns kommen!" (Ebd.) Was aber weiß der Marxismus zum Tod zu sagen?

a. Das mythische Todesverständnis

In den Notizen und Fragmenten „Dialektik der Natur" äußert sich Friedrich Engels über den Zusammenhang von Leben und Tod. Diesen Tod erkennt er „als wesentliches Moment des Lebens",[882] „ die *Negation* des Lebens als wesentlich im Leben selbst enthalten, so daß Leben stets gedacht wird mit Beziehung auf sein notwendiges Resultat, das stets im Keim in ihm liegt, den Tod" (ebd.). Unter diesem biologischen Aspekt heißt das: „Weiter ist die dialektische Auffassung des Lebens nichts." (Ebd.) Daraus sucht Engels Folgerungen zu ziehen, die den Rahmen des Biologischen in die Philosophie hinein überschreiten: „Aber wer dies einmal verstanden, für den ist alles Gerede von Unsterblichkeit der Seele beseitigt. Der Tod ist entweder Auflösung des organischen Körpers, der nichts zurückläßt als die chemischen Bestandteile, die seine Substanz bildeten, oder er hinterläßt ein Lebensprinzip, mehr oder weniger Seele, das *alle* lebenden Organismen überdauert, nicht bloß den Menschen." (Ebd.) Stichwortartig schließt Engels wie mit einem Programm ab: „Hier also einfaches Sichklarwerden vermittelst der Dialektik über die Natur von Leben und Tod hinreichend, einen uralten Aberglauben zu beseitigen. Leben heißt Sterben." (Ebd.)
Da sich diese Notizen unter den Aufzeichnungen Engels zur Biologie finden, darf kein voreiliger Schluß gezogen werden, mit diesen Aussagen gebe sich der Marxismus zufrieden. Eine *naturalistische Verkürzung des Todes* ist nicht kennzeichnend für den Marxismus, sondern eher ein *Schweigen* und ein *Ringen um Verständnis,* was der Tod als *menschlicher Tod* sei. Wir müssen allerdings feststellen, daß sein Suchen häufig zu einem *mythischen Todesverständnis* oder zu *begrifflicher Selbsttäuschung* führt.
Da der Mensch ein sinnenhaft-*gesellschaftliches* Wesen ist, geschieht in seinem Tod eine tiefergehende Vernichtung als im Ableben eines nur

---

882 F. Engels: Dialektik der Natur, In: MEW 20, 554.

organischen Seienden. Im Gegensatz zur naturalistischen Verkürzung des Todes, die nur die organische Auflösung des Menschen sieht, berücksichtigt das mythische Todesverständnis innerhalb der marxistischen Philosophie ausdrücklich das gesellschaftliche Sein des Menschen. Ihm zufolge wird der Tod als eine *Aufhebung des Menschen in den größeren Zusammenhang von Gesellschaft, Geschichte oder Universum* gedeutet.

Kennzeichnend für diesen Lösungsweg ist eine Undurchdringlichkeit in Darstellung und Deutung des Todes, wie wir sie bei Milan Machovec finden: Der Mensch könne nicht nur mit seinem lebenden Freund oder Gegner in einen Dialog treten, sondern auch mit dem toten Freund, und „schließlich zur höchsten denkbaren Form des Dialogs gelangen, zum inneren Dialog zwischen Ich und Nicht-Ich, d. h. zum Dialog mit einer Welt ‚ohne mich', mit dem Komplex dessen, was nicht Ich ist, was letztlich mit der vollen Bewußtheit des Konflikts meines Seins mit meinem Nicht-Sein, mit dem *Tode* identisch ist".[883] Damit „bedeutet der Tod nicht nur einen Punkt, nicht nur ein Nichtexistierendes, sondern dieses mein Nicht-Sein wird in mir zur ‚Wirklichkeit', zur Realität meines menschlichen Loses" (ebd.). Die Realität meines Todes erhebt sich in der Realität meines Lebens, und angesichts dessen kann ich „meine Lebensideale so modifizieren, daß sie der Tod nicht vernichtet, sondern vollendet" (ebd.).

Diesen Dialog, den — nach der Meinung von Machovec — das Ich mit dem *Nicht-Ich* als der *Welt* führen kann, verdeutlicht der Prager Philosoph: „Jenes Nicht-Ich im Dialog zwischen Ich und Nicht-Ich kann als Tod (mein Nicht-Sein), aber auch als Welt (nicht mein Sein) aufgefaßt werden; im Prinzip ist dies ein und dasselbe. Der Dialog mit dem Tod ist ein Dialog mit der Welt ‚ohne mich', mit dem absoluten Nicht-Ich."[884] Angesichts des Todes wird sich der Mensch bewußt, was in seinem Leben und in seinem Ich „von existenzieller Bedeutung" (ebd.) war, was sein Leben sinnvoll werden ließ. Aber was wird mit dem Menschen selbst im Tode? Wir erhalten zur Antwort: „Mit meinem Tod verschwindet mein Name, verschwindet die Bewußtheit meines Ichs in Liebe und Schmerz, Machtlosigkeit und Schande; es verschwindet jedoch nicht die Fähigkeit der Realität, Namen zu tragen, Ich zu sein, zu lieben

---

883 M. Machovec: (Marxismus und Tod), In: NF 1967, 737.
884 Ebd. 738.

und zu leiden."[885] Daraus möchte der Autor die Folgerung ziehen: „Ich bin gewesen — also bin ich. Bin ich in der Zeit, bin ich auch in der Ewigkeit." (Ebd.)

Zu dieser Auffassung müssen wir zwei Bedenken aussprechen: Da der Dialog als eine *zwischenmenschliche* Verhaltensweise einen Partner im Dialog verlangt, ist ein „Dialog" mit dem toten Freund nicht möglich. Der Dialog verlangt zwei Subjekte. Auch der Tod ist kein Subjekt. Ein „Dialog" mit dem toten Freund oder dem Tod bleibt immer ein Monolog. Der Tod läßt nicht mit sich reden. Außer dieser formalen zeigt sich auch eine inhaltliche Unrichtigkeit, die dem Todesproblem die nötige Schärfe nimmt. Machovec übersieht nämlich eine Alternative und konstruiert daraus eine Identität: Ist jenes *Nicht-Ich* (über das ich nachdenke) *mein Tod*, — *oder* ist es *die Welt?* Beide können nicht prinzipiell „ein und dasselbe" sein. Zwar ist die Welt Nicht-Ich, und auch mein Nicht-mehr-Sein nach meinem Tode ist Nicht-Ich, d. h. mein Nicht-mehr-Sein und die Welt kommen darin überein, Nicht-Ich zu sein. Doch geht es bei der Frage nach meinem Tod nicht um *irgendeine Negation* (Welt) meiner selbst sondern um *meine Negation* (Tod), um die ganz bestimmte Vernichtung meines Ich. Die Identifizierung meines Nicht-mehr-Seins mit einem Sein ohne mich weicht daher der Frage nach meinem Tod aus und gibt die ungefragte Antwort einer mythischen All-Einheit. Mein Leben war, als sei es nie gewesen; die Frage nach dem subjektiven Aspekt meines Lebenssinnes wird überhört.

Wenn sich der Marxismus von einer kritischen Rechenschaft über das Todesproblem entfernt und pantheistischen Trost in der materiellen Einheit der Welt zu finden sucht, entgeht ihm begrifflich die Schärfe des Todes. Denn dieser erfährt seine Bitterkeit offensichtlich *trotz* einer bleibenden (materiellen) oder kurzfristigen (kulturellen) Kontinuität durch das Zerreißen jenes Zusammenhanges des Menschen *in sich selbst* und *mit anderen Menschen*, der in seinem sinnenhaft-gesellschaftlichen Wesen gründete. Die Fiktion einer allgemeinen Aufhebung des Men-

---

885 Ebd. 739. Vgl. dazu F. Engels: „... wir haben die Gewißheit, daß die Materie in allen ihren Wandlungen ewig dieselbe bleibt, daß keins ihrer Attribute je verlorengehen kann, und daß sie daher auch mit derselben eisernen Notwendigkeit, womit sie auf der Erde ihre höchste Blüte, den denkenden Geist, wieder ausrotten wird, ihn anderswo und in andrer Zeit wieder erzeugen muß." (Dialektik der Natur, In: MEW 20, 327).

schen in All oder Gesellschaft läßt die besondere Vernichtung übersehen, die sich im Tode ereignet.

b. Die begriffliche Selbsttäuschung

Die Schwierigkeit im Verständnis des Todes beruht darin, daß die *Sterblichkeit* des Menschen als eines sinnenhaften Wesens einsichtig ist, daß der Mensch aber auch als gesellschaftliches Wesen der *Endlichkeit* unterworfen erscheint. Milan Prucha lastet es dem Existentialismus an, daß er diese Endlichkeit nur unvollständig erfaßt, sie „vor allem als Sterblichkeit" interpretiert.[886] Freilich erscheint in ihrem zeitlichen Bezug die allgemeine Endlichkeit für den Menschen in der besonderen Form seiner *Sterblichkeit,* insofern er ein tätiges *sinnenhaft*-gesellschaftliches Wesen ist. Lebendigkeit, die biologische Bewegungsform der Materie, ist als endliche eben sterbliche Lebendigkeit. Diese Sterblichkeit kennzeichnet notwendig das Individuum, da es ein „bestimmtes Gattungswesen" ist, also auch ihre sterblichen biologischen Bestimmungen trägt. Prucha versucht nun, den Irrtum des Existentialismus unter Hinweis auf Marx zu korrigieren: Marx sehe die Endlichkeit „als leidenschaftliches Streben, als Unerläßlichkeit, sich außer sich zu realisieren".[887] Doch scheint hier eine Ungenauigkeit vorzuliegen, die sich bei Marx nicht findet. Denn „Endlichkeit" *ist nicht* die „Unerläßlichkeit, sich außer sich zu realisieren", sondern in allgemeinster Bedeutung ist diese Unerläßlichkeit *eine endliche,* eine in Raum und Zeit bestimmte und begrenzte. Prucha gibt nur eine Näherungsbestimmung des *Tatcharakters* des menschlichen Seins, das in seiner zeitlichen Bestimmtheit sinnenhaft-sterblich und gesellschaftlich-geschichtlich ist. Biologische Endlichkeit als *Sterblichkeit* und gesellschaftliche Endlichkeit als *Geschichtlichkeit* sind unter dem Aspekt der Zeitlichkeit innere Attribute des menschlichen Lebenssinnes. Der Mensch schafft den Sinn seines Lebens als sterblicher und als geschichtlicher Mensch.
Man könnte diese Unterscheidungen als Formalartistik abtun, wenn sie nicht Klarheit über den Begriff „Unsterblichkeit" bringen würden, den bisweilen marxistische Denker recht unbedenklich verwenden. So führt Garaudy aus: Wenn ein Mensch sein Leben lang für das Glück anderer

---

886 M.Prucha: Marxismus als Philosophie menschlicher Existenz, In NF 1967, 845.
887 Ebd. 845 f. (Vgl. K. Marx: ÖPhM 161).

kämpft und sogar „bereit ist, sein Leben zu opfern, indem er die Eroberung des Glücks für alle über sein persönliches Interesse und sein Leben stellt, wenn er sogar bereit ist, den Tod willentlich in sein Leben zu stellen, ihm einen Sinn zu geben, so erringt dieser Mensch noch im Leben die *Unsterblichkeit*".[888] Diese bestehe darin, daß er „für immer seine Spur in der Welt hinterlassen, etwas Persönliches zum Aufbau der Zukunft aller beigetragen" (ebd.) hat. Nach I. D. Pancchava ist die Unsterblichkeit des Menschen die Äußerung des Tatcharakters des menschlichen Seins: „Die Unsterblichkeit ist der höchste Ausdruck der tätigen Natur des Menschen."[889] Wiederum finden wir auch die Behauptung, diese Unsterblichkeit bestehe darin, eine Spur für die Nachwelt zu hinterlassen: „Die Unsterblichkeit der Großtaten des Menschen, die durch die Bewegungen im Namen des Fortschritts geleistet wurden, gibt die Möglichkeit, die Unsterblichkeit des Lebens selbst zu begreifen. Ein Funke Unsterblichkeit liegt im Leben jedes Menschen, der seinen — sei es noch so unbedeutenden — Beitrag zur allgemeinmenschlichen Kultur leistet, zur Sache des Fortschritts und der Erbauung des Kommunismus."[890] Nach A. I. Vladimirova gibt es für den Marxismus nicht die „illusorische Unsterblichkeit, die illusorische Fortdauer des Lebens" als persönliche Unsterblichkeit,[891] sondern „nur die eine reale Unsterblichkeit. Das ist die Fortdauer des Lebens in den Schöpfungen der menschlichen Arbeit. Darin leben die Ergebnisse menschlichen Arbeitens und Schaffens, bleiben nicht nur im Bewußtsein, nicht nur als Erinnerung, nicht nur als etwas Vergangenes. Wenn auch der Mensch, sterblich ist, so sind doch die Früchte seines Schaffens unsterblich." (Ebd.)

---

888 R. Garaudy: Wertung der Religion im Marxismus, Im Gemeinschaftsband: Christentum und Marxismus — heute, 82. J. B. Metz durchschaut diese unangemessene Begrifflichkeit und kritisiert: „Setzt sich dieses Todesverständnis nicht mindestens im selben Maße der Mythisierung und Mystifikation des sterblichen Daseins aus, wie er das dem christlichen Todesverständnis vorwirft?" (Ebd. 112.)
889 I. D. Pancchava: Smertnost' i bessmertie čeloveka / Sterblichkeit und Unsterblichkeit des Menschen /, In: FN 1963/6/51.
890 Ebd. 54.
891 A. I. Vladimirova: Protiv „ontologičeskoj" filosofii smerti i uničtoženija / Gegen die „ontologische" Philosophie des Todes und der Vernichtung /, In: VF 1958/10/87.

Wir erfahren von I. D. Pancchava, einerseits verfingen die religiösen Vorstellungen von einer Unsterblichkeit des Menschen deshalb nicht, weil sie „direkt dem Prinzip der Ewigkeit der Materie widersprechen. Für eine echte Wissenschaft ist nur das materielle Sein ewig: alles übrige ist vergänglich."[892] So bekräftigt der Autor: „Das Wort ‚Unsterblichkeit' hat bei einem Materialisten eine völlig andere Bedeutung als in der Religion. Die Unsterblichkeit wird nicht abgedrängt auf das Gebiet einer chimärenhaften Zukunft, entschwindet nicht in der Ungewißheit des Todes, sondern verwirklicht sich auf der Erde."[893] Diese eigene Anschauung möchte der Autor sogar als typisch für den Marxismus darstellen, der erst das „wahre Wesen der Unsterblichkeit"[894] eröffnet und „die realen Wege zu ihrem Erringen" (ebd.) gewiesen habe: „Wir verwenden hier das Wort ‚Unsterblichkeit' in weiter Bedeutung und verstehen darunter alle Tätigkeit der Menschheit, die unsterblich ist wie auch die Menschheit selbst. In engerer Bedeutung wird dieses Wort verwendet für die Kennzeichnung der Unsterblichkeit eines Menschen."[895] Die Bedingung zum Erlangen solcher Unsterblichkeit: „Unsterblich ist, wer im Leben durch seine Kenntnisse und positiven Charaktereigenschaften etwas geschaffen hat, das bestehenbleibt im Andenken einiger Geschlechter."[896] Die Ableitung einer Unsterblichkeit des einzelnen Menschen erfolgt daher vermittels seiner Taten aufgrund einer Unsterblichkeit der menschlichen Gesellschaft insgesamt, die ein „lebendiger, sich fortwährend entwickelnder sozialer Organismus"[897] sei, darin dann das „endliche Leben eines Menschen sich vereint mit der unsterblichen Bedeutsamkeit des Lebens des ganzen gesellschaftlichen Organismus".[898]

Offensichtlich bemüht sich der Autor darum, vermittels des Begriffes „Unsterblichkeit" eine irgendwie geartete *Kontinuität des Menschen* nahezulegen. Doch ist gegen solche Mystifikation Einspruch zu erheben, da der Begriff „Unsterblichkeit" dem menschlichen Leben inadäquat ist: Einerseits soll „jeder einzelne Mensch sterblich, die Menschheit aber unsterblich"[899] sein; andererseits jedoch „gewährleistet der Kampf der Menschen um ihr Glück und um das Glück künftiger Geschlechter, um den Aufbau des Kommunismus ... die Unsterblichkeit der Menschheit".[900] Wenn aber — wie auch bereits festgestellt wurde — ewig nur

---

892 I. D. Pancchava: Čelovek, ego žizn' i bessmertie, 171.
893 Ebd. 179.   894 Ebd. 181.   895 Ebd. 183.   896 Ebd. 179.
897 Ebd. 62.   898 Ebd. 188.   899 Ebd. 165.   900 Ebd. 189.

das materielle Sein schlechthin ist, jedoch — nach Engels — die Kontinuität menschlicher Geschichte abreißt, so kann eben nicht mehr von einer unsterblichen Menschheit geredet werden, selbst wenn das Leben „nur in dieser oder jener konkreten Form, nicht aber überhaupt"[901] verginge. Worin bestünde denn unser Zusammenhang mit solcher „möglichen Menschheit"? Erfahrung und Leistung unserer Geschichte vermöchten wir nicht weiterzugeben, wir könnten nichts voneinander wissen, nichts füreinander tun. Die Inflation an „Unsterblichkeit" wächst noch, wenn sie nicht nur in die Menschheit projiziert wird, sondern der Autor auch von „sozialer",[902] „historischer Unsterblichkeit" (ebd.) und von der „unsterblichen Kraft des menschlichen Verstandes"[903] redet. Jedoch läßt eine kategoriale Klärung unschwer erkennen, daß die zitierten Verwendungen einen Mißbrauch des Unsterblichkeitsbegriffes darstellen: *Unsterblichkeit* ist ja die Negation der erfahrbaren biologischen Sterblichkeit, bezieht sich also auf die *sinnenhafte* Individualität. Die zeitliche Bestimmtheit alles Lebendigen schließt seine Sterblichkeit ein; doch tritt zu dieser Bestimmtheit keine „Unsterblichkeit" im menschlich-*gesellschaftlichen* Sein hinzu, sondern dessen *Geschichtlichkeit*. Diese jedoch läßt sich nicht als „Unsterblichkeit" interpretieren. Denn „Unsterblichkeit" beträfe gesamtmenschliche Individualität, nicht aber die Gesellschaft, der keine Individualität eigen sein kann. Wird die menschliche Gesellschaft aber dennoch zum Seinsgrund einer „Unsterblichkeit" erklärt und zugleich als ein „lebendiger Organismus" bezeichnet, so enthält der zusammengesetzte Begriff eines „unsterblichen lebendigen Organismus" in sich einen logischen Widerspruch, da gerade das organische Sein wesentlich ein sterbliches Sein ist. Auch Geschichte ist „Kontinuität auf Abruf", jedenfalls aber eine nicht-individuelle Kontinuität. Es gibt also kein — wie immer geartetes — „Recht" des Menschen „auf Unsterblichkeit",[904] von dem A. F. Šiškin spricht. „Unsterblichkeit" ist keine philosophische Kategorie zur Kennzeichnung menschlicher Wirklichkeit, sondern ein theologisches Postulat, das seine Möglichkeitsbedingung in einer Schöpfungswirklichkeit trägt. Dann ist die Unendlichkeit des Seins die Möglichkeitsbedingung der allgemeinen Endlichkeit alles Seienden, die Sterblichkeit hätte zur Möglichkeitsbedingung die Unsterblichkeit, die Zeitlichkeit — die Ewigkeit. Auf die Kategorie „Unsterblichkeit", die auf den Einzel-

---

901 Ebd. 164.   902 Ebd. 184.   903 Ebd. 182.
904 A. F. Schischkin: Grundlagen der marxistischen Ethik, 412.

menschen Bezug nimmt, ist also grundsätzlich im Marxismus-Leninismus zu verzichten. Er setzte sich sonst dem Argwohn aus, nicht nur das unzureichende Diesseits bedürfe des Opiums der Religion, sondern auch das Nichtsein eines Jenseits verlange bisweilen nach begrifflichen Opium durch den Marxismus.[905]

Auch die medizinische Forschung gibt schlechterdings keinen Anhaltspunkt, philosophisch von einer „Unsterblichkeit" des Menschen zu sprechen, wie der tschechische Mathematiker und Philosoph Ernst Kolman anerkennt: „Es ist wahr, wenn man vom realen Vermögen der Biologie und Medizin ausgeht, muß man konsequenterweise anerkennen, daß wenigstens innerhalb der voraussehbaren Zukunft die Frage nach einer Unsterblichkeit des Menschen nicht gelöst werden wird. Deshalb wird die Angst vor dem Tode im Prinzip auch in der kommunistischen Gesellschaft bleiben."[906] Der Tod bleibt das Endereignis im Leben des Menschen, und man kann nur „vermuten, wie sich im Kommunismus die alten Menschen zum Tode verhalten: Werden sie ... den Tod wünschen, nachdem sie zwei Jahrhunderte auf der Erde verbracht haben? Werden sie sich im Gegenteil zur Unabwendbarkeit des Todes als zu etwas umso Schmerzlicherem verhalten, je idealer die Gesellschaft wird? Oder werden sie schließlich, da sie die Unabwendbarkeit des Todes einsehen, seine Fortdauer ruhig hinnehmen ..." (Ebd.) Der Tod mag auch dann noch „schmerzhaften Charakter" (ebd.) annehmen, aber „nur als physiologische Eigentümlichkeit einzelner Individuen, ähnlich der Angst vor der Dunkelheit, der Platzangst und ähnlichen Phobien" (ebd.).

Die gleiche Mystifizierung wie im Begriff „Unsterblichkeit" unterläuft Marxisten nicht selten im Begriff „Hoffnung": „Selbst ohne Hoffnung auf die Ewigkeit, dem Tod unterworfen, werde ich zur Hoffnung für

---

905 A. M. Lathouwers weist in seinem Aufsatz „Le sens de l'existence humaine dans la littérature soviétique contemporaine" darauf hin, daß außerhalb der offiziellen Philosophie in der *Utopischen Literatur* der Sowjetunion nichtmarxistisches Denken über Tod und Unsterblichkeit zur Sprache kommt. In der Literaturzeitschrift „Literaturnaja Rossija" taucht bei der Frage nach persönlicher Unsterblichkeit ein aristotelischer Gedanke von großer Tragweite auf: Es sei nicht die Materie an sich, sondern die Form, die die Natur der menschlichen Person determiniere (Vgl. A. M. Lathouwers: Le sens ... 535—540).

906 È. Kol'man: Dialog ili bratanie? / Dialog oder Verbrüderung? / In der Zeitung: „Sovetskaja kul'tura", Moskau 1967/99/2 ff.

andere, die mich überleben: wenn unter mein Leben der Schlußstrich gezogen wird, dann ist die Summe, die verbleibt, die unerläßliche Vorbedingung ihres Lebens."[907] Und weiter schreibt Vítězslav Gardavský: „Um diesen Betrag vergrößert sich die Summe der Hoffnungen der Menschheit."[908] Was aber ist Hoffnung? Jedenfalls nichts, das die Menschheit oder die Gesellschaft *haben* und der Mensch *sein* könnte: Die Hoffnung verlangt ein *Subjekt* (wie auch das Vertrauen oder die Liebe), das hofft; sie ist eine dialogische Tätigkeit, die sich auf eine *gemeinsame Zukunft* richtet. Doch überschreitet dieses Hoffen nicht den Tod, denn niemand kann über sein Ende hinaus eine gemeinsame Zukunft erhoffen. Die Gesellschaft aber — hier irrt Gardavský — ist *kein* „Subjekt",[909] — worauf Marx unermüdlich hingewiesen hat: Der Mensch wird nicht „zur Hoffnung *für andere*",[910] weil er nur *mit anderen hoffen* kann. Würde ein Mensch *in seinem Tod* zur Hoffnung für die Gesellschaft, dann verfügte dieses Pseudosubjekt bald nicht nur über seinen Nachlaß, sondern auch über sein Leben. Macht sie gar ein Programm aus solchem Recht, wird sie diese Hoffnung nur zu gerne beschleunigen wollen.

C. *Die Hinnahme des Todes im Sinn des Lebens*

Weder der antike Mythos vom Übergang in das Reich der Schatten, noch die moderne Deutung von einem Aufgehobenwerden des Menschen in das Fortbestehen der Gesellschaft durch Unterschiebung der Begriffe „Unsterblichkeit" oder „Hoffnung" stellen sich der Schärfe des Todesproblems. Nach einem sinnerfüllten Leben „scheiden wir nicht aus derselben Welt, in welche wir geboren werden,"[911] sagt Milan Machovec richtig. Aber in der Frage nach dem Tod fragen wir nicht nach der Welt, sondern nach dem eigenen Schicksal, das uns im Sterben betrifft.

Die Philosophie sucht die *Erscheinung des Sterbens* auf ihr *Wesen* zu durchdringen, sie fragt nach dem *Tod*. Sie sucht zu erfassen, was durch den Tod mit dem Menschen geschieht, so daß darauf Bewußtsein und Empfindung mit Furcht, Angst und Schmerz reagieren. Sie bemüht sich

---

907 V. Gardavský: Gott ist nicht ganz tot, 230.
908 Ebd. 231.   909 Ebd. 228.
910 Ebd. 230 (Hervorhebung von mir. — HFS).
911 M. Machovec: (Marxismus und Tod), In: NF 1967, 738.

also um eine ontologische Erklärung des Todes, der das ganze menschliche Sein trifft. Schon der Begriff „Tod" erweist sich als eine philosophische Kategorie; die Medizin kann zwar den Tod nachträglich *feststellen;* zu *erklären,* was der Tod ist, bleibt Aufgabe der Philosophie. Sie durchdringt seine Erscheinungsform im Sterben des Menschen, in dem sich das Wesen des Sterbens zugleich enthüllt wie verbirgt.

a. Die Sinngebung des Sterbens

Karl Marx nimmt nur einmal — ausgenommen die Vorarbeiten zu seiner Dissertation — zu dieser Frage Stellung. Nachdem er in den „Ökonomisch-philosophischen Manuskripten" das sinnenhaft-gesellschaftliche Wesen des Menschen gekennzeichnet hat, trifft er die abschließende Aussage: „Der *Tod* scheint als ein harter Sieg der Gattung über das bestimmte Individuum und ihrer Einheit zu widersprechen; aber das bestimmte Individuum ist nur ein *bestimmtes Gattungswesen,* als solches sterblich."[912] Der konkrete Mensch unterliegt also auch dem Gemeinsamen, und Marx sieht richtig die *Sterblichkeit als allgemeines Gattungsmerkmal,* — aber darüber hinaus das *Sterben als den besonderen Tod,* den jenes Individuum selbst zu tragen hat, und in welchem seine individuellen Bestimmungen erlöschen. Denn der einzelne Mensch ist ein *„besonderes Individuum",*[913] und „grade seine Besonderheit macht ihn zu einem Individuum" (ebd.). Der menschliche Tod kann daher nicht reduziert werden auf eine gattungshafte Sterblichkeit, er zerreißt vielmehr das allgemeine personale Wesen des Menschen und seine besondere Persönlichkeit: Er trennt seine Sinnenhaftigkeit von seiner Gesellschaftlichkeit, läßt den Tatcharakter seines Seins erlöschen und trennt dieses Personsein von seinem lebenslang umkämpften Ergebnis, von seiner Persönlichkeit. Diese Eigenschaften können ihren Träger nicht überleben, mögen sie noch so mühsam errungen sein. In dem Augenblick des Todes vollzieht sich in einem Menschen das Ende der Entstehung der Gesellschaft aus dem Tierreich und das Ende des eigenen Werdens zur Persönlichkeit. Mit den Worten Adam Schaffs: „Ja, jedes Individuum ist ein spezifischer Mikrokosmos, und sein Tod ist das Ende einer gewissen Welt."[914]

912 K. Marx: ÖPhM 117.
913 Ebd. 117.
914 A. Schaff: Marxismus und das menschliche Individuum, 190.

Das Ende des Menschen ist sein Abstieg von einer lebendigen Persönlichkeit über die sinnenhafte Lebendigkeit bis zur Schlußphase einer bloß anorganischen Vorhandenheit. Es ist also auch eine Auflösung des Organischen ins Anorganische, — doch noch weit mehr. Die Furcht vor dem Tode ist die Furcht vor diesem Abstieg, vor dem Verlust alles Erreichten. Eine andere Erklärung möchte Leszek Kolakowski bieten und unterscheidet die „Furcht vor dem konkreten Tod"[915] und die „abstrakte Angst vor dem Tode".[916] Die Furcht vor dem physischen Tod sei die Furcht des Menschen, „das Bewußtsein seiner selbst zu verlieren". (Ebd.) Dieses Bewußtsein aber ist — wie Kolakowski unter Berufung auf Bergson meint — „identisch mit der Summe der Erinnerungen an alle bisherigen Erlebnisse. Das Gedächtnis ist die bewußt gewordene Vergangenheit." (Ebd.) Nicht der Verlust einer Zukunft, sondern der Verlust der Vergangenheit verursache die Furcht vor dem Tode, denn die „Vergangenheit verlieren, heißt die Kontinuität mit dem ganzen bisherigen Leben verlieren, also völlig vernichtet zu werden".[917] Zu einem schweigenden Einverständnis mit der Unvermeidbarkeit des biologischen Todes trete die „abstrakte Angst vor dem Tode", die den „geistigen Tod, den Verlust des Gefühls der Persönlichkeit" (ebd.) betreffe. Dazu ist jedoch kritisch zu bemerken: Richtet sich die begründete Furcht vor dem Tode nur auf den Verlust des Bewußtseins, oder nicht vielmehr auf den Verlust des ganzen menschlichen Seins, einschließlich des Bewußtseins? Im Tode geht sowohl das Bewußtsein jener Erlebnisse als auch ihr rückwirkendes Resultat, d. h. die Persönlichkeit verloren. Diese Persönlichkeit des Menschen ist aber weder Wissen noch Gefühl, sondern die erworbene Eigenschaft des Menschen, die erst als solche reflektiert (und empfunden) werden kann. Während Kolakowski meint, eine „Rationalisierung des Todes"[918] zu vertreten, erliegt er einer Intellektualisierung des Menschen.

Die Persönlichkeit ist ja nicht nur eine Summe angeeigneten Wissens, sondern das integrale Ergebnis allen *Wissens und Handelns* eines Menschen *in seiner sittlichen dialektischen Werthaftigkeit für ihn selbst und für seine Mitwelt*, der zu erkämpfende „personale Mehrwert" (s. Anmerkung 714). Diese Aussage steht nicht einfach spekulativ da, sondern läßt sich praxeologisch fundieren: Im Leben rechnen wir vor allem Berechenbaren entscheidend mit dem andern Menschen *als Persönlich-*

---

915 L. Kolakowski: Der Mensch ohne Alternative, 211.
916 Ebd. 212.   917 Ebd. 213.   918 Ebd. 210.

keit und bringen ihr zufolge unsere Haltung als Vertrauen oder Miß-trauen, Wertschätzung oder Geringschätzung zum Ausdruck, suchen sie als Bezugspunkt unseres Verhaltens zu erfassen. Zugleich ringen wir um unsere eigene Persönlichkeit, begreifen sie als Endpunkt dieses Ver-haltens und schützen sie in der Selbstachtung. Die Unfaßbarkeit des Todes besteht daher in der augenscheinlichen Ver-nichtung dieses sitt-lichen Selbst*seins,* nicht nur des Selbst*bewußtseins.*

Der Tod ist immer *Tod des ganzen Menschen,* und nur auf das volle Ereignis trifft der philosophische Todesbegriff exakt zu. Ausdrücke wie „Tod der Liebe" oder „Tod der Persönlichkeit" sind zwar bildhafte Vergleiche, die das Ende des Menschen zum Vorbild nehmen, sie sind aber nicht für philosophische Erklärungen zu verwenden. Der Tod ist ein ganzheitliches Ereignis, das nicht die einzelnen Bestimmungen für sich betreffen kann. Werden dennoch die Eigenschaften von ihrem realen Träger gelöst, so vagabundieren sie und werden einem fiktiven Träger zugeordnet. Dieser Irrtum unterläuft Milan Machovec in der Behaup-tung: „Die Persönlichkeit stirbt dann, wenn sie ihre Sendung erfüllt hat, wenn es Zeit ist zu gehen ..."[919] Hier wird die Persönlichkeit nicht mehr als eine Eigenschaft des Menschen gesehen, sondern als eine Funktion der Gesellschaft. In Wirklichkeit aber hat der ganze Mensch durch seinen gesellschaftlichen Zusammenhang eine „Sendung", und die Persönlichkeit ist das auf ihn rückwirkende Resultat ihrer Erfüllung. Sie stirbt nicht vor ihm, er ist bis zu seinem Tode Persönlichkeit.

Bestimmte *Furcht vor dem Tode* und unbestimmte *Angst vor dem Sterben* sind zwar real kaum zu trennen, beziehen sich jedoch auf ein je verschiedenes Formalobjekt. Die Sterbensangst ängstigt sich vor dem unbestimmten und oft qualvollen Vollzug des Ablebens, der unheimlich vor dem Menschen liegt. Die Todesfurcht fürchtet etwas Bestimmtes: den Verlust der Persönlichkeit, das Nicht-mehr-Sein des Ich, die Auf-lösung des lebenslang umkämpften und reifenden Menschseins.

Eben die Furcht vor dem Tode, vor dem Verlust der Persönlichkeit im Tode sucht der Marxismus dem Menschen zu nehmen. A. S. Makarenko berichtet, wie ihm ein ehemaliger Zögling dafür dankt, daß er ihn die Furcht vor dem Tod zu besiegen gelehrt habe. Der sowjetische Pädagoge folgert: „Hier kam für mich in dem einfachen Satz das Gesicht des neuen Menschen zum Vorschein. Lehren, den Tod nicht zu fürchten — bis zu einem solchen Problem kann sich die bürgerliche Gesellschaft nicht

---

919 M. Machovec: (Marxismus und Tod), In: NF 1967, 739.

erheben. Dort kann es vorkommen, daß ein Mensch den Tod nicht fürchtet; wenn aber ein Mensch dafür dankt, daß man ihn das gelehrt hat — so ist das ein sowjetisches Thema."[920]

Die Persönlichkeit des Menschen ist — entsprechend ihrem Werden — keine isolierte Eigenschaft, sondern schließt persönliche Bindungen ein. Der Verlust der Persönlichkeit löst damit auch diese Bindungen und verursacht mit dieser Trennung den *Schmerz des Todes*. Ihre innere Kraft wird als die Unersetzlichkeit eines Menschen für einen anderen offenbar und in der Trennung als ein schmerzlicher Verlust erfahren. Der persönliche Schmerz über den Tod trifft den anderen im Maße seiner Liebe bis in sein Wesen; denn auch für den Zurückbleibenden wird dieses gesellschaftliche Wesen betroffen, weil das Ich sich von seinem Du trennt. Je tiefer die dialogische Existenz in der Liebe gelungen ist, desto tiefer reicht der Schmerz; dieser Schmerz geht den Weg der Liebe bis zum Anfang zurück. Wenn ein Mensch geliebt hat, zieht er gerade den geliebten Menschen mit in seinen Tod hinein; da aber auch der Tatcharakter seines Seins erlischt, kann er die suchende Liebe nicht mehr erwidern. „Der *Tod*" — so stellt Vítězslav Gardavský, Dozent an der Militärakademie in Brünn, fest — „ist so schrecklich wegen *dieses* Verlusts an Beziehungen: unser Inneres hört auf, der Schnittpunkt zu sein, an dem Begegnungen stattfinden."[921]

In der neueren marxistischen Philosophie hat gerade Gardavský sich am klarsten dem Problem des Todes gestellt und von dort weiterführende Aussagen ermöglicht: „Ich sterbe — das heißt: ich werde mein Werk nicht zu Ende führen, ich werde die, die ich geliebt habe, nicht mehr sehen, ich werde Schönheit oder Trauer nicht mehr empfinden. In meinen Sinnen wird nicht mehr die unwiederholbare Musik dieser Welt wiederklingen; ich werde niemals mehr, nirgendwohin, nach keiner Richtung über mich hinausschreiten. Mir bleibt nur dies letzte." (Ebd.)

Wenn der Tod das Ende des Menschen ist und mit dem ganzen Menschen auch seine Eigenschaften nimmt, die Persönlichkeit des Menschen und seine Werthaftigkeit vergehen läßt, — ist er dann nicht schlechthin *sinnwidrig*? Adam Schaff vertritt diese Ansicht, vom „Gesichtspunkt der gegebenen Person" sei der Tod eine „absolute Sinnlosigkeit, die alles, was wir tun, zweifelhaft macht".[922]

---

920 A. S. Makarenko: Schöne Literatur über Kindererziehung, In: Werke, Berlin/Ost / 1956, Band 5, 375.
921 V. Gardavský: Gott ist nicht ganz tot, 229.
922 A. Schaff: Marx oder Sartre? 33.

Demgegenüber macht H. Steußloff darauf aufmerksam, daß in Wirklichkeit „weder das Leben noch der Tod an und für sich" existieren[923] und es daher die wirklichen Menschen „mit einem jeweils ganz verschiedenen wirklichen Tod zu tun" haben (ebd.). Das Leben des Menschen qualifiziert seinen Tod, und entsprechend kann dieser Tod „ein sinnerfülltes reiches Leben zum Abschluß bringen oder es in seiner Mitte abbrechen bzw. das Ende einer Kette von nahezu ununterbrochenen Fehlentscheidungen bedeuten" (ebd.).

Für den Marxisten ist das Leben dennoch kein existentialistisches Sein zum Tode; solcher Auffassung widerspricht er, da in ihr „Leben und Mensch in der Fülle und dem Reichtum ihrer Möglichkeiten nicht erfahren werden".[924] Die Radikalisierung des Todesproblems durch den Zweiten Weltkrieg läßt Georg Mende im Gegenteil fragen: „Muß man in dieser Situation die Menschen nicht um so eher auf ihre Pflichten und Schuldigkeiten gegenüber dem Leben verweisen? Haben sie keine Aufgaben dem Leben gegenüber?"[925] Auch B. É. Bychovskij sieht keine Gemeinsamkeit mit einem Existentialismus, dem die Angst zum Objekt seiner Philosophie und das Leben ein Sein zum Tode geworden sei: „Philosophie wird Reflexion über die Angst. Über die Angst vor dem Leben, vor der Sinnlosigkeit des Lebens: der Existentialismus erklärt sich zur Philosophie des Absurden. Und über die Angst vor dem Tode ... ‚Existenz' verwandelt sich in ‚Leben zum Tode'."[926] Da die Existentialisten nach der Meinung Bychovskijs wie die religiösen Denker „das Thema des Todes zum Leitmotiv ihrer Philosophie gemacht haben, ziehen sie auf einem jahrtausendelang ausgetretenen Weg dahin",[927] der sie unfähig macht, die Fragen des Lebens zu lösen.

Da der Sinn des Lebens ein *endlicher Sinn*, d. h. die Verantwortung der Endlichkeit des Menschen für seinen konkreten Lebenszusammenhang ist, muß er mit der *Tatsache des Todes* rechnen. Diese läßt den Sinn des Lebens unberührt, steht vielmehr je schon in seinem Horizont. Während

---

923 H. Steußloff: Zur Ehrfurcht vor dem Leben, Über die Stellung des sozialistischen Humanismus zu Leben und Tod des Menschen, Im Sammelband (Hrsg. E. Faber und E. John): Das sozialistische Menschenbild, Weg und Wirklichkeit, Leipzig 2. Aufl. 1968, 171.

924 G. Mende: Studien über die Existenzphilosophie, Berlin/Ost / 1956, 64.

925 Ebd. 65.

926 B. É. Bychovskij: Raspredmečivanie filosofii / Die Entgegenständlichung der Philosophie /, In: VF 1956/2/149.

927 Ebd. 150.

der Haß radikal sinn*widrig* ist, erweist sich die Tatsache des Todes als nur sinn*los*, sinnfrei.

Die *Bestimmung dieses Todes* jedoch, seine Qualifizierung erfolgt *durch das Leben.* Von der Tatsache des Todes kann der Sinn des Lebens nicht vernichtet werden, vielmehr ist die Annahme des Todes nur die Konsequenz der Annahme des Lebens; sie ist nicht die Vernichtung, sondern die Möglichkeitsbedingung des Lebenssinnes. Als ein sterbliches Wesen schafft der Mensch den Sinn seines Lebens in der zeitlich bemessenen Spanne vom Erwachen seiner Verantwortung bis zu ihrem Verlöschen. Nicht der Tod ist also sinnlos, sondern ein bestimmtes Leben mag vor der Sinnaufgabe versagt haben. „Die Sinnlosigkeit des Lebens ist nicht die Folge des quälenden Gedankens an den Tod," — stellt Kolakowski richtig — „sondern eben seine eigentliche Ursache . . ."[928] Der Tod wird nur zum *Anlaß*, ein bestimmtes Leben als sinnlos vertan zu erkennen; die wirkliche *Ursache* seiner Sinnlosigkeit liegt im Versagen des Menschen selbst.

Den Tod des Menschen prägt sein ganzes vorgängiges Leben und darin auch jener kurze Abschnitt des Sterbens, denn Sterben ist noch ein Teil des Lebens. So hat er die Möglichkeit, ihn nicht nur als einen actus hominis hinzunehmen, sondern ihm als einem actus humanus Sinn zu geben. „Der Tod" — sagt I. S. Narskij — „ist das unausweichliche und natürliche Ende des Daseins eines jeden menschlichen Individuums. Aber das bedeutet nicht, man könne unmöglich mit ihm kämpfen."[929] Wie der Marxist gegen das Leid kämpft, so auch gegen den Tod. Der Kampf mit dem Tode — fährt Narskij fort — besteht „nicht in seiner spekulativen Verleugnung und nicht in einer passiven Versöhnung mit eben dem Faktum des Todes, sondern in der grundlegenden Veränderung der Verhältnisse und des Inhaltes des menschlichen Lebens. Indem sie das Leben immer mehr verlängern und glücklich machen, frei von

---

928 L. Kolakowski: Der Mensch ohne Alternative, 214.

929 I. S. Narskij: Antikommunističeskaja suščnost' ėkzistencialističeskogo nigilizma / Das antikommunistische Wesen des existentialistischen Nihilismus /, Im Sammelband: Protiv sovremennych buržuaznych fal'sifikatorov marksistsko-leninskoj filosofii / Gegen die zeitgenössischen bürgerlichen Verfälscher der marxistisch-leninistischen Philosophie /, Moskau 1964, 151. Dem Kampf des Kommunismus mit dem Tode widmet Maceina einen ganzen Abschnitt seines Buches über die sowjetische Ethik (Sowjetische Ethik . . ., 157—165). Vgl. dazu in unserer Untersuchung Anmerkung 949a.

Ausbeutung, Unterdrückung, Leiden und Krankheiten, immer erfüllter von schöpferischer Arbeit zum Wohl der ganzen Gesellschaft, lösen die Menschen ebendadurch auch das Problem des Todes." (Ebd.) Der sowjetische Autor stellt abschließend fest: „Eine andere Lösung des Problems kann es nicht geben." (Ebd.) Das Sterben für die Mitmenschen erscheint darin als der Grenzfall, daß der „Heroismus bis zur Selbstaufopferung"[930] auch zur Vollendung der Persönlichkeit werden kann. In dieser Sinngebung des Sterbens, in seiner Veränderung von einem natürlichen Akt des Ablebens zu einem menschlichen Akt der Hingabe kann das Leben seine äußerste Sinnmöglichkeit erreichen.

b. Der Tod als Horizont des Lebenssinnes

Die Menschen sind durch ihren Lebenssinn miteinander verbunden; wozu wir „unsere Gegenwart machen, das ist identisch mit dem, *zu wem* wir uns selbst machen im Gefüge der Gemeinschaft, der wir konkret angehören",[931] wie Gardavský feststellt. Die Aufgabe, den Sinn des Lebens zu schaffen, endet erst mit dem Tode; sie hat zum Resultat zwar die Persönlichkeit des Menschen, aber nach marxistischer Weltanschauung kein ewiges Sein dieser Persönlichkeit.

In einem Gespräch mit der atheistischen Zeitschrift „Wissenschaft und Religion" sucht der bekannte sowjetische Kriegsschriftsteller Konstantin Simonov seine Leser mit dieser Auffassung vertraut zu machen. Unter der bezeichnenden Überschrift „Den Menschen die Wahrheit"[932] stellt er auch für die sowjetische Wirklichkeit fest: „Ja freilich, der Mensch ist nicht immer glücklich, nicht immer gesichert. Nicht immer tut er, was er gerne im Leben tun würde. Ja, die Welt ist bei weitem noch nicht so gut eingerichtet, wie wir es gerne hätten." (Ebd.) Für ihn als Marxisten ist die Erkenntnis der Unvollkommenheit der Welt ein neuer Ansporn, sie zu größerer Vollkommenheit zu verändern, und dazu hält er den Menschen für fähig: „Aber wenn ich darüber nachsinne, darüber traurig bin und darunter leide, finde ich für mich Trost in einem einzigen Gedanken: in dem Gedanken, daß wir — Menschen sind, und vor

---

930 L. N. Mitrochin, A. G. Myslivčenko, T. I. Ojzerman: Sovremennyj ěkzistencializm, Kritičeskie očerki / Der moderne Existentialismus, Kritische Grundrisse /, Moskau 1966, 29.

931 V. Gardavský: Gott ist nicht ganz tot, 226.

932 K. Simonov: Pravdu ljudjam / Den Menschen die Wahrheit /, In: NR 1963/2/3.

allem Menschen, die an die Möglichkeit einer sozialistischen Umgestaltung der Welt glauben und daran, daß wir fähig sind, diese Unvollkommenheiten des menschlichen Lebens zu berichtigen, fähig, die Menschen glücklich zu machen, fähig, ihnen die wahre Entfaltung ihrer Neigungen und Anlagen zu gewähren, fähig, ihr Leben besser zu machen und die Bedingungen dieses Lebens zu verbessern. Dafür leben wir auch, dafür arbeiten wir auch, und darin besteht das Grundziel unseres Leben ... Dieser Trost ist, wenn man es so ausdrücken darf, aktiv, d. h. dieser Trost hängt zusammen mit dem Glauben an unsere eigenen menschlichen Kräfte." (Ebd.) Sein marxistischer Optimismus glaubt nicht nur an eine radikale Veränderung der gesellschaftlichen Verhältnisse, sondern von daher auch an die radikale Beseitigung des Leides in der Welt. „Wenn man vom Trost im Leid sprechen soll, so besteht er für mich darin, daß wir das Leid überwinden und überwinden werden, denn das liegt in unseren menschlichen Kräften."[933] In diesem Eintreten für das Glück und gegen das Leid der Menschen besteht für den Autor der Sinn des Lebens: „Ich sehe den Sinn des Lebens darin, bis zum Tag des Todes so viel Gutes und Nützliches wie nur eben möglich für die Menschen zu tun."[934] Aber was kommt danach? Simonov antwortet: „An ein Leben nach dem Tode — das versteht sich von selbst — glaube ich nicht und habe ich auch nie geglaubt, solange ich als bewußter Mensch lebe." (Ebd.) Seine Gedanken führen nun vom Sinn des Lebens zu einer Besinnung auf den Tod. „Das Sterben ist für die Menschen immer mehr oder minder schrecklich. Schrecklich ist auch, im voraus daran zu denken. Aber ich — wie auch die überwiegende Mehrzahl der Menschen meiner Generation — war mein ganzes bewußtes Leben lang selbstverständlich so weit von der Religion und von Gedanken über die Möglichkeit einer Existenz nach dem Tode entfernt, daß ich ganz einfach gewohnt bin an den einfachen und einsichtigen Gedanken, den ich mir ganz zu eigen gemacht habe: In jener Sekunde, wann du sterben wirst, nicht mehr sein wirst, ist das unwiderrufliche Ende deines Lebens da." (Ebd.) In dieser Todesstunde ist dem Menschen keinesfalls alles gleichgültig, sondern bestimmte Dinge gewinnen eine entscheidende Bedeutung. „Denkst du an den Tod, so ist vor allem schrecklich, bis zur Minute dieses Todes nicht all das zu tun, was du gerne tun würdest: nicht alles zu Ende zu führen, was du dir vorgenommen hast, nicht all das Gute zu vollenden, das für die Men-

---

933 Ebd. 4.   934 Ebd. 5.

schen zu vollbringen du von Jugend an erträumt hast. Das ist es, was schrecklich vor dir dasteht. Schrecklich steht freilich auch das Sterben selbst vor dir, kaum jemandem dürften Gedanken daran Freude machen. Aber daß es nach dem Tode dich nicht mehr geben wird, daß dies das Ende ist, — das ist dir in dem Maße vertraut, wie sich im Bewußtsein die Überzeugung herausgebildet hat, daß es sich dabei um gar nichts Schreckliches handelt."[935] Die kaum zu ertragende Wahrheit, daß es keinen Gott und kein Weiterleben nach dem Tode gibt, darf den Menschen nur schonend gesagt werden und verlangt, daß sie selbst nun noch enger zusammenrücken. „Wir müssen uns den Menschen mit großer Güte und großem Verständnis nähern und dürfen — wenn wir ihnen die bittere Wahrheit über das Leben sagen, sie dabei aber nicht trösten mit trügerischen Geschichten über die Existenz einer jenseitigen Macht, sondern ihnen die Wahrheit sagen — die Menschen zugleich nie mehr allein lassen. Wir müssen immer bei ihnen sein, ihnen immer seelisch helfen und sie seelisch stärken."[936]

Konstantin Simonov spricht seine Überzeugung in klaren Worten aus und emigriert nicht mit Begriffen wie „Unsterblichkeit" und „Hoffnung" aus der Wirklichkeit: Ein Nichtsein Gottes und das Nicht-mehr-Sein des Menschen nach seinem Tode ist auch für den Marxisten eine schreckliche Wahrheit, und er kann dieser Erkenntnis nur versuchen standzuhalten, indem er sich mit den anderen Menschen enger zusammenschließt: Die letzte Folgerung aus einer sogenannten „Gott-ist-tot-Theologie" und die Grundauffassung des Marxismus stimmen überein.

Seinen Glauben und seine Liebe richtet der Marxist auf den Menschen. Das Vertrauen in seine Fähigkeit zur Überwindung des Leides und seine Liebe zu ihm sollen ihn den Tod leichter ertragen lassen. Vítězslav Gardavský spricht diese Überzeugung aus: „Alles in uns drängt uns dazu, den Tod nicht anzuerkennen," — und fährt einschränkend fort — „alles, womit wir als einzelnes Subjekt noch nicht gesellschaftlich integriert sind."[937] Meint der Autor aber im Ernst, daß wachsende gesellschaftliche Integration, Vertiefung der menschlichen Beziehungen den Tod leichter ertragen lassen? Gerade der Verlust der menschlichen Bindungen ist doch — nach seinen eigenen Worten — das Schmerzlichste beim Gedanken an den Tod. Wie sollen dann tiefere mensch-

---

935 Ebd. 5 f.   936 Ebd. 4.
937 V. Gardavský: Gott ist nicht ganz tot, 230.

liche Bindungen eine geringere Furcht vor dem Tode zur Folge haben? Ist es nicht im Gegenteil so, daß stärkere menschliche Liebe noch leidenschaftlicher nach einer Hoffnung Ausschau halten läßt, die die Liebe über den Tod hinausträgt? Es ist also kein Wunder, daß die Hoffnung auf eine Überwindung des Todes „offensichtlich der Quellgrund der theistischen Konzeptionen" (ebd.) ist, wie er hinzufügt. Der Mensch sollte dem Menschen in der Liebe den Tod ertragen helfen, aber die Liebe hat den Schmerz des Todes nur verschärft.

Die im Leben erfahrene Liebe ist der eigentliche *Grund,* nach einem Jenseits zu fragen, der Tod wird nur zum *Anlaß* des Fragens. Diese Liebe allein macht das Dasein anziehend, von dem sich der Mensch so schwer losreißt, wie B. T. Grigor'jan in seiner Antwort auf das Schreiben des orthodoxen Christen A. Michajlov bekennt: „Ich sage Ihnen die Wahrheit: Wenn man mir die Unsterblichkeit anböte, ja sogar noch ewige Jugend, dann würde ich das schwerlich ausschlagen ... Der Glaube an eine Unsterblichkeit hält sich in den Menschen nicht sosehr durch ihren Wunsch nach einem jenseitigen Leben, als vielmehr durch die Abneigung, sich von ihrem irdischen Dasein zu trennen."[938] In einem Punkt jedoch hat Grigor'jan das Christentum sicher nicht begriffen: „Wenn in einer Familie von Gläubigen ein Mensch stirbt, so tröstet niemand die Nahestehenden und Verwandten mit der frohen Aussicht auf ihr künftiges Wiedersehen in jener Welt ... Das Reden von Erlösung, von ewiger Seligkeit im jenseitigen Leben, ist nur so lange erträglich, wie der Mensch noch fern von seinem Ende ist."[939] Da sich der Glaube jedoch auf eine verklärte Wirklichkeit richtet, schenkt er dem Gläubigen im Tode wirkliche Hoffnung auf ein Wiedersehen. Wenn auch das Lied über die Freude des endlichen Lebens — von dem M. Semënov spricht — verstummen muß, setzt die endgültige Bitte der Ostkirche um ewiges Leben für den Sterbenden ein, die „Večnaja pamjat'".

Angesichts des Todes wendet sich der Marxist zum Leben zurück, nimmt jedoch dieses Leben als eine Aufgabe an. Der Existentialist protestiert gegen das Leben selbst und bezeichnet es als *Sein zum Tode,* der Christ glaubt über den Tod hinaus und lebt sein Leben als *Sein zur Ewigkeit,* der Marxist wendet sich ganz dem Leben zu und führt es als *Sein zum Sinn im Horizont des Todes.*

---

938 In: NR 1964/12/20 f.
939 In: NR 1964/12/21.

Die bereitwillige Hinnahme des Todes schließt dann unausgesprochen den Verzicht auf jene Ambition ein, Lebenssinn und Glück zu harmonisieren. In der Stunde des Todes gewinnt die Aufgabe des Lebenssinnes einen unendlichen Vorlauf gegenüber jedem zu erreichenden Glück: Das Festhalten an der immanent auch im Sterben durchgehaltenen Methode ist — diese Überzeugung muß man gewinnen — von einem unthematischen Vorwissen um ein transzendentes Objekt dieses Vollzuges getragen; die Bereitschaft, noch im Sterben den Sinn des Lebens zu verwirklichen, verweist im Vollzug über dieses Leben hinaus. Manchem marxistischen Denker scheint diese Haltung eigen zu sein, die im Suchen nach der Wahrheit der Wirklichkeit und in der Entschlossenheit zur Verwirklichung des Lebenssinnes gründet, die aber nur aus einem Vorwissen um ihr endgültiges Worauf-zu lebt. Über die Aussagemöglichkeiten der marxistischen Philosophie geht jedenfalls offensichtlich hinaus, was Jakov A. Mil'ner-Irinin hierzu als seine Überzeugung äußert: „Das zehnte Prinzip der wahren Menschlichkeit — das Prinzip der Tat — lehrt, wie man in jedem Augenblick handeln soll und belehrt über die verpflichtende Bedeutung des Todes. Es gebietet dem Menschen, nach dem Gewissen zu handeln, so, als wenn jeder gegebene Tag sich für ihn als der letzte herausstellte, denn im Angesicht des bevorstehenden Todes kann kein Mensch — allein mit seinem Gewissen — darangehen, sich zu verstellen und Unredlichkeiten zu verüben. Jedenfalls wird irgendein Tag sicher der letzte für ihn sein, und er ist aufgerufen so zu leben, daß er an diesem Tag — an dem er vor dem Gewissen strenge Rechenschaft für sein ganzes verbrachtes Leben abzulegen hat — wird weniger traurig sein müssen über das verübte Schlechte und das nicht vollbrachte Gute. Den einzigen Trost vor dem Tode gewährt dem Menschen der Gedanke daran, was es in seinem Leben aus Selbstverleugnung an Gutem gegeben hat. — Weil der Mensch seine Stunde nicht kennt, muß er sich beeilen, Gutes zu tun, in der Tat seine sittliche schöpferisch umgestaltende Natur zu verwirklichen, daß er nicht als nutzloser Mensch dasteht. Darin besteht die verpflichtende Bedeutung des Todes: Er läßt nicht zu, daß uns die Versuchung überkommt, das auf später zu verschieben, was lebenswichtig ohne jeden Aufschub getan sein muß."[940]

---

940 Ja. A. Mil'ner-Irinin: Ėtika — nauka o dolžnom, 53. Diese Ausführungen erfahren freilich wenig Zustimmung auf dem Moskauer Disput (vgl. V. Kolbanovskij, V. Efimov: Putanica..., 123 f.); und O. P. Celikova bemerkt bissig, hier werde wohl „religiös-moralischer Rührselig-

Das Leben des Marxisten trägt in sich den *Ernst des Todes*.[941] Für Gardavský bedeutet das: „Jede meiner Beziehungen trägt das Zeichen des Todes. Jede hat für mich einen unwiederholbaren Wert . . ."[942] Erst der Ernst des Todes schenkt eine „durchsichtige Klarheit" des Lebens,[943] in dem kein Hinweis auf ein Weiterleben über den Tod hinaus zu finden sei. Wenn der Marxist sich dennoch entscheidet, den Sinn des Lebens anzunehmen und zu verwirklichen, so konzentriert er sich ganz auf dieses Leben selbst und seine Gegenwart. Der Sinn des Lebens liegt für ihn weder in seiner jenseitigen, noch in einer diesseitigen Zukunft. Das Leben — stellt Milan Machovec vom Standpunkt des Marxismus aus fest — „findet seinen Sinn im Heute, in der einfachsten Arbeit, in der Liebe und in dem Zusammenleben der Menschen mit den anderen Menschen".[944] Als das *sinnvollste Tun in diesem Leben* ist *die den anderen Menschen suchende Liebe* zu erkennen, auch wenn sie nicht über den Tod hinausgeht, wie Jurij Timofeev in einem Aufsatz „Gespräch über die Unsterblichkeit" schreibt: Für einen Menschen hängt „das Erfahren der Vollwertigkeit des eigenen Lebens und seiner Verbundenheit mit den Menschen weniger von Talent oder Verstand ab, als vielmehr von der Güte, also von der Liebe zum Nächsten".[945]

Für Vítězslav Gardavský ist diese suchende Liebe die „unerläßliche existentielle Vorbedingung aller menschlichen Beziehungen"[946] und damit — er ringt um eine philosophische Bestimmung — „das Kompositionselement der Subjektivität in jedem Augenblick, da sie sich aktuell zu einer Tat entschließt und diesem Entschluß die menschlich optimale Form zu geben bemüht ist".[947] Sie kann in die fast unerträgliche Spannung führen, „das Todesurteil über einen anderen" (ebd.) zu beschließen, wie „das Opfer des eigenen Lebens" (ebd.) zu bringen. Die den anderen Menschen *sein-lassende Liebe* schließt keinen Kompromiß mit der Wirklichkeit, sondern ist das *Prinzip ihrer Veränderung* zu einer menschlicheren Wirklichkeit, „das Prinzip der Schöpfung . . .,

keit . . . Tribut gezollt" (Wiedergegeben von N. A. Golovko, V. S. Markov: Za naučnost' i konkretnost' . . ., 153).

941 Vgl. M. Machovec: (Marxismus und Tod), In: NF 1967, 738.
942 V. Gardavský: Gott ist nicht ganz tot, 229 f.
943 Ebd. 229.
944 M. Machovec: (Marxismus und Tod), In: NF 1967, 739.
945 Ju. Timofeev: Razgovor . . . o bessmertii, 11.
946 V. Gardavský: Gott ist nicht ganz tot, 234.
947 Ebd. 235.

die schöpferische Aktivität des Menschen in der Geschichte par excellence".[948]

Angesichts der *Sterblichkeit des Menschen* wird die Liebe als das schöpferische Prinzip der Geschichte offenbar, wie sich aus dem *Wesen des Menschen* Sinn als das sittliche Prinzip des menschlichen Seins zu erkennen gab. Die geistige und gesellschaftliche Bewegung, der es allein auf die Veränderung der Welt ankommt, stößt in ihrer Erfahrung von *Personalität* und *Sterblichkeit* des Menschen an eine unveränderliche Grenze, an der ihr nur die Alternative von Gewalt oder Besinnung bleibt. „Die Maßlosigkeit der angewendeten Gewalt" — lautet das harte Urteil von Milovan Djilas — „hat sie selbst und ihre Ideen unerbittlich zermalmt."[949] Über die Fanatiker des Zwanges, die geistigen „Apparatčiki", mag dies das letzte Wort sein. Doch kann man darüber die Sucher der Wahrheit, die „Pravedniki" des Kommunismus, etwa verschweigen?

---

948 Ebd. 236.
949 M. Djilas: Die unvollkommene Gesellschaft, 26.

THESEN

Das marxistische Verständnis vom Sinn des menschlichen Lebens in Thesenform

1. Die Praxis des Menschen bezieht sich auf die Befriedigung seiner Bedürfnisse; aufgrund seiner offenen Bedürfnishaftigkeit kann darin das Streben nach Materiellem eine Umbildung ins Soziale erfahren.

2. Diese Möglichkeit, daß der Mensch dem Menschen zum höchsten Bedürfnis wird, ist als Vermenschlichung zu verstehen und hat zur seinshaften Bedingung sein tätiges sinnenhaft-gesellschaftliches Wesen.

3. Vermenschlichung verwirklicht sich als sittliche Integration der Sinnenhaftigkeit in die Gesellschaftlichkeit und geschieht als Sinngebung, nicht als Sinnfindung.

4. Die raum-zeitliche Bestimmtheit dieser Sinngebung durch Lebensverlauf und Lebenszusammenhang läßt den Sinn des Lebens als die endliche individuelle Aufgabe des Menschen erkennbar werden.

5. Sinn ist das sittliche Prinzip des menschlichen Seins.

6. Nur vom Sinn des Lebens her kann in abgeleiteter Bedeutung von Sinn in der Geschichte und Sinn in der Gesellschaft gesprochen werden.

7. Die Grundformen der Verwirklichung des Lebenssinnes sind Arbeit, kämpferische Solidarität und dialogische Existenz.

8. Das subjektive Resultat seiner sinnvollen Objektivationen erfährt der Mensch im Werden zur Persönlichkeit und in der durch sie gewonnenen sittlichen Zufriedenheit.

9. Innerhalb des verfügbaren Lebenssinnes erweist sich menschliches Glück als unverfügbar, da es das Ich wesentlich an die freie Annahme durch ein Du verweist; auch prägt entsprechend dem konkreten Lebenszusammenhang menschliches Leid die Persönlichkeit und kann zur Bedingung eines sinnvollen Lebens werden.

10. Der Tod des Menschen ist ein notwendiges Moment seines Lebenssinnes und der Horizont seiner endlichen Verantwortung.

SCHLUSSWORT

*Die Frage nach dem Sinn des menschlichen Lebens und die Grundfrage
der Philosophie*

Wir gingen an diese Studie mit dem Ziel, einen systematischen Einblick
zu gewinnen, wie sich auf der Basis des Marxismus-Leninismus die Frage
nach dem Sinn des menschlichen Lebens stellt, wie weit seine Möglichkeiten ihrer Beantwortung reichen und welche Antworten tatsächlich
gegeben werden. Alles in allem bleibt zu hoffen, daß die Wiedergabe der Einzelauffassungen wie auch das kritische Gesamtbild jenen
marxistischen Denkern gerecht werden, die sich um eine Lösung des
Problems bemühen.

Zum Schluß der Arbeit erhebt sich die entscheidende Frage: Legt der
Marxismus-Leninismus eine gedanklich widerspruchsfreie und menschlich anspornende Konzeption vom Sinn des Lebens in einer sich selbst
tragenden Welt vor?

Bei der Beantwortung dieser Frage ist zu differenzieren. Offensichtlich gelingt es ihm, deutlicher als andere Weltanschauungen
„Sinn" von „Wahrheit", „Bedeutung" und „Ziel" abzugrenzen und
den Sinn des Lebens nicht als ein theoretisches Rätsel, sondern als eine
praktische Aufgabe einsichtig zu machen. Die marxistische Philosophie
vermag davon zu überzeugen, daß der Sinn des Lebens in der Verantwortung für den gesellschaftlich-historischen Lebenszusammenhang besteht, daß das Sein des Menschen Aufgabenstruktur trägt und Sinn das
sittliche Prinzip des menschlichen Seins ist. Es ist demnach nur folgerichtig, wenn das Denken der marxistischen Humanisten über Gesellschaft und Geschichte sich auf die Entfaltung der menschlichen Persönlichkeit richtet, denn sie ist das individuelle Resultat der Verwirklichung
des Lebenssinnes, das dem Menschen sittliche Zufriedenheit schenkt.

Die Schwierigkeiten der marxistischen Konzeption zeigen sich erst,
wenn man den Lebenssinn von seinem Begründungszusammenhang her
auf seine Zielhaftigkeit hin durchdenkt. Der *Begründungszusammenhang* ergibt sich — darauf weist Marx hin — aus der Bedürfnishaftigkeit des Menschen, aus seinem tätigen sinnenhaft-gesellschaftlichen
Wesen und seinem Lebenszusammenhang. In der Erfahrung der Einheit
von Wesen und Leben erkennt er, daß — wie Egides klarstellt — das
Ursprüngliche (Materielle) nicht das Höchste (Geistig-Sittliche) ist,

wenn er Leben und Geschichte menschlich führen will. Das höchste Wesensbedürfnis des Menschen erscheint dann in dem Bedürfnis nach Glück, die höchste Wesensaufgabe im Schaffen von Sinn. Angesichts der Sterblichkeit seines Lebens stellt sich nun die entscheidende Frage nach der Weise der *Zielhaftigkeit* des Lebenssinnes: Wofür sucht der Mensch den Sinn seines Lebens zu schaffen? Wozu setzt er sich zum Ziel des Lebens die Verwirklichung von Sinn? Das höchste Ziel (Sinn) kann nur die Befriedigung des höchsten Bedürfnisses (Glück) sein: Im Sinn des Lebens sucht der Mensch wesentlich Glück zu erreichen. Im Tode jedoch — und bereits in der Besinnung auf ihn — wird klar, daß eine immanente Äquivalenz von Sinn und Glück ausgeschlossen ist; *der Sinn des Lebens fordert den Menschen über alles Glück hinaus ein.* Zwar ist das notwendige rückwirkende Resultat seines gelingenden Lebenssinnes seine Persönlichkeit mit der sittlichen Zufriedenheit über das Gelingen der Lebensaufgabe; Glück bleibt darin aber ein nur zufälliges Ergebnis. Setzt er also das *Zufällige* etwa zum Ziel seines lebenslangen Arbeitens, Kämpfens und Liebens? Geht er aber sein Leben hindurch mit Entschlossenheit auf das *Notwendige* zu, so wird die Schwierigkeit um nichts geringer: Wofür die Anstrengung im Leben und sogar das Ringen im Sterben um „Persönlichkeit"? Wozu das Durchhalten einer Aufgabe, deren Vollendung (der vollbrachte Sinn des Lebens) erst mit der Vernichtung (dem Tod) des Zieles (der Persönlichkeit) erreichbar wird?[949a]

[949a] Mag es der sowjetischen Medizin sogar gelingen, die Lebensdauer des Menschen bedeutend zu verlängern oder — konstruieren wir einmal diesen Fall — sie ganz seinem Belieben zu unterwerfen, so beseitigt solche „kosmologische Unsterblichkeit", von der Maceina spricht (Sowjetische Ethik..., 164), das Todesproblem nicht, sondern verschärft es nur. Der Tod steht ja im Zusammenhang mit dem Person-sein des Menschen und mit seinem Persönlichkeit-werden; letzteres basiert auf der personalen Tendenz zur Selbstverwirklichung, die in unermüdlichem sittlichen Ringen immer wieder zum Durchbruch gebracht werden muß. Worin aber bestünde der Sieg dieses Ringens? Während die christliche Eschatologie nach dem „Lebenskampf" die Lösung der sittlichen Widersprüchlichkeit des menschlichen Seins in der „ewigen Ruhe" („Ruhe" verstanden unter ethischem Aspekt) sieht, in der Vollendung des im Leben nicht Erreichten durch Gott, müßte nach der sittlichen Auszehrung des Menschen durch eine „kosmologische Unsterblichkeit" ihm selbst der Tod als „Erlösung" erscheinen. Das im Lebenssinn sich ereignende Persönlichkeit-werden ist sittlich nur durchzuhalten, wenn es

Es zeigt sich als ein beachtlicher Versuch heutiger Marxisten-Leninisten, wie sie sich der Sinnfrage stellen und ihr nicht mehr ausweichen. Im Durchdenken der Zusammenhänge setzt sich dabei anscheinend — trotz mancher verbaler Ablehnung — immer stärker die Erkenntnis durch, daß *Personhaftigkeit* und *Tod* nicht nur relativ konstant sind, sondern *die beiden immanent absoluten Konstanten menschlicher Wirklichkeit* darstellen. Der Kampf gegen das Wesen des Menschen durch die Kultivierung des Hasses (der einschlußweisen Leugnung dieses Wesens) und durch Anwendung von Gewalt (der Verhinderung der Verwirklichung des Wesens in Freiheit) führte sich historisch ad absurdum. Der Tod jedoch erweist philosophisch die Unmöglichkeit, die menschliche Wirklichkeit zu einem in sich geschlossenen immanenten Regelsystem von Lebenssinn und Glück zu verändern.

Man mag einwenden, daß Geschichte als menschliche Geschichte aufhört zu bestehen, wenn die Menschen nicht mehr bereit sind, aus Verantwortung füreinander diesen Überschuß an Sinn über alles mögliche Glück hinaus zu leisten. Wer könnte ihnen aber diese Aufgabe immer wieder begreiflich machen, ohne daraus ein neues Fronrecht der Gesellschaft über den einzelnen Menschen abzuleiten? „Verantwortung" schließt einen Träger der Verantwortung (den Menschen, der verantwortlich ist), einen Gegenstand der Verantwortung *(für* den der Mensch Verantwortung trägt) und ein Gegenüber der Verantwortung *(vor* dem der Mensch Verantwortung für etwas trägt) ein. Lange Zeit reduzierte der Marxismus — ungeachtet der Warnung durch Marx, die Gesellschaft gegenüber dem Individuum auszuspielen — Verantwortung auf ein Verhältnis der Verantwortlichkeit des Einzelnen vor der Gesellschaft. Wenn jedoch in wachsendem Maße nunmehr die Gesellschaft als ein Gegenstand und nicht als das letzte Gegenüber der Verantwortung des Menschen erkannt wird, — vor wem muß sich dann der Einzelne im

---

immanent durch den Tod abgeschlossen wird; es empfängt eine Vollendung aber höchstens in einem transzendenten Glück. Bemerkenswert klar führt Boris T. Grigor'jan aus: „Selbst der Gedanke an einen unsterblichen Menschen scheint mir absurd zu sein, jedenfalls aber unvereinbar mit dem Begriff des Lebenssinnes. Wie kann man vom Sinn des Lebens eines unsterblichen Wesens sprechen, von seiner Selbstvervollkommnung, von seinen guten und bösen Taten und seiner sittlichen Verantwortung?! ... Darum geht es ja gerade, daß man nur dann von einem Sinn des Lebens sprechen kann, wenn das Leben durch eine bestimmte Zeitspanne begrenzt ist ..." (In: NR 1964/12/21).

letzten verantworten? Nach der Anmaßung der Epoche des Personenkultes, die den Einzelnen von der Gesellschaft her wähnte definieren und manipulieren zu können, verlegt man in neueren philosophischen Ansätzen das Gegenüber der Verantwortung des Menschen in sein eigenes Gewissen. Doch ist „Gewissen" das Medium und nicht das Gegenüber der Verantwortung. Vor wem steht der Mensch letztlich mit seinem Gewissen in der Verantwortung für seine Mitmenschen und sich selbst?

Die philosophische Untersuchung des marxistischen Verständnisses vom Sinn des Lebens führt zu den gleichen Zweifeln an seiner Tragfähigkeit, die ein orthodoxer Christ freimütig gegenüber der Zeitschrift „Wissenschaft und Religion" äußert: „Wenn mein Leben auf der Erde in meiner irdischen Hülle entsteht, sich erfüllt mit Verstand und Empfindungen, und das alles dann verschwindet (selbst wenn ich sogar irgendwelche Spuren hinterlasse, die sich aber auch im Laufe der Zeit verwischen), dann ist dieses Leben eine unerträgliche Absurdität. Wofür soll dann der Mensch seinen ihm gegebenen Verstand ausbilden und seine Empfindungen entfalten, wenn er aus dem ‚Nichts' entstanden ist und so wie so verschwindet und sich in ein ‚Nichts' verwandelt? Wofür soll ich ein vergängliches Bewußtsein meines Daseins haben, wenn ich in diesem kurzen Augenblick Myriaden Himmelslichter sah, lernte zu addieren und zu dividieren bis zur Unendlichkeit, Höhe und Abgrund zu empfinden, Entzücken und Grauen zu erleben, mich an der Schönheit zu erfreuen, mich am Schöpferischen zu berauschen und selbstlos zu lieben? Wofür — fragt man sich — war das alles mir gegeben, wenn ich nicht ewig bin, sondern schon im nächsten Augenblick in ein Nichtsein, und sogar ohne Traumbilder, entschwinde?"[950] Nach den Einwänden gegen die marxistische Konzeption spricht A. Michajlov sein persönliches Bekenntnis aus: „Nein, ich ‚war', ich ‚bin' und ich ‚werde sein', zudem viel vollkommener als ich war und bin. Anders ist das Leben ein phantastischer Alptraum, wo der persönliche Wille faktisch gebunden ist, wo die Freiheit des Geistes nur auf einen Tag hin besteht, weil alles zu jeder Frist dieses Augenblickchens Dasein nur zeitbedingten Gesetzen unterworfen ist, die durch die Menschen jeder einzelnen Epoche selbst aufgestellt werden." (Ebd.)

In seiner Antwort auf den Brief A. Michajlovs verlangt B. T. Grigor'jan mit deutlicher Spitze gegen den Glauben an die Unsterblichkeit eine

---

950 In: NR 1964/12/18.

„unbedingt wahre Einschätzung der Stellung des Menschen in der Welt"[951] und „das Bemühen, über alles Rechenschaft zu geben und mit dem Verstand und der Lebenspraxis nachzuprüfen" (ebd.): „Der Mensch braucht Wahrheit. Jede Wahrheit ist ihm lieber als eine ‚die Seele erhebende Täuschung'." (Ebd.) In diesem Vorbehalt wehrt sich der sowjetische Redakteur mit Recht dagegen, aus dem Wunsche nach persönlicher Unsterblichkeit diese selbst zu folgern. Das christliche Denken stimmt dieser Forderung zu. Aber es sieht eine mit Verstand und Lebenspraxis nachprüfbare Wahrheit auch darin, daß im Aufweis des Lebenssinnes notwendig eine Aufgabenstruktur des menschlichen Seins erkennbar wird, die im folgerichtigen Durchdenken über den Horizont des Todes hinausverweist, deren Zielhaftigkeit sich immanent weder in der Gesellschaft noch im einzelnen menschlichen Leben erschöpft. Dieser Verweis ist anscheinend auch für die marxistischen Denker so unmißverständlich, daß sie nicht selten selbst zu einer „die Seele erhebenden Täuschung" ihre Zuflucht nehmen und mit den Begriffen „Unsterblichkeit",[952] „Hoffnung" oder „Spur in der Nachwelt" den *transzendentalen Charakter der Sinnfrage* abzufangen suchen.

Das Suchen nach dem Sinn des Lebens trifft auf die Grenze der marxistischen Weltanschauung; die noch offenen Fragen sehen sich einer bereits in sich geschlossenen Antwortmöglichkeit gegenüber. Das hat zur Folge: Da diese Fragen methodisch richtig angesetzt sind, ihre Beantwortung aber vom marxistischen System ausgeschlossen wird, muß die Grundvoraussetzung dieses Systems überprüft, d. h. es muß

---

951 In: NR 1964/12/20.

952 Zur Einführung soziologischen Untersuchungsmaterials heißt es noch in der Schrift von P. M. Egides „Die marxistische Konzeption vom Sinn des Lebens": „In der sozialistischen Gesellschaft begreifen die Menschen immer mehr die Unsterblichkeit ihrer Taten, der Glieder in der Kette des großen allgemeingeschichtlichen Werkes. Sie sehen ihre Unsterblichkeit in ihrem persönlichen Beitrag zur Sache des Fortschritts der Gesellschaft, in der Erlangung wahrer Unsterblichkeit der Menschheit insgesamt." (Marksistskaja koncepcija ..., 43) In seinem späteren Aufsatz heißt es an dieser Stelle auffallend genügsam: „In der sozialistischen Gesellschaft werden solche sozial-ökonomischen Bedingungen der Entfremdung beseitigt wie die Ausbeutung fremder Arbeit durch das Privatkapital ..., findet der Prozeß einer Überwindung von Entfremdung und Selbstentfremdung statt." (Osnovnoj vopros ..., 91)

die sogenannte *Grundfrage der Philosophie* gestellt werden. Den Zusammenhang zwischen der Frage nach dem Sinn des Lebens mit der Grundfrage der Philosophie stellt P. M. Egides in folgendem Gedankengang her: „‚Sinn des Lebens‘ ist die Kategorie zur Kennzeichnung der Beziehung der Person eben zu den Beziehungen zwischen ihr und der objektiven Wirklichkeit, der Welt, dem Sein. Anders gesagt: Sie dient zur Kennzeichnung der Beziehung des ethischen Bewußtseins der Person zum Sein (vermittels der Beziehung zu ihrem eigenen menschlichen Sein in dieser Welt). Keine andere Kategorie bringt dies zum Ausdruck, weder Ziel des Lebens noch Glück, Wert des Lebens, Ideal, Selbsttätigkeit oder Freiheit, obgleich sie alle inhaltlich in sie eingehen. Die Frage nach dem Sinn des Lebens ist folglich ein besonderer Aspekt der Grundfrage der Philosophie.“[953] Diesen besonderen Aspekt bestimmt der Autor näher: „Während die Frage nach der Ursprünglichkeit von Materie oder Bewußtsein die ontologische Seite der Grundfrage der Philosophie (der Frage nach der Beziehung des Bewußtseins zum Sein) und die Frage nach der Erkennbarkeit des Seins durch das Bewußtsein die gnoseologische Seite der Grundfrage der Philosophie ist, so ist die Frage nach dem Sinn des Lebens der ethische Aspekt der Grundfrage der Philosophie, der Aspekt des ethischen Selbstbewußtseins der Person, der die Beziehung des Bewußtseins eben zur Beziehung zwischen Bewußtsein und Sein, zur Beziehung zwischen sich und der Welt zum Ausdruck bringt . . .“ (Ebd.)

Wenn auf die Frage nach dem ethischen Aspekt der „Grundfrage der Philosophie“, d. h. auf die Sinnfrage eine unzulängliche Antwort gegeben wird, so muß geprüft werden, ob diese Unzulänglichkeit nicht schon in einer falschen Auffassung von der Grundfrage der Philosophie gründet, in einem *fundamentalen Irrtum darüber, was das ontologische Grundproblem der Philosophie ist.* Dieses wird von den offiziellen „Grundlagen der marxistischen Philosophie“ folgendermaßen vorgelegt: *„Die Grundfrage der Weltanschauung* ist die Frage nach dem Verhältnis des Denkens zum Sein, des Geistes zur Natur. Was ist das Ursprüngliche, das Primäre: die Natur (das Sein, die Materie) oder der Geist (die Vernunft, das Bewußtsein, die Idee)? Mit anderen Worten, was ist zuerst da: die Materie oder das Bewußtsein? Bestimmt das Sein, bestimmt die Materie das Denken, oder ist es umgekehrt? . . . Materielles und Geistiges sind die weitesten Begriffe über-

---

953 P. M. Egides: Osnovnoj vopros . . ., 86.

haupt, beide zusammen umfassen alles, was in der Welt existiert. Deshalb geht jede Weltanschauung zwangsläufig von der einen oder anderen Antwort auf die Frage nach dem Verhältnis zwischen Materiellem und Geistigem aus. Diese Frage war und wird stets die Hauptfrage bei der Ausarbeitung einer philosophischen Weltanschauung sein."[954]

Aus diesem Text geht hervor, daß die so gestellte Grund*frage* der Philosophie bereits eine Grund*aussage* setzt, daß in der Form der Frage eine inhaltliche Aussage unterstellt wird. Diese Aussage enthält in der Alternative eines „entweder — oder" zwei Positionen, Materie und Geist; jede dritte Möglichkeit einer Fragestellung wird ausgeschlossen. Doch erweist sich diese Alternative als unfruchtbar, sobald man den ethischen Aspekt der so gestellten Grundfrage der Philosophie durch die Frage nach dem Sinn des Lebens zu bestimmen beginnt: Die Negation der idealistischen Lösung der Sinnfrage, die einen Primat des Ideellen annimmt, führt zur Position des Materialismus, der das Materielle als primär anerkennt. Doch auch am Ende des Durchdenkens der materialistischen Position zeigt sich die Aporie, daß ihre Antwortmöglichkeiten bereits geschlossen sind, während eine entscheidende, methodisch richtig angesetzte Frage offenbleibt.

Auf diese Frage nach dem Sinn des Lebens eine Antwort zu geben, zeigen sich weder Idealismus noch Materialismus imstande. Der Idealismus übersieht schon in seinem Ansatz, daß es in der Sinnfrage letztendlich um die Aufgabenstruktur des menschlichen Seins und nicht um einen Erkenntnishorizont des menschlichen Bewußtseins geht; der marxistische Materialismus erkennt zwar diese Aufgabenstruktur, kann von seinen systemimmanenten Möglichkeiten her ihre Voraussetzungen jedoch nicht begründen und ihre Folgerungen nicht einlösen: Weder die Grundlage des Lebenssinnes (die Aufgabenstruktur des menschlichen Seins) noch ein angemessener Wert des Lebens für den einzelnen Menschen selbst (ein der geleisteten Sinnaufgabe je entsprechendes Glück) lassen sich auf materialistischer Basis einsichtig machen.

Verliert damit die marxistische *Ethik* ihre Tragfähigkeit, so zieht sie auch ihren *ontologischen Grund* in diese aufbrechende Fraglichkeit mit hinein; die neue Sittlichkeit sieht die ganze Wirklichkeit neu.

Wo aber wird der Mensch der nach-marxistischen Ethik seinen ontologischen Grund finden?

---

954 GMPh 12. 13.

DOKUMENTATION I

(Aus: „Voprosy filosofii“, Moskau 1963/8/25—36)

Die marxistische Ethik über den Sinn des Lebens
von P. M. Egides (Brjansk)

I. Die Bedeutung des Problems

Die Frage nach dem Sinn des Lebens ist die Frage danach, wofür der Mensch lebt, was das Wichtigste in seinem Leben ist.[1] Ein rechtes Verständnis des Lebenssinnes verleiht dem Menschen Selbstvertrauen, es macht sein Verhalten gesammelter, zielgerichteter. Wenn er den Sinn seines Lebens bestimmt, gelangt der Mensch zu der Notwendigkeit, seine theoretischen Erkenntnisse und das praktische Handeln in Übereinstimmung zu bringen; daher sind wir berechtigt zu sagen, daß das Problem des Lebenssinnes eines der Zentralprobleme der Ethik ist. Es ist sehr wichtig, daß jeder Mensch eine wissenschaftliche Vorstellung vom Sinn des Lebens besitzt, weil davon die Entwicklung der Persönlichkeit, die Anerziehung einer Einheit von Bewußtsein und Verhalten abhängt, die bezeichnend ist für den allseitig gebildeten und ganzheitlichen Menschen der kommunistischen Gesellschaft.

---

1 Das Problem des Lebenssinnes hat eine Reihe von Aspekten: Man kann zum Beispiel die Frage nach einem Sinn der Existenz der Menschheit insgesamt stellen (einschließlich auch der kosmischen Ebene) und nach dem Sinn des Lebens des Einzelmenschen auf sozial-ethischer Ebene; wichtig erscheint eine Analyse der Entwicklung des Verständnisses vom Sinn des Lebens, wie es der Mensch in den verschiedenen Altersstufen hat, was besonders für die Pädagogik bedeutsam ist. Das Problem des Lebenssinnes kann speziell untersucht werden vom gnoseologischen, aber auch vom psychologischen Gesichtspunkt. Man kann die historische Genese dieser Kategorie selbst untersuchen, wie auch das historische Entstehen des Bedürfnisses des Menschen, daß sein Leben einen Sinn habe, begreifen. Überaus interessant wäre es auch, die Wechselbeziehung des sittlichen und ästhetischen Aspektes dieses Problems zu untersuchen. Die Berücksichtigung einer richtigen Auffassung vom Sinn des Lebens hat praktische Bedeutung für die Medizin (für die Prophylaxe bei Nervenerkrankungen, für die Psychotherapie), für die Rechtspflege (hinsichtlich der Vorbeugung von Verbrechen) usw. Dieser ganze Fragenkreis ist leider fast nicht erforscht worden von unseren Philosophen, wenn man absieht von der Schrift V. P. Tugarinovs „Über den Sinn des Lebens“ (1961) und einem Abschnitt in seinem Buch „Über die Werte des Lebens und der Kultur“ (1960). Aber einige der aufgezählten Fragen haben sich in unserer Literatur überhaupt nicht gestellt. Der beschränkte Raum eines Aufsatzes gibt keine Möglichkeit, alle Aspekte des gestellten Problems aufzuspüren. Das läge in der Macht nur eines Autorenkollektivs. Der Gegenstand des vorliegenden Aufsatzes ist die Untersuchung des Problems des Lebenssinnes des Menschen auf sozial-ethischer Ebene.

Es ist notwendig — unterstrich in seinem Referat auf dem Juniplenum (1963) des Zentralkomitees der KPdSU L. F. Il'icëv —, „der Jugend hohes Ideengut, *richtige kommunistische Ansichten über das Leben*, die Gesellschaft, die Arbeit und die Familie einzuprägen" („Pravda" vom 19. Juni 1963. Hervorhebung von mir. — P. E.). Die Ausarbeitung eines kommunistischen Verständnisses vom Sinn des Lebens, — das ist ein wesentlicher Bestandteil der gemeinsamen Aufgabe, bei jedem Mitglied unserer Gesellschaft eine wissenschaftliche, kommunistische Weltanschauung, eine kollektivistische Psychologie sowie entsprechende Gewohnheiten und Verhaltensweisen herauszubilden.

Im gegenwärtigen scharfen Kampf der zwei Ideologien, der bürgerlichen und der kommunistischen, im Kampf um Hirn und Herz der Menschen, nimmt die Frage nach dem Sinn des Lebens einen bedeutenden Platz ein. Ihren „Beitrag" zur hoffnungslosen Sache einer Rettung des kapitalistischen Systems leisten bürgerliche Ideologen gleichfalls auch mit ihren Lehren vom Sinn des Lebens. Wenn einige von ihnen auf die eine oder andere Weise die Lobhudelei der utilitaristischen Konzeptionen fortsetzen, welche den Sinn des Lebens vom Gesichtspunkt eng persönlicher, egoistischer Interessen her bestimmen und dadurch die Werktätigen von der Mitarbeit bei der Lösung großer sozialer Probleme und beim politischen Klassenkampf abhalten, so gehen andere „weiter" und fragen: Ja, gibt es ihn denn überhaupt, irgendeinen Sinn des Lebens in unserm schrecklichen Atomzeitalter, wo alles so unsicher auf dieser Welt ist? Das reale, irdische Leben betrachtet man als sinn- und wertlos und erklärt es zu einer Illusion. Dafür verkündet man als höchstes Ziel des ganzen Verhaltens der Persönlichkeit eine mystische „Existenz", eine Verschmelzung mit einer transzendenten Welt. [...] Jaspers spricht von einer ewigen Unzufriedenheit, die eine Unzufriedenheit mit der Existenz überhaupt sei (K. Jaspers: „Philosophie", Bd. 2, Berlin 1932, S. 6). Er spricht aber nicht von der Unzufriedenheit mit der vergänglichen, ausbeuterischen Gesellschaftsordnung. Weder Sozialismus noch Kommunismus können — entsprechend dieser Konzeption — den Menschen vor der Unzufriedenheit retten, und folglich hat es keinen Zweck, dafür zu kämpfen [2] [...].

---

2 Eine dialektische Einheit von Zufriedenheit und Unzufriedenheit wird immer für den Menschen charakteristisch sein: Damit erstere sich nicht in die zweite verwandelt, muß die Zufriedenheit eine bestimmte Unzufriedenheit als ihr Gegenteil einschließen. Der Mensch ist zufrieden eben dadurch, daß die Zufriedenheit ständig Unzufriedenheit gebiert. Andernfalls stünde er vor der absoluten Vollkommenheit, vor einem Stillstand, davor, weiter nirgendwohin gehen zu können, — aber das ist das größte Unglück. Alles würde erstarren, weiterer Fortschritt würde unmöglich. Die Wahrnehmung des Lebenssinnes wird nicht nur durch die Zufriedenheit, sondern auch durch Unzufriedenheit mit dem Erreichten, durch das Streben nach immer neuen Höhen geboren. Aber das ist eine gesunde, optimistische

[Nachdem Egides seinem Mißtrauen darüber Ausdruck verliehen hat, daß ein Christ wegen seines Jenseitsglaubens gefährlich werden könne in einem unbedenklichen Umgang mit den Machtmitteln dieser Welt und zwei angebliche Vertreter dieser „menschenhassenden Auffassungen" angeführt hat, fährt er fort:]

Der Kampf der zwei Ideologien in der heutigen Welt findet auch in den sozialistischen Ländern einen Widerhall. Das kommt zum Vorschein ebenfalls im Verständnis des Lebenssinnes. Die Überreste des Kapitalismus in Bewußtsein und Verhalten der Menschen unserer Gesellschaft hängen oft damit zusammen, daß diese Menschen nicht begriffen haben, worin der wahre Sinn des Lebens besteht. Dies äußert sich: in einem flachen „praktischen Sinn"; im Mangel an Interesse an den großen sozialen Problemen; im Bestreben, seine „Seelenruhe zu bewahren" in einer Lage, wo es zu kämpfen gilt gegen kalte Routine; in dem Wunsche, nach den philisterhaften Grundsätzen „ich will damit nichts zu tun haben" und „tu mir nichts — dann tu ich dir nichts" zu leben; in Nihilismus; in bloßer Ästhetik; im Verplempern des Lebens; in Ruhmsucht; in Machtgier usw. Auf der Suche nach einem Zugang zum Reich des wahren Lebenssinnes irren sich manche bisweilen in der Tür und geraten in den Bann einer dem Kommunismus fremden Lebensauffassung. Folglich muß die Frage nach dem Sinn des Lebens von einem jeden wissenschaftlich gestellt werden, wenn er nicht blind und tastend an das Leben herangehen will. Die Antwort auf diese Frage gewinnen wir im Marxismus-Leninismus, in seiner schöpferischen Anpassung an das Leben.

Der Sinn des Menschenlebens in allgemeinster Fassung ist die Ausrichtung seines Lebens, die Grundrichtung des Lebens, die Generallinie des Lebens. Die vormarxistischen philosophisch-ethischen Konzeptionen lösen nicht die Frage danach, welche Ausrichtung des Lebens ihm eine objektive Bedeutsamkeit verleiht. Für diese Konzeptionen ist ein unhistorisches, abstraktes Herangehen an die Frage nach dem Sinn des Lebens charakteristisch. Sie haben den Sinn des Lebens entweder mit der Idee Gottes verbunden oder mit diesen oder jenen Seiten einer „ewigen und unwandelbaren" Natur des Menschen. In den Epochen des Verfalls dieser oder jener Gesellschaftsordnung entstehen zum Beispiel finstere Lehren, die überhaupt einen Sinn des Lebens ablehnen, Lehren, nach denen das irdische Leben ein rastloses Getümmel und ein Seufzen der Seele ist (Ekklesiastes), sinnloses Verlangen nach sinnloser Existenz (Schopenhauer), Absurdität und Sisyphusarbeit (Camus). Die Urheber von „Lehren" ähnlicher Art berufen sich gewöhnlich

---

Unzufriedenheit, und nicht eine kranke, pessimistische Unzufriedenheit mit der „Existenz überhaupt", die zur Verneinung eines Sinnes des Lebens und des revolutionären Kampfes zur Veränderung der Welt im Interesse der werktätigen Menschheit führt. [Auslassungen in der Übersetzung sind im folgenden in eckige Klammern gesetzt, Auslassungspunkte ohne diese finden sich auch im russischen Original. — HFS]

darauf, daß der Mensch (ja sogar die ganze Menschheit) insgesamt nur eine vorübergehende Erscheinung in einem unermeßlichen kosmischen Chaos sei, daß er wie ein Staubkörnchen vorbeihusche und gleich darauf verschwinde, — was solle da schon ein Sinn seines Daseins sein? So sagt man.

Bei der Analyse des Problems des Lebenssinnes vom wissenschaftlichen marxistisch-leninistischen Gesichtspunkt aus ist es folglich notwendig, vor allem zu entscheiden, ob es einen *objektiven* Sinn des Lebens gibt. Die verschiedenen Menschen sehen ja den Sinn des Lebens in einer verschiedenartigen Ausrichtung des Lebens, verstehen den Sinn des Lebens auf verschiedene Weise. Auch ist notwendig zu klären, was das objektive Kriterium ist, welches erlaubt zu bestimmen, daß das Leben des betreffenden Menschen einen positiven Sinn hat, das Leben eines anderen Menschen aber keinen oder gar einen negativen „Sinn". Und schließlich: Durch welche objektiven Faktoren ist die Widersprüchlichkeit bedingt, die Buntheit der subjektiven Vorstellungen über den Sinn des Lebens?

Fangen wir an mit der letzten Frage, weil ihre Untersuchung auch die Antwortmöglichkeit auf die anderen gibt.

II. Die historische Bedingtheit der Vorstellungen vom Sinn des Lebens

Der Marxismus hat erwiesen, daß die Ansichten der Menschen letzten Endes durch die vorhandenen Lebensbedingungen der Gesellschaft, durch das gesellschaftliche Sein bedingt sind. Das bezieht sich auch auf die verschiedenen Vorstellungen der Menschen vom Sinn des Lebens. Die Ausrichtung des Lebens und das verschiedenartige Verständnis seines Sinnes sind nicht Resultate rein subjektiver, willkürlicher Wünsche, sondern durch die objektiven Faktoren des gesellschaftlichen Lebens determiniert. Das bestätigt eine Analyse der Auffassungen vom Sinn des Lebens bei den verschiedenen Klassen und in den verschiedenen historischen Epochen.

Der Umfang des Aufsatzes gestattet es nicht, eingehend die Entwicklung der Auffassungen der herrschenden Klassen der verschiedenen historischen Epochen vom Sinn des Lebens darzulegen. Wir merken nur an, daß mit der Entwicklung des Privateigentums sich ihrer immer mehr eine egoistische Lebensauffassung bemächtigte, die sich besonders in der bürgerlichen Gesellschaft entwickelte. Hier stellte wütender und zügelloser Individualismus die Person vollständig der Gesellschaft als einer feindlichen Macht gegenüber. Erst einmal herrschende Klasse geworden, reduziert die Bourgeoisie den Sinn des Lebens auf die Jagd nach dem Profit. [...] Auch bürgerliche Schriftsteller empfinden deutlich, daß in der Welt des Business das Leben des Menschen seinen wahren Sinn einbüßt. Dennoch können sie keinen Ausweg aufzeigen; einen solchen Ausweg kann nur das revolutionäre Handeln bieten, der Kampf um die sozialistische Umwandlung der Gesellschaft.

Ganz anders gehen die Menschen der Arbeit und die Vertreter der fortschrittlichen gesellschaftlichen Kräfte an das Verständnis vom Sinn des Lebens heran. Sogar unter den Bedingungen der antagonistischen Gesellschaft, ungeachtet dessen, daß die Arbeit hier verkehrt ist in eine schwere Last, empfindet das werktätige Volk in der Tiefe der Seele, daß gerade mit der Arbeit, mit der großen umgestaltenden Fähigkeit des Menschen, der wahre Sinn des Lebens zusammenhängt. [...] Die Vertreter der fortschrittlichen gesellschaftlichen Kräfte haben den Sinn des Lebens im Kampf um die Befreiung des Menschen in der historisch für die gegebene Periode möglichen Form, in der Lösung der wesentlichen und wichtigen gesellschaftlichen Aufgaben, gesehen. So verwirklichte sich in der Epoche Solons der Sinn des Lebens der fortschrittlichen Menschen im Kampf um die Liquidierung der Schuldsklaverei, und zur Zeit der Gracchen im Kampf um die Beschränkung des Grundbesitzes. Für Spartakus aber, den Marx als den edelsten Menschen der Antike bezeichnete, bestand der Sinn des Lebens im Kampf gegen die Sklavenbesitzer: Dieser Kampf war damals die bedeutungsvollste Sache für eine fortschrittliche Entwicklung der Gesellschaft, die wichtigste Sache, derentwegen zu leben sich lohnte. In der Epoche des Feudalismus bestand der Sinn des Lebens fortschrittlicher Menschen [...] im Kampf gegen die feudal-leibeigenschaftliche Ordnung, darin, bei der Befreiung des Volkes aus Armut, Elend und Qualen mitzuwirken.

Das Verständnis dessen, daß der Sinn des Lebens verbunden ist mit dem Kampf um die allgemeinen Interessen des Volkes, ist charakteristisch für die Arbeiterklasse, die bei der Verteidigung ihrer eigenen Interessen ebendadurch höchst konsequent und umfassend die grundlegenden Interessen des Volkes, der gesamten fortschrittlichen Menschheit verteidigt. Die fortschrittliche Vorhut der Arbeiterklasse, die Kommunisten, verbinden den Sinn des menschlichen Lebens mit dem Kampf um die revolutionäre Umgestaltung der Gesellschaft auf sozialistischer Grundlage. In diesem Kampf halten sie weder Entbehrungen noch Folterungen oder Todesdrohungen auf.

In der neuen, sozialistischen Gesellschaft erheben sich die Massen der Menschen zu einem tiefen Verständnis vom Sinn des Lebens. „Die Welt so zu sehen, wie sie ist, sie so zu machen, wie sie sein soll, — dafür lebe ich, das ist der Sinn meines Lebens", schreibt der Arbeiter F. Zubkov [...] „Ich liebe alles: die Bücher, meine Skier, Mozart, Prorokov, und natürlich ein Mädchen. Aber die Grundrichtung meines Lebens besteht darin, so nützlich wie möglich zu sein und durch meine Arbeit eine lichte Zukunft erbauen zu helfen, den Kommunismus. Darin besteht der Sinn meines Lebens, das ist es, wie ich das Leben verstehe. Ich bin von Kindheit auf an Arbeit gewohnt, seit 1958 arbeite ich in Bratsk als Bohrarbeiter. Jetzt lerne ich in der Abendschule" ([...] Brief von N. Zacharov). [...]

Allerdings gibt es in unserer Umwelt auch solche Aussagen: „Wie ich das Leben verstehe? Wenn man Eigenheim und eigenen Wagen besitzt, dann wird man auch eine hübsche Frau und alle andern Güter haben. Ich gehe jetzt auf das Lehrkombinat, bekomme eine Spezialausbildung, um dann mehr zu verdienen. Das bringt Geld in die Tasche — und das ist auch der Sinn des Lebens. Sogar die Dichter schreiben ja Verse für Geld. Wofür der Mensch lebt? Ich, zum Beispiel, lebe halt einfach so, und das ist alles. Man ist geboren — also muß man leben" [...].

Den Geist unserer Gesellschaft spiegeln im großen und ganzen die ersten Aussagen wider, und nicht die letztere; dennoch besteht in der Periode des entfalteten Aufbaus des Kommunismus die Aufgabe darin, bei *jedem* Mitglied der Gesellschaft ein kommunistisches Verständnis des Lebenssinnes zu bilden, die Reste der Überbleibsel der Vergangenheit in den Vorstellungen vom Lebenssinn zu überwinden. [...] Das sozialökonomische System selbst und die ganze moralische Lebensform der sozialistischen Gesellschaft veranlassen die Menschen früher oder später dazu, ihre ganze Tätigkeit in die Bahn der gesellschaftlichen Aufgaben zu lenken, sich zu bemühen, ihr Leben so einzurichten, daß ihm ein tiefer objektiver Sinn innewohnt.

Das qualitativ neue Verständnis vom Sinn des Lebens durch die Mehrheit der Menschen der sozialistischen Gesellschaft ist verbunden mit ihrem bewußten Streben nach schöpferischer Arbeit und gesellschaftlicher Tätigkeit zur Erbauung einer neuen Welt. Dazu ist auch ein unerschrockener Kampf mit all dem verlangt, was diesen Aufbau hemmt.

Aus dem Gesagten folgt, daß das Verständnis des Lebenssinnes bei den Menschen sich gesetzmäßig verändert mit der Veränderung der objektiven Bedingungen des gesellschaftlichen Lebens, in Abhängigkeit von der Klassenzugehörigkeit, mit der Bereicherung ihrer Lebenserfahrung und der Vertiefung ihrer Weltanschauung.

III. Über den wahren Sinn des Lebens und seinen konkreten Inhalt

Mit der Behauptung, daß in der Klassengesellschaft die Auffassungen vom Sinn des Lebens Klassencharakter tragen, anerkennt der Marxismus zugleich auch einen allgemeinmenschlichen Inhalt dieser Auffassungen vom Sinn des Lebens, die für die Werktätigen und die Vertreter der fortschrittlichen gesellschaftlichen Kräfte, insofern sie die wirklichen Interessen des ganzen Volkes in einer gegebenen Epoche zum Ausdruck bringen, charakteristisch sind. Der allgemeinmenschliche Inhalt kommt in einer solchen Lebensausrichtung zum Ausdruck, bei der es *objektive soziale Bedeutsamkeit* erhält, Bedeutsamkeit für den gesellschaftlichen Fortschritt, für das Volk, für seine Gegenwart und Zukunft. Im Kommunismus wird das für alle kennzeichnend sein; das bewußte Streben nach dem gesellschaftlich Bedeutsamen, objektiv Großen, erfüllt das Leben der Menschen mit qualitativ neuem und reicherem Inhalt.

Der wahre Sinn des menschlichen Lebens ist die auch objektive Bedeutsamkeit seines Lebens. Mit der Entdeckung, daß die Entwicklung der Gesellschaft ein naturhistorischer Prozeß ist, eben dadurch hat der Marxismus den *objektiven* Sinn des menschlichen Lebens aufgezeigt, nämlich, daß das Leben des einzelnen Menschen, des Subjektes, das die materiellen oder geistigen Werte erzeugt, eine objektive Bedeutsamkeit für den Fortschritt der Gesellschaft und für die ganze Geschichte der Menschheit hat. Wenn vor dem Marxismus galt, daß nur hervorragende Einzelne die Geschichte schöpferisch gestalten, nicht aber das Volk, so erklärt demgegenüber der historische Materialismus, daß die Volksmassen den Fortschritt der Gesellschaft gewährleisten. Wenn auch jeder einzelne Mensch, indem er seine näherliegenden subjektiven Ziele verfolgt, nicht zuständig sein kann für jene allgemeinsten und entfernten objektiven Resultate seiner Tätigkeit, die für den gesellschaftlichen Fortschritt insgesamt sich auf spontanem Wege ergeben (wie dies der Fall ist in den vorsozialistischen Formationen), so hat deshalb sein Leben nicht minder objektive Bedeutsamkeit.

Im Sozialismus jedoch, wenn die Gesellschaft den Sprung aus dem Reich der Notwendigkeit in das Reich der Freiheit in dem Sinne vollzieht, daß sie beginnt, zielgerichtet ihren Fortschritt zu planen, sich wissenschaftlich begründete Ziele setzt, da vollzieht sich der Prozeß der Entstehung einer Harmonie der subjektiven *Ziele* und des objektiven *Sinnes* des menschlichen Lebens, weil die Mitglieder der Gesellschaft immer mehr die Aufgaben des allgemeinen sozialen Fortschritts als ihre persönlichen Ziele auffassen. In einer antagonistischen Gesellschaft kann solche Harmonie nur bei den fortschrittlichsten Menschen Raum haben.

Daher ist klar, daß „Sinn“ des menschlichen Lebens und „Ziel“ des Lebens nicht identische Begriffe sind, obgleich sie untrennbar miteinander verbunden sind. Während der Sinn des Lebens die objektive Bedeutsamkeit ist, die auch unabhängig vom Bewußtsein des Subjektes existieren kann, so setzt sich die Ziele das Subjekt selbst. Das Ziel ist die subjektive Äußerung des objektiven Sinnes des menschlichen Lebens (wenn das Ziel gesellschaftlich nützlich ist), der Sinn des Lebens aber ist die objektive Bedeutsamkeit der Verwirklichung der Ziele selbst. Deshalb kann man nicht, wie es häufig geschieht, den Begriff „Sinn des Lebens“ [smysl žizni] vermittels des Begriffes „Ziel“ [cel'] bestimmen (oder umgekehrt), indem man den einen hinsichtlich seines Umfanges für einen Teil des anderen hält. Ein Ziel ist nicht der Sinn des Lebens, sondern es hat einen Sinn (oder nicht), das heißt objektive gesellschaftliche Bedeutung. Das Leben eines Menschen, der sich Ziele setzt, die objektiv gesellschaftliche Bedeutung haben (auch wenn er sich dessen nicht bewußt ist), hat eben dadurch einen objektiven

Sinn; das Leben eines Menschen aber, der sich nur eng persönliche Ziele setzt und nicht beiträgt zur gesellschaftlichen Entwicklung, hat keinen solchen Sinn; jedoch das Leben eines Menschen, der sich wegen jener eng persönlichen Interessen solche Ziele setzt, deren Verwirklichung dem gesellschaftlich Bedeutsamen Schaden zufügt, hat einen negativen Sinn. Wenn ein Subjekt sich *bewußt* die Verwirklichung dessen zum Ziel setzt, was objektive gesellschaftliche Bedeutsamkeit hat, dann haben wir eine ganzheitliche Persönlichkeit vor uns, die die Harmonie des Subjektiven und des Objektiven verkörpert. Der objektive Sinn des Lebens liegt bei den Sowjetmenschen im bewußten Kampf für den Kommunismus, aber bei jedem von ihnen erscheint dieser Kampf als Verwirklichung des eigenen großen und schöpferischen Zieles: Der eine setzt sich zum Ziel seines Lebens — die Ursache der Erkrankung an Krebs zu entdecken, ein anderer — ein Raumschiff zu konstruieren, ein dritter — die eine oder andere Weise der Produktion zu vervollkommnen, ein vierter — einen großen Ernteertrag einzubringen usw.

Der Sinn des menschlichen Lebens wird nicht durch die Bedeutsamkeit dieses oder jenes Zieles des Menschen bestimmt, zu dessen Realisierung sogar viele Jahre vergehen können, sondern durch sein ganzes Verhalten und durch sein Leben insgesamt, durch seine gesellschaftliche Ausrichtung. Das einzeln genommene Ziel seines Lebens kann eine objektive Bedeutsamkeit haben, und doch kann sein Leben im ganzen der Gesellschaft und dem Volk im allgemeinen Endergebnis Schaden zufügen. Demnach können das Ziel des Lebens und der Sinn des Lebens entweder miteinander harmonieren oder in Widerspruch geraten.

Also geht es bei der Frage nach dem Ziel des Lebens darum, *worauf zu* der Mensch geht, zu welchen Grenzen er strebt. Bei der Frage nach dem Sinn des Lebens aber geht es darum, *für was* objektiv Wichtiges er auf dieses Ziel zugeht, für was die Ziele seines Lebens selbst erforderlich sind, worin der Sinn dieser Ziele selbst besteht. Der Sinn des Lebens ist nicht eine Grenze, sondern die Richtung, durch welche die Grenzen, die Ziele bestimmt werden. Das Ziel liegt immer voraus, in der Zukunft; der Sinn des Lebens aber, das ist die objektive Bedeutung des Lebensprozesses selbst. Der Mensch will begreifen, welchen Sinn schon jetzt und heute sein alltägliches Leben für den allgemeinen, für den menschlichen Fortschritt, für die Zukunft hat. [...[3]] Er hat das Bedürfnis nach einer zutiefst bedeutsamen Tätigkeit, das Bemühen nach deren Anerkennung durch das Volk, das Bestreben, „sich fortzusetzen" in seinen Taten.[4]

---

3 [...]
4 Der Mensch verspürt moralische Qualen, wenn man ihn zu tun zwingt, was keine Bedeutung hat, eine unsinnige Arbeit auszuführen. Dies ist von Dostojevskij gut gezeigt worden in den „Aufzeichnungen aus einem toten Hause". Derselbe Gedanke ist in anderem Zusammenhang ausge-

In der sozialistischen Gesellschaft begreifen die Menschen immer mehr die Unsterblichkeit ihrer auf den ersten Blick alltäglichen Handlungen als Kettenglieder des großen, allgemeinhistorischen Aufbaus. So bemerkt die Arbeiterin im Salzwerk der Stadt Usol'e (Gebiet Irkutsk), die Genossin Varaksina, in ihrer Antwort an den Schreiner Genossen Brovar (der die „Komsomol'skaja pravda" fragte, wie und wodurch sich ein Schreiner einen berühmten Namen machen könne): Es gehe gar nicht darum, ob sein Name auf einer Gedenktafel eingemeißelt sei, sondern darum, daß die Spur seiner Arbeit bestehenbleibt in den Werken unseres ganzen Sowjetkollektivs [...]. Die Bedeutsamkeit des menschlichen Lebens wird nicht so sehr gemessen am Maßstab einer Tat, durch die der Mensch auf sich aufmerksam macht, als vielmehr dadurch, in welchem Maß er die Rolle seiner noch so bescheidenen Arbeit an der allgemeinen Sache des Volkes versteht und ihr seine Kräfte und Fähigkeiten widmet.

Der natürliche Wunsch, den Nachkommen eine Erinnerung an das eigene Wirken zu hinterlassen,[5] ist psychologisch mit dem Verständnis des Sowjetmenschen von der objektiven Bedeutsamkeit seines Lebens verbunden. Gerade dieser Wunsch brachte z. B. die Helden dazu, Inschriften in die Wände der Brester Festung und in die Wände des Reichstages in Berlin einzukratzen oder mit Blut zu schreiben. Die Menschen widersetzen sich dem Gedanken, daß der Sinn des Lebens beschränkt sei vom Rahmen des persönlichen Daseins: Mögen sie auch sterben, so werden dennoch diese kargen Inschriften an ihre unsterblichen Taten erinnern.

So ist der wesentliche Zug des wahren menschlichen Lebenssinnes die Einfügung des Lebens in die Bahn seiner Bedeutsamkeit für das Wichtigste und Höchste, — in die Bahn des Kampfes um die Verbesserung des Lebens der Volksmassen, um ihren allseitigen Fortschritt. In der heutigen historischen Epoche ist dies die Teilnahme am Kampf um die Umgestaltung der gesellschaftlichen Ordnung nach den Grundsätzen des Sozialismus und Kommunismus; als Resultat dessen werden die Menschen zu Herren ihres gesellschaftlichen Seins, zu Herren der Naturkräfte und verändern die eigene Natur. Gerade in diesem Kampf um den gesellschaftlichen Fortschritt, um die Erfüllung der objektiv herangereiften Bedürfnisse der fortschrittlichen Entwicklung der Gesellschaft findet der Sinn des menschlichen Lebens seine konkrete Verwirklichung. [...]

---

drückt im antiken Mythos von der Arbeit des Sisyphus. Unsinnige Arbeit als eine Art der Strafe beschreibt auch Dante in der „Göttlichen Kommödie".

5 Das Bedürfnis nach einem guten Andenken, nach der Anerkennung, die das Kollektiv und die Gesellschaft der Bedeutsamkeit der Tätigkeit eines Menschen entgegenbringen, kann auch umschlagen in sein Gegenteil, in Ruhmsucht, wenn der Mensch selbstgefällig wird. Das Bedürfnis, durch sein Leben eine Spur zu hinterlassen, geht dann über in das Bedürfnis, um jeden Preis persönlichen Ruhm zu erreichen. [...]

Wesentlich für die Bestimmung des wahren Lebenssinnes ist auch Folgendes: Ein Mensch kann bewußt danach streben, der Sache des gesellschaftlichen Fortschrittes unmittelbar zu dienen, weder zum persönlichen Gewinn noch zum eng privaten Wohl, dabei aber meinen, daß im Namen des Fortschritts alle Mittel gut seien. Davon ausgehend arbeitet er mit Mitteln, die des Zieles selbst unwürdig sind, die seinem Wesen selbst nicht entsprechen, mit Mitteln, die nicht notwendig sind zur Erfüllung der herangereiften Bedürfnisse einer fortschrittlichen Entwicklung der Gesellschaft. Er berücksichtigt nicht die sittlichen Normen und Methoden, die der Erfüllung dieser Bedürfnisse unter den gegebenen konkret-historischen Bedingungen entsprechen. Dann erscheinen bestimmte Opfer, die für den Fortschritt gebracht werden, schon nicht mehr unbedeutend im Verhältnis zu dem Nutzen, den der Fortschritt dem Volk bringt, Opfer, die nicht aufgewogen werden durch die Vorteile des Fortschritts. Die fortschrittliche Bedeutsamkeit eines Menschen, der so verfährt, verwandelt sich in ihr Gegenteil. Wenn solche Leute vergessen, daß Fortschritt notwendig ist nicht für den Fortschritt selbst, daß der Fortschritt kein Selbstzweck ist, daß er notwendig ist zum Wohle des Volkes, dann verwandeln sie sich in Fanatiker abstrakter Fortschrittsideen und handeln nach dem vom Marxismus verurteilten Prinzip „der Zweck heiligt die Mittel". Sie machen nicht davor halt, ihrem eigenen Verständnis von Pflicht gegenüber der Gesellschaft sogar die Interessen gewaltiger Volksmassen zu opfern. Bei der Durchführung ihrer Pläne können sie brutal sein, hart auch im Verhältnis zu den Volksmassen, derentwegen doch diese Pläne eigentlich entstehen. Solche Leute begreifen nicht, daß ähnliche Handlungen, die durchdrungen sind von Subjektivismus und häufig an ein schreckliches Abenteuer grenzen — obwohl nach außen hin gedeckt durch revolutionäre Phrasen — unvereinbar mit dem Wesen des Sozialismus selbst sind. Indem sie dem Volk einen Bärendienst erweisen, handeln sie objektiv zum Schaden seiner Interessen, und somit verliert ihr Leben einen objektiven Sinn. [...]

Es ist daher *nicht* jede Ausrichtung des Lebens *wahrhaft menschlicher Sinn des Lebens*, sondern *seine Einfügung in die Bahn objektiver Bedeutsamkeit für das Leben des Volkes, der Beitrag zur Erfüllung der herangereiften Bedürfnisse der fortschrittlichen Entwicklung der Gesellschaft mit Mitteln, die diesen Bedürfnissen gemäß sind.*

In unserer Epoche hat — wie schon gesagt — das Leben jenes Menschen wahren Sinn, der durch seine Tätigkeit zur *sozialistischen und kommunistischen Umwandlung der Gesellschaft*, die ein herangereiftes Bedürfnis ist, beiträgt. Aber daraus folgt nicht, daß in unserer Epoche wahren objektiven Sinn nur das Leben von Menschen mit kommunistischen Überzeugungen habe, das heißt, das Leben derer, die subjektiv und bewußt ihr Leben auf den Kampf für Sozialismus und Kommunismus ausrichten. Wahren Sinn hat das Leben aller fortschrittlichen Menschen auf der gan-

zen Welt, sogar auch dann, wenn sie nicht Kommunisten sind, ihre Tätigkeit aber progressiv ist und objektiv beiträgt zum Sieg des Kommunismus. Heutzutage führen ja alle Wege eines wahren Fortschrittes letzten Endes zum Kommunismus. Der Kampf um Frieden und Demokratie, um die Entwicklung der Wissenschaft und Technik zu friedlichen Zwecken, der Kampf um die nationale Befreiung gegen koloniale Sklaverei, all das trägt unter den gegenwärtigen Bedingungen so oder so zum Sieg des Kommunismus bei. [...]
Obwohl die Richtung des menschlichen Lebens letztlich durch seine gesellschaftlichen Umstände bestimmt wird, durch die Bedingungen des gesellschaftlichen Lebens, so kann der Mensch dennoch in den Grenzen dieser Verhältnisse wählen, was er als Sinn seines Lebens ansieht und wohin es auszurichten er sich entschließt. Dennoch wird seine Wahl nur dann wahrhaft frei sein, wenn er das wählt, was den objektiv herangereiften Bedürfnissen des Fortschritts, den Interessen der Volksmassen, entspricht.

IV. Über die Wechselbeziehung von subjektivem Verständnis des Lebenssinnes und objektivem Lebenssinn

Die Subjektivisten — unfähig, die marxistische Dialektik zu verstehen — entgegnen uns bestimmt: „Ja, und was ist mit der Persönlichkeit? Wenn der Sinn des Lebens eurer Meinung nach verbunden ist mit dem Beitrag zum gesellschaftlichen Fortschritt und zur Verbesserung des Lebens der Volksmassen, mit dem Beitrag zur Verwirklichung des sozialen Ideals, dann verwandelt ihr doch den Menschen einfach in einen Stein am Gebäude der Zukunft. Dadurch nehmt ihr ihm die Freiheit, nach seiner Weise zu handeln. Ihr opfert die Persönlichkeit dem Fortschritt, der Gesellschaft und dem Kollektiv!..."
Das Problem des menschlichen Lebenssinnes erscheint hier in solchem Aspekt: Das Leben ist dem Menschen einmal gegeben; wenn man es also in einigen Punkten oder teilweise im Namen einer Zukunft, im Namen einer weltweiten Harmonie opfern muß und nicht mehr nur für seine persönliche Vervollkommnung leben kann, wenn die Errichtung einer gerechten gesellschaftlichen Ordnung Anstrengungen und Opfer verlangt, die der Kampf nun einmal erfordert, — lohnt es sich dann wohl überhaupt zu leben? Gibt es in einem solchen Leben wohl Sinn? [...]
Wenn wir uns näher ansehen, wie die vorliegende Frage gestellt ist, dann läßt sich darin eine sophistische Heuchelei entdecken.
Erstens: Nicht die sozialistische, sondern gerade die kapitalistische Gesellschaft bringt sich beständig die Massen der Menschen zum Opfer dar. [...]
Zweitens: Wenn der fortschrittliche Mensch den Sinn seines Lebens in dessen Bedeutsamkeit für die Zukunft und den sozialen Fortschritt findet, dann folgt daraus durchaus nicht, daß er seinem Leben in der Gegenwart

den Sinn entzieht. Er lebt und kämpft heute, aber sein „Heute" ist nicht zu trennen von der Zukunft, von morgen. Er findet Zufriedenheit und Lebenssinn darin, daß er durch seine Tätigkeit diese bessere Zukunft schneller herbeiführt. Er gibt seine Kräfte und Kenntnisse und seine Fähigkeit hin für die Sache des ganzen Volkes. In diesem Kampf entwickelt er sich auch selbst als Persönlichkeit, als reiche Individualität. [...] Was machte ihn [Feliks È. Dzeržinskij] zu einer wahrhaft überragenden Persönlichkeit, ungeachtet dessen, daß er viele Seiten seines persönlichen Lebens dem gesellschaftlichen Kampf opferte? Das Bewußtsein, daß sein Leben erfüllt war von jenem erhabenen Sinn, der darin besteht, daß man „sein Leben *hingibt* für das Leben". Von einem Spießbürger ist nicht zu begreifen, wie diese „Hingabe" (und nicht das „Nehmen") die höchste sittliche Befriedigung, wahres Glück bringen kann, sei es auch manchmal ein dornenreiches. Er kann nicht begreifen, welch unendlich tiefe Weisheit darin liegt, daß sich den Menschen *hinzugeben*, bedeutet, vom Leben das Beste, sein höchstes Glück zu *empfangen*, daß gerade darin der wahre Sinn des Lebens liegt. Das richtige Verständnis des Lebenssinnes zeigt sich als Quelle einer wirklichen Entfaltung der Persönlichkeit, als wirkliches Glück. Sich der gesellschaftlichen Sache hinzugeben, bedeutet nicht, auf seine Persönlichkeit zu verzichten, sondern es bedeutet im Gegenteil, seine Persönlichkeit wirklich zu entfalten.

Eines der Hauptziele unserer Gesellschaft, die den Kommunismus erbaut, ist die Entwicklung einer harmonischen, allseits entfalteten Persönlichkeit. Aber was ist das, eine allseitig entfaltete Persönlichkeit? Das ist nicht einfach die gleichförmige Entwicklung verschiedener Fähigkeiten, physischer und geistiger, wie manche meinen. Man kann sich auch in der bürgerlichen Gesellschaft einen Menschen vorstellen, der zugleich ein guter Sportler und ein Mensch mit verschiedenen geistigen Interessen ist. Ob das aber genügt für eine harmonische Entfaltung der Persönlichkeit? Nein! Denn eine harmonische Entfaltung der Persönlichkeit setzt vor allem das Vorhandensein einer wissenschaftlichen Weltanschauung und eines rechten Verständnisses des Lebenssinnes, der in Übereinstimmung steht mit den Bedürfnissen der Entwicklung von Gesellschaft und Mensch, voraus.

Nur im Sozialismus können die Ursachen eines Gegensatzes von subjektivem Verständnis des Lebenssinnes zu seinem objektiven Sinn verschwinden und werden immer mehr verschwinden. Die Befreiung der Arbeit gibt den Massen die Möglichkeit, ihre Bedeutung für die fortschrittliche Entwicklung der Wirklichkeit zu verstehen, immer mehr ihre objektive Teilnahme am Fortschritt der Gesellschaft als Sinn des persönlichen Lebens aufzufassen, als das grundlegendste persönliche Interesse. Weil jedoch im Sozialismus nicht sogleich die Merkmale des Kapitalismus verschwinden und weil das Bewußtsein der Menschen hinter den Veränderungen in ihrem objektiven Sein zurückbleibt, verwandelt sich die Möglichkeit einer Harmonie von subjektiv verstandenem und objektivem Sinn des Lebens nicht sogleich bei allen Werktätigen in Wirklichkeit. Die Natur der sozialistischen Ordnung ist so, daß der Mensch bereits durch die Tatsache der Teilnahme an gesellschaftlich nützlicher Arbeit mitwirkt an Fortschritt und Kommunismus, und eben dadurch hat sein Leben objektiven Sinn. Wenn er dennoch sein Leben nicht bewußt danach ausrichtet, wenn er subjektiv den Sinn seines Lebens in irgendetwas anderem sieht, dann setzt eine solche Weltanschauung — erstens — seinen Arbeitseifer herab und hemmt — zweitens — seine Aktivität im Kampf mit dem, was unsern Aufstieg zum Kommunismus verlangsamt (zum Beispiel mit Mißwirtschaft und mit ganz offensichtlicher Ungerechtigkeit). Er fürchtet darum, seinen Platz und seine Stellung o. ä. zu verlieren. All das nimmt natürlich dem Menschen das Selbstwertgefühl, das Vertrauen auf seine Kräfte und bringt das Gefühl des Unausgefülltseins hervor. Daher besitzt das rechte Verständnis des Lebenssinnes eine außerordentlich wichtige Bedeutung sowohl für die erfolgreiche Lösung unserer Aufgaben als auch für die sittliche Verfassung jedes Menschen. Die Erziehung der Menschen im Geist eines echten Verständnisses des wahren Lebenssinnes ist besonders wichtig in der Periode des entfalteten Aufbaus des Kommunismus, wenn jeder zum bewußten und aktiven Mitarbeiter an diesem Aufbau werden muß.

DOKUMENTATION II

(Aus: „Voprosy filosofii", Moskau 1967/5/102—105)

Sinn des Lebens, Glück und Moral
von G. K. Gumnickij (Ivanovo)

Grundlegend für die Ethik ist das Problem der Beziehung zwischen allgemeinem und persönlichem Wohl, zwischen den Interessen der Gesellschaft und den Interessen der Person.

Die kommunistische Partei erzieht die Sowjetmenschen im Geiste der Hingabe an die Interessen der Gesellschaft, an die Sache des Kommunismus. Zugleich stellt sich die Partei die Aufgabe, das Wohl der Glieder der Gesellschaft zu heben. Das Gesetz ihres Handelns ist ausgedrückt in dem Grundsatz: alles zum Wohle des Menschen. Der Dienst des Menschen an der Gesellschaft und der Dienst der Gesellschaft am Menschen sind die zwei Seiten des Verhältnisses von Person und Gesellschaft. Aber die Einheit dieser Seiten schließt nicht Widersprüche zwischen ihnen aus. Unter bestimmten Umständen muß das Individuum seine Interessen opfern, und manchmal sogar das Leben selbst um des Gemeinwohles willen. Leider ist es nicht selten auch so, daß der Mensch zu seinem persönlichen Fortkommen gesellschaftliche Interessen opfert.

Das Leben stellt die ethische Wissenschaft vor das Problem, den rechten Weg zur Erreichung der Einheit von Person und Gesellschaft, zur Lösung der Widersprüche zwischen ihnen zu begründen. Das setzt seinerseits voraus, solche Fragen wie die nach dem Sinn des Lebens und dem Glück sowie dessen Verhältnis zu Pflicht und Sittlichkeit zu untersuchen.

Einen Versuch, diese Fragen in ihrem wechselseitigen Zusammenhang zu lösen, hat P. M. Egides unternommen. Unserer Meinung nach hat er jedoch einen falschen Weg eingeschlagen. In unserm Artikel setzen wir uns zum Ziel, die Konzeption von P. M. Egides kritisch darzulegen und eine Auffassung der Verbindung von Lebenssinn, Glück und Sittlichkeit darzubieten, die uns richtig erscheint.

Am ausführlichsten hat Egides seine Ansichten in der Broschüre „Worin besteht der Sinn des Lebens?" (Politizdat, Moskau 1963) vorgelegt. Auf diese Ausführungen werden wir uns auch des weiteren beziehen. Das Wesentliche dieser Ansichten kann man kurz folgendermaßen zusammenfassen: Der Sinn der Existenz der Menschheit besteht in ihrer Rolle bei der fortschrittlichen Entwicklung der Welt insgesamt (vgl. S. 12—14), der Lebenssinn des einzelnen Menschen aber in der Bedeutung dieses Lebens für den gesellschaftlichen Fortschritt (vgl. S. 31). Der Autor erkennt an, daß der „Sinn des Lebens des Individuums ohne Zweifel vom Sinn des Lebens der

Menschheit insgesamt abhängt" (S. 14). Im Grunde heißt das, der Sinn des menschlichen Lebens besteht letzten Endes in der Bedeutung dieses Lebens für die Entwicklung der Welt, im „Dienst" an den „Bedürfnissen des Fortschritts der Welt". Sittlich ist, was beiträgt zu einer fortschrittlichen Entwicklung der Gesellschaft (vgl. S. 33), das heißt, moralisch zu sein und den Sinn des Lebens erfüllen, — das ist ein und dasselbe. Es ist daher nicht verwunderlich, daß der Autor das Glück — das er in der Verwirklichung des Lebenssinnes sieht — als moralische Zufriedenheit bezeichnet (vgl. S. 50—52).

Nicht schwer zu begreifen, daß P. M. Egides da eine eigenartige „kosmische" Begründung von Lebenssinn, Glück und Moral vorlegt, nämlich: Der „Fortschritt der Welt" bestimme den Sinn des Lebens der Menschheit, folglich auch des einzelnen Menschen und gebe ihm eine moralische Richtlinie, deren Befolgung ihm Glück, d. h. moralische Zufriedenheit bringe. Gäbe es keine „Bedeutsamkeit" der Menschheit für den „Fortschritt der Welt", dann hätte ihre (der Menschheit) Existenz keinen Sinn. Und das bedeutet, auch der Dienst des Menschen am Fortschritt der Menschheit hätte keinen Sinn; denn welchen Sinn sollte es haben, einer Sache zu dienen, die selbst keinen Sinn hat?

Kann man aber überhaupt sagen, daß die Existenz der Menschheit irgendeinen „Sinn" hat? „Sinn haben" kann doch nur das, was zweckbestimmt ist, was eine fest umrissene Zweckbestimmung, ein Ziel hat. Die Menschheit jedoch — wie auch die Sterne, die Planeten, die Pflanzen- und Tierwelt — existiert nicht „für etwas", sondern einfach, weil sie existiert. Man kann auch nicht von „Bedürfnissen des Fortschritts der Welt" sprechen, derentwegen die Menschheit entstanden sein soll.

Insoweit die Menschen in ihrem Handeln diese oder jene Ziele verfolgen, hat ihr Leben einen bestimmten Sinn. Dabei muß man — unserer Meinung nach — folglich unterscheiden zwischen dem Begriff des Lebenssinnes, der zusammenhängt mit einem allgemeinen Lebensziel (wenn es ein solches bei dem betreffenden Menschen gibt) und dem Begriffe des Lebenssinnes in einer erweiterten Bedeutung: alles, was ein Mensch tut, hat diesen oder jenen Sinn. Uns scheint, man kann „Sinn des Lebens" nicht so eng definieren, wie das P. M. Egides tut. Wenn wir freilich von einem großen Ziel ausgehen, dann kann uns das Leben eines Menschen, das eines solchen Zieles entbehrt, überhaupt ziellos und sinnlos vorkommen. Aber — wie man so sagt — alles ist relativ, und jeder Mensch hat seine eigenen Ziele, seien es auch geringe, zeitbedingte oder sogar ganz unbedeutende, und irgendeinen Sinn mag er in seinem Leben wohl finden.

In weitester Bedeutung liegt der Sinn des Lebens im Leben selbst, hängt mit denjenigen Zielen zusammen, die zu erlangen sich die Menschen bemühen. Freilich sind diese Ziele nicht willkürlich, sie entspringen den individuellen und gesellschaftlichen Bedürfnissen der Menschen. Insofern gibt es ein objektives Kriterium für das richtige Verständnis des Lebenssinnes. Doch letzteres ist nicht objektiv in der Bedeutung, die diesem Begriff der Autor gibt, d. h. es entspringt nicht den „Bedürfnissen" des Weltalls, sondern der Natur des Menschen selbst. Die Gesellschaft stellt die Menschen vor Aufgaben, deren Lösung zum Sinn ihres Lebens wird, aber dieselbe Gesellschaft ist ja das Produkt der Lebenstätigkeit der Individuen, und ihre Aufgaben drücken so oder so deren eigene Bedürfnisse aus.

Man kann nicht sagen, daß der ganze Sinn des Lebens eines Menschen im Dienst an der Gesellschaft besteht. Er besteht nicht nur im Dienst an der Gesellschaft, in der Verwirklichung des Gemeinwohles, sondern auch im Dienst an sich selbst, im Erreichen persönlichen Glückes. Schwerlich wird jemand dem zustimmen, das Streben nach eigenem Glück entbehre des Sinnes. Aber das behauptet im Grunde genommen gerade P. M. Egides.

Er reduziert das Glück auf den Dienst an der Gesellschaft und sieht deshalb in ihm nur einen moralischen Inhalt, indem er es als moralische Zufriedenheit bestimmt. Der Autor stellt einander zwei Formulierungen gegenüber: „Der Sinn des Lebens besteht im Glück" und „das Glück besteht im Sinn des Lebens", — für richtig hält er nur die zweite. Das läuft darauf hinaus, daß nur das gesellschaftliche Leben des Menschen Sinn hat, nicht jedoch sein persönliches Leben und sein persönliches Glück. Das persönliche Leben hat — vom Standpunkt des Autors aus — nur eine Hilfsbedeutung, der ganze Sinn des persönlichen Lebens liegt in seiner „objektiven Bedeutsamkeit" (S. 69). In Wirklichkeit aber hat das persönliche Leben einen selbständigen Wert, — und dagegen kann man nur aus der Position einer völlig abstrakten, vom Leben losgelösten Konzeption vom Leder ziehen.

Wenn wir anerkennen, daß nicht nur die gesellschaftliche Tätigkeit, sondern auch das persönliche Leben Glück schenkt, dann können wir das Glück nicht auf eine moralische Zufriedenheit reduzieren. Weswegen führen denn die Werktätigen den Kampf gegen den Kapitalismus zur Errichtung von Sozialismus und Kommunismus? Wegen des Dienstes am gesellschaftlichen Fortschritt? Um moralische Zufriedenheit zu erlangen? Selbstverständlich bildet dieser Kampf den grundlegenden Inhalt des gesellschaftlichen Fortschritts und schenkt denen gewaltige moralische Zufriedenheit, die aktiv an ihm teilnehmen. Aber letzten Endes wird er geführt, um bessere materielle und geistige Lebensbedingungen zu schaffen. Sozialismus und Kommunismus bringen die besten Erwartungen der Völker zum Ausdruck, die Hoffnungen aller Menschen auf ein besseres Leben. Nur moralische Zufriedenheit ist noch zu wenig für das Glück. Dieses wird grundgelegt vor allem durch die materiellen Mittel, wie Engels sagt. Bekannt ist auch die Antwort, die Marx auf die Frage gab, was er unter Glück verstehe. Er antwortete mit einem einzigen Wort: „Kampf". Aber zur gleichen Zeit bekannte er in einem Brief an S. Meyer mit Bitterkeit, daß er für seine Arbeit am „Kapital" sein „Lebensglück geopfert" habe (MEW 31, 542). Indem er die entsprechende

Stelle aus diesem Brief anführt und „Lebensglück" durch Auslassungspunkte ersetzt, zieht P. M. Egides den trefflichen Schluß, Marx habe über ein „beständiges persönliches Glück verfügt" (S. 53). Nun ja, jedes System verpflichtet! . . .

Unserer Meinung nach ist das Glück die ganzheitliche, verallgemeinerte und integrale Form der menschlichen Zufriedenheit mit dem Gang des Lebens. Es schließt auch ein Moment der Unzufriedenheit mit dem Erreichten ein. Vom Gesichtspunkt der dem Glück „integrierten" privaten Formen der Zufriedenheit her gesehen, schließt es gewissermaßen all diese ein. Daher kann das Glück nicht reduziert werden auf irgendeine einseitige Zufriedenheit, selbst wenn sie so wichtig wie die moralische Zufriedenheit ist.[1]

P. M. Egides sieht nur eine Seite des Lebens, nur eine Beziehung, die selbständige Bedeutung hat. Das ist die Beziehung, in der die Gesellschaft als Ziel, die Persönlichkeit aber als Mittel erscheint. Aber das ist gerade die moralische Beziehung. Deshalb reduziert er auch Lebenssinn und Glück auf ihren moralischen Inhalt, während ihr Inhalt in Wirklichkeit umfassender ist.

Die Tätigkeit des Menschen hat nicht nur einen moralischen, sondern auch ökonomischen, politischen, ästhetischen und sonstigen Inhalt. Die Frage nach ihrer moralischen Bedeutung entsteht dann, wenn wir die Tätigkeit in ihrer Beziehung zum Gemeinwohl betrachten. Moralische Tätigkeit und Pflichterfüllung haben die Sicherstellung des gesellschaftlichen Wohles und des Wohles der anderen Menschen zum Ziel. Aber auch, wenn er für das Wohl der anderen tätig ist, bemüht sich der Mensch, Zufriedenheit aus dieser Tätigkeit zu gewinnen. Zufriedenheit aber ist immer ein persönliches Gut. Wahres Glück ist nicht zu trennen vom Wohl des Volkes, schließt es inhaltlich mit ein, seiner Form nach erscheint es aber als persönliche Zufriedenheit, als ein persönliches Gut.

Tätigkeit für das Gemeinwohl und Streben nach Glück sind nicht in allem identisch und nicht gänzlich eins auf das andere zurückführbar. Ihre Einheit ist gerade jenes vollkommene Wohl, das zu erreichen der Mensch bestrebt ist. Und der Sinn des Lebens besteht nicht nur im Dienst an der Gesellschaft, sondern auch in der Erreichung des vollständigen Wohles. Welche Beziehung besteht zwischen diesen beiden Zielen (dem „allgemeinen" und dem „persönlichen" Wohl)? Welches ist das „hauptsächliche" Ziel? Vom moralischen Standpunkt aus ist das höchste Ziel des Menschen, der höchste Sinn des Lebens, der Dienst an der Gesellschaft. Das ist die unbedingte Wahrheit. Aber kann man sich auf diese Wahrheit beschränken, wie das P. M. Egides tut, und die andere Seite der Sache übersehen?

---

1 In unserer Literatur ist die Definition des Glückes als moralische Zufriedenheit ziemlich weit verbreitet. Einige Einwände haben wir in der Polemik mit L. M. Archangel'skij („Filosofskie nauki" 1963/1/128—129) dargelegt.

Wie Marx und Engels gezeigt haben, besteht der erste Akt der Menschheitsgeschichte darin, daß die Menschen anfangen, die für ihr Leben notwendigen Mittel zu produzieren, indem sie sich bemühen, ihre Bedürfnisse an Nahrung, Kleidung, Wohnung usw. zu befriedigen. Nur auf dieser Grundlage entstehen andere Arten der Tätigkeit. Dabei werden die Bedürfnisse der Gesellschaft zu Bedürfnissen der Individuen. Mehr noch, sie werden zu ihren höchsten Bedürfnissen. Im entgegengesetzten Fall könnten die Menschen die Gesellschaft nicht erhalten, das heißt, auch nicht sich selbst erhalten. Doch ungeachtet dessen ist letzten Endes das Ziel das Wohl der Individuen; weil die Gesellschaft die Form der Lebenstätigkeit der Individuen ist, hat sie nicht ein „eigenes" Wohl, das nicht zusammenhinge mit dem Wohl der Menschen. Das Wohl der Gesellschaft ist das höchste Ziel, das Wohl der Individuen aber ist das endgültige Ziel. Selbstverständlich wird dieses Verhältnis nicht in jeder Gesellschaft realisiert: Im Kapitalismus werden die werktätigen Massen dem gesellschaftlichen System und jener Klasse geopfert, die daraus Profit für sich selbst zieht. Der Sozialismus aber macht zu seinem Ziel die Sicherstellung des Wohles aller Glieder der Gesellschaft, die soziale Entwicklung stellt sich ganz in den Dienst am Menschen.

Moral und Glück finden sich in wechselseitiger Unterordnung. Jede dieser beiden Erscheinungen tritt nur relativ als „hauptsächliche" auf, keine aber in absoluter Bedeutung. Das endgültige Ziel der Individuen liegt in der Erreichung des Glückes, die Moral aber ist eine der Bedingungen zur Verwirklichung dieses Zieles. Zur gleichen Zeit macht die Notwendigkeit, ein normales Funktionieren der Gesellschaft sicherzustellen (ohne das weder Glück noch menschliche Existenz überhaupt möglich sind), die Erfüllung der moralischen Prinzipien zum höchsten Ziel, dem das Streben nach Glück untergeordnet sein muß. Keine dieser Beziehungen darf verabsolutiert und in etwas Eigenständiges verwandelt werden, das ohne Verbindung mit dem anderen existiert.

Seinerzeit war bei uns die Ansicht verbreitet, als sei der Mensch ein „Schräubchen" des gesellschaftlichen Mechanismus, ein einfaches Mittel des sozialen Fortschrittes. Diese Auffassung ist dem Marxismus und Kommunismus völlig fremd, und unsere Partei hat sie längst schon einer Kritik unterzogen. Aber der Einfluß dieser Ansicht hat sich noch in gewissem Maße in Theorie und Praxis gehalten. Unsere Presse führt nicht wenige Tatsachen an, daß führende Persönlichkeiten eine unrichtige Haltung gegenüber ihren Untergebenen und den Bedürfnissen der Werktätigen einnehmen. Bisweilen verdrängt die Sorge um den Plan die Fürsorge für die Menschen. Manche begreifen nicht, daß der Plan nicht für den Plan da ist, sondern zum Wohl des Menschen, daß man den Plan nicht erfüllen darf mit Hilfe von Sonderschichten und Überstunden, die Kraft und Gesundheit der Menschen verschleißen und ihnen ein normales Leben rauben, sondern durch eine rationelle und wissenschaftliche Organisation der Produktion. Es gibt freilich

Umstände, unter denen Selbstlosigkeit bis zur Selbstaufopferung unumgänglich wird. Schlecht ist aber, wenn man versucht, eine solche außerordentliche Notwendigkeit zur allgemeinen Regel zu machen, um dadurch die eigene Unfähigkeit zur Betriebsführung zu vertuschen.

Der Kampf für den Menschen, für sein Glück, gegen bürokratische Entartungen, gegen Despotismus und unsinnige Vergeudung menschlicher Kräfte und Nerven ist ein notwendiges Element des Kampfes für den Kommunismus. Um diesen Kampf zu führen, muß man richtig verstehen, worin der Wert des Menschen und der Sinn seines Lebens besteht, was eigentlich Glück ist und in welcher Beziehung es zur Sittlichkeit steht.

Die Erziehung der Sowjetmenschen im Geist der Hingabe an die Sache der Allgemeinheit muß immer vorrangige Bedeutung haben, und sie muß sich organisch verbinden mit der Heranbildung eines Bewußtseins vom hohen Wert der menschlichen Person. Eines ohne das andere hat keinen Sinn.

Wir müssen immer daran denken, daß letzten Endes der Mensch nicht einfach Mittel zur Erreichung eines allgemeinen Erfolges ist, sondern das Ziel, dessentwegen dieser Erfolg errungen wird und von dem aus es überhaupt nur Sinn hat, sich um solchen Erfolg zu bemühen.

(Aus: „Nauka i religija", Moskau 1964/7 bis 1965/6)

OFFENE DISKUSSION „GESPRÄCH ÜBER DEN SINN DES LEBENS"

1. Einführender Aufsatz
(NR 1964/7/62—69)

Wofür lebt der Mensch?
von B. T. Grigor'jan

Die Kraft des Lebens ist eine große Kraft. Von ihr getragen, sind wir jeden Tag beständig hineingenommen in den Strom unserer Beschäftigungen und alltäglichen Dinge, wir vollbringen viele verschiedene Taten, tun Gutes und Böses. Und diese Taten, ihr Charakter und ihre Bedeutsamkeit hängen in vielem von jenen Zielen ab, die wir uns setzen, davon, worin wir den Wert unseres Lebens sehen, seinen Sinn, unsere menschliche Berufung.

Worin aber besteht der Wert des Lebens, sein Sinn? Wofür lebt der Mensch? Fragt irgendeinen beliebigen Menschen danach, und ihr werdet sehen, daß längst nicht jeder auf diese Frage antworten kann. Indessen gab es auf der Welt keinen Menschen, und es gibt ihn auch heute nicht, der nicht dieses Problem in der Praxis für sich lösen würde. Eine solche Lösung kann bewußt und unbewußt, richtig oder falsch sein, aber sie ist unausweichlich, wenn der Mensch die Welt nicht ablehnt, insofern er also seine irdische Existenz annimmt.

Wenn jemand den Wert des Lebens in Zweifel zieht, geschieht es zwar sehr selten, daß er mit sich Schluß macht. Aber zugleich ist es selten, daß sich jemand davon freihalten kann, das Leben skeptisch zu beurteilen. Man hält Äußerungen zu diesem Thema oft für ein sinnloses und müßiges Unter-

---

[In einem redaktionellen Vorspann verweist die Zeitschrift auf die Wichtigkeit einer Klärung des Sinnproblems vom Standpunkt des Marxismus gegenüber den Lösungsversuchen der Religion und ruft ihre Leser zur Mitarbeit auf: „Lieber Leser! Die Redaktion der Zeitschrift bittet Sie, an dem Gespräch über den Sinn des Lebens teilzunehmen und auf folgende Fragen zu antworten: 1. Worin finden Sie den Sinn Ihres Lebens? 2. Was für eine Beziehung besteht zwischen dem Sinn des Lebens und dem Glück? Fallen sie zusammen? Wenn sie nicht zusammenfallen, worin liegt der Unterschied? 3. Was verstehen Sie unter Glück? 4. Wenn Sie glücklich sind, wem verdanken Sie das? 5. Wenn Sie unglücklich sind, woran fehlt es Ihnen dann für das Glück? — Geben Sie in der Zuschrift bitte Ihr Alter, Ihren Beruf und Ihre Schulbildung an." (NR 1964/7/70) — HFS]

fangen und setzt voraus, daß eine Antwort auf die Frage nach dem Sinn des Lebens entweder längst gegeben oder aber unmöglich sei.

Viele denken einfach nicht darüber nach oder plagen sich jedenfalls nicht ab mit quälenden Überlegungen. Sie folgen einer Lebensweise und Sitten, die seit langem in der Familie überkommen sind, sie führen ein redliches Leben, arbeiten gewissenhaft, verhalten sich gerecht und taktvoll zu anderen. Sie sind sich nicht völlig darüber im klaren, was mit ihnen geschieht. Es ist, als ob sie „instinktiv" zum Besseren streben und ihr Leben richtig führen. Darin liegt für sie ein Sinn und eine große Lebensweisheit. Dennoch ist es für wahres menschliches Glück unumgänglich, daß das Bemühen um ein tätiges und vernünftiges Leben mit Bewußtsein geschieht.

Es existiert zwar eine unterschiedliche Beziehung zur Frage nach dem Sinn des Lebens. Aber unabhängig von unserer Beziehung zu ihr erhebt sich diese Frage beständig vor uns auf der alltäglichen und der philosophischen Ebene und fordert ihre Lösung.

Für die Mehrheit der Menschen existiert sie als die Frage: Wie vollbringt man auf die beste Weise, nämlich mit Sinn, sein einziges irdisches Leben? Welche Prinzipien und Ideale muß ein Mensch wählen, welches hauptsächliche Ziel im Leben setzen, um ihm seine konkreten Handlungen und Taten unterzuordnen?

Die Menschen hören nicht auf zu fragen: Wie soll man sein Leben führen? Jedem geht es dabei vor allem um sich selbst, jeder ist interessiert an seinem eigenen Schicksal. Die Menschen wollen mit Sinn leben, eben auf menschliche Weise. Sie wollen glücklich sein, die ganze Fülle des Lebens in seiner Schönheit und in seinen Freuden und seinen Vergnügungen empfinden. Zur gleichen Zeit sind diese Menschen verschieden. Sie haben unterschiedliche Auffassungen vom Glück, von der Schönheit, vom Vergnügen und vom Sinn des Lebens. Die Menschen der verschiedenen Kontinente, Nationalitäten, Rassen, Klassen und Weltanschauungen, die unter den verschiedenen sozialen Bedingungen leben, unterscheiden sich voneinander in Temperament, Charakter, Kultur und gesellschaftlicher Lage. Ist es wohl möglich, eine Lösung zu finden, die einheitlich für alle gilt und zur gleichen Zeit jeden einzelnen zufriedenstellen würde? [...]

[Nachdem er die religiöse Lösung deshalb ablehnt, weil sie es sich mit einem von Gott allgemeinverbindlich festgesetzten Lebenssinn — dem Dienste Gottes — zu einfach mache, fährt Grigor'jan fort:]

Keine ernsthafte philosophische Lehre, die einigermaßen die Komplexität des menschlichen Lebens und die Eigenart und Individualität jedes einzelnen menschlichen Schicksals berücksichtigt, kann eine absolut wahre und allgemeinverpflichtende Lösung zum Problem des Lebenssinnes vorlegen, die tauglich ist für alle und für jeden. Noch weniger kann es eine Vorstellung vom Sinn des Lebens geben, die einheitlich für alle Zeiten gilt. Sie entwickelte und wandelte sich zusammen mit der Entwicklung der menschlichen Gesellschaft. Die Religion aber sucht einen einzigen Lebenssinn sowohl für den Menschen, der vor kurzem noch auf allen Vieren kroch, als auch für den Menschen der heutigen Zeit aufzustellen.

Freilich, der Mensch ist längst nicht frei in seinen Handlungen, er befindet sich in Abhängigkeit von den in der Gesellschaft herrschenden Ordnungen und Idealen. Zugleich damit ist er sich des Grades und der Weise seiner Abhängigkeit bewußt, des Maßes seiner Freiheit, und er handelt in Übereinstimmung mit diesem Verständnis. Der Mensch löst seine Lebensprobleme selbst, wählt selbst, wie er in jedem konkreten Fall handelt. Und hier kann ihn niemand darin vertreten. Er allein ist fähig, unter Berücksichtigung all seiner Möglichkeiten und besonderen Bedingungen seines individuellen Daseins zu handeln.

Aber wenn man nicht für jede Lebenssituation ein Rezept vorlegen und dem Menschen unmittelbar helfen kann, so gibt es doch eine andere Möglichkeit. Die Philosophie kann und muß dem Menschen eine wahre Vorstellung vom Sinn des Lebens und eine darauf gegründete Lebensweisheit geben. Der Mensch interessiert sich ja nicht nur dafür, wie er in jedem konkreten Fall besser handeln wird. Er fragt auch nach dem andern, — nach dem Ziel des Lebens, nach dem Wichtigen, dessentwegen es sich lohnt zu leben, und demzufolge man so und nicht anders zu handeln hat. Richtiger: Er ist interessiert an der Frage, wie er leben soll, und so fragt er unausweichlich: Wofür leben? Der Mensch fragt nach seinem Platz im All, in der Gesellschaft, im Leben selbst, er will wissen, was er ist und wozu er da ist. Und auf alle diese Fragen muß die Philosophie ihre Antwort geben. [...]

Viele religiöse und nichtreligiöse Philosophen behaupten, daß sie eine endgültige und die einzig wahre Antwort auf die Frage nach dem Lebenssinn geben oder geben können. Aber bis auf den heutigen Tag fährt die Menschheit fort zu fragen: Wie und wofür muß man leben, worin besteht der Sinn des Lebens? Und das nicht deshalb, weil das philosophische Denken in seiner ganzen Geschichte es zu keinen nützlichen und weisen Aussagen über das Leben gebracht hätte. Die philosophische Weisheit hat den Menschen immer geholfen, das Leben richtig zu verstehen und zu führen. Sie war in ihren Händen eine mächtige Waffe im Kampf um das menschliche Glück. Aber das Leben kann nicht stillstehen, es fließt und verändert sich, und in ihm erneuert sich beständig, entsteht und festigt sich das, was wir als Sinn des menschlichen Lebens bezeichnen.

Es gibt eine Vielzahl von Antworten auf die Frage nach dem Sinn des Lebens. Aber unter ihnen sind zwei äußerst weit verbreitete und direkt entgegengesetzte Meinungen offensichtlich auseinanderzuhalten.

Im einen Fall wird als Ziel des geschichtlichen Fortschritts *Gott* oder eine unsterbliche *Menschheit* erklärt, derentwegen ein jeder alles und jedes opfern muß. Im andern Fall wird als Ziel der Geschichte der Mensch selbst verkündet, das *Individuum,* das als Selbstzweck angesehen wird. Zwei Gesichtspunkte — äußerster „Objektivismus", der unausweichlich zur Vernichtung der Persönlichkeit führt, zur Geringschätzung der Interessen des Menschen; und äußerster „Subjektivismus", der alles auf das Leben des einzelnen Individuums reduziert und eben dadurch eine objektive Bedeutsamkeit des menschlichen Lebens und der gesellschaftlichen Ideale ablehnt.

Wenn der Sinn des Lebens in der völligen und restlosen Selbsthingabe an Gott oder an irgendein vergöttlichtes Gesellschaftsideal besteht, wozu sind dann Gott oder dieses Ideal für den Menschen notwendig? Und umgekehrt, wenn der Mensch nur seinetwegen lebt, wofür ist er dann da? In beiden Fällen geht der Mensch selbst und der wahre Sinn seiner Existenz verloren. Entweder geht er in Gott und einem alles verschlingenden Ideal auf, oder er wird eingezwängt in die engen Grenzen seines individuellen Daseins.

Dazu führen unausweichlich die beiden extremen Standpunkte vom Sinn des Lebens. Was aber kann man tun? Wie diesen zwei gefährlichen Extremen entgehen? Wie soll man dabei vorgehen, damit eine Lehre vom Sinn des Lebens nicht jene ach so goldene Mitte darstellt, die ja einwandfrei in ihrer Korrektheit und nüchternen Vernunft sein mag, doch ohne jede Richtung ist, ohne deutlich ausgedrückte Bestimmtheit, ohne menschliche Leidenschaftlichkeit und Begeisterung?

Wo ist jene Grenze, jenes Maß, dessen Beachtung unumgänglich ist für die richtige Lösung der Frage? Gibt es überhaupt ein solches Kriterium, mit Hilfe dessen man den Wert und den wahren Humanismus der Prinzipien und Ideale bestimmen könnte, die das Wesen dieser oder jener Lehre vom Sinn des Lebens zum Ausdruck bringen?

Eine echte Philosophie des Lebens — und darin kann man den christlichen Theologen zustimmen — muß alle seine grundlegenden Aspekte erhellen, Antwort auf jene Fragen geben, die den Menschen bewegen, unabhängig davon, ob er Gläubiger oder Ungläubiger ist, Idealist oder Materialist. Man kann diese oder jene Frage vom Standpunkt der Wissenschaft oder vom Standpunkt des gesunden Menschenverstandes aus für unpassend oder unbegründet halten. Aber man kann nicht eine wirkliche Tatsache des Lebens außer acht lassen, nämlich, daß im Verlauf vieler Jahrhunderte Millionen Menschen gefragt haben und jetzt fragen: nach der Stellung des Menschen in der Natur, nach dem Wesen der allgemeinmenschlichen sittlichen Ideale, nach dem Sinn der Geschichte, nach einem jenseitigen Leben, nach Tod und Unsterblichkeit, nach einem Jenseits, nach einer Rechtfertigung der menschlichen Leiden und des auf der Erde geschehenden Bösen.

Praktisch denken die Menschen immer weiter darüber nach, sorgen sich um die Gestaltung ihres irdischen Daseins und fragen nach dem Sinn des irdischen Lebens.

Aber der Mensch ist ein Teil der Natur, des Alls. Er fühlt sich als Glied der großen Unendlichkeit und will nicht glauben oder glaubt einfach nicht an die Möglichkeit seines Vergehens. Das menschliche Bewußtsein sprengt die beschränkten Grenzen seines Lebensmilieus. Es befriedigt ihn nicht jene Fülle des geistigen und physischen Lebens, die man in seiner irdischen Existenz erreichen kann. Er sucht eine überirdische Rechtfertigung für sein Leben, für das ganze Leben der Menschheit.

Wenn die Wissenschaft die Wahrheit darüber sagt, daß die Erde möglicherweise irgendwann zu existieren aufhört und die Menschheit so vergeht, wie einst die Urtiere, die auf ihr lebten, vom Antlitz der Erde verschwanden, — ist es dann nicht ganz einerlei, daß irgendwann einmal er, der Mensch, existiert hat? Bleibt dann nicht das Leben der Menschheit — wie auch das Leben der Urtiere — eine ebenso uninteressante und jeden objektiven Sinnes bare Seite in der Geschichte des Alls? Anders gesagt: Hat denn das Leben des einzelnen Menschen und der ganzen Menschheit insgesamt einen absoluten Sinn, einen solchen Sinn, den sogar ihr Untergang nicht vernichten würde?

Und wenn mit dem Tode alles aus ist, und wenn sogar die Menschheit nicht ewig in ihrem Dasein ist, wenn es keine jenseitigen Strafen und Belohnungen gibt, dann fragt es sich: Wozu ist der Mensch da, und wie muß er dann sein Leben führen? Wofür leben, wenn es kein absolutes Gutes und keine Gerechtigkeit gibt, keine Hoffnung auf Unsterblichkeit? Wie ist dann leidenschaftliche Überzeugung und Unbeugsamkeit in der Befolgung hoher sittlicher Grundsätze möglich?

Wenn alle Ziele und Ideale ihrer Natur und ihrem Ursprung nach nur menschlich sind und der Mensch letzten Endes selbst sein eigener Gesetzgeber ist, wo gibt es dann eine Garantie, daß er, der gefährdet ist von Schwierigkeiten und Entsagungen, es nicht aufgibt, diesen Idealen zu folgen? Er kann ja immer sich darauf berufen, sie seien nicht genügend hoch und wertvoll, um sich ihretwegen einem ruhigen Leben zu entziehen oder — mehr noch — sein Leben der Gefahr auszusetzen. Wo sind auch solche Voraussetzungen und Gründe zu finden, die die Ideale in eine mächtige geistige Kraft verwandeln, die imstande ist, das ganze Wesen des Menschen zu ergreifen und ihn für sich zu gewinnen?

Wenn er über den Sinn des Lebens nachdenkt, kann der Mensch nicht anders, als über seinen Platz in der Gesellschaft nachzudenken, als sein Verhältnis zu jenen Zielen und Aufgaben zu bestimmen, die vor seinem Land und Volk und vor der ganzen Menschheit stehen. Der Sinn seines individuellen Lebens hängt in bedeutendem Maße ab von Sinn und Wert des Lebens der Menschheit im ganzen. Darum ist die Frage danach unausweichlich, wie Ziele und Ideale entstehen und heranreifen, die diesem oder jenem Volk oder der Menschheit gemeinsam sind. Man muß sich die Frage stellen, was für einen sozialen und kulturellen Inhalt das Leben der heutigen Gesellschaft findet. Mit anderen Worten: Worin besteht der Sinn des Lebens der Menschheit, der Geschichte? Und hat überhaupt die Geschichte irgendeinen Sinn?

Der Mensch erringt immer neue Siege über die Natur, über Krankheiten, über Mängel und über das soziale Übel, bemächtigt sich der Energie des gespaltenen Atoms, erobert den kosmischen Raum. Der Fortschritt der Zivilisation, der in immer schnellerem Tempo um sich greift, verheißt der Menschheit in der Zukunft ungeahnte Möglichkeiten.

Ist es aber ebenso um die Erfolge der geistigen Kultur der Menschheit bestellt? Wird sie denn edler, humaner, besser und wahrhaftiger? Und wenn der Mensch sein äußeres Leben immer komfortabler einrichtet, hat er dann gelernt, ebenso erfolgreich auch sein inneres Leben zu vervollkommnen, hat er dieses innere Leben erforscht und weiß um seine Gesetze? [...]

[Nachdem der Autor seine Ansicht geäußert hat, das religiöse Denken erkenne keine Veränderung zum Besseren in der Welt an, fährt er fort:]

Wir sind für eine gesunde Skepsis, denn aus dem Zweifel beginnt jede Erkenntnis, und gegen einen unvernünftigen Optimismus, der leichthin einen triumphalen Übergang der Menschheit zu Glück und Gerechtigkeit verkündet. Aber wir sind überzeugte Anhänger einer optimistischen Philosophie. Wahre Weisheit ist lebensbejahend und enttäuscht nicht. [...]

Ja, der Fortschritt der Zivilisation und der geistigen Kultur befreit den Menschen nicht von der Notwendigkeit, die komplizierten und schwierigen Aufgaben einer weiteren Erkenntnis der Natur und der Vervollkommnung des gesellschaftlichen Lebens zu lösen. Solange der Mensch existiert und das Leben, — da sind auch Tod, physische und seelische Wunden unausweichlich; solange Menschen sterben und Nahestehende und Verwandte verlieren werden, — da wird er die Frage stellen, wie man sich zu diesem unausweichlichen Übel verhält, zu den menschlichen Leiden. Wenn diese Leiden unvermeidlich sind, wie ist dann ihre Existenz zu rechtfertigen, wie den Menschen zu helfen in ihren seelischen Erschütterungen, in dem Schmerz, der sie heimgesucht hat? Ist nicht nur die Religion mit ihrem Glauben an eine jenseitige Erlösung imstande, die Existenz des unausweichlichen Übels und der Leiden zu rechtfertigen, den Menschen zu trösten mit der Hoffnung auf eine Vergeltung im Jenseits? [...]

Die Wahrheit löst nicht alle Probleme des Lebens, aber dafür verschweigt sie auch nichts. Sie hilft, die ganze Komplexität der menschlichen Existenzbedingungen zu sehen, alle günstigen und ungünstigen Umstände und Tatsachen. Sie gestattet den Menschen, mit Sachkenntnis zu handeln, unter Berücksichtigung aller Bedingungen und Möglichkeiten. [...] Nicht eine Halbwahrheit, sondern nur die unbedingte Wahrheit des Lebens kann die große Illusion der Religion besiegen. [...]

Die Philosophie von Karl Marx erklärt nicht nur die Welt, sondern sie weist auch die Wege zu ihrer Veränderung, ihrer grundlegenden Umgestaltung. Mit Recht nennt man sie eine Philosophie des menschlichen Glücks, insofern das Glück der Mehrheit der Menschen als ihr Hauptziel erscheint. Die marxistische Philosophie deckt die Entwicklungsgesetze der umgebenden Wirklichkeit auf und ist zugleich der inneren Welt des Menschen zugewandt. Sie hat zum Inhalt die humansten und für unsere Zeit gerechtesten Grundsätze des sittlichen, kulturellen und geistigen Fortschritts. Der religiösen Illusion setzt sie die Wahrheit entgegen, die unbedingte Wahrheit des Lebens, denn nur sie kann als Grundlage einer echten Sittlichkeit und Menschlichkeit dienen.

Der Mensch, sein Leben und seine Würde, sein geistiges Wesen und seine Freiheit bilden den Zentralgedanken der marxistischen Philosophie, ihrer Kritik an der religiösen Ideologie. [...]

2. LESERBRIEFE
(NR 1964/12/18—20)

An die Redaktion der Zeitschrift
„Wissenschaft und Religion",
Genossen B. T. Grigor'jan

In Beantwortung der durch Sie aufgeworfenen Fragen zu einem Thema, das mich das ganze Leben lang interessiert hat, muß ich Ihnen vorab sagen, daß ich ganz und gar keine Neigung habe, mich in irgendeine Diskussion einzulassen, um so mehr aber, meine Meinung allgemein zugänglich zu machen.

Mir hat Ihr — wie Sie ihn nennen — einführender Aufsatz zur Frage „Wofür lebt der Mensch?" einfach gefallen. Obschon es schwerfällt, volle Unvoreingenommenheit — wie auch von jedem Menschen, der von etwas Eigenem überzeugt ist — in der weiteren Entwicklung des von Ihnen angeschnittenen Themas zu erwarten, zeigt sich doch, nach der Einführung zu urteilen, in Ihren Worten Aufrichtigkeit, was immer gewinnend auf mich wirkt.

Ich anerkenne nur jene Philosophie, die ganz und gar gewissenhaft ist. Die Überzeugungen mögen zwar verschieden sein, aber näher an die Wahrheit werden jene von ihnen herankommen, wo mehr Aufrichtigkeit hindurchscheint.

In meinen Antworten auf ihre Fragen bin ich auch nicht ein Jota abgewichen von der Wahrhaftigkeit in allem, darunter auch in meinen Worten, die meine wahren Gedanken zum Ausdruck bringen. Ich bitte um Nachsicht für die Ausführlichkeit der Darlegungen. Aber mir schien, daß es nicht überflüssig wäre, Ihnen auch einige Begründungen meiner Ansichten zu geben.

Ich bin volle 68 Jahre alt. Meine Bildung: höhere Schule. Mein Beruf: früher Soldat, dann Buchhalter, jetzt Angestellter.

Nehmen Sie die Versicherung meiner aufrichtigen Hochachtung entgegen.

Antworten auf die den Lesern gestellten Fragen in der Zeitschrift „Wissenschaft und Religion" Nr. 7/1964:

I. „Worin finden Sie den Sinn Ihres Lebens?"

Den Sinn des Lebens finde ich in meiner Unsterblichkeit als einer personalen Einheit [osob'] im All. Den Sinn meines *eigenen* Lebens finde ich in der Selbstvervollkommnung.

Wenn mein Leben auf der Erde in meiner irdischen Hülle entsteht, erfüllt wird von Verstand und Empfindungen, und das alles dann verschwindet (selbst wenn ich sogar irgendwelche Spuren hinterlasse, die sich aber auch im Laufe der Zeit verwischen), dann ist dieses Leben eine unerträgliche Absurdität. Wofür soll dann der Mensch seinen ihm gegebenen Verstand ausbilden und seine Empfindungen entfalten, wenn er aus dem „Nichts" entstanden ist und sowieso verschwindet und sich in ein „Nichts" verwandelt?

Wofür soll ich ein vergängliches Bewußtsein meines Daseins haben, wenn ich in diesem kurzen Augenblick Myriaden Himmelslichter sah, lernte zu addieren und zu dividieren bis zur Unendlichkeit, Höhe und Abgrund zu empfinden, Entzücken und Grauen zu erleben, mich an der Schönheit zu erfreuen, mich am Schöpferischen zu berauschen und selbstlos zu lieben? Wofür — fragt man sich — war das alles mir gegeben, wenn ich nicht ewig bin, sondern schon im nächsten Augenblick in ein Nichtsein, und sogar ohne Traumbilder, entschwinde?

Nein, ich „war", ich „bin" und ich „werde sein", zudem viel vollkommener als ich war und bin. Anders ist das Leben irgendein phantastischer Alptraum, wo der persönliche Wille faktisch gebunden ist, wo die Freiheit des Geistes ephemerisch ist, weil alles zu jeder Frist dieses Augenblickchens Dasein nur *zeitbedingten* Gesetzen unterworfen ist, die durch die Menschen jeder einzelnen Epoche selbst aufgestellt werden.

II. „Welche Beziehung besteht zwischen dem Sinn des Lebens und dem Glück? Sind sie identisch? Wenn nicht — worin liegt ihr Unterschied?"

Der *Sinn des Lebens* für den Menschen ist nicht nur eine *Zweckmäßigkeit* seines Daseins, sondern auch seine *Vorherbestimmung* für eine Zukunft.

Glück ist all das, was *ihm Freude* in seinem Dasein bringt.

Wenn folglich das Glück des Menschen mit dem Sinn des Lebens übereinstimmt, dann ist es wertvoll für ihn selbst und nützlich für die Gesellschaft. Wenn es aber nicht damit übereinstimmt, dann ist es für sich selbst unzulänglich und gibt ihm letzten Endes nicht die volle innere Zufriedenheit, sowie es auch der Gesellschaft Schaden bringt.

III. „Was verstehen Sie unter Glück?"

Meiner Ansicht nach ist das Glück die Gesamtheit der Empfindungen: Freude, Zufriedenheit, Genüge und Seelenruhe, weswegen es auch rein individuellen Charakter trägt, selbst wenn es auch nicht die Möglichkeit ausschließt, sich mit anderen gemeinsam an ein und demselben Anlaß zu freuen. [...]

Alles hängt davon ab, was man sich zum Ziel seines Daseins setzt.

Persönlich habe ich schon in früher Jugend, als ich begann, über die Fragen des Lebens nachzudenken, mir die Selbstvervollkommnung zum Ziel gesetzt.

Ich ging davon aus: Wenn ich als Mensch geboren bin und mir Verstand und Empfindungen gegeben sind, deren Gesamtheit sich als meine Seele erweist, und ich mich inmitten der gleichen Wesen befinde, und dennoch eine eigene Persönlichkeit darstelle, — dann bin ich sowohl vor mir selbst als auch vor allen anderen dafür verantwortlich, wie ich dieses Leben verbringe. [...]

Mit Bestimmtheit kann ich sagen, daß ich in meinem Bemühen um Selbstvervollkommnung völlig alle Keime von Gefühlen des Neides und Hasses den Menschen gegenüber überwunden habe und in mir das Gefühl einer feindseligen Gesinnung unterdrücke, wenn es plötzlich bei irgendeinem Anlaß durchbricht. Ich bemühe mich, immer aufrichtig zu sein und kontrolliere mich beständig selbst, damit nicht unabsichtlich etwas Lügnerisches aufkommt, das nicht im Einklang steht mit meinem Gewissen. Daher entsteht auch immer in mir die Empfindung einer gewissen Kränkung und sogar einfach ein Erstauntsein, wenn man mir etwas wider Erwarten nicht geglaubt hat.

Indem ich auf die Empfindung meiner eigenen Würde achte, gebe ich zur gleichen Zeit die geschuldete Wertschätzung auch allen andern. Daher bemühe ich mich mehr, in ihnen die Würde zu ermitteln, als ihnen ihre Unzulänglichkeiten zum Vorwurf zu machen.

Ich habe 68 Jahre erlebt und bin bestrebt gewesen, niemals meine Bestimmung und die mir gestellte Aufgabe meiner Selbstvervollkommnung zu vergessen. Aber dabei habe ich nicht jene Freuden verabscheut, die mir das Leben und mein Zusammensein in der Gemeinschaft der Menschen schenkt, und ich war sogar ziemlich erfinderisch in meinen leichten Vergnügungen. Dennoch war ich trotz allem besorgt, mich in Grenzen zu halten, um nichts zuzulassen, was meine Menschenwürde herabsetzte.

Natürlich bin ich den von mir gewählten Weg nicht immer geradlinig vorangegangen. Es gab auch Fehlschläge, besonders in jungen Jahren, wenn die eine oder andere Lösung viel einfacher schien, als die wirkliche Lage der Dinge es erforderte. Aber daraus zog ich Lehren für die Zukunft. Daher brachte ich immer den Mut auf, meine Fehlgriffe oder Vergehen einzugestehen, und ich habe gelernt, das Leben auf drei „Pfeilern" zu errichten: dem Verstand, der Pflicht und dem Gewissen.

IV. „Wenn Sie glücklich sind, wem haben Sie das zu verdanken?"

Mein ganzes Glück besteht darin, daß ich den Sinn des Lebens gefunden, meine Vorherbestimmung erkannt und mein Dasein begriffen habe, — mit einem Wort, die Relation, in der ich mich zu Raum [und Zeit] befinde, erkannt habe. Das gab mir die Möglichkeit, meinen eigenen Lebensweg zu erwählen. Indem ich ihm folge, erfülle ich meine Mission als eine personale Einheit des Alls, die ewig ist, und als Glied der menschlichen Gesellschaft, das bewußt seine Arbeit und aufrichtige Mühe leistet, um durch die mir zur Verfügung stehenden Mittel beizutragen zum Glück der Menschen.

Wenn ich — möglicherweise — im letzten nicht genügend erreicht habe, dann erklärt sich das hauptsächlich durch jene schwierigen Lebensbedingungen, die mir zuteil wurden, nicht aber durch einen Mangel an eigenem Bestreben.

„Wem ich mein Glück verdanke?"
Vor allem meinen Eltern. Sie haben mich — wie man so sagt — „durch persönliches Beispiel als auch durch Belehrung" in einem sittlichen Geiste erzogen, zu Arbeitsliebe und Wissensdrang angeleitet und zum Verständnis von Pflichtgefühl und Verantwortlichkeit für meine Handlungen. Sie haben mir Vaterlandsliebe eingeflößt, Liebe zu meinem Volk und all jene Charakterhaltungen, die sie selbst besaßen, wodurch sie auch meinerseits eine tiefe Sohnesachtung zu ihnen weckten.

Ich verdanke es auch der Schule (in der speziellen und allgemeinen Bedeutung des Wortes). Sie hat mich nicht nur mit nicht geringem Wissen versehen, sondern überhaupt den Wissensdurst in mir geweckt, den Geschmack am Bücherlesen, Kunstverständnis, ästhetischen Geschmack, und sie schuf die Grundlagen für das leidenschaftliche Gefühl tiefer Freundschaft und fester Kameradschaft.

Viel, sehr viel, verdanke ich der Orthodoxen Kirche. Sie hat mir das Licht des Glaubens und der wahren, erhabenen Liebe geoffenbart. Sie hat mich die Selbsterforschung gelehrt, die Zügelung der Leidenschaften, die Stärkung des Geistes, Erkenntnis des Guten, bewußte Opferbereitschaft und Barmherzigkeit, Vergebung der Kränkungen und Eindämmung des größten Übels in einem selbst (das der Anfang alles Unheils ist) — des Haßgefühls.

Dank schulde ich auch dem militärischen Milieu. Der Aufenthalt in ihm hat in mir gefestigt und gleichsam geheiligt das Gefühl der Liebe zur Heimat durch das Feuer der Selbstaufopferung zu ihrem Wohl und zum Wohl des ganzen teuren russischen Volkes. Es hat mir Festigkeit, Tapferkeit und Begeisterung vermittelt, diesem hohen Ziel zu dienen. Zudem gab es mir Sinn für den Begriff der Disziplin und hat mich abgehärtet.

Dank schulde ich auch dem Aufkommen neuer Ideen und den Lehren des sozialen Aufbaus der menschlichen Gesellschaft. Sie haben mir die ganze Vielfalt der Auffassung des menschlichen Verstandes offenbart und meine Vorstellung von den wesentlichen Bedürfnissen des heutigen Menschen, unter Berücksichtigung seiner Entwicklung in der Zukunft, bereichert.

Aber mehr als allem, scheint mir, bin ich zu Dank verpflichtet jenen Menschen ohne Falsch, auf die so gut der nunmehr gebräuchlich gewordene Ausdruck zutrifft: „Menschen guten Willens". Wo auch immer ich war, in welche Umgebung mich auch das Schicksal verschlug, überall fand ich ganz bestimmt Vertreter der Art von Menschen, die mich erfreuten durch ihre Offenherzigkeit im Umgang, ihre seelische Feinfühligkeit, innige Anteilnahme und ihr bereitwilliges Entgegenkommen. Und das Wichtigste, — gerade diese zeichneten sich durch ihre Liebe zur Arbeit aus.

Sie alle waren zwar von unterschiedlichem Charakter, oft von abweichenden Anschauungen und von einer verschiedenen gesellschaftlichen Stellung. Aber das nahm ihnen keineswegs ihre Anziehungskraft und schadete der seelischen Zuneigung zu ihnen nicht.

Gerade dieses Bewußtsein vom Bestehen einer gewissen inneren Bruderschaft zwischen den Menschen bringt jene geistige Freude, die das Dasein auf der Erde erhellt und Trost spendet in den Minuten bedrückender Gedanken, wenn du Menschen entgegengesetzter Art begegnest.

Was die materielle Frage anbelangt, so bin ich immerhin zufrieden mit meiner Lage, ungeachtet dessen, daß ich mich in einer schlechtbezahlten Arbeit befinde (im Hinblick auf meine Gesundheit ist mir schon eine Arbeit entsprechend meinem Beruf unzugänglich).

Ich bin alleinstehend, habe keine Kinder, bin alt, und daher sind meine Bedürfnisse bescheiden. Hier habe ich aber eine Beschäftigung, einen Winkel im Gemeinschaftswohnheim, die Möglichkeit, Umgang zu pflegen und über freie Zeit zu verfügen nach meinem Ermessen und Gutdünken.

Das Verhalten mir gegenüber ist überall wohlwollend. Das ist unvergleichlich besser als der Aufenthalt in einem Invalidenheim, wohin mich das Schicksal zuweilen verschlagen hat.

V. „Wenn Sie unglücklich sind, woran fehlt es Ihnen dann für das Glück?"

Unglücklich in der eigentlichen Bedeutung des Wortes fühle ich mich nicht.

Man soll in meinem Alter und in meiner Lage nicht vom Glück träumen, wenn man nur niemandem zur Last fällt.

In meinem langen Leben habe ich die alte Zeit, den Umbruch und die neue Zeit mitgemacht, aber immer bin ich mir treu geblieben. Jetzt, da ich die Bilanz meines gelebten Lebens in dieser komplizierten Epoche ziehe, empfinde ich volle Zufriedenheit mit dem von mir eingeschlagenen Weg.

Das Bewußtsein der Rechtschaffenheit, das Fehlen persönlicher Feinde und ein reines Gewissen machen mich ruhig und bereit zum Übergang in die andere Welt.

A. Michajlov,
Čeljabinsk

(NR 1964/12/20—21)
Werter Genosse Michajlov!

Ich verheimliche es Ihnen nicht: Ich war erfreut, daß mein einführender Aufsatz — ungeachtet Ihrer Abneigung gegenüber offenen Diskussionen — Sie dennoch veranlaßt hat, einen Brief zu schreiben und Ihr Verständnis vom Sinn des Lebens auszusprechen, das voll Würde und Menschlichkeit ist.

Sie haben recht, ein Philosoph muß gewissenhaft und aufrichtig in seinem Suchen sein. Das trägt zweifellos zur Erreichung der Wahrheit bei, bestimmt sie aber keineswegs im voraus. Ja, wieviel Menschen gibt es, die überaus aufrichtig in ihren Überzeugungen, aber weit von der Wahrheit entfernt sind? Gut ist, wenn Aufrichtigkeit und Gewissenhaftigkeit sich mit einer kritischen Betrachtung der Dinge verbinden, die frei ist von allen Illusionen, mit dem Bemühen, über alles Rechenschaft zu geben und mit dem Verstand und der Lebenspraxis nachzuprüfen.

Eine sittliche und humane Philosophie kann nur auf dem Boden einer unbedingt wahren Einschätzung der Stellung des Menschen in der Welt erwachsen. Der Mensch braucht Wahrheit. Jede Wahrheit ist ihm lieber als eine die „Seele erhebende Täuschung". In welch verführerischer Gestalt sich die Täuschung auch darstellen würde, sie ist ein schlechter und unzuverlässiger Erzieher der menschlichen Seele.

Den Sinn des Lebens finden Sie in Ihrer Unsterblichkeit als einer „personalen Einheit im All". Sie glauben an die Unsterblichkeit, daran, daß Sie „waren, sind und sein werden", zudem viel vollkommener. Ich zweifle nicht an Ihrer Aufrichtigkeit, aber eine solche Vorstellung geht mir keinesfalls in den Kopf.

Ich sage Ihnen die Wahrheit: Wenn man mir die Unsterblichkeit anböte, ja sogar noch ewige Jugend, dann würde ich das schwerlich ausschlagen. In der Kindheit hing ich oft ähnlichen Träumen nach, stellte mir vor, ich sei ein ewig junges und starkes, unsterbliches Wesen. Ich begreife auch jetzt die vom Feuer der Jugend hingerissenen jungen Leute, die bisweilen sagen, sie würden immer jung bleiben und nicht das Alter kennenlernen.

Wenn ich auf Ihren Brief antworte, denke ich nicht daran, Ihren Glauben an die Unsterblichkeit zu zerstören. Sie leben aus diesem Glauben, sind durch ihn glücklich. Aber für mich ist eine solche Vorstellung bar jeder Begründung durch Verstand und Leben, ja auch bar einer sittlichen Bewahrheitung! Der Mensch wird geboren, lebt und stirbt, darin besteht die unumstößliche Wahrheit des Lebens.

Das zeitliche menschliche Leben scheint Ihnen ohne jeden Sinn zu sein, und Sie nennen es eine „unerträgliche Absurdität", einen „Alptraum". Aber wo sind die Begründungen für solche Urteile?

Das Leben nur deswegen für sinnlos zu halten, weil es irgendwann aufhört, das ist das gleiche, als in der Existenz von Häusern, Brücken, Eisenbahnen, die geschaffen wurden auf eine begrenzte Zeitspanne hin, oder in den Seen und Flüssen, die versanden und austrocknen können, oder in gutem Wetter, das noch kürzer dauert, keinen Sinn für die Menschen zu sehen.

Milliarden Menschen, einfache und große, haben in der Vergangenheit gelebt. Jetzt gibt es niemanden mehr von ihnen. Aber kaum jemand erkühnt sich, das Leben der unbekannten Entdecker des Feuers und des Rades oder das Leben der Gelehrten der Vergangenheit sinnlos zu nennen, die der ganzen Menschheit bekannt sind.

Selbst der Gedanke an einen unsterblichen Menschen scheint mir absurd zu sein, jedenfalls aber unvereinbar mit dem Begriff des Lebenssinnes. Wie kann man vom Sinn des Lebens eines unsterblichen Wesens sprechen, von seiner Selbstvervollkommnung, von seinen guten und bösen Taten und seiner sittlichen Verantwortung?! Ein solcher unsterblicher Mensch hätte immer genug Zeit im unendlichen Strom seines verflossenen Daseins gehabt, um eine absolute Vollkommenheit zu erreichen. Und schließlich steht zu seiner Verfügung eine nicht weniger unendliche Zukunft. Lohnt es sich, ihm bei unwürdigen Handlungen oder bei sinnloser Zeitverschwendung einen Vorwurf zu machen? Er kommt ja immer noch zurecht, das Versäumte aufzuholen.

Darum geht es ja gerade, daß man nur dann von einem Sinn des Lebens sprechen kann, wenn das Leben durch eine bestimmte Zeitspanne begrenzt ist, wenn der Mensch überlegt, auf welch allerbeste Weise er diese ihm zugewiesene Zeit ausnutzen soll — jeden Tag, jeden Monat und jedes Jahr.

Der Glaube an eine Unsterblichkeit hält sich in den Menschen nicht so sehr durch ihren Wunsch nach einem jenseitigen Leben, als vielmehr durch ihre Abneigung, sich von ihrem irdischen Dasein zu trennen. Niemand möchte gern sterben, nicht der Gläubige und nicht der Atheist. Und wenn in einer Familie von Gläubigen ein Mensch stirbt, tröstet niemand die Nahestehenden und Verwandten mit der frohen Aussicht auf ihr künftiges Wiedersehen in jener Welt. In solchen Fällen spricht man in der Regel von der Sterblichkeit jedes Menschen, von der Unausweichlichkeit des Geschehenen, daß dem Verstorbenen nunmehr alles gleich ist und daß man an die denken muß, die unter den Lebenden zurückgeblieben sind.

Der religiöse Trost, das Reden von Erlösung und von ewiger Seligkeit im jenseitigen Leben sind so lange erträglich, wie der Mensch noch fern von seinem Ende ist. Aber in der Minute des Todes erweisen sie sich als ungehörig, als frivol und nichtssagend sowohl für den Sterbenden als auch für seine Angehörigen.

Ich bin überzeugt davon, daß der Tod das Ende ist. Und dies bestärkt in mir den Glauben an den Wert des menschlichen Lebens auf der Erde, an den hohen sittlichen und kulturellen Wert jener Errungenschaften, nach denen die Menschen im Laufe ihres Lebens streben.

Ihre Ansichten über das Glück und die Selbstvervollkommnung sind mir verständlich und nahe. Wirklich, die Selbsterziehung, das Herausarbeiten von eines Menschen würdigen Merkmalen und Eigenschaften und verschiedenartiger nützlicher Fertigkeiten, sie stärken den Willen und den Verstand des Menschen, bestimmen seinen Lebensweg.

Sie schreiben, daß Sie in sich gänzlich die Keime von Gefühlen des Neides und des Hasses gegenüber Menschen beseitigt haben und keine persönlichen Feinde kennen. Wenn das so ist — und ich habe keine Gründe, Ihnen nicht zu glauben —, dann haben Sie sehr viel erreicht. Auch ich pflege nicht Neid und feindliche Gesinnung gegenüber Menschen. Aber ich kann nicht so kategorisch behaupten, daß ich völlig frei von Gefühlen des Hasses sei und keine persönlichen Feinde habe. Hier hängt ja nicht alles von mir ab.

Da man unter Menschen lebt, ist es unmöglich, sein Verhältnis zu ihnen nicht zum Ausdruck zu bringen, zu ihren Taten und Handlungen. In einigen Fällen billigen wir diese Handlungen, in andern verurteilen wir sie. Aber der Mensch kann sich ja nicht einkapseln in eng persönliche Interessen und dem gegenüber gleichgültig bleiben, was um ihn herum vorgeht.

Ich stimme mit Ihnen überein, daß wir in unsern Handlungen streng dem Verstand, der Pflicht und dem Gewissen folgen müssen. Aber gerade, wenn wir den Befehlen der Pflicht und des Gewissens folgen, können wir nicht den Standpunkt eines fremden Beobachters einnehmen und uns völlig gleich zu allen Menschen verhalten. Wie sollte man nicht einen Menschen in einer guten Sache unterstützen und umgekehrt nicht seine Empörung ausdrücken über die Taten eines Schurken, eines Halunken!

Sie nennen die Orthodoxe Kirche eine der Quellen Ihrer Selbstvervollkommnung. Sie gab Ihnen viele gute menschliche Empfindungen und Grundsätze ein. Aber kann man denn vergessen, daß die christliche Kirche sich viele gute Gesetze des menschlichen Gemeinschaftslebens angeeignet hat, die schon im Leben der antiken Welt entstanden waren, und die sie jetzt den Menschen als „himmliche Offenbarung" vorsetzt?

Es ist möglich, daß Sie wirklich diese menschlichen Grundsätze bei der Orthodoxen Kirche gewonnen haben. Aber Sie selbst verstehen ja sehr wohl, daß man keine „christliche Sittlichkeit" für sich akzeptieren kann, wenn man nicht sein Leben dem Dienste Gottes gewidmet hat. Doch dafür muß man zuviel aufgeben. Und ist es nicht besser, sich an die ursprünglichen Quellen zu wenden, an diejenigen Lebensfaktoren, die Ihnen geholfen haben, in Wahrheit ein Mensch zu werden? B. Grigor'jan

Der Sinn des Lebens ist Kampf

Der Sinn des Lebens ist Kampf. Kampf der Widersprüche, an denen das Weltall so reich ist. Der Mensch kämpft mit äußeren Widersprüchen, — das ist all das, was uns umgibt, vom Sandkörnchen und der Mücke bis zur Atmosphäre und den Milchstraßensystemen. Der Mensch kämpft mit inneren Widersprüchen, — das ist all das, was er will, aber nicht kann, oder kann, aber nicht will...

Sinn des Lebens und Glück fallen zusammen. Hier ist noch hinzuzufügen: Solange die Menschheit lebt, dreht sich ein und dieselbe Diskussion um die Liebe. Und nie hat jemand eine Definition für sie geben können, die alle befriedigt hätte... So steht die Sache auch mit Leben (Lebenssinn) und Glück.

Karl Marx hat auf die Frage, was das Glück sei, die Antwort gegeben: Kampf...

Soldat U., 37 Jahre
Gebiet Murmansk

Spüren, daß man von den Menschen gebraucht wird

Den Sinn meines Lebens finde ich in schöpferischer Arbeit und darin, meine Tochter so zu erziehen, daß sie besser als ich wird.

Sinn des Lebens ist das, was ich will, um was ich mich bemühe. Und Glück ist das Erfolgsresultat meiner Bemühungen. Zweifellos stimmen sie nicht immer überein. A. M. Gor'kij hat gesagt: „Der größte Genuß, die höchste Freude des Lebens ist, zu spüren, daß man von den Menschen gebraucht wird und ihnen nahe ist!"

Glücklich bin ich dadurch, daß ich meine Arbeit liebe und die Möglichkeit habe, so zu arbeiten, daß ich mich glücklich fühle.

Es fehlen 50 % zum Glück. Darunter fällt auch eine gescheiterte Ehe und eine siebzehnjährige Scheu, mich scheiden zu lassen.

Bibliothekarin, 40 Jahre
Leningrad

Mein Lebenssinn

Ich habe schon 70 Lebensjahre verbracht, manches gesehen und erlebt. Ich bin zu dem Schluß gekommen, daß Sinn des Lebens und Glück leibliche Brüder sind..., unzertrennliche Freunde, wenn man sie allerdings wirklich gefunden hat...

Für mich liegt der Sinn des Lebens in Gott. In ihm habe ich alles: Sinn, Glück, Freude und die Schönheit des Lebens. In ihm habe ich Frieden, den mir niemand nimmt und den mir nichts zerstört. In ihm habe ich wahre

Freude, vollkommene Freude, nicht vergängliche, sondern ewige Freude...
Ich bin wahrhaft glücklich. Dies alles verdanke ich nur einem — Christus.
Zwar weiß ich gut, daß Sie meinen Aufsatz nicht veröffentlichen, weil Sie
gegen die Wahrheit ankämpfen. Aber das bezeugt Ihre ideologische Schwäche.
Das bedeutet, das Sie auf dem falschen Weg stehen und keinen wahren Sinn
des Lebens haben... Aber wenn Sie ein wenig ernsthafter über das Leben
nachdenken wollen, wenn Sie wünschen, ein wenig über das Leben zu
philosophieren, über die Logik und Wahrheit des Lebens und zu wissen
wünschen, weshalb Sinn und Glück des Lebens nur in Gott bestehen, dann
antworten Sie und lassen Sie uns philosophieren.

> Kalinkin, Pensionär
> Schulbildung: 4 Klassen Landschule,
> Kovrov

Freude am Dasein

Was kann man mit ihr vergleichen? Den Sinn meines Lebens sehe ich daher
im Kampf um die Möglichkeit, von dieser Freude zusammen mit der ganzen
Menschheit Gebrauch zu machen. [...]
Jeder Mensch hat Recht auf Glück und ist imstande, sich das Glück zu
schaffen. Jedoch hängt es ab von der Gesamtheit der Bedingungen und
Faktoren im Leben, wie Gesundheit, Begabung u. a. Bei all dem haben wir
das gemeinsame Glück aller Sowjetmenschen, teilzunehmen am Aufbau eines
neuen Lebens unter der Leitung der in der Welt fortschrittlichsten Kommunistischen Partei...
Für ein volles Glück mangelt es mir an physischer Gesundheit...
Der Glaube an Gott hindert zweifellos den Menschen am Schaffen seines
Glückes auf der Erde, weil die Religion die Menschen zu Entsagungen
aufruft und auf das Leben um eines künftigen „ewigen Glücks" im Himmel
willen geringschätzig herabzuschauen...

> N. Senilov, Buchhalter,
> höhere Schulbildung,
> 58 Jahre,
> Chalturin, Gebiet Kirov

Glaube, Wahrheit, Liebe

Sinn des Lebens und Glück stimmen überein, wenn man in Glaube, Wahr-
heit und Liebe lebt.
Unter Glück verstehe ich das Leben. Glücklich bin ich, weil ich lebe, in
Glaube, Wahrheit und Liebe zu leben verpflichtet bin.
Ich erkenne kein Unglück an, wenn man in einer solchen Zeit lebt, da der
Kommunismus erbaut wird. Aber der Kommunismus ist von Gott. Warum
von Gott? Weil er Friede, Arbeit, Brüderlichkeit, Gleichheit, Glück und

Freiheit proklamiert. Diese Wort aber wurden schon vor etwa zweitausend
Jahren verkündigt.

Korotkova A. E., Hausfrau,
Schulbildung: 7 Klassen,
42 Jahre,
Anapa, Land Krasnodar

Man wird nicht mehr um einen Sohn weinen müssen

Der Mensch lebt, weil er eben am Leben ist. Er denkt zwar über sein Dasein
nach, aber herzlich wenig über einen Sinn des Lebens. Wenn man jedoch
darangeht, auf die Frage zu antworten, so wird es so viele Antworten wie
Menschen, Berufe und Lebensalter geben.

Mein erster Schritt in ein Krankenhaus versetzte mich in Unruhe. Ich begann zu überlegen: Was muß man tun, um den Menschen von seinen physischen Leiden zu erlösen? Wer schafft — und wann — ein solches Mittel,
daß der Mensch keinen Schmerz, keine Hinfälligkeit und kein Alter fühlt?

Absolute Gesundheit halte ich für das Glück. Nur ein normaler, gesunder
Mensch kann alles erreichen... Die Gesundheit ist die Quelle des Glücks.
Deshalb bin ich glücklich, weil ich arbeite und eine Versorgung für das
Alter erhalte. Ich bin deshalb glücklich, weil es keinen Krieg geben wird
und man nicht um einen Sohn weinen muß.

Und für das volle Glück fehlt jenes „Mittel", auf das die Menschen noch
nicht gekommen sind, um nicht hinfällig und nicht alt zu werden.

Širova, Sanitäterin,
64 Jahre, Ekabpils,
Lettische SSR

Eine Spur im Leben hinterlassen

Der Sinn des Lebens besteht darin, nach seinem Ableben Menschen auf der
Erde und irgendeine Spur im Leben zu hinterlassen.

Bisweilen fallen Sinn des Lebens und Glück zusammen, je nachdem, von
welcher Seite man es betrachtet.

Für mich ist das Glück — gute Arbeit (nicht in der Bedeutung von Leichtigkeit und Geld, sondern in der Bedeutung von geistiger Erfüllung), damit das
Leben Sinn hat. Und natürlich eine gute Familie und Gesundheit.

Eine nützliche und gute Arbeit gibt es. Für das Glück mangelt es an Kindern
und an Gesundheit.

Z. F. F., 34 Jahre,
Olenegorsk,
Gebiet Murmansk

Einfach Mensch sein

Mein Lebenssinn ist: zu leben, zu arbeiten, einen wenn auch noch so kleinen
Beitrag zur gemeinsamen Sache zu leisten. Damit es nicht nur mir gutgeht,

sondern auch den anderen. In allem Vorbild zu sein. Einfach Mensch zu sein.

Lebenssinn und Glück sind für mich untrennbar. Sie gehen nebeneinander einher.

Glück — das sind die Kinder, wenn du einen Traum hast, eine Sorge, derentwegen du lebst. Glück ist, wenn du zusammen mit deiner Frau nach Hause kommst und noch nicht zu sehr abgespannt bist. Und dann gehst du mit der ganzen Familie spazieren. Ringsum Sonne, das Rauschen der grünen Blätter, der Duft der Blumen und der friedliche blaue Himmel. Man möchte jedem Vorübergehenden lächelnd die Hand entgegenstrecken.

Alles Glück verdanke ich vor allem meiner Mutter. Ein Unglück war für mich der Krieg. Er nahm mir den Vater, und es soll sich nicht wiederholen, daß auch mein Sohn ihn erleben muß.

Ju. Šmyglja, Schlosser,
30 Jahre,
Šachty, Gebiet Rostov

(NR 1964/11/18—24)
Liebe Redaktion!

Ich habe noch niemals einen Brief geschrieben und bin sehr aufgeregt.

Ich heiße Nina Prokop'evna Charlamova, bin 1936 geboren, Russin, habe 7 Klassen besucht und arbeite im Parteikomitee des Metallwerkes von Zlatoust als Sekretariatsschreibkraft. Bisher habe ich sechs Jahre im Autotransportkontor No. 12 in ebensolcher Stellung gearbeitet.

Die Fragen in ihrer Zeitschrift habe ich mir durchgelesen und beschlossen zu schreiben.

Worin der Sinn des Lebens liegt? Natürlich in der Arbeit. Die Arbeit ist das Wichtigste, scheint mir. Aber sonst? Ich wüßte nicht. Ich lebe dazu, um zu sterben.

Lebenssinn und Glück? Was das aber sein soll, jedenfalls bei mir, weiß ich nicht. Bei mir gibt es weder einen Lebenssinn noch Glück. [...] Ja in Büchern, in Romanen [...], da gibt es das alles, sowohl Lebenssinn als auch Glück.

Was ich unter Glück verstehe? Glück besteht darin, daß es keinen Krieg gibt und alle den Frieden wünschen. Und unbedingt Arbeit, Arbeit nach Herzenslust. In meinem Alter — ein guter Mann, nicht so einer, wie ich ihn habe, der immer trinken muß. Er sagt: „Ich arbeite dafür, gut zu essen und zu trinken." Und was kann das für ein Glück sein, wenn es in der Familie Krach und sogar grobe Wortwechsel vor den Kindern gibt.

Aber vielleicht liegt mein ganzes Glück noch vor mir, ich bin ja erst achtundzwanzig Jahre alt.

Ich würde gerne lernen, aber es sind dreizehn Jahre her, daß ich die sieben Klassen abgeschlossen habe, und ich weiß nicht, ob ich jetzt noch lernen kann. Eigentlich nahm ich es mir vor, aber mit wem ich mich auch berate, alle sagen mir: „Du bist ja verrückt geworden! Zwei Kinder und zu Hause keine Hilfe. Das wäre so eine richtige Schülerin!" Mein Mann aber sagt: „Dann werde ich jeden Tag trinken!" und noch etwas, das man wohl nicht hinschreiben kann. Er hat nur vier Klassen und die Berufsschule abgeschlossen. Sage ich ihm: „Lern du auch!" Nein. Er selbst geht nicht und erlaubt es mir nicht.

Ich habe zwei Kinder, beide Mädchen. Das eine ist sieben Jahre alt, das andere ein Jahr und sieben Monate. Ich denke mir: Wirklich, was soll eigentlich das Lernen für mich!

Früher konnte ich nicht lernen. Mein Vater fiel am Anfang des Krieges 1941, und 1945 heiratete Mutter einen guten Menschen. Er war vom Kuban und lud Mutter ein, zu ihm zu ziehen. Aber sie wollte nicht, weil sie Angst hatte, er würde uns plötzlich irgendwo sitzenlassen. Und sie fuhr nicht, es blieb ihr aber von ihm ein Junge.

Nach fünf Jahren heiratete sie nochmals. Ich war schon 14 Jahre alt, aber Mutter fragte uns nicht, ob mein Brüderchen und ich den Vater wollten oder nicht. Doch wir wollten weder „ihm" noch auch Mutter gehorchen. Vielleicht ist das nicht richtig, aber seit jener Zeit wurde ich sehr schlecht und hörte auf, die Menschen in unserer Umgebung zu lieben. Die einen lachten über uns, daß wir schon wieder einen Vater hatten und ihn Papa nennen mußten. Andere sagten, daß wir ihn so nennen müßten, sonst gebe er uns nichts zu essen und anzuziehen.

Es kam aber umgekehrt, — wir mußten ihn ernähren. Er hatte ein Gehalt von 80 Rubeln und bezahlte 50 % an Alimenten. Ich bekam eine Waisenrente, Mutter verdiente nicht schlecht.

Freilich wollte Mutter, daß ich lernte, aber ich ging als Botenmädchen zur Fabrik arbeiten. Man kann das alles auch nicht beschreiben...

Ich weiß, mein Brief wird nicht veröffentlicht. Es mag geschehen, daß ihn sogar niemand durchliest. Ich werde aber alles in der Zeitschrift lesen, was die anderen Menschen auf Ihre Fragen geantwortet haben.

Auf Wiedersehen! [1]

N. P. Charlamova,
Zlatoust,
Kusinskoe šosse,
d. 8a, kv. 20

[1: Aufgrund dieses traurigen Briefes sandte die Zeitschrift „Nauka i religija" ihren Sonderkorrespondenten E. Sergienko nach Zlatoust, um sich an Ort und Stelle von den Vorwürfen zu überzeugen und die anscheinend schwierigen Familienverhältnisse bei diesem Hausbesuch ins reine zu bringen. Vgl. ebd. 19—24. — HFS]

Was für ein Ziel?

Alle Handlungen des Menschen verfolgen irgendein Ziel. Er arbeitet, weil ihm die Arbeit das Mittel zu seiner Existenz gibt. Er studiert die Wissenschaften, weil ihm die Wissenschaften die Möglichkeit geben, die Gesetze von Natur und Gesellschaft zu erkennen. Er nimmt an der revolutionären Bewegung teil, weil der Sieg der Revolution zur Verbesserung des Lebens der Gesellschaft führt. Er interessiert sich für Literatur und Kunst, weil ihm dies geistige Zufriedenheit schenkt. Mit einem Wort, es gibt keine Handlung des Menschen, die nicht auf das Erreichen irgendeines Zieles ausgerichtet wäre, nicht einen bestimmten Sinn hätte. Sinnlos sind für uns nur die Handlungen psychisch nicht normaler Menschen.

Gewohnt, in allen seinen Handlungen und in den Handlungen der anderen Menschen einen bestimmten Sinn zu sehen, begann der Mensch über die Frage nachzudenken: Worin aber besteht der Sinn seines Lebens im ganzen, wofür lebt er überhaupt?

Wenn er diese Frage stellt, so verliert der Mensch aus den Augen, daß er ein Produkt der Natur ist und folglich die Frage so stellen muß: Wofür dient der Natur das Leben des Menschen? Diese Frage wäre rechtmäßig, wenn die Natur sich irgendwelche Ziele setzen würde. Aber das ist es ja auch gerade, daß die Natur einfach existiert und sich natürlich keinerlei Ziele setzt.

Abgesehen vom Menschen existieren zahlreiche Tiere, Pflanzen, existieren zahlreiche Welten, entstehen verschiedenartige natürliche Erscheinungen. Wofür, mit welchem Ziel? Aber doch mit gar keinem Ziel! All das existiert einfach. Und die Frage danach, worin der Sinn des Lebens überhaupt besteht, ist sinnlos.

Die Antwort, die die Religion gibt — die Antwort von der Existenz eines dem Verständnis unzugänglichen Gottes, davon, daß der Sinn des menschlichen Lebens darin besteht, diesem mythischen Wesen durch Gebete, Ikonen, Kerzen und Kulthandlungen zu dienen, so daß, wer dies alles erfüllt, nach dem Tod in ein Paradies gelangt usw. — kann man nicht für beachtenswert halten.

Man muß die Frage also nicht danach stellen, *worin der Sinn des Lebens besteht,* sondern danach, wie man sein Leben besser vollbringen kann. Den Widerspruch zwischen dem unerfüllbaren Wunsch zu leben und der Unausweichlichkeit des Todes auszusöhnen, ist der Mensch bisher nicht imstande. Aber nach dem Maß seiner Kräfte die Lebensverhältnisse zu verbessern, — das liegt in seinen Möglichkeiten.

I. Chanin,
Rentner, 64 Jahre,
Gor'kij

Gesundheit und Friede

Ich werde künftig einmal Arzt sein, Chirurg. Möchte mein Leben nützlich für die Menschheit verbringen . . . Menschen vom Tode retten, das menschliche Leben um 10—20 Jahre verlängern. Den Krebs heilen.

Für die Menschheit leben, Menschen glücklich machen — das ist mein Glück.

Ich bin glücklich, daß ich auf Kriegswacht für unser Vaterland stehe und den ruhigen Schlaf der Kinder beschütze. Ich bin glücklich, daß die Partei und das Volk mir einen so hohen Auftrag anvertraut haben.

Unser Sowjetkollektiv verfügt über gewaltige Waffen, und wir machen allen klar: Wenn ein Aggressor seine Hand nach unserer Heimat auszustrecken wagt, nach irgendeinem Land des sozialistischen Lagers, werden wir ihm rechtzeitig eine vernichtende Abfuhr erteilen.

Dorči D'jula D.,
22 Jahre, Soldat

Schönheit

Der Sinn des Lebens liegt in der Schönheit. Es gibt sie überall. Man muß sie nur zu sehen und zu hören verstehen. Und verstehen, sie in kleinsten Mengen aufzunehmen.

Schön ist der Mensch durch seine Fertigkeit, durch sein Wissen, durch seine wahrhaft guten Taten, durch seine Gewandtheit, Kraft, durch seinen Verstand, seine Schlagfertigkeit und Ausdauer. Schönheit liegt in der Sonne, im Frühling, im frischen Grün, in der ganzen Natur.

Schönheit liegt auch in den wahrhaft menschlichen Beziehungen der Menschen zueinander, besonders zwischen Mann und Frau. Schönheit besteht in edlen Absichten und Bemühungen. Besonders schön ist ein Mensch, der aufrichtig allen das Glück wünscht. [. . .]

Für volles Glück braucht es viel. Vor allem — einen Menschen, einen Freund, einen geliebten Menschen, eine Familie. Ein Kollektiv Gleichgesinnter. Eine liebenswerte Arbeit, die moralische Zufriedenheit schenkt, d. i. ein Maximum an Nutzen aus seiner Tätigkeit. Und Gesundheit, ein vollwertiges, blutvolles Leben, persönlich und gesellschaftlich, auf der Höhe der Zeit.

Mir fehlt es an Gesundheit, an einer Arbeit, in der ich mich an meinem Platz wähnen würde . . . und erst ein persönliches Leben, — das gab es nicht und gibt es nicht. Aber die Seele verlangt danach. Wie Sie sehen, fehlt mir viel zum Glück. Und hier gibt es für einen keinen Ausweg.

F. Petrov,
Leiter des Dorfclubs,
39 Jahre,
8 Klassen Schulbildung,
Gebiet Archangel'sk,
Bezirk Šenkursk

Arbeit

Meiner tiefen Überzeugung nach liegt der Sinn des Lebens in schöpferischer Arbeit, die irgendwie den Menschen nützlich ist. Solche Art Arbeit ist jedem erreichbar, was für ein Mensch er auch sei: dem Staatsmann, Künstler, Gelehrten, Bauarbeiter, Lehrer, Traktoristen, Stallburschen, Aufseher ...

Der Begriff *schöpferische Arbeit* wird daher nicht vom Rahmen der Produktion begrenzt. Ein schöpferisches Verhältnis zur Sache muß die ganze Tätigkeit des Menschen durchdringen ...

Für mich persönlich liegt, wie gesagt, der Sinn des Lebens in einem schöpferischen Herangehen an jedwede Sache, die irgendwodurch den Menschen nützlich ist. [...]

Ob ich glücklich bin? Ja, freilich, aber nicht völlig. Es wäre ja auch naiv, auf der Erde einen Menschen zu suchen, der völlig glücklich wäre. Solche gibt es nicht, denn die Bedürfnisse des Menschen — die materiellen, geistigen, ethischen und anderen — sind grenzenlos wie das All. Sowohl jeder einzelne Mensch wie die ganze Gesellschaft strebt ewig nur nach der Fülle des Glücks. Ob es etwa irgendwann einmal erreichbar ist? ... Die Fülle des Glücks zu erlangen bedeutet, die volle Befriedigung eigentlich aller Wünsche, aller Belange und aller Bedürfnisse zu erhalten. Wozu dann aber leben? [...]

Sowohl der Mensch als auch die Menschheit verfügen über die überaus glückliche Eigenschaft, ewig nach vorwärts in Bewegung zu sein, beständig etwas Neues zu entdecken, ihr Leben besser und schöner zu gestalten.

Persönlich bin ich, wie gesagt, glücklich ... Ich bemühe mich stets, den Schülern so viel wie möglich von meinen Kenntnissen abzugeben. Und je eifriger ich das tue, desto mehr wachsen und mehren sich meine eigenen Kenntnisse. Das läßt mich mit jedem Jahr freigiebiger und zugleich reicher werden. Wie sollte man sich darüber nicht freuen?!

I. Kalugin, Lehrer,
55 Jahre, höhere Schulbildung,
Dorf Spešnevka,
Gebiet Ul'janovsk

Einen Traum erreichen

Glück ist ein unbeständiges Gefühl. Es kennt keine Grenze. Glück — das ist das Erreichen seines Traumes. Aber wenn der Mensch den einen Traum erreicht hat, dann träumt er von einem neuen.

Ja, ich bin glücklich. Ich lebe in einem herrlichen Land, meine Arbeit gefällt mir, sie ist nicht nur mir, sondern auch den andern nützlich. Ich habe Sohn und Tochter, einen Mann, der auch seine Arbeit und — natürlich — uns liebt.

... Ich halte mich nicht deshalb für unglücklich, weil ich zum Beispiel bis heute kein Fernsehgerät kaufen oder bessere Kleider tragen kann. Ich erinnere mich an die Zeit, als es nicht genügend Kleiderstoff gab, und immerhin waren wir — damals Studenten — glücklich. Wir hatten einen Traum. Die Jahre gingen weiter, und schon längst ist das Wirklichkeit geworden, wovon wir träumten. Das Leben ist so schön, weil in ihm einfach kein Platz für das Unglück ist. Wenn irgendwer sagt, er sei unglücklich, so bedeutet es, daß dieser Mensch zu träge ist, sein Glück zu suchen. Liebt der Mann nicht, — dann liebe die Kinder, deine Arbeit, liebe ihn und beweis ihm, daß du es besser machst als er ...

Unannehmlichkeiten aber können das Glück nur trüben, nicht aber es rauben. Das ist meine Meinung.

L. Vinogradova,
Bibliothekarin, 29 Jahre,
Lettische SSR, Bezirk Kraslav,
Sovchoz „Sauleskalis"

(NR 1964/12/16—17)

Meine Antwort

Das „Gespräch über den Sinn des Lebens" in Ihrer Zeitschrift ist ein sehr wichtiges und notwendiges Gespräch. [...]

Ob man philosophiert oder nicht, wenn man jedenfalls die Dinge nüchtern betrachtet, dann haben die Menschen alles, was für das Leben notwendig ist, in der Arbeit und nicht im Gebet geschaffen... Alles Notwendige, alles Großartige und Schöne (sogar das Prachtwerk der Kirchen) schaffen Menschen. [...]

Lebenssinn und Glück ... Ich finde es in einem: im großen und kleinen den Menschen nützlich zu sein, zu leben, zu arbeiten und zu schaffen für sie im Maße der Kräfte und Fähigkeiten und dabei keine Minute zu vergessen, daß andere Menschen — sogar jene, die Gott alles zuschreiben — für mich arbeiten. Das Bewußtsein, daß du den Menschen nötig bist, daß deine Tätigkeit ihnen nützlich ist, ihnen keinen Schaden zufügt, — das ist auch das höchste Glück. Und wenn man dafür auch leiden und persönliches Glück verlieren muß, ist noch nicht alles verloren, und das Leben verliert nicht seinen Sinn. Es bleibt der wirkliche, nicht illusorische und religiöse, sondern rein menschliche Trost, daß alles nach dir den Menschen bleibt, daß du durch dein Leben irgendeine, wenn auch kleine Spur hinterlassen hast, irgendwie die Leiden der Menschen vermindert, sie glücklich gemacht hast.

Ich hatte und habe kein sehr leichtes Leben, zwei Kriege hinter mir, in denen ich Angehörige und Freunde verloren habe, Kinder verloren habe und die Gesundheit. Jetzt, mit 55 Jahren, überdenke ich mein Leben und kann mich nicht zu den Unglücklichen zählen, und noch weniger zu den

Enttäuschten. Es tut mir leid, daß ich — mag sein, durch von mir unabhängige Ursachen — den Menschen weniger gegeben habe, als ich hätte geben können. Das allein trübt meine Freude, mit der ich den Menschen diene und bis zum Ende meiner Tage dienen will.

L. L. Krasnokutskij,
Borščev,
Gebiet Ternopol'

Hoffnung auf die Güte Gottes

[...] Der Sinn des Lebens ruht im Schöpfer alles Sichtbaren und Unsichtbaren, der die Menschen erschaffen und beseelt hat, in Gott...
Das Glück aber liegt im Dienst am Nächsten. Es ist tröstlich und erlösend, ganz allgemein, Christ zu sein entsprechend seinem Leben und nicht nur dem Namen nach.

Worin besteht das Glück auf dem Lebensweg,
wohin zu gehen gebietet dir die Pflicht?
Keine Feinde zu kennen,
der Hindernisse nicht zu achten,
zu hoffen, zu lieben und zu glauben.

Besser kann man das nicht sagen. Der Glaube an Gott, die Hoffnung auf die göttliche Gnade und christliche Liebe zum Nächsten, sie sind die Grundlage des Lebens, darin ist alles Notwendige für einen guten Ausgang eingeschlossen.

P. Novikov, 54 Jahre,
Abonnent der Zeitschrift
„Wissenschaft und Religion",
Jaroslavl'

Ich glaube an den Menschen

[...] Lebenssinn und Glück sind nicht zu trennen. Jeder Mensch macht sich irgendwelche Pläne, Träume für die Zukunft. Das ist das, worin er den Sinn seines Lebens sieht. Und man kann nicht völlig glücklich sein, wenn man nicht irgendeine Sehnsucht erfüllt hat. Man kann nicht glücklich sein ohne Menschen. Ich kann nicht finster sein, wenn sie froh sind, und ich kann nicht unbekümmert froh sein, wenn sie durch irgend etwas aufgewühlt sind.
Mit der Antwort Kalinkins bin ich nicht einverstanden. Er könnte mein Großvater sein und hat mehr als ich gesehen. Aber das, was ich gesehen habe, hat mich dazu gebracht, anders zu denken. Er schreibt, daß er wahrhaft glücklich ist durch den Glauben an Christus... Es ist leicht zu sagen, daß der Herr das Unglück gesandt hat, schwieriger aber, es durchzumachen, es zu überwinden. Ich bin glücklich, daß ich keine Götter anerkenne... Die Geschichte kennt nicht wenige „Blutsonntage" und andere Ereignisse, als der

351

Glaube an Christus Tausende unschuldiger Menschen zugrunderichtete. Mein Gott — das ist der Mensch ... Und an ihn glaube ich grenzenlos und möchte, daß er auch an mich glaubt.

Ich bin 19 Jahre alt, arbeite als Schlosser in einer Fabrik und lerne in der neunten Klasse der Schule der Arbeiterjugend.

V. Egorov,
Tatarische ASSR,
Zelenodol'sk

Tag des Lebens

Meine Meinung ist: Wenn ein Tag so vergeht, daß du den Menschen durch irgend etwas helfen konntest, einen wenn auch geringen Nutzen gebracht und Freude gemacht hast, dann kann man einen solchen Tag als Tag des Lebens bezeichnen.

Man kann den Sinn des Lebens richtig verstehen und doch ganz und gar nicht so leben, wie man es mit dem Verstand begreift. Dann wird das Glück kein wirkliches Glück, sondern ein „Glückchen" sein, eine Zufriedenheit von der Dauer einer Minute.

Ich bin glücklich schon dadurch, daß ich einen wirklichen Freund in meinem persönlichen Leben habe und hauptsächlich dadurch, daß ich die vortrefflichste Tätigkeit der Welt ausübe, ohne die ich mir keinen Tag meines Lebens vorstellen kann. Ich bin nämlich Lehrerin. Ein paar Dutzend Augen zu sehen, die von dir Entdeckungen und Hilfe erwarten, — ist das etwa kein Glück?!

Tief die Psychologie der Kinder verstehen und eine gute Kennerin der Kinderseelen zu werden, — das ist mein Traum.

Dem Menschen — worunter ich jeden einzelnen und das ganze Volk verstehe — meine ganze Arbeitskraft und sogar mein Leben hinzugeben, bin ich verpflichtet. Im Dienst am Menschen liegt das Glück jedes Menschen.

R. P. Podgornych,
Šestiozersk,
Gebiet Archangel'sk

Das Glück hängt von uns selbst ab

Ich bin ganz begeistert über das von Ihnen begonnene „Gespräch über den Sinn des Lebens" ... Ich bin nicht mehr als 17 Jahre alt. Es ist wenig, was ich gesehen habe, daher ist es schwer für mich, über das Leben zu urteilen.

Für mich liegt der Sinn des Lebens beschlossen im Dienst an meinem Volke. [...]

Ich denke immer an V. I. Lenin, der sein ganzes Leben dem Volke geweiht und in den Herzen der Menschen eine tiefe Spur hinterlassen hat. Kann man ihn wirklich vergessen? Lenin vergessen heißt, das vergessen, was er für das Volk getan hat.

Glück ist für mich — das Leben selbst. Es macht uns zu allem fähig. Und mir scheint, daß das Glück von uns selbst abhängt.

Meine Mutter meint, das Glück hinge vor allem von der Gesundheit ab. Ein gesunder Mensch kann mit allem fertigwerden.

Galja Minaeva,
Schülerin der 10. Klasse,
Dorf Nazarovo,
Gebiet Moskau

Mein Glaube hat gesiegt

Der Mensch ist in soziales Wesen. Man kann nicht von seinem Lebenssinn und Glück sprechen, wenn man sie von Lebenssinn und Glück unserer sowjetischen Gesellschaft isoliert. Der Lebenssinn des Einzelmenschen liegt beschlossen im Lebenssinn der Gesellschaft, sein Glück aber im allgemeinen Glück der Gesellschaft. Lebenssinn und Glück des Menschen setzen bei ihm die Existenz eines Zieles voraus, nach dem er strebt, und sein Ziel entsteht aus dem allgemeinen Ziel unserer Gesellschaft. Das Ziel unserer Gesellschaft aber ist die Erbauung des Kommunismus. Am Aufbau des Sozialismus und Kommunismus teilzunehmen, ist ein Glück für jeden Menschen.

Für mich liegt der Sinn des Lebens beschlossen im Kampf um die Stärkung der Sowjetmacht. [...]

Ich bin 67 Jahre alt. Ich habe eine feste Überzeugung, einen Glauben, aber nicht an Gott — wie darüber Kalinkin aus Kovrov schreibt —, sondern ich glaube an den Sieg des Kommunismus, der für alle Menschen Frieden, Arbeit, Freiheit, Gleichheit, Brüderlichkeit und Glück gewährleistet. Mein Glaube ließ mich die Perspektive des Lebens in den Jahren meiner Haft in der Periode der Gewaltmaßnahmen des Personenkultes nicht verlieren und gab mir die Möglichkeit, die Abstempelung als „Volksfeind" bis zum XX. Parteitag der KPdSU moralisch zu ertragen. Ich glaubte an die Sowjetheimat, den Sieg der Sowjetdemokratie, ich glaubte an den Triumph der Wahrheit der Partei. Mein Glaube hat gesiegt.

M. P. Look,
Pensionär, höhere Bildung,
Čeljabinsk

(NR 1965/3/8—9)

Es hat sich gelohnt zu leben

Mein Mann und ich, wir halten uns für glückliche Menschen. Mein Mann ist jetzt 64 Jahre alt, ich bin 58 Jahre. Wir haben aus Liebe geheiratet. Er war 23 Jahre, ich war 17 Jahre alt, und wir haben uns fest an unser Glück geklammert.

Wir bekamen einen Sohn, später zwei Söhne (Zwillinge), dann noch einen Sohn und zwei Töchter (Zwillinge) und schließlich wieder einen Sohn. Zusammen sieben Kinder. Für uns, die Eltern, war es sehr schwer, die Kinder großzuziehen, aber interessant. Freilich, wir hatten viel Sorge und Arbeit, es gab schlaflose Nächte und Not. Aber wir haben nie geweint und gejammert über das Leben, und wir waren glücklich.

Mein Mann hat mir in allem geholfen, in den häuslichen Angelegenheiten, hat sich um die Kinder gekümmert...

Und jetzt sind Söhne und Töchter erwachsen. Sie alle haben eigene Kinder — unsere Enkelkinder. Das ist unsere Familie: 7 Söhne und Töchter, 4 Schwiegertöchter, zwei Schwiegersöhne, 16 Enkelkinder, insgesamt 29 Menschen.

Ich denke, daß „Großvater" und ich das Leben nicht unnütz verbracht haben. Es hat sich gelohnt zu leben!

M. Z. Bezuchova,
Pensionärin,
Dušanbe

27 von 48

Ich bin 48 Jahre alt, 27 davon habe ich mit einem Mann verbracht, der ein Trinker ist, und ich hatte keine Kinder. Ich habe keinen hellen Tag gesehen. Ich wußte nicht, was Glück ist. Glücklich erschien mir der Tag, an dem mein Mann nüchtern von der Arbeit kam. Mich interessierte nichts, ich ging zu keinen Versammlungen, las wenig, nichts ging mir in den Kopf. So lebte ich also.

Vor zwei Jahren habe ich mich von meinem Mann getrennt. Jetzt kenne ich mich selbst nicht wieder. Ich habe mich in die gesellschaftliche Arbeit eingereiht, wurde Redakteurin der Wandzeitung in unserm Betrieb. Auch wurde ich Beisitzerin im Volksgericht und Mitglied der Družina. Wieviel Freude ist doch in der Seele, wenn du siehst, daß deine Arbeit für Menschen notwendig ist!

Vor zwei Jahren, genau an meinem Geburtstag, am 20. Dezember 1962, trat ich in die KPdSU ein. Es war mir, als ob ich irgendwelche Füße bekam, ganz anders zu gehen. Es schien, mir wuchsen Flügel, — so heiter wurde das Leben für mich.

Wenn man mir sagte, daß ich noch einmal 16 Jahre alt sein dürfte, — ich würde so zu leben anfangen, wie ich jetzt lebe und würde niemals von diesem Wege abgehen. Darin sehe ich sowohl das Glück als auch einen Lebenssinn. Ich bedaure nur sehr, daß es insgesamt erst zwei Jahre sind, daß ich auf diesem Wege bin. Aber 27 Jahre streiche ich aus meinem Leben.

N. S. Lavkova,
höhere Schule,
Myski, Siedlung Pritomskij,
Gebiet Kemerovo

Ich kann nicht begreifen...

„Mein Lebenssinn" — diese Überschrift gab der 70jährige Rentner Kalinkin aus Kovrov seinem Beitrag. Dieser Mensch sieht den Sinn seines Lebens im Himmel. Warum? Siebzig Lebensjahre, — soviel hat er doch gesehen, dieser Großvater! Was aber hat ihn zum Glauben geführt, warum findet er nicht das Glück in unserem Leben?

... Ich bin 27 Jahre alt und heiße Nadja. Seit ich 16 Jahre alt bin, habe ich bis zu meiner Heirat in der Fabrik gearbeitet. Dann habe ich auf der Kunstschule in Moskau gelernt. Jetzt arbeite ich zur Zeit nicht: Unser zweites Kind ist gerade geboren. Freilich, meine gegenwärtige Lage ist nicht beneidenswert: zu Hause sitzen, wenn ringsum der Wirbel des Lebens ist... Aber ich hoffe, diese Zeit nachzuholen, ich will meine Mädchen redlich und wahrheitsliebend erziehen und ihnen eine leidenschaftliche Zuneigung zu den lebendigen Menschen, zum Studium und den Büchern einprägen...

Jetzt lerne ich wieder im Fernstudium im zweiten Kursus des Holzbearbeitungstechnikums in Chovrin. Zu Hause haben mein Mann und ich eine reiche Bibliothek, wir haben wertvolle und seltene Bücher, viele Veröffentlichungen im Abonnement, viel wissenschaftliche Literatur...

Im Leben gibt es so viel Freude und Glück. Deshalb kann ich ja Kalinkin nicht begreifen und kann seine Worte nicht unwidersprochen durchgehen lassen.

N. A. Barmuškina,
Egor'evsk, Gebiet Moskau

Die Quelle des Glücks

[...] Wirklich, die Gesundheit ist die Quelle des Glücks. Ein Mangel an Gesundheit zieht viele Unannehmlichkeiten nach sich. Persönlich sehe ich keinem Sinn in meinem Leben. Das bedeutet, es kann auch keine Rede von Glück sein. Schuld daran ist ein physisches Gebrechen. Es ist auch sehr schade, daß im Zeitalter großer Entdeckungen und hoher Errungenschaften in den verschiedenen Zweigen der Wissenschaft die Medizin es noch nicht fertiggebracht hat, dem Menschen die Gesundheit in solchem Maße wiederzugeben, daß von einer Krankheit keine bedeutenden Folgen zurückbleiben.

K. P. Ivenskaja,
28 Jahre, höhere Schulbildung,
Kolchoz „Pravda",
Gebiet Odessa

Von den Menschen gebraucht werden

Ich kann A. E. Korotkova nicht zustimmen, die schreibt: „Unglück erkenne ich nicht an". Ich kannte ein Mädchen, bei der alles für das Glück gegeben war: Sie war gebildet, klug, gesund, hübsch, bekam aber furchtbares Unglück im Leben. Bei der Arbeit hatte sie Unannehmlichkeiten, und sie litt sehr darunter (Vater und Mutter waren schon gestorben). Nach einiger Zeit heiratete ein Mann, den sie sehr liebte, plötzlich eine andere. Wie man so sagt: Wenn ein Unglück gekommen ist, mach das Tor weit auf.

In einem Gespräch mit mir sagte sie: „Ich habe den Sinn im Leben verloren. Ich will nicht mehr leben. Niemand braucht mich. Ich bin unglücklich."
[...]

Ja, im Leben eines anderen Menschen mag es mehr Böses als Gutes geben. Natürlich folgt daraus ganz und gar nicht, daß ein solcher Mensch nur an ein jenseitiges Leben denken muß. Das ist ganz das gleiche, wie sich das Leben auf der Erde zu nehmen. Man muß sich bemühen, gut zu sein, ein brauchbarer Mensch auch auf der Erde, selbst zu lieben und liebenswert zu sein. Dann verzeiht dir Gott — wenn es ihn gibt — alle deine Fehler.

M. A. Stupina
Buchhalterin,
Leningrad

Redlichkeit des Verstandes

Ich sehe den Sinn meines Lebens vor allem darin, immer und überall in der ganzen Bedeutung dieses Wortes Mensch zu sein. Für die Gesellschaft, für die Menschen zu leben. Vor kurzem las ich bei Romain Rolland über die Redlichkeit des Verstandes und war betroffen: Das ist es ja auch, worum ich mich bemühe, aber ich habe nicht gewußt, daß irgendwer bereits dieses Ziel klar und deutlich aufgestellt hat.

Es tut mir sehr leid, daß ich früher nicht alles so verstanden habe ... Ich lebe weit abgeschieden, und bei uns gibt es nicht einmal Vorträge.

Lepeškina, 30 Jahre,
Erzieherin in einem Kinder-
garten, höhere Schulbildung,
Siedlung Sogorki,
Gebiet Vologda

Ich habe Glück weder in der „kleinen Welt" einer komfortablen Wohnung noch in anderen materiellen Gütern gefunden. Das ist nicht nur langweilig, sondern unendlich weit vom Begriff „menschliches Leben" entfernt.

R. A. Sapfirova,
50 Jahre, Lehrerin,
Sumy

Der Sinn meines Lebens liegt darin, mich in den Kindern fortzusetzen. Darin besteht auch das Glück. Ich denke, daß man in der Erziehung der

Kinder Glück finden und zur gleichen Zeit in den Beziehungen zum Mann unglücklich sein kann ... Und wie denken die anderen Leser?

M. A. Šefer,
45 Jahre, Buchhalterin

Das Glück besteht darin, daß ich lebe, nämlich für das Leben und für die Menschen notwendig bin. Ich bin gesund, arbeite gewissenhaft für das Volk, die Familie, für mich. Ich sehe das Leben wie es ist, liebe es und möchte glauben, daß ich nach meinem Tode leben werde, daß das Leben ewig ist ...

S. A. Gar'kavaja,
48 Jahre, Hebamme,
Stanica Starošerbinovka,
Land Krasnodar

(NR 1965/6/32—35)

[Es folgen ein Brief des Komsomolzen S. Gukov und die Antwort des sowjetischen Gelehrten I. P. Bardin (1883—1960), die zum ersten Mal in „Nauka i religija" veröffentlicht werden:]

Werter Genosse Bardin!

Es bemüht Sie ein Schüler der Betriebsschule der Leningrader Fabrik Nr. 1 „Proletarischer Sieg", Sergej Gukov. Ende Februar findet bei uns eine öffentliche Versammlung des Komsomol zu dem Thema „Das Glück unseres Lebens" statt. Jetzt entbrennen bei uns erregte Gespräche und Diskussionen über das Glück und über Sinn und Ziel des Lebens.
Natürlich, alle träumen von dem Glück, den Kommunismus zu erbauen, im Kommunismus zu leben. Aber immerhin gibt es bei vielen verschiedene Meinungen über das Glück. Für die meisten ist das Glück Kampf, Überwindung von Schwierigkeiten, Streben nach einem vorgefaßten Ziel. Aber es gibt auch solche Leute, die meinen, daß das Glück ist, wenn alles leicht und ruhig ist, wenn es überhaupt keine Aufregungen gibt ...
Wir bitten Sie sehr, werter Genosse Gelehrter, uns zu schreiben, worin Sie Sinn und Glück Ihres Lebens sehen. Wir sind Arbeiter einer Schuhfabrik, einfache und anspruchslose Werktätige. Aber wir wissen, daß auch unsere bescheidene Arbeit nützlich und notwendig für die Sowjetmenschen ist ...

Werter Genosse Gukov!

Ich möchte auf Ihren Brief antworten. Worin ich Sinn und Glück des Lebens sehe?
Die grundlegende Triebkraft in der Entwicklung der menschlichen Gesellschaft war immer die Unzufriedenheit mit der Gegenwart und das Streben nach einer besseren Zukunft, und das wird so bleiben. Dabei kann man

das Niveau dieser Bestrebungen proportional zu der Zeit bestimmen, die für ihre Verwirklichung erforderlich ist.

Hinzu kommt: Je einfacher die gestellte Aufgabe ist, desto weniger wertvoll ist sie, und umgekehrt. Der Kommunismus ist der Gipfel des Glücks der Menschheit, und der Weg zu ihm ist nicht leicht. Die Überwindung der Hindernisse auf diesem Weg erfordert die langfristige Arbeit nicht nur eines einzigen Menschen, sondern der ganzen Menschheit ... Aber die Anzahl der aktiven Menschen in der Gesellschaft wächst beständig. Infolgedessen verkürzt sich die Zeit, die notwendig ist für den Übergang zum Kommunismus, immer mehr.

Das hier Gesagte erscheint Ihnen wahrscheinlich viel zu allgemein und vielleicht auch verschwommen. Ich gehe daher über zu einer mehr speziellen Erläuterung.

Sich zum Ziel seines Lebens das Glück zu setzen, ist völlig richtig, aber nur im Zusammenhang damit, daß es nicht für einen einzigen Menschen — zum Beispiel für Sie — da ist, sondern für alle Menschen. Man muß überhaupt begreifen, daß ein Mensch nicht allein glücklich sein kann. Die Ungleichmäßigkeit der „Verteilung" des Glückes unter den Menschen ist auch der Grund aller Ungeordnetheiten, die in der menschlichen Gesellschaft existiert haben und augenblicklich existieren.

Richtiger gesagt, ist das Glück das unwägbare Produkt der freien Arbeit, des freien Schaffens. Jeder Mensch ist Schmied seines eigenen Glückes. Das ist ein altes Sprichwort, doch muß man es jetzt auf andere Weise begreifen, indem man es zugleich verwendet im Hinblick auf den Übergang zu einer solchen Zeit, da die „Arbeit die Herrscherin der Welt sein wird".

Es gibt keine erniedrigende Arbeit, sondern es gibt schwere und leichte Arbeit. Doch diese wie jene soll man nur gut ausführen und mit Kenntnis aller Einzelheiten der Arbeit und möglicher Verbesserungen, die auf diesem oder jenem — wenn auch kleinen — Arbeitsbereich zu leisten sind, um die Arbeit zu verbessern und die Arbeitsproduktivität zu erhöhen.

Jede Arbeit erzieht den Menschen zur Disziplin und schafft Achtung vor ihm. Im Maße des Eindringens in alle Einzelheiten der Produktion erscheint der schöpferische Wille, sie zu verbessern. Das ist schon die höchste Stufe der Arbeit. Diese wird schneller erreicht, wenn man ein gutes Vorbild oder einen guten Lehrmeister hat.

Man soll nicht vorschnell die Frage danach entscheiden, daß eine Arbeit interessant, eine andere es aber nicht ist. Die ernsthafte Erledigung einer sogar auf den ersten Blick uninteressanten Arbeit weckt in dem Maße, wie man in ihre Besonderheiten eindringt, das Interesse an ihr und ein schöpferisches Verhältnis zu ihr.

Sie sprechen richtig darüber, worin das Glück liegt, und ich habe hier nichts hinzuzufügen. Die Überwindung der Schwierigkeiten, — das ist die Quelle des Glücks; was einem leicht gegeben wird, das ist auch nicht viel wert.

Man kann das Leben nicht als eine Lotterie betrachten. Solche Ansicht ruft bei der Jugend die Neigung hervor, auf einen sogenannten glücklichen Zufall zu warten, was freilich falsch und schädlich ist. Das Leben ist ein Weg, und je schwieriger er ist, desto mehr Möglichkeiten bietet er, Neues zu entdecken. Der große italienische Gelehrte und Ingenieur Leonardo da Vinci sagte dazu: „Auf einem ausgetretenen Weg kann man zwar bequemer gehen, man kann aber auch weniger finden."

In Ihrem Brief schlüpft in den Worten „wir sind Arbeiter in einer Schuhfabrik, einfache und anspruchslose Werktätige", eine Geringschätzung Ihres Berufes durch. Das ist aber unbegründet. Ihr hauptsächlichster Reichtum und Ihr Kapital ist die Jugend. Sie ist unwiederbringlich, und man muß sie vernünftig ausfüllen. Man darf nicht das Leben anfangen mit Unzufriedenheit über die in irgendeinem Punkte existierende Situation. Vor allem muß man seinen Beruf — in dem es viel an Wissenschaft gibt, die durch ihre Gesetze alle Bereiche der Arbeit und Technik verbindet — bis ins einzelne erlernen. Die Zeit ist ein wichtiger Faktor, und ihre unproduktive Vergeudung im Leben eines jeden Menschen ist nicht mehr gutzumachen. [...] Die Hauptsache — das ist Arbeit und fortwährende, immer wachsende Erkenntnis der Erscheinungen der Natur, die rings um uns entstehen. Das schafft Freude, Kraft und Glück des Lebens!

I. Bardin, Mitglied der Akademie
Mai 1956

Meine Antworten

Worin der Sinn des Lebens liegt?
Darin, vor allem in der eigentlichen Bedeutung des Wortes Mensch zu sein und eine schöpferische Sache zu betreiben, die eines Menschen würdig ist. Darin liegt für mich auch der Sinn des Lebens.
Welche Beziehung zwischen Lebenssinn und Glück besteht?
Hier gibt es eine doppelte Verbindung. In der einen Bedeutung schenkt dem Menschen schon allein das, was er als seine Lieblingsbeschäftigung treibt, dem er sein Leben geweiht hat, Glück. Glück im Wichtigsten.
Die andere Seite ist das persönliche, familiäre Glück. Es kann aber auch sein, daß es nicht vorhanden ist. Denn es hängt schon von einem zweiten Menschen ab. Und inwieweit jener, der andere, dich in deinem Suchen begreifen kann, von ihm durchdrungen sein und dadurch leben kann, insoweit vermag er auf persönlicher Ebene dich zu bereichern. Diese persönliche Ebene bereichert natürlich den Menschen, ist aber — meiner Meinung nach — nicht ausschlaggebend. Seine eigene Bestimmung in dieser Welt setzt jeder Mensch selbständig fest. Ob er mit weitgeöffneten Schwingen wie ein Vogel fliegt oder auf der Erde kriecht, — alles liegt in der Hand des Menschen selbst.

Stimmen Lebenssinn und Glück überein oder nicht? Ja und nein. „Ja" vielleicht in dem Fall, wenn der Mensch sich findet, seinen Platz im Leben findet. [...] Sich selbst zu finden, halte ich für das Allerwichtigste im Leben.

Der zweite Aspekt der Frage — ob der Mensch im persönlichen Leben glücklich sein wird — ist eine offene Frage. Ob er wohl einen zweiten Menschen finden kann, sein zweites „Ich"?

Was unter Glück zu verstehen ist?

Manche verstehen unter Glück ein glückliches Familienleben. Nach meiner Meinung ist das zu eng. Eng in der Bedeutung, daß ein Mensch Ballast für die Gesellschaft wird, wenn er sich in die Grenzen der Familie einschließt.

Die Liebe ist selbstverständlich Bestandteil des Glücks, aber die Liebe, die ohne Schwingen ist, die nicht höher als die Familieninteressen reicht, die nicht den Menschen zu großen Taten beschwingt, zum Schaffen, — die ist eher Instinkt als Liebe.

Zu lieben verstehen, ist auch eine Fähigkeit.

Wenn man Glück als die Möglichkeit versteht, schöpferisch tätig zu sein, dann kann ich mich nicht glücklich nennen. Denn meine Arbeit ist der Dienst, mit dessen Hilfe ich mir die Mittel zum Unterhalt verschaffe. Etwas Schlechtes über meinen Dienst kann ich nicht sagen. Aber er realisiert nicht all das, womit ich mich im Leben gern beschäftigen würde. Die Gesellschaft hat mir nur einen Teil meiner Fähigkeiten auszunutzen angeboten. Alle anderen Fähigkeiten schlafen oder rebellieren tief im Innern.

Ich meine, daß der Mensch vieles ausprobieren muß, um zu empfinden, was gerade seine Bestimmung ist. Dann wird es keine Fehler, kein Gefühl eines nicht vollwertigen Lebens geben.

Das Wichtigste ist, am Anfang des Lebens gezeigt zu bekommen, wie man fliegen muß. Und dann wird es junge Adler geben, die fähig sind, weit und tief zu sehen.

Tamara Simakova,
Moskau, 22 Jahre

Über die Liebe

Ich möchte gerne etwas über eines sagen, über die Liebe. Sehr viele denken, daß alles Glück des Lebens in der Liebe beschlossen ist. Sie stürzen sich auf das Suchen nach dieser Liebe, aber in der Regel kommt nichts Gutes dabei heraus. Man soll das Ereignis nicht herbeizwingen. Die Liebe kommt von selbst, und du empfindest mit dem Herzen, daß sie es ist. Wohl kaum täuscht oder schwindet eine solche Liebe wie ein Trugbild. Im Gegenteil, sie schenkt Kraft und bereichert den Menschen geistig, verwandelt die ganze Umwelt. Eine solche Liebe ist wirklich ein großes Glück für den Menschen, und die Gesellschaft hat von ihm zweifellos Nutzen. Und doch soll man nicht die Worte von A. M. Gor'kij [1] vergessen, der gesagt hat, daß, wenn das *Glück* des Menschen nur in seinem *persönlichen Glück* eingeschlossen wäre und dieses persönliche Glück nur in der Liebe bestünde, daß dann das Leben wirklich nur eine finstere Wüste wäre, angefüllt mit Gräbern und gebrochenen Herzen. Wenn die Liebe auch eine gewaltige Antriebskraft im Leben des Menschen ist, so darf sie doch keineswegs durch sich die ganze Welt verdunkeln. Einem Menschen, bei dem das persönliche Leben unglücklich geraten ist, muß man zur rechten Zeit helfen und muß ihn stützen, aber nicht durch Tränen des Mitleids, nicht durch Bedauern, sondern durch aktive Taten. Die Fähigkeit, seine Empfindungen zu beherrschen, fällt nicht leicht, aber sie ist notwendig, notwendig überall, und insbesondere in der Liebe, damit der Mensch nicht seine Würde verliert.

In dem Bemühen, die Würde zu bewahren, immer Mensch zu bleiben, sehe ich den Sinn des Lebens, und in der Wandlung der Menschen zum Besseren sehe ich mein Glück.

Hochachtungsvoll

Vladimir Veselov,
Soldat

Ich glaube Prometheus

Schliemann hat Homer geglaubt. Er fand Troja. Und ich glaube Prometheus. Der Mythos von ihm kann sich in unserem Jahrhundert auch als mehr denn ein Mythos erweisen. Prometheus schenkte den Menschen das Feuer, das er den Göttern raubte. Wir gebrauchen dieses Feuer. Aber Prometheus schenkte den Menschen auch Unsterblichkeit. Das ist eine wertvolle Gabe. Doch dabei sind die Menschen sterblich ... Jahrtausendelang träumte der Mensch, einen Ausweg aus Alter und Tod zu finden. Den Sinn meines Lebens sehe ich darin, dem Menschen diese „verlorengegangene" Gabe zurückzubringen!

Der Sinn des Lebens ist die Erfüllung eines bestimmten Zieles. Das ist Glück. Mit anderen Worten: irgendworin den Sinn seines Lebens zu sehen, ist auch Glück.

Wenn ein Mensch im Leben ein Ziel hat und danach strebt, es zu erreichen, so nenne ich einen solchen Menschen glücklich.

Es mag auch sein, daß er es im Laufe des Lebens aus einer Reihe objektiver Gründe nicht verwirklicht. Aber Hauptsache ist, daß sein Leben erfüllt war von Tätigkeit, daß er brannte, zu seinem Ziel strebte. Wichtig ist nur, daß dieses Ziel auf das Wohl der Menschen ausgerichtet war. Dann bringt es Glück. Ja, gerade im Nutzen „für alle" liegt auch der Nutzen „für mich".

Daher besteht ein solches Verhältnis zwischen dem Sinn des Lebens und dem Glück, daß das Vorhandensein des ersten das Vorhandensein des zweiten

---

[1: Der Briefschreiber legt die Worte irrtümlich M. Gor'kij in den Mund. Sie stammen von V. Belinskij. — HFS]

bedingt. Mit anderen Worten: Das Glück hängt vom Sinn des Lebens ab. Der Mensch kann nicht glücklich sein, wenn es in seinem Leben keinen Sinn gibt.

Das Schöne im Leben zu sehen, hat mich V. G. Belinskij gelehrt. N. G. Černyševskij verdanke ich die Fähigkeit, dieses Schöne zu lieben. Sie halfen mir zu begreifen, daß der Mensch nicht einfach so ins Leben tritt, sondern mit einem bestimmten Ziel, daß der Mensch nicht das Recht hat zu sterben, wenn er keine guten Taten auf der Erde hinterlassen hat.

I. Volerog,
28 Jahre, Student,
Bajram-Ali, Turkmenische SSR

Gespräch im Garten

Ich bringe die Rede darauf: Worin besteht der Sinn des Lebens? Ich meine, jeder Mensch versteht ihn auf seine Weise. Meine Gesprächspartnerin, eine wenig gebildete Frau, die ein halbes Lebensjahrhundert lang nur gearbeitet hat, zerbricht sich nicht den Kopf darüber. Sie kümmert sich um den Garten.

„Marija Abramovna, worin besteht Ihr Lebenssinn?" fragte ich sie. Sie schaute mich an, steckte die weißgrauen Haare unter ihr fast ausgeblichenes Kopftuch, überlegte kurz und gab zur Antwort: „Ich lebe halt, und mir soll es recht sein."

„Aber dennoch", versuche ich weiter.

„Du bist in die Welt gesetzt, und wohin solltest du auch aus dem Leben weglaufen?" sagte sie und fuhr fort, Mist auf den Garten zu schleifen.

„Aber dennoch, worin besteht denn Ihr Glück?" bleibe ich ihr auf den Fersen und verhöre sie weiter.

Sie stützte sich auf den Spaten und sagte langsam, überlegend, als spräche sie zu sich selbst: „Ja, Glück?... Mein ganzes Glück sind Sohn und Enkelkind. Von der Erde werde ich nicht fortgehen. Mein Blut wird in meinen Nachkommen leben. Leben muß man für das Leben selbst, so ist es nun einmal eingerichtet."

„Aber wer hat das Leben so eingerichtet?"

Ich sah, wie sie eine finstere Miene machte: „Wer... wer... ist doch bekannt... man nennt es Natur."

„Marija Abramovna, sagen Sie offen: Sind Sie glücklich?" „Eh!"... Sie winkte mit ihrer kleinen, schmutzigen Hand ab. „Bei uns, bei den Menschen, bei wem gibt es das? Wer auch faselt, daß er glücklich sei, von dem muß man annehmen, daß er betrunken ist. Nichts als ein Betäubungsmittel ist unser Glück. Unsere Gegenwart — Mist, das ist sie. Schlepp, krümm dich, arbeite bis zum siebten Schweiß, gib dein Leben auch hin für die Bäume.

Unser Leben, das ist unser Glück. Ich lebe, erfreue mich an den kindlichen Freuden, wenn mein lustiges Enkelkind heranwächst."

„Und kommt Ihnen auch der Gedanke, an den Tod?" fragte ich. „Du hast wohl nichts anderes zu tun, was?" brummte sie unzufrieden und warf Mist auf den Karren. „Mit was für Zeug Du mir da kommst! Sucht sie da irgendeinen Sinn des Lebens, forscht neugierig nach dem Glück und landet bei einer Ausfragerei über den Tod. Wenn die Zeit kommt, werde ich den Tod hinnehmen. Und ist Gott mir gnädig, bin ich auch dafür Dir dankbar, Herr."

Sie bekreuzigte sich, holte tief Atem und fügte hinzu: „Dazu ist auch das Leben gegeben, daß man nicht an den Tod denkt, sondern daran, wie man angemessener lebt, so daß man mit Kummer und Unglück nicht auf du und du steht. Du siehst, ich streue Mist, arbeite. Ich dünge die Apfelbäume. Sie bringen Früchte; das Enkelkind wird seine Freude daran haben, und ich werde mich mit ihm freuen. Hier ist auch mein ganzer Lebenssinn und mein Glück."

Mir lag noch eine Frage auf der Zunge,, und ich legte sie ihr vor: „Also glauben Sie an Gott. Aber gibt es Gott?"

„Für den einen gibt es ihn, für den andern nicht", war ihre schroffe Antwort. „Ich glaube. Du nicht. Aber wir essen gleichermaßen Brot und trinken Wasser. Herumzuphilosophieren ist eine hohle Sache, ein einziger Schaden."

Sie nahm den Spaten auf und begann von neuem mit der Arbeit.

Volchovjanskaja,
Stupino,
Gebiet Moskau

ABKÜRZUNGSVERZEICHNIS

1. MARXISTISCH-LENINISTISCHE LITERATUR

Zur lateinischen Umschrift der kyrillischen Buchstaben bedienen wir uns im Literaturverzeichnis der bibliothekarischen Umschrift mittels der Buchstaben des tschechischen Alphabets, verwenden im Text jedoch die im Deutschen gebräuchlichen Schreibweisen der Eigennamen (z. B. Donezk, Maxim Gorkij, Dostojevskij, Berdjajev, Trotzkij). Die Namenfolge des Literaturverzeichnisses richtet sich nach dem Buchstaben der Umschrift.

Werke der Klassiker des Marxismus-Leninismus
(Zitiert mit Siglen, Bandnummer und Seitenzahl)

IFP　G. V. Plechanov: Izbrannye filosofskie proizvedenija v pjati tomach / Ausgewählte philosophische Werke in fünf Bänden /, Moskau 1956 ff.

LW　W. I. Lenin: Werke, Herausgegeben vom Institut für Marxismus-Leninismus beim ZK der SED, Berlin/Ost / 1961 ff.

MEW　K. Marx, F. Engels: Werke, Herausgegeben vom Institut für Marxismus-Leninismus beim ZK der SED, Berlin/Ost / 1956 ff.

ÖPhM　K. Marx: Ökonomisch-philosophische Manuskripte von 1844 (Pariser Manuskripte), In: Marx/Engels: Historisch-kritische Gesamtausgabe (MEGA), Herausgegeben von Lieber/Furth, I. Abteilung, 3. Band, Berlin 1932.

Lehrbücher
(Zitiert mit Siglen und Seitenzahl)

GMPh　Grundlagen der marxistischen Philosophie, Herausgegeben nach der russischen Ausgabe des Instituts für Philosophie der Akademie der Wissenschaften der UdSSR, Berlin/Ost / 3. Aufl. 1961.

ONK　Osnovy naučnogo kommunizma / Grundlagen des wissenschaftlichen Kommunismus /, Herausgegeben von der Akademie für Gesellschaftswissenschaften beim ZK der KPdSU, Moskau 1966.

Nachschlagwerke
(Zitiert mit Siglen, Band und Seitenzahl bzw. Siglen und Seitenzahl)

FÈ　Filosofskaja ènciklopedija / Philosophische Enzyklopädie /, Herausgegeben vom wissenschaftlichen Beirat „Sowjetische Enzyklopädie" / Institut für Philosophie der Akademie der Wissenschaften der UdSSR unter Leitung von F. V. Konstantinov, Moskau.

1. Band 1960　　3. Band 1964
2. Band 1962　　4. Band 1967

KSF   Kratkij slovar' po filosofii / Kurzes Wörterbuch zur Philosophie /, Herausgegeben von I. V. Blauberg, P. V. Kopnin und I. K. Pantin, Moskau 1966.

PhW   Philosophisches Wörterbuch, Herausgegeben von Georg Klaus und Manfred Buhr, Leipzig 3. Aufl. 1965.

Zeitschriften

(Zitiert mit Siglen, Erscheinungsjahr, Heftnummer und Seitenzahl)

DZPh   Deutsche Zeitschrift für Philosophie, Monatsschrift, Herausgegeben von der Deutschen Akademie der Wissenschaften / Sektion für Philosophie, Berlin/Ost /.

FN   Naučnye doklady vysšej školy — Filosofskie nauki / Wissenschaftliche Hochschulberichte — Philosophische Wissenschaften /, Zweimonatsschrift, Herausgegeben vom Ministerium für Hochschul- und höhere spezielle Schulbildung in der UdSSR, Moskau.

NR   Nauka i religija / Wissenschaft und Religion /, Populärwissenschaftliche atheistische Monatsschrift, Herausgegeben von der Allunionsgesellschaft „Znanie", Moskau.

SP   Sovetskaja pedagogika / Sowjetische Pädagogik /, Monatsschrift, Herausgegeben von der Akademie der Pädagogischen Wissenschaften der UdSSR, Moskau.

VF   Voprosy filosofii / Fragen der Philosophie /, Monatsschrift, Herausgegeben von der Akademie der Wissenschaften der UdSSR / Philosophisches Institut, Moskau.

2. NICHTMARXISTISCHE KONTROVERSLITERATUR

Beitragsammlungen

(Zitiert nach Siglen, Bandnummer und Seitenzahl)

MS   Marxismusstudien, Schriften der Evangelischen Studiengemeinschaft, Tübingen.

1. Folge 1954   4. Folge 1962
2. Folge 1957   5. Folge 1968
3. Folge 1960

Zeitschriften

(Der Einheitlichkeit halber durchgängig zitiert mit Siglen, Erscheinungsjahr und fortlaufender Seitenzahl)

IDZ   Internationale Dialogzeitschrift, Vierteljahresschrift, Herausgegeben von K. Rahner und H. Vorgrimler, Freiburg/Breisgau.

NF   Neues Forum, Internationale Zeitschrift für den Dialog, Monats-
     schrift, Herausgegeben von G. Nenning und P. Kruntorad, Wien.

OE   Osteuropa, Zeitschrift für Gegenwartsfragen des Ostens, Monats-
     schrift, Herausgegeben von der Deutschen Gesellschaft für Ost-
     europakunde, Stuttgart.

O-P Ost-Probleme, Halbmonatsschrift zur Information über die kom-
     munistischen Staaten Osteuropas und Asiens durch Übersetzung
     authentischen und aktuellen Quellenmaterials, Herausgegeben im
     Auftrag der Deutschen Gesellschaft für Osteuropakunde, Bonn—
     Berlin. (Die Zeitschrift stellte am 28. März 1969 mit Heft 6 des
     XXI. Jahrganges ihr Erscheinen ein und ging als Archivteil in
     „Osteuropa" ein.)

SST Studies in Soviet Thought, A Quarterly Review Published Jointly
     by the Institute of East-European Studies at the University of
     Fribourg/Switzerland and the Russian Philosophical Studies Pro-
     gram at Boston College, Dordrecht/Holland (sonst übliche Zitierung
     der SST: Volume [z. B.] VII [1967] und Seitenzahl).

LITERATURVERZEICHNIS

1. Marxistisch-Leninistische Literatur

Abriß der Geschichte der Philosophie, Berlin/Ost/ 1966.

Alëšina G. A., Bernadiner B. M. u. a. (Hrsg.): Obščestvennoe i ličnoe / Das Gesellschaftliche und das Persönliche /, Voronež 1961.

Andreev G. L.: Christianstvo i problema svobody / Christentum und Freiheitsproblem /, Moskau 1965.

Arab-ogly Ė.: Stichwort „svoboda" / Freiheit /, In: FĖ 4, 559—561

Archangelski / Archangel'skij / L. M.: Kategorien der marxistischen Ethik, Berlin/Ost/ 1965.

—.— O kriterii kommunističeskogo povedenija / Über das Kriterium eines kommunistischen Verhaltens /, In: SP 1964/8/65—72.

Arnol'dov A. I.: Revoljucionnyj gumanizm socialističeskoj kul'tury / Der revolutionäre Humanismus der sozialistischen Kultur /, In: VF 1967/7/ 13—21.

Arsen'ev A., Ljatker Ja.: Stichwort „konečnoe" / Endliches /, In: FĖ 3, 43 f.

Ateističeskoe vospitanie segodnja / Atheistische Erziehung heute / (o. V.), In: NR 1967/9/2—5.

Aussprache über die Dichtkunst, Sowjetisch-italienisches Dichtertreffen in Moskau, (o. V.) In: „Sowjet-Literatur", Monatsschrift des Schriftstellerverbandes der UdSSR, Moskau 1959/2/bes. 147.

Babosov E.: Naučno-techničeskaja revoljucija i christianskaja „revoljucionnost'" / Die wissenschaftlich-technische Revolution und christliche „Revolutionarität" /, In: NR 1967/11/60—67.

Bandzeladze G. D. (Hrsg.): Aktual'nye problemy marksistskoj ėtiki (Sbornik statej) / Aktuelle Probleme der marxistischen Ethik (Eine Sammlung von Aufsätzen) /, Tbilisi 1967.

Batiščev. G. S.: Stichwort „istina" / Wahrheit /, In: FĖ 2, 349 f.

—.— Obščestvenno-istoričeskaja, dejatel'naja suščnosť čeloveka / Das gesellschaftlich-historische, tätige Wesen des Menschen /, In: VF 1967/3/ 20—29.

Bernadiner B. M.: O sčasťe / Über das Glück /, Im Sammelband (Hrsg. A. F. Šiškin): Voprosy marksistsko-leninskoj ėtiki / Fragen der marxistisch-leninistischen Ethik /, Moskau 1960, 156—160.

Birjukov B., Gorskij D., Vetrov A.: Stichwort „znak" / Zeichen /, In: FĖ 2, 178 f.

Bittighöfer B.: Du und der andere neben Dir, Berlin/Ost/ 1965

Blauberg I. V., Kopnin P. V., Pantin I. K. (Hrsg.): Kratkij slovar' po filosofii / Kurzes Wörterbuch zur Philosophie /, Moskau 1966.

Bogomolov A. S.: Simpozium po aktual'nym problemam istorii filosofii / Symposium zu aktuellen Problemen der Philosophiegeschichte /, In: „Vestnik Moskovskogo universiteta — Filosofija" / Bote der Moskauer Universität — Philosophie /, Moskau 1967/5/100—107.

—.— Mel'vil' Ju. K., Narskij I. S.: O nekotorych osobennostjach kritičeskogo analiza sovremennoj buržuaznoj filosofii / Über einige Besonderheiten einer kritischen Analyse der gegenwärtigen bürgerlichen Philosophie /, In: VF 1967/9/112—123.

Bychovskij B. È.: Raspredmečivanie filosofii / Die Entgegenständlichung der Philosophie /, In: VF 1956/2/142—151.

Celikova O. P.: Rol' položitel'nogo primera v nravstvennom vospitanii / Die Rolle des positiven Beispiels in der sittlichen Erziehung /, In: SP 1966/ 10/9—18.

—.— Vospitanie idejnoj ubeždënnosti stroitelja kommunizma / Die Erziehung der ideologischen Überzeugtheit eines Erbauers des Kommunismus /, In: SP 1964/8/12—19.

Cereteli S. B.: O prirode filosofskogo dokazatel'stva / Über die Natur des philosophischen Beweises /, In: VF 1964/10/39—44.

Čermenina A. P.: Ponimanie svobody v marksistsko-leninskoj ètike / Das Verständnis der Freiheit in der marxistisch-leninistischen Ethik /, In: FN 1964/6/111—118.

Česnokov D. I.: Obostrenie idejno-političeskoj bor'by i sovremennyj filosofskij revizionizm / Die Verschärfung des ideologisch-politischen Kampfes und der zeitgenössische Revisionismus /, In: VF 1968/12/3—14.

Charčev A. G.: K itogam dikussii o kategorijach ètiki / Zu den Ergebnissen der Diskussion über die Kategorien der Ethik /, In: FN 1965/2/124 bis 131.

Chruščëv N. S.: Novyj ètap osvoenija celiny i zadači sel'skogo chozjajstva Kazachstana / Eine neue Etappe der Neulandgewinnung und die Aufgaben der Landwirtschaft Kasachstans /, In der Zeitung: „Pravda", Moskau, vom 26. März 1961, S. 4.

Cornu A./Kornju O./: Preodolenie Marksom gegelevskoj i fejerbachovskoj ideologii v „Ėkonomičesko-filosofskich rukopisjach" / Marx' Überwindung der Hegelschen und Feuerbachschen Ideologie in den „Ökonomisch-philosophischen Manuskripten" /, In: VF 1961/8/88—100.

Davidovič V. E.: Specifičnost' i mnogogrannost' kategorii svobody / Die Besonderheit und Vielseitigkeit der Freiheitskategorie /, In: FN 1967/1/ 15—20.

Döbler M.: Triebkraft Bedürfnis, Zur Entwicklung der Bedürfnisse der sozialistischen Persönlichkeit, Berlin/Ost/ 1969.

Dzeržinskij F. È.: Dnevnik zaključĕnnogo, Pis'ma / Tagebuch des Inhaftierten, Briefe /, Moskau 1966.

Egides P. M.: Ličnost' kak sociologičeskaja kategorija / Persönlichkeit als soziologische Kategorie /, Im Sammelband: Čelovek v socialističeskom i buržuaznom obščestve, Simpozium (Doklady i soobščenija) / Der Mensch in der sozialistischen und in der bürgerlichen Gesellschaft, Symposium (Referate und Mitteilungen) /, Moskau 1966; zitiert nach Fleischer H.: Neue Beiträge . . . (a. a. O.).

—.— Marksistskaja ètika o smysle žizni / Die marxistische Ethik über den Sinn des Lebens /, In: VF 1963/8/25—36.

—.— Marksistskaja koncepcija smysla žizni / Die marxistische Konzeption vom Sinn des Lebens /, Moskau 1966.

—.— Osnovnoj vopros ètiki kak filosofskoj nauki i problema nravstvennogo otčuždenija / Die Grundfrage der Ethik als philosophischer Wissenschaft und das Problem der sittlichen Entfremdung /, Im Sammelband (Hrsg. G. D. Bandzeladze): Aktual'nye problemy marksistskoj ètiki (Sbornik statej), Tbilisi 1967, 59—108.

—.— Smysl žizni — v čĕm on? / Worin besteht der Sinn des Lebens? /, Moskau 1963.

Eichhorn I W.: Wie ist Ethik als Wissenschaft möglich? Berlin/Ost/1965.

Eine Diskussion über das Buch „Der Marxismus und das menschliche Individuum" von Adam Schaff, Rede des Genossen Zenon Kliszko, (o. V.) In der Zeitschrift „Nowe drogi", Warschau 1965/12; zitiert nach der Übersetzung in O-P 1966, 148—153.

Èlez J., Davydova G. A.: Materialističeskaja dialektika — teorija revoljucionnoj praktiki (Po rabotam K. Marksa) / Die materialistische Dialektik — eine Theorie der revolutionären Praxis (Nach den Arbeiten von K. Marx) /, In: VF 1965/9/14—24.

Fedoseev P. N. u. a. (Hrsg.): Osnovy naučnogo kommunizma / Grundlagen des wissenschaftlichen Kommunismus /, Moskau 1966.

Franz E.: Soziale Gewöhnung und sozialistische Arbeitsmoral, In: DZPh 1965/1/106—113.

Fuchs K.: Moderne Physik und marxistisch-leninistische Philosophie, In: DZPh Sonderheft 1965, 59—68.

Gal'ceva R.: Stichwort „svoboda voli" / Willensfreiheit /, In: FÈ 4, 564—568.

Garaudy R.: (Breschnjew, abtreten!), In: NF 1968, 519.

—.— Gott ist tot, Eine Studie über Hegel, Berlin/Ost/ 1965.

—.— Marxismus im 20. Jahrhundert, Reinbek bei Hamburg 1969.

—.— Stichwort „svoboda" / Freiheit /, In: FÉ 4, 562 f.

—.— Vom Bannfluch zum Dialog, Ein Marxist zieht die Schlußfolgerungen aus dem Konzil, Im Gemeinschaftsband von R. Garaudy, J. B. Metz, K. Rahner: Der Dialog oder Ändert sich das Verhältnis zwischen Katholizismus und Marxismus? Reinbek bei Hamburg 1966, 27—118.

—.— Wertung der Religion im Marxismus, Im Gemeinschaftsband (Hrsg. E. Kellner): Christentum und Marxismus — heute, Gespräche der Paulus-Gesellschaft 2, Wien—Frankfurt—Zürich 1966, 77—98.

Gardavský V.: Gott ist nicht ganz tot, Betrachtungen eines Marxisten über Bibel, Religion und Atheismus, München 1968.

Gössler K.: Vom Wesen des Lebens, Berlin/Ost/ 1964.

Golovko N. A., Markov V. S.: Za naučnost' i konkretnost' v razrabotke problem ėtiki / Um Wissenschaftlichkeit und Konkretheit bei der Erarbeitung von Problemen der Ethik /, In: VF 1968/8/148—155.

Gorki / Gor'kij / M.: Erinnerungen an Zeitgenossen, Frankfurt/M. 1962.

Grigor'jan B. T.: Dlja čego živёt čelovek? / Wofür lebt der Mensch? /, In: NR 1964/7/62—69.

Gumnickij G. K.: Smysl žizni, sčast'e, moral' / Sinn des Lebens, Glück und Moral /, In: VF 1967/5/102—105.

Gur'ev D. V.: Predšestvoval li trud soznaniju? / Ging die Arbeit dem Bewußtsein voraus? /, In: VF 1967/2/57—65.

Iovčuk M. T.: Marksistsko-leninskaja filosofija i sovremennaja marksologija / Die marxistisch-leninistische Philosophie und die zeitgenössische Marxologie /, In: VF 1968/8/3—11.

—.— Nekotorye problemy istorii marksistskoj filosofii i leninskogo ėtapa eё razvitija / Einige Probleme der Geschichte der marxistischen Philosophie und der Leninschen Etappe ihrer Entwicklung /, In: VF 1967/10/113—124.

Janzen N.: Vom Sinn des menschlichen Lebens, I. Teil, In der Sonderbeilage „Für den Propagandisten und Agitator der Gesellschaft für deutschsowjetische Freundschaft" Nr. 27/1959 zu: „Die Presse der Sowjetunion", Berlin/Ost/, Nr. 143 vom 4. Dezember 1959; II. Teil Nr. 28/1959 in Nr. 146 vom 11. Dezember 1959; III. Teil (1. Abschnitt) Nr. 4/1960 in Nr. 24 vom 26. Februar 1960; III. Teil (2. Abschnitt) Nr. 24/1960 in Nr. 97 vom 19. August 1960.

Karmin A. S. (Rez.): Kniga o probleme konečnogo i beskonečnogo / Ein Buch über das Problem des Endlichen und Unendlichen /, In: VF 1960/2/168—172.

Kedrov B. M.: Edinstvo dialektiki, logiki i teorii poznanija / Die Einheit von Dialektik, Logik und Erkenntnistheorie /, Moskau 1963.

Klaus G.: Kybernetik in philosophischer Sicht, Berlin/Ost/ 4. Aufl. 1965.

—.— Die Macht des Wortes, Ein erkenntnistheoretisch-pragmatisches Traktat, Berlin/Ost/ 1965.

—.— Spezielle Erkenntnistheorie, Prinzipien wissenschaftlicher Theorienbildung, Berlin/Ost/ 1965.

—.— Buhr M. (Hrsg.): Philosophisches Wörterbuch, Leipzig 3. Aufl. 1965.

—.— Schulze H.: Sinn, Gesetz und Fortschritt in der Geschichte, Berlin/Ost/ 1967.

Klein M.: Gedanken zu einigen theoretischen Problemen der marxistischen Ethik, In: DZPh 1957/2/216—224.

—.— Vom Sinn des Lebens im Sozialismus, In der Zeitung: „Neues Deutschland", Berlin/Ost/, vom 4.—5. Mai 1957 (Nr. 105/106), Beilage „Kunst und Literatur".

Kljamkin I., Cipko A.: Mužestvo mysli / Der Mut zum Denken /, In der Zeitung: „Komsomol'skaja pravda", Moskau, vom 8. Dezember 1967; zitiert nach der Übersetzung in O-P 1968, 43—46.

Klohr O.: Naturwissenschaft, Religion und Kirche, Berlin/Ost/ 1958.

Kokašinskij V.: Plata za strach? / Lohn der Angst? /, In der Zeitung: „Komsomol'skaja pravda" vom 31. August 1967, S. 2—4.

Kolakowski L.: Der Mensch ohne Alternative, Von der Möglichkeit und Unmöglichkeit Marxist zu sein, München 1964.

—.— (Staat tötet Kunst), Rede auf dem polnischen Schriftstellerkongreß (Mitschrift), In: NF 1969, 103 f.

—.— Traktat über die Sterblichkeit der Vernunft, Philosophische Essays, München 1967.

—.— (Was ist nicht Sozialismus?) In: NF 1967, 705 f.

Kolbanovskij V., Efimov V.: Putanica pod vidom razrabotki teorii / Konfuses Zeug unter dem Vorwand der Erarbeitung einer Theorie /, In der Halbmonatsschrift: „Kommunist", Moskau 1968/14/119—126.

Kol'man È.: Dialog ili bratanie? / Dialog oder Verbrüderung? /, In der Zeitung: „Sovetskaja kul'tura", Moskau 1967/99/2 ff.

Konrad N. I.: Zapad i Vostok, Stati / West und Ost, Aufsätze /, Moskau 1966; zitiert von A. V. Gulyga, V. A. Rubin (Rez.): Razmyšlenija o vsemirnoj istorii / Überlegungen zur Weltgeschichte /, In: VF 1967/3/ 149—152.

Konstantinow F. W. u. a. (Hrsg.): Grundlagen der marxistischen Philosophie, Berlin/Ost/ 3. Aufl. 1961.

Korch H.: Das Problem der Kausalität, Berlin/Ost/ 1965.

Korobkov L.: V teni i na solnce / Im Schatten und in der Sonne /, In der Zeitung: „Komsomol'skaja pravda" vom 6. Juli 1968.

Kosík K.: Die Dialektik des Konkreten, Eine Studie zur Problematik des Menschen und der Welt, Frankfurt/M. 1967.

Kostelovskij V.: Stichwort „princip" / Prinzip /, In: FĖ 4, 365.

Kostĕrina N.: Dnevnik / Tagebuch /, In der Literaturzeitschrift: „Novyj mir", Moskau 1962/12/31—105.

Kurella A.: Der Mensch als Schöpfer seiner selbst, Beiträge zum sozialistischen Humanismus, Berlin/Ost/ 1961.

Kurylev S. V.: Moral' i eë mesto v sisteme social'nych norm / Die Moral und ihre Stellung im System der sozialen Normen /, In: VF 1966/9/15—23.

Lapin N. I.: O vremeni raboty Marksa nad rukopis'ju „K kritike gegelevskoj filosofii prava" / Über die Zeit von Marx' Arbeit am Manuskript „Zur Kritik der Hegelschen Rechtsphilosophie" /, In: VF 1960/9/155—158.

Lapina T. S.: Aktivnost' ličnosti v svete kommunističeskoj morali / Die Aktivität der Persönlichkeit im Lichte der kommunistischen Moral /, In: VF 1966/9/117—126.

Lektorskij V. A.: Problema sub"ekta—ob"ekta v teorii poznanija / Das Problem Subjekt—Objekt in der Erkenntnistheorie /, In: VF 1964/5/24 bis 34.

Lenin W. I.: Werke, Herausgegeben vom Institut für Marxismus-Leninismus beim ZK der SED nach der 4. russischen Ausgabe, Berlin/Ost/ 1961 ff.

Levada Ju. A.: „Fenomen Tejara" i spory vokrug nego / Das „Phänomen Teilhard" und die diesbezüglichen Auseinandersetzungen /, In: VF 1962/1/153—155.

—.— Vera vo čeloveka / Der Glaube an den Menschen /, In: NR 1966/10/ 26—28.

Mácha K.: Individuum und Gesellschaft, Berlin/Ost/ 1964.

—.— Der Metadialog der Werte, Marx' Auffassung von der Menschlichkeit und das Wertproblem, In: IDZ 1968/4/373—381.

Machovec M.: (Dialog als Menschlichkeit, Eine marxistische Theorie der Kommunikation I), In: NF 1967, 321—324.

—.— (Hindernisse des Dialogs, II), In: NF 1967, 452—454.

—.— (Gebetsanleitung für Atheisten, III), In: NF 1967, 574—577.

—.— (Marxismus und Tod, IV), In: NF 1967, 737—739.

—.— (Panzersozialismus), In: NF 1968, 520 f.

—.— Der Sinn des menschlichen Lebens, Im Gemeinschaftsband (Hrsg. M. Stöhr): Disputation zwischen Christen und Marxisten, München 1966, 75—95.

Makarenko A. S.: Schöne Literatur über Kindererziehung, In: Werke, Berlin/ Ost/ 1956, Band 5.

—.— Der Weg ins Leben, Ein pädagogisches Poem, Berlin/Ost/ 1962.

Marienbader Protokolle (Wiedergabe der Diskussion auf dem christlich-marxistischen Symposium der Paulusgesellschaft und der Tschechoslowakischen Akademie der Wissenschaften, Marienbad 27.—30. April 1967, Auszugsweise stenographische Mitschrift), In: NF 1967, 469—484.

Mark A. A.: Edinstvo marksistskoj filosofii / Die Einheit der marxistischen Philosophie /, In: VF 1966/2/37—46.

Marx K.: Grundrisse der Kritik der Politischen Ökonomie (Rohentwurf 1857 bis 1858 und Anhang aus den Heften von 1850—1851), Berlin/Ost/ 1953.

—.— Ökonomisch-philosophische Manuskripte von 1844 (Pariser Manuskripte), In: Marx/Engels: Historisch-kritische Gesamtausgabe (MEGA), herausgegeben von Lieber/Furth, I. Abteilung / 3. Band, Berlin 1932.

—.— Engels F.: Werke, herausgegeben vom Institut für Marxismus-Leninismus beim ZK der SED, Berlin/Ost/ 1956 ff.

Materialy XXII s''ezda KPSS / Materialien des XXII. Parteitages der KPdSU /, Moskau 1961.

Mende G.: Karl Marx' Entwicklung vom revolutionären Demokraten zum Kommunisten, Berlin/Ost/ 3. Aufl. 1960.

—.— Studien über die Existenzphilosophie, Berlin/Ost/ 1956.

Methodologische Probleme der Geschichtswissenschaft, Konferenz der Sektion für Gesellschaftswissenschaften des Präsidiums der Akademie der Wissenschaften der UdSSR vom 3. bis 6. Januar 1964, In: „Sowjetwissenschaft", Gesellschaftswissenschaftliche Beiträge, Berlin/Ost/ 1964/10/ 1099—1116.

Michajlov F. T.: Zagadka čelovečeskogo Ja / Das Rätsel des menschlichen Ich /, Moskau 1964.

Mil'ner-Irinin Ja. A.: Ėtika, ili Principy istinnoj čelovečnosti (Princip sovesti) / Die Ethik, oder die Prinzipien wahrer Menschlichkeit (Das Prinzip des Gewissens) /, Im Sammelband (Hrsg. G. D. Bandzeladze): Aktual'nye problemy marksistskoj ėtiki, 253—302.

—.— Ėtika — nauka o dolžnom / Die Ethik, Wissenschaft vom Seinsollenden /, Im Sammelband (Hrsg. G. D. Bandzeladze): Aktual'nye problemy marksistskoj ėtiki, 15—58.

Mitin M. B.: Nekotorye problemy razvitija dialektičeskogo materializma v posleoktjabr'skuju ėpochu / Einige Probleme der Entwicklung des dialektischen Materialismus in der Epoche nach der Oktoberrevolution /, In: VF 1968/1/14—24.

—.— V. I. Lenin i problema čeloveka / V. I. Lenin und das Problem des Menschen /, In: VF 1967/8/19—30.

Mitrochin L. N.: XIV Meždunarodnyj filosofskij kongress, Zametki o filosofskom kongresse / Der XIV. Internationale Kongreß für Philosophie,
Bemerkungen zum Kongreß für Philosophie /, In: VF 1969/1/137—145.

—.— Problema čeloveka v marksistskom osveščenii / Das Problem des
Menschen im Lichte des Marxismus /, In: VF 1963/8/13—24.

—.— Myslivčenko A. G., Ojzerman T. I.: Sovremennyj ėkzistencializm,
Kritičeskie očerki / Der moderne Existentialismus, Kritische Grundrisse /, Moskau 1966.

Modržinskaja E. D.: Nekotorye tendencii sovremennoj buržuaznoj kritiki
marksistskoj teorii / Einige Tendenzen der gegenwärtigen bürgerlichen
Kritik an der marxistischen Theorie /, In: VF 1966/2/128—137.

Mokrousov N. N.: Problema nravstvennoj ocenki postupkov (povedenija) /
Das Problem der sittlichen Bewertung der Taten (des Verhaltens) /, In:
VF 1965/9/37—46.

Mšvenieradze V. V.: Marksizm i problema cennostej / Marxismus und Wertproblem /, In: FN 1965/1/65—70.

Müller W.: Gesellschaft und Fortschritt, Eine philosophische Untersuchung,
Berlin/Ost/ 1966.

Narskij I. S.: Antikommunističeskaja suščnost' ėkzistencialističeskogo nigilizma / Das antikommunistische Wesen des existentialistischen Nihilismus /, Im Sammelband: Protiv sovremennych buržuaznych fal'sifikatorov marksistsko-leninskoj filosofii / Gegen die zeitgenössischen bürgerlichen Verfälscher der marxistisch-leninistischen Philosophie /, Moskau 1964.

Ogurcov A. P.: Praktika kak filosofskaja problema (Obzor literatury) / Die
Praxis als philosophisches Problem (Eine Literaturübersicht) /, In: VF
1967/7/91—105.

Ojzerman T. I.: Ob odnoj reakcionnoj buržuaznoj legende / Über eine reaktionäre bürgerliche Legende /, In: VF 1963/6/97—107.

Okulov A. F.: Nekotorye voprosy razvitija sovetskoj filosofii posle XX
s"ezda KPSS / Einige Fragen der Entwicklung der sowjetischen Philosophie nach dem XX. Parteitag der KPdSU /, In: VF 1962/1/25—38.

Pancchava I. D.: Čelovek, ego žizn' i bessmertie / Der Mensch, sein Leben
und seine Unsterblichkeit /, Moskau 1967.

—.— Smertnost' i bessmertie čeloveka / Sterblichkeit und Unsterblichkeit des
Menschen /, In: FN 1963/6/46—54.

Pavlov A. T.: IV soveščanie redaktorov filosofskich i sociologičeskich žurnalov socialističeskich stran / IV. Konferenz der Redakteure philosophischer und soziologischer Zeitschriften der sozialistischen Länder /,
In: „Vestnik Moskovskogo universiteta — Filosofija" 1967/1/73—81.

Petrossjan / Petrosjan / M. I.: Essay über den Humanismus, Berlin/Ost/ 1966.

(Petrović G.: Wider den autoritären Marxismus, Frankfurt/M. 1967.)

Pfeiffer A.: Streitgespräche über Grundfragen der Naturwissenschaft und Philosophie, Berlin/Ost/ 1961.

Plechanov G. V.: Izbrannye filosofskie proizvedenija v pjati tomach / Ausgewählte philosophische Werke in fünf Bänden /, Moskau 1956 ff.

Programma kommunističeskoj partii sovetskogo sojuza, prinjata XXII s"ezdom KPSS / Programm der kommunistischen Partei der Sowjetunion, angenommen auf dem XXII. Parteitag der KPdSU /, Moskau 1961.

Prucha M.: Marxismus als Philosophie menschlicher Existenz, In: NF 1967, 845—850.

—.— Vom Sinn des praktischen Humanismus, Im Gemeinschaftsband: Christliche Humanität und marxistischer Humanismus, Dokumente der Paulus-Gesellschaft Band XVII, München 1965, 313—326.

Razgovor o smysle žizni / Gespräch über den Sinn des Lebens /, Offene Diskussion in: NR 1964/7/62 bis 1965/6/35.

Reznikov L.: Stichwort „znak" / Zeichen /, In: FÈ 2, 180.

Rozental' M. M., Štraks G. M.: Kategorii materialističeskoj dialektiki / Die Kategorien der materialistischen Dialektik /, Moskau 1957.

Ruml V.: Filosofija marksizma-leninizma i kommunističeskij gumanizm / Die Philosophie des Marxismus-Leninismus und der kommunistische Humanismus /, In: VF 1967/11/40—50.

Rutkewitsch / Rutkevič / M. N.: Die Praxis als Grundlage der Erkenntnis und als Kriterium der Wahrheit, Berlin/Ost/ 1957.

Schaff A.: Marxismus und das menschliche Individuum, Wien-Frankfurt-Zürich 1965.

—.— Marxismus und Person, Diskussionsbilanz, In der Zeitschrift: „Studja filosoficzne", Warschau 1966/2(45); zitiert nach der Übersetzung in O-P 1967, 17—28.

—.— Marx oder Sartre? Versuch einer Philosophie des Menschen, Berlin/Ost/ 1965.

Schischkin / Šiškin / A. F.: Grundlagen der marxistischen Ethik, Berlin/Ost/ 2. Aufl. 1965.

Schulz R.: Blochs Philosophie der Hoffnung im Lichte des historischen Materialismus, Im Sammelband: Ernst Blochs Revision des Marxismus, Kritische Auseinandersetzung marxistischer Wissenchaftler mit der Blochschen Philosophie, Berlin/Ost / 1957.

—.— Über den Sinn geschichtlichen Daseins, Im Sammelband (Hrsg. R. Schulz): Beiträge zur Kritik der gegenwärtigen bürgerlichen Geschichtsphilosophie, Berlin/Ost/ 1958, 11—52.

—.— Horn J. H.: Kritisches zum Fortschrittsbegriff Ernst Blochs, In: DZPh 1957/5/bes. 88.

Seidel H.: Vom praktischen und theoretischen Verhältnis der Menschen zur Wirklichkeit, In: DZPh 1966/10/1177—1191.

Semënov M.: I net puti nazad / Und es gibt keinen Weg zurück /, In: NR 1967/2/7—10.

—.— Sovesti dobrye uzy / Die guten Bande des Gewissens /, In: NR 1967/9/ 22—27.

Simonov G. S.: Kritika sovremennoj pravoslavnoj morali / Kritik der gegenwärtigen orthodoxen Moral /, Im Sammelband (Hrsg. P. N. Gapočka, V. M. Podosetnik, M. L. Čalin): Kritika religioznoj ideologii / Kritik der religiösen Ideologie /, Moskau 1961, 34—69.

Simonov K.: Pravdu ljudjam / Den Menschen die Wahrheit /, In: NR 1963/2/ 3—6.

Šinkaruk V. I.: Marksistskij gumanizm i problema smysla čelovečeskogo bytija / Der marxistische Humanismus und das Problem des Sinnes des menschlichen Seins /, In: VF 1969/6/59—67.

Slobodjanjuk S. S.: Ličnost' kak cennost', Im Sammelband (Hrsg. A. S. Ivanov, I. M. Kičanova, P. K. Kuročkin): Čelovek, obščestvo, religija / Mensch, Gesellschaft und Religion /, Moskau 1968, 5—49.

Solov'ëv Ė. Ju.: Ličnost' i situacija v social'no-političeskom analize Marksa / Persönlichkeit und Situation in der sozial-politischen Analyse von Marx /, In: VF 1968/5/15—29.

Štejn V. S.: Problema prostych norm nravstvennosti i spravedlivosti v marksistsko-leninskoj ėtike / Das Problem der einfachen Normen der Sittlichkeit und Gerechtigkeit in der marxistisch-leninistischen Ethik /, Im Sammelband (Hrsg. G. D. Bandzeladze): Aktual'nye problemy marksistskoj ėtiki, 124—182.

Steußloff H.: Zur Ehrfurcht vor dem Leben, Über die Stellung des sozialistischen Humanismus zu Leben und Tod des Menschen, Im Sammelband (Hrsg. E. Faber, E. John): Das sozialistische Menschenbild, Weg und Wirklichkeit, Leipzig 2. Aufl. 1968.

(Stojanović Sv.: Marxistische Gegenwartphilosophie in Jugoslawien — „Personalistischer Marxismus", In: O—P 1966, 700—704.)

Svincov V. I. (Rez.): Kritika ėkzistencialistskich povetrij / Eine Kritik der existentialistischen Seuche /, In: VF 1963/1/167—172.

Timofeev Ju.: Razgovor ... o bessmertii / Gespräch ... über die Unsterblichkeit /, In der Literaturzeitschrift: „Literaturnaja gazeta", Moskau 1967/4/11.

Tugarinov V. P.: Kommunizm i ličnost' / Kommunismus und Persönlichkeit /, In: VF 1962/6/14—23.

—.— Kommunizm i ličnost' / Kommunismus und Persönlichkeit /, Leningrad 1966.

—.— Ličnost' i obščestvo / Persönlichkeit und Gesellschaft /, Moskau 1965.

—.— O smysle žizni / Über den Sinn des Lebens /, Leningrad 1961.

—.— / W. P. Tugarinow /: (Es gibt nicht nur Klassenmoral, Gespräch mit G. Nenning), In: NF 1968, 151—155.

—.— / W. P. Tugarinow /: Über die Werte des Lebens und der Kultur, Berlin/Ost/ 1962.

Ukraincev B. S.: Kategorii „aktivnost'" i „cel'" v svete osnovnych ponjatij kibernetiki / Die Kategorien „Aktivität" und „Ziel" im Lichte der Grundbegriffe der Kybernetik /, In: VF 1967/5/60—69.

Urmancev Ju.: Stichwort „prostranstvo i vremja" / Raum und Zeit /, In: FĖ 4, 392—397.

Višnjakov A. S., Žuravkov M. G.: Moral'nyj kodeks stroitelja kommunizma / Der moralische Kodex eines Erbauers des Kommunismus /, Moskau 1964.

Vladimirova A. I.: Protiv „ontologičeskoj" filosofii smerti i uničtoženija / Gegen die „ontologische" Philosophie des Todes und der Vernichtung /, In: VF 1958/10/75—87.

Volkskommissariat für Justizwesen der UdSSR, Prozeßbericht über die Strafsache des sowjetfeindlichen trotzkistischen Zentrums, Verhandelt vor dem Militärkollegium des Obersten Gerichtshofes der UdSSR vom 23. bis 30. Januar 1937 . . . Vollständiger Stenographischer Bericht, Herausgegeben vom Volkskommissariat für Justizwesen der UdSSR, Moskau 1937.

Volkskommissariat für Justizwesen der UdSSR, Prozeßbericht über die Strafsache des antisowjetischen „Blocks der Rechten und Trotzkisten", Verhandelt vor dem Militärkollegium des Obersten Gerichtshofes der UdSSR vom 2.—13. März 1938 . . . Vollständiger Stenographischer Bericht, Herausgegeben vom Volkskommissariat für Justizwesen der UdSSR, Moskau 1938.

Wessel H.: Viren — Wunder — Widersprüche, Eine Streitschrift zu philosophischen Problemen der modernen Biologie, Berlin/Ost/ 1961.

Worin besteht der Sinn des Lebens? Diskussion in der Zeitschrift: „Junge Generation", Organ des Zentralrates der FDJ, Berlin/Ost/ 1959/18/24 bis 1959/23/17.

Za tvorčeskoe razvitie marksistsko-leninskoj ėtiki / Um eine schöpferische Entwicklung der marxistisch-leninistischen Ethik / (o. V.), In: VF 1963/2/3—14.

Zosimovskij A. V.: Nravstvennoe vospitanie i sovremennyj podrostok / Die sittliche Erziehung und der heutige Jugendliche /, In: SP 1966/4/45—53.

Zuev Ju. P.: Religioznyj kul't stradanija i nravstvennyj progress / Der religiöse Kult des Leidens und der sittliche Fortschritt /, Im Sammelband (Hrsg. A. S. Ivanov, I. M. Kičanova, P. K. Kuročkin): Čelovek, obščestvo, religija, Moskau 1968, 167—187.

2. Nichtmarxistische Kontroversliteratur

Bartsch G.: Djilas und Kolakowski (I), In: OE 1965, 289—295.

—.— Djilas und Kolakowski (II), In: OE 1965, 385—392.

Berdiajew / Berdjaev / N.: Das neue Mittelalter, Betrachtungen über das Schicksal Rußlands und Europas, Tübingen 2. Aufl. 1950.

—.— Der Sinn der Geschichte, Versuch einer Philosophie des Menschengeschickes, Tübingen 1950.

—.— Wahrheit und Lüge des Kommunismus, Darmstadt—Genf 1953.

Bocheński I. M.: On Philosophical Dialogue, In: SST 1966, 243—259.

—.— On „Praxis", In: SST 1967, 62—65.

—.— Partijnost' in Philosophy (I), In: SST 1965, 1—11.

—.— Soviet Marxism and Marxism, In: SST 1967, 65 f.

—.— The three components of Communist Ideology, In: SST 1962, bes. 7.

Buchholz A.: Die große Transformation, Stuttgart 1968.

—.— Der Kampf um die bessere Welt, Ansätze zum Durchdenken der geistigen Ost-West-Probleme, Stuttgart 2. Aufl. 1962.

—.— Thesen zur geistigen Problematik des Zukunftskommunismus, In: SST 1963, 134—138.

Bütow H. G.: Philosophie und Gesellschaftswissenschaften, In der Reihe: „Wissenschaft und Erziehung im Marxismus-Leninismus", Hochschulinformationen der Zentralstelle für Gesamtdeutsche Hochschulfragen, Berlin/West/ 1965/6.

Calvez J. Y.: Karl Marx, Darstellung und Kritik seines Denkens, Olten—Freiburg 1964.

Dahm H.: Die Dialektik im Wandel der Sowjetphilosophie, Köln 1963.

—.— Marxistische Philosophie — Erkenntnis und Existenz, In: O-P 1967, 598—600.

—.— („Szientistische" und „humanistische" Schulströmungen in der marxistischen Gegenwartsphilosophie), Redaktioneller Artikel, In: O-P 1966, 704.

Djilas M.: Die unvollkommene Gesellschaft, Jenseits der „Neuen Klasse", Wien-München-Zürich 1969.

Fleischer H.: Das handelnde Subjekt im historischen Materialismus, In: SST 1966, 83—104.

—.— Die Idee der historischen Notwendigkeit im historischen Materialismus, In: SST 1962, 181—203.

—.— Neue Beiträge zur „Philosophie des Menschen", In: SST 1966, 296—307.

—.— Umrisse einer „Philosophie des Menschen", In der Reihe: „Wissenschaft und Erziehung im Marxismus-Leninismus", Hochschulinformationen der Zentralstelle für Gesamtdeutsche Hochschulfragen, Berlin/West/ 1967/2.

de George R. T.: The Soviet Concept of Man, In: SST 1964, 261—276.

Gerstenmaier C.: (Philosophie in der Sowjetunion), Redaktioneller Artikel, In: O-P 1968, 360.

—.— (Zur gegenwärtigen Lage der Philosophie in der Sowjetunion), Redaktioneller Artikel, In: O-P 1969, 120.

Girardi G.: Marxismus und Christentum, Wien—Freiburg—Basel 1968.

Goerdt W. (Hrsg.): Die Sowjetphilosophie, Wendigkeit und Bestimmtheit, Darmstadt 1967.

Gollwitzer H.: Die marxistische Religionskritik und der christliche Glaube, In: MS 4, 1—143.

Gruß an Warschau (Solidaritätserklärungen für die entlassenen Professoren, Assistenten und Studenten der Universität Warschau), In: NF 1968, 289—291.

Günzl H. Ch.: Marxismus und Metaphysik, XIV. Internationaler Kongreß für Philosophie, Wien, 2. bis 9. September, In: NF 1968, 752 f.

Huber E.: Um eine „dialektische Logik", Diskussionen in der neueren Sowjetphilosophie, München—Salzburg 1966.

Künzli A.: Internationale marxistische Sommerschule in Korčula, In: NF 1968, 748—750.

—.— Marxismus im Wandel, In: NF 1967, 707—715.

Laeuen H.: Die Märzunruhen in Polen und ihre Folgen (I), In: OE 1969, 1—17.

—.— Die Märzunruhen in Polen und ihre Folgen (II), „Partisanen" gegen „Zionisten", In: OE 1969, 110—124.

—.— Der intellektuelle Aderlaß, In: OE 1969, 198—204.

Lange M. G.: Marxismus — Leninismus — Stalinismus, Zur Kritik des dialektischen Materialismus, Stuttgart 1955.

Lathouwers A. M.: La littérature soviétique à la recherche de la Vérité, In der Vierteljahresschrift: „Irénikon", Chevetogne/Belgien 1966/3/325 bis 354.

—.— Le sens de l'existence humaine dans la littérature soviétique contemporaine, In: „Irénikon" 1968/4/509—542.

—.— Pour un sens approfondi de l'existence humaine, La littérature soviétique contemporaine, In: „Irénikon" 1970/1/38—58 und 1970/2/201—228.

Lefèbvre H.: Probleme des Marxismus heute, Frankfurt/M. 1965 (Die Einordnung in diese Literaturgruppe erfolgt, weil Lefèbvre klar abseits von der Gruppe marxistisch-leninistischer Denker steht. — HFS).

Lemberg, E.: Reformation im Kommunismus? Ideologische Wandlungen im Marxismus-Leninismus Ostmitteleuropas, Stuttgart 1967.

Lobkowicz N.: Philosophical Revisionism in Post-War Czechoslovakia, In: SST 1964, 89—101.

Maceina A.: Religiosität im Menschenbild des Kommunismus, In der Zeitschrift: „Paideia", Erziehung und Bildung heute, Heft I, Villingen 1965, 66—112.

—.— Sowjetische Ethik und Christentum, Zum Verständnis des kommunistischen Menschen, Witten 1969.

Marko K.: Evolution wider Willen, Die Sowjetideologie zwischen Orthodoxie und Revision, Graz—Wien—Köln 1968.

—.— Fortschritt gut getarnt, Zur Entwicklung der Sowjetphilosophie, In: NF 1968, 743—747.

—.— Philosophie in der Sowjetunion heute, Der Wandel in der Einschätzung der poststalinistischen Ideologie, In der Zweimonatsschrift: „Wort und Wahrheit", Zeitschrift für Religion und Kultur, Freiburg 1969/1/26 bis 37.

Mehnert K.: Der Sowjetmensch, Versuch eines Porträts nach zwölf Reisen in die Sowjetunion 1929—1957, Stuttgart 1958.

Merleau-Ponty M.: Humanismus und Terror (I), Frankfurt/M. 1966.

—.— Humanismus und Terror (II), Frankfurt/M. 1966.

Paquet A.: Der Geist der russischen Revolution, München 2. Aufl. 1920.

Putter D.: (Jugoslawien behauptet seine Souveränität), Redaktioneller Artikel, In: O-P 1968, 576.

Rahner K.: Marxistische Utopie und christliche Zukunft des Menschen, Im Gemeinschaftsband von R. Garaudy, J. B. Metz, K. Rahner: Der Dialog oder Ändert sich das Verhältnisch zwischen Katholizismus und Marxismus? Reinbek bei Hamburg 1966, 9—25.

Raina P. K.: (Der Fall Kolakowski), In: NF 1967, 209—219.

Rapp F.: Das Kategoriensystem des dialektischen Materialismus — Argumente und Perspektiven, In: SST 1967, 101—129.

—.— Parteilichkeit und Erkenntnis, In: SST 1968, 259—305.

Schewe: H.: Berichte aus Moskau, Frankfurt/M. 1967.

Schmölz F. M.: Das Ende eines Traumes, Adam Schaff oder die Frage nach dem Menschen, In: „Wort und Wahrheit" 1966/6—7/449—456.

Skoda F.: Die sowjetrussische philosophische Religionskritik heute, Freiburg-Basel-Wien 1968.

Thier E.: Über den Klassenbegriff bei Marx, In: MS 3, 170—184.

Wagner H.: Die ideologischen Kapriolen des Adam Schaff, In: OE 1967, 16 bis 28.

Wolgin A.: Hier sprechen Russen, Mainz 1965.

3. NICHTMARXISTISCHE LITERATUR

Aleksandrova Z. E.: Slovar' sinonimov russkogo jazyka / Wörterbuch der Synonyme der russischen Sprache /, Moskau 1968.

Augustinus: Confessiones.

Baden H. J.: Der Sinn der Geschichte, Hamburg 1948.

von Balthasar H. U.: Das Ganze im Fragment, Aspekte der Geschichtstheologie, Einsiedeln 1963.

Belinskij V. G.: Stati o Puškine 1843—1846 / Aufsätze über Puschkin 1843 bis 1846 /, In Polnoe sobranie sočinenij / Gesammelte Werke /, Moskau 1955, Band 7.

von Brandenstein B.: Leben und Tod, Grundfragen der Existenz, Bonn 1948.

Carnap R.: Scheinprobleme der Philosophie, Das Fremdpsychische und der Realismusstreit, Frankfurt/M. 1966.

Černyšev V. I. u. a. (Red.): Slovar' sovremennogo russkogo literaturnogo jazyka / Wörterbuch der gegenwärtigen russischen literarischen Sprache /, Moskau 1948 ff.

Coreth E.: Grundfragen des menschlichen Daseins, Innsbruck—München 1956.

Dal' Vl.: Tolkovyj slovar' živogo velikorusskogo jazyka / Erklärendes Wörterbuch der lebenden großrussischen Sprache /, Moskau 1955 (Nachdruck der Ausgabe Sanktpetersburg—Moskau 1880 ff.).

Deharbe J. (Hrsg.): Katholischer Katechismus für die Elementarschulen, Freiburg 1876.

Dostoevskij F. M.: Sobranie sočinenij v desjati tomach / Gesammelte Werke in zehn Bänden /, Moskau 1958.

—.— / Dostojewski /: Tagebuch eines Schriftstellers, München 1963.

Feuerbach L.: Schriften zur Ethik und nachgelassene Aphorismen, In: Sämtliche Werke, Stuttgart 2. Aufl. 1960, Band 10.

Fischl J.: Was ist der Mensch? Versuch einer Sinndeutung des Lebens und der Geschichte, Graz—Wien 1948.

Grimm J. und W.: Deutsches Wörterbuch, 10. Band/1. Abteilung, Leipzig 1905.

Haas A.: Die Entwicklung des Menschen, 1. Teil: Der Mensch als Organismus — Vererbung und allgemeine Abstammung, Aschaffenburg 2. Aufl. 1963.

—.— Naturphilosophische Betrachtungen zur Finalität und Abstammungslehre, Im Sammelband (Hrsg. A. Haas): Das stammesgeschichtliche Werden der Organismen und des Menschen, Band 1, Deutung und Bedeutung der Abstammungslehren, Basel-Freiburg-Wien 1959, 453—514.

—.— Naturphilosophische Erwägungen zum Menschenbild des Schöpfungsberichtes und der modernen Abstammungstheorie, In: „Scholastik", Vierteljahresschrift für Theologie und Philosophie, Freiburg 1958, 355—375.

Hartmann N.: Teleologisches Denken, Berlin/West/ 1951.

Hegel G. W. F.: Sämtliche Werke (Hrsg. H. Glockner), Jubiläumsausgabe in zwanzig Bänden, Stuttgart 1927 ff.

Heidegger M.: Sein und Zeit, Tübingen 1949.

Hessen J.: Der Sinn des Lebens, Rottenburg 2. Aufl. 1936.

Jaeger W.: Paideia, Die Formung des griechischen Menschen, Band 1, Berlin—Leipzig 2. Aufl. 1936.

Jaspers K.: Vom Ursprung und Ziel der Geschichte, München 1949.

Kljueva V. N.: Kratkij slovar' sinonimov russkogo jazyka / Kurzes Wörterbuch der Synonyme der russischen Sprache /, Moskau 2. Aufl. 1961.

Kluge F.: Etymologisches Wörterbuch der deutschen Sprache, Berlin/West/ 18. Aufl. 1960.

Köhler R.: Der Sinn im Widersinn des Schicksals, Kiel 1953.

Kogon E.: Der SS-Staat, Berlin/West/ 2. Aufl. 1947.

Lauth R.: Die Frage nach dem Sinn des Daseins, München 1953.

Litt Th.: Die Frage nach dem Sinn der Geschichte, München 1948.

Machek V.: Etymologický slovník jazyka Českého / Etymologisches Wörterbuch der tschechischen Sprache /, Prag 2. Aufl. 1968.

Metz J. B.: Zur Theologie der Welt, Mainz—München 1968.

Meyer K. H.: Altkirchenslavisch-griechisches Wörterbuch des Codex Suprasliensis, Glückstadt-Hamburg 1935.

Miklosich F.: Etymologisches Wörterbuch der slavischen Sprachen, Wien 1886.

—.— / Miklošič F. /: Kratkij slovar' šesti slavjanskich" jazykov" (russkago s" cerkovno-slavjanskim", bolgarskago, serbskago, češskago i pol' skago) a takže francuzskij i nemeckij / Kurzes Wörterbuch von sechs slavischen Sprachen (Russisch samt Kirchenslavisch, Bulgarisch, Serbisch, Tschechisch und Polnisch) und dazu Französisch und Deutsch /, Sanktpetersburg—Moskau—Wien 1885.

Moltmann J.: Theologie der Hoffnung, Untersuchungen zur Begründung und zu den Konsequenzen einer christlichen Eschatologie, München 3. Aufl. 1965.

Müller M.: Über Sinn und Sinngefährdung des menschlichen Daseins, Maximen und Reflexionen, Im Sammelband (Hrsg. M. Müller): „Philosophisches Jahrbuch", 74. Jahrgang/1. Halbband, München 1966, 1—29.

Orthodoxe Priesterkongregation vom heiligen Demetrius von Thessalonike (Hrsg.): Orthodoxer Katechismus, Slavisches Institut, München 1956.

Paul H.: Deutsches Wörterbuch, Tübingen 5. Aufl. 1966.

Preobraženskij A.: Ėtimologičeskij slovar' russkago jazyka / Etymologisches Wörterbuch der russischen Sprache /, Moskau 1910 ff.

Ratzinger J.: Einführung in das Christentum, Vorlesungen über das Apostolische Glaubensbekenntnis, München 2. Aufl. 1968.

Reiner H.: Der Sinn unseres Daseins, Tübingen 2. Aufl. 1964.

Saitschick R.: Die Brücke zum Menschen, Ein Buch über Sinn und Sein, Darmstadt—Leipzig 1931.

Šanskij N.M. (Red.): Ėtimologičeskij slovar' russkogo jazyka / Etymologisches Wörterbuch der russischen Sprache /, Moskau 1963 ff.

Santeler J.: Vom Sinn des menschlichen Seins, Eine philosophische aber allgemeinverständliche Orientierung, Wien 1947.

Scherer G.: Absurdes Dasein und Sinnerfahrung, Über die Situation des Menschen in der technischen Welt, Essen 1963.

Schumann K.: Die griechischen Lehnbildungen und Lehnbedeutungen im Altbulgarischen, Berlin/West/ 1958.

Seiler J.: Das Dasein Gottes als Denkaufgabe, Darlegung und Bewertung der Gottesbeweise, Luzern—Stuttgart 1965.

Siegmund, G.: Naturordnung als Quelle der Gotteserkenntnis, Neubegründung des teleologischen Beweises, Freiburg 2. Aufl. 1950.

Sreznevskij I. I.: Materialy dlja slovarja drevne-russkago jazyka po pis'mennym" pamjatnikam" / Materialien für ein Wörterbuch der altrussischen Sprache nach den Schriftdenkmälern /, Sanktpetersburg 1893 ff.

Tiblen N. L. (Hrsg.): Slovar' cerkovno-slavjanskago i russkago jazyka / Wörterbuch der kirchenslavischen und russischen Sprache /, 2. Aufl. Sanktpetersburg 1867.

Ušakov D. N. u. a. (Red.): Tolkovyj slovar' russkogo jazyka / Erklärendes Wörterbuch der russischen Sprache /, Moskau 1935 ff.

Vasmer M.: Russisches etymologisches Wörterbuch, Heidelberg 1953 ff. (Es liegen zwei der drei Bände in russischer Übersetzung vor: Fasmer M.: Ėtymologičeskij slovar' russkogo jazyka, Moskau 1964 ff.)

Wildiers N. M.: Teilhard de Chardin, Freiburg 2. Aufl. 1962.

Wisser R. (Hrsg.): Sinn und Sein, Ein philosophisches Symposium, Fritz-Joachim von Rintelen gewidmet, Tübingen 1960.

NAMENREGISTER

(Die Namen der Leser, die sich an der Diskussion um den Sinn des Lebens in der Zeitschrift „Wissenschaft und Religion" beteiligen, sind hier nicht erfaßt.)

Aleksandrova Z. E.: 61
Alekseev N.: 26
Alëšina G. A.: 170
Althusser L.: 92
Andreev, Georgij Leonidovič: 43, 169, 178
Arab-ogly, Ėdvard Arturovič: 194
Archangel'skij, Leonid Michajlovič: 90, 94, 241, 243 f., 247 f., 325
Aristoteles: 128 f., 286
Arnol'dov, Arnol'd Isaevič: 48, 162
Arsen'ev A.: 80
Augustinus, Aurelius: 244

Babosov, Evgenij M.: 146
Baczko, Bronislaw: 212
Baden, Hans Jürgen: 25, 128
Balthasar, Hans Urs von: 131
Bandzeladze, Gela Doment'evič: 13, 38, 232
Bardin, I. P.: 241 ff., 357 ff.
Bartsch, Günter: 18
Batiščev, Genrich Stepanovič: 77, 92 f., 149, 201, 211 f., 218
Belinskij, Vissarion Grigor'evič: 245, 361 f.
Berdjaev, Nikolaj Aleksandrovič: 25 ff., 236, 256 f.
Bernadiner B. M.: 170, 246
Birjukov, Boris Vladimirovič: 74
Bittighöfer, Bernd: 96, 222, 232, 243, 270
Blauberg, Igor' Viktorovič: 200, 203, 210, 365
Bloch, Ernst: 14, 113, 145
Bocheński, Innocent M.: 10, 12, 16, 179
Bogomolov, Aleksej Sergeevič: 43, 49, 52, 81, 273

Brandenstein, Béla von: 24, 116 f., 143
Bucharin, Nikolaj Ivanovič: 138 f.
Buchholz, Arnold: 19, 23, 25, 42, 144 f.
Bütow, Hellmuth G.: 192
Buhr, Manfred: 56, 72 f., 123, 365
Bychovskij, Bernard Ėmmanuilovič: 292

Čalin M. L.: 177
Calvez, Jean Yves: 149
Camus, Albert: 311
Carnap, Rudolf: 143
Celikova, Ol'ga Petrovna: 28, 169, 298
Cereteli, Savle Benediktovič: 77 f.
Čermenina, Ariadna Petrovna: 198, 199
Černyšëv V. I.: 62
Černyševskij, Nikolaj Gavrilovič: 362
Česnokov, Dmitrij Ivanovič: 14 ff., 271 f.
Charčev, Anatolij Georgievič: 87
Christus: 254–257, 277, 343, 351
Chruščëv, Nikita Sergeevič: 43, 170 f.
Cipko A.: 271
Coreth, Emerich: 24
Cornu, Auguste: 69 f.

Dahm, Helmut: 11 f., 19, 229 f.
Dal', Vladimir: 63
Dante Alighieri: 317
Davidovič V. E.: 197 f.
Davydova, Galina Aleksandrovna: 185
Deharbe, Josef: 91

Djilas, Milovan: 18, 275, 300
Döbler, Martin: 106
Dostoevskij, Fëdor Michajlovič: 21, 47, 174 f., 255 f.
Dzeržinskij, Feliks Ėdmundovič: 30, 320

Efimov V.: 18, 298
Egides, Pëtr Markovič: 9, 11, 13, 17 f., 35, 37–40, 53, 88 f., 91, 93 f., 108–111, 113 f., 131 f., 134, 136 f., 153 f., 171 f., 174, 176, 178 f., 185 f., 191, 205–208, 213 f., 230, 234–239, 247, 249, 251, 259–264, 302, 306 f., 309–321, 322–325
Eichhorn I, Wolfgang: 87, 113
Eilstein, Helena: 16, 274
Ėlez, Jovo: 185
Engels, Friedrich: 10, 28, 59, 65 f., 66, 68, 71, 82, 87, 90, 99, 101 ff., 105 ff., 110, 133 f., 144, 155 f., 158 f., 166 f., 178, 184, 192, 195, 200, 279, 281, 326

Faber, Elmar: 292
Fedoseev, Pëtr Nikolaevič: 162, 181, 369
Feuerbach, Ludwig: 57, 66 f., 69 f., 83, 168, 186 f., 200
Fischl, Johann: 24, 116
Fleischer, Helmut: 194, 213 f., 218
Franz, Eckehard: 192
Fromm, Erich: 14
Fuchs, Klaus: 185, 199

Gal'ceva R. A.: 195 f., 212
Gapočka, Pavel Nikitovič: 177
Garaudy, Roger: 15, 18, 23, 45, 52, 131, 135, 150, 170, 172, 179, 183, 282 f.
Gardavský, Vítěszslav: 183, 287, 291, 294, 296 f., 299 f.

Gefter M. J.: 155
George, Richard de: 208
Gerstenmaier, Cornelia: 12
Girardi, Giulio: 11, 23, 132, 206, 253
Goerdt, Wilhelm: 11
Gössler, Klaus: 125, 144
Gollwitzer, Helmut: 25 f., 142
Golovko N. A.: 18, 39, 233, 264, 299
Gor'kij, Maksim: 184 f., 257, 342, 361
Gorskij, Dmitrij Pavlovič: 74
Grigor'jan, Boris Tigranovič: 11, 17, 36, 40, 83 f., 91, 95, 111, 141, 224, 240, 297, 304 ff., 328–334, 339–341
Grimm, Jacob und Wilhelm: 61
Günzl, H. Christof: 199
Gulyga A. V.: 41
Gumnickij, Geršen Kalmanovič: 9, 11, 17, 38, 40, 140, 145, 171, 176, 240, 249 ff., 322–327
Gur'ev, Dmitrij Vasil'evič: 67, 76
Guščev S.: 29

Haas, Adolf: 120 ff., 126
Hartmann, Nicolai: 122, 125, 142 ff.
Hegel, Georg Wilhelm Friedrich: 41, 57, 59, 68–71, 133, 135 f., 151, 215
Heidegger, Martin: 126 f.
Hessen, Johannes: 143
Hommes, Jakob: 69
Horn J. H.: 145
Huber, Eduard: 12

Il'ičëv L. F.: 50 f., 310
Iovčuk, Michail Trifonovič: 13 f., 45
Ivanov A. S.: 97

Jaeger, Werner: 117, 129
Janzen, Nikolaj: 32 f., 169
Jaspers, Karl: 25, 310
Jastremskij: 273
John, Erhard: 292

Karmin, Anatolij Solomonovič: 79 f.
Kazarnovskaja G.: 29
Kedrov, Bonifatij Michajlovič: 78
Kellner, Erich: 172
Kičanova I. M.: 97
Klaus, Georg: 41, 56, 72 ff., 123 ff.,
   179 f., 192 f., 365
Klein, Matthäus: 31
Kliszko, Zenon: 35, 181
Kljamkin I.: 271
Kljueva V. N.: 61
Klohr, Olof: 112
Kluge, Friedrich: 100
Köhler, Rudolf: 24
Kogon, Eugen: 191
Kokašinskij V.: 277
Kolakowski, Leszek: 11, 15–18, 31 f.,
   109, 182, 270 f., 274, 289 f., 293
Kolbanovskij V.: 18, 89, 298
Kolman, Ernst (Arnost): 286
Konrad N. I.: 41, 158
Konstantinov, Fëdor Vasil'evič: 197,
   307 f., 364, 371
Kopnin, Pavel Vasil'evič: 200, 203,
   210, 365
Korch, Helmut: 124
Korobkov L.: 254, 278 f.
Kosík, Karel: 11, 13, 16, 83, 85, 89,
   98 f., 150 f., 174, 177, 203, 271, 274
Kostelovskij V.: 86
Kostërina, Nina: 30 f.
Kruntorad, Paul: 366
Künzli, Arnold: 10, 12
Kurella, Alfred: 177
Kuročkin P. K.: 97
Kurylev, Sergej Vasil'evič: 227 ff.

Laeuen, Harald: 18
Ljatker, Ja.: 80
Lange, Max Gustav: 150
Lapin N. I.: 69
Lapina, Tat'jana Sergeevna: 219,
   228, 230

Lathouwers A. M.: 33, 286, 379 f.
Lauth, Reinhard: 24
Lefèbvre, Henri: 14, 149
Lektorskij, Vladislav Aleksandrovič:
   210 f.
Lemberg, Eugen: 16
Lenin, Vladimir Il'ič: 10, 78, 102,
   160, 163, 184 f., 257, 352
Leonardo da Vinci: 359
Levada, Jurij Aleksandrovič: 127,
   148
Litt, Theodor: 25
Lobkowicz, Nikolaus: 16

Maceina, Antanas: 20, 23 f., 28, 86,
   209, 231, 263 f., 251, 269, 293, 303
Mácha, Karel: 108, 202
Machek, Vaclav: 64
Machovec, Milan: 11, 15, 17, 36 f.,
   53, 140, 180, 188 ff., 253, 280 f.,
   287, 290, 299
Makarenko, Anton Semënovič: 219,
   244, 290 f.
Mark, Anatolij Anatol'evič: 69
Marko, Kurt: 12
Markov V. S.: 18, 39, 233, 264, 299
Marcuse, Herbert: 14
Marx, Karl: 10, 45–48, 56–60, 65–72,
   78, 82 f., 99, 101, 103–108, 110,
   133 f., 136, 146–149, 152–156,
   158–161, 166 ff., 174 f., 178, 183 f.,
   186, 200, 202 ff., 209, 215, 231,
   242, 245, 247 f., 250, 258, 263,
   265–269, 272 f., 282, 288, 302, 304,
   313, 324, 326, 333
Mehnert, Klaus: 276
Mel'vil', Jurij Konstantinovič: 43,
   49, 52, 81
Mende, Georg: 265 f., 292
Merleau-Ponty, Maurice: 140, 149 f.
Metz, Johann Baptist: 23, 252, 283
Meyer K. H.: 64

Michajlov, Feliks Trofimovič: 209 f.,
271
Miklosich, Franz: 63
Mil'ner-Irinin, Jakov Abramovič:
232 f., 298
Mitin, Mark Borisovič: 14, 48, 163
Mitrochin, Lev Nikolaevič: 15, 201,
294
Modržinskaja, Elena Dmitrievna: 71
Mogiljanskaja E.: 29
Mokrousov, Nikolaj Nikolaevič: 94,
228
Moltmann, Jürgen: 276
Mšvenieradze, Vladimir Vlasovič: 92
Müller, Max: 24
Müller, Werner: 41, 156
Myslivčenko, Aleksandr Grigor'evič:
294

Narskij, Igor' Sergeevič: 43, 49, 52,
81, 293
Nenning, Günter: 366

Ogurcov A. P.: 76 f.
Ojzerman, Teodor Il'ič: 70, 294
Okulov, Aleksandr Fëdorovič: 43 ff.
Pancchava, Il'ja Diomidovič: 39 f.,
52 f., 112, 114, 244, 247, 283 ff.

Pantin I. K.: 200, 203, 210, 365
Paquet, Alfons: 30, 137
Paul, Hermann: 61, 65
Pavlov A. T.: 266 f., 274
Petrosjan, Marija Isaakovna: 46, 48,
50, 147, 165, 176, 195, 202–205,
220, 222, 230
Petrović, Gajo: 10
Pfeiffer, Alfred: 232
Pjatakov, Jurij L.: 224 f.
Platon: 129
Plechanov, Georgij Valentinovič:
102, 113, 147, 187, 193 f.

Podosetnik V. M.: 177
Preobraženskij A.: 63
Prucha, Milan: 11, 13, 15, 18, 50, 81,
164 ff., 266 f., 282
Putter, Dorothea: 10, 380

Radek, Karl: 30, 137 f., 225 ff.
Rahner, Karl: 23, 365
Raina P. K.: 18
Rapp, Friedrich: 11
Ratzinger, Joseph: 119
Reiner, Hans: 24, 117 f.
Reznikov, Lazar' Osipovič: 74
Rintelen, Fritz Joachim von: 24
Rolland, Romain: 356
Rozental', Mark Moiseevič: 56, 76
Rubin, Vitalij Aronovič: 41
Ruml, Vladimir: 80 f., 164, 199,
201–204, 211, 219, 266
Rutkevič, Michail Nikolaevič: 75

Saitschick, Robert: 129
Šanskij N. M.: 63
Santeler, Josef: 24, 129
Sartre, Jean Paul: 14
Schaff, Adam: 11, 16, 18, 34 f., 46,
48 ff., 57, 82, 85, 95–98, 165, 168,
180 f., 195 ff., 199, 212 f., 231 f.,
240 f., 258, 270, 278, 288, 291
Scherer, Georg: 24
Schewe, Heinz: 27
Schmölz, Franz Martin: 181, 240
Schopenhauer, Arthur: 311
Schulz, Robert: 32, 113, 115, 145
Schulze, Hans: 41, 123 ff., 192 f.
Schumann K.: 64
Seidel, Helmut: 52 f.
Seiler, Julius: 123
Semënov M.: 232, 277, 297
Siegmund, Georg: 123
Simon M.: 92
Simonov G. S.: 177

Simonov, Konstantin: 294 ff.
Šinkaruk, Vladimir Illarionovič: 40, 238 f.
Šiškin, Aleksandr Fëdorovič: 96, 177, 233 f., 240, 246, 264, 285
Skoda, Franz: 381
Slobodjanjuk S. S.: 97, 218, 220 f.
Solov'ëv, Ērich Jur'evič: 376
Sreznevskij I. I.: 62
Stalin, Iosif Vissarionovič: 44
Štejn, Viktor Sergeevič: 90
Steußloff, Hans: 292
Stöhr, Martin: 37
Stojanović, Svetozar: 10
Štraks, Grigorij Markovič: 56, 76
Svincov V. I.: 48, 376

Teilhard de Chardin, Pierre: 126 f., 148
Thier, Erich: 161
Tiblen N. L.: 62
Timofeev, Jurij: 277, 299
Tucker, Robert: 69
Tugarinov, Vassilij Petrovič: 11, 33 f., 40, 43, 52, 85, 89 f., 93, 96 f., 108, 111 f., 170, 177, 197 f., 201, 215–218, 220 ff. 228, 230 f., 240, 246, 309
Trockij, Lev Davidovič: 225

Ukraincev, Boris Sergeevič: 125
Urmancev, Junir Abdullovič: 80
Ušakov D. N.: 62

Vasmer, Max: 63
Vetrov, Anatolij Alekseevič: 74
Višnjakov A. S.: 94, 220 f.
Vladimirova A. I.: 283
Vorgrimler, Herbert: 365

Wagner, Helmut: 181
Wessel, Harald: 124
Wetter, Gustav A.: 19
Wildiers N. M.: 126
Wisser, Richard: 24
Wolgin, Alexander: 28 f.

Zosimovskij A. V.: 29
Zuev Ju. P.: 254
Žuravkov M. G.: 94, 220 f.

STICHWORTREGISTER

(Die aus dem Inhaltsverzeichnis ersichtlichen Zusammenhänge werden in diesem Stichwortverzeichnis nicht nochmals aufgeführt.)

Absolutes 132, 145, 221, 266, 329, 332
— und Relatives 80
Abstraktes 38, 45, 91, 136, 203 f., 221, 311, 324
— und Konkretes 67, 133 f., 139, 167, 200, 232
Allgemeines
— und Besonderes 88, 133, 136 f., 167 f.
Anthropologie 14, 19, 49, 164 f., 204
Anthropozentrik 11 ff., 46, 136, 161, 204
Arbeit
— als Produktionstätigkeit 27, 65–68, 152 f., 358 f.
— als Sinnverwirklichung 33, 40 f., 58, 241 f., 301, 338, 342, 344 f., 348, 363
Atheismus 12, 28, 37, 51, 146, 208 f., 233, 257, 277 f., 340
Ausbeutung 152 ff., 158 f., 163, 169, 174 f., 267, 271
Axiom 29

Basis 266
— und Überbau 212 f.
Bedeutung
— semantische B. 57, 59, 65, 72–76, 79, 127, 134, 139
— objektiv-soziale B. menschlichen Lebens und Tätigseins 75, 109 ff. (118), 132, 134, 136, 205 ff., 219, 227, 235–238, 260 f., 311, 314–318, 323 f., 331
— subjektiv-personale B. menschlichen Lebens und Tätigseins 110, 235–238, 331
Bedürfnis 110, 118, 174, 241, 246, 302, 309, 323 f., 338, 349
— naturhaft-sinnliches B. 47, 148
— sozial-sittliches B. 106, 205, 316
— vermenschlichtes B. 108, 177, 301
— gesellschaftliches B. 46, 134, 152, 205, 249 f., 318 f., 323–326
— wesenhaftes B. nach Glück 246, 250, 252, 302 f.
Bewußtsein 15, 30 67, 210
— revolutionäres B. 102, 184
— sittliches Selbstbewußtsein (s. Gewissen) 91, 110, 307
— und Sein 52, 66, 88, 156, 184, 253, 266, 271, 280, 307, 320 f.

Charakter 53, 67, 213, 228, 329, 338.
Christentum 254, 256, 297, 311, 351 f.

Demokratisierung 263, 273
Determination 100, 106, 193 f., 198, 215 f., 312
Dialog 15, 36, 52, 280 f.
— als Existenzform 37, 188, 291
— als Sinnverwirklichung 186–191
— Bedingungen des D. 189 f.
— Hindernisse des D. 190
Dogmatismus 15, 44, 137, 139 f., 155, 224, 226, 262 ff.

Eigenschaft 167, 215 ff., 220 f., 288–291
— attributive und modale E. 211, 213, 217, 282
Endlichkeit 27, 35, 79, 282, 292
— und Unendlichkeit 79 ff.
Entfremdung 9, 39, 47, 163, 174 f., 259
— bei Hegel und Marx 68–71, 265
— Wesen der E. 261, 263 ff., 269, 273
— Erscheinungen von E. 262 ff., 272
— Beseitigung der E. 157 f., 179, 185, 261, 264 f., 274 f., 306, 320
— und Lebenssinn 260 f., 274 f.
Erscheinung
— und Wesen 97, 126 f., 130, 156, 163, 199 f., 203, 264 f., 272 f., 287 f.
Eschatologie 32, 303
Ethik 42, 199, 228, 233 f., 259, 269, 308
— und Ontologie 12, 89, 164, 237
— und Erkenntnistheorie 230
Evolution 120–127
Ewigkeit 27, 84 f., 243, 281, 284 f., 297, 305, 337, 343
Existenz
— als menschliches Dasein 98, 117 ff., 205, 274, 292, 317, 330, 332, 340, 344
— und Essenz (wesentliches Sosein) 12, 85, 117 ff., 148, 153, 204 f.
Existentialismus 12 f., 40, 95, 204, 252, 282, 292, 297, 310 f.

Faktor 83, 341, 343
— objektiver F. 121, 201, 312
— subjektiver F. 147 f., 263
Familie 84, 107, 244 f., 248, 310, 329, 337, 345 f., 353 f., 357, 359 f.
Faschismus 26, 191
Fatalismus 155, 193
Finalität 120–123, 132, 135
— und Kausalität 125 f.
Form 14
— und Inhalt 40, 55, 74, 109 f., 119 f., 213 f., 218, 226, 237, 261, 281

Fortschritt 37, 41, 115, 132, 148, 161, 166, 170 f., 282, 314–319, 322 ff.
— technischer F. 45, 152, 333
— sozialer F. 134, 141, 152, 155, 157, 207, 306, 315, 319, 333
Freiheit 9, 19, 30, 35, 38, 144 f., 175, 180 f., 282, 305, 307, 344
— als sittliches Wirkvermögen 68, 128, 200 f., 205, 219, 249, 259, 264, 273
— des Willens 192 ff., 195 f., 212, 335
— und Notwendigkeit 34, 51 f., 129, 148, 266
Friede 319, 342, 345

Gerechtigkeit 178, 332 f.
Geschichte 89, 106, 200, 268, 271, 280, 285, 300, 304
— Zielhaftigkeit der G. 128, 137
— Sinnhaftigkeit der G. 24 f., 32, 41, 52, 83, 113 f., 131–140, 301, 332
— und Lebenssinn 115, 138 f., 141, 146 f., 166, 168, 171
Gesellschaft
— als Organismus 284–286
— Selbstbeherrschung der G. 102, 191, 196 f., 317
— und Einzelmensch 12 f., 34, 70 f., 86, 91, 97, 148, 160, 166 f., 171, 173,
191 f., 195, 201, 205 f., 209, 214 ff., 219–222, 226, 230 ff., 234 f., 238 f.,
246 f., 249 ff., 266 f., 280, 287, 296, 304 f., 312, 322, 324–327, 330, 332,
335, 337, 353, 358, 360
— gesellschaftliches Sein 16, 312
Gesetzmäßigkeit 53, 305
— in der Natur 101, 116 f., 122, 192 f.
— in Geschichte und Gesellschaft 101 f., 114, 192 f., 196
— in der Sittlichkeit 333
Gewalt 189 f., 247, 256, 268 f., 271–274, 300, 304
Gewissen 37, 40, 42, 50, 188, 231–234, 244, 269, 298, 305, 336 f., 339, 341
Glaube 148
— an Gott 119, 126, 179, 243 f., 253 f., 297, 305 f., 340, 343, 351, 363
— an den Menschen 148, 183, 341, 352 f., 355
Glück 33, 36, 42, 46, 48, 50, 178, 222, 256, 258, 276, 284, 333 f.
— als menschliche Erfüllung 84, 241, 243, 249
— und sittliche Forderung 235 f.
— und Lebenssinn 153, 235 f., 239, 282 f., 298, 301 ff., 307 f., 322–328,
335–363
Gott 29, 91, 141 f., 146, 209, 243 f., 255 f., 277, 296, 311, 329 ff., 342 f., 347,
351 f., 356, 363
Grundfrage der Philosophie 9, 13
— terminologische Bestimmung der G. 307 f.
— ontologischer Aspekt der G. 88, 307
— gnoseologischer Aspekt der G. 88, 307
— ethischer Aspekt der G. 38 f., 88, 190 f., 307 f.

Haß 257, 269–272, 274, 293, 304, 336 f., 341
— und sittlicher Zorn 87, 269 f., 272
Hoffnung 19, 52, 112, 244, 276, 286 f., 297, 333, 351
Humanismus 17 ff., 35, 37, 41, 48, 50, 92, 146, 158 f., 180 f., 182 ff., 204, 240, 270 f., 302, 322, 331

Ideal 42, 113, 141, 159, 166, 185, 262, 275, 307, 319, 330 ff.
Idealismus 129, 205
— und Materialismus 45, 133, 140, 187, 308
Ideologie 18 f., 27 f., 170, 181, 263, 276, 310, 334
Institution 48, 151, 190, 202, 206, 226 f., 231, 273
Irrationalismus 51, 87, 93

Jenseits 276, 286, 295 ff., 311, 331, 333, 339 f., 347, 355 f.
Jugend
— sowjetische J. 19, 27 ff., 310

Kampf 14 f., 27, 30, 51, 71, 134, 158, 160, 169 ff., 178, 207, 225 f., 242, 248, 264, 272, 274, 277, 284, 310, 313, 319 f., 324 f., 327, 342, 353, 357
— kämpferische Solidarität als Sinnverwirklichung 242, 272, 301
Kapitalismus 33, 45, 155, 160, 267, 311, 319
Kategorien 122
— terminologische Bestimmung der K. 86
— der Ethik 42 f., 50 f., 53, 87, 90, 94, 187, 228, 240
Kirche 254, 277 f., 297, 337, 341
Klassen
— Klassengesellschaft 87, 157, 261 f., 312 f.
— Klassenkampf 15, 271, 310
— klassenlose Gesellschaft 169 f., 313
Kommunismus 14, 19, 23, 33, 40, 165, 309
— als geschichtliche Bewegung 9 f., 42 f., 54, 91, 155, 159 f., 180 f., 189, 300, 347
— als Aufhebung der Entfremdung 148, 159 ff., 259, 264, 272–275
— Aufbau des K. 45–48, 157, 159 f., 208, 223, 263 f., 284, 313 f., 321, 327, 343, 353, 358
— als Utopie 185, 275
— Kommunistische Partei 43 f., 179–183, 226, 322, 326, 343, 348, 353 f.
Komplexität 155 ff., 230, 329
Kontingenz 140, 145
Kosmos (All, Universum) 11, 111, 113, 117, 120 f., 145, 280 (288), 312, 330, 332 f.
Krieg 159, 163, 271, 344 f., 350

Kritik 59, 178, 281
Kultur 160, 283, 329

Leben
— biologisches L. 28, 40, 120–126, 279
— menschliches L. 40, 99, 101, 103 ff., 106 ff., 279 f., 288
— Lebensumstände 30, 66, 71, 82, 194 f., 198, 202, 312
Lebenssinn
— diesseitiger L. 244
— endlicher L. 81 f., 146, 293, 301
— jenseitiger L. 243 f.
— objektiver L. 24, 35, 37 f., 110, 134, 136, 205, 207 f., 237, 246, 249, 311, 314 ff., 319 ff., 324 f.
— subjektiver Aspekt des L. 38, 110, 205, 207 f., 237, 246, 281, 316, 319 ff., 325 f.
— negativer L. 153 f., 312
— als Ideal 113 f.
— der anonymen Kommunisten 172, 318 f.
— sowjetische Literatur über den L. 33, 286, 379 f.
Leid 27, 85, 301, 333
— Überwindung des L. 257, 295
— Kampf mit dem L. 258, 350
— Ursache des L. 254 f., 257, 259
— und Entfremdung 267–275
Liebe 33, 58, 190, 242–245, 248 f., 269 f., 276, 291, 296 f., 299 f., 335, 342 f., 348 f., 359 ff.

Materialismus 13, 67, 186 f., 200, 308
— dialektischer M. 10, 13, 27, 140
— historischer M. 10, 13
Materie 80, 88 f., 127, 132 f., 144, 259, 281 f., 284, 307
Mensch
— neuer M. 45, 160, 162 (166), 263 f.
— als Gattungswesen 26, 82, 107, 166 ff., 265, 274, 282, 288
— als Individuum (s. Gesellschaft und Einzelmensch) 11 f., 46, 82, 167 f., 288
— Funktionalisierung des M. 25 f., 37, 75, 137, 139 f., 167, 192, 226, 326 f.
— Wesen des M. 47 f., 66, 69, 71, 82 f., 106, 161, 163, 165, 179, 185, 187, 199, 214, 218 f., 223, 243, 246, 248, 259 ff., 263 ff., 268 ff., 272 f., 279 bis 282, 288, 301 f.
— Würde des M. 42, 217, 221 f., 336, 339
— menschliches Sein als Aufgabe 91, 98, 203 ff., 233, 236, 246, 251 f., 297, 301–306, 308, 362

Menschliches 47 f., 71, 227
— als Allgemeinmenschliches 39, 87, 89 f., 96, 191, 233, 241, 283, 314, 331, 338
— als Menschlichkeit 108, 151, 177, 190 f., 298, 339, 345, 356
Metaphysik 119, 143 f., 212
Mitsein 186
Mittel
— und Zweck 26 f., 38, 42, 87, 99-102, 106 f., 126, 140, 165, 181, 185, 189 f., 194, 205, 249, 253, 259 f., 263, 271, 318, 327
Modell 284 ff.
— kybernetisches M. 41, 123 ff., 247, 252 (275), 304
Möglichkeit
— und Wirklichkeit 98 f., 142, 191, 201, 215, 220, 229 f., 273
Moral 28, 169, 192
— terminologische Bestimmung der M. 86 f.
— als Realität 83
— Begründung der M. 187, 200
— Normen der M. 52, 88, 90
— und Ethik 29, 87, 90 f., 270
— im Programm der KPdSU 272
— Anpassungsmoral 192, 227
— moralischer Rigorismus 175 f., 205, 235, 239, 249, 273, 276, 324
Motiv 86, 93, 138, 197, 226–229, 257
Mythos 117, 129, 283, 287, 361

Nächstenliebe 94, 258, 299, 351
Natur 347, 362
— Beherrschung der N. 76, 99 ff., 149, 152, 158, 191, 196, 333
— des Menschen 90, 203, 216, 233, 246, 298, 311
Nihilismus 26, 311

Objekt 13, 221, 292
— und Methode 275, 298, 306 ff.
Objektivismus 71, 212, 330 f.
— sozialer O. 251 f.
— ethischer O. 92 f., 141, 232, 234
Optimismus 257, 276, 295, 333
Ökonomismus 26 f.
Ontologie 65, 89, 100, 109, 126 f., 143, 194 f., 199, 201, 229, 234, 237, 269, 288, 307 f.

Parteilichkeit 9, 15, 139, 231
— als Parteinahme 178 f., 196
— als Denkenthaltung 16, 18, 179

Personalität
— als Eigenschaft des Menschen 9, 234, 288–291, 300, 304
— als Personsein 225 f., 269, 288, 337
— als Persönlichkeitsein 27, 45 f., 48, 97, 112, 208, 258, 261 f., 269 f., 288–291, 301, 303 f., 319
— Entfaltung der Persönlichkeit 165, 181, 186, 188, 208, 218, 222, 239, 295, 309, 320
— personaler Mehrwert 229 f.
Personenkult 30, 43, 46, 48, 137, 140, 183, 224, 305, 353
Pflicht 42, 187 f., 240, 247, 276, 292, 298, 322, 337
Philosophie 25 f., 72, 79, 81, 83, 88, 129, 174, 267, 290, 330, 334, 339
— bürgerliche Ph. 24 f., 43, 85, 292
— marxistische Ph. 24 f., 30 f., 43, 49, 53, 85, 163 f., 237, 240, 252, 271 f., 275 f., 278, 291, 302, 304, 307, 333
— und Politik 15 ff., 155, 274
— Strömungen in der marxistischen Ph. 10–19, 68–71, 208 f.
Platonismus 128 f., 142 ff.
Positivismus 12, 23, 31, 34, 143 f.
Praxis 114, 200, 202, 258, 266, 301, 328
— und Theorie 9, 14, 27, 44, 52 f., 66, 68 f., 72, 75–78, 98, 112 f., 143 f., 149 f., 165, 178, 180, 189, 251, 302, 309, 326
Privateigentum 46 f., 148, 154, 161 ff., 263, 273, 312
Produktivkräfte 26, 147, 153, 156, 161, 171 f., 266
Proletariat 26, 158, 184

Rationalität 95, 150, 290
— der Gesamtwirklichkeit 86, 117
— des Sittlichen 86 f., 93
Raum
— und Zeit 80 f., 337
Religion 28 f., 45, 52, 66, 205, 233, 236, 252 f., 275, 278, 284, 292, 295, 298, 330, 333 f., 343, 347
— als Entfremdung 40, 148
— als Hilfe im Leid 253 f.
— als Überwindung des Todes 278 f.
— in der sowjetischen Wirklichkeit 27 f., 50 f.
— Religionsphilosophie 26, 236
Reue 138
Revisionismus 13–19, 181
Revolution 19, 147, 154, 157, 159, 161, 184 f., 276, 312 f., 347
Rußland 256 ff.

Schauprozeß 137, 224
Schöpfung
— als Tat oder Werk Gottes 130, 252, 285
— als menschliches schöpferisches Tun 112, 176–178, 196, 239, 283, 299 f.,
305, 316, 342, 349 f., 358 ff.
— als menschliche Selbstschöpfung 177, 196, 198 f., 205, 261, 298
Seele 209, 279, 336, 348
Sinn
— als sittliches Integrationsprinzip 65, 68, 79, 83–86, 89, 108, 130, 173,
206, 223, 301
— als Sinnfindung 112 ff., 118 ff., 130, 142 ff., 335
— als Sinngebung 98, 109, 112 ff., 119 f., 129, 142, 301
— universaler oder kosmischer S. 23 f., 127, 145
— des Seins 24, 116–120, 126 f.
— des Lebendigen 113, 120–126, 130
— des menschlichen Lebens (s. Lebenssinn)
— der Geschichte (s. Geschichte)
— im sprachhistorischen Befund, 1. „Sinn" 60 ff.; 2. „smysl" 61–65
— sprachtheoretischer S. (s. Bedeutung) 72–76, 79, 143
— erkenntnistheoretischer S. (s. Wahrheit) 76–79
— Bedeutungsfeld des Begriffes S., 1. „Sinn" 57–60; 2. „smysl" 61–65
Sinnenhaftigkeit 66
— als Basis von Sinnhaftigkeit 57 f., 59, 66 f., 103 f.
— als Möglichkeitsbedingung von Sittlichkeit 105–108
— und Gesellschaftlichkeit des Menschen 65, 68, 82 f., 89, 105 ff., 200 f.,
217, 288
Sinnhaftigkeit
— ursprüngliche S. 84, 147, 329, 362
— bewußte S. 84 f., 147, 207, 329
Sozialismus 14, 16, 19, 26, 46, 50, 139, 146, 155, 159 f., 182 f., 193 f., 232,
262 f., 271, 274, 295, 315, 326
Sprache 56, 65, 72, 120, 213
Stalinismus 14, 43 f., 50, 140
Sterblichkeit 277, 282, 288, 293, 300
Subjekt 109, 127, 134, 191, 201, 210, 215, 281, 287, 299, 316
— und Objekt 67, 92, 129, 162, 188, 198, 205, 207, 210 ff., 215 f., 224 f.,
235, 237 f., 260 f., 273 f., 301, 316
Subjektivismus 71, 142, 211, 231, 234, 274, 318, 330 f.
— sozialer S. 44
— ethischer S. 26, 92 f., 141, 206, 234
Substanz 80, 133, 151, 204, 211, 215 f., 279
Szientismus 11

Theologie 91, 119, 130, 132, 141, 151, 165, 285, 296, 331
Tod 27, 31, 33, 37, 40, 46, 85, 95, 123, 140, 183, 304, 332 f., 340 f., 347
 — Hinnahme des T. 276, 286, 298, 301, 363
 — Überwindung des T. 258, 293 f., 303 f., 348
 — Angst vor dem T. 286, 289 f., 292
 — Furcht vor dem T. 289 ff., 297
 — Schmerz des T. 291, 296 f.
Totalität 85, 107, 134 ff., 140, 148, 150, 203, 209
Transzendenz 251 f., 298, 306
Trost 248, 281, 294 f., 298, 340, 350

Unsterblichkeit 40, 279, 297, 332, 339 f., 361
 — als Begriffskonstruktion 282–287, 306, 317
 — als Möglichkeit 303 f.
 — der Seele 277, 335
Ursache
 — und Wirkung 87, 100, 102
Utopie 157 f., 160, 276, 286

Verantwortung 34 f., 50 f., 85, 141, 180, 182, 188, 196, 225, 231 ff., 252, 292 f.,
    301, 304 f., 336 f.
Vollkommenheit
 — als Selbstvervollkommnnung 132, 294, 336, 340
 — als Vollendung in Gott 243 f., 305

Wahrheit 18, 119
 — absolute W. 135
 — des Atheismus 277, 294 ff., 297 f., 305 f., 332 ff., 339 f.
 — der Religion 306, 343
 — und Lüge 21, 270, 334
 — und Parteilichkeit 16, 179 f., 183, 225 f., 353
 — und Sinn 76–79, 250, 325
 — und Wert 92 f.
 — Streben nach Wahrhaftigkeit 59, 300, 338, 356
Welt
 — als Gesamtwirklichkeit 18, 126 ff.
 — als Verfügungsraum des Menschen 119, 149, 204, 210 f., 235, 245, 294,
    300, 306, 361
 — als Nicht-Ich 280 ff., 287
 — in sich bestehende W. 12, 127, 302
 — Veränderung der W. 81, 131 f., 299 f., 322 f.
 — der Einzelmensch als eigenständige W. 288

— und Denken 57, 91
— Weltverantwortung 252
— Weltanschauung 11, 19, 28, 31, 34 f., 51, 95, 163, 193, 237, 276, 291, 306 ff., 310, 314, 320, 329
— Weltgeschichte als Weltgericht 139
Werthaftigkeit 33 ff., 65, 91–98, 152 f., 165, 197, 206, 213, 224, 234, 240, 299, 328
— objektiver Wert des Lebens 95 ff., 208, 220 f., 223, 235–238, 307
— subjektiver Wert des Lebens 95 ff., 207 f., 220 f., 223 f., 235 ff., 252, 260 f., 307, 323 ff., 329
— (absoluter und relativer) Wert des Menschen 221 ff., 269, 291, 327, 341
— sittlich-geistiger Wert 91 ff., 196, 221
— Wert und Sinn 88 f., 93 f., 96, 98, 207, 223, 234, 236
— Werturteil 181, 188, 191, 196, 211, 220 f., 227–230, 232 f., 341
Widersprüche 148
— im Sein 45 f., 132, 134, 154–157, 161, 173, 178 f., 181
— im Bewußtsein 45, 144, 154 f., 179, 312
Wille 58, 197, 273, 335, 338
Wirklichkeit
— als (gesuchte) Totalität 85, 119 f., 132, 136 f., 148, 156, 308
— als Schöpfungswirklichkeit 126, 130, 252 f.
— das Menschliche als W. 85 f., 289 f.
— Leid und Tod als W. 254, 280
— Liebe als Prinzip der Veränderung der W. 299
— W., Möglichkeit und Idealität des Lebenssinnes 114, 119 f.
Wissenschaft 15 f., 44, 53, 79, 92 f., 110, 126, 132, 148, 186, 234, 310, 331, 347, 355

Ziele
— des Lebens 315 f., 323 f., 328, 336, 347, 361 f.
Zufriedenheit 206, 352
— sittliche Z. 136, 171, 185, 235 ff., 242, 260 f., 301, 320, 335, 338, 348
— sittliche Z. und Glück 236, 238 f., 247, 250, 320, 323–326
Zukunft
— diesseitige Z. 172, 284, 299
— jenseitige Z. 91, 254, 277, 284, 299, 333, 335, 339, 351
— persönliche Z. 30, 287, 289, 345
— Schaffen für die Z. 83, 112, 163, 207, 253, 277, 314 ff., 319 f., 357
— Vorwegnahme der Z. 137, 140, 148 f., 168, 172
— des Kommunismus 19, 47, 50, 91, 159 f., 314 ff., 333
Zweck
— als Zweckmäßigkeit 93, 125 f.
— als Zwecktätigkeit 67, 103, 122 f., 125 f., 134, 174 f., 323

19,80/61